厦门大学南强丛书（第七辑）编委会

主 任 委 员： 张　荣
副主任委员： 杨　斌　江云宝

委员：（以姓氏笔画为序）

田中群　江云宝　孙世刚　杨　斌　宋文艳　宋方青
张　荣　陈支平　陈振明　林圣彩　郑文礼　洪永淼
徐进功　翁君奕　高和荣　谭　忠　戴民汉

厦门大学南强丛书【第七辑】

任尔西东:
《国语学草创》原理

李无未 李逊◎著

图书在版编目(CIP)数据

任尔西东:《国语学草创》原理/李无未,李逊著.—厦门:厦门大学出版社,2021.12
(厦门大学南强丛书.第7辑)
ISBN 978-7-5615-8205-3

Ⅰ.①任… Ⅱ.①李… ②李… Ⅲ.①汉语—语言学②《国语学草创》—研究 Ⅳ.①H1

中国版本图书馆 CIP 数据核字(2021)第 089580 号

出 版 人　郑文礼
责任编辑　牛跃天
封面设计　李夏凌
技术编辑　许克华

出版发行　厦门大学出版社
社　　址　厦门市软件园二期望海路39号
邮政编码　361008
总　　机　0592-2181111　0592-2181406(传真)
营销中心　0592-2184458　0592-2181365
网　　址　http://www.xmupress.com
邮　　箱　xmup@xmupress.com
印　　刷　厦门集大印刷有限公司

开本　720 mm×1 020 mm　1/16
印张　31.25
插页　4
字数　555 千字
版次　2021 年 12 月第 1 版
印次　2021 年 12 月第 1 次印刷
定价　98.00 元

本书如有印装质量问题请直接寄承印厂调换

H0560-1-1
ISBN 978-7-5615-8205-3

定价:98.00元

厦门大学出版社
微信二维码

厦门大学出版社
微博二维码

总 序

在人类发展史上,大学作为相对稳定的社会组织存在了数百年并延续至今,一个很重要的原因在于大学不断孕育新思想、新文化,产出新科技、新成果,推动人类文明和社会进步。毋庸置疑,为人类保存知识、传承知识、创造知识是中外大学的重要使命之一。

1921年,爱国华侨领袖陈嘉庚先生于民族危难之际,怀抱"教育为立国之本"的信念,倾资创办厦门大学。回顾百年发展历程,厦门大学始终坚持"博集东西各国之学术及其精神,以研究一切现象之底蕴与功用",产出了一大批在海内外具有重大影响的精品力作。早在20世纪20年代,生物系美籍教授莱德对厦门文昌鱼的研究,揭示了无脊椎动物向脊椎动物进化的奥秘,相关成果于1923年发表在美国《科学》(Science)杂志上,在国际学术界引起轰动。20世纪30年代,郭大力校友与王亚南教授合译的《资本论》中文全译本首次在中国出版,有力地促进了马克思主义在中国的传播。1945年,萨本栋教授整理了在厦门大学教学的讲义,用英文撰写 Fundamentals of Alternating-Current Machines(《交流电机》)一书,引起世界工程学界强烈反响,开了中国科学家编写的自然科学著作被外国高校用为专门教材的先例。20世纪70年代,陈景润校友发表了"1+2"的详细证明,被国际学术界公认为对哥德巴赫猜想研究做出了重大贡献。1987年,潘懋元教授编写的我国第一部高等教育学教材《高等教育学》,获国家教委高等学校优秀教材一等奖。2006年胡锦涛总书记访问美国时,将陈支平教授主编的《台湾文献汇刊》作为礼品之一赠送给耶鲁大学。近年来,厦门大学在能源材料化学、生物医学、分子疫苗学、海洋科学、环境生态学等理工医领域,在经济学、管理学、统计学、法学、历史学、中国语言文学、教育学、国际关系及区域问题研究等人文社科领域不断探索,取得了丰硕的成果,出版和发表了一大批有重要影响力的专著和论文。

书籍是人类进步的阶梯,是创新知识和传承文化的重要载体。为了更好地展示和传播研究成果,在1991年厦门大学建校70周年之际,厦门大学出版了首辑"南强丛书",从申报的50多部书稿中遴选出15部优秀学术专著出版。选题涉及自然科学和社会科学,其中既有久负盛名的老一辈学者专家呕心沥血的力作,也有后起之秀富有开拓性的佳作,还有已故著名教授的遗作。首辑"南强丛书"在一定程度上体现了厦门大学的科研特色和学术水平,出版之后广受赞誉。此后,逢五、逢十校庆,"南强丛书"又相继出版了五辑。其中万惠霖院士领衔主编、多位院士参与编写的《固体表面物理化学若干研究前沿》一书,入选"三个一百"原创图书出版工程;赵玉芬院士所著的《前生源化学条件下磷对生命物质的催化与调控》一书,获2018年度输出版优秀图书奖;曹春平副教授所著的《闽南传统建筑》一书,获第七届中华优秀出版物奖图书奖。此外,还有多部学术著作获得国家出版基金资助。"南强丛书"已成为厦门大学的重要学术阵地和学术品牌。

2021年,厦门大学将迎来建校100周年,也是首辑"南强丛书"出版30周年。为此,厦门大学再次遴选一批优秀学术著作作为第七辑"南强丛书"出版。本次入选的学术著作,多为厦门大学优势学科、特色学科经过长期学术积淀的前沿研究成果。丛书作者中既有中科院院士和文科资深教授,也有全国重点学科的学术带头人,还有在学界崭露头角的青年新秀,他们在各自学术领域皆有不俗建树,且备受瞩目。我们相信,这批学术著作的出版,将为厦门大学百年华诞献上一份沉甸甸的厚礼,为学术繁荣添上浓墨重彩的一笔。

"自强!自强!学海何洋洋!"赓两个世纪跨越,逐两个百年梦想,面对世界百年未有之大变局,面对全人类共同面临的问题,面对科学研究的前沿领域,面对国家战略需求和区域经济社会发展需要,厦门大学将乘着新时代的浩荡东风,秉承"养成专门人才、研究高深学术、阐扬世界文化、促进人类进步"的办学宗旨,劈波斩浪,扬帆远航,努力产出更好更多的学术成果,为国家富强、民族复兴和人类文明进步做出新的更大贡献。我们也期待更多学者的高质量高水平研究成果通过"南强丛书"面世,为学校"双一流"建设做出更大的贡献。

是为序。

厦门大学校长 张荣

2020 年 10 月

作者简介

李无未，吉林敦化人，博士，厦门大学特聘教授、中文系博士生导师、中文博士后流动站负责人、古籍所所长、《厦大中文学报》主编、国家级一流本科专业（汉语言）负责人。曾任厦门大学中文系主任十年之久。在日本、法国、越南等国家以及中国台湾地区多所大学任客座教授、访问教授。出版《日本汉语音韵学史》（商务印书馆，2011）、《日本近现代汉语语法学史》（商务印书馆，2018）、《台湾汉语音韵学史》（上、下册，中华书局，2017）、《日本汉语教科书汇刊（1912年前）》（60册，中华书局，2015）、《周代朝聘制度研究》（吉林人民出版社，2006）、《宋元吉安方音研究》（合作，中华书局，2008）、《任尔西东：〈国语学草创〉原理》（厦门大学出版社，2021），以及国家级教材《汉语音韵学通论》（主编，高等教育出版社，2006）等书。在《中国语文》等国内外期刊发表学术论文180余篇。曾获"王力语言学奖"（2015），国家社科基金优秀成果文库奖（2016），教育部人文社科奖（2020），唐作藩音韵学奖（2021），福建省哲学社会科学1等、2等奖等奖项。作为首席专家，完成国家社科基金重大项目1项（连续两次获得滚动性资助）；主持并完成国家社科基金重点项目1项、一般项目2项。现正承担国家社科基金冷门绝学专项学术团队项目"东亚汉语音韵学史文献发掘与研究"、国家社科基金重点项目"东亚《韵镜》学史文献发掘与研究"任务。

李逊，博士，厦门大学国际中文学院讲师。著有《伪满语言制度与汉语变异》等书。承担国家社科基金青年项目1项。

本书系国家哲学社会科学基金冷门绝学研究专项学术团队项目"东亚汉语音韵学史文献发掘与研究"（项目编号：21VJXT014）与国家哲学社会科学基金重点项目"东亚《韵镜》学史文献发掘与研究"（项目编号：20AYY017）以及厦门大学人文社会科学重大项目（培育）"东亚汉语音韵学史（多卷本）"课题（2020）成果之一。

仅以此书献给胡以鲁先生133周年诞辰

日本东京大学语言学学科文学学士、日本大学政法学科法学学士胡以鲁照片，摄于1912年。

民国司法部保存之胡以鲁生前照片,当时,胡以鲁任司法部参事,摄于1914年前后。

东京时期的钱玄同、许寿裳、朱希祖、黄侃、刘文典、汪东、沈兼士、马裕藻、龚宝铨、鲁迅、周作人、胡以鲁、易培基、陶焕卿、钱家治、朱宗莱、余云岫等,大多为章门弟子。

切问百年疑阙：胡以鲁之于章黄之学（代序）

1987年9月初，在北京大学中文系能够容纳上百人的训诂学课堂上，许嘉璐教授用右手拿着齐佩瑢《训诂学概论》当教材，开场白铿锵有力，他的第一句话就说道："我们章黄学派从顾炎武至于今，历经三百年而不衰，苟日新，日日新！"此后，只要一提起章黄汉语言文字学，我不由得不忆及这个场景，许先生那份自信与自负神态，至今仍能在我的脑海中久久萦绕，挥之不去。我一直深信不疑，章太炎与黄侃，不仅仅构建了一个享誉国内外的汉语言文字学学术流派符号，更重要的是，这个符号象征着中国汉语言文字学充满了无限的学术生机与活力。

但30年后，即2017年10月的一天，我偶然间在日本大阪关西大学东西学术研究所的图书馆里随便翻翻时，一本很普通的印本《国语学草创》进入了我的视野，它打破了我对"章黄之学"的旧迷思，让我惊异于为何人们对章黄汉语言文字学学术内涵理解上存在着如此大的差异。原来，章黄汉语言文字学学术另一个鲜活的面目还没有被人们深刻地观察到，甚至被遗忘了。不知为什么，我20年前翻看《国语学草创》的时候，就从来没有涌起过现在这样异样的感觉，当时似乎觉得它和别的语言学理论书没有什么两样，因此，很少特别注意它。而此次，即20年后则不同，当我手捧《国语学草创》读到章太炎《序》的时候，心灵深处，隔空感应，渐渐地被章氏的一番柔情细语深深地温暖了，融化冰冻，浮想联翩，久久不忍心放手。章太炎《序》说：

而仰曾综贯大秦驴唇之书，时时从余讲论，独有会悟。今见其书，乃为比合音理，别其弇舒，音有难喻，以珊斯克列罗旬文参伍相征，令古今华裔之声，奋然和会，斯治语学者所未有也。

我再一次仔细琢磨这段话的真味，章氏与弟子胡以鲁学术路数有别，但却气量海大，极加赞尚之能事，不由得让我不惊诧而击案不已！这是一种什么样的渊源深厚的学术之缘呢？清末，1906年到1908年前后，章氏在东京小石川区新小川町和式房间榻榻米上，专心讲授《说文解字》和汉语古音学理论。在他身边端坐着专心听讲的是周树人、黄侃、钱玄同、胡以鲁等中国留学生。章氏不时提问，学生们围绕某一个问题，议论纷纷，争议之声不绝于耳。章氏为何在众弟子当中，只观察到了胡以鲁能够"独有会悟"呢？为什么章氏对《国语学草创》如此赞叹不绝，称之为"斯治语学者所未有也"？按照以往的"章黄"并称的说法，这顶桂冠很自然地应该属于黄侃（与《国语学草创》完成几乎同时，黄侃也已经初步完成上古音研究新的分部理论），为何当时偏偏不是这样，这顶桂冠却意外地落到了胡以鲁头上？但此后，为何汉语言文字学学者，也包括章氏弟子却少有提及胡以鲁的？对胡以鲁的语言学理论视而不见的也不少，大多偏心于黄侃。我们从钱玄同《文字学音篇》"三代古音"一节及《国音沿革六讲》第六讲上，就可以看到钱氏对同门黄氏的"古本韵"三十二部及其翻版二十八部的赞誉，而不提及胡氏，亦有代表性。这可是现代中国重要的位次最早的汉语现代音韵学通论著作。就是没有被列入章氏之门墙的学者，比如罗常培在《中国声韵沿革表附说》《周秦古音研究述略》中也不提及胡氏古音"构拟"理论，而专讲黄氏二十八部。是不是因为按照考古与审音标准，胡氏古音研究发明少，述章氏之学为多，与黄侃古音发明相比，稍逊风骚？如此，黄侃古音学如日中天已成定论。1928年，章太炎《自定年谱》云："弟子成就者，蕲春黄侃季刚，归安钱季中，海盐朱希祖逖先。季刚季中皆明小学。季刚尤善音韵文辞，逖先博览，能知条理。"[《章太炎全集》（十一）763页]可见，18年后，章太炎移情改口，转而称赞其他弟子了。在章太炎认可的弟子中，黄侃、钱玄同、朱希祖三人是翘楚，而黄侃排第一，哪里还有胡以鲁的位置？胡以鲁被冷落已成事实。沈步洲对胡以鲁学术境遇的解释是："治是学者，又寥若晨星，故零文剩锦，不成章服。"就《国语学草创》整本书的理论体系来说，可以说是曲高和寡、寥若晨星，但胡以鲁书中的具体学术领域成果，比如，以现代语音学研究章氏上古音的方式而言，以比较语源学研究训诂学的新途径，似不必如此定论。看来，被章氏弟子们冷落必有我们不知道的内情，因为，钱玄同等的做法就不大符合学界的研究习惯。

这也许和当时中国汉语言文字学研究所处的学术大气候有关。没过多久，留学欧美的正宗博士赵元任、林语堂等回到中国，气势颇盛，大力倡导利用现代语言学理论审视汉语，调查汉语，研究汉语，成果极其丰硕，加上高本汉汉语音韵学著作传入了中国，形势大为改观。现代语言学理论指导下的传统汉语语言学被新的语言学思维方式加以全盘改造,汉语现代语言学理论研究才慢慢地被人们接受,与章黄学术构成鼎足而立之势。当用现代语言学理论审视汉语的理论与方法被接受之后,东亚"嫁接"的民族气质式的《国语学草创》学术意识又显得不时尚了,"芳林新叶催陈叶,流水新波逐旧波"。我们只能说,《国语学草创》的学术意识太超前了,它在当时问世,时机还不成熟。等到赵元任、林语堂闪亮登场后,胡以鲁的学术气势似乎又有些相形见绌,陷入两难的境地也就不足为奇了。

是不是胡以鲁命中注定就该遭遇如此之孤寂而冷索?是不是因为遭遇冷索而导致29岁的他感到无望而过早地抱憾而亡?对我而言,真的就是雾失楼台,月迷津渡。我们套改陆机《豪士赋》序与宋辛弃疾《破阵子·为陈同甫赋壮词以寄之》词反其意而悯怜胡以鲁之境遇:"游子殉卑位于生前,志士未得垂名于身后";"了却国语学草创天下事,未赢得生前身后名,可怜一书生!"由此而引发"幽空虚以寂寞","西伯今寂寞,凤声已悠悠"之叹。我对百年来胡以鲁研究的现状并不满足,这是可以肯定的。面对着130多年来中国汉语语言学史研究之"荆棘密布,迷雾重重",杂陈太多无从稽考的悬案,破解遥遥无期,虽然"重写中国汉语语言学史"的念头一再闪现,却四体惊悚,无从措手。阮元曾说"学术盛衰,当于百年前后论升降焉"(阮元《十驾斋养新录序》)。从学理上讲,建树百年中国汉语语言学之信史,本来就应当从稽考诸多悬案而始之。

但目前需要救急的是,如何先释解我心中的有关胡以鲁疑窦之郁结?是不是应该琢磨着在学者们研究的基础上,适时拨开罩在胡以鲁头上的层层迷雾了?

第一个疑问是,胡以鲁为何能够在接受西方语言学理论的同时,十分注意把日本东亚语言学最新的理论成果,以及章太炎等的中国汉语言文字学成果有机地结合起来,其视野之宽阔,起点之高,令今人惊叹不已,检视其成就,大有难以逾越之势。他师从中日近现代国语语言学的两位开山鼻祖,精通英德日三国语言,得天独厚,取得了超越东西方第一流诸学术大家的成就,后人如何企及?他跨越了多个学科研究中国汉语语言学,其先知先见,我们却蒙在鼓里不知道,许多问题100年以后还在重复性地研究,研究出的结果,并不见得比他高明多少,真的令我们当代研究汉语语言学的许多学者汗颜不已!限于我们的学识,胡以鲁提到的许多语言学理论典籍到现在我们还不熟识,即便是熟识了许多文献之间的关系,在学术信息如此之发达的今天,都还很难读得懂,比如甲柏连孜的《汉文经纬》《语言学》与上田万年的《言语学》,以及与胡以鲁《国语学草创》的关系；甲柏连孜的《汉文经纬》《语言学》与广池千九郎《中国文典》的关系；甲柏连孜的《语言学》、保罗的《言语史原理》成为上田万年学生必读书，以及对《国语学草创》的影响；胡以鲁论述过程中，叶斯柏森理论如影相随。因为我们没有深入其里，只是浮光掠影阅读而已，不了解其中奥妙。此外，我们很想知道的是，章太炎是如何培养胡以鲁的，以及胡以鲁与章门弟子的学术关系如何？在章门日本留学弟子中，胡以鲁是与日本语言学学者关系最为密切的人之一，学缘根深蒂固，其却民族自尊心极强，性格特立独行，但很少见到有关这方面文字上的记载。还有，上田万年是如何培养胡以鲁的，胡以鲁在东京大学是不是也如其同门新村出等人那样必修过"言语学""语言起源论""音声学""国语学""国语学史"等课程，并熟读甲柏连孜的《语言论》、保罗的《言语史原理》这两本书？胡以鲁如何评价自己的日本老师上田万年及藤冈胜二？胡以鲁与上田万年及藤冈胜二门人关系如何？如此，胡以鲁与藤冈胜二到底是怎样的一种师生加同门关系？凡此种种，都是我们很想探个究竟的。

第二个疑问是，1918年12月1日《大公报》介绍胡以鲁《国语学草创》时说："论者谓其书价值尤在《马氏文通》之上，洵不诬也。"又说："是书本言语学原理，博征各国语言，上探我国古音韵及经小学源流，原原本本为我国学术界放一大异彩，为将来国语学者之光导。"这是当时学术界的真实评价，还仅仅是一段吸人眼球的广告上的噱头之语？我们翻阅今天学者们所写的中国语言学史著作，何人胆敢如此妄议《马氏文通》？尤其是挑战《马氏文通》的绝高地位？《马氏文通》被无数中国语言学学者供上了神坛，动辄"自《马氏文通》以来如何如何"，如果还有人以此种语气议论《马氏文通》，是不是大逆不道？是不是会给自己带来无穷的"妄议"祸患？我不敢想象下去。据我了解，《马氏文通》不仅在中国，就是在日本，名气也不小，上田万年就把《马氏文通》和甲柏连孜的《汉文经纬》，以及广池千九郎的《中国文典》并称为世界范围内研究汉语文言语法的经典性著作，这可不是谁都有幸获得的荣誉。与之相比，胡以鲁《国语学草创》的汉语文言语法理论在日本并非如此牛气，并没有获得如此崇高地位。

但我认为，胡以鲁汉语语法学理论的见识，还是应该高于马建忠的。胡以鲁说："语法分纯理及应用两方面，纯理分叙述及说明两大部，观察语言之现象顺序叙述之，叙述语法也。视其现象所由起，观其现象所由变，察其现象所以然，则为说明语法，故说明语法中又分为历史说明、比较说明、原理说明之三项。然是哲学的语法，语言学之研究也。语法之实用在于介绍一国语之事实而已,故应用语法独详于事实,理论原理以事实上所必须者为度。"(100页)这意思很明显,胡以鲁汉语语法理论的范畴构架是二级分类:纯理语法(理论语法)、应用语法(实用语法);三级分类:即在纯理语法之下,又分为叙述语法(描写语法)、说明语法(解释语法);四级分类:说明语法又分为历史说明(历史解释语法)、比较说明(比较解释语法)、原理说明(解释语法原理)三项。胡以鲁强调,应用语法(实用语法)独详于事实,而理论原理语法,则以事实为依据,提炼语法思想,属于哲学语法。胡以鲁将自己的语法体系称之为"语法案"。刘复《中国文法通论》也继承胡以鲁的两分法,认为,"将汉语文法学分为理论的文法和实际的文法两类"。王力先生也是如此研究汉语语法的,相关论著就分为《中国现代语法》和《中国语法理论》。但在1949年以前,刘复与王力的语法理论构架及设想,是不是就远远超越了胡以鲁的宏观构架?是不是对汉语语法理论讨论得更为深刻?我们需要进一步研究才可以得出结论来。

见识归见识,在现实的中国语言学界,理论文法的命运往往不如实际文法的命运更为腾达,为人们所接受。《国语学草创》中汉语文言语法属于理论文法,而《马氏文通》是实际的文法,路数不同,没有可比性。由此,《大公报》所述是不是事实,还需要斟酌。其实,胡以鲁《国语学草创》文法理论并不是如《大公报》所述之幸运,至少到现在,大多数学者们并不认为《国语学草创》文法理论价值在《马氏文通》实际文法之上。为何是这样的结果?不得而知,还是应该思考一下背后的真正原因是什么更为有必要。

第三个疑问是,胡以鲁为何能用罗马字给宋人36字母拟音?在他之前,尽管有马士曼、艾约瑟、甲柏连孜、沃尔皮切利、恰克、大岛正健、猪狩幸之助、小川尚义、佐藤仁之助诸君用罗马字给宋人36字母拟音,但要明白,那些都是外国人的研究成果。宋人36字母发源地是中国,中国却没有学者去做这件事,是不是让人大为不爽?胡以鲁是中国学者用罗马字给宋人36字母拟音第一人,但为何在国内外汉语音韵学界很少有人提及?是汉语音韵学界无意忽略,还是有意淡忘?当然,你可以说,他的构拟有不尽合理之处,也可以用后来赵元任等的精密的现代语音学、实验语音学,以及罗常培、王力的历史比较语言学眼光去挑剔他,但其在清末民初的汉语语音学理论意识之先进、所运用汉语音韵学研究的方法之革新是中国向来极少有的,是不能不承认的。

第四个疑问是,胡以鲁为何能最早用罗马字给章太炎《成均图》上古音韵部拟音?一些研究近现代汉语音韵学史的学者,把黄侃提出上古声纽系统19纽(1913)作为民国审音派开创的标志,还把钱玄同《国音沿革六讲》(1920)为黄侃十九纽用"国音字母"和"发音学字母"标注作为中国使用国际音标（罗马字）最早者，岂不知胡以鲁在1912年就已经有意识地把章太炎上古音研究作为审音对象，用罗马字构拟，在中国这是一种新的尝试（1898年，大岛正健为汉语上古音韵部用罗马字做了构拟）。两年以后，章太炎作《二十三部音准》描写古韵音值，虽然标记还是汉字，但也被称为汉语上古音构拟第一人（黄易清、王宁、曹述敬2015：306页）。胡以鲁还从现代语音学角度加以解释，与西方历史比较语言学构拟理论同步，早于高本汉，但为何却没有人去向学界广泛地申说这件事儿？

第五个疑问是，胡以鲁为何能在章太炎汉语方言分区的框架下，新见频出，分出徽语区，敏锐地认识到苍南"蛮话"的闽语特点，暗合袁家骅等20世纪60年代的"七区"之说？语言学智者相隔50年，其汉语方言地理学意识如此惊人一致，令人百思不得其解。

第六个疑问是，胡以鲁为何能从社会语言学以及方言地理学视角研究汉语方言及标准语？比如从社会分层、社区人员语言构成、语言接触角度去观察汉语方言，又从地理环境及历史变化研究汉语方言，还初步建立汉语方言发展史研究框架，使得中国第一次具有了现代意义上的汉语方言史意识，这在当时，其理念是何等的先进？当然，你可以说，这里面有章太炎汉语方言史研究理论与保罗《言语史原理》理论的影子，你也可以用16年以后，即1928年赵元任主持大面积调查方言的工作成绩要求他，让他也整理出来《湖北方言调查报告》那样的大部头书，但问题恐怕不是那么简单，需要进一步研究。

第七个疑问是，胡以鲁并没有直说，但在字里行间已经流露出其意识：洞晓其师上田万年为日本政府规划"东亚殖民语言战略"的危害性，也看到了日本语言学者以东亚文明中心移动说为借口让"东亚殖民语言战略"披着合法外衣而呈现的破坏力。由此，胡以鲁以中国为东亚文明中心的不可移动性来加以对抗，强调当时建设汉语标准语的迫切性与重要性，这是当时中国学者很少具备的极为敏感的学术意识。事实证明，胡以鲁的预测是十分准确的。20世纪20年代末期，日本东条操的"方言区划论"与柳田国男的"方言周圈论"相继抛出，使东亚语言，包括汉语的研究，走向以日本语为中心的虚构超级"通古斯语系"的歧途，后来建设"大东亚共荣圈语言学"理论，比如保井克己《满洲民族言语》（1941）、保科孝一《大东亚共荣圈与国语政策》（1942）、乾辉雄《大东亚言语论》（1944）等专著纷纷出版，这就不是偶然的，而且，几者之间是存在着必然的内在联系的。胡以鲁为何能在清末民初就观察到这一学术倾向性的破坏作用?是他看到了中国台湾省沦为日本殖民地以后名义上的"二语共用",实际上要求以日语为"第一国语"的残酷事实,还是其他什么的,这也是我们需要多加思考的。可惜,我们中国学者到现在还没有在《国语学草创》中发现这些问题意识,是不是我们有时过于粗心?

第八个疑问是,胡以鲁为何能从汉语字词的音节结构形式特性谈起,利用现代语音学理论研究"同音同义而词形相异"的"同源词"问题,不仅发扬光大章太炎的"变易"和"孳乳"理论,还实现了传统汉语训诂学向现代训诂学,也包括汉语语源学的转变?可是,后代的许多训诂学,也包括汉语语源学著作基本不提及,这却是为何?要知道,高本汉《汉语词类》迟至1937年才由张世禄翻译出版,此时国人大多还在"双声叠韵""旁转""对转"的同源关系思维模式里打转转,胡以鲁何以能突出重围,具有如此超前意识?

第九个疑问是,胡以鲁为何能在马建忠陷入欧美语法学理论思维模式且占据中国主导地位的时候,反其意而用之,面向汉语实际,建构"汉语心理句法理论"?

你也会发现,胡以鲁的观点不同于马建忠《马氏文通》,而且是中国最早批评《马氏文通》者之一,他说:"吾国无语法书,有之,惟马建忠氏之《文通》,然说明古文,且一以拉丁文法为原则,非今语法,尤非纯粹吾国语法也。"(101页)这与许多学者认为《马氏文通》语法体系以模仿为能事,全盘吸收西方语法学理论模式,将西方语法学理论移植到汉语文言语法研究中来,生搬硬套,没有了东方学者的自主性是不是有相同之处?刘复等强烈批评马建忠"按照拉丁文做了一部《马氏文通》"(《中国文法通论》,1919年成书),是不是也有胡以鲁的影子?此后,矫枉就正,成为一股潮流,所以,才有了陈望道等1938年开始的"中国文法革新大讨论"的展开。(《中国文法革新论丛》)尽管如此,在体系与方法上,仍然没有完全打破模仿体制的束缚。1948年,高名凯评王力《中国语法理论》时,还是承认:"这部书的整体精神可以说是建筑在叶氏的词品说上。"王力在《中国语法理论》中也承认这一点。傅子东《语法理论》(五十年代出版社,1954)不仅批评王力,还很尖锐地批评赵元任、高名凯语法研究的"模仿"问题。当然,1958年,一些学者对王力、高名凯、陆宗达语法研究的批判,不属于真正的语法学术的研究,而是非正常运动式的虚假语法理论研究(《语言学研究与批判》,高等教育出版社,1958),不能入此之列。及至于今天,我们许多学者仍然在呼吁"汉语语法研究摆脱印欧语的眼光"。(沈家煊《语法六讲》,商务印书馆,2011)那么,我们要问的是,我们的语法研究现在已经摆脱了印欧语的眼光了吗？还是没有？历史如此惊人地"相似",循环往复,我们又在喋喋不休地重复着"中国文法革新大讨论"的话语模式了。很奇怪,在20世纪二三十年代到四五十年代,人们研究汉语语法理论为何不去看看胡以鲁《国语学草创》怎么说、怎么想？为何把他的汉语语法理论束之高阁,或者是有意遗忘？清末民初诞生的《国语学草创》,早就考虑着摆脱印欧语的眼光去看待汉语特点了,而且提出了一套整合东西方语法理论进而构建汉语语法理论的方案。这些方案,在今天都是汉语语法研究的"至宝",考虑得非常周到,我们为何还是很少有学者去关注、去发掘？这种态度,用傲慢与偏见命名是不是适用？我一时还不知道该如何定位。

第十个疑问是,胡以鲁为何在中国竟然能够做到第一个与世界语言学理论大家平等对话？他抛弃比较语言学的语言"谱系"认同理论,从"同构"类型视角将世界语言分为综合语与分析语两类,以此为标杆,去发掘汉语特征之"真相"。在语言类型学视野中研究汉语的模式被中国语言学界炒得火热的今天,还有没有人记得110年前胡以鲁已经捷足先登地聊过这个话题？

第十一个疑问是,在胡以鲁之前,讨论译名问题的学者很多,比如严复、章士钊等。胡以鲁为何能够底气十足,鼓起绝大勇气,挑战章士钊"音译"学说,提出"义译"系统理论,引发20世纪初期影响力巨大的"译名"学术论战？沈国威教授是研究胡以鲁的大家,发表过多篇有关《国语学草创》词汇及译名理论的论文,很好地回答了这个问题。但我还是希望就此"义译"理论问题再行深入讨论下去,如此,应该会有更多的新发现。

第十二个疑问是,汉语与文字之间关系,迄今仍然是徐通锵、潘文国、李如龙等知名学者倾心关注的问题,比如徐通锵《汉语字本位语法导论》(山东教育出版社,2008)特设"文字和语言的研究"一章讨论,但"字本位"语言理论遇到了强劲对手,许多学者表示反对。李如龙教授则出版了《汉语特征研究》(厦门大学出版社,2019)一书,更是专门讨论之,研究得更为深入。殊不知,胡以鲁在20世纪初已经全面地思考了这个问题,并且不局限"字本位"理论意识,非常深入,可惜,现在学者基本不提胡以鲁的这项成果。胡以鲁为何能够理性地由文字而论"言文一致"与"言文背驰"问题？而不是像钱玄同《汉字革命》那样激进地地高喊"汉字之根本改革,将汉字改用拼音",背弃其师章太炎《驳中国用万国新语说》的教诲。胡以鲁对中国文字的语言特性认识是清楚的,比如"中国文字之病""言文纷歧之道""语言变迁不息,文字不肯随之,语言范畴遂转为文字的侵入",等等。当然,也要注意胡以鲁为何并不具有出土甲骨文金文意识问题,这也是我们需要解释的。我们感到,这也许就不是胡以鲁本人的问题,而是另有隐衷。胡以鲁所处之东京帝国大学,东洋史学权威白鸟库吉教授"疑古"意识浓厚,视甲骨文为伪造,不予理睬,还排斥林泰辅的甲骨文金文研究。就整体性学术氛围来看,其业师章太炎也不相信甲骨文,也斥之为伪造,胡以鲁又怎能以一介在读本科书生之职分违拗其师命,背离师门学术宗旨?

第十三个疑问是,胡以鲁《国语学草创》代表的是东亚"嫁接"式的民族气质浓郁的汉语语言学理论,为何最终被赵元任等欧美第一手现代语言学理论审视下的汉语言文字学理论与方法所取代?难道仅仅是因为胡以鲁《国语学草创》是"悬空"的理论,而赵元任等欧美现代语言学研究模式是"接地气"的纯客观科学理论?这样的解释是不是过于草率?其背后有没有"复古派""章黄派""东洋派"与"欧美派"理论意识之争?语言学"新学案",激流博弈,百家争鸣烽烟滚滚,对现当代中国汉语语言文字学的发展历史进程影响到底如何评估?与当前学者们的中国语学史主流叙述是不是大相径庭?我们要不要肯定胡以鲁所倡导的带有激进色彩的中国国语学民族精神?

第十四个疑问是,胡以鲁《国语学草创》出版后,命运多蹇,尽管有其师章太炎的鼓噪呐喊,似乎要赢得震天动地的回应效果,岂不知没有多少学者去买胡以鲁的账,只不过是视此如彼,"劳心悄兮"而已!可以想见,当时汉语言文字学界,对待《国语学草创》,死水微澜而已。仅有黎锦熙、沈步洲、张世禄几位汉语语言学理论研究者"琴瑟友声,嘤其鸣矣",最后落得个"终和且平"的结果。这是什么原因造成的?有没有人为因素掺杂在里面,其背后的个中三昧,如何寻得?到现在我们还处在懵懂而不辨个南北西东的迷惘之中。

第十五个疑问是,胡以鲁师从日本上田万年、中国章太炎自不待言,但不可忽略的是,当时,在日本东京大学任国语科主讲的是上田万年学生藤冈胜二教授。也就是说,除了上田万年之外,对他指导的最多的是藤冈胜二,因此,藤冈胜二的影响极其重要。那么,体现在《国语学草创》的写作上,藤冈胜二《国语研究法》(1907)的"言文一致"、语法区分理论与实用两类、语法与辞书互联、国语与方言关系等思想的影响到底占有多大的位置?此外,还有保科孝一,其与藤冈胜二同期毕业,在胡以鲁入学之时,已经是东京大学语言学讲师,其《言语学讲话》(1902)涉及语言和文字、借用语、方言、标准语、国语与国家关系诸多问题,与胡以鲁《国语学草创》是否有交集?这也是需要回答的。这也是研究《国语学草创》语言学思想来源需要思考的方向之一,也是我们过去所忽视的。由此,这样一个问题就会摆在我们面前,无法回避:是不是胡以鲁成了模仿东方语言学的先驱,而重蹈马建忠的旧辙?

我正是带着这样多的疑问去思考,绞尽脑汁也不得其要领,无奈,似乎感到只有一个劲儿地钻进考据牛角尖儿才是出路。纯粹围绕着《国语学草创》做文章,以"六经注我"与"我注六经"方式交替使用,尽自己的能力爬梳文献,解读《国语学草创》中深奥的术语体系与基本原理。经过了两年多挥汗如雨式的思考与写作,总算是建立了粗浅的解读框架模式。应该说,以往存在于头脑中的许多疑问初步得到了释解,尤其是一些细节问题,更是如此,着实取得了《国语学草创》研究上的一点儿突破,汇集起来,凑成了这部专门研究《国语学草创》的专著。

但经过一段时间的沉淀后,我忽然醒悟到,如果真的是这样以常规层次理解《国语学草创》文本的话,是不是让人感到我的学术心量太狭小,容不得中国语言学大格局?心量决定器量,境界决定高下,唯有胸怀浩大才是真正大心量。我放开心量,扩大器量,是不是可以把这些疑问放到更阔大的视野中去思考?比如中国,乃至东亚现代汉语语言学史,胡以鲁《国语学草创》究竟居于何种位置?

如果把这些疑问放入中国,乃至于东亚汉语现代语言学史研究中去,你就会发现,这些众多疑问几乎都是东亚与中国现代语言学理论史关注的重大学术问题。在东亚,《国语学草创》夺得了多项第一,与日本上田万年《为了国语学》(1895)、《言语学》(1896—1897),藤冈胜二《国语研究法》(1907),以及韩国周时经《国语文法》(1898)《国语文典音学》(1908),俞吉濬《大韩文典》(1900)一样,开拓之功至伟。其中,最为重要的是,胡以鲁可谓是东亚范围内中国学者系统建构中国汉语现代语言学理论的第一人,《国语学草创》一书的深刻性,则完全超越了作者的东京大学同门日本人后藤朝太郎《现代中国语学》(1908),无人可以取代,在当时也无人可以超越,这是基本事实。中国人建构自己的国语学,套改《孟子·公孙丑》里的话:"如欲平治中国国语理论天下,当今之世,舍胡以鲁其谁也?"气魄如此之宏大,让人感到,胡以鲁《国语学草创》具有了真正意义上的中国汉语言文字学理论气派与大格局。

如果把这些疑问再放到中国本土的"章黄汉语言文字学"上,乃至于"章黄汉语言文字"学学术史研究中去,你也会发现,这些疑问,几乎都应该是"章黄汉语言文字学"学术史研究需要关注的重大学术问题。时序过去110年,作为"章黄汉语言文字学"流派中极其重要的人物,有谁去思考《国语学草创》汉语语言学理论在"章黄汉语言文字"学学术史地位如何？推而及之,又有谁去思考我们所提出的十五个关系到"章黄汉语言文字学"流派历史评价的宏大问题？如果没有人去思考或者思考得少一些,那就是否意味着章黄汉语言文字学学术史研究还存在着一个"其所不知而盖阙如"的遗憾？如此,如何能对得起章氏所赐封给胡以鲁的"斯治语学者所未有也"的超级爵号？

如果对不起章氏为胡以鲁所封的超级爵号,那么20世纪初的"章黄汉语言文字学"似乎就会负载着保守与现代语言学存在隔膜的隐喻,如此,章太炎固守《说文》,斥甲骨文为"速朽之质,易埋之器,作伪有须臾之便"赝品的负面影响就会被人无限地放大,洗刷"马失前蹄"之辱会变得遥遥无期。

我们认为,回应学界质疑的最好方法,就是还原历史,从客观而公正地理清"章黄汉语言文字学"发展脉络,重建"原始章黄汉语言文字学"做起,而不是以"六经注我"式释解了之。只有这样,才能复原章黄汉语言文字学之元气,让人看到"气聚则生,气壮则康"的"庞昧革化,惟元气存"景象。"章黄汉语言文字学"之元气是什么？以上古音研究为例,我们是否可以借用《涅槃经》所做的两个比喻而类比？即是:"犹如车有二轮,则有载用;鸟有二翼,堪任飞行。"如果把章太炎汉语言文字学上古音学说比作一驾马车的话,章太炎汉语言文字学上古音学说的构成就是个整体的"庞大理论体系",而黄侃、胡以鲁就是其"庞大理论体系"车体之左右二轮,右边一个车轮是近代式汉语言文字学上古音学说,左边一个车轮是现代式汉语言文字学上古音学说。两个车轮共同支撑着章太炎建造的"章黄汉语言文字学"上古音学说之车向前猛劲儿飞奔,二者缺一不可,这是不是"章黄汉语言文字学"上古音学说"庞大理论体系"的本真面目？以往有的学者只是强调了黄侃上古音学说的捍卫师说,笃守"家法"的作用,过分夸大了"三百年来古音学研究殿军"的效用,而忽略了胡以鲁融合东西语言学理论而成就的异数"再造"上古音学说功能,如此,就使得"章黄汉语言文字学"上古音学说"庞大理论体系"之车,行进在世界汉语言文字学上古音学说的道路上,显得不堪累累威名之重负,像个跛脚前行公子,总显得形象有些不完美。如果,我们重新公正地看待胡以鲁在"章黄汉语言文字学"上古音学说"庞大理论体系"中发挥的异数"再造"功能的话,情况则大不一样。胡以鲁之主动融入世界语言学潮流,与世界第一流语言学家平等地对话之功效,则会有力地弥补"再造""章黄汉语言文字学"上古音学说"庞大理论体系"阙如之遗憾。如此,"章黄汉语言文字学"上古音学说之元气,一定会重放异彩,"章黄汉语言文字学"上古音学说的时空将得到大力拓展,"庞大理论体系"内涵愈加丰富,真的就是呈现了"鸟有二翼,堪任飞行"的巨大学术效应。

我们重新回到日本关西大学东西学术研究所图书馆的现场,为何我可以在这里找到胡以鲁《国语学草创》"活水源头"而不是其他地方?这似乎是冥冥之中天注定的。我两次到关西大学东西学术研究所访学,合作教授是内田庆市先生,前后有一年零三个月时间的停留。在关西大学东西学术研究所,留下雪泥鸿爪的世界各地知名学术大家不计其数,来来往往,走马灯似的,但"聚散皆有缘,缘有一线牵"。这样一条无形线缘,就是东西学术研究所的学术魅力,就是东西学术研究所的学术理念的感染力。

东西学术研究所从全球化的角度研究多元文化,以贯通东西方学术为宗旨,围绕几千年来人文社会科学"西学东渐"或"东学西渐"的关系,文化的交互融合,进行开放式的研究,学术集聚效应不断显现,学术信息流、人才输出流、理论碰撞流,构成了影响整个东亚乃至世界的一道道绚丽多彩的学术景观。

其学术领军人物,在本专业学术领域,大多具有世界性的影响力,比如石滨纯太郎、大庭修、松浦章、内田庆市、沈国威等。丰富的东西学术研究所图书馆藏书与关西大学图书馆藏书,互为补充。关西大学图书馆学术文库,著名的有:岩崎文库、内藤文库、长泽文库、增田涉文库、泊园文库等,学术矿藏资源极其丰富,让人流连忘返。

与胡以鲁相关课题研究,关西大学东西学术研究所学者与学生早就有人捷足先登。比如,内田庆市教授指导的博士生海晓芳,其博士学位论文《文法草创期中国人的汉语研究》(2014),就涉及《国语学草创》语法学理论的许多内容。它所具有的开拓性贡献就是,第一次把胡以鲁《国语学草创》纳入欧美语言学理论传入日本与中国的视野中去研究,这等于叩开了《国语学草创》一扇闪光的大门。

沈国威教授专著《近代中日词汇交流研究——汉字新词的创制、容受与共享》(2010)、《一名之立,旬月踟蹰:严复译词研究》(2019)、《汉语近代二字词研究》(2019)涉及胡以鲁《国语学草创》许多方面内容的研究,已经迈开了开创性步伐,贡献非常大。

与沈国威教授的交流,真的是开阔眼界,受益匪浅。我们商议,一定要在2021年相聚厦门大学,召开一次以胡以鲁与《国语学草创》为主题的国际学术研讨会,希望汇聚天下各路精英好汉,聚焦胡以鲁和他的《国语学草创》,以求得最大限度地推进胡以鲁和他的《国语学草创》研究。

在这样的学术氛围里,你很难置身于胡以鲁和《国语学草创》研究氛围之外,很快,我就不由自主地陷入了进去而难以自拔。阅读《国语学草创》,寻找与之相关的文献,着魔似的,并力一意,知我者谓我为如此偏心胡以鲁而心忧,不知我者谓我为胡以鲁痴魔而何求。内田庆市教授推荐我阅读甲柏连孜《语言学》与上田万年《言语学》,启发我熟知他们之间的承继关系,由此,我明晰了胡以鲁语言学理论师承欧美与日本学术的一面。两年下来,对胡以鲁《国语学草创》颇有些心得。其中,有两篇文章分别发表在著名的《古汉语研究》与《语文研究》上,引起了国内外同行的注意,这一定要感谢编辑李小平与蔡梦麒两位先生,给我以呐喊的机会。古屋昭宏教授与竹越孝教授,分别邀请我到早稻田大学中文学院与神户市立外国语大学中文系做学术报告,和他们讨论与胡以鲁相关的甲柏连孜《语言学》与上田万年《言语学》的研究问题。很幸运的是,在早稻田大学中文学院讲座上,87岁的东京大学平山久雄教授亲临现场给我鼓劲儿,并给予指点。

2019年5月到8月,我在东京大学文学院访学,也有意识地调查胡以鲁在东京大学的学习与研究行迹,并把自己的想法告诉给了合作教授大西克也先生。大西克也教授正在东京大学文学院院长任上,特别忙。不曾想,他对此事特别在意,四处寻找,竟然把胡以鲁考上东京大学语言学科的"在学证明书"翻出来了,真的是踏破铁鞋无觅处,得来全在一瞬间。"在学证明书"的发现,使得这项研究"柳暗花明又一村",加快了推进速度,使我们一下子弄清楚了许多关键性的百年来学者们为之疑惑的问题,比如出生日期、籍贯、担保人、父亲名字、东京大学入学时间、住处诸多难题,都迎刃而解。我与大西克也教授反复研究了"在学证明书"所蕴含的这些丰厚信息,合作写下了一篇文章,发表在著名的《东京大学文学院中文纪要》(22号,2020年3月)上了。不客气地讲,就胡以鲁研究而言,这是一个重大发现成果。

2019年9月回国后,马不停蹄,我马上邀约李逊博士点校《国语学草创》,并请他撰写"汉语词汇发展变化之观念"与"从汉语方言史谈到汉语标准语"两章。李逊博士的加入,大大地加快了我们研究《国语学草创》的进程,也使得我们思考问题的角度有所转变。另外,我在给2019级博士生的中外汉语语言学史文献研究课上重点介绍了胡以鲁《国语学草创》与西方语言学、日本国语学,以及与章太炎汉语言文字学理论的关系,指导博士生思考与之相关的东亚汉语语言学史问题,在与博士生讨论过程中深化研究《国语学草创》的许多问题,有的同学某些方面的见解也颇为独特,引发我深入思考。

2021年4月6日,是厦门大学百年校庆纪念日。厦门大学决定出版一套研究性丛书以示隆重庆贺,并向厦门大学全体教师发出征稿启事。我与李逊博士商议后,决定将《任尔西东:〈国语学草创〉原理》书稿拿出来应征。学校组织专家认真评审,很荣幸,在诸多应征书稿中,我们的书稿榜上有名,得以荣幸入选,并由厦大出版社的牛跃天先生担任责任编辑。

交代情况至此,我的情绪阴郁骤然,为何如此?因为我忽然想起"天妒英才""天才易折"的老话来了。胡以鲁只活了29岁,英年早逝,是不是太过于不幸?无论是对他自身及亲友而言,还是对国家民族的语言学研究而言,都是莫大的悲哀。我在设想,假如上天得以赐给他中寿,他就可以再活29岁,与其同门鲁迅几乎平格天年,会是什么样子?是不是更为才名横溢,卓然大家,执学界之牛耳,跻身九流十家而获一席之地,并以雕龙字字,如椽大笔飞声的形象展现在世人面前呢?是不是也会如鲁迅《且介亭杂文》所说的,"门人敬仰,同心立表,冀彰潜德"?可是,今宵酒醒后,人散夜堂空,我这不过是一场愁人对夕阳的春梦而已!"好借月魂来映烛,恐随春梦去飞扬。"我不得不反问道:"何至于此,害得老身在一百年后(2017年恰好是胡以鲁逝世100周年)竟然为当时一位英锐隽逸少年鸣不平,一如杜鹃达旦泣血,一如老猿长啸哀鸣?"

近现代东亚语言学学界中人,生禄未终,半途夭折也有几人,比如中国学者刘半农、白涤洲。我认为,半途夭折并不可怕,怕的是时运不济,生前身后难遂其志,长使同道泪满襟。有人把胡以鲁看作是中国的有坂秀世,但我认为,看似胡以鲁的命运与日本有坂秀世有得一比,其实则不然。同样是东京大学语言学科毕业的有坂秀世43岁弃世,虽然也使得日本语言学界为之哀痛不已,但他在生前已经得到了语言学界极大肯定,获得了日本最具盛名的国家人文学科学士院奖,对于病榻上奄奄一息的有坂秀世来说,确实是一个莫大的心灵安慰。他去世后,也是倍极哀荣,日本学术界为之举行了隆重的"有坂博士追悼会",紧接着,又由日本学士院为他举行学士院奖授奖仪式。日本语言学会、国语学会、日本音声学会在东京大学联合为他举办了"故有坂博士追悼演讲大会",各界大佬纷纷露面,最负盛名的金田一京助教授称赞他为日本百年来诞生的语言学第一人。研究有坂秀世的学者蜂拥而至,其中最为有名的著作是庆谷寿信教授所写的《有坂秀世研究:人与学问》(2009)一书。庆谷寿信教授评传文献齐备,所涉及的内容极其丰富。仅凭这一本书,就可以将有坂秀世的学术藏之名山,传诸后世,没有任何异议。可是,我们中国的胡以鲁呢?生前颠沛流离,惊风骇浪,在北京大学讲坛上,还被同道争相诟病,噬点以为灰尘,郁郁寡欢,抱着《国语学草创》及《言语学讲义》,悄然离世。不见之讣告飞传,更不见之诔词凄厉;生前备受争议,死后寂寂无声,何其灰暗凄冷如此耶?我们总想着,是不是也能像庆谷寿信教授为坂秀世博士撰写一部翔实年谱那样写一部胡以鲁年谱?或者也为胡以鲁写一部传记?可是,落实到行动上就犯难了,上哪里去找胡以鲁的材料呢?他的行迹何在?胡以鲁文献档案久已淹没,根本无人整理。此时此刻,我想起了韦应物《寄全椒山中道士》诗:"欲持一瓢酒,远慰风雨夕。落叶满空山,何处寻行迹?"我们面临的困难重重,有其心而无其力,只待将来再有新的发现而校订成编,再行祭奠之礼。

落笔于此,我又在扪心省己自问?为何年近花甲,及于耳顺,却做不到"耳闻其言,而知其微旨"?却还在如热血少年一般,冲动地振衣长啸?这样下去又怎能自如舒畅其心神,流浃其情志?说一千道一万,还是心中有所不甘,只好发思古之幽情,如同看三国英雄气绝身亡掉泪,常常替古人忿忿不平。其实,目的只有一个:丢弃"章黄汉语言文字学"学术研究中的"魔戒"眼光,轻轻松松走向自由王国,给予胡以鲁现代式汉语言文字学车轮以一个安放之地,这样是不是就可以做到以卑弱之躯,尽微小之力告慰语言学前辈、慰藉语言学同辈,抚慰语言学后辈了?呵!这样想来是不是我自不量力?如果真的是这样,诸君可粲然一笑了之,不必把我的话当真。

说明:本书又是厦门大学人文社会重大项目(培育)《东亚汉语音韵学史(多卷本)》成果之一,特此致谢!另,本书中有关胡以鲁对宋人36字母罗马字拟音及胡以鲁汉语方言分区两项内容的研究论文,已分别刊载在《古汉语研究》(2019年第2期)与《语文研究》(2019年第2期)上,对蔡梦麒及李小平两位先生特致敬意!

2020年5月20日书于厦门市五缘湾五缘公寓知微居。近4月有余,国家有难,疫情肆行于天下,自我隔离独居,心有戚戚焉!

作者

目 录

第一章 《国语学草创》：胡以鲁汉语语言学理论价值及意义 ………… 001
 第一节 东京大学"在学证书"发现与胡以鲁相关史实考证 ……… 001
 第二节 《国语学草创》结构形式安排及内容 ………………………… 017
 第三节 重新认识《国语学草创》"国语学"价值 …………………… 024

第二章 《国语学草创》：汉语语言学理论第一书"原型" ……………… 036
 第一节 《国语学草创》性质与上田万年国语学"原型" …………… 036
 第二节 《国语学草创》理论"兼容"与甲柏连孜多重学术关系 …… 050

第三章 《国语学草创》：语言起源、进化与汉语声音论 ……………… 060
 第一节 汉语起源于感叹词论 …………………………………………… 060
 第二节 胡以鲁"语言进化论"与中国国语"感叹词" ………………… 064
 第三节 胡以鲁论说汉语单音节、双音节、多音节词 ………………… 071
 第四节 胡以鲁理论范畴：内范与外范 ………………………………… 075
 第五节 语言起源研究新视野与演化语言学 …………………………… 077

第四章 《国语学草创》：从世界语言分类看汉语特征 ………………… 081
 第一节 世界语言历史、类型、地域三种分类理论 …………………… 081
 第二节 从世界语言"同构"类型看汉语的特征 ……………………… 082
 第三节 世界语言分类与汉语特征之"真相" ………………………… 101

第五章 《国语学草创》:汉语词汇发展变化之观念 …… 108
- 第一节 通假、双声叠韵、音之长短、类推与汉语"发起" …… 108
- 第二节 汉语后天发展心理观:以词汇为中心 …… 125
- 第三节 观察汉语词汇语义后天发展变化的维度 …… 134
- 第四节 观察语词语义分化趋势的心理学意识 …… 142

第六章 《国语学草创》:汉语心理语法理论模式 …… 149
- 第一节 学术界对《国语学草创》汉语语法理论之研究 …… 149
- 第二节 胡以鲁汉语"品词"之"词法"学说 …… 151
- 第三节 胡以鲁汉语"句法"学说 …… 161
- 第四节 甲柏连孜等学者与胡以鲁汉语心理语法理论"原型" …… 175
- 第五节 胡以鲁理想之汉语标准——"文典语法"模式说 …… 180

第七章 《国语学草创》:从汉语方言史谈到汉语标准语 …… 185
- 第一节 方言的产生与汉语方言史 …… 186
- 第二节 国语统一"标准语"与"标准音" …… 194
- 第三节 国语"标准化"与语言规划及政策 …… 210

第八章 《国语学草创》:汉语方言分区理论"初啼"及"原型" …… 216
- 第一节 胡以鲁汉语方言分区理论述略 …… 217
- 第二节 胡以鲁汉语方言分区的对应名称及分布问题 …… 218
- 第三节 胡以鲁汉语方言分区理论"原型" …… 222
- 第四节 胡以鲁汉语方言分区理论的学术史意义 …… 228

第九章 《国语学草创》:汉语上古音理论及罗马字标记意义 …… 233
- 第一节 胡以鲁元音理论与汉语上古音韵部概念 …… 233
- 第二节 胡以鲁上古音声纽音理与方音证据 …… 247
- 第三节 解读对转旁转理论:语音学与心理学 …… 254
- 第四节 发掘胡以鲁上古音理论的意义 …… 266

第十章 《国语学草创》:宋人 36 字母理论及罗马字标记"原型" ········· 271
- 第一节 胡以鲁宋人 36 字母罗马字标音理论 ················· 271
- 第二节 现当代学者对宋人 36 字母的国际音标"构拟" ··········· 277
- 第三节 胡以鲁宋人 36 字母罗马字标音理论"原型" ············· 278
- 第四节 对胡以鲁宋人 36 字母罗马字标音理论的认识 ··········· 287
- 第五节 宋人 36 字母罗马字标音理论及"原型"发掘的意义 ········ 294

第十一章 《国语学草创》:由文字而论"言文一致"与"言文背驰" ······ 297
- 第一节 汉语语言与文字关系:"言文一致" ················· 298
- 第二节 汉语发展变化:语言为主,文字为从而"言文背驰" ········ 309
- 第三节 语言折射思想,"言文一致"与"质文建设案" ··········· 317
- 第四节 胡以鲁是否具有出土甲骨文金文意识问题 ············· 330

第十二章 《国语学草创》:译名、借用语及义译理论 ··············· 335
- 第一节 胡以鲁论译名与借用语之界说 ··················· 336
- 第二节 译名、借用语及"役于外语"问题 ················· 341
- 第三节 胡以鲁译名之"义译"理论 ····················· 346
- 第四节 胡以鲁论固有名词不可译者 ···················· 353
- 第五节 胡以鲁"习于外而不忘其本"原则 ················· 357

第十三章 《国语学草创》:中国接受西方普通语言学理论方式 ········ 362
- 第一节 西方语言学理论知识传入中国的时间与方式 ············ 362
- 第二节 教科书:近现代中国普通语言学理论传播方式 ··········· 364
- 第三节 教科书:《国语学草创》等接受西方普通语言学理论方式 ···· 366
- 第四节 译介日本翻译教科书:曲线接受西方普通语言学方式 ······ 379
- 第五节 教科书:近现代中国接受西方语言学理论效应 ··········· 389

参考文献 ··· 395
附录:胡以鲁《国语学草创》横排本 ·································· 406

第一章 《国语学草创》：
胡以鲁汉语语言学理论价值及意义

第一节 东京大学"在学证书"发现与胡以鲁相关史实考证

一、以往学者对胡以鲁的研究

关于胡以鲁(1888—1917)，根据以往学者的研究，我们知道，他字仰曾，浙江定海人。《辞海》说是宁波人。1994 年印行《定海县志》说，胡以鲁是定海人。日本学者田原天南《中国官绅录》认为胡以鲁是定海人。其弟胡以庸(梅庵)请张大千画《蜀道秋云图》，就以"定海胡梅庵审藏"钤印示之。

1906 年，胡以鲁赴日本留学，先是在日本大学攻读法政学科，获法学学士学位。后又考入东京帝国大学博言科学习语言学，师从上田万年，1912 年获得文学士学位。1906 年以后，国学大师章太炎赴日本访学，在留学生中开设《庄子》《楚辞》《说文》等国学讲座，胡以鲁和鲁迅、周作人、钱玄同、黄侃、许寿裳等一起成为章氏的弟子。胡以鲁学贯中西，在日本东京帝国大学(即今天的东京大学，以下叙述有时也称"东京大学")攻读语言学时，接受了德国、丹麦等西方语言学家的熏陶和影响，同时又师从国学大师章太炎，具有深厚的国学基础。1912 年 9 月学成回国。先是在浙江高等学校任教务长，后到北京法政专门学校担任主任教员。黎锦熙《国语运动史纲》(商务印书馆，1931；商务印书馆，2011)称，1912 年年底民国教育部设立"读音统一会"，80 人会员名单中就有胡以鲁，代表浙江。1913 年，胡以鲁担任当时中国司法部的参事。1913 年 5 月，章太炎学生以章太炎拟定的标音符号为基础，提出统一注音方案，被"读音统一会"采纳。参加提案讨论的人中，有朱希祖、胡以鲁、鲁迅、马裕藻、许寿裳等(122 页)。许寿裳《章炳麟》(重庆出版社，1987：67 页)回忆说："会员中，章门弟子如胡以鲁、周树人、朱希祖、马裕藻及寿裳等，联合提议用先生之所规定,正大合理,遂得全会赞同。其后实地应用时,稍加增减,遂成今之注音符号。"1915年,胡以鲁又在北京大学讲授国语学课,因为是全新的汉语现代语言学理论课程,受到同行的误解。此后他也在北京民国大学、北京师范学校等高校任职。王晓明(2002)说:胡以鲁也在北京高师开设"国语学"课程。1915年他又协办"注音字母传习所",并特别在高师附小设"国语讲习所",专教注音字母和国语。《国语学草创》是胡以鲁唯一一本公开出版的中国汉语语言学理论著作。[1]此外,胡以鲁还翻译了日本学者本穗楼撰写的《新日本民法论》,有抄本存世。

二、发现"东京大学在学证书":解开中国语言学理论奠基者胡以鲁之谜

100多年来,胡以鲁的身世一直存在着争议,出现了令人感到疑惑的问题:一是其出生地到底在哪里?新版《辞海》说是宁波人,而1994年印行的《定海县志》说是定海人。二是胡以鲁进入东京大学的时间。大多数人都笼统地说,他在日本大学毕业以后进入东京大学学习,但究竟是哪一年进入东京大学学习的,没有人知道得更为详细。由此,人们对他在日本大学毕业的时间也就存在着模糊的看法。三是胡以鲁如何进入东京大学学习的,是考入还是审核录取的,其程序如何?现有材料语焉不详。四是胡以鲁父亲是何人,从未有人提起。当然,还有其他一些争议问题,比如:《国语学草创》的完成与发表是在1912年还是1913年?甚或是许多人说的1923年。《国语学草创》是普通语言学著作,还是"国语学",即中国汉语现代语言学著作?《国语学草创》是否就是胡以鲁撰写的,但我们今天已看不到的《言语学讲义》的另一个版本?这些问题,涉及面特别大,中国现代语言学理论学史研究无论如何回避不了。

在2019年5月26日至8月22日之间,笔者应邀在东京大学文学部中文科做外国人客座研究员,大西克也教授是笔者的合作教授。2019年6月27日上午,在文学部部长大西克也办公室,笔者看到了厚厚的一本"文学部在学证书"装订册,排序为"コ册"。大西克也翻开已经用纸条标记好的部分内容之后,马上把装订册交给笔者。笔者随后看到的是,那张"在学证书"上用毛笔赫然写着"胡以鲁"三个字,这顿时让笔者大吃一惊,真的让笔者感到难以置信。大西克也解释说,在得到了笔者向他发出的寻找胡以鲁资料的请求后,他马上就让东京大学文学部主管学生档案的教务主任找出明治后期的资料。大西克也原来也在想,东京大学经过了1923年东京地震——几乎将东京夷为平地的

第一章 《国语学草创》：胡以鲁汉语语言学理论价值及意义

此像出自沈兼士签名的线装本扉页。这本《国语学草创》出版时间与出版机构不详。但从扉页所题"十年苦学实劳母心，区区著篇敬为母寿"的表达来看，其"十年"应从1902年在国内学习算起，出版时间应该在1912年。

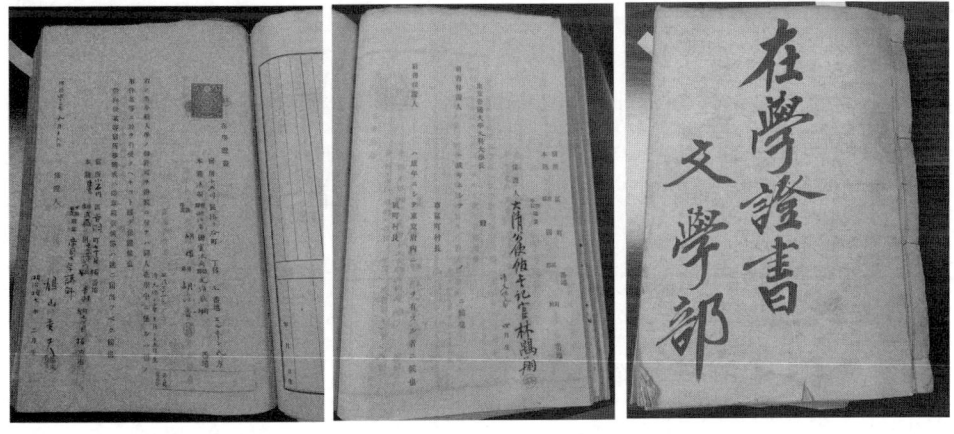

李无未和大西克也教授都处在一种"发现"之后情绪高涨而无比激动的状态之中，当然还要用心详细讨论这张"在学证书"所蕴含的信息到底是什么。

"大灾难"之后,图书档案受损极其严重,好多珍贵文献荡然无存,是不是与胡以鲁相关的文献也遭到了如此命运?可谁曾想,这份"在学证书"文献完好无损地保存了下来,这让他深感意外。征得大西克也教授的同意,笔者马上用手机很郑重地拍下了这份珍贵的文献影像,以合著方式撰文,以供研究之用。

1.胡以鲁东京大学"在学证书"所蕴含的信息

我们仔细研究了这份东京大学文学院"在学证书",进一步发现,它所蕴含的信息是超乎我们想象的[大西克也与李无未合作论文,见《东京大学文学部中文纪要》(2019年22号),此处全文引用,特此说明,感谢大西克也教授的全力支持与帮助],有这样几个方面的内容非常突出:

其一,解决了胡以鲁出生地问题。"在学证书"明确记载着胡以鲁出生在宁波府定海厅。这等于是将过去的两种说法合二为一。可见,两种说法都没有大的错误,但又概括得都不很准确与全面。

其二,胡以鲁出生的时间是明治二十一年,中国是光绪十四年十月二十五日,即公元1888年11月28日。记载精确到如此地步,这是过去人们所不可想象的。

其三,胡以鲁的父亲是谁,叫什么名字过去并无史料说明,而"在学证书"明确说明是胡耀。

其四,胡以鲁进入东京大学的时间是明治四十二年9月16日,即1909年9月16日,比起过去的胡以鲁"在东京大学留学"的笼统说法更为准确了。由此,也解决了胡以鲁在日本大学法政学科毕业的大致时间问题,即在1909年9月之前。

其五,进入东京大学学习的日本方面保证人是"东京帝国大学讲师"鸠山秀夫。鸠山秀夫生于明治十七年2月,即1884年2月。我们在"维基百科"网上看到,鸠山秀夫生于1884年2月4日,也是很吻合的。

其六,中国方面保证人是大清公使馆书记官林鲲翔,生于光绪元年(1875)。

这些信息对于解开胡以鲁身世与学习经历之谜是十分重要的。我们由此了解到,胡以鲁于1888年11月28日生于宁波府定海厅,父亲是胡耀。而胡以鲁进入东京大学,是由"东京帝国大学讲师"鸠山秀夫于1909年9月16日作保证人举荐而入学的。

结合相关史料,我们对胡以鲁日本留学经历有了一个概括的了解。据《申报》宁波史料(1872—1949)记载,《申报》于1905年3月15日刊登了一份"甬江考取出洋师范生名单",称:"宁波府属考试出洋学习师范生现经府尊喻庶三太守录取若干名,榜示署前。兹将姓氏录左:陈滋镐、宋庆、马裕藻、胡桂显、胡虞舜、魏炯、江镜清、韩禹梁、胡以鲁、张宗礼、虞恺、于斯戚、董耀熙、金士显、董辅清、李宸黼、严彭龄、孙丕忠、王鹏、何后川、虞翼祖、郭学韶、李焕华、金本树、唐保诚、王欧声、孙星环、俞作屏、毛秉礼、江泽深、陈绍祥、叶秉成、夏昌宇、孙汉升、孙锡元、毛士奇、张鸿仪、陈宗、卢鸿勋、洪钟美。"胡以鲁名列其中,和后来的北京大学名教授马裕藻[1878—1945,字幼渔,祖籍浙江鄞县(今宁波鄞州),毕业于早稻田大学,在日本师从章太炎]是同一时间留学的。这也从另一个角度证实,胡以鲁进入东京日本大学法政科的时间,应该在 1905 年 9 月前后。同一年赴日本留学的还有黄侃、杨树达、李叔同等人。东京大学"在学证书"也表明,胡以鲁住在小石川区指ケ谷町七番地アルキン氏(今ケ谷小学校附近),与鸠山秀夫居住的小石川区音羽町七丁目拾番地(护国寺)相距不算太远。很巧的是,1906 年章太炎到东京后,住在东京小石川区新小川町(章太炎《国学振起社广告》提到事务所是牛达区新小川町二丁目八番地。)[《章太炎全集》(十)256 页,2018 年]1908 年 4 月 9 日,章太炎在给德潜信中则说:"弟近已租宅小石川大塚町五十番地。""电车道断处为音羽町九丁目,自此直下至二丁目,有芋店转弯山麓即是。"[《章太炎全集》(十二)169 页,2018],新小川町距后乐园很近,在今地铁饭田桥站西北。章太炎曾与苏曼殊、黄侃等住在同一幢楼中,离胡以鲁的住处也很近。章太炎借东京神田区大成中学讲堂,办起"国学崛起社",定期讲授文字学、音韵学、庄子、中国文学史等课程,胡以鲁也经常去听讲。因此,胡以鲁打下了良好的中国传统小学,即章太炎定名的语言文字学的基础,由此成为章太炎在日本的弟子之一。我们也由此才明白,后来胡以鲁放弃法律学而改为专攻语言学(当时称博言学),受到章太炎传统小学教育的影响,应该是重要的因素之一。

笔者发现,章太炎将传统小学概念等同于语言文字之学概念由来已久,比大多数学者认定的时间要早 7 年。比如 1899 年 2 月 3 日发表于《台湾日日新报》上的《论学校不宜专校(教)语言文字》一文就说道:"何者?语言文字,则小学之属。"还提到"语言"一词,"是故为之鞮译舌人,以通其语言者,则交际之始事也。"这是很少有人提及的资料。章太炎当时在台湾避难,应该受到日本及欧美语言学理论学术影响。1906 年 9 月,章太炎在国学讲习会做讲座,题目是《论语言文字之学》[《章太炎全集》(十四)13～31 页,2018],这是一篇十分有名的演讲。在讲演中,他第一次给中国的小学重新定名,就是语言文字学,这篇演讲辞被称为中国现代语言学的宣言。章太炎第一句话就说:"今欲知国学,则不得不先知语言文字,此语言文字之学,古称小学。……合此三种(文字、音韵、训诂),乃成语言文字之学。"语言文字学的新释与定名,为中国汉语言文字学研究奠定了学科理论基础,成为100多年来,学者们遵守的基本学科内涵规范,语言文字学还被国务院学位委员会定位为二级博硕士学科。这门学问,在当时,深深地牵引了胡以鲁的心,更成为胡以鲁从事汉语言文字学研究的巨大学术动力。

看到这张东京大学"在学证书",我们也要问一个问题,即日本人鸠山秀夫为何能给胡以鲁当进入东京大学学习"语言学"的保证人?鸠山秀夫又是什么人?他出于何种动机?

胡以鲁与鸠山秀夫相识过程我们已经无从知晓,但有一点是可以确定的,即他们的学习专业领域是共同的,即都是法律学出身。胡以鲁在日本大学法政科学习的是法律,鸠山秀夫在东京大学也是法律科学生。专业领域相同,就有了相识的机缘。按照当时日本大学接收外国留学生学习的规定,必须是有一定实力与地位的人才能做"身元担保"。即便是现在,到日本留学程序也是一样。所以,由鸠山秀夫做他的保证人也就不奇怪了。鸠山秀夫能给胡以鲁当保证人,也不是一件简单的事儿,这肯定与鸠山秀夫不一般的身世与家世有直接关系。

据秦郁彦《日本近现代人物履历事典》[2](2020)等资料,鸠山秀夫(hatoyama hieo;1884—1946)生于东京都,1908年毕业于东京帝国大学法科大学法律学科(德国法科),因为成绩优异,留校任讲师。不久,留学德国、法国。他于1916年升任东京帝国大学法科大学教授。1926年任专职律师。1932年任日本国会众议院议员。妻子千代子则是曾任东京大学校长的数学家菊池大麓的女儿。鸠山秀夫是日本最为著名的法学家之一,其学术专长为民法学,著有《日本催权法(总论)》《催权法各论》《日本民法总论》等著作。淡路刚久《民法学の历史と法科大学院における民法教育》(《学术の动向》2006年10月号)一文称:"从日本明治末期到大正时期法院审判的依据就是鸠山民法学。"可见,其学术成就巨大,影响深远。鸠山秀夫的家世也十分显赫。其父亲鸠山和夫(1856—1911),曾在美国哥伦比亚大学与耶鲁大学留学,获得了博士学位,历任东京帝国大学法科大学教授、教头(法学部长)、日本外务次官、众议院议长、东京专门学校(早稻田大学)校长。而母亲鸠山(多贺)春子则是著名教育家,创办共立女子职业学校(共立女子学园)。哥哥鸠山一郎(1883年1

月1日—1959年3月7日),1907年毕业于东京帝国大学法科大学法律学科,为日本政治家,日本自由党总裁,日本第52、53、54届内阁总理大臣。鸠山一郎长子鸠山威一郎,曾任日本外务大臣。而孙子鸠山由纪夫曾任第93届内阁总理大臣、前日本民主党常任干事会代表(党首)等职。很显然,鸠山秀夫处于一个影响日本政坛150余年的"贵族世家"之中。

鸠山秀夫以东京大学讲师身份,再加上其显赫家世背景,为胡以鲁这个中国留学生做担保人,岂有不成事之理?东京大学文科大学语言学科当然乐于招收胡以鲁这个来自中国浙江定海的学生。鸠山秀夫之于胡以鲁,既是异国知心朋友,又是他后来语言学学术发展道路上的"福星"。过去,学术界很少注意到鸠山秀夫在胡以鲁研究语言学学术发展过程中所发挥的重要作用,也是囿于文献资料局限而很难知晓这一点,不足为奇。但随着胡以鲁东京大学"在学证书"文献的发现,这个"谜底"终于能够解开,真相大白于天下。

当时清政府方面的保证人是"大清公使馆书记官"林鲲翔。林鲲翔生于光绪元年(1875),浙江吴兴(今属湖州)人,但林鲲翔家世及本人生平情况,我们知道得不多。林鲲翔写有《半樱词续》词集,在留日期间主编过《法政杂志》,拥护君主立宪政体;发表过《法律理论与法律事实》等文章,是中国近代分析法学的开创者之一。由林鲲翔当保证人,也说明,胡以鲁与当时法律学留学生之间关系的密切程度。

2.胡以鲁东京大学"在学证书"及与上田万年、藤冈胜二教授的"关联"

这张东京大学"在学证书"标明的初期情况可以与胡以鲁后期的东京大学语言学专业学习及研究交相"证明",并且这两个历史阶段相"关联",就构成了一个不可或缺的胡以鲁东京大学语言学生活历程的"连续统"。在这当中,要想真正获取胡以鲁的东京大学语言学学习与生活过程信息,就必须提到一个关键性人物,即其学术上的导师上田万年教授。许多资料已经表明,胡以鲁入学后,师从日本现代语言学第一人、东京大学教授上田万年。胡以鲁在日本利用最为优越的学习与研究的条件,接受东西方先进的语言学理论训练,这就为他后来从事中国现代语言学理论研究打下了坚实的学术基础。

东京大学上田万年教授是什么人?我们通过查阅资料知道,他可不是一般的学者,他是日本现代语言学的奠基者。上田万年的弟子新村出写有《上田万年先生年谱》(1984)。[3]近年山口谣司撰写《日本語を作った男 上田万年とその時代》一书,详细论述了上田万年的生平事迹和对日本国语政策制定所作出的奠基性贡献。[4]

上田万年（ueda kazutoshi，1867—1937）是日本的国语学者、语言学者，担任过东京帝国大学国语研究室第一代主任教授、东京帝国大学文科大学校长和文学部长。曾任日本文部省专门学务局长、临时假名遣调查委员会委员、国学院大学校长，以及1908年帝国学士院会员。他是小说家圆地文子的父亲。上田万年培养出新村出、小川尚义、藤冈胜二、保科孝一、金泽庄三郎、后藤朝太郎、伊波普猷、桥本进吉、金田一京助、龟田次朗、东条操、小仓进平、安藤正次等在国内外具有重要影响力的第一流学者。上田万年发表过《国语论》《为了国语》《国语学十讲》《言语学》《国语学史》等重要著作。

上田万年的求学经历也很不一般。1888年从东京帝国大学文科大学毕业后，受其在东京帝国大学任教的德国籍老师张伯伦教授的影响，奔赴欧洲语言学研究的中心德国莱比锡大学和柏林大学，以及法国巴黎大学留学。1894年上田万年回到日本，开始建构起自己的东洋语言学理论体系，迅速影响到了日本及东亚其他国家语言学界的研究模式，极大地推动了东亚语言学的全面进步与发展，形成了闻名世界的语言学流派。上田万年《言语学》《国语学史》等承袭其德国老师甲柏连孜《语言学》《汉文经纬》的学术思想，但不受其理论束缚。同时，他也接受其德国老师，具有世界性影响力的新语法学派创始人布鲁格曼等西方学者的影响，形成独特的东方语言学"国语学"学术体系。

还可以想象得到的是，胡以鲁在东京大学语言学科读书期间，也会如同门新村出等人那样必修过"言语学""语言起源论""音声学""国语学""国语学史"课程，并熟读甲柏连孜《语言论》、保罗《语言史原理》两本书（新村出《新村出全集》第十四卷237～477页，筑摩书房，1977）。上田万年的国语学课程体系构建的初衷就是让学生打下欧洲语言学与日本国语学理论基础。胡以鲁作为上田万年几乎是语言学学科唯一的中国留学生，也是不会例外的。

上田万年等学者的欧洲语言学与日本国语学思想直接影响到了胡以鲁语言学意识的形成，由此，触发了胡以鲁建构中国国语学的灵感。在东京大学读书期间，既已完成《国语学草创》一书，该书为中国历史上第一部借鉴东西方语言学理论而具有独创性和完整性的现代语言学理论体系的中国汉语语言学研究著作。《国语学草创》初版书，我们已经很难见到，黎锦熙《国语学讲义》(1919)称[5]：他见到了1912年版，还看到了胡以鲁的《言语学讲义》写本。《国语学草创》不但深刻地影响到了黎锦熙、杨树达，还影响到了后来的乐嗣炳、王古鲁、沈步洲、张世禄、周辨明等学者，这在中国汉语语言学理论史上，造就了一个奇迹。东京大学"在学证书"的发现，则为胡以鲁《国语学草创》理论"原型",以及与上田万年等学者"国语学"之关联研究,提供了一个十分难得的学术契机。

据佐藤喜之《藤冈胜二、新村出门下生——明治大正时代言语学》(《学苑》797号,2007:32~40页)研究,藤冈胜二是上田万年学派中的二号人物,在培养东京大学上田派学生方面发挥了极大的作用,必须重视。

藤冈胜二(1872—1935),1894年考入东京帝国大学博言学科,1897年毕业后考入大学院当研究生,1901年赴德国、法国留学,向青年语法学派(新语法学派)学习比较语言学理论,1905年归国,任东京帝国大学文科大学副教授,继任语言学讲座主讲。1907年曾赴中国考察近三个月时间。1910年任东京帝国大学文科大学教授,一直到1933年,藤冈胜二相当于是上田万年教授在东京大学语言学学术继承人。1904年入学的金田一京助、后藤朝太郎,1905年入学的神保格、荻原藤吉,还有在籍的桥本进吉、伊波普猷、小仓进平,以及1906年入学的市河三喜、田中秀央等都受到过他的指导。不用说,1909年入学的胡以鲁不会例外,既要上藤冈胜二的言语学概论、普通音声学(语音学)等课程,还要接受藤冈胜二的学术指导。佐藤喜之说,所提到的这些人,有许多名义上是上田万年的学生,他们在接受上田万年培养的同时,也得到藤冈胜二更多的实际帮助与指导。我们认为,藤冈胜二也是胡以鲁的导师之一。

柿木重宜《国语调查委员会与藤冈胜二》(《滋贺短期大学研究纪要》第37号61~74页,2011)谈到,1902年建立的日本国语研究史上极其重要的国语调查委员会,藤冈胜二发挥了极其重要的作用,对与研究日本国语史相关的乌拉尔阿尔泰语系资料的汇集非常完备,奠定了后继学者研究国语学的基础。藤冈胜二《国家研究法》接受保罗、亨利·斯威特的语言学思想,在上田万年"国家主义"的日本国语学基础上,再按照西方最新的语言学理论建构现代日本国语学理论,影响甚大,这不能不对胡以鲁产生深刻的影响,这是学术界过去所忽视的情况之一。

柿木重宜《在近代"国语"形成过程中藤冈胜二的作用》(ナカニシヤ出版,2013)第7章"藤冈胜二与其周边"也谈起藤冈胜二与同时代的博言学科(语言学)学生、门下生的关系,以及承担的课程.比起佐藤喜之更为详细,可惜的是,他只列了1909年的毕业生,没有列入在读学生,所以,没有胡以鲁的名字。至于藤冈胜二所负责的课程,比较详细的是1912年,刚好是胡以鲁毕业的那年,有"文学一般"、言语学、日本语音声学、日本语音声学演习、言语学概论、乌拉尔阿尔泰言语学、比较音声学。这些课程,胡以鲁应该都听过。(114页)

1935年12月,小仓进平主持编辑的《藤冈博士功绩记念言语学论文集》,由岩波书店出版。其"序言"称,所收论文作者,除了一两个人之外,都受到藤冈胜二的熏陶、提携、引导,是其广义上的学生,主要有有坂秀世、安藤正次、石黑鲁平、市河三喜、伊波普猷、小仓进平、神田盾夫、金田一京助、小林淳男、小林好日、小林英夫、佐久间鼎、神保格、高田彦次郎、东条操、桥本进吉、服部四郎、峰村三郎等,这些都是当时日本语言学学界叱咤风云的第一流学者,且都是胡以鲁前后期同学,可见藤冈胜二的学术影响之大与培养人才之盛,仅在其师上田万年之下。设想一下,如果胡以鲁能够活到1935年之时,也应该会奉献上一篇论文,以示对藤冈胜二的恭敬之心。

　　除了上田万年、藤冈胜二之外,还有胡以鲁与其前后的东京大学语言学教师及学生的"关联",也是应该注意的。上田万年培养的语言学科学生大多成为日本第一流学者。我们通过新村出的《上田万年先生年谱》(1984)了解到,此前,上田万年在东京大学博言学科(1900年改为语言学)培养的学生陆续毕业,比如1895年,小川尚义、榊亮三郎毕业;1896年金泽庄三郎毕业;1897年保科孝一、藤冈胜二毕业;1899年新村出毕业;1903年龟田次郎毕业;1906年桥本进吉、小仓进平、伊波普猷毕业;1907年,金田一京助、后藤朝太郎毕业;1908年神保格毕业;1909年,市河三喜、田中秀央毕业。胡以鲁入学时,保科孝一已经是东京大学语言学讲师。不久,小仓进平也成为国语学研究室助手。1910年,桥本进吉任上田万年学术助手。1912年3月,上田万年任东京大学文科大学学长。按照东京大学本科学习时间为三年的规定,胡以鲁应该在1912年9月之前毕业。我们不禁要问,《国语学草创》是胡以鲁东京大学语言学科的毕业学位论文吗?如果不是其毕业学位论文,他又是在什么样的情况下写作此书的?我们认为,胡以鲁写作《国语学草创》肯定是离不开上田万年及东京大学语言学群体环境的学术熏陶,更离不开这些学者的指导与帮助。同时,也应该注意到,这也与他此时利用业余时间向章太炎学习中国传统小学息息相关,向章氏学习给他打下了坚实的小学基础。西洋语言学、日本东洋语言学、中国传统语言学"三位一体",铸就了《国语学草创》的语言学理论学术灵魂,这个学术"关联"推论,无论如何是应该成立的。

　　3.东京大学"在学证书"以外胡以鲁家世再探寻

　　关于胡以鲁家世,通过东京大学"在学证书",我们知道了他的父亲名字叫胡耀。尽管我们遍寻可能有的线索,对胡耀的情况仍然是一无所知,当然更不知道他母亲的名字,以及他夫人的名字。

胡以鲁有个弟弟,名字叫胡以庸。因为胡以庸是个十分著名的金融界人物,其个人资料是比较容易找到的。胡以庸(1895—1968),字定梅,号梅庵,1949年前中国银行家、收藏家,中国通商银行重要人物。这可见《近现代人物资讯整合系统:上海工商名人录》(1936年,中央研究院近代史研究所)的介绍。[6]1935年,中国通商银行改制"官商合办",胡以庸出任副总经理,亦任浙江通商银行总经理。这可能与后来曾任汪伪"上海特别市市长"的其同乡傅筱庵的推举有关。后胡以庸出任中央银行副经理、中国通商银行总经理,杜月笙出走后代理中国通商银行董事长。1941年春,中华民国央行因抗战西迁重庆,胡以庸滞留上海,同年12月9日,胡以庸在上海主持会议宣布央行上海分部业务解散。1945年,国民政府为恢复西南二战后经济,成立川康银行,胡以庸任总经理至1949年2月。同年迁居香港。1968年8月,在香港逝世。胡以庸的夫人李婢娟,是上海宁波帮"小港李家"家族的地产大亨李如山的二女儿。胡以庸生前对收藏极为重视,和张大千是挚友,生前收藏张大千书画佳作多幅。比较有名的,比如《蜀道秋云图》《柳下倚树寻春图》等。其他则有《苏文忠公遗砚拓本》《松溪话别图》等。

过去,人们极少提到胡以鲁后代的情况。幸运的是,我们通过网络搜索,还真的找到了胡以鲁后代即他的儿子胡实声与胡远声的一点线索,这也算是研究胡以鲁"家世"后代情况十分重要的发现。

上海海关史博物馆收有胡实声的"口述史"资料[7],并附有对胡实声的介绍:"胡实声,1913年生,男,浙江定海人。1936年毕业于北平税务专门学校内勤班。税务司设置时期担任江海关(上海海关)、江门关(广东江门海关)税务员。1936年9月,胡实声与彭瑞复、朱人秀等在中共江苏省委职委领导下组建了中共江海关(上海海关)地下党支部,胡实声担任第一届地下党支部书记。曾介绍知名革命烈士茅丽瑛入党。在海关'护关运动'等工作中做出了卓越贡献。离休后,胡实声担任'税专校友会'第一届理事会常务副会长、第二届理事会会长,负责编辑《税专校友会简讯》等工作。2014年10月15日去世,享年101岁。父亲,胡以鲁,字仰曾,浙江定海人,晚清赴日留学生,归国后任教于北京大学,是中国现代语言学的创始人之一。"

沿着这条线索,我们力图发现胡以鲁的相关文献,但很令人失望,因为所获有限。胡实声"口述史"称,在胡实声6岁的时候,他父亲胡以鲁过世了,是其叔父胡以庸将他扶养成人。胡以庸当时是中央银行业务局副局长、通商银行总经理。胡以庸成了"养父",给他的感觉是,胡以庸"在家里说话是很有地位的,不许别人违背他的意愿"。所以,胡以庸对他影响很大,其对父亲胡以鲁反而没有什么印象。胡实声的姨父盛丕华,是民国时期上海商界领袖人物,新中国成立后历任政务院财经委员会委员,华东军政委员会委员、副主席,上海市副市长。其表弟,盛康年,中国民族武装自卫委员会发起人之一,曾任政务院参事,上海市政协副秘书长,上海市第二商业局副局长,全国政协委员,上海市政协常委。与其关系十分密切,来往甚多。

胡远声被称作"胡以庸侄子",生卒年不详。与胡实声一样,也是"寄养"在叔父胡以庸家里。胡远声曾在胡以庸任总经理的中国通商银行当襄理。上海海关学院校友会网站材料称,他于 1960 年任新组建的上海财经学院(后来改称上海财经大学)副院长,属于上海财经大学的建校元老之一。1964 年到 1966 年以副院长身份主持工作。1981 年到 1983 年,又担任上海财经大学党委副书记兼副校长。[8]

中国工程院资深院士侯祥麟(1912—2008)自述《我与石油有缘——侯祥麟自述》(2001)提到[9],1928 年,他进入上海圣约翰大学附属高中学习时,曾与胡实声、胡远声同班(6～7 页)。1930 年 9 月初,和胡远声等人一起考入了燕京大学,1935 年毕业。(7 页、15 页)1936 在上海,侯祥麟与胡远声等人组织了读书会,学习进步理论书籍。这表明,胡远声毕业于燕京大学,但具体什么专业没有明说。

有关胡以鲁之子胡实声、胡远声的其他情况尚无从得知。也许今后还可以再找到胡实声、胡远声后人的线索,但估计,从胡实声、胡远声后人身上也不会得到太多的与胡以鲁关系密切的信息。

4.胡以鲁诗作及相关生平事迹考

胡以鲁留传下来的语言学论著不多,只有《国语学草创》一本书。黎锦熙提到的另一本书,即在北京大学讲课用的《言语学讲义》,我们尚无从知道其面目如何,迄今仍然属于"待考"之列的难题。仅仅靠《国语学草创》一本书"传天下",胡以鲁给人们的印象是刻板的、单一的。如果能够找到语言学之外而与胡以鲁个人情感生活相关的文字记录,是不是可以使我们心目中胡以鲁的形象立刻"鲜活"起来?

丁中江《北洋军阀史话》(2012)第 26 章"南京光复"提到,1911 年辛亥革命爆发后,留日同盟会骨干丁怀瑾回国组织"敢死队"直捣南京,击溃张勋保皇军。后来,他写有《辛亥光复沪宁记》记载其事。其中写到胡以鲁在日本东京为之"赠词"壮行一事,非常感人,亦可见胡以鲁爱国情怀:"辛亥秋,余自日本偕同志返沪滨,组织敢死队,宁波留日同学胡以鲁(号仰曾)赠词以壮行色,兹录其词及序:石生先生组决死队回国,参与光复重任,奉此词以壮行,并同队诸志士,仰曾敬赠。词曰:秋风肃肃送君新桥(日本东京车站之名),行矣哉故国非遥,恢复中华在崇朝;行矣哉气爽秋高,落红不是无情物,为国捐躯此七尺。"其词豪情满怀,表现了胡以鲁性格特征的另一面,"志士仁人"形象跃然纸上。[10]从研究胡以鲁当时"行迹"来看,直到1911年11月,胡以鲁还在日本,并未回国。

　　胡以鲁应该是在1912年9月以后,即中华民国元年才回国的。从《钱玄同日记》(钱玄同著,杨天石整理,2014)可以知道,钱玄同从1905年开始记日记的,直至1939年截止,但中间有一些时间空白,1911年、1917年5月1日—9月11日之间、1917年10月29日到年底之间没有写。尽管如此,我们还是可以从中找到几处胡以鲁的行迹,比如1912年9月30日,钱玄同说:"午后至尹默处,因仰曾来,谓新见一屋。""且仰曾虽约同屋,而彼乃暂居,无事即可归鄞,我则以此为家,未能遽允之也。"(225页)这说明,胡以鲁已经离开日本回国,到了杭州。此时,钱玄同任吴兴浙江第三中学国文教员。1912年10月11日,钱玄同说:"仰曾来,再三邀我复职,峻拒之。师道凌迟如此,如何可再教书乎?"(228页)也就是说,钱玄同已经辞去了浙江第三中学国文教职。胡以鲁此时已经是浙江高等学校教务长,是不是胡以鲁邀请钱玄同去浙江高等学校任职也未可知。1912年10月17日,钱玄同说:"为胡仰曾书琴条四框,体备真、草、隶、篆四种。"(229页)他们之间来往密切。1913年7月18日,钱玄同说:"晨,至师校为仰曾之母作寿屏八幅,笔墨无以称手。"(268页)此时,胡以鲁在北京高等师范学校任职,而钱玄同也将要到北京高等师范学校教国文。曹述敬《钱玄同年谱》说钱玄同8月才由杭州到北京,看来时间上有些不符合(曹述敬,20页)。在1915年2月14日的日记中,钱玄同说:"晚餐本师宴,同座者为尹默、逖先、季茀、豫才、仰曾、夷初、幼渔诸人。"(281页)这里讲的是章太炎师门聚会,当时钱玄同已经是北京高等师范学校国文部教授,胡以鲁也在北京大学教书。只可惜,《钱玄同日记》1917年5月1日—9月11日之间是空白,否则,应该可以看到有关胡以鲁逝世的相关记载。

　　胡以鲁回到中国后都做了些什么?任何种职务?《今日定海》刊载孙峰的文章,有一些记述,孙峰说:胡以鲁回国后,先是在浙江高等学校当教务长,后到北京法政专门学校担任主任教员。1914年,胡以鲁担任当时司法部的参事,干法律老本行,也许这就是他的主业,胡以鲁在日本大学学习法律学,又是法学学士,这为自己顺利回国就业提供了便利条件。虽然如此,胡以鲁并不满足现状,还是念念不忘自己所热爱的语言学教学与研究事业,于是就在北京师范大学(北京高等师范学校)、北京大学应聘当起了语言学教员。这似乎和当年鲁迅在教育部任佥事,又兼任北京大学等校教师是同一个任职形式。

王晓明《北京高师——国语运动的发祥地》(2002)说:"早在1913年,北京高师的胡以鲁教授就率先开设'国语学'课程。"1915年,他又协办"注音字母传习所",并特别在高师附小设"国语讲习所",专教注音字母和国语。这是谈胡以鲁与北京师范大学前身北京高师的学术渊源关系。王晓明把胡以鲁当作北京高师的教授是有文献依据的。

但胡以鲁并不是那种专心在北京高师教书的"主儿"。1914年9月,胡以鲁承担了北京大学语言学教学工作,这件事也可以找到相关文献证据。吴思远《辜鸿铭出入北大及生辰考述》(2019)提到,1915年12月《教育公报》中的《北京大学分科暨预科周年概况报告》[11]记载道:"悉仍旧三年九月以后,因开新班分科,添聘教员二十三员,预科添聘十五员,兹悉分列于下:文科:陈大齐,担任伦理学、心理学、哲学概论;黄侃,担任词章学;阿得利,担任英文学;马叙伦,担任宋学、伦理学;辜汤生,担任文学概论;崔适,担任公羊学;周典,担任英文;胡以鲁,担任言语学;朱希祖,担任中国文学史;夏锡祺,担任美学。"与辜鸿铭、崔适、黄侃、朱希祖、马叙伦等并举于第一流师资之列,可见,当时的北京大学是十分看重胡以鲁的语言学学术贡献的。他能够担得起现代语言科学的一个门类——语言学理论课的开设任务,也是一个此前所见甚少的壮举。王学珍、郭建荣《北京大学史料第二卷1912—1937》(北京大学出版社,2002)说,"1905年北京大学中国文学门就设有言语学课程"(3191页);温儒敏主编《北京大学中文系百年图史1910—2010》(北京大学出版社,2010)称,"1910年3月31日,中国文学门(简称国文门)增加了概论性的言语学课程",但看教员名单,似乎没有合乎现代语言学标准素养的教师。(6页,陈衍也许承担这门课,也未可知)《北京大学文科一览》(1918)里的中国文学门课程体系,也设置言语学课程。但是,承担此类课程的教师,是不是都像胡以鲁那样具有现代语言学素养就不好估计了。

但据说,胡以鲁在北京大学开设这门语言学课程,因为现代语言学思想意识太过于超前,超出了当时人们的接受心理预期,老师与学生都不理解语言学"内范"与"外范"内涵。因为思维方式不是传统小学式的,就很难赢得人们的理解与认同,学生与老师对他的课有所议论,尤其是与某些老师在言语上还发生了冲突,胡以鲁顿时陷入了巨大的迷惘与矛盾之中。曹述敬《钱玄同年谱》(齐鲁书社,1986)记述说:"钱玄同对胡以鲁开设的'国语学'课,深为不满,说不算功课。可是,很快他就成为国语运动的推动者了。"(23页)这个记述与黎锦熙《钱玄同先生传》记载差不多:"钱先生于民国二年来北平,就在北京高等师范学校(民十二改师范大学)和附属中学教国文,后来又受北京大学聘(1915年),看见了胡以鲁先生(即《国语学草创》的著者)教的是一门'国语学',大怒,说:'"国语"成什么名词?""国语学"什么功课?'可是民六(民国六年)他却加入这个国语研究会为会员了。当时,我和他不过一面之缘。"(149页)很显然,钱玄同并不认可同门胡以鲁讲授国语学与语言学课程的合理性,但后来,钱玄同又为国语学摇旗呐喊,成为国语学大家,这让人觉得不可思议。此后,胡以鲁身体"每况愈下",渐渐病入膏肓,于1917年因病去世,仅仅活了29岁。我们用"天妒英才"来做比喻,是再恰当不过了。胡以鲁发表"等身"论著已经不可能,又只有那么一本著作《国语学草创》传之后世。还没有建立起自己的学术"谱系"与"领地",更没有后继门徒们的热烈"追捧"、"渲染"与"维系",死后之境况寂寞冷清,被遗忘在历史上一个不起眼的"角落"中。我们很难发现当时描写胡以鲁去世时人们争相"痛悼"情景的资料,学者们悼念与回忆胡以鲁的文字少之又少。只有从大学者孟森留下的几句挽联中可以找到些许安慰。孟森《挽胡以鲁》写道:"书到今生始读,无此兼通,京洛相逢,每对风流疑宿世;天之将丧斯文,难为后死,英贤不禄,可怜驽钝转长年。"

孟森是中国近现代史学术大家,属于学术上的勇于开疆拓土者。《心史资料》《明史讲义》《清史讲义》是其成名之作。尽管如此,孟森的研究领域与现代语言学研究关系不大。孟森是1902年去日本法政大学留学的,1905年就学成回国了,由此可以推测,孟森在日本与胡以鲁很难有交集。孟森所述"京洛相逢",也应该写的是其回国以后的事情。他的挽联文字不多,感叹胡以鲁"天丧风流"命短,而有的人却"驽钝"长寿。为何胡以鲁死后没有构成王国维"投湖自尽"后的"天下齐悲鸣"的景象,却遭遇"无知己悲悯"的凄凉,孤零零一个人长眠地下,不知"魂归处"而显得"寂寞开无主"?这也是值得后人去研究、去思考的。

沈步洲《言语学概论》(商务印书馆,1931)第七章"言语的分类",引用了章太炎《国语学草创序》提及的胡以鲁原话,以及阐释文字。沈步洲十分赞同胡以鲁将世界语言分为综合与分析两类的理论。然后,沈步洲指出:

其意与耶斯拍孙(叶斯柏森)之语颇多符合,盖胡氏固服膺耶氏之说者也。国语之价值,从可灼见。皮相之子,徒以近世科学昌明,国语一时滞于应付,遂群起而攻之,亦可谓怀宝不知者矣。(51～52页)

胡以鲁因为传播与传统语言学完全不同的中西合璧式现代语言学内容,被许多传统语言学者"群起而攻之",孤掌难鸣,亦说明,胡以鲁当时不被世人所理解,并受到排挤,而处于十分困难的境地,是十分窘迫的,其内心深处的孤寂痛苦可想而知。在当时的中国,现代式的汉语言文字学理论学科,即国语学,很少有人知道,不被人认可是能够想象得到的。

我们认为,这也许和当时中国汉语言文字学研究所处的大气候有关。20世纪20年代,留学欧美的赵元任、林语堂等语言学博士受到现代语言学的熏陶后,回到中国,大力倡导利用现代语言学理论审视汉语,加上高本汉汉语音韵学传入中国,形势大为改观,现代语言学理论指导下的传统语言学全盘被改造,汉语语言学理论研究逐渐被人们接受。但用现代语言学理论审视汉语的方法被接受之后,东亚"嫁接"的民族气质式的《国语学草创》学术意识又显得不时尚了,"芳林新叶催陈叶,流水新波逐旧波"。《国语学草创》学术意识太超前了,它的问世,时机是不是还不成熟?

赵元任、林语堂与胡以鲁擦肩而过,失之交臂是一个方面;胡以鲁不从事具体的某一个领域的汉语语言调查研究,也没有这方面的赫赫成果,而只停留在理论层面的推论上,是不是也是一个重要原因?所以,人们一提起现代语言学在中国,不大提胡以鲁,大多提赵元任、林语堂、李方桂、罗常培、王力等人,这也是有道理的。《赵元任学术书述评》就谈到赵元任的语言学贡献有多个方面,比如:汉语语音研究,从历史语音学和静态语音学两个方面进行;1925年从事国语运动,推广国语罗马字;1927年开始有计划地调查汉语方言,建立语音实验室;发表《中国话的文法》等现代汉语口语语法著作;还与李方桂、罗常培等翻译高本汉《中国音韵学研究》等。从这些可以看出,其属于"硕学通才"的人物,影响力巨大,与章黄学术鼎足而立(孟晓妍选编《赵元任文存》1～53页,2015),也是事实。

1957年,王力说过:"至于语言学(语言科学)则还处在幼年时代。中国人知道有语言学这一门科学,大约只有五十多年。本来,就全世界来说,在各种学科当中,语言学也算是个年轻小伙子。但是,就中国的语言学来说,却又比欧洲的语言学落后七八十年。解放以前,只有极少数的人在那里搞语言学,一般人根本不去理会他。"(《中国语言学的现况及其存在的问题》,《中国语文》1957年3月号)王力先生说的应该是实情。

人们都说胡以鲁是章太炎的得意门生,主要源于章太炎1913年为《国语学草创》所作的"序言",在"序言"中,章太炎呈现了对弟子的"溢美之辞"。章太炎说:"文学士胡仰曾,自帝国大学博言科得业归,著《国语学草创》十篇。本之心术,比之调律,综之词例,证之常言,精微毕输,黄中通理,其用心可谓周矣!夫含识之类形有燥静,故言有舒促。庄生论:'天籁极之,旦莫之所蘨生',语学之精莫过此者。""仰曾综贯大秦驴唇之书,时时从余讲论,独有会悟。今见其书乃为比合音理,别其弇舒,音有难喻,以珊斯克列及罗甸文参伍相征,令古今华裔之声,奄然和会,斯治语学者所未有也。""今异域交通,殊语瑰音粲然,毕效继是,以后殚精穷贯,以为国语扬灵舒光者,非仰曾(胡以鲁字仰曾)谁与赖焉?"章太炎这个评价是出奇地高,已经把胡以鲁《国语学草创》作为阐扬"国语学"的最具创意的代表性著作来对待,好像胡以鲁的成就与黄侃一般高,非常令人惊奇。但有一个传闻值得深思,章太炎晚年自定《弟子录》,他所承认的弟子"约计五十人左右",但却不见胡以鲁名字。许寿裳回忆起,在日本东京听章太炎讲课的学生中,有鲁迅、周作人、钱玄同、黄侃、朱祖延,却唯独不见胡以鲁。在章太炎弟子门生的庞大阵容中,胡以鲁既不是"四大天王"之一,也不是"八大金刚"之一。亦可见胡以鲁在章太炎门生中的地位是不高的。这也透视出一个问题,即章太炎与胡以鲁的关系,无论是从个人"私谊",还是从学术思维方式来看,一定是"若即若离"的,胡以鲁只能落得个勉强列入"章门弟子"门墙的境地。这也是胡以鲁特立独行而命运不济的人生的真实写照。

由发现东京大学"在学证书",进而引出我们对胡以鲁个人身世与家世的思考,还有很多"考之而不确"的问题有待深究。

第二节 《国语学草创》结构形式安排及内容

一、《国语学草创》目录及两种版本差异

沈国威教授在《汉语近代二字词研究——语言接触与汉语的近代演化》(4页,华东师范大学出版社,2019年10月)中谈到[12],最早刊登《国语学草创》消息的是北京《新青年》第3卷第3号(1917年5月1日),其"书报介绍"栏对胡以鲁《国语学草创》有详细介绍：

书凡十一篇。(1)论纲。(2)说国语缘起。(3)国语缘起心理观。(4)说国语后天发展。(5)国语后天发展心理观。(6)国语成立之法则。(7)国语在语言学上之位置。(8)论方言及方音。(9)论标准语及标准读音。(10)论国语与国文之关系。(11)论译名。"论译名"一篇，印书时未曾脱稿，别载癸丑甲寅间《庸言报》中。胡君留学日本帝国大学，专心研求各国古今语言文字，以为创造中华新国语之准备。不幸早逝，致民国失一优秀人物，甚可惜也。是编所论，既不同于迂腐高远难行之说，尤非情种势耀之流，专欲以北京方音为中华国语者，所可同年而语。

但到了1923年商务印书馆再版，情况略有变化，比如缺少"论纲"部分。就目前来看，许多学者的研究，还是以1923年的版本为主。1923年版全书分九编，前边有章炳麟的《国语学草创》"序"。目录为：第一编，说国语缘起；第二编，国语缘起心理观；第三编，说国语后天发展；第四编，国语后天发展心理观；第五编，国语成立之法则；第六编，国语在语言学上之位置；第七编，论方言及方音；第八编，论标准语及标准音；第九编，论国语与国文之关系。附：论译名。

二、《国语学草创》内容

《国语学草创》内容的"内核"以探讨国语学问题为主，强调中国国语学的特点，在论述方式上则呈现了明确的语言学理论意识。尽管如此，胡以鲁并没有离开建构"国语学"体系的最初宗旨。

第一编，"说国语缘起"（1～43页）。从字面上理解，是说胡以鲁探究"国语"，从称之为国语的特点、原因、宗旨开始讲起。无论是"言语，心之声，精神动作之自然产物也"，还是叙述人类语言之进化过程，都是为了引出《尚书》《礼记》所载"吾国感叹词之特异"问题。由此，这个"国语"所指就非常清楚了。由"人籁亦与天籁、地籁相顺应"，谈到"吾国民族"各地"叹词之异"，中国"感叹词地理分布"描写呼之欲出。走过感叹词时期，进入发声时期。"吾国语言当未成其语言之时，即感召发声之时，已特异于他语族矣"（4页）。而"稍进者，摹声法"，即摹声时期。再往前一步，则进入"言语胚胎时期"（7页）。对外界事物的感知，胡以鲁用"德、业"对事物进行语源探究与分类："表实之语谓之体词，表德之语谓之状词，表业之语谓之用词，是等辗转司语言关节之职者谓之节词。所谓词品有是四者而叹词不与,而叹词不过假他词以表其声音耳。是为语言四面……"(8页)这是对词的分类。与一般学者词的分类不相同。胡以鲁探讨各民族命名不同的心理过程,认定"吾国语大抵一节,多亦不过二节。以有限之音声表丰富之思想"。由此,"以双声叠韵之展转发展语意者,探吾国语发起之踪迹"。

探讨中国语言文字音节结构构成,成为研究国语的"缘起"途径之一。"欲以音声研究国语之缘起,当先审音声本体之为何"。胡以鲁"审音声本体",是从观察中国宋人"三十六字母"发音生理、物理特性及以罗马字标音标记开始的,又牵涉到上古声类、韵部及声调发音特点挖掘问题。又"知音韵双声叠韵之为何?国语所缘起之音程,可约举而知也"。"就音韵以究国语之缘起,史事也"(18页)。这是以汉语史眼光观察汉语语音历史变迁规律的做法。胡以鲁其师章太炎《文始》也有"语言缘起说"[《章太炎全集》(七),1999],他是从字源说谈起,构成了较为完整的字源学理论体系。[13]

与章太炎一样,胡以鲁重视文字在其中所发挥的作用。胡以鲁说:"吾辈草创国语学,以言语学为根据,而以文字为借鉴,故于语意之起源,敢独断以表德、业词为先缘,而以表实词为引申。所缘之音既明,语言之发起可得而论也。"(24页)胡以鲁从几个方面去论证:(1)缘同一声类而发起(24页,单音节异读多义);(2)缘双声叠韵而发起(29页,对转、旁转、章太炎《成均图》);(3)缘音之长短发起种种之语意(38页,古今音长短不同);(4)缘悬拟而发起(40页,与钱钟书"通感"相同);(5)缘类推而发起(42页,缘一事一物而类推及他者)。"因声求义"突破字形局限,讲修辞通感,讲逻辑推理,无不以中国传统语言文字理论为基础论述中国"国语"不同于其他国家国语的特点,这也是胡以鲁认定国语得以成立的条件之一。胡以鲁为何用了近1/3的篇幅在讨论"国语缘起"问题?主要是大多数中国学者还不熟悉当时西方语言学研究的"语言起源"等热点问题,更对"国语"的内涵所指是什么并不清楚,需要胡以鲁用实证来证明中国国语的"语言起源"史实,更要表明中国"国语"的客观存在,以及"国语学"体系成立的基础。还有,胡以鲁强调了中国"国语"不同于其他国家"国语"的特点。这是他的一番良苦用心之所在。

第二编,国语缘起心理观(43~50页)。胡以鲁说:"语言,精神活动之产物也,故探究语言当自其胚胎作用之精神活动始。"其谈"感情反射声音"、意识与语言关系,归结到一点,即"研究语言发生之差,当于心理上求之"。(45页)语言起源之时,各国语言就存在着差别,从各民族心理入手是切实可行的途径。但胡以鲁认识到,仅仅停留在笼统的心理学审视这个层次还不行,还必须深入寻求造成语言心理差异的原因。中国国语与中国人的心理关系究竟如何?胡以鲁认为,从中国语言与诸语族语言之差异去观察,会有很大的收获,即:"所不同者,精神活动之影响发音法耳!"中国语言"单调沉着"的精神,发挥"内范"的作用,也会造成"简单保守"两大类型的心理结果,"横亘于吾国语发达史"(46页),中国国语"内范,其单纯而有条理概可见矣"(47页)。"由外范究音声发达之迹,其简单保守心理犹不容泯灭也"。具体来看,"吾国语言之外范大抵由一节而成,多亦双声叠韵之二节而止"。双声叠韵成了"外范"的基本形式特征。但双声叠韵的音节形式是有限的,也带来了激烈的竞争态势,免不了"经淘汰而去者大多数也"的结果。双声叠韵之"辗转"和借位置为概念之转移,也是迫不得已的,音节形式是固定的。国语"内范"的心理作用造就"外范"的基本形式,这也是国语的突出特点之一。

第三编,说国语后天发展(51~58页)。胡以鲁说:"国语后天之发展,概言之,实质、形式之增加,或实质、形式之变迁也。实质、形式之区别,因观察之点不同而有三:一从语词方面(Side)言;二从语词种类(Kind)言;三从语词部分(Part)言也。"沈国威解释说:"后天发展,即语言变化。"[14]值得注意的是,胡以鲁将语词分为"虚"(语之形式,53页;假实词而关节惯用而流于形式也,54页)、"实"(实词、用词、状词,52页)两大类别,很显然,胡以鲁还是继承了中国等东方传统的语法分析方法,没有简单地去移植西方语言学的词类,即词品分析理论。这也表明中国国语在历时发展过程中形成了自己的语法系统之特点。胡以鲁总结说:"要之,吾国语词,就个别言,其始皆具实质者也。发展而后,为关节,为语助。或借其义,或借其音。借音者,相借之始,已属形式,固无论矣;既借其义,关节词其用必多,其用愈多,其加意愈薄,意义消微流于形式而后止。此语言之实质,渐就各方面而分化,渐向形式而流转者,后天之发展也。"(54页)这和今天许多学者研究汉语语法化过程是不是有相通之处?

第四编,国语后天发展心理观(58~63页)。胡以鲁说:"思想愈趋复杂也,表彰思想之具愈求单纯,斯语言分业之道愈进。概念方面不一,区别各方面而使之分担。然分担则语言不得不增,单节之语音又有所限,斯同音异义之语多而闻者,又虞淆惑矣。故一方确定语言之概念而使之分业,他方作复合语以补其缺憾。"中国国语弥补缺憾的办法是:"欲求明瞭,欲行分业,音数不足,乃弸张于容量,而作二节。二节之双声叠韵又有所短,于是借他语而为之。习为常套,流于乏意,此吾国语形式部分发生之途径也。"沈国威解释说:"这是汉语形式部分形成的途径。"(151页)语言之发展,分化而变复杂,但胡以鲁认为,从心理去观察语言,就简单得多。(60页)"盖语言而不能精确指概念,则语言失其用;语言不足于表彰其思想,则语言不能尽其用故也。""盖言语固精神之产物而亦受辖于心理者,非可以明理范畴制定之者也。"中国国语发展变化历史表明,语言受制于心理变化,但不可以用固定的思维形式去限定它。汉语史的特点决定了这个发展方向。

第五编,说国语成立之法则(63~68页)。胡以鲁说:"吾国语之语词,自晚近发展附属形式外,独立而不变。故集个个语词连接配置之足以表完全思想者,即完成为语言。其成立之法则,舍连接配置之外无他也。表彰完全思想,固不必待连接配置,有一语足以表示者,即一语为已足。语法家言,语言必须主语述语二者而成立,若但发表其一,必有为之含蓄者矣。然是名理论或适用于印度日耳曼语族,在吾国语则不用此理论为也。主语说客观之实在,述语主观之所见也。说客观时或说明而止,述主观亦不须必有客观存在也。在吾国语,以心传心之法常作用于语言形式之里面,发表客观而不加主观之意见者更自古而然也。"(63页)

胡以鲁认为,国语的句法形式,有完整形式,也有看似不完整而实际完整的形式。既有句子结构规则形式,也有词组结构规则形式,都可以并存。只要能够表达思想意识,二者都是可以成立的。而印欧语系语言理论,则以主语、述语均有的完整句为主,中国国语则用"以心传心之法",是以内在心理语法形式为主,对应外在语言形式,则更为客观,形式上不像印欧语那样一定要套用硬性的模式。这是汉语不同于印欧语的一个显著特点。由此,胡以鲁的中国国语心理语法理论模式呼之欲出。

胡以鲁进一步认为,这种语法"固无名学上规定范畴也。有之,亦惟习惯而成耳。出于心理之自然,无必然之理,随社会心理为转移,亦非不易之法也。兹就心理上见地称所谓主语(Subject)者为直接客观语,所谓目的语(Object)者为间接客观语;所谓述语(Predicate)者为主观语,而客观语之中以之作表彰语之用者谓之表彰客观语;主观语大抵用词也,而有时亦以状词;用词主观语称之曰说语,状词主观语称之曰表语,直接客观语亦曰题语,间接客观语亦曰目语,而限定题目语与说语之状词,谓之属语。"(64页)这样,国语心理句法的组合成分就是:题语、说语、目语、表语、属语五个部分。丁伊勇(1995)认为:"其句法观对黎锦熙、傅东华、高名凯影响很大。"[15]实际上,不止这些学者,有学者认为,杨树达《高等国文法》(商务印书馆,1930年)就受其影响很大。

中国国语连结配置法则有六种(65页)，实际上是探求"位置顺序"之规律，这也就是今天学者所讲的语序结构安排形式。这些语序结构形式可以"补屈折语尾形式之缺"，当然也就是中国国语语序结构不同于印欧语句法形式的特点之一。

胡以鲁认识到"语无定法""法随社会心理而变迁"。因此，他说："语无定法也。表彰思想之际，得语词而连结配置之，偶为惯习，一经社会之容认，即为语法。类化陶铸，次第而为法则。参差者渐就陶汰而去，至今而存为一语法者，必其适于社会心理者也。然法固由惯习而成者，惯习坚定，虽非法之法而亦存，此各国语法又所以无不有例外也。例外而占优势，适于一般社会之心理，则又为法矣，法即从此变迁矣。"国语则可以"补形变之不足"。(68页)国语心理语法变化形式由此可见一斑，这也成为中国国语语法的一大特点之一。

第六编，国语在语言学上之位置(68~82页)。从世界语言"同构"共性特征的类型学角度出发去给语言分类，明显不同于"谱系关系"分类、语言接触关系分类与语言地理要素分类。胡以鲁认为，"世界的语言，就形式而言，可以分为综合的语言与分析的语言两类。胡以鲁认为，"中国语言属于'分析的语言'"。他说："个个语词各有独立之意义，实词更完全摄有之，且其内容如立体然，得多方指示，而区别之准，厥惟位置。位置之配赋，又自由自在，不失独立，无所曲折，但就惯用之法则配置之，即瞭然矣。盖语言形式固不惟音而已，位置前后关系亦形式之一也，不宁惟是。位置既定，感想之缓急且得以位置转移为表彰，有蓄意于位置相与之间，而寓意于位置顺序之外者矣，此纯粹分析语之妙用也。"(70页)在此一编中，胡以鲁批驳了西方学者有关中国语言的几种观点，比如螺旋进行说、形态分类主张、中国语无文法等。胡以鲁说主张上述观点的外国学者："盖未尝平心静气一研究吾国语也。不惟不知吾国语，且不知当世之有语言学矣。"胡以鲁还强调中国国语学在世界语言中的地位："盖吾国语自发生而自长盈，独立而特行，未尝与他语族相联络，故作循环论者非也。自有其特色，自有其特性，即在语言中自别有其位置。"(81页)这是他确立"国语学"在世界语言中地位自信的心声，非常有力度。

第七编，论方言及方音(82~91页)。当有学者认定中国的方言方音差距"过甚"时，胡以鲁认为这个说法是有问题的，"不得谓之'甚'"，无论是现实中国空间地域之广大，还是历史之悠远，"无不然也"。中国自有其解决方言方音差距的办法，他说："然汉族之发达也，文化之中心定，部落团结而为国民，方言亦统一而为国语。文化中心，诚防止方言方音之一求心力也。"这种统一，"发达变化无已时",各种变化"偶发"于一个区域,又可能演化成为一种方言,"是亦语言自然之运命也"。(84页)由中国的情况可见,文字对方言的约束不可忽视,"虽有方言之变化,亦勉力归纳之于文字范围之中。有文字、文学为语言之标准,方言之变化即以是为取舍,不须外求"。通过文字来约束方言"差异"的办法有六种。胡以鲁回顾中国方音史,这是过去中国学者很少做的事情,他还论述了现今国语形成的历史,以及制定标准语音之紧迫性,认为是当时国语学研究的"当务之急"。(91页)

第八编,论标准语及标准音(91～105页)。胡以鲁说:"标准语、标准音者,欲统一国语认定特定之语词语法,特定之读音,为一般用语之准也。"但又说:"然此所谓一般者,非云领土内之人民,盖国语固非领土内人民用语也。"(91～92页)这是不是就带来了许多人讨论过的"二语并用"问题?胡以鲁对这里的"国语"概念有一个进一步的解释:"国语之所谓国者,异于政治上国家之解说。吾国政治区域内,若蒙、若藏、若满州之一部,犹非吾国语之所领,然而政治区域外,南洋以下之华侨势力之范围,皆吾国语之领土。国语领土之广,世界各国语盖莫吾国语若也。"胡以鲁的"国语"概念,类似于华语或中国语这样的称谓,超越了政治范畴,也越过了国界限制。还要注意的是,胡以鲁所说的"吾国政治区域内,若蒙、若藏、若满州之一部,犹非吾国语之所领"问题,就是承认少数民族语言之存在价值。

胡以鲁对"统一"于国语之下的方言也进行了区分,分为十种,并对方言分布区域进行了描写,不过,没有对十种方言进行命名。这是现代中国最早提出进行方言分区的学术著作之一。胡以鲁对方言进行分区的根据是什么,其理论的来源如何,真的需要我们进一步研究。我们经过研究,发现,胡以鲁汉语方言分区参照了他老师章太炎的《訄书·方言》,并有所改订。胡以鲁谈到建立理想标准语,要"因势利导""视社会心理为标准也"问题。作者对北京官话作为标准语持不同意见,也谈到了湖北方言作为标准语之有利因素。胡以鲁建议国语统一调查会等筹议标准语为国语之事,也对标准音"损益"修订、标准语语法标准、标准语辞书编纂、标准语教育等国语问题提出自己的意见。其中,受藤冈胜二《国语研究法》(三省堂,1907)影响而提出汉语语法研究分为理论与实用两种的理论十分引人注目。

第九编,论国语与国文之关系(105～125页)。胡以鲁在这一编中讲中国国语文字的产生缘起;论象形、指事、会意、谐声;论部首;论意之变迁假借;论音之变迁转注;讲字体之变迁;论言文之背驰理由;讲中国文字之特色;讲文字之病;讲质文建设具体方案。张世禄《中国音韵学史》(1936)第四章"反切和四声的起源"曾引用了胡以鲁关于"言文之背驰"(《国语学草创》30～31页)的论述。张世禄解释道:"胡氏所谓言文背驰,就是指一个字体并不一定代表一个语词,有时也用两个字体来代表一个语词。文字上既然有用两个字体来代表一个语词,所以,训诂上也有以单字释双字或以双字释单字之例。"张世禄肯定了《国语学草创》训诂学理论的学术独创价值。[16]

第十编,论译名(125～147页)。涉及术语翻译标准、不同国家语言特色与译名关系问题。胡以鲁主张借用外来语要"言之成理","以义译为原则"。(132页)在胡以鲁之前,章士钊曾著文《论翻译名义》(1910),论及音译与意译问题,胡以鲁此篇文章与章士钊提出的意见有所不同,曾引起了学术界很大的争议。[17][见李养龙与莫佳旋(2011)、张景华(2016)等介绍[18]]

由以上十编文本可见,胡以鲁《国语学草创》建构的中国国语学理论体系,内涵十分丰富,尽管涉及许多东西方语言学理论问题,但均以讨论中国国语语言文字学不同于其他国家语言文字学特异之处为主要目的。比如独特的汉语音韵学、汉语方言分区、汉语句法、汉语语义学等观念,很自然,胡以鲁挖掘到了中国国语理论的基本特点,这就使得他的中国国语学理论体系十分完整,立论深刻,严谨求实,前无古人,首创意义十分重大。阮元曾说:"学术盛衰,当于百年前后论升降焉。"(阮元:《十驾斋养新录序》,陈文和编《钱大昕全集》第7册1页,江苏古籍出版社,1997年版)。胡以鲁《国语学草创》问世已经一百余年,也应该是我们以纵观百年中国语言学史的阔大学术眼光,论定其学术是非功过的时候了。凡是明晓此理的学者,当不可轻易错过这个难得的历史契机。

第三节　重新认识《国语学草创》"国语学"价值

一、以往学者对胡以鲁《国语学草创》学术价值之认识

关于胡以鲁《国语学草创》出版时间有三说:1912年(黎锦熙)、1913年(王力)、1923年(何九盈《中国古代语言学史》,商务印书馆,2007)。黎锦熙《国语学讲义》(上海商务印书馆,1919)认定是1912年,因为黎锦熙《国语学讲义》问世与该书出版时间很近,应该是比较可信的说法。但今天大多数学者看到的《国语学草创》版本基本上是1923年由商务印书馆再版的。《国语学草创》还

附有《论译名》一文。《论译名》一文最初发表在《庸言报》第 26～27 合刊上,时间是 1914 年 2 月 15 日。这应该是作者后加上去的。

我们认为,《国语学草创》一书初稿的完成时限,应该是胡以鲁在日本留学行将结束之时。回国后,又因为民国教育部于 1912 年 12 月根据《官制》第八条第七项"筹议国语统一之进行办法",制定并公布《读音统一会章程》(黎锦熙《国语运动史纲》121 页,商务印书馆,2011),胡以鲁成为读音统一会会员,所以,他对国语统一情况非常了解。但此时,很多问题的研究还处于设想阶段,所以,反映在《国语学草创》中,这种情况并不清晰,因而,《国语学草创》言:"虽然,取一以为本,不可不有损益,随时发生之方言,又不可不加以修正,此损益修正之业责成学会为之。学会设国语统一调查会及国语统一研究会两机关,其事业分读音、语法、辞书三者。调查会调查之于各地方各社会(俚言鄙语往往古语所在,不可不知也),而报告之于研究会,研究会穷其源委,择其纯粹而易行者制定之为标准,然后为国语教育行政施行之。"(98 页)可见,《国语学草创》一书定稿与出版则在 1912 年末,黎锦熙的说法是有道理的。

另据黎锦熙《国语学讲义》(上海商务印书馆,1919)述:"至于中文著述,北京大学有一种《言语学讲义》,是浙江胡以鲁氏所编,叙论精当,足供参考。"(1 页)这也证明了胡以鲁是有意将中国国语学与普通语言学理论职能分开,所以,才分别写了《国语学草创》与《言语学讲义》两部书。只不过后人没有像黎锦熙那么幸运,没有看到《言语学讲义》书稿,所以,就没有黎锦熙理解得那么深刻。

100 多年来,许多学者对胡以鲁《国语学草创》的学术价值已经有所注意与研究。一些学者还予以高度评价。沈国威教授在《汉语近代二字词研究——语言接触与汉语的近代演化》(2019)中提到,继《新青年》之后,《大公报》也在 1918 年 12 月 1 日对胡以鲁《国语学草创》加以介绍[19]:

胡以鲁《国语学草创》。胡君为章太炎先生高足,曾留学日本,通英德日三国文。是书本言语学原理,博征各国语言,上探我国古音韵及经小学源流,原原本本为我国学术界放一大异彩,为将来国语学者之光导。论者谓其书价值尤在《马氏文通》之上,洵不诬也。

胡以鲁《国语学草创》"其书价值尤在《马氏文通》之上",这个评价非常高,超出了许多学者的意料。这个观点一定会让今天的学者感到十分惊奇。须知,今天研究汉语语言学史之学者,已经把《马氏文通》奉为中国现代语言学之"圭臬",其崇高地位不可动摇,而《大公报》对胡以鲁《国语学草创》雄论之高调则超出众人的预料,一定自有其原因在里面,需要进一步探究。

对胡以鲁《国语学草创》价值的认识,黎锦熙是从国语学角度证明的。黎锦熙《国语学讲义》(商务印书馆,1919)称:"言语学和心理学、社会学、人种学、自然科学都有关联,在各国文科大学和关于文科的专门学校中,已列为教学科目。现在为时间所限,不能讲述,精通东西方文化的,不妨取各国的言语学原著一读。至于中文著述,北京大学有一种《言语学讲义》,是浙江胡以鲁氏所编,叙论精当,足供参考。我国人对于言语,虽孔门列为四科之一,但是只有术而无学(与现在的雄辩术相类),所以,国语二字,向来只是左丘明一部书名。辽金元清四代,虽有国语,乃是示别于汉文的名称,其实是契丹语女真语蒙文满文。本国文字谓之国文,本国语言谓之国语,都是近年发生的新名词。至于国语学,更是向来所无,民国初年,胡以鲁氏始著《国语学草创》一书,而有学自此始。胡氏的书,精微翔实,本拟删节大要,入此讲义,因其所论国语之缘起、缘起心理观,以及后天之发展、发展之心理观等篇,立例取证,颇为繁复,断非短时间所能宣说,可取原书研究,今姑从略。"(1~2页)看得出来,黎锦熙对胡以鲁的国语学的开创之功是充分肯定的,并积极加以推广,而且在其基础上奋力拓展其研究领域。

此后的乐炳嗣《语言学大意》(1923)、王古鲁《言语学通论》(1930)、沈步洲《言语学概论》(1931)、张世禄《语言学原理》(1930)和《中国音韵学史》(1936)对《国语学草创》的评价也是比较高。比如乐炳嗣《语言学大意》(1923)就说:"把中国语言作系统地考述,浙江胡以鲁氏的《国语学草创》总算是第一次了。胡氏此书,对于中国语言的特质、起源等,都曾说起一点儿。"

但因为当时中国语言学界不重视语言学理论体系建设,语言学著作特别"稀缺",还往往不被人理解,这与国外,比如欧美国家及邻国日本已经汇聚成语言学理论学术潮流形成了鲜明的对比。沈步洲(1931)有一段话很能说明这个问题:

日本理学博士松村任三研究日本古语之源,证其与中国同。同时,坊间又有《支那之言语学》一书,可资参考。最近复有神保格之《言语学概论》,条理颇为明晰。返观吾国,则可有为资料者?时复见载籍,如杨子《方言》,如章炳麟《新方言》,如胡以鲁《国语学草创》,如章炳麟《国故论衡》中论语源音容各篇,均有言语学之意味。独以语言流用之区域较广,种类较多,治是学者,又寥若晨星,故零文剩锦,不成章服。晚近士大夫提倡国语统一,关于国语之著作,屡有刊布。语言学亦曾有小册子,不为寂寞。虽范围尚隘,而即此为基础,共同研究,未曾不可有为也。(8~9页)

严格说来,在1912年前后的中国,只有章太炎《国故论衡》与胡以鲁《国语学草创》算得上是汉语现代语言学理论著作,沈步洲的感慨,完全符合情理。无论如何,当时人认定的《国语学草创》价值和意义是有过于今人的评价的,这是事实。今人研究胡以鲁与《国语学草创》经过了很长一段时间的空旷期,似乎《国语学草创》被许多人遗忘了,对胡以鲁与《国语学草创》产生了陌生感、隔离感,对其研究出现了明显的"断档"局面,不足为奇。

近40年来,关于胡以鲁《国语学草创》的"零散"看法不断涌现,比如王力《中国语言学史》(1981)就说:"解放前,中国的语言学者对于普通语言学,是通过外文原本来学习的。抗战时期,西南联合大学曾经指定Palmes的《语言学引论》作为主要参考书。方光焘、王力、岑麒祥等人曾经在大学里教过'语言学',编过讲义,但是都没有写成书。沈步洲写过一部《言语学概论》,质量不高,流传不广。反倒是胡以鲁的《国语学草创》里面介绍了不少普通语言学的知识,可惜'译名'过时了,现在的人不容易看懂了。"[20]王力还是将胡以鲁《国语学草创》看作是普通语言学理论著作的。

濮之珍《中国语言学史》(1987)认为,胡以鲁《国语学草创》是中国第一部语言学理论著作,论述语言的起源发展、方言、共同语以及国语在语言学上的地位等理论问题。[21]邵敬敏、方经民《中国理论语言学史》(1991)将胡以鲁的《国语学草创》作为中国理论语言学史的起点,认为其属于初创时期的第一部理论语言学著作。[22]姚小平(1994)则肯定了这个观点。[23]李晗蕾(2003)对胡以鲁《国语学草创》语言学思想进行了分析,涉及胡以鲁认为语言从产生到形成经历感叹词、摹声词、发语词三个阶段,汉语也是一样;古韵今音论、语言文字与词义演变关系、国语的法则;现代语言学思想萌芽,比如语言符号、语言任意性、意义三角关系等。李晗蕾肯定了胡以鲁《国语学草创》的影响力,比如对乐炳嗣《语言学大意》框架和《国语学草创》的关系,以及张世禄《语言学原理》借鉴《国语学草创》观点等情况都有探讨。无论如何,李晗蕾是站在语言学理论视角研究《国语学草创》的。[24]王希杰(2003)认定胡以鲁《国语学草创》融合中外学术传统,是理论语言学开创之作。但"外"只提到了西方语言学,并没有提到与胡以鲁关系密切的日本语语言学。[25]沈国威(2013)强调了胡以鲁《国语学草创》第三编、第四编词汇学理论意识对双音节化问题研究的指导作用，当然也是同意将《国语学草创》定位为普通语言学性质的。[26]

海晓芳是日本关西大学的博士，受业于内田庆市教授，她提出的诸多见解超出前人，可以说，把胡以鲁《国语学草创》研究向前推进了一大步。海晓芳《文法草创时期中国人的汉语研究》(2014)设专章讨论胡以鲁《国语学草创》的内容、胡以鲁与上田万年的关系、西方语言学理论基础上构建的体系等问题。其中"西方语言学理论基础上构建的体系"一节，从胡以鲁《国语学草创》中出现的语言学家、德国语言学心理派的影响、运用心理学派的理论分析汉语语法问题等角度集中探讨。[27]

贾洪伟《汉译国外普通语言学典籍研究(1906—1949)》(首都师范大学出版社，2016)也把《国语学草创》定位为普通语言学理论著作，认为《国语学草创》对中国语言学的贡献很大，比如：引进学科术语；引进新的理论观点和研究方法；推翻西方对汉语的错误认识，维护汉语在普通语言学研究中的地位；提出语法研究中汉外对比思想，把语法分为纯理语法与应用语法；论述方言与方音、标准语与标准音、国语与国文三对概念关系等。(85~88页)

沈国威教授在《汉语近代二字词研究——语言接触与汉语的近代演化》(2019)中论及汉语的演化与二字词、单纯词与合成词等问题时，涉及了大量有关胡以鲁词汇学理论认识问题，对胡以鲁词汇学理论等价值予以了充分肯定，代表了近些年来国内外学术研究的新趋向。(6~26页)沈国威教授的立论引起了国内外许多学者的关注，突破了以往许多研究的禁区，学术意义很大。

以上学者把胡以鲁《国语学草创》定位为普通语言学理论著作，观点比较一致。大多数人是同意这种看法的。

二、《国语学草创》"国语学"性质及重新发掘的价值

（一）从研究中国理论语言学史角度上看，将胡以鲁《国语学草创》定性为中国第一本汉语语言学理论著作肯定是有积极意义的

胡以鲁《国语学草创》所蕴含的语言学理论要素实在是太丰富了，正像王力所说，"形成普通语言学知识体系"。王希杰、海晓芳等认定其具有雄厚的中外语言学理论基础等都很能说明问题。但我们认为，形成普通语言学知识体系，以及中外语言学理论基础雄厚并不足以定性胡以鲁的《国语学草创》。要想真正揭示胡以鲁《国语学草创》本质，还是要回归到胡以鲁原书名称为何称

之为"国语学"上来,这样才有可能接近胡以鲁构建此书理论体系之用意。

我们关注的关键词,除了胡以鲁对书名用了"国语学"之外,在全书九编标题上,有七编出现"国语"二字词,这就不是一个偶然的现象,而是本书中心议题所在之标记,即胡以鲁所讨论的问题,集中在"国语"上,"国语"构成了胡以鲁体系建构的主旋律,由九编子课题系列,构成一个完整的中国"国语学"系统。我们认为,离开了"国语"二字去解读胡以鲁《国语学草创》性质,肯定是会距离胡以鲁文本原意太远的,因此,回归到胡以鲁《国语学草创》文本中中国"国语学"性质十分必要。

由胡以鲁《国语学草创》十编文本可见,胡以鲁建构"国语学"体系,内涵十分丰富,尽管涉及许多普通语言学理论问题,但均以讨论中国国语语言学不同于其他国家语言学的"特异之处"为主要目的,比如独特的汉语音韵学、汉语方言分区、汉语句法理论、汉语语义学等观念。很自然,他挖掘到了中国国语语言学的基本特点,这就使得他的中国国语语言学体系完整,立论深刻,前无古人,首创意义重大。

(二)胡以鲁《国语学草创》文本中中国传统小学"元素"重心在汉语音韵学上,这彰显了胡以鲁国语学理论所关注的学术焦点之所在

章太炎《国语学草创》序也说,"斯余畴昔所持论,而仰曾亦有取焉。既撂其大旨,乃为叙录,以告国人治语学者"。在这里,章太炎把胡仰曾视为自己国学"正宗衣钵"的授业弟子,胡以鲁《国语学草创》当然也就是章氏所认定的自己国语学思想的直接传播著作了,代表的是章氏学术的又一重大成就。章太炎小学取得成就的领域主要是汉语音韵学,这是世人皆知的事实。我们看到,胡以鲁建构国语学理论体系也把汉语音韵学作为阐扬其国语学理论体系的一个最为厚实的根基。胡以鲁说:"各国语皆各有其特有之内范,吾国语大抵一节,多亦不过二节。以有限之音声表丰富之思想,其间相应尤为微妙。而其文字由音、形、意三者而构成,言语内范,探究亦易。文字研究,别著一篇,兹先就以同音或相似音之展转发展语意,及以双声叠韵之展转发展语意者,探吾国语发起之踪迹。"(9页)把音韵当作基础,就要把音韵的功能发挥到极致。所以,他说,"欲以音声研究国语之缘起,当先审音声本体之为何"(9页)。于是,按照一般的语音学原理,对汉语的发音生理、物理等基本要素进行分析,发音机关、音素、清浊音、舌头音、轻重唇音、喉头音等要素竞相登场。胡以鲁所绘制的宋人三十六字母发音图表,用罗马字拟音不说,还按发音部位与方法分出腭音、前舌端、里音、两唇、唇齿、前舌端、齿背、喉音、卷舌、弹舌 10 类,不但名称

与分类上与宋人三十六字母不同,而且与今天一般的学者所用名称与分类也是不同。用罗马字母表示,胡以鲁有自己的看法:"于单节语音之中分析其语头音而研究之,此吾国之所无也,乃借罗马音标而为之。虽然,罗马音标非为吾国语而设,欲借之以完全表示,殆不可能。"(15页)"借他种音标,论吾国国语,益难得其真相也。虽然,以科学的研究,欲究语言之发达,不能不得其音韵而分析之,况若是分析,其能胜于杂驳之类别者,固不待言也。"(17页)

其音论,涉及中国古音学和今音学两大学术门类。评述清人古音学时,胡以鲁说:"独有《广韵》为后世韵学之宗。顾炎武氏作《唐韵正》,分韵为十部;江永氏作《古韵标准》,分为十三部;段玉裁《六书音韵表》,分十七部;孔广森《诗声类》分十八部;王念孙分二十一部。愈降愈多,精则精矣,然不知平上去入不过长短广狭之差。以收声为阳声,亦加入所谓韵者,则更病在不知分析研究,徒取其叠韵而均分之故也。"(15页)胡以鲁说:"《广韵》唐纽已非古音。"(18页)对顾炎武"古无麻部"、段玉裁"古无去声说"、钱大昕"古无轻唇音""古无舌上音说"和章太炎"娘日二纽归泥说"等进行了详细论证,大体上严守章太炎"家法"不逾矩,但还是提出了古音研究的条件问题(22页),是很有见地的。论古音变化,则就对转、旁转等问题进行梳理,并以章太炎《国故论衡》中《成均图》进行说明(35页),但他还是认为,"所谓音转果一如图序配列与否,犹不能无疑也。"这说明,胡以鲁不拘于师说,敢于怀疑。在"论方言及方音"一编中,论及入声古今变化,还是谈道:"故开闭之差,吾国语音韵史之关键也。方音之消长得于是知之。"(87页)对中国古今方言史中各地方言差别,还是引用了大量的古代文献从语音的角度辨别。(87~91页)可见,汉语音韵学研究是《国语学草创》的亮点和枢纽,更是传统小学在"国语学"中显赫地位的突出表现。

(三)章太炎、黎锦熙评价胡以鲁《国语学草创》,也是从其"国语学"理论体系角度认定其研究"国语学"理论学术价值的

章太炎是胡以鲁的传统小学恩师,在给弟子胡以鲁《国语学草创》所作序中,已经把胡以鲁《国语学草创》作为阐扬"国语学"理论体系的最具创意的代表性著作来对待,非常令人惊奇。

黎锦熙《国语学讲义》(1919)称,"本国语言,谓之国语,都是今年发生的新名词。至于国语学,更是向来所无。胡以鲁氏著《国语学草创》一书,自此书始。胡氏的书,精微翔实,本拟删节大要,入此讲义,因其所论国语之缘起,缘起之心理观,以及后天之发展,发展之心理观等篇,立例取证,颇为繁复,断非短时间所能宣说,可取原书研究,今姑从略。"(2页)这肯定了胡以鲁《国语学

草创》的创造性价值,以及研究胡以鲁国语学思想的重要性。

在《国语学讲义》上篇第一章"发端"(1页)中,黎锦熙还说:"研究国语学,须先通言语学,言语学是世界所公有。国语学是单就本国的言语,用言语学上的原理原则,来说明论断一番,因此,就可知道本国的言语如何孳生,如何变化,有何特长,有何缺点,在世界各国的言语中间地位如何,价值如何(此即比较语言学)。所以,国语学,虽是本国所专有,但必须将世界公共的言语学作为基础,方算有研究的根据。"黎锦熙将普通语言学理论与国语学两个学术理论范畴截然分开,但又讲了两者之间十分密切的关系,应该说,是比较客观而公允的。无论如何,章太炎与黎锦熙两位学者都把胡以鲁《国语学草创》看作是国语学著作,即今天学者所称之为现代中国语言学的代表性学术著作,可以证明,其在中国语言学史上的开创意义是世所公认的,并不是虚妄之辞。

(四)《国语学草创》寄予了胡以鲁对"国语学"即中国现代语言学理论体系建构的理想未来

胡以鲁生当清末,正是大清国之舟船处于风雨飘摇之时。胡以鲁在日本写作《国语学草创》时,也是日本国语学理论研究走向成熟而将要达到鼎盛之际,日本当时标明国语学的著作已经出版了一些,比如关根正直《国语学》(弦卷书店,1891年)、上田万年《国语のため》(富山房,1897—1903年)、八杉贞利《国语学》(哲学馆,1901年)、藤冈胜二《国语研究法》(三省堂,1907年)、龟田次郎《国语学概论》(博文馆"帝国百科全书",1909年)、保科孝一《国语学精义》(同文馆,1910年)等。其中,《国语学史》[明治二十九—三十年(1896—1897)],是上田万年在东京帝国大学博言学科给学生讲授"国语学史"课程的笔记(新村出笔录,古田东朔校订,1984),构建了国语学与国语学史框架。上田万年《国语学史》分为"国语学"与"国语学史"两大部分论述。其国语学涉及了国语学内涵、国语学内在结构关系、语言学方法与手段、语言学范围和领域、日本语历史等内容。比如语言学范围和领域,就强调以标准语、方言、卑言(俗语)等研究对象。而"国语学史",将日语发展历史分为三个时期。每个时期都有代表性的人物和著作。

藤冈胜二《国语研究法》(1907)的目录是:第一章,言语的观念;第二章,国语和方言;第三章,文语和口语;第四章,中国语、日本语和西洋语;第五章,语法和辞书;第六章,语法和论理(逻辑);第七章,保守说和改定案。保科孝一《国语学精义》(1910)已经成型,该书勾画出国语学理论系统的基本结构轮廓,所讨论的问题非常广泛,十分引人注目。从其目录上可以窥见基本面貌:第一编,总论。第一章,国语学的目的及其范围;第二章,国语学和古典学的关系;第三章,国语学的语言学研究;第四章,国语的声音学研究。第二编,国语学的过去。第一章,绪论;第二章,与国语相关的科学研究;第三章,与国语相关的实际研究。第三编,国语学的现在。第一章,绪论;第二章,与国语相关的科学研究(音韵语法等);第三章,与国语相关的实际研究(国语教育)。第四编,国语学的将来。第一章,绪论;第二章,与国语相关的科学研究(音韵,包括实验音声学);第三章,与国语相关的实际研究(包括欧美语言教学法)。第五编,结论。[28]

这些著作,身在日本的胡以鲁不可能不注意到。

上田万年的《国语のため》与《国语学史》奠定了日本国语学理论基础,并由藤冈胜二、保科孝一等门生加以实践,出版了内涵丰厚的国语学理论著作,我们推测,这肯定会给来自中国的留学生,又同是上田万年学生的胡以鲁以很大的学术冲击。中国没有自己的国语学理论体系,肯定让胡以鲁在心理上受到很大的刺激,感到无比痛心,一种责任感油然而生,由此,建立中国国语学理论体系的愿望也就十分强烈,所以,他才用心收集资料,构筑了《国语学草创》理论体系。我们在读胡以鲁《国语学草创》时,通过胡以鲁的论述,已经明显地感受到了他的那强烈的民族自尊心,更理解他发奋图强的学术奋斗精神。胡以鲁使用"吾国"频率极高,看得出来,胡以鲁饱蘸激情,奋笔疾书的精神动力来自内心的理想信念。胡以鲁尽力强调中国国语学理论所具有的学术优势,这就不是偶然的。胡以鲁没有按原样照搬日本国语学理论,而是根据自己的研究,吸收东西方语言学理论精华,结合中国传统小学实际,形成了自己的国语学理论系统,这在中国是第一次。实际上,《国语学草创》寄予了胡以鲁建构现代中国语言学理论体系的理想和对未来"国语学"理论系统宏图的设计,只是因为胡以鲁过于早逝,只活了29岁,才没有就国语学理论问题做进一步深入研究,对中国国语学(现代中国汉语语言学)发展来说,这是令人深感遗憾的。王东杰《"返为自主体:汉语进步论与中国近代的文化认同、政治理想"》(2013)认为,胡以鲁对汉语的描述带有政治色彩,把汉语放在国家组织形态上定位。语言还关系到政治文明,和国家乃至个人独立与自由联系在一起。[29]但薄守生等发表《关于语言学史和历史学科的关系的一点思考——兼与历史学研究者王东杰同志商榷》(2016)提出批评,无论如何,王东杰的研究道出了胡以鲁写作《国语学草创》时的真实意图。[30]

(五)通过研究胡以鲁《国语学草创》,并与之相关的语言学理论,比如与章太炎语言学理论联系起来考虑,可以缕清近现代中国语言学理论教科书体系构建过程中的学术脉络,这对中国汉语理论语言学教科书史研究极其重要。

我们看到,沈步洲《言语学概论》(1931)专门列"中国语言之发展"一章,涉及先秦语言的"言文合一",以及国语语词"发起"变化之途径等问题,无不与章太炎《国故论衡》、胡以鲁《国语学草创》有关。比如,沈步洲明显地承继了胡以鲁的《国语学草创》学说。胡以鲁《国语学草创》第一编"说国语缘起",谈到汉语语言之发起原因,以语音为线索,层层剥笋,揭示了汉语语词"发起"变化之规律。沈步洲不但继承,而且还有所发展。他说:"吾国语古音之枢纽,字声之转变,前代名儒、近世著作家论之详矣。兹故不复赘。特语词发起,其道至繁,缘于声音之承转迁变者,亦不复少,当分节论之。"(137 页)沈步洲所谈主要有:由同一声类而孳化之语词;由双声叠韵而孳化之语词;由音容变易而孳化之语词;由悬拟而孳化之语词;由类推而孳化之语词;由复合而孳化之语词;由实词流转而孳化之语词;与外语接触而孳化之语词。(137～150 页)对比胡以鲁《国语学草创》第一编"说国语缘起",非常相像。而胡以鲁《国语学草创》之论述又来源于章太炎《国故论衡》等著作,这却不是偶然的。由此可以看出,胡以鲁《国语学草创》是章太炎到黎锦熙、沈步洲之间的国语学过渡的"中间地带",也是开启后续国语学理论研究的先行者,对后代汉语现代语言学理论科学体系构建所产生的影响力是超乎寻常的。

注释:

[1] 黎锦熙《国语运动史纲》,商务印书馆,1931;商务印书馆,2011。许寿裳《章炳麟》67 页,重庆出版社,1987。王晓明《北京高师——国语运动的发祥地》,《北京师范大学学报(人文社会科学版)》2002 年第 5 期。

[2] 秦郁彦《日本近现代人物履历事典》,东京大学出版会,2020。

[3] 新村出《上田万年先生年谱》,上田万年《国语学史》238～270 页,新村出笔录,古田东朔校订,教育出版,1984。

[4] 山口谣司《日本語を作った男上田万年とその時代》,集英社,2016。

[5] 黎锦熙《国语学讲义》,商务印书馆,1919。

[6] 中央研究院近代史研究所编《近现代人物资讯整合系统:上海工商名人录》,中央研究院近代史研究所,1936。

[7] 上海海关史博物馆收有胡实声的"口述史"资料。

[8] 上海海关学院校友会网站材料。

[9] 侯祥麟《我与石油有缘——侯祥麟自述》,石油工业出版社,2001。

[10] 丁中江《北洋军阀史话》,商务印书馆,2012。

[11] 吴思远《辜鸿铭出入北大及生辰考述》,《国际文化》第477期,外语教学与研究出版社,2019年。

[12] 沈国威《汉语近代二字词研究——语言接触与汉语的近代演化》4页,华东师范大学出版社,2019。

[13] 《章太炎全集》(七),上海人民出版社,1999。

[14] 沈国威《双音节化与近代汉语的演进:胡以鲁"汉语后天发展论"的启示》,日本关西大学《或问》WAKUMON139NO.24,2013。

[15] 丁伊勇《胡以鲁の汉语构造论・文法论『国语学草创』の意义》,《中国语学》1995卷242号。

[16] 张世禄《中国音韵学史》108~109页,商务印书馆,1936。

[17] 章士钊《论翻译名义》,《国风报》第29期,1910年11月22日。

[18] 李养龙、莫佳旋《20世纪初译名论战的现代解读》,《外语教学》2011年第3期;张景华《清末民初西学术语译名的翻译暴力探析》,《翻译界》2016年第2期。

[19] 沈国威《汉语近代二字词研究——语言接触与汉语的近代演化》6页,华东师范大学出版社,2019。

[20] 王力《中国语言学史》205~206页,山西人民出版社,1981。

[21] 濮之珍《中国语言学史》477页,上海古籍出版社,1987。

[22] 邵敬敏、方经民《中国理论语言学史》,华东师范大学出版社,1991。

[23] 姚小平《〈中国理论语言学史〉读后》,《外语教学与研究》1994年第3期。

[24] 李晗蕾《〈国语学草创〉与现代语言学》,《北方论丛》2003年第2期。

[25] 王希杰《略说胡以鲁对中国理论语言学的贡献》,《淮北煤炭师范学院学报(哲学社会科学版)》2003年第6期。

[26] 沈国威《双音节化与近代汉语的演进:胡以鲁"汉语后天发展论"的启示》,日本关西大学《或问》WAKUMON139NO.24,2013。

[27] 海晓芳《文法草创时期中国人的汉语研究》187~203页,商务印书馆,2014。

[28] 藤冈胜二《国语研究法》,三省堂,1907;保科孝一《国语学精义》,同文馆,1910。

[29] 王东杰《"返为自主国:汉语进步论与中国近代的文化认同、政治理想"》,《社会科学研究》2013年第6期。

[30] 薄守生等《关于语言学史和历史学科的关系的一点思考——兼与历史学研究者王东杰同志商榷》,《新疆大学学报》2016年第5期。

第二章 《国语学草创》：
汉语语言学理论第一书"原型"

第一节 《国语学草创》性质与上田万年国语学"原型"

海晓芳(2011)在论证《国语学草创》成书过程时，主要还是从《国语学草创》中出现的西方语言学者名字线索入手，谈《国语学草创》与西方语言学的关系，似乎《国语学草创》的学术基础是西方语言学理论，西方语言学理论造就了《国语学草创》理论基本内涵。但也要看到，海晓芳还称："胡以鲁则是将'国语学'带入中国的第一人。'国语学'在日本是指日语语言学，胡以鲁'国语学'的称呼也是从日本引进的。胡以鲁当时留学的日本东京帝国大学是日本介绍西方语言学的重镇，由日本学者上田万年第一次将西方语言学引入日语的研究中，他（上田万年）是日本国语学的创始人。而胡以鲁留学之时，上田万年刚好担任东京帝国大学国语学讲座，由此可以看出二者之间的关联。也就是说，胡以鲁要像上田万年那样，将西方的语言学理论引入汉语的研究中，由此建立汉语的语言学。"[1]这确是符合实际的，但海晓芳忽略了日本国语学的特质，以及章太炎汉语言文字学在胡以鲁"国语学"框架中的核心支撑作用，这就很难触碰到其学术实质，这肯定是一个不小的缺漏。

无论如何，海晓芳这段话等于承认胡以鲁的国语学与日本上田万年国语学的学术理论存在着直接的关系，这是很具有启发意义的，这也是之前学者没有充分注意到的情况。由此可以看出，海晓芳对《国语学草创》的国语学理论来源有一定的了解，但胡以鲁的国语学理论与日本上田万年国语学理论究竟存在着什么样的学术关系，以及这种学术关系对后来的中国汉语语言学理论造成了什么样的影响，她没有进一步加以说明。如此，海晓芳研究胡以鲁《国语学草创》，往往是在西方语言学理论框架与中国国语学之间徘徊，等于将《国语学草创》性质研究陷入两难的境地。但无论怎么说，这个探讨，还是走出了将胡以鲁《国语学草创》定性为普通语言学理论性著作的视野范畴,值得称道。

胡以鲁的国语学理论与上田万年国语学理论究竟存在着什么样的学术理论关系,学者们没有系统谈到过,我们这里试论之。

一、日本上田万年国语学理论

在谈此问题之前,我们还是介绍一下日本上田万年国语学理论构建的基本情况。一般学者认识上田万年国语学内涵,都是从其《国语のため》(1897)、《国语学史》(1896—1897)开始的,比如在《国语のため》这部书里,上田万年提出了许多值得人们思考的国语学理论问题,而且,上田万年对日本国语学学术作用的定位提得很高,认为这可与日本国民精神是否提升相提并论,这当然引起国内外国语学学者们的重视。《国语のため》(1897)在构建国语学理论框架上具有独创性,其所论述内容十分广泛,已经涉及了国语研究范围、标准语、国语价值、国语和国家、国语学问精神、国语人物、国语文献等具体领域问题,话题范围如此之广泛,是日本语言学界过去所很少涉足的。许多人认为,上田万年这个国语学理论体系奠定了近现代日本国语学理论研究的雄厚基础。[2]

但我们认为,日本上田万年国语学理论的基本思想在其《言语学》(1896/1975)讲义中已经有所体现。[3] 上田万年《言语学》讲义分为四个部分:1.总论;2.第一篇,普通语言学;3.第二篇,本论(个别语言);4.第三篇,语言历史。从表面上看起来,这本书构建了一个完整的语言学及历史比较语言学学术理论框架。但深入观察其语言学"格局"与内容,就会发现,其目的是在构建"东洋语言学"。安田敏朗《近代日本言语史再考》(2018)称之为"帝国大学语言学"[4]不是没有道理的,至少揭示了上田万年国语学理论的本质性的核心要素是什么,对我们深入研究上田万年日本国语学理论构成要素的组合方式具有重要的启发意义。

上田万年构建的"东洋语言学"理论及比较语言学理论框架,所涉学术领域范畴与西方历史比较语言学所限定的范畴有所不同,肯定是有所调整与重新规划的,大量的东亚传统语言学内容充斥其中,弥补了西方历史比较语言学的缺憾。上田万年构建"东洋语言学"及历史比较语言学格局,遵循着一个基本原则,就是始终倾心于世界语言学视野下的东亚语言学理论应该关注的焦点问题是什么,东亚语言学理论内涵下的历史比较语言学核心内容是什么。我们认为,这是我们破解上田万年《言语学》深层内涵密码的有效钥匙之一。

"东洋语言学"理论关注的对象是什么？《言语学》第一篇关注的是普通语言学内容。其"绪论"就是"东洋语言学"。在研究"东洋语言学"（37～38页）理论时，上田万年说，收集世界各国研究语言理论的全部著作不可能，只能做到尽力取其长。他倾向于进行详细的哲学分析，由印欧语比较扩大到世界的各类语言比较，看其之间关系。但如果用印欧语的法则和手段去硬套其他语言实际，就会遇到很大的麻烦而发生失误。当然，这也包括了东亚汉语研究，也会发生误判的现象。

在"日本帝国大学语言学"一节中，上田万年说到，在印欧、Semitic（闪米特）、Ural-alt（乌拉尔）、Indo-Chinese（印度支那）等大family（家庭）中，日语应该属于哪一种谱系语言？它波及的范围有多大？向北，日语经朝鲜语之后是和中国满语接触；向西南，再和印度语接触；还有就是阿伊努语与日语关系密切。再往南部，日语则是和马来语、玻里尼西亚语等有接触关系。这些都可以进行研究。在1894年东京大学语言学讲座中，上田万年第一个系统地阐发东方语言学，包括日本国语学内涵，他力图以日本语为中心，奠定日本语在东洋语言学中的核心学术地位，这就是在肯定日本的国语学价值。

上田万年的论述十分重要，表明了上田万年要建立"东洋语言学"的理想和信念。我们已经十分清楚，上田万年"东洋语言学"的范围以日本语为中心，覆盖周边广大地区，大致相当于后来日本"大东亚共荣圈"的范围。更为突出的是，他建立这个"东洋语言学"，用印欧语言学的理论与方法进行研究，目的是和印欧语言学理论分庭抗礼。这里所勾画的是一个非常明晰的"语言规划地图"，所以，在后来的"语言分布"论述中（51～80页），他有计划地进行介绍。我们认为，这实际上也是上田万年的"预研究"课题，以及将来由弟子们具体实施"布局"的平面图，由此，彰显了上田万年的"普通语言学"核心理论实质及前瞻意识，这是非常明确的。

"东洋语言学"理论内涵下的历史比较语言学核心内容是什么？在《言语学》"本论"中，即"个别语言研究"中，上田万年强调的第一个内容是"国语的研究"，虽然在这之后上田万年也提到"语识""语言习得"之类的内容，但上田万年觉得这些内容不是他自己关注的焦点问题，而后边的"国语教授法""日本的国语教授法""德国的国语教育"才是其重点论述的内容。（13～130页）其"国语教授法"，已经提到了语言的指导方法、分析的方法、综合的方法等。其"日本的国语教授法"，回顾了日本传统教学方法，其中，就涉及日本古汉学主义传统。"德国的国语教育"，除了强调语言运用力、理解力之外，上田万年还讲授读书教授法、历史比较方法。相应的辞书运用规则、文典语料分析,都和国语教授法相配套。由此,我们可以看出,上田万年"东洋语言学"理论内涵下的历史比较语言学,是以"日本国语"为主,这就暗藏了日语作为历史比较语言学理论核心的主体意识,所涉及的语言能力培育也要服从于这个主体需要。这就为后来的日本政府面向东亚而制定的殖民语言政策奠定了理论基础。

上田万年的这些国语学思想,体现在《言语学》(1896)、《国语学史》[明治二十九—三十年(1896—1897)],以及后来出版的《国语学十讲》等著作中。其中,《国语学史》《国语学十讲》所阐述的理论体系更为系统,宗旨更为明确,这可以从其目录排列看出。[5]

《国语学史》是上田万年在东京大学博言学科给学生讲授"国语学史"的课程笔记(新村出笔录,古田东朔校订,1984),主要目的是构建国语学理论与国语学史框架。《国语学史》分为"国语学"与"国语学史"两大部分。其国语学涉及了国语学内涵、语言学方法与手段、语言学范围和领域、日本语历史等内容。比如语言学范围和领域,就强调标准语、方言、卑言(俗语)等研究对象。而"国语学史",将日语历史分为三个时期。每个时期都有代表性的人物和著作。比如第一个时期,首先提到的是契冲,然后是贝原益轩、新井白石等。第三个时期,还设置了"外国人研究日本语历史"一节,具有鲜明的国际视野。

安田敏朗《近代日本言语史再考》(2018)也提到上田万年《国语学史》之欧美语言学理论框架来源问题(54~55页),认为主要是受保罗(Hermann Paul,1846—1921)《语言史原理》(Prinzipien der Sprachgeschichté,1880)的影响。安田敏朗说法源自于日本学者新村出等的说法,但需要进一步思考其合理性。我们阅读德国人保罗《语言史原理》(1965)之后,感到这个推论还不确切。[6]《语言史原理》在"叙说"中讲史学流派、讲理论与方法,涉及文化、科学等领域。其他各章,则讲语言发达的本质、语言的分裂、音韵的变迁、语义的变迁、类推、构文的基本关系、混成、创造语、孤立化及反作用、新的集团形成、意义的分化、心理的范畴和文法的范畴、词的形成和变化的发生、品词的区别、语言和文字、语言的混用、共通语和标准语等内容。很明显,这与上田万年《国语学史》差别不小,如果一定要说上田万年《国语学史》参照《语言史原理》的话,也只能说是部分参照,而不是在整体框架上参照了该书。

上田万年《国语学史》自有其独创性,它的学术体系对后来的国语学史著作编写影响很大,比如保科孝一《国语学小史》(1899)、花冈安见《国语学研究史》(1901)、保科孝一《国语学史》(1907)、长连恒《日本语学史》(上下,1908)

等。古田东朔说，这些著作，无一不是在上田万年《国语学史》基础之上增补与修订而成（上田万年《国语学史》"解说",307页），其判断是很有道理的。

《国语学十讲》目录：第一讲，新时代国语学的地位；第二讲，世界的语言与日本语；第三讲，中国语和日本语的关系；第四讲，帝国版图内诸种语言；第五讲，外国语对国语的影响；第六讲，国语的变迁（上）；第七讲，国语的变迁（下）；第八讲，标准语和方言；第九讲，国字问题及其假名遣问题；第十讲，国语及其国字的将来。涉及的内容非常广泛，令当时的日本国语学界感到，这是一部振聋发聩的日本国语学宣言书。

1898年，日本文部省制定1899年财政预算计划，新设"国语调查会"专门项目，在同年的第13次日本内阁会议上通过。1898年12月，众议院预算委员会第一分科会议召开，作为政府委员的答辩人，兼任文部省专门学局局长［主管高等（高中）教育事务，由文部大臣桦山资纪推荐］的上田万年陈述了意见，由此，具有政府决策智囊性质的"国语调查会"正式登场。上田万年在日本政府的支持下，开始实施他的"东方语言学规划"。日本文化厅编写的《国语施策百年史》(2006)说得很明确，上田万年当时是在国语学研究和行政施策方面发挥着指导作用的核心人物。[7] 这个学术定位十分准确。所以，他的东方语言学"大布局"，实际上在19世纪末叶，等于是日本政府在日本语言学研究方面的"大布局"，体现了日本军国主义语言战略的基本意图，这是毫无疑问的。

二、中国胡以鲁国语学与日本上田万年关系

中国胡以鲁《国语学草创》所涉及的中国国语问题，有许多与日本上田万年等学者关心的日本"国语"问题一致，比如国语研究范围、标准语和方言、国语价值、国语和国家、国语学术精神、国语学的地位等，只不过，各自关注的国语对象不一致，论述的角度也不一样。一个是以日本国语学为中心，一个是以中国国语学为中心。还有更为重要的，他们研究各自国语学的出发点不一样。上田万年《言语学》(1896)、《国语のため》(1897)、《国语学史》(1896—1897)、《国语学十讲》(1916)，带有两个明显的目的：第一个是以日本语国语学为重心进行学术研究的"东洋语言学学术格局"意识，培养大批的东方语言学家；第二个是配合日本政府19世纪末、20世纪初"大东亚"军国主义语言殖民战略而实现日本国语学覆盖亚洲的"大格局"构想，国家行为意识十分突出。而胡以鲁则是为着实现个人建立中国现代语言学体系的理想，体现了强烈的爱国情怀，民族自尊心突出，个人行为主体意识明显。这是不言而喻的。

第二章 《国语学草创》：汉语语言学理论第一书"原型"

我们读胡以鲁《国语学草创》，一个突出的印象是，《国语学草创》论述理论问题，与上田万年《言语学》(1896)关注的理论问题有许多都是类似的，比如《国语学草创》论述语言学理论问题时，不可避免地涉及语言学与其他学科的关系，诸如历史学、古代汉语、人类学、宗教学、教育学、心理学等学科，知识视野极其广阔，非同时代语言学者可比。这种思维模式从何而来？除了章太炎给予他的影响之外，上田万年的培养不可忽视。上田万年《言语学》(1896)第一篇"普通语言学"的"绪论"，名目就是"东洋语言学"(37~46页)。紧接着，就论及了"语言学与其他学科的关系"，也是按顺序论述了历史学、古代汉语、人类学、宗教学、教育学、心理学等学科在研究语言学，尤其是东洋语言学方面的价值和意义。胡以鲁研究的对象不是东洋语言学，也不是日本语，而是汉语，但研究的路数与模式如出一辙。尽管如此，我们还是要追根溯源，上田万年《言语学》(1896)的路数与模式，还是来自于他的老师甲柏连孜《语言学》(1891)。我们在甲柏连孜《语言学》(1891)第一编"总论"第3章"语言学的位置"中，看到甲柏连孜的论述："人类学、民俗学、历史、自然科学、心理学；逻辑学与形而上学——相对而言，语言学进入自然科学"(13~16页)，这里也是在强调语言学与其他学科的关系。

三、日本上田万年国语学"原型"——德国甲柏连孜《语言学》与《汉文经纬》

1. 日本上田万年(1867—1937年)，1888年毕业于东京大学文科大学。在读书期间，师从バジル・ホール・チェンバレン(张伯伦)学习博言学(博言学，译为Philology)。毕业后，又进入大学院(研究生)继续深造。1890年获得公费资助，赴德国留学，在莱比锡大学和柏林大学等大学学习。后来，又到巴黎求学，接受西方历史比较语言学理论熏陶。在留学期间，深受东洋语学者フォン・デル・ガベレンツ(甲柏连孜)的影响。还听过青年语法学派核心人物カール・プルークマン(布鲁格曼)和ェドゥアルド・ジーフェルス(季弗斯)授课，并且，选修梵语语言课。1894年归国后，任东京大学文科大学博言学(语言学)讲座教授，讲授比较语言学、普通语音学等新领域课程，给当时古文献学、日本国语学、近代语学等研究，注入了新的科学理论与方法，并树立了学术研究新风，由此而创立新的国语学理论。其1899年获得文学博士学位，历任东京大学文学部长、神宫皇学馆(即今皇学馆大学)馆长、贵族院帝国学士院议员、国学院大学校长等职务。

(1)石川辽子《金泽庄三郎》(2014)提到：上田万年指导东京大学博言学学生，对学生的研究方向早就有所确定[8]：榊亮三郎，梵语；小川尚义，中国闽南话；金泽庄三郎，阿伊努语，包括朝鲜语；小仓近平，朝鲜语；藤冈胜二、新村出、桥本进吉，国语学；八杉贞利，亚洲语；伊波普猷，琉球语；后藤朝太郎，汉语；金田一京助，阿伊努语，但也分担日本语言学研究；等等。安田敏朗《近代日本言语史再考》(2018)也提到上田万年为弟子研究东亚语言学而指定语言学领域问题，在这当中，金田一京助的回忆成为一种有力佐证。(38～49页)。

(2)按这个"语言学谱系"构成叙述，还有一些疏漏。其实，其"语言学谱系"构成成员还有日本学者安藤正次，以研究日本国语学见长；中国学者胡以鲁，研究汉语语言学理论，在中国有学术"清新"之美誉。事实上，还有很多学者可以列入，比如保孝科一、猪狩幸之助、东条操、樋口庆千代等，由此，构成了一个完整的上田万年语言学学术谱系的"大布局"，其对日本近现代语言学形成与发展产生了决定性的影响。

2.德国甲柏连孜。川岛淳夫译著《言语学―その课题、方法、及びこれまでの研究成果》(2009)"译者あとがき(后记)"[9]与姚小平《甲柏连孜与〈汉文经纬〉》"序言"(2015)等文献[10]对甲柏连孜(1840—1893)都有介绍。甲柏连孜出生于德国阿尔滕堡一个世袭贵族家庭，有文献记载的家族史可追溯到13世纪。甲柏连孜的父亲汉斯·科农·冯·德·甲柏连孜是一位知名政治家，24岁入选议院，曾出任公国首相。同时他也是一位声望卓著的语文学家，考察过数十种语言，尤以满语研究著称。受父亲业余嗜好的熏染，甲柏连孜自幼便将学习语言、识读文字当成游戏。16岁那一年，父亲送给他的生日礼物居然是一本汉语语法书——雷慕萨用法文撰成的《汉文启蒙》(1822)。因为家族有从政的传统，青年甲柏连孜遂从父命，赴耶拿大学攻读政治学和法学，同时在莱比锡大学修习汉语、满语、日语，兼学梵语、禅德语、马来语等，发表的《试论比较句法学》(1869)和《再论比较句法学》(1875)二文，已具理论与方法创意：句法优先的思想，日后充分体现在他的汉语语法观之中；心理主谓语的分析法，在《汉文经纬》中得到全面的运用。毕业后的十余年，他主要供职于地方法院。1876年，在德累斯顿，甲柏连孜以一篇译释《太极图》的论文获得哲学博士学位。他解读了北宋理学家周敦颐所撰、附有朱熹诠解的《太极图说》，所用为满汉双语本，取自《合璧性理》。1878年，莱比锡大学设立东亚语言及语言学教授职位，甲柏连孜如愿获聘为副教授，并于4年后升任正教授。当时，索绪尔刚好在莱比锡大学当学生,与布鲁格曼过从甚密,据说,索绪尔听过甲柏连孜的课程(1879年离开莱比锡大学去柏林大学读书)。同一年,《德国东方学会杂志》第32卷刊出甲柏连孜的长文《论汉语语法学史和汉语语法研究理论》,学界由此得知:甲柏连孜已在着手准备撰著一部新型的汉语语法著作。从1878年冬季学期起,到1889年冬季学期止,甲柏连孜在莱比锡大学掌教东亚语言长达11年,汉语语法的讲授频率最高,兼顾其他语言教学。满语语法、日语语法是他每学年必讲的课程。上田万年与索绪尔都是他的学生。此外,从1884年冬季起,增设"马来语语法"(次年改称"马来语")。1881年《汉文经纬》出版。全书分为三卷。卷一"导论和概述",讲汉语史、语音和文字、基本语法规律等;后面两卷分别为"分析系统"和"综合系统",从结构和功能入手,构筑起一部汉语语法书。此书以综合为经,以分析为纬,并采用句法优先＋心理分析视角,尊重汉语的特性,认为语言是一个有机体。1889年,甲柏连孜应柏林大学邀聘,继硕特之后接掌该校的东亚语言教鞭。甲柏连孜完成的另一部代表作《语言学》(1891),被称为索绪尔之前最伟大的语言学著作。

3.日本上田万年与德国甲柏连孜师承关系如此之密切,那么,其学术思想是否也和甲柏连孜有关系呢?

有学者,比如日本学者柴田武教授,将甲柏连孜《语言学》[1891出版(这里使用日本学者川岛淳夫的日译本,2009]与上田万年《言语学》(1896)进行对比发现,上田万年《言语学》结构构成与甲柏连孜《语言学》极其相似。

甲柏连孜《语言学》分为四个部分:1.总论;2.个别语言研究;3.系统·历史语言研究;4.普通语言学。与之相对的是,上田万年《言语学》讲义分为四个部分:1.总论;2.第一篇,普通语言学;3.第二篇,本论(个别语言);4.第三篇,语言历史。即形成一种严格对应关系:

	甲柏连孜		上田万年
总论	1 ——— 1		总论
个别语言研究	2 ——— 3		本论(个别语言)
系统·历史语言研究	3 ——— 4		语言历史
普通语言学	4 ——— 2		普通语言学

从具体内容来看,很明显,甲柏连孜《语言学》"纲要""介绍"部分内容在上田万年《言语学》中是存在的。在个别地方,比如"Phonetics 音韵学"一节,忠实地祖述了西弗斯《音声学概要》(1881)。但在第二篇"个别语言(本论)"中,涉及日本语专门"国语学"内容的,确实是上田万年自己的东西。这是柴田武

认定"相似"之后,还指出的"相异"的内容。这说明,上田万年《言语学》"框架"取自于甲柏连孜《语言学》,但还有一些教学内容确是自己添加的、补充的,并没有完全照抄。很显然,柴田武等学者的结论是可信的。我们进一步做比较,发现了更多的"相似点",甲柏连孜《语言学》与上田万年《言语学》"相承"关系密切是必须承认的。

上田万年对甲柏连孜《汉文经纬》推崇备至,我们也可以从其为一些学者语言学著作作序就能看到这一点。1905年8月,上田万年为广池千九郎《中国文典》所写的"序"说:"有关中国古文文法,先前只有一本格佩林支(ガベレンツ)的著作,后来,在中国有马建忠氏的著作。"[11]他的学生也往往把甲柏连孜的著作作为最为重要的参考书。比如后藤朝太郎在自序中声称,他在写作《现代中国语学》时借鉴了 G. V. d. Gabelentz(甲柏连孜)和 K. Arendt(阿伦特),以及 T. Watters(沃特斯)、中国马建忠等学者的成果。[12] 猪狩幸之助《汉文典》的"序论"第一个提到的就是 Gabelentz(甲柏连孜)Chinesische Graminatik(《汉文经纬》)。[13]此外,其他学者,比如广池千九郎在《应用中国文典》第一编"序论"第2章"中国古文文典研究起源沿革"等内容(2~9页)中也说:"甲柏连孜的研究成果卓著,成为欧洲汉语文言语法研究的中坚。甲柏连孜用今日世界性学术语言德语发表,所以,在欧美各国卓然成名。我日本的学者,从来就以研究中国文法见长,所以,完全敬服此书,但却没有迈出其研究范围一步。"

上田万年推崇德国甲柏连孜的《汉文经纬》,最为重要的一点就是,《汉文经纬》所具有的"东洋语言学"(包括汉语、日语、朝鲜语、越南语、满语)理论意识,比如对印度中国语族研究的理论视野与方法(川岛淳夫译《汉文经纬》,2~24页),成为后来德国学者康拉迪"汉藏语系"理论的主要来源(1896),明显不同于许多西方学者,许多西方学者只重视研究印欧语族语言,而忽略了东方语言,包括汉语的研究。甲柏连孜对东方汉语等语言特点的挖掘,以及对心理学分析方法的使用,都是别出心裁的。

上田万年师承于德国甲柏连孜,很显然,我们谈上田万年语言学思想无论如何也离不开甲柏连孜,这是研究上田万年东亚语言学"学术谱系"时必须考虑的头等重要的事情。

上田万年的学生,比如藤冈胜二、保科孝一秉承上田万年的东亚语言学理论而有所发展,并且是胡以鲁在东京大学读书时重要的指导教师,也应当是胡以鲁学术思想的来源之一。

胡以鲁在《国语学草创》第一编"说国语缘起"中,讨论"语言起源问题",不可避免地借鉴上田万年及其学生们的理论。比如保科孝一，与藤冈胜二同期毕业，其《言语学讲话》(弘文堂，1902)第十六章，就对"语言的起源"加以研讨（173~183页）。保科孝一在这一章中，集中讨论了"人类语言的起源、古代语言的起源论、神灵的起源说、本能的起源说、心理的起源说、写声的起源说、雅语音声考、语言一元说和多元说"，以及语言和文字、借用语、方言、标准语、国语与国家关系诸多问题，胡以鲁《国语学草创》关注的问题，许多可以在这里找到，这的确不是偶然的。

王继超《〈国语学草创〉的"国语学"理论框架及其理论来源》(2019，未刊稿)认为，《国语学草创》的国语学理论来自藤冈胜二的《国家研究法》(三省堂，1907)。王继超论证道：就文本内容上来说，通过对比《国语学草创》第六章至第九章的各"小节"和《国语研究法》各章的"小节"，可以发现《国语学草创》的"国语学"理论框架与《国语研究法》的理论框架有很重要的关系。由于《国语学草创》第十篇"论译名"本质上是一篇关于如何翻译外文的文章，所以，不在国语学理论比较之列。两本书的章节文本的具体内容比较如下（王继超制表）。

1.《国语学草创》第六编"国语在语言学上之位置"，对应的是《国语研究法》的第四章"中国语、日本语、西洋语"。它们各"小节"的对应关系见下：

《国语学草创》 第六编"国语在语言学上之位置"	《国语研究法》 第四章"中国语、日本语、西洋语"
"评螺旋进行说主张者对吾国语之评论"［螺旋说主张者是甲柏连孜(Gabelenz)和列普修斯(Lepsius)］	"レプシウス、ガベレンツの中国语评"(P74)【Lepsius 和 Gabelenz 的中国语之评论】
"评形态分类论主张者对吾国语之评论"［形态分类主张者是施莱赫尔(Schleicher)］	"シライヘルの分类法"(P63)【Schleicher 的分类法】"シライヘルの分类法の命运"(P77)【Schleicher 的分类法的命运】
"评心理分类派对吾国语之评论"［心理分类派的代表是石坦达尔(Steinthal)和米斯特利(Misteli)］	"スタインタールの说"(P134)【Steinthal 的学说】
"吾国语宜特居一席"	"中国语は初等なものではない"(P76)【中国语不是初等语言】
"耶斯彼善氏(Jespersen)论语言发达之顺序"	"エスベルゼンの言语发达论"(P75)【Jespersen 的语言发达论】

王继超说:"尽管两本书的'小节'在文字表达上存在一定的差异,但是就其具体内容而言,实际上是一致的。"比如《国语研究法》讲"レプシウス、ガベレンツの中国语评"(74页。译文:Lepsius 和 Gabelenz 的中国语之评论),胡以鲁用的是"评螺旋进行说主张者对吾国语之评论",那么"螺旋进行说主张者"又是谁呢?是甲柏连孜(Gabelenz)和列普修斯(Lepsius)。其实还是一样的内容。

2.《国语学草创》第七编"论方言及方音"和第八编"论标准语及标准音"对应的是《国语研究法》的第二章"国语と方言"和第七章"保守说と改定案"。两本著作的主要"小节"比较如下:

《国语学草创》 第七编"论方言及方音"和第八编"论标准语及标准音"	《国语研究法》 第二章"国语と方言"和第七章"保守说と改定案"
"方言方音为语言发达上自然之命运"	"言语上の自然"(P143) "言语は变るものである「これを言语の发达というので」"(P35)【语言是会变化的:正因为语言的发达……】
"文学之势力"	"文学の力「其专门科の用语として大なる势力を有することは」"(P52)【文学的力量:(文学上的)专业用语具有很大的势力】
"开闭舒促之变迁"	"言语は必变迁する"(P141)【语言一定会变】
"标准语音制定之要"	"标准语のとりどころ"(P158)【标准语的优点】
"标准语之界说"	"代议士の言语"(P154)【议员用语】
"国语之界说"	"国语の领土"(P25)【国语的概念范围】
"方言之界说"	"方言"(P27);"比较的"(P26)
"方言本体无优劣"	"方言の正不正「一方を正しとし一方を正しくないと云ふ如きことはないが……理论に与て不当」"(P34)【方言正统与否:不能说一种方言正统另一种方言不正统这类的话……在理论上也是不成立的】;"地方言をことさらに卑しとするのではない"(P160)【不应该歧视各地方言】
"国语宜统一"	"国语统一"(P155)
"标准语不能外求"	"标准は抽象によるべきものでない「方言以外に标准语を立てようと云ふ考の起る所以はここにある」"(P156)【标准不应该来自抽象的语言:……之所以有人认为在方言以外确立标准语,他们的原因就在这里(按:这种看法被证明是错误的)】

续表

| 《国语学草创》
第七编"论方言及方音"和第八编"论标准语及标准音" | 《国语研究法》
第二章"国语と方言"和第七章"保守说と改定案" |
|---|---|
| "因社会之势力导" | "人间の力"(P147)【人的影响力】;"人力の协同"(P148)【社会(集体)的力量】 |
| "以语音为读音"(苟犹见用于活语,不宜别有他音也。) | "文章语の源は口语である"(P43)【书面语以口语为来源】 |
| "标准语执行法案" | "标准语制定の注意点"(P159)【标准语制定的注意点】 |

3.《国语学草创》第九编"论国语国文之关系"对应的是《国语研究法》第三章"文语と口语"。两本著作的章节目录及主要内容比较如下:

| 《国语学草创》
第九编"论国语国文之关系" | 《国语研究法》
第三章"文语と口语" |
|---|---|
| "文字之缘起" | "文字「口々に相传へ前言往行存して忘れずといふ时代があったが……とても非凡な记忆力があっても出来きれない……文字を用えることである」"(P37)【文字:以前的时代口口相传往往会忘记一些信息……即使有非凡的记忆力也不行……所以有了文字的使用】 |
| "文字之成立发达" | "文字の能"【文字的职能】;"文字の论"【文字论】(P38~39) |
| "意之变迁假借" | "意义变化"(P51) |
| "音之变迁转注" | "音韵变化"(P51) |
| "字形之变迁" | "文字改良"(P40) |
| "言文之背驰" | "文语の变迁おそい"【书面语变化慢】;"口语の变迁はやい"【口语变化快】(P47~48) |
| "吾国文字之特色" | "输入文字の手人"【外来文字的创新使用】;"国语にあはせた字"【适应国语的文字】(P40~41) |
| "言文背驰之理由" | "文语の变迁おそい"【书面语变化慢】;"口语の变迁はやい"【口语变化快】(P47~48) |
| "质文建设案" | "文体としての言文一致"【作为文体的言文一致】"教授及实用上文语口语の差のあることをさけんとする倾向"【教学及实用上书面语和口语存在差异的倾向】(P61~62) |

通过以上两本著作中各"小节"的比较,王继超发现,胡以鲁《国语学草创》第六编至第九编的"国语学"理论框架和藤冈胜二《国语研究法》的理论框架基本上是对应的。他从文本排版体例和"国语学"理论框架两个角度论证了《国语学草创》与《国语研究法》之间的关系。此外,在具体的一些细节比较上,王继超也力图证明胡以鲁《国语学草创》的"国语学"理论蓝本就是藤冈胜二的《国语研究法》。比如:

(1)胡以鲁:"此种心意作用,即形成亨抱而的氏(Humboldt)所谓内范(Interform)者也。内范者,对于言语之外范(Outform)而言,各民族心意作用之范畴也。由是内范之不同,乃生各民族着眼中心点之差异。各国语皆有其特有之内范,吾国语大抵一节,多亦不过二节。以有限之音声表丰富之思想,其间相应尤为微妙。"(9页)

藤冈胜二:"由此可见语言的(形式和内容)并不是不可以分开的,洪堡特一派的学者从这一观点出发解释(汉语)。""尽管语言的外范贫乏,但其内范还是颇丰富的。"

胡以鲁把洪堡特[亨抱而的氏(Humboldt)]的 Interform 和 Outform 翻译为内范和外范,而藤冈胜二则翻译为内相和外相,实质上是一个意思。胡以鲁认为虽然外范(音声)是有限的,但能表达丰富的内范(思想),藤冈胜二认为语言外范贫乏而内范很丰富。

(2)胡以鲁:"语法书宜分音声、词品、词句三篇,而各宜为固有之说明,不必悬印度日耳曼语法之一格而强我以从也。"(101页)

藤冈胜二:"英语、德语等西洋语法书将之分为三部分:第一部分是语音,第二部分是词类的各种各样的处理方法,第三部分是句子的结构,因此我国的语法书也遵循此规定。无论哪一篇,都将分为这三部分而进行说明。"

胡以鲁批评马建忠的《马氏文通》只谈语法并不足以反映国语实际的状况。王继超认为,胡以鲁上面的论述体现了他主动与西方语言学接轨的观念,唯有如此才能更好地让西方语言学界的学者从根本上了解汉语,给予汉语在语言学上客观之评价。胡以鲁"语法书"框架理论实则是来自藤冈胜二《国语研究法》的"国语学"理论。

(3)胡以鲁:"国语之所谓国者,异于政治上国家之界说。吾国政治区域内,若蒙古、若藏、若满州之一部,犹非吾国语之所领,然而政治区域外南洋以下之华侨势力范围皆吾国语之领土。"(92页)

藤冈胜二:"国语和政治意义上的国家是不一致的。"

（4）胡以鲁："以自发之声音为事物之徽征，使此一定之声音与特种之事物成连结，言语即胚胎于是矣。比诸摹声，更有确然之我观入代表与被表之间而为之主动，无复必然之关系矣。"（7页）

藤冈胜二："因为原本语言就是符号，与应该依据其表示的观念没有必然之关系。"

（5）胡以鲁："胥拉海氏（Schleicher）一派形态分类主张者，动辄以吾国语形式之缺乏，贬之为初等。吾辈试先问形式之为何？形式之中有屈折之形式（Flexional formal elements）与形式的形式（Formative elements）二者；屈折的形式为综合之遗习，即语词在句中关系上之变化。此抱浦氏（Bopp）倾变论（Agglutinations theorie）中之所自白者也。以屈折的形式为尚，则不能不以综合语为高等。然则印度日耳曼语有就分析之退化倾向者，独何以自解耶？据形态分类派之论法，吾辈转不得不谓纯粹分析语无屈折之形式如吾国语者，为高等而进化者矣。"（72页）

藤冈胜二："由此类现象可知，原本综合性语言的词汇存在于分析性语言中。换言之，从这个角度来看，古代的拉丁语是综合性的语言，今天的意大利语、英语、法语等是分析性的语言。不仅英语等现在有这一变化特征，印度日耳曼语族的语言从其祖先以来一直发展到今天，其综合性的构造有逐渐转移到分析性的构造上的倾向，而英语的这一演变过程则是最明显的。从结果来看，英语的分析程度是最大的。"

（6）胡以鲁："音韵本体，就发音机关而论者也。音之所以发，为之主动者为心理作用。同一音也，心理作用不同，斯音上之着色亦异。名此音声之着色，谓之音之变容，即音之高低（Pitch）、长短（Duration）、强弱（Intensity）、锐钝（Register）等是也。"（36页）

藤冈胜二："为了使音声可以比较细微地分辨出来，人们为音声配了各种特征，就像把丝线进行染色一样可以做各种事情，声音也可以根据其强弱、高低、长短作为音声的着色而表达微妙的意义，像表达感情一样直接恰当地表达要表达的内容。"

胡以鲁定义"音声之着色"比藤冈胜二"着色"概念多了"锐钝"这一区别特征。胡以鲁解释说："锐钝大抵缘于生理或社会心理之差。高低、长短、强弱则主因于心理状态，所谓意境也。"（36页）也就是说，"锐钝"是相对稳定的，而"高低长短强弱"则依据不同的心理状态而变化。在第一篇的"析音表"一小节，胡以鲁谈到何为"锐钝"："由 a 及 i 唇渐后向，舌渐前隆，口腔空处渐小渐前,音乃渐就明锐。次圆撮其两唇,舌渐后隆,发上四音,则为歌侯之,即 o、ŏ、u 是也。此时音渐后响而圆笼,乃渐就沉钝。"(15 页)由此可见,胡以鲁的"锐钝"实际上反应的是元音的发音部位和发音方法,也即从生理的角度谈锐钝的本质。如果说"同一音也,心理作用不同,斯音上之着色亦异"的话,那么显然"锐钝"不应该算作心理作用导致的"音上之着色"的特征之一,因为"锐钝"是由发音部位也可以说是由生理器官决定的。

(6)胡以鲁:"以表彰思想之适切,诚莫方言若。然是在闭关之世,老死不相往来则可也。世界交通以国家社会为单位,统一教育尤宜以统一国语为先务。"(94~95 页)

藤冈胜二:"甚至有人认为,如果自己能够改变的话,何必设法改变方言?然而,从国语教育的角度来看,必须有以统一为目的的设施。"

王继超比较二者相承关系非常具体,例证有一定的说服力,所得出的结论也是很有意义的。与我们这里所论胡以鲁《国语学草创》与上田万年"国语学"相承关系并不矛盾,藤冈胜二也是上田万年的学生,后来做过胡以鲁的指导老师,在许多问题上"青出于蓝而胜于蓝",也并不奇怪。其实,不独藤冈胜二,就是保孝科一《国语学精义》(1910)也值得重视。保孝科一是上田万年的学生,也应该是胡以鲁的老师之一,其影响也不可低估。尽管如此,我们还是认为,因为胡以鲁是上田万年的学生,以上田万年国语学理论体系为主要参照对象,兼采其他学者理论精华,不足为奇。此外,因为胡以鲁在这个时候也是中国学者章太炎的学生,章太炎所倡导的汉语言文字学思想对他的影响也不可低估,也必须加以重视。

第二节 《国语学草创》理论"兼容"与甲柏连孜多重学术关系

海晓芳(2011)为了说明《国语学草创》是在西方语言学理论基础上建立的学术体系,就把《国语学草创》中出现的西方语言学学者名字列了出来(189~190 页),和现在译名能够联系上的有洪堡特、季弗斯、密斯台利、亨利·斯威特、甲柏连孜、康拉迪、施莱赫尔、葆朴、马克斯·穆勒、斯坦达尔、叶斯柏森、阿仁特、帕西等。因为《国语学草创》中出现了这些西方语言学学者的名字,很自然,人们会把《国语学草创》语言学理论基础和这些学者的语言学思想联系起来考虑,这也是一种比较语言学研究的方式方法。这当中,她把西方心理语言学理论对《国语学草创》理论构建的影响作为第一选择对象进行研究。《国语学草创》也确实多次提及这些学者并称之为心理学派。比如洪堡特、斯坦达尔、密斯台利等。这些学者所论述的论述语言与心理、语言与历史、语言与人类学、语言与民族精神等问题也和胡以鲁《国语学草创》提及的相关内容构成了对比的条件,为进一步研究西方语言学影响下胡以鲁对语言学及汉语的认识,提供了一个思路。

一、胡以鲁《国语学草创》理论多向性"兼容"问题

我们认为,有几种情况不可忽略。其一,胡以鲁虽然引用了许多西方学者的语言学理论,包括心理语言学理论,但都不是被动地接受,而是有选择地接受,同时,也带有一定的批判性,这是不可忽视的。

1.胡以鲁接受西方语言学理论的地方。比如他说洪堡特:"此种心意作用,即形成亨抱而的氏(Humboldt)所谓内范(Innerform)者也。内范者,对于言语之外范(Outerform)而言,各民族心意作用之范畴也。"(9页)又提起洪堡特的内范外范概念:"非机械摹仿也,意识亦加焉。其意识即亨氏所谓民族心理之内范。"(46页)"吾国语发起之道揆,在内范为联想,在外范为双声叠韵也。"(49页)很显然,胡以鲁接受并使用了洪堡特提出的"内范"与"外范"概念。

再比如,胡以鲁倡导建立汉语标准语语法,就应该借鉴法国学者帕西[巴西氏(Passy),1859—1940]与英国学者亨利·斯威特[苏彝的氏,又写作斯维的氏(Sweet,1835—1912)]的语法理论,他说:

巴西氏(Passy)之法语法,苏彝的氏(Sweet)之盎格鲁萨克逊语法,混实质范畴为一篇,未见其不可也。在吾辈思之,论吾国之语法,或且不如混同之而自词句始。(104页)

我们理解,所谓"混实质范畴",是把词法研究与句法研究结合起来,在句子中定性词类,在语词研究中考虑句法特点,"举句察词,以普通者定其品"就是如此。这个观点,也与藤冈胜二《国家研究法》(1907)有着密切的关系。

沈步洲《言语学概论》(1931)第七章"言语的分类",引用了章太炎《国语学草创序》所引的胡以鲁原话,以及阐释文字,十分赞同胡以鲁将世界语言分为

综合与分析两类的理论。然后指出：

其意与耶斯拍孙（叶斯柏森）之语颇多符合，盖胡氏固服膺耶氏之说者也。（51～52页）

这说明，胡以鲁接受叶斯柏森理论，并与之具有明确的相承关系是非常明显的。沈步洲《言语学概论》（1931）"序"言又说：

民国二年，余与胡仰曾（以鲁）君遇，仰曾服膺章太炎氏。习于国语学，又长于欧洲文学。尝以余力旁及言语，为余缕缕道其详，举耶斯拍孙（Jespersen 叶斯柏森）、米勒（马克斯·穆勒）之说相告，余乐其说之辩，偶披览其原作，油然有所感。（2～3页）

胡以鲁向沈步洲极力推荐叶斯柏森与马克斯·穆勒的语言学理论，这说明，他对二位语言学家的理论熟识与理解程度是《国语学草创》不曾提供的信息。

2.胡以鲁不接受甚至批判西方语言学理论的地方。比如：
(1)"斯维的氏（Sweet）所谓足以表完全意义之语词，即无论自立或与其他语词直接联合，皆能自成一义者也。然自成一义，完有一语词之义耳。个个语词足以表彰一事一物，不足以表彰思想也。欲表彰思想，则不可无联合语词之关节。"（52页）
(2)"轧拉刹利氏（Grasεerie）分语言之发展为升降二时期（Descendent Period and ascendant period），前时期统一而简单，后时期分化而复杂。持此二元说者，殆本于名学之综合分析，与名理之范畴，不能便应用于语言。语言之发展，未必综合、分析二元也。分化而复杂现象也，但就形式而论之也。更进而从心理观察，则且简单矣。此吾辈对吾国语之所信而不疑者。"（59～60页）
(3)"迦伯林之氏（Gabelenz）主张螺旋进行说。""浦修斯氏（Lepsius）亦谓吾国语由多节而减少。然要皆持名学二元说而呈其想像，未尝深思明辨也。以吾辈所见，吾国语但有就简之一方，未尝见其复杂也。"（71页）"康拉地氏（Conradi）等谓吾国语向为多节，而杳然说其期在文字创造以前。多节语言强表之以单节文字，则更想像以外矣。胥拉海氏（Schleicher）一派形态分类主张者，动辄以吾国语形式之缺乏，贬之为初等。吾辈试先问形式之为何？"（72页）

(4)"胥立盖尔氏(Schlegel)、抱浦氏(Bopp)、麦斯牟勒氏(Maxmüler)等形态分类者,皆以吾国语为孤立语,且遂谓为发达之初步。抱浦氏谓吾国语无文法,且无机如矿物然;麦斯牟勒氏谓为家族的组织语。甚有如胥拉海氏谓为止于太古状态而未尝发展者,甚矣! 感情论之盲目,盖未尝平心静气一研究吾国语也!"(75~76页)

(5)不同意诸说,包括洪堡特[亨抱而的氏(Huboldt)]、斯坦达尔[斯丹太而氏(Steinthal)]、密斯台利[密斯推理氏(Misteli)]等心理派学者的看法(79页)等。胡以鲁对这些理论的批驳力求有理有据,态度十分鲜明。

3.即便是胡以鲁不接受的某些西方语言学理论,也要具体情况作具体分析。对有些学者的思想,不接受并提出批评,是可以理解的,但我们认为,也不必按照胡以鲁的述说而做硬性理解。很可能胡以鲁对所批评的学者,排斥此观点,但却"兼容"其他的观点。比如马克斯·穆勒比较语言学理论。上田万年的学生后藤朝太郎与金泽庄三郎就曾翻译并发表了德裔英国学者马克斯·穆勒(Max Müller,1823—1900)《语言学》(1907)一书。[14]原著1874年出版后,在欧洲语言学界曾引起了很大的反响,多次再版。金泽庄三郎、后藤朝太郎《语言学序》称,马克斯·穆勒《语言学》是比较语言学理论入门的"阶梯"之书。马克斯·穆勒阐述了语言学内涵及比较语言学基本理论,以及语言学研究历史发展的基本脉络。其上册各章主要目录为:语言学形而下学的方方面面;语言发达而诸种学说之矛盾;经验期;分类期;发现梵语;所知印度之外的梵语资料;语言系统的分类。其下册各章主要目录为:闪米特语族;语言分解;形态分类;乌拉尔阿尔泰语族;杂混语言;语言同一起源论;理论期。涉及汉语的,在上册第二章"语言发达而诸种学说之矛盾"中设置了"中国语的变化"一节(66~67页)谈"十"这个词的的语音变化和意义的关系,认为它表现了"单缀语"的特点,并结合藏语加以说明,认定汉、藏语属同源关系,具有可比性。上册第四章"分类期"设置"中国语语法"一节(144~147页)谈汉语名词的"格"问题,同时,也涉及汉语形容词、副词的"格"问题。比如汉语名词的"格"分为:主格、属格、与格、多格、地格、作格等等。后藤朝太郎《现代中国语学》(1908)对甲柏连孜《汉文经纬》思想有所推广,但必须承认,《现代中国语学》与马克斯·穆勒《语言学》比较语言学理论关系也十分密切。从《国语学草创》的论述来看,我们也认定,胡以鲁熟识马克斯·穆勒《语言学》理论,对他的《语言学》理论进行批评是事实,前边已经提到过,但胡以鲁对马克斯·穆勒《语言学》思想的接受与兼容,也应该是有轨迹可循的,比如方言发达、文学与语言、标准语及标准音、比较语言学等。所以,我们在探求《国语学草创》学术理论来源时,不可以被胡以鲁批评马克斯·穆勒《语言学》的表象所迷惑,也应该按沈步洲提供的线索注意到《国语学草创》和马克斯·穆勒《语言学》理论来源关系问题。

沈步洲《言语学概论》(1931)在"序"中提到:"民国二年,余与胡仰曾(以鲁)君遇,仰曾服膺章太炎氏。习于国语学,又长于欧洲文学。尝以余力旁及言语,为余屡道其详,举耶斯拍孙(Jespersen,叶斯柏森)、米勒(马克斯·穆勒)之说相告,余乐其说之辩,偶披览其原作,油然有所感。"(2~3页)胡以鲁于1913年推荐沈步洲精读的叶斯柏森语言学著作,不会是其名作《语言——它的本质、发展与起源》,因为此书在当时还没有出版。那就可能是《语言的逻辑》,1913年出版。马克斯·穆勒的著作,一定是《语言学》,1874年出版,1907年在日本翻译出版。由此可见,胡以鲁受叶斯柏森影响很大。同时,胡以鲁也十分重视马克斯·穆勒《语言学》的理论贡献,对其接受与兼容,成为其语言学意识的一个重要方面,而不是一味地排斥,这是可以肯定的。

其二,胡以鲁国语学学术思想的"原型",不仅仅是西方学者的语言学理论,还有来自东方,包括中国和日本等国家学者的语言学理论,由此,胡以鲁国语学学术思想的来源是多向性的,不拘于一格。比如对上田万年"国语学"思想的汲取,前面已经谈过。

此外,胡以鲁因为是章太炎的学生,很自然十分注意继承与阐扬自己老师的学说。我们看到,胡以鲁对章太炎学说,有吸纳,也有出新,并不是固守,例如:"时地方音之差盖若是也。此种类例章先生《国故论衡》举之甚多,别无所见不更述,惟补说明于兹。即所谓旁转对转者,音声学理所应有,方音趋势所必至也。虽然,先生之图,作环转之则,诚尽美矣,然所谓音转果一如图序配列与否,犹不能无疑也。其在对转也,撮唇之音转在唇内,弛唇后向之音转为喉内,闭口引唇之音转为舌内,此诚音声学之理也。然其他近旁转、次旁转得非顺序颠倒否?敢据音声学之理,拟之如下,以乞教于先生。"(35~36页)胡以鲁不拘于章太炎的研究,用现代语音学理论解释《成均图》音转理论,继续向前推进一步。在《国语学草创》中,随处可见其引述中国传统文献之例,比如引用《尔雅》《方言》的:"《释故》训三十余语为一意,《方言》之训亦以十计"(62页);还有概念语义之辨的,比如辨于墨子、辨于孟子(62页)等。诸如此类,接受中国传统语言学理论成为他学术思想的源泉。这是许多学者研究《国语学草创》有所忽略的地方。

其三,中国一些学者在论述西方学者语言学理论对胡以鲁国语学的影响时,有的也是不全面的,甚至是低估了某些学者对胡以鲁国语学研究的影响。

比如甲柏连孜,海晓芳(2011)虽然提到了甲柏连孜"用语言精神来讨论语言问题"(192页),但只是把甲柏连孜的论述作为《国语学草创》出现的一个一般的西方语言学理论观点来对待,远没有洪堡特、斯坦达尔、密斯台利等心理语言学派观点重要,更没有把甲柏连孜归入心理语言学派。但我们认为,甲柏连孜在《国语学草创》兼容东西方理论方面的地位十分重要,而且是打开《国语学草创》国语学理论来源的一把钥匙。这不单单因为甲柏连孜是胡以鲁老师上田万年的老师,即所谓"祖师爷",还因为《国语学草创》与甲柏连孜具有多重的学术关系。

二、胡以鲁《国语学草创》与甲柏连孜的多重学术关系

我们认为甲柏连孜语言学以及汉语研究,对胡以鲁《国语学草创》的影响既有直接的一方面,也有间接的一方面。同时,也是接受与排斥并举的选择过程。即便是胡以鲁对甲柏连孜的批评,也有他通过比较而受益与获得启迪的地方。我们不能因为胡以鲁《国语学草创》对甲柏连孜的语言观进行批评而置其学术影响于不顾。

比如胡以鲁《国语学草创》对甲柏连孜语言学及其汉语研究进行了批评。胡以鲁《国语学草创》提到,"迦伯林之(Gabelenz)主张螺旋进行说,谓语言之发展犹物理牵引而螺旋。其一便宜力,其他反对方向之明晰力也。便宜则简单,明瞭则复杂。氏以是为论据,谓吾国语之现在乃便宜之结果。在螺旋中适值孤立语,然已在第二或第三期,盖螺旋之再三旋转矣。"(71页)胡以鲁还对这个学说进行了解释,可见其重视程度。关于迦伯林之(甲柏连孜)"循环论",胡以鲁也有自己的看法:"以己之语族为退化,则反其自夸之情,于是迦伯林之氏之循环论以起。若辈敢想像印度日耳曼语综合时世之前曾有分析之一时,吾辈对于国语不敢存是想像也。以历史事实为根据,谓屈折语从所谓孤立语发达者毋宁谓有反对之倾向。(6~26页)三级发达说,固为吾辈所不取,孰因孰果,亦非吾辈所主张者。特就心理观,语言之发展常就精神活动之简易者,则原则耳!"(77页)但在另一处,胡以鲁还是认为:"循环论者非也,自有其特色,自有其特性。"(81页)我们认为,胡以鲁和甲柏连孜在理解语言发展过程中出现的循环现象时,其使用的方法论并不相同,一个是物理学的,一个是心理学的,站在各自的立场,学术研究角度不同,出现差异是正常的,不存在谁对

谁错的问题。

我们在甲柏连孜《语言学》第二部"内部的语言史"（川岛淳夫译，2009）中确实可以找到"语言史的螺旋状进行"（251～254页）的论述。甲柏连孜将这一节题目命名为"回顾：语言史呈螺旋状进行，胶着理论"。但我们看到，在具体的论述中，甲柏连孜并未用"螺旋状"这个概念，而是用了一个"涡卷线"的概念。但实际上，这个"涡卷线"也是"螺旋"或"循环"的同义语。甲柏连孜原话的解释是："発達線は方向を変えて孤立の側に向かうのだ。つまりもと来た道をくのてはなく、ほぼ并行した線をゆくのある。"即是说，语言向发达线方向发展改变路线，面向孤立的一个方向，即不是返回原路，只是返回与原路并行的线路。此即语言变化呈现的循环或螺旋状。

甲柏连孜"螺旋"（循环）的理论具有先见之明，汉语的历时发展也出现与此"螺旋"（循环）理论所揭示的相似的语言事实，当代中国和日本一些学者对此有所论述。比如何大安《声调的完全回头演变是否可能？》（1994）是一篇典型的以"螺旋"（循环）的理论模式建构的文章，提出了一个值得同行特别关注的"回头演变"理论分析模式。[15] 所谓的"回头演变"，何大安解释说，"是指语言历史上一种变化发生后，在下一个阶段又走回头路，回复到变化以前的状态。"问题是，部分回头演变，是相当常见的事情，但完全回头演变在理论上虽然可能存在，但要证明却很困难。"回头演变"关心的是类的变化，比如音类或音位，而不是表面的形式上的变化，比如音值或语音的移位。日本学者平山久雄《汉语声调起源窥探》[16]（2005）则将"回头演变"称之为"环流"。（289页）比如调值环流，就称之为"调值变化环流说"。什么是"调值变化环流说"？就是综合几项调值演变的可能性，"就可以描绘出一种圆环，即一个调位的调值从高平调出发，经过降调、低平调（或低凹调）、升调（或中平调），最后又回到高平调"。具体理论的形成和发展可见《"声调调值变化环流说"的形成和应用过程》（302～325页）。徐通锵称之为"语言循环"变化。比如其《历史语言学》（1991）"结构分析法（中）"之"音位的链移和音系变化"一章，专门论及"循环变化"问题[17]。他说："语言演变中这种或推或拉的变化就有可能使音变出现某种循环的变化。""阴阳入三分的音韵系统在山西方言中已经发生了重大的变化，原来的结构格局已经消失，或者说，趋向于消失。现在，祁县方言出现新的韵尾-m、-β，使汉语史中已经消失了的音韵结构复活。"今天中日学者的研究，恰好证明了甲柏连孜的理论是正确的，但也不能因此而否定胡以鲁的观点，因为，胡以鲁误解了甲柏连孜的理论，从心理语言学角度去证明，立脚点不一致。

海晓芳(2011)强调洪堡特等西方语言学心理学派理论对胡以鲁《国语学草创》的决定性影响,涉及甲柏连孜时只说是也用"语言精神"讨论语言问题。(192页)就此来看,似乎甲柏连孜和心理语言学距离很远,属于另一个流派。但实际上,经过我们的发掘,可以认识到,甲柏连孜《语言学》对心理语言学的研究是颇具系统性的,而且想法十分超前。比如甲柏连孜专门谈了"心理的主语、述语"问题(川岛淳夫译本,105～107页、350～358页),也涉及"言述"的实质与民族精神立场问题(川岛淳夫译本,319页)。

甲柏连孜在《汉文经纬》(川岛淳夫译,2015)中也有几处谈到汉语心理语言问题,比如"心理的主语:意味"(169～170页)、"心理的主语、倒置"(422～428页)等。与《语言学》基本一致。这恰恰是甲柏连孜主导的汉语研究的一个十分重要的心理学理论。严格说来,甲柏连孜是一个真正研究汉语心理语言学的人,即使在西方学者中,也应该是最早的学者之一。我们认为,与其说当时其他西方学者对胡以鲁《国语学草创》心理语言学理论产生了重要影响,倒不如说,甲柏连孜《汉文经纬》和《语言学》的汉语心理语言学理论对胡以鲁《国语学草创》的国语心理语言学理论影响更大,当然,其他学者也在谈心理学与语言学关系问题。比如德国人保罗《语言史原理》(1880)(福本喜之助译为《言语史原理》,1965)也设专章讲"心理的范畴与语法的范畴"问题(180～195页),但都没有像甲柏连孜那样以汉语、日语等东方语言为主要研究对象,甲柏连孜汉语心理语言意识十分浓厚,胡以鲁不可能不了解,这是一定的。

胡以鲁在"国语在语言学上之位置(68～82页)"中谈到,世界的语言,就形式而言,可以分为综合的语言与分析的语言两类,汉语属于分析性语言。甲柏连孜《汉文经纬》就是如此划分,其于汉语语法研究,比如第二卷,专门列"分析系统",第三卷则列"综合系统"。在"分析系统"中,分为实词和虚词两大类,从"语顺的原则"出发,对实词在句子中的作用进行研究,力图找出汉语句子语序特点。不仅如此,还对汉语的"文法特征"及"文体特征"有所揭示,比如汉语"律动"(韵律)文体特征,是汉语的独有特点。这种研究方式方法,与胡以鲁的认识具有惊人的一致性,却不是偶然的。而"综合系统"则对句子构成的一般性特点进行研究,与对汉语语言本身性质定位关系不大。胡以鲁借鉴《汉文经纬》研究思路,但不局限于语法分析方式,更上了一层楼。

胡以鲁《国语学草创》第八部分是"论标准语及标准音(91～105页)",引用甲柏连孜原话说:"虽然狭义方言属于音声学之研究,广义方言属于一般语言学之研究,故兹所取,惟略得统一于国语之下方言,即内范略同,外范之差亦得推量源委者。"(92页)胡以鲁在这里说的狭义方言属于音声学之研究,等同于甲柏连孜《语言学》与上田万年《言语学》之个别语言研究,而"广义方言属于一般语言学之研究"是说,它等于普通语言学研究。这种语言学范畴的规范方式,来自于甲柏连孜与上田万年,这是毫无疑问的。

甲柏连孜还谈到人类语言能力的基础问题,其中就谈到语言的"心理基础"(川岛淳夫译《语言学》,300页),以及"概念范畴分类、文法品词""世界的观察",这就使得人们有意识地思考是否存在着一个汉语语言学主观认知的理论问题。这种研究,和现代认知语言学息息相关(川岛淳夫译《语言学》,368页)。在"语言评价"中,甲柏连孜更是涉及"语言和民族精神相互作用"问题(川岛淳夫译《语言学》,374~457页),这恰恰与胡以鲁《国语学草创》心理语言学理论十分吻合。从上田万年师承于甲柏连孜这个角度上看,胡以鲁与其师爷德国甲柏连孜汉语心理语言学关系"命运攸关",就不算是一种无根的臆测,而是一种非常接近事实的研究。

由此,胡以鲁"国语学"体系,其理论来源的多向融通的"兼容性"特点就十分明了。这就更可以证明,胡以鲁的"国语学"不是一般的普通语言学著作,而是一本实实在在的现代中国汉语语言学理论与实际结合的经典性著作。100多年过去了,我们有责任还原其历史真相,回归胡以鲁《国语学草创》文本的国语学性质。这也更可以说明,胡以鲁《国语学草创》在兼容东西方语言学理论的同时,创造了现代中国汉语语言学研究的一个奇迹,把现代中国语言学研究推向了一个更高的层次,开启了一个属于中国汉语语言学理论研究的新的时代。

注释:

[1] 海晓芳《论析中国第一部语言学著作〈国语学草创〉——从西方的语言学影响说起》,《东アジア文化交涉研究》7,日本关西大学,2011。

[2] 上田万年《国语のため》,冨山房,1897年到1903年之间。

[3] 上田万年《言语学》,新村出笔录,柴田武校订,教育出版,1975。

[4] 安田敏朗《近代日本言语史再考》42页,三元社,2018。

[5] 上田万年《国语学十讲》,通俗大学会,1916。《国语学史》[明治二十九—三十年(1896—1897)]是上田万年在东京帝国大学博言学科给学生讲授"国语学史"的课程笔记(新村出笔录,古田东朔校订,教育出版株式会社,1984)。

［6］保罗《语言史原理》，福本喜之助译，讲谈社，1965。福岛译本原名为《言语史原理》。

［7］日本文化厅编写的《国语施策百年史》104～140页，ぎょうせい株式会社，2006。

［8］石川辽子《金泽庄三郎》，ミネルヴア书房，2014。

［9］甲柏连孜《汉文经纬》，姚小平译，外语教学与研究出版社，2015。

［10］姚小平《甲柏连孜与〈汉文经纬〉》，《中华读书报》2015年3月4日18版。

［11］广池千九郎《中国文典》，早稻田大学出版社，1905。

［12］后藤朝太郎在"自序"中声称，他在写作《现代中国语学》(《现代中国语学》，东京博文馆，1908年出版)时借鉴了G. V. D. Gabclentz(甲柏连孜)和K. Arendt(阿伦特)，以及T. Watters(沃特斯)、中国马建忠等的成果。

［13］猪狩幸之助《汉文典》，金港堂，1898。

［14］马克斯·穆勒《语言学》，金泽庄三郎、后藤朝太郎译，博文馆，1907。

［15］何大安《声调的完全回头演变是否可能？》，台湾"中央"研究院历史语言研究所《历史语言研究所集刊》65本第1分1～18页，1994。

［16］平山久雄《汉语声调起源窥探》，《平山久雄语言学论文集》，商务印书馆，2005。

［17］徐通锵《历史语言学》，商务印书馆，1991。

第三章 《国语学草创》：
语言起源、进化与汉语声音论

与当时许多语言学理论学者一样，胡以鲁《国语学草创》从一开始就把追问语言的起源问题当作第一要务。很自然，胡以鲁也会谈到自己的母语汉语的起源问题。在这里，胡以鲁用了"缘起"一词。"缘起"是个佛教术语。学者们解释说，"一切有为之法都是因各种因缘而成，此理即为'缘起'"。《维摩诘·佛国品》："深入缘起，断诸邪见。"吕澂《中国佛学源流略讲》第八讲："缘起之有，性空之无，都是从假名上说的。"(中华书局，1979)其引申意义即为事物的起因、起源。南朝梁慧皎《高僧传·译经上·昙摩耶舍》："耶舍为说佛生缘起。"如此，《国语学草创》的第一编题目"说国语缘起"，就是探讨国语的起源问题之意。

许多学者认为，探讨语言的起源问题，往往是费力不讨好，不论怎样做，也很难得出让人信服的结论。索绪尔《普通语言学教程》(1983)不去谈语言的起源问题，但讲"类别创新"与语言演化直接相关。[1]布龙菲尔德《语言论》(1980)不提语言的起源问题，是不是有意避开这个问题也未可知。[2]尽管如此，还是有许多学者认为有研究这个理论问题的必要。索绪尔就说："研究语言的起源是徒劳无益的，没有什么能更好地证明这一点了。但对这个问题，不应当只限于否定。""关于语言的诞生，可以没完没了地讨论下去，但它最大的特点，就是完全同它成长的特点一样。"[3]索绪尔思考问题的角度与众不同，明明知道"研究语言的起源是徒劳无益的"，但还是肯定了研究语言起源问题的价值和意义。如果放在今天再看，索绪尔确实还是很有远见的。

第一节 汉语起源于感叹词论

关于语言的起源说法很多。高名凯《语言论》(1963)提到[4]，叶斯柏森(O. Jespersen)曾经在他的《语言——它的本质、发展与起源》里把语言活动起源的理论归纳成四个学说:其一,"模声说"与"咆哮说"。其二,"感叹说"或"啵啵说"。这两说认为人的语言活动起源于人类的恶痛苦或其他感觉叫唤。其三,"声象说"或"叮当说"。这一说认为,声音和意义之间有神秘的和谐。其四,"喘息说"或"哟-嘿-嗨说"。这一说认为,由于肌肉的活动,伴随着劳动的动作,人发出"哟-嘿-嗨"声音。"喘息说"或"哟-嘿-嗨说"是不是后来学者们倡导的语言起源于劳动之说的先声？王得春主编《语言论》(2006)是这一理论的忠实代表。他说:"人类一般语言的产生,与劳动有关。劳动创造了人,也创造了人类的语言。"[5]胡以鲁所取语言起源理论与第一种说法有关,以"模声说"为起点,但他不局限于此,还适时引入了心理学范畴内的"外界刺激"理论。

有意思的是,叶斯柏森在谈到语言的进化问题时,最为令人关注的是,他十分重视甲柏连孜的看法[6]。叶斯柏森说:"甲柏连孜的看法有助于摸清人类语言发达原因,这是很重要的观点。"他直言不讳,直接去引用甲柏连孜《语言学》294 页(页下注释 2:Gabelentz, Die Sprachwissenschaft, 294, ff)的看法。甲柏连孜说:"人类直立行走是人类语言发生的契机,问题是,声音和概念是如何发生关系的？只有解决了这个问题,才有可能探寻到人类语言为何发达的原因。"甲柏连孜认为,从原始的语言世界入手进行新的解读,也许是一条可行途径。惠特尼《言语发达论》也说:"语言发生发达衰凋以及消灭等诸现象,与有机物和物种之间存在之现象,颇为类似。"还是体现了达尔文语言进化论思想。[7]

一、声音刺激之说

胡以鲁认为:

言语,心之声,精神动作之自然产物也。最初之发声,自然之声,即对于自然界戟刺之反应作用也。对于戟刺之反应作用,神经主之。神经感受戟刺,不安而失其平,万物皆有求平衡之自然倾向者也,动物亦然。不安于其不平也,乃假发声机关以自鸣其不平,故最初自然之声,不平之声,不平而反射之声,质言之则感召之声也。此时为发声之内容者为感,感为凡有神经者所同有,故为感所召起之声,亦大略相同。(1 页)

胡以鲁探讨语言之起源,是从人的语言和声音关系谈起。他认为,语言是人之心声的外在反映,是人的内在精神世界与人的外在客观行动的自然性产物。这就肯定了人不同于动物的自然性本质,具有社会性本质。由此,就使得胡以鲁的研究不是单纯从语言本身起源来认识的,而是和人类社会历史进步发展结合起来来认知的。这种思路是正确的。

但在具有社会性本质之前,人的语言是如何产生的?胡以鲁研究人之"声音刺激说",主要从人"发声"之起源入手,确定人之"发声"的自然属性,进而把人之"发声"与对自然界刺激而触发"发声"结果联系起来考虑,并认定人"发声"是对自然界"不平之声"刺激的一种积极反应。

为何人会"发声"?胡以鲁从人对自然界"声音刺激"反应谈起,而且,还描绘了"反应"的全过程及机制。首先是"神经感受戟刺,不安而失其平",有不平则产生不安情绪,于是,就凭借着"发声器官以自鸣其不平"。在胡以鲁看来,这种受"声音刺激"的反应,是自然的,带有明显的模仿性质。

很显然,语言的产生,源于"语言本自然发声与自然摹仿"。胡以鲁的观点应该取自于达尔文。达尔文将语言与生物进行类比,认为语言也是适应自然选择压力而渐变产生的,并具体提出"(语言)来自对各式各样自然的声音,包括其他动物的喉音在内的模仿和变化"。[8]

这种论断也让我们想起了德国J.G.赫尔德《论语言的起源》中著名的一句话:"当人还是动物的时候,就已经有了语言。"[9]姚小平解释这句话的意思是说,语言的根源在于人的动物本性。语言是从表达情感的自然发声演变而来的。人为了创造语言,必须拥有某种并非本能的内在力量。这种内在的力量,即赫尔德所说的人所特有的"悟性"。(译序,5页)我们也可以延展理解为,人也存在着一种模仿自然的"悟性",无论是模仿大自然,还是模仿动物和人。胡以鲁是不是读过赫尔德《论语言的起源》,我们还不能确知,但胡以鲁也相承于赫尔德的理论,确实是可以考据的事实。

房德里耶斯《语言学概论——语言研究与历史》的"绪论——语言的起源"说:"论及语言的起源,这不是语言学的工作。"这种立论一定让人们吃惊。100多年来学者们关于语言起源的研究,所得出的结论,大部分都错了。主要原因在于,许多人把一般的语言起源问题和各种语言的具体起源问题混同起来。房德里耶斯认为,语言起源问题,是属于人类原始史问题,而研究语言的起源,应该从用于交际的符号结构入手才确实可行。从符号的性质入手,语言的种类很多,但以感觉器官而论,就可以分为嗅觉语言、触觉语言、视觉语言、听觉语言。两个人完成交际,就需要找到共同确认的符号意义,语言才成立。由此,语言产生于社会之中,而人的大脑发达是语言产生的前提。人类语言与动物语言是不同的。心理作用是人类语言生成的出发点。[10]

二、语言构成"音表象"与"意表象"

胡以鲁很清醒地认识到,人的自然发声与自然模仿,还不构成一般人所说的"语言",而所说的"语言",必须是约定俗成的"音义结合体",才可以进入理解范畴:

> 虽然感者意识之过程,犹不成为表象也。言语乃音表象与意表象之结合,故应感召起之声,不得谓之言语,欲加之名,则声气耳。(1页)

胡以鲁在这里提出了几个名词术语,即表象、音表象、意表象。所谓表象,按照一般学者的观点,比如"百度百科"就说,表象是指基于知觉在头脑内形成的感性形象,包括记忆表象和想象表象。前者指感知过的事物不在面前而在脑中再现出来的该事物的形象。后者指对知觉形象或记忆表象进行一定的加工改造而形成的新形象。音表象是什么?我们体会胡以鲁原意,应该是指曾经感受过的语音信号刺激在主体头脑中唤起的由音高、响度、音色、元音、辅音等因素构成的听觉形象。意表象,应该是指基于知觉在头脑内形成的表意的感性形象,包括视觉形象、味觉形象、知觉形象、嗅觉形象、动觉形象等。听觉形象是物质外壳,而其他视觉、知觉、动觉等形象是意义能指。只有听觉形象与视觉、知觉、动觉等形象结合,才构成了完整的形象组合,即语言。理解胡以鲁语言概念内涵,还需要借助索绪尔语言学理论。索绪尔谈到语言的特征时,认为:语言是同质的,它是一种符号系统。在这个系统里,只有意义和音响形象的结合是主要的;在这个系统里,符号的两部分都是心理的。语言符号虽然主要是心理的,但并不是抽象的概念;语言符号由于集体的同意而得到认可,其全体即构成语言的那种种联结,都是实在的东西,它们的所在地就在我们脑子里。此外,语言的符号可以说,都是可以捉摸的;文字把它们固定在约定俗成的形象里。但是,要把言语行为的一切细节都摄成照片却是不可能的;一个词的发音,哪怕是一个很短的词的发音,都是无数肌肉运动的结果,是极难认识和描绘的。相反,语言中只有音响形象,我们可以把它们译成固定的视觉形象。

很显然,胡以鲁有关语言的定义,与索绪尔(1996)有相通之处。所谓音表象,即可理解为音响形象;而意表象,则可以理解为意义形象。意义形象和音

响形象的结合,即是一种符号系统,此即同质的、心理的语言外在形式,更是"一种表达观念的符号系统"。(36~37页)

在这个符号系统中,意义形象概念和音响形象符号各自作用有所不同,也有分工,即所谓能指与所指皆有所不同。音响形象即能指符号,而意义形象,即所指概念。只有它们相连结才构成了一个整体性的符号系统。(索绪尔1996:100~102页)胡以鲁没有读过索绪尔《普通语言学教程》,但对语言的概念内涵却具有了极为近似的认识,这是值得研究的。

当然,胡以鲁不可能如索绪尔那般进一步去论述"能指"与"所指"的联系方式问题。索绪尔(1996)强调,"能指"与"所指"的联系是任意的,或者,因为我们所说的符号是指能指和所指相连结所产生的整体,就简单地说,语言符号是任意的。索绪尔自信地说:"符号的任意性原则没有人反对。"(102~103页)可他的后学,即梅耶的学生埃米尔·本维尼斯特在《普通语言学问题》(2008)中却说:"符号的一个组成要素是音响形象,它构成能指;另一个是概念,它构成所指。能指与所指之间的联系不是任意的,正相反,它是必然的。"[11]此种争论,是非功过,胡以鲁也未必去关心,这是后话。

第二节 胡以鲁"语言进化论"与中国国语"感叹词"

自从达尔文进化论风行世界以来,许多语言学家把大量的精力就投入了语言起源的研究中来,成果甚多,但研究所造成的学术效果如何?实际上,是很不理想的。如此,我们会追寻原因是什么。房德里耶斯在《语言》(2012)中的一段话颇为引人深思:

说语言的起源问题不是语言学方面的问题,总是会使人感到惊讶。但这确实是一句真话。近百年来,大多数论述语言起源的作家没有注意到这一点,只能走入歧途。他们的主要错误是从语言学方面来讨论这个问题,仿佛人类语言的起源就是种种具体语言的起源。[12]

学者们对语言的起源研究,所涉足的学术问题,既然不是语言学问题,那是什么样的学术领域问题?房德里耶斯认为,它是人类本身的进化问题。如此,房德里耶斯(2012)从人脑之发达、人脑之进化谈起,他认为,只有当人脑充分发达,能够使用语言的时候,语言才能作为社会事实而产生。两个人之所以能在彼此之间创造出一种语言,那只是因为他们事前已准备了要这样做。在心理方面,最初的语言行为是在于使符号具有象征的价值。这种心理过程,把人类的语言和动物的语言区别开来。说后者是自然的语言,前者是人为的、约定俗成的语言而把它们对立起来是错误的。人类的语言并不比动物的语言更不自然,但是比较高级,因为人类使符号具有客观的价值,可以通过约定使它变化无穷。(15页)但房德里耶斯认为,仅仅停留在这个层次还不够,因为,远祖的大脑还不适宜推理。(18页)不适宜推理,就意味着人类研究远祖的大脑的科学技术还远未达到理想化的程度,还不具备研究的基本条件,就只好留待将来科学发达了再去进一步探讨这个问题。这个看法,具有重要的启发性。

一、人类进化与语言进化关系

胡以鲁走的是人类进化过程探究与语言发生学理论相结合的路子,他认为:

> 太古之时,人类之心身,与自然之景象皆漫焉不加修饰。蛮烟瘴雾,洪水猛兽等天灾地异于斯为烈。人处其间,穴居野处,无爪牙以争食,无羽毛以蔽寒,以渺渺之身,处多难之境,成育之期,又独长于他动物,于是不得不惨淡经营,相依为命,此共同之经营,人猿所以同祖而歧系也。人类之进化也由是,言语之发起也亦由是。(1~2页)

胡以鲁所叙述的是人类进化过程中一般生存环境情况,与当时学者研究并无二致。日本学者保科孝一编译的惠特尼的《言语发达论》(富山房,1903)就谈到,原始时代人类能够用语言表达思想,即语言萌生,一定和当时的社会环境构成相关。(189页)中国古代学者曾描绘过人类初始所经历的这种生活,比如《礼记·礼运》曾云:"昔者,先王未有宫室,冬则居营窟,夏则居橧巢。未有火化,食草木之实、鸟兽之肉,饮其血,茹其毛。未有麻丝,衣其羽皮。"当代许多学者研究表明:人类起源于森林古猿,从灵长类经过漫长的进化过程一步一步发展而来。经历了猿人类、原始人类、智人类、现代人类四个阶段。其中,猿人类与猿这种动物在进化过程中,走向分野,正如胡以鲁所说,是进化导致人、猿"同祖而歧系"的结果。因现今考古学的发展,史前文明的说法被逐步否定,考古学已经有大部分进化中的古人猿化石。配合现今生物学的发现,发现了遗传基因,DNA是进化的,证实了类中性进化论的真实性。胡以鲁所论,"人类之进化也由是,言语之发起也亦由是",是指人类大脑发达到一定程度,为语言的产生奠定了生物基础,人类语言产生也是有进化的物质条件的。这种论断是符合科学实际的。

二、语言进化之明显标志：感叹词

胡以鲁认为,人类进化之时,就与自然界相对抗,因此,免不了发生"恐惧警告叹息"的行为变化,更突出的表现是"喜怒哀乐之情,苦痛怵伤之感"：

最初之共同经营,无非相结以抗御外界耳,故恐惧警告叹息之声于元人为最多,即今非洲南美之土蛮之言语驱于喜怒哀乐之情,苦痛怵伤之感,发为感叹之声者,犹甚盛也。不惟土蛮,即开明社会中当出其不意感情难制之时,亦仍用感叹词别为一语以鸣其不平。（2页）

如何研究人类之语言起始？人类语言起始的标志是什么？胡以鲁认为,"发为感叹之声"而造成的"感叹词",就是人类语言起始的标志。这种"感叹词"因内心痛苦和欢乐而呈现在外的"纯粹表情",最能表现人类语言初始状态。房德里耶斯对于语言起源的解释颇具代表性：

语言起初可能是纯粹表情的。它最初也许是一种配合着步伐或手的简单劳动的歌唱,一种像野兽的呼叫那样的表达痛苦或欢乐、显示恐惧或食欲的呼叫。后来,呼叫获得了象征的价值,被看作能由他人重复的信号。人类既掌握了这一方便的办法,就把它用来和同类交际,防止或激发他们做出某种行动。语言在成为推理的工具之前,必定是一种行动的工具,而且是人类所能运用的最有效的行动工具之一。一旦符号的意识在心灵中被唤起之后,剩下的就是发展这一奇妙的发明；发音器官和大脑并肩地趋向完善。在最早的人类集体中,语言按照支配着整个社会的规则确定下来。特别是在集体的仪式中,集体的所有成员都必须有同样的口头的或歌唱的表现。这样,叫喊或歌唱的成分就获得了象征的价值,被每个人保持下来,作为个人自用。随着社会交往的日益频繁,表达思想感情的无比丰富的复杂工具逐渐形成,不论哪一种思想感情,他都能表达。（2012:18页）

房德里耶斯(2012)认为,这一假设虽然无法证实,但不是没有道理。它的旨趣是要说明语言为何是人类活动的自然产物,人类身体机能适应于社会需要而造成了怎样的结果。尽管如此,他还是要从语言的符号意识出发,进一步探讨语言的分化路径如何。(19~21页)无论如何,胡以鲁在确立语言是人类自然活动产物方面,与房德里耶斯等学者的观点是一致的。贾洪伟《汉译国外普通语言学典籍研究(1906—1949)》(2016)认为,胡以鲁"感叹说"受到章太炎的影响,而章太炎《语言缘起论》"感叹说"受到马克斯·穆勒的影响。(76~77页)

三、感叹词的人籁、天籁、地籁与地域特点

胡以鲁认为:

此种发声,所谓人籁也。发之于自然,不假思索。然则人类发声机关略同,当其发之而成声也,亦宜其似矣。乃印度日耳曼(Indo-german)语族所记传之叹声,大抵"唉""呵"等开口之声(Ah、Oh 等叹声犹沿。其言语史加有气音,亦可见最初发声之为声气矣),而吾国则"吁""呼"等闭口之声。传至于今,书籍以《尚书》为最古,而开卷首以"粤"字,粤者,闭口叹词也。其中所载诸嗟吁已等音,亦大抵闭口。降至《礼记·檀弓》一篇,其述叹词也亦不外噫嘻呼吁之声。《尚书》之时世,固犹未确定,记传时世言语凤已发展,其所述叹词固不得即谓为感召声之代表。然叹声之表示于文字也,必以其近似(叹词皆无义解,但取其音故也)。而言语虽发展,叹声亦非易变者,盖自然异于造作,心理不易变化也。故开口闭口之差,可得为之断言者。

虽曰人籁亦与天籁、地籁相顺应,即由风土山川之不同,自有侈弇舒促之异也。吾国民族之由来虽犹无确据,西南幽谷地土民之用语,比较为最古,则文献足征也。今之山西人其言语固多弇声,叹声亦促口而呼,吁气之声尤多,盖犹中原旧音与?《秋水篇》:"仰而视之曰'吓'";《项羽纪》:"唉,竖子不足与谋!"以"吓""唉"等舒声为叹词,至是方见于纪传,则南方之音也。南方今日亦以发扬之声为感叹。虽交通之后,略相融合,而风土山川之差起人籁之异,近征诸一国,亦划然不爽也。(2~3页)

胡以鲁之论,可以从两个方面去理解:其一,进一步论述"语言是人类怎样活动的自然产物"理论,以"感叹词"为基点,探求人类语言发生机制,及其与自

然的关系。

人籁、天籁、地籁,先秦即有此术语。这些术语较早见于《庄子·齐物论》。《庄子·齐物论》曰:"女闻人籁而未闻地籁,女闻地籁而未闻天籁。"成玄英疏:"籁,箫也,长一尺二寸,十六管,象凤翅,舜作也。"《庄子·齐物论》:"子游曰:'地籁则众窍是已,人籁则比竹是已,敢问天籁?'"王先谦《集解》:"以竹相比而吹之。"但在胡以鲁这里指的是人之自然之音、天之自然之音、地之自然之音。胡以鲁认为:"发之于自然,不假思索。然则人类发声机关略同,当其发之而成声也,亦宜其似矣。"这讲的是人类发音器官相同,当然所发之声音也很近似,寻求的是人类语音的共同生理特点,这也是其研究"感叹词"的着眼点,由此,"感叹词"理论就产生了。此种理论,许多人为之作注解,并加以阐释,是许多学者关注的话题。

高名凯《语言论》(1963/2011)提到,契克巴瓦曾说:"感叹论认为最早的词是呼声,它们是不自主地出口的(由于疼痛或表示恐怖、欢乐等等)。这些呼声应该奠定了创造其余的词的道路。这一理论没有考虑到呼声是不能被认为是词的,因为它们不是它们所表达的感情(情绪)的名称,而是感情的直接表现,由这样的呼声到表示一定物体的词之间距离还远。"(367页)布达哥夫《语言科学概论》批评模声论时认为,模声论把语言看成是自然现象,没有把语言看成社会现象。高名凯说:"其实,语言是否起源于模声与语言是否是自然现象无关,正如人是否是社会动物,与人是否起源于自然界的类人猿无关,而应该关心语言活动是在什么条件下变成语言的。"高名凯赞同劳动在语言起源中的作用。[13]

其二,由人类语音"人籁之异",而延展到研究汉语的地域"差异"特点。所以,"西南幽谷地土民之用语""山西人其言语固多夯声""南方至今亦以发扬之声"之"感叹词"均为不同。但这里面有一个问题,即这种差异反映的是何时"感叹词"的情况?从胡以鲁研究来看,有古、有今,不但"异地",还是"异时"。时序错杂,所论没有固定所指,这确实是模糊之处,也是胡以鲁叙述不清楚的地方。

四、叹声模仿:国语起源之特色

胡以鲁认为:

要之,人类有以叹声为发表其感情之一时期,而吾国中原土人则以夯声,随感发声,因声拟字,文字本体虽未必确为声音代表,而其相去当不甚远。且古人文字全为表音之具,而叹词尤取其近似,可推测而知也。此推测而不谬也,则吾国语言当未成其语言之时,即感召发声之时,已特异于他语族矣。此"于于"发声期为言语纪元前之一时期,谓之发声时期。"叹声有二种,如呜呼噫嘻之叠韵则已加人为,在言语发展后矣,非此时期之发声也。又当别论。"与是同列而稍进者为摹声法(Onomatopoeia)。感有所受,于是因所感而起摹仿,即以其所经验物体自发之声或反射之声,假为物体表象也。发声之中,含有表象,则已具徵征之性质矣,然此时所发之徵征,不得即谓为言语,盖其声虽为其物之代表,而代表与被表之间,仍有必然之关系也。"即足"而鸣者呼之曰雀,"错错"而鸣者呼之曰鹊,"亚亚"者谓之鸦,"岸岸"者谓之雁,驾鹅则以"加我"而得名,鹡鸰则以"碌格钩辀"而得名,皆以其物之声为其声之名也。不惟体词也,用词亦有之。用词之假声则由其物体动作之反射。如用口吹嘘,其声"吹吹",遂名此动作曰吹。以手击物,其声"丁打",遂名此动作曰打。原始用词大抵动作之徵征也。假自然之声为徵征,假徵征为事物意景之代表。凡此诸名皆发生最早,而吾国语当发生时已自有其特色矣。(3~5页)

理解胡以鲁这段话,需要注意的内容是:

其一,胡以鲁从人类共同的语言交际的标志"感叹词"入手,进而谈到了中国语言起源与发生的标志"感叹词"问题。他认为,中国语言发生时的标志"感叹词"的特点是"弇声"。什么是"弇声"?按中国音韵学理论的解释:弇,《说文》:"弇,盖也。"有遮蔽义。与"弇声"相对的是"侈声",侈,有"大、广"义。《周礼·春官·典同》:"侈声筰,弇声郁。"郑玄注:"侈谓中央约也,侈则声筰,出去疾也。弇谓中央宽也,弇则声郁勃不出也。"《礼记·少仪》:"工依于法游于说。"汉郑玄注:"《考工记》曰:……侈弇之所由兴,有说。"孔颖达疏:"侈谓钟口宽大,弇谓钟口内小。"此指钟口的大小,清代学者借此引申为发音时开口的大小。江永《古韵标准》平声第四部总论曰:"真谆臻文,殷与魂痕为一类,口敛而声细;元寒桓删山与仙为一类,口侈而声大。"此外,邹汉勋《五均论》、夏燮《述韵》等多有论述。"弇侈"又称"敛侈",是传统汉语音韵学术语,西方语言学上叫作元音的开口度。在汉语里,主要是针对韵母"四呼"而言的。粗音(开口呼、合口呼)作介音或单独做韵母。例如"a""ua""uo"等,其开口度大,是侈音;细音(齐齿呼、撮口呼)作介音或单独做韵母,例如"i""ü""ian"等,其开口度小,是弇音。但就中古而言,侈音等同于开口呼,而弇音等同于合口呼,符合中古

"两呼"观念。我们认为,胡以鲁的"弇声",很显然,是开口度小之义,略等同于中古合口呼。章太炎也用了这个术语,他在《驳中国用万国新语说》中说:"以汉语译述者,汉人也,名从主人,号从中国。他方人地非吾所习狎者,虽音有弇侈,何害?"[14]章太炎还是以中古"两呼"观念论音,胡以鲁也不例外。但为何胡以鲁认为中国语言标志"感叹词"的特点是"弇声",而不是"侈声"呢?我们认为,这里蕴涵着中国"雅音"的意识,即中国文明进化优先观念,不是以"侈声"为雅,而是以"弇声"为雅。中国佛教也有"佛门闭口禅"一说。一些学者称:"闭口禅",在佛教又叫"止语"或"禁语",即禁止自己说话之意。佛教认为,一切众生之生死轮回,皆由于身、口、意三业所致,若消除此三业,可速得解脱。禁语目的之一即为减少口业。僧人行"止语"或"禁语"时,自备一小木牌,上写"止语"或"禁语"二字,遇人欲与己言谈,则出示该牌。如何证闭口禅?所谓闭口,意为减少口业,消罪免灾,减少自己的罪业。所谓人世天注定,为人者,无语何来罪业?所谓开口即罪,闭口禅正是己身开口言语而说话到了极点,心亦有所悟,方行闭口禅,闭之人口,方得大果。

其二,"发声的音节"成为区别"发声时期"与"成其语言之时"的标准之一。胡以鲁对中国语言发展历史有所思考,即对中国语言发展史进行了分期,具体如何分期尚不得而知,但对中国语言"前史"有所界定,即认为是中国语言"发声时期"。他对这个发声之期的理解是:"吾国语言当未成其语言之时,即感召发声之时……谓之发声时期。"胡以鲁对"发声时期"与"成其语言之时",即语言产生之期加以区别。那么,区别的标准是什么呢?答案是发声的音节。胡以鲁有一个解释:"叹声有二种,如呜呼噫嘻之叠韵则已加人为,在言语发展后矣,非此时期之发声也。又当别论。"这里胡以鲁所说的"叹声有二种",只举出了后一种,即人为之叠韵,却没有说前一种是什么。我们认为"前一种"是单音节的"叹声词"。从语音音节叠加与不叠加长度的方面辨识,这是他区别"发声时期"与"成其语言之时"的认识之出发点。

其三,由模仿而进行有意"摹声",也是区别"发声时期"与"成其语言之时"的标准之一。胡以鲁以时间顺序论述语言发生问题,谈到:"于是同列而稍进者为摹声法(Onomatopoeia)。"所谓"同列",即与以"发声的音节"为着眼点的单音节"感叹词""并列"的是"摹声法"也开始产生,但"摹声法"产生,并不等于"成其语言之时",而是"摹声法"具备了"发声之中,含有表象"条件,才算是进入了"成其语言之时"。"发声"加上"表象",即索绪尔所说的"意义和音响形象的结合","盖其声虽为其物质之代表,而代表与被表之间,仍有必然之关系也",构成了语言的符号系统。按照胡以鲁的说法,"摹声法"之运用也分为"发声时期"与"成其语言之时"两个时期。

值得注意的是,胡以鲁对所谓摹声法运用的判断,牵涉到了关键性的"双音节摹声词"问题。胡以鲁的举例有单音节词,也有双音节,甚至四音节词。即:"'即足'而鸣者呼之曰雀,'错错'而鸣者呼之曰鹊,'亚亚'者谓之鸦,'岸岸'者谓之雁,驾鹅则以'加我'而得名,鹡鸰则以'磔格钩辀'而得名,皆以其物之声为其声之名也。不惟体词也,用词亦有之。用词之假声则由其物体动作之反射。如用口吹嘘,其声'吹吹',遂名此动作曰吹。以手击物,其声'丁打',遂名此动作曰打。原始用词大抵动作之徵征也。"(4~5页)胡以鲁对这些词的词法性质也有所定性,即分别为体词、用词。所用之体词、用词概念,是日本语语法术语,指的是名词与动词两"性"词。胡以鲁认为,这些词"假自然之声为徵征,假徵征为事物意景之代表,凡此诸名则发生最早,而吾国语当发生时已自有其特色矣。"(5页)这从"摹声"以及"音义"结合角度肯定了中国语言发生的个性特征。

第三节 胡以鲁论说汉语单音节、双音节、多音节词

一、音节长度与表彰思想:以声音时间特征为标志

胡以鲁认为:

既云摹仿,则所摹仿之物声既同,摹仿声亦宜其略同矣。然人心不同,精神作用各异,发声法亦受其影响而为特别之发展。其差异之著者,则如印度-日耳曼、乌拉尔-阿尔泰(Ural-altaic)诸语族皆以多节之音声为摹仿,而吾国语则常以单节,多亦二节而止,而二节之音声亦大抵由双声(例如鹡鸰)叠韵(例如驾鹅)而成,此特色也。然语言发起后曾经此一时期则各族皆同,称之曰摹声时期,比诸前期已有音之表象及摹仿的意之朦胧表象矣。虽代表与被表之间,殆犹一致,而其为思想交换之具则已稍稍明暸。曰吁曰嗟,殆无何等之意义。为苦痛、为恐怖、为哀、为惊,皆任听者之经验有以自辨耳!至摹声法则以所摹仿之物体为经验之准绳,即今之音声表象得想像其物自发之声音或联想其物反射之声音,有声者之表象,更有若干之意景,至此时期,言语胚胎矣。(5页)

胡以鲁承认模仿是人类语言发生之起始，这是前提。在这个前提下，他进一步观察到，从世界各民族来说其模仿的共同性途径肯定是一致的，照理说，模仿的结果也应该是一样的，即"摹仿之物声既同，摹仿声亦宜其略同"。但事实却不是如此，而是存在着明显的差异。这却是为何？胡以鲁认为这里面是有原因的，即"然人心不同，精神作用各异，发声法亦受其影响而为特别之发展"。

从心理学角度认识，这个说法是有道理的，不过，如果有人进一步探问："人心不同"是如何造成的？却很难说清楚，很显然是一个十分复杂的问题。保罗《语言史原理》（福本喜之助译，1965）第2章，专门探讨"语言的分裂"问题，也许可以成为回答造成"人心不同"之一种原因，即地理差异造成语言的差异。[15]保罗探讨的是，一个集团部落内语言发生分化，与其地理交通差异直接相关，引申言之，人类语言也是如此。地理交通要素造成了人的心理结构不同，因而语言的表达方式也就有所不同。

胡以鲁以音节长度来衡量这种"差异"，即印欧语系与阿尔泰语系语言，多音节词占据多数，是其模仿自然而造成的结果。与操印欧语系与阿尔泰语系语言之人所处地理交通环境要素有关。而中国语言大多以单音节、双音节为主，也与所处地理交通环境要素有关。

胡以鲁不但认定中国语言以单音节、双音节为主之结论正确，还认定双音节词"大抵由双声（例如鹡鸰）叠韵（例如驾鹅）而成"，并确定这是中国语言之特色。胡以鲁如何看待此一时期的语言？它与"发声时期"以及"成其语言之时"有何不同？胡以鲁认为，"然语言发起后曾经此一时期则各族皆同，称之曰摹声时期，比诸前期已有音之表象及摹仿的意之朦胧表象矣。"他将此时期称之为"摹声时期"，肯定是超越了"发声时期"。尽管如此，他还是将之定性为"言语胚胎"，此一时期语言还不够成熟。胡以鲁认为，"摹声时期"特点是，"摹声法"更为成熟，"以所摹仿之物体为经验之准绳，即今之音声表象得想像其物自发之声音或联想其物反射之声音，有声者之表象，更有若干之意景"。即如索绪尔所说，音响形象能指与其概念形象所指更为紧密结合了。其内在关系，用"联想"来沟通，就构成了寓意明确的摹声语言符号。

索绪尔认为能指与所指是任意的，这是他的第一原则。一些人举出"拟声词"实例，说明拟声词能指的选择并不都是任意的，与索绪尔的理论有所不同。但索绪尔（1996）认为，拟声词从来不是语言系统的有机成分，而且，它们的数量比人们所设想的少得多。可以否认在所指和能指之间有必然的联系（104～105页），这与胡以鲁所论有些区别。不过，索绪尔之第二个原则："能指的线条性特征"却可以为胡以鲁所论提供一种思路。索绪尔说："能指属听觉性质，只在时间上展开，而且具有借自时间的特征：(a)它体现一个长度，(b)这长度只能在一个向度上测定，它是一条线。""构成一个链条"，"只要用文字把它们表示出来，用书写符号的空间线条代替时间上的前后相继，这个特征就马上可以看到。"（106页）胡以鲁以音节长度来而论单音节、双音节词，就具有了"借自时间的特征"的意味。

二、超越"摹声"而更为进步之发语词：言语胚胎时期标识

胡以鲁认为，摹声时期之"拟声"，虽然超越了"发声"，但还只处于言语胚胎时期的初始阶段，并不能成为代表言语胚胎时期的标志，因为它不过是"摹拟单纯之物体或简单之动作而止"，而真正能够代表言语胚胎时期的是"发语词"。为何言语胚胎时期的标志是"发语词"而不是"拟声词"？对此，胡以鲁进行了比较详尽的论证：

然此所谓意景者，犹不过茫然经验之想像，非真意之表象也。所谓音之表象者，亦仍不过物体自发或反射之音声与物体相关联者也。必然之徵征，摹拟单纯之物体或简单之动作而止，而世界之物体非皆有特别之发声，世事之动作非皆有特别之反射声足以拟别也。纵能别之，而吾人所思之事物得假言语为表彰者，又绝非摹仿之声所能尽也。诚哉，此不足之感！元人（言语不具之人假称之曰元人）亦已觉之，故摹声之法无几而更，代之维何？在吾国语则发语词也。发语词与发声异，其所感之情轻，其发之也，亦非若叹息之重浊，盖呼唤警告之声耳！獯有啼声，不摹仿之而呼之曰"爰"，则呼者自发之声音，所谓发语词也。以"且"呼狙，以"佳"呼雖，以"渠"呼獹，且、佳、渠皆发语词也。（《诗》"狂童之狂也且"，"且"，发语词也；古钟鼎往往以佳为发语，佳即今之维也；渠通遽，俗作讵）不宁惟是，物我之意景起，自称曰我，我之转曰义为仪，皆发语词也。（《书》义尔邦君；《诗》我仪图之）对称曰尔，尔之转曰乃曰若，亦皆发语词也。亲疏之感情起，称长者曰兄（兄即况，《诗》仓兄），称西方外族曰羌，亦皆发语词也。此但举纪传足征之诸例耳！其他纪传中虽不可见，音声上得视为发语词者亦复不少。例如父母二语之古音与印度日耳曼语族称父母语之首音相似，盖孩提之童开口呼亲殆有出于自然者。要之，使用单纯之骚音辨别物我亲

疏之间者为最初自发之声音，以自发之声音为事物之徽征，使此一定之声音与特种之事物成连结，言语即胚胎于是矣。比诸摹声，更有确然之我观入代表与被代表之间而为之主动，无复必然之关系矣。设以时期区别之，此亦一时期也，称之曰言语胚胎时期。（5～7页）

胡以鲁在这里讲述"发语词"特点，亦称之为言语胚胎时期之标志。

三、超越"发语词"，四种语词"词品"完备，初期语言词法

胡以鲁曾认为，"发语词"属于"声音与事物之间脱离必然关系之第一步"，意思很清楚，音响形象能指与概念所指，即语言形式与内容之间没有必然的联系，是任意的，但在此时，却不是这样，而是音响形象能指与概念所指，即语言形式与内容之间存在着必然的联系，但也在某些时候开始呈现关系多向性的倾向，走向任意化、复杂化，正所谓："思想趋于复杂也，对于事物之摹仿力亦复杂而进步，遂不止听觉摹仿感情摹仿之一端。""思想趋于复杂"，也就使得语言进入了初期阶段。由此，就可以区分"词品"，可以看到，四种语词"词品"已经完备，即词类可以按照词法区分为四种，就是："表实之语谓之体词，表德之语谓之状词，表业之语谓之用词，是等辗转司语言关节之职者谓之节词。"佐藤诚实《语学指南》(1879)将词类分为体言、用言、形状言、助词四类。[16] 前三类相当于胡以鲁的表"实质概念"之实词。由此，汉语进入了语言初期阶段。为此，胡以鲁论述道：

虽然，此声音与事物之间脱离必然关系之第一步也。虽非复摹仿自然之声，而声音表象与事物表象间若尚有几分足以联想者。如自称曰我，若有自尊之意景；对称曰尔，若有警告之意景；父母兄之声音与亲爱之父母兄之间、羌之声音与羌人之间，皆有足以联想者。且发语词亦过简而有限，以渐就进化吾人复杂之思想，究非此区区者所足以表示。思想趋于复杂也，对于事物之摹仿力亦复杂而进步，遂不止听觉摹仿感情摹仿之一端。

吾人外界之事物，据印度胜论说，不外实、德、业三者。而三者不相离，表实之名，以德以业。诚哉！吾人所用言语之中，探究其语源，必不出德、业二者之中。（表实之语谓之体词，表德之语谓之状词，表业之语谓之用词，是等辗转司语言关节之职者谓之节词。所谓词品有是四者而叹词不与，盖叹词不过假他词以表其声音耳。是为语言四面，详见后。）盖语言者，对于实在事物之表

象,假声音之表象以摹仿其德业二面中之一面,藉以表我对于此事物全体之思想耳。然而二面中摹仿何者?全出于摹仿者之自由,即就二面而言,各面中尚有诸多之点,在德有性质、形状、分量等,在业有动静、因果、功用等。于此诸多点中撷取其一以与声音表象相连结,则为语词。语词者,即对于某事物之某思想而以某声音代表之谓也,然事物诸点之中何者得以代表事物之意景,固无定也。表彰某思想当以某声音为代表,又无必也。(7~8页)

胡氏不认可的说法"表彰某思想当以某声音为代表,又无必也",意味着表达观念的符号,承载了更为丰富的内容,"渐就进化吾人复杂之思想"。

胡以鲁的中国语言"前史"分期之说,承继章太炎较多,对后代影响亦可以见到,比如曾运乾《声韵学》(1936年发表,湖南教育出版社,2012年)第一编"语音学原理"部分,讲到"语音学之心理问题"时说:"语言为心声,即精神作用之自然产物。如小儿学语时所发之声及古代社会初有语言所发之声,皆人类之元声也。约而推之,可分四时期如次。"他的四个时期是:其一,自然期。全为天籁,殆无所谓心理作用。其二,感叹期。为对自然界戟刺之反应作用,情感所激。比如《诗经》等用感叹词。其三,摹声期。因所感而起模仿。其四,言语胚胎期。情感模仿,即"使用自发之声音,以为物我亲疏之别.此章氏所谓语言之分,由触受之顺违而起者"。曾运乾引用章太炎《语言缘起说》加以说明。(2~10页)这番议论,与胡以鲁述说中国语言"前史"分期几乎吻合,这不是偶然的。

第四节　胡以鲁理论范畴:内范与外范

胡以鲁区别语言为内范与外范,很像索绪尔区别语言的"内部要素"与"外部要素",日本学者新村出《言语学概论》(日本文学社,1935)继承索绪尔理论,称之为"内在语言"与"外在语言"。(56页)请看胡以鲁之论述:

虽然,某事物之意景撷某点以代表之矣,对于某事物之思想假某声音以代表之矣。名学家言偶然者必然之偶然,当其命名之时,当非全无关系而使音意之间贸然连结也。言语之产虽曰"自然",然此所谓自然者,指精神动作而言,既有精神动作为言语之动机,则对其连结之关系宁无心意作用于其间耶?亦必缘命名人当时之精神作用取其关系于事物某面之一点而使之连结者无疑也。此点见地之差,即各民族心意作用之差。此种心意作用,即形成亨抱而的氏(Humboldt)所谓内范(Innerform)者也。内范者,对于言语之外范(Outerform)而言,各民族心意作用之范畴也。由是内范之不同,乃生各民族着眼中心点之差异。各国语皆各有其特有之内范,吾国语大抵一节,多亦不过二节。以有限之音声表丰富之思想,其间相应尤为微妙。而其文字由音、形、意三者而构成,言语内范,探究其易。文字研究,别著于篇。兹先就以同音或相似音之展转发展语意,及以双声叠韵之展转发展语意者,探吾国语发展之踪迹。

欲以音声研究国语之缘起,当先审音声本体之为何,并若何构成吾国国语者,构成语言惟一之原料即肺脏所流出之空气。(8~9页)

胡以鲁以洪堡特[亨抱而的氏(Humboldt)]的理论为依据,区别语言,分为内范与外范。我们在洪堡特《论人类语言结构的差异》(2011)中,看到这样的表述,即语言参与了精神的内部活动和外部沟通。[17]洪堡特说:

主观的活动在思维中构成一个客体。感官的活动必须与精神的内部行为综合起来,从这种联系之中便产生了表象;表象成为对立于主观力量的客体,而它作为客体又被新知觉到,从而回到主观力量上来。对于这个过程,语言的参与是必不可缺的。因为,精神努力要借助语言经由嘴唇开辟通向外部的道路,同时,这一努力的结果又折回自己的耳朵。这就是说,表象获得了真实的客观性,却并不因此而失去主观性。这一过程唯有借助语言才能完成。语言始终参与了表象的转化,即使在沉默不语的情况下,这一转化也在发生,否则就不可能构成概念,也不可能有任何真实意义的思维。(307~308页)

洪堡特强调的"精神的内部活动",即胡以鲁的"各民族心意作用之差",而"精神的外部沟通",是所谓"借助语言经由嘴唇开辟通向外部的道路",即胡以鲁的"缘命名人当时之精神作用取其关系于事物某面之一点而使之连结者"。洪堡特(2011)还说:"语言的差异不是声音和符号的差异,而是世界观本身的差异。"(32页)根据这个观点,也可以解释胡以鲁"各民族心意作用之差"的表述之来源。由此,洪堡特对胡以鲁的影响昭然若揭。

第五节　语言起源研究新视野与演化语言学

清末民初,并不是胡以鲁一个人在关注语言起源问题并把它与汉语言文字联系起来考虑,许多学者也有意无意讨论这个话题,比如黄侃《声韵略说》就有《论字音之起源》(黄季刚《黄侃论学杂著》94～95页,文史哲出版社,2014),其认为:"字音之起源,约分二类:一曰,表情感之音;二曰,拟物形、肖物声之音。其用之转变,亦有二类:一曰,从一声转变为多声,而义不相远;二曰,依一声以表物,而义各有因。"但视野像胡以鲁如此之开阔者尚不多见。在今天谈论胡以鲁曾经研究过的语言起源问题是不是不合时宜？其实,不仅不过时,而且,它正在成为语言学及许多学科关注的新话题,"旧瓶装新酒",赋予它新的学术意义。

一、演化语言学与语言起源研究"复活"

邓晓华、高天俊《语言研究新视野:演化语言学》(2014)谈到,达尔文《物种起源》在出版后不久就对语言研究产生了影响。1863年德国语言学家施莱歇尔发表《达尔文理论与语言学》一书,首次将达尔文演化论引入语言学,提出"语言是自然有机体……语言根据确定的规律成长起来,不断发展,逐渐衰老最终走向死亡"的论断,开始使用演化论来解释语言的产生、发展和变化。此外,他还使用生物学上的种系树图方法,为印欧语系画出了第一张谱系树图。树形图被用在比较语言学之上,成为分析、表现语言之间谱系关系的重要方法。惠特尼《言语发达论》(保科孝一编译,富山房,1903)第十一章谈"语言和人种的关系"则是这种研究典型的继续。然而,语言起源与演化研究随后的发展并不顺利。由于语言在文字产生之前并不像生物一样有丰富的化石证据,语言起源问题一度被欧洲语言学界看作不可解决的问题,法国巴黎语言学会甚至在1866年的会章上禁止讨论该问题,而这一禁令影响极大,由此,关于语言起源问题及语言演化机制等方面的研究沉寂了一个多世纪。在这段漫长的时间中,只有历史语言学继续蓬勃发展,在语言内部要素的历史演变规律和语言谱系关系等方面的研究上,取得了令人瞩目的成绩。[18]

20世纪五六十年代,动物行为学家开始通过人与猿猴等动物沟通系统的对比来研究人类语言产生和演化的生理、认知和社会基础,语言起源和演化机制研究开始从语言本体之外的角度展开。20世纪90年代以后,语言演化研究激发了更多学科学者的兴趣,演化生物学、遗传学、分子人类学、神经科学、认知科学、考古学、人类学等更多学科,开始加入语言起源与演化研究中来。各学科学者从不同的角度出发,广泛展开与其他学科的合作,共同将语言演化研究向前推进。一个以跨学科协作为鲜明特点的学科——演化语言学开始兴起。

二、演化语言学研讨语言起源的理论与方法

王士元的《语言历时研究的三种尺度》(2000)提出演化语言学最重要的理念就是语言研究的三个时间尺度:宏观史、中观史、微观史。其中,与语言起源研究关系最为密切的是宏观史研究。石锋根据王士元这个理论进行了比较详细的说明(2018)[19]:宏观史的语言研究考虑的问题是语言的涌现、成熟、发展、衰亡。语言的演化是跟人类的生理演化(包括大脑的演化)和社会演化密切联系的。任何一个学科的建立,首先是对于研究对象的来龙去脉做出探究。在此基础上,这个学科的研究理念和研究方法才能够建立起来。可是研究语言却很少考虑语言的来源,不去探究语言怎样产生,常常使人们对此感到奇怪。因为没有这种基础,关于人类语言各种猜测的理论往往就成为空中楼阁。语言起源问题,属于人类的史前史。时间跨度要以万年、十万年计。(66页)

如何利用演化语言学研讨语言起源问题?这牵扯到演化语言学的宏观史具体的研究理论与方法是否有所突破的问题。邓晓华、高天俊(2014)认为从以下几个方面入手是研究的有效途径:其一,语言演化理论研究,主要是语言起源研究。演化生物学、语言学等学科的学者就语言起源问题提出了多种不同的语言演化理论模型。其二,从比较生物学和动物行为学入手推进对人类语言起源的条件、语言演化的机制等问题的研究。其三,以脑科学、神经科学领域研究为突破口,解决语言起源和演化的关系问题。其四,遗传学、分子生物学的新发现至少在两个方面对演化语言学提供线索:一是由基因功能研究语言能力的起源与演化;二是由人类遗传图谱研究语言的演化与扩散。生物学、遗传学中主流的种系模型可能并不能真实地反映出语言演化过程的原貌,更真实的语言谱系模型的提出还有待生物学、遗传学与语言学之间进一步的合作与探索。其五,考古发掘所提供的古人类化石可以为语言起源研究提供间接的证据,未来考古学和分子遗传学、脑神经科学以及语言学的进一步合作有望将这一研究推向新的高度。其六,在将来的演化语言学研究中,建模仿真研究将会得到更广泛的应用,它也将成为语言起源和演化研究中一种必不可少的研究方法。

三、演化语言学与胡以鲁汉语语言起源理论"复活"

胡以鲁汉语语言起源理论视野是非常开阔的,涉及汉语起源于感叹词论、语言进化论与中国国语"感叹词",包括汉语单音节、双音节、多音节词演化机制等问题。语言学、人类学、历史学、民族学等学科的介入,使得胡以鲁汉语语言起源等问题的研究,超越了前辈学者,胡以鲁成为中国汉语语言起源理论构建的重要先驱者之一。

在胡以鲁汉语语言起源理论研究基础上,演化语言学为汉语语言起源问题研究带来了新生机。胡以鲁汉语语言起源研究的重点在历史语言学与语言共性理论视角的观察上,而现在随着演化语言学理论框架不断完善,跨学科视野下的汉语语言演化研究,带给汉语语言起源研究新的活力,汉语语言起源与汉语语言谱系、汉语语言演化规律等方面的研究在其他学科发展的刺激下,开始呈现出一些新的特点,这也给胡以鲁汉语语言起源理论注入了新鲜血液,当然会给人以无限期待,这是可以肯定的。

与演化语言学相关的探讨,还有不少值得推举的成果,这些成果或多或少关注语言起源问题。比如语言能力研究,带给我们许多新的认识。一些学者比较认可美国学者史蒂芬·平克(Steven Pinker)的学说,其经典性名著《语言本能——人类语言进化的奥秘》(2015),从生物进化论和心理语言学交叉视角,证明了语言的生物学基础和生物遗传性,指出语言能力是人类的本能,语言并非思维的唯一方式,而是由心智词汇和心智语法构成"心语"的思维语言。[20]

语言能力是人类的本能,这种观点,达尔文也曾经有过论述,比如,语言是"掌握一项技艺的本能倾向"。威廉·詹姆斯则认为语言和思想都是人的本能。乔姆斯基的"普遍语法"理论,是20世纪关于语言本能的最著名论断。蒂芬·平克对于语言起源问题,最重要的见解在于:人类语言能力是自然选择的结果。语言本能既源于遗传,也离不开环境。潜藏于所有文化之下的普遍行为模式,映射着人类语言能力的心智结构。胡以鲁关注汉语语言的起源,也是从中国人的心理认知结构分析入手的,与史蒂芬·平克的研究基本路向有一定的一致性。史蒂芬·平克有关语言本能——人类语言进化的研究,正在启发我们重新发现胡以鲁汉语语言起源问题研究的价值和意义。

注释:

[1] 索绪尔《普通语言学教程》237～243页,高名凯译,商务印书馆,

1983、1996。

[2] 布龙菲尔德《语言论》，袁家骅等译，商务印书馆，1980。

[3] 索绪尔《普通语言学手稿》80页，西蒙·布凯、鲁道尔夫·恩格乐整理，于秀英译，南京大学出版社，2011。

[4] 高名凯《语言论》372～373页，科学出版社，1963；商务印书馆，2011。

[5] 王得春主编《语言论》24页，北京大学出版社，2006。

[6] 叶斯柏森《语言——它的本质、发展与起源》（《言语その本质·発达び及起源》）784～840页，市河三喜、神保格译，岩波书店，1927。

[7] 惠特尼《言语发达论》32页，保科孝一译，富山房，1903。

[8] 达尔文：《人类的由来》133页，潘光旦、胡寿文译，商务印书馆，1997年。

[9] J.G.赫尔德《论语言的起源》，姚小平译，商务印书馆，2014。

[10] 房德里耶斯《语言学概论——语言研究与历史》1～10页，藤冈胜二译，刀江书院，1938。

[11] 埃米尔·本维尼斯特《普通语言学问题》82页，王东亮译，生活·读书·新知三联书店，2008。

[12] 房德里耶斯《语言》，岑麒祥、叶蜚声译，商务印书馆，1912。

[13] 高名凯《语言论》366页、366～367页、367～368页，商务印书馆，2011。

[14] 《章太炎全集》（八）360页、353～369页，上海人民出版社，2014。

[15] 保罗《语言史原理》31～40页，福本喜之助译，讲谈社，1965。

[16] 佐藤诚实《语学指南》，西田直敏《日本文法の研究》，和泉书院，1993。

[17] 洪堡特《论人类语言结构的差异》，姚小平编译《洪堡特语言哲学文集》257～412页，商务印书馆，2011。

[18] 邓晓华、高天俊《语言研究新视野：演化语言学》，《厦门大学学报》2014年第2期。

[19] 王士元《语言历时研究的三种尺度》，《语言的探索》，北京语言大学出版社，2000；石锋《演化语言学的宏观史、中观史和微观史》，《南开学报》2018年第4期。

[20] 史蒂芬·平克《语言本能——人类语言进化的奥秘》，欧阳明亮译，浙江人民出版社，2015。

第四章 《国语学草创》：
从世界语言分类看汉语特征

第一节 世界语言历史、类型、地域三种分类理论

对世界语言如何分类？这是许多学者关注的话题。徐通锵《历史语言学》(1991/2008)对此有过论述：

> 世界的语言，据统计，有5000多种。每种语言都有自己的特点，但各种语言之间也往往有某些共同的特征。根据语言的共同特征而对语言进行分类就是所谓语言的分类。大体说来，世界语言可以从历史的、类型的和地域的三个角度进行分类。历史的分类和语言的发生学分类有关，研究亲属语言的形成和发展。类型的分类与语言的同构有关，研究语言结构类型上的共同性。语言的地域分类与语言的相似性有关，研究某一地区的语言因相互影响而产生的相似性问题。这三种分类的方法是不同的，因为它们所根据的分类标准毫不相干；但是，实际上分出来的类往往互相交叉、重叠，就是说，结构类型相同的语言其中有一些也可能是亲属语言；某一地区具有相似性的几个语言也可能是亲属语言或结构类型上相同的语言；反之也一样，亲属语言在结构类型上可能相同，在分布领域上集中于某一地区，等等。当然，这是一种可能的情形，不是必然的结果。这三种分类的方法随着科学的发展已渐趋明确、成熟，消除了过去比较研究中的混乱。[1]

徐通锵的论述，实际上，是对几百年来世界语言分类理论发展的简要总结，也孕育着进一步研究此类问题的趋势和方向。在清末民初，中国学者系统研究世界语言分类与汉语特征关系的寥寥无几，胡以鲁就是这寥寥无几之中的一个，非常难能可贵。站在世界语言学理论的高度，追踪世界语言学理论的

发展大势,深谙西方学者研究汉语的"软肋"与不足,并与西方世界第一流学者就世界语言类型理论问题进行平等对话,这显示了中国学者的学术气势,当时中国学者很少有人能够做到这一点。胡以鲁对世界语言分类与汉语特征关系研究的许多观点,至今仍有重要的启发意义。

第二节　从世界语言"同构"类型看汉语的特征

胡以鲁是如何在世界语言分类中看待汉语的特征的呢?胡以鲁《国语学草创》(1912)第六编"国语在语言学上之位置"集中探讨了与之相关的一些问题。[2]

一、胡以鲁从语言结构形式类型上寻求共同性,将语言区分为综合语与分析语

胡以鲁说:

世界中之语言可视为一种国语者,就今日一般之统计已八百有奇。合既死既废之语而计之,更不知几何也。然种类虽多,其形式实质之差,往往相似。就形式而类别者,有综合的(Synthetical)语言与分析的(Analytical)语言之二种。(68～69页)

1. 胡以鲁分类与语言类型学研究

很明显,胡以鲁没有从语言的发生学(谱系),即语言是否具有亲属关系的角度分类,也没有从语言的地域性,即语言的相互影响而产生的相似性,即语言接触与语言联盟角度进行分类,而是从语言是否是"同构"关系,即"形式实质之差,往往相似"来分类。从语言结构形式类型上寻求共同性,就是指语言的结构类型上所呈现的形式关系是否"同构"。这样分类,今天许多学者认为是寻求语言共性的分类,即所谓语言类型学分类。伯纳德·科姆里《语言共性和语言类型》(2010)说,研究语言共性,着眼点不仅仅是形式,还有实质的倾向性。在研究方法上,依据数据库与抽象程度,还有类型参项等。[3]胡以鲁赞同从语言是否是"同构"关系角度分类,不仅考虑语言的形式,还考虑语言的实质,即语义的分类,与科姆里的看法颇近似。他据此把世界的语言分为综合的

(Synthetical)语言与分析的(Analytical)语言两种。

2. 胡以鲁综合语与分析语理论"源头"疑议

胡以鲁根据语言是否是"同构"关系而将其分为综合的与分析的两类,是前所承,还是他的独创?关于这个问题,贾洪伟《汉译国外普通语言学典籍研究(1906—1949)》(2016)说:"综合语言和分析语言的概念系施莱赫尔在专著《论普罗旺斯语言文学》(1818)'前言'中提出来的,但分析的对象是屈折语。两个术语为胡以鲁首次在中国译介,并沿用至今。"(85页)王东杰《声入心通:国语运动与现代中国》[4](2019)没有去认定这个问题,只是说:"查阅了多种中外文献,都没有谈到'综合语'和'分析语'的划分是什么时候,由哪位语言学家提出来的。但看起来,这一划分和百科全书派划分的'分析性语言'和'词序可变语言'似乎有直接继承关系。"(261页的页下注释2)王东杰又说:"胡以鲁的阐释不是从广泛流行的三分法开始的,而是采用了'综合语—分析语'二分法。"(268页)

3. 甲柏连孜《语言学》与胡以鲁综合语与分析语理论

在胡以鲁之前,甲柏连孜《汉文经纬》[5](姚小平译,2015)在分析汉语时用了两种分析理论与方法,即分析系统与综合系统。甲柏连孜对分析系统有说明:"分析系统要回答的问题是:应该怎样从语法上理解汉语?即,汉语有哪些语法现象,其意义何在?这类语法现象必定遵循汉语结构的基本规律,需要根据这些基本规律来把握,予以有机的梳理。"(149页)而综合系统则"指出一种语言拥有哪些手段来达到自己的目的"。"怎样去证明属于这类范畴的具体词语相互之间的差异,怎样教会学生掌握用法:为何有时用这个词,有时用那个词——这就是第二系统要处理的事情。"(519页)很显然,甲柏连孜的《汉文经纬》的分析系统与综合系统,与世界语言是否是"同构"关系的分类理论似乎"相似度"有限,这是需要说明的。胡以鲁熟知甲柏连孜的《汉文经纬》,但是不是将这个理论与语言分类联系在一起,也未可知。

甲柏连孜《语言学》(2009)使用了"分析的体系"和"统合(综合)的体系"理论,很像依据语言是否是"同构"关系而分类的理论。其在"个别语言的叙述"一章里,设置了"分析的体系"(90~95页)和"统合(综合)的体系"(95~108页)两节加以论述。[6]甲柏连孜对"分析的体系"的一些说法值得注意:

称为分析的方法,是从宽广的地方到狭隘的地方去观察的方法。而且,这个方法不仅仅是个体的方法,而一定是一种成体系的方法,具有双重意义。

设定分析的体系存在着普遍的规律。人类语言的构造形式,无论取哪种,分析的文法特殊形态和秩序是必要的。如此,就会发现各种语言类型的特别模式。

甲柏连孜为了说明"分析的体系"理论,还特意把中国语文法作为分析对象,并且注意从4个方面去观察,即语序的法则、补助词、品词的定义、句子成分与句子语境。

甲柏连孜对"统合(综合)的体系"的一些说法值得注意:

评价语言理论,很容易发现其价值。第一,我们把文法的手段以统合的视点整理后,必须明确语言的形态如何丰富,或者贫弱;如何纤细,或者荒废。其面向何方向、何目的。第二,以中国语验证统合体系与分析体系是否在文法诸多现象上发生关联性,再得出结论。

甲柏连孜在"统合(综合)的体系"理论阐述过程中,强调了理解其对立性特点的重要性,这使得我们对"分析的体系"和"统合(综合)的体系"理论的应用,有了进一步的认识,它们确实是区分两种不同语言类型的关键性理论范畴。

4. 藤冈胜二《国家研究法》综合语与分析语理论是否和胡以鲁相关

藤冈胜二是胡以鲁在东京大学语言学科学习时的语言学与国语学老师之一,曾经使用过"综合语"与"分析语"的概念,这可见于他的《国家研究法》(1907),藤冈胜二说[7]:

由此类现象可知,原本综合性语言的词汇存在于分析性语言中。换言之,从这个角度来看,古代的拉丁语是综合性的语言,今天的意大利语、英语、法语等是分析性的语言。不仅英语等现在有这一变化特征,印度日耳曼语族的语言从其祖先以来一直发展到今天,其综合性的构造有逐渐转移到分析性的构造上的倾向,而英语的这一演变过程则是最明显的。从结果来看,英语的分析程度是最大的。

藤冈胜二的"综合语"与"分析语"概念肯定是从语言是否是"同构"关系角度进行的分类,这没有疑问。这个理论意识对胡以鲁的影响也是肯定的,胡以鲁从藤冈胜二那里接受了"综合语"与"分析语"的分类观念,又应用于《国语学草创》中,十分正常。但我们要问的是藤冈胜二"综合语"与"分析语"的分类观念来自哪里?是从甲柏连孜《语言学》借用过来的吗?还是从其他学者那里借用过来的?还是他自己独创的呢?这需要进一步研究才可以追寻到明确的线索。

5. 章太炎眼中的胡以鲁综合语与分析语理论

胡以鲁以语言是否是"同构"关系,把世界的语言分为综合的(Synthetical)语言与分析的(Analytical)语言两种的分类意识,也得到了其师章太炎的肯定。章太炎在《国语学草创序》中特意引用胡以鲁原话,并加以延申阐释:

仰曾之言曰:中夏幅员辽阔,方语不能无小殊,犹南欧诸国,同出罗甸而言音,往往别异,不失同归之道。所以发扬国语之具者曰:语言之成,无过综合、分析之二端。以综合成名者,希腊印度为最上;以分析成名者,惟中国为完备,西方英语亦近焉。故佗国所云三性,涉于宗教迷妄者,中国皆能廓清无余,其长一也;婴儿之语,先动词,后名词,盖客体先现而主观次之,有从此例以成排列者,其语言皆非进化者也。上世国语亦有次弟颠到者,若云"室于怒,市于色""野于饮食",汉魏以来涤除殆尽,而他国皆不能比,此长二也。即音而存义者,地逾十度,时越十世,其意难知也。即形而存义者,虽地隔胡越,时异古今,其文可诵也。夫夏人之性以保守名,然语言文字赖此形象不易得,以通达翻译训故皆省焉。不齐而理,至繁而简,其长三也。若夫音以表言,言以达意,舍声音而为语言文字者,天下无有。宙合之文皆谐声矣,虽中国固不能出,此类例是以六书旅陈而谐声者,什有七八,或云中国字皆象形,斯则诬枉之论已。(2~3页)

章太炎对此大为称赞:"余闻之,伟其比校中外,密粟邃深,以为江戴钱孔诸儒,亦既运而往矣。"这个评价是超乎寻常的,亦可见章太炎十分重视弟子胡以鲁世界语言分类理论,这也就成为章太炎眼中《国语学草创》最为夺目的理论光彩之一,并代表了胡以鲁对世界语言研究的基本贡献,是一大发明和创见。

6. 胡以鲁综合语与分析语理论源于叶斯柏森说

沈步洲《言语学概论》(1931)第七章"言语的分类",引用了章太炎《国语学

草创序》所引用的胡以鲁原话,以及阐释文字,然后指出[8]:

  其意与耶斯拍孙(叶斯柏森)之语颇多符合,盖胡氏固服膺耶氏之说者也。国语之价值,从可灼见。皮相之子,徒以近世科学昌明,国语一时滞于应付,遂群起而攻之,亦可谓怀宝不知者矣。(51~52页)

  沈步洲的话透露了几个信息:其一,胡以鲁把世界语言分为综合的语言与分析的语言两种的分类意识来源于叶斯柏森;其二,胡以鲁的看法是很英明的,但在当时却并不为大多数学者所理解,因而遭遇了"群起而攻之"的情况。沈步洲同情胡以鲁境遇,更为这个"旷世奇才"不为世人认识而痛惜。
  沈步洲为了说明"言语的分类"问题,在引述胡以鲁理论之前,大段引用了叶斯柏森原文,并就叶斯柏森理论进行了概括与总结,表明胡以鲁是赞同叶斯柏森语言分类理论的,原文如下:

  耶斯拍孙持言语进步说最力者也,著书甚多,于言语之进化,一再言之,且详举实例以为佐证。兹但择其结论之要旨,重述以明吾意:吾既举古今文法结构,简要比较之,知古语有共有之性,今语亦有共有之性,各不相同。因此,推求而知言语嬗变之趋向。吾友据理推断,确定嬗变有益,言语进步,绝非谰言。综合今语之优点:一曰音形较短,需求之时力不如昔日之多;二曰形式较少,记忆之担负较轻;三曰语词之形式颇有恒则;四曰构造之原则固定而少变;五曰语词脱语系而独立,益便于意志之表见,前日造句之困难,今多减除;六曰文法意想之复述,如状词与名词性数相合之类,既拙且赘,今多废弃;七曰字有定序,言者之意了然。众利所归,非必同时得之,且各种语言,依定向而进,迟速不等。(48~49页)

  持古语与今语相较,不啻持诎诘语与单节语相较;今语既优于古语矣,是单节语宜优于诎诘语,中语宜优于外国语也。是说也,胡以鲁氏力主之,世无以难。兹更存其要归,以见定论所在。(51页)

  尽管如此,我们并没有在沈步洲所列举的叶斯柏森理论中找出明确把世界语言分为综合的语言与分析的语言两种的说法,沈步洲对胡以鲁理论来源问题的认识,还是不清楚的。

第四章 《国语学草创》：从世界语言分类看汉语特征

至于胡以鲁的看法不为大多数学者所理解，很可能的情况是，当时中国学者研究语言学，一是以传统小学为主，对胡以鲁语言学理论的理解当然有限，其有所排斥，自在情理之中。二是稍具西方语言学理论知识和背景的学者，对历史比较语言学，即语言的发生学（谱系）——根据语言是否具有亲属关系进行的分类深以为是语言学理论主流，认同者不少。即便是有的学者对索绪尔结构主义感兴趣，也没有从语言类型学角度去认识。胡以鲁语言学理论被斥之为"浅说"，亦在所难免。这更加说明，胡以鲁语言学理论极具远见卓识，发表初期肯定是"孤掌难鸣"，落得个"真理掌握在少数人手里"的寂寞境遇是可以想象得到的。

7.张世禄世界语言分类意识及对综合语与分析语理论的看法

张世禄《语言学原理》（1931）第八章"语言的分类"第二节"综合语和分析语"（112～115页）说："孤立语为单音缀语，因为这类语言里的语词，大都为单个音缀所构成的，因之变形语和结合语，也称复音缀语，因为这类语言里的语词，大都为多个音缀所构成的。又孤立语里一个语词只包含一个意义，词和意义表里如一，相对相当，凡是两种意义，必分析为两个词语，这种称为分析语。中国语就是分析语的标本，反之，一个语词把含两种以上意义的，其中复合的意义，只用语词形式的变化来表明，而没有分析为各个独立的语词，这种称为综合语。变形语和接合语大都属于综合语。"很明显，他比较赞同这种分类。但与胡以鲁的理解存在差异。

张世禄《因文法问题谈到文言白话的分界》（《语文周刊》30、31、32期，1939年2月6、13、20日出版，又刊载于《中国文法革新论丛》67～81页，中华书局，1958）说道："关于中国语言的性质，西洋的语言学家已经有很多的讨论。我以为，中国语是否为单节语，这个问题在文法学上并不重要；最重要的还是在综合语和分析语的分别。中国语为分析语的代表，这是语言学界所公认的。"（70页）由此，可以看出，张世禄的看法与胡以鲁基本相同。

但张世禄《语言学概论》[9]（1941）第五章"语言的分类和系统"第一节"关于语言分类的方法"却表明了与胡以鲁不同的理论意识，比如谈到语言分类的方法，主要列举了形态学的分类法、综合语和分析语分类法、其他分类的方法（人种分类法、政治分类法、地域分类法）、系统的分类法四种大的分类理论。（139～148页）形态学的分类法自不待言，涉及孤立语、接合语、变形语、抱合语。张世禄认为其分类"未免太简单了"。（143页）关于综合语和分析语分类法，张世禄说："我们所谓不完全的分析，就是意义上的某几种观念，没有分析为独立的语词,都包含在一个语词以内,因之意义的变化,只用语词形式的变化来表明。凡是具有这种现象的,我们叫作'综合语'(synthetical)。我们所谓完全的分析,就是意义上的几种观念,已经分析为几个独立的语词,意义的单位两两相当,因之意义的变化不是用语词形式的变化来表明,而是用措词学上的方法来显示。凡是具有这种现象的,叫作'分析语'(analytical language)。所谓变形语和接合语大都是综合语,因为它们所具有的现象,大都属于不完全的分析。所谓孤立语,总是分析语,因为所具有的现象大都属于完全的分析,不过经验上事物分析的完全和不完全,既然只是程度上的差异,所以分析语与综合语的区别,也是相对的分界,并不能绝对的划成两界。"(142页)至于人种分类法、政治分类法、地域分类法,张世禄认为:"它们和语言的分合,只有相当的关系,不能纯粹用来作为类别语言的标准。"(145页)而对系统的分类法,张世禄说:"我们只有应用比较的方法,将世界上各种语言作一番系统的历史的研究,就是依据各种语言的语根、语法等,又参证于人种上的区别,历史上和地理上研究的结果,以考明它们彼此间的关系,推求它们演化的系统。这种研究,就是比较语言学。依据比较语言学来区分语言,就是'系统的分类法'(genealogical classificatino)。就是寻出各种语言的'母语',分别综合许多有关系的语言成为各种'语系'。同属于一种语系里的语言就是从这种语系的母语上演化出来的。再把许多有关系的语系综合成为各种语族,同属于一种语族里的语系,就是从这种语族的母语上演化出来的。"(146~147页)

张世禄《语言学概论》赞同系统的分类法,即比较语言学谱系树的分类法,却不赞同形态学,以及以语言是否是"同构"关系而分为综合语与分析语等的分析方法,分类理论观念发生了很大的变化,显然与胡以鲁不同。

二、胡以鲁对综合与分析两种类别理论认识:各自特征明显,但不是一成不变的

胡以鲁分析道:

综合的语言连结二段以上之思想,以一个语词表彰之者,如拉丁语(Latin)以语根之连结区别其连合思想者是也。综合语之中,又有不如拉丁语之屈折而以语根上机械的堆积为区别如土耳其语者,分别称之曰抱体语(Incorporating)。抱体语之中形式融合甚有分离之不能使用者,则又如北美土人及巴斯克语(Bask)。此类语言,即取其语词而观其形式之融合无间者,亦可见

也。如巴斯克语(Belhaun)"膝",其为 Belhor(前面)与 Oin(足)之连结者,形式上已殆无可识别也。

语言之用,在明瞭表彰其思想,而其表之也,勉欲取单纯之手段,故综合的语言有趋于分析之倾向。盖分析语表示二段以上之思想,各以其相当语词为之,无错杂纠综之弊也。如英语,自今日观之,分析语也,而尚留综合之残影,如 Less、Full、Ship 等分别之犹成个词者无论矣。即其常用之-ed、-ly 等形式部,其由 Did、Like 流荡而成者犹甚彰彰也。Less、Full、Ship 等其仅存者耳,而亦有趋于形式之倾向,形式则部分非综合矣。求其连结语词不失独立,分离之仍得维持其固有意义者,则惟吾国及安南、暹罗、缅甸等为最,而吾国语更纯之纯者矣。

个个语词各有独立之意义,实词更完全摄有之,且其内容如立体然,得多方指示,而区别之准,厥惟位置。位置之配赋,又自由自在,不失独立,无所屈折,但就习用之法则配置之,即瞭然矣。盖语言形式固不惟音而已,位置前后关系亦形式之一也,不宁惟是。位置既定,感想之缓急且得以位置转移为表彰,有蓄意于位置相与之间,而寓意于位置顺序之外者矣,此纯粹分析语之妙用也。(68～70 页)

胡以鲁进一步解释综合语言与分析语言的区别性特征。

1.从形式上看综合语言的表达功能,比如:"以一个语词表彰之者"而"连结二段以上之思想",音节形式单纯,却语义丰富。

2."以语根上机械的堆积"者,形式上具有离散性。这里用了"抱体语(Incorporating)"这个概念。有的学者称之为黏着语。抱体语(Incorporating),是语根合成之语。比如巴斯克语。一般人认为,巴斯克语的构成主要用词根合成法和加后缀的派生法形式,许多人将之归为孤立语言类型。叶斯柏森将抱体语称之为"抱合语",认为其使用的是"抱合法"。他对"抱合法"的定义是:把动词的目的语插入表示动词语根和人称中间的方法。[10]科姆里《语言共性和语言类型》(2010)称之为多重综合型语言。科姆里解释说:"在这种类型的语言里,可以把许多语素,不管是词汇语素还是语法语素组合成一个词,常常相当于英语整个句子。多重综合型会破坏整个形态类型的同质性。"(40 页)贾洪伟《汉译国外普通语言学典籍研究(1906—1949)》(2016)说:"抱体语理论是由洪堡特提出来的。"(84 页)

3.综合语言存在着"趋于分析之倾向"。胡以鲁对分析语言结构形式认识比较清楚,即"表示二段以上之思想,各以其相当语词为之,无错杂纠综之弊也"。其标志是:"而亦有趋于形式之倾向,形式则部分非综合矣。求其连结语词不失独立,分离之仍得维持其固有意义者,则惟吾国及安南、暹罗、缅甸等为最,而吾国语更纯之纯者矣。"(70 页)科姆里(2010)对孤立语的分析与之相似:"孤立语是没有形态变化的语言,也就是说,至少完善的典型是词和语素一一对应语言。接近于孤立型的语言的一个例子是越南语。"(46 页)

4.分析语言所具有的典型特征。胡以鲁将分析语言的典型特征概括为:每一个语词都各自存在着独立的意义,实词更是具备这些特征,但其内容则必须"立体"地观察,需要多角度审视,才可以获得其意义指向。如果要想准确区别语义与语法功能,只能以其所处位置来判断才行之有效。但也要注意,根据惯用的方式配置句子中的位置,一目了然。配置位置并不固定,非常灵活,但又不失其独立性,没有曲折形态变化。分析语言形式本来不依赖于语音形态而存在,而是根据句子中位置前后关系来决定语法功能。表达语义与显示语法功能因在句子中位置转移而发生变化,在句子中位置前后关系中蕴含语义,但往往又在句子位置顺序之外表达语义与语法功能。

三、胡以鲁做综合语与分析语比较,并批驳西方学者汉语语言类型理论

这又可以分为几个方面来看。

1.胡以鲁进行综合语与分析语比较。胡以鲁说:

综合的语言,则语词之品一一分立,不相通用,而题语、说语等之区分,转非所急。如拉丁语之用词大抵合题、说语于一词,此在实用上虽无混杂之虞,而根本区别之不存,总不得谓思想与语言相一致也。北美土人之用语,甚且构题、目、说三者于一词,融合而莫辨。以此比诸分析的语言,其形式与实质易淆,即语言不与分化思想精密一致者,殆无可疑。盖句中之语词其职掌,其意义,分析愈精,其所表彰之思想愈益精密,正比例也。然则以一语表一意,以一词表一义,若影与形,缕然历然,如吾国语者,不得不谓得其当也。语言趋于分析,思想分化之要求也。二者不相应,在实质则思想易淆,在形式则融合素易混,语言遂起激烈之变化。观彼北美土人不能读其父之书,而吾国人得解四千余年古籍者,思过半矣。(70~71 页)

胡以鲁对综合语特点有所把握,即语词所属词法品类,"一一分立,不相通用"。名词就是名词,动词就是动词,形容词就是形容词,词性指向固定不变。主语(题语)与谓语(说语)等句子成分区分也是相对稳定的,思想与语词对应关系难得一致。而分析语则不然,形式与实质不容易混淆,语言与思想精密性是一致的。句子中的语词职能、语词意义,其"分析愈精,其所表彰之思想愈益精密,正比例也"。分析语言内在形式与意义构成之精密逻辑性,可见一斑。

2. 胡以鲁引出甲柏连孜的"螺旋进行说(Spirallauf)"。胡以鲁说:

迦伯林之氏(Gabelenz)主张螺旋进行说(Spirallauf),谓语言之发展犹物理因牵引而螺旋,其一便宜力,其他反对方向之明晰力也。便宜则简单,明瞭则复杂。氏以是为论据,谓吾国语之现在乃便宜之结果。在螺旋中适值孤立语,然已在第二或第三期,盖螺旋之再三螺旋矣。(71页)

胡以鲁对甲柏连孜[迦伯林之氏(Gabelenz)]的"螺旋进行说"(Spirallauf)的理解是,语言发展过程就像物理学上受物理力引动,即利用作用力与反作用力的原理而发生"螺旋式"转动一样。一种是顺时针作用力,是"便宜力",呈现简单性;而向着相反方向的是"明晰力",则呈现复杂性。胡以鲁认为,甲柏连孜认定,中国之国语现在的状态,是发展过程中受顺时针作用力,即"便宜力"推动而出现的结果,恰好处于变化过程中的"孤立语"阶段,但还会有第二或第三期"螺旋式"转动,是不是如此保持"孤立语"状态就不好说了。

我们在甲柏连孜《语言学》第二部"内部的语言史"(川岛淳夫译本,2009)中确实可以找到关于"语言史的螺旋状进行"(251~254页)的论述。甲柏连孜将这一节题目命名为"回顾:语言史呈螺旋状进行,胶着理论"。但我们也看到,在具体的论述中,甲柏连孜并未用"螺旋状"这个概念,而是用了一个"涡卷线"的概念。但实际上,这个"涡卷线"也是"螺旋"或"循环"的同义语。甲柏连孜是这样解释的:"语言向发达线方向发展改变路线,面向孤立的一个方向,即不是返回原路,只是返回与原来并行的线路。此即语言变化呈现的循环或螺旋状。"

甲柏连孜又称,从语言的历史上看,存在着音声磨灭,以及因音声磨灭而导致语言系统被破坏的情况,但也有音声磨灭没有"变质"的情况,即存在着音声残留现象,这就构成了两个平行的对角线。比如接续辞踪迹似乎全无,但接续辞的功能没有消失,它通过适应孤立语的结构方式,按照语序排列,并明确赋予一些词语接续的功能,很显然,胶着语的影响还是存在的。新旧形式替代,往复游移,难以磨灭旧功能,构成了一个语言循环变化的模式。(252页)

胡以鲁引出甲柏连孜"螺旋说",并不是同意他的看法,而是为提出不同的看法进行了铺垫。比如在后面论述中,胡以鲁反驳甲柏连孜"螺旋说":"以一己之语族为退化则反其自夸之情,于是迦伯林之氏之循环论以起,若辈敢想像印度日耳曼语综合时世之前曾有分析之一时,吾辈对于国语不敢存是想像也。以历史事实为根据,谓屈折语从所谓孤立语发达者,毋宁谓其有反对之倾向。三级 Three Stage 发达说,固为吾辈所欲不取,孰因孰果亦非吾辈所欲主张者。特就心理观,语言之发展常就精神活动之简易者,则原则耳。"(77页)但在另一处,胡以鲁还是认为:"循环论者非也。"(81页)原来,胡以鲁理解的甲柏连孜"螺旋说",是有着语言进化与退化的"循环往复"的认识的,孤立语即属于分析语,这似乎认定汉语处于"退化"时期,当然,这种看法引起胡以鲁内心的反感。胡以鲁的理解是不是符合甲柏连孜"螺旋说"的原意?根据我们对甲柏连孜《语言学》(1891)原文的理解,似乎不是这个意思。甲柏连孜说:对人类语言更为古老的音韵形态(语词)性质,我们只是看到了其表象的一面。从前,有学者假定,如果语言具有如此音韵形态,全部又都是单音节,一定不会发生什么结构变化。涉及东亚单音节孤立语情况,他们引用中国语、安南语等来证明。他们主张,这些语言因为是单音节孤立语,所以,就断定其语言停留在原始阶段。今日我们要对这种主张进行反驳。毋庸置疑,我们只能假定这些语言完成了特定阶段的进化,却不能把单音节性当作共有的恒常性信念对待。(251页)言外之意,汉语等语言是原始语言的看法过于机械,是禁不住推敲的。很显然,甲柏连孜并不赞同汉语处于"退化"时期的说法。

胡以鲁对甲柏连孜理论的理解,无论是"正读"也好,或者是"误读"也好,都会引发我们对此问题的思考。我们可以就此问题进一步探讨,以期得出正确的结论。

3. 胡以鲁对莱普修斯(Lepsius)与康拉迪(Conradi)观点有所评议。胡以鲁说:

立浦修斯氏(Lepsius)亦谓吾国语由多节而减少。然要皆持名学二元说而逞其想像,未尝深思明辨也。以吾辈所见,吾国语但有就简之一方,未尝见其复杂也。晚今形式上各有复杂之倾向,然是亦分化耳,非综合也。康拉地氏(Conradi)等谓吾国语向为多节,而杳然说其期在文字创造以前,多节语言强

表之以单节之文字,则更想像以外矣。(71—72页)

胡以鲁认为,莱普修斯[立浦修斯氏(Lepsius)]所谓中国国语发展的趋势是由多音节向双音节、单一音节方向发展,音节不断减少之理论,是根据西方逻辑学二元变量学说之判断而驰骋想象的结果,并不是慎思明辨而得出的结论。胡以鲁强调,中国国语存在着音节结构形式"简化"的情况,不曾见到其音节结构形式复杂的情况。"晚今"以来,音节结构形式呈现的各类复杂之倾向,只是音节结构形式"简化"而进一步"分化"的结果。康拉迪[康拉地氏(Conradi)]认为,中国国语在文字创造之前就是多音节结构形式。胡以鲁认为,康拉迪与莱普修斯的看法没有什么两样,但也有一个疑问,即用单音节结构形式文字表达多音节结构形式是不是很勉强?很显然,胡以鲁是不赞同这种看法的。中国音韵学界对于上古汉语是否存在着复辅音形式,以及介音中缀、复杂韵尾等问题,存在着很大的争议,也可以看作是19世纪末至20世纪初有关这一问题讨论的延续。[11]如果就《国语学草创》所持有的观点而言,胡以鲁应该是不赞同上古汉语存在着复辅音形式、介音中缀形式、复杂韵尾形式这样的看法的。可惜,当代学者几乎不提及胡以鲁这一观点。

4. 胡以鲁对施莱赫尔(Schleicher)形态分类主张的看法。胡以鲁说:

胥拉海氏(Schleicher)一派形态分类主张者,动辄以吾国语形式之缺乏,贬之为初等。吾辈试先问形式之为何?形式之中有屈折的形式(Flexional formal elements)与形式的形式(Formative elements)二者;屈折的形式为综合之遗习,即语词在句中关系上之变化,此抱浦氏(Bopp)倾变论(Agglufination theorie)中之所自白者也。以屈折的形式为尚,则不能不以综合语为高等,然则印度日耳曼语有就分析之退化倾向者,独何以自解耶?据形态分类派之论法,吾辈转不得不谓纯粹分析语无屈折之形式如吾国语者,为高等而进化者矣。形式的形式,由音之变化及其本义消微而起,此与屈折的形式同也。所不同者,本意消微之因起于实质之堕落,而非句中关系上变化耳。是亦综合自然之果,本意消微决不足夸为特色者,此中形式吾国语虽略有之,大体固保其独立不失实质也。以言思想明瞭之表彰,吾辈宁亦得保实质者为精密,盖内容富而所摄大,为其所表彰者亦能完密而无遗也。悉语源者,揩词多能完密,职是故耳。(72~73页)

18世纪以来，西方语言学界有关语言类型理论，盛行所谓世界语言存在高等与低等、初级与高级之分的学说，比如施莱赫尔[胥拉海氏（Schleicher）]是主张以形态分类的学者。岑麒祥《语言学史概要》（2008）称之为自然主义理论。其《语言比较的研究》《达尔文学说和语言学》《论语言对于人类自然历史的意义》充分表现了这些理论意识。岑麒祥说："施莱赫尔在许多著作中都把语言看作一种结构，即表示意义和关系的形成。根据这些结构，把语言分成若干种类。语言结构的增长即表现着语言的生命。语言在增长时期，由简单的结构变成了更为复杂的形式；在衰老的时期，由它所能达到的最高的发展阶段逐渐地衰退，它的形式也受到损害。"自然科学家把这叫作相反的变形。施莱赫尔把语言的生命分成了语言发展的历史（史前时期）和语言形式衰败的历史（有史时期）两个时期。在前一个时期，语言的一切高级形式都是由较简单的形式变成的，如由孤立形式变成黏着形式，由黏着形式变为屈折形式；在后一个时期，由于语言形式的衰败，在句子的功能和结构方面发生了很大的变化。孤立语、黏着语、屈折语构成了"语言进化"的初级、中级、高级三个阶段。[12]

　　姚小平《西方语言学史》（2011）也谈到了施莱赫尔理论。施莱赫尔认为，人类语言乃是逐级逐段地演进至现今的复杂构造的，其过程呈现为由低级至高级的阶梯式发展，即从利用虚词、词序等表达语法关系的单音节孤立语，进化到广泛使用词缀的多音节黏着语，再上升至充分运用词根内部音变的屈折语。根据这种阶梯发展论，属孤立语型的汉语居于最底层，被视为语言停滞不前的典型，梵语则已达到最高层次，是屈折语型臻于完善的代表，而多数其他语言处在上下两极之间，或者未能继续发展（如巴斯克语、日语），或者逐渐退化变质（如希伯来语、阿拉伯语）。（222页）

　　胡以鲁对此提出不同意见：施莱赫尔动不动以中国国语形式缺乏而视之为初等语言。就应该设问道："什么是语言的形式？"语言形式之中有屈折形式与构成形式之要素，即所谓形式之形式。葆朴认为，屈折的形式为综合之遗习，即语词在句中关系上之变化。把屈折形式当作崇尚的对象，就不能不把综合语作为高等语言形式。但如何看待印度日耳曼语退化倾向？如果按形态分类法，中国国语就是纯粹的分析语，并且无屈折之形式，是典型的高等语言进化者。至于构成形式之要素，"由音之变化及其本义消微而起，此与屈折的形式同也。所不同者，本意消微之因起于实质之堕落，而非句中关系上变化耳。是亦综合自然之果，本意消微决不足夸为特色者"。他一针见血，道出了施莱赫尔观点的矛盾所在，由此，施莱赫尔理论不成立一目了然了。

5. 胡以鲁辨析屈折语为高等,非屈折语低等问题。胡以鲁说:

辩者曰,形态论者之以屈折语为高等,非称其形式本体,藉形式表彰之人称、时、位、数、法、气等耳。然吾辈试窥是等之本质,人称由代名堕落而结合,梵文足征也。即就事论事,复数二人称无所别,亦属畸形。时有单纯、复合二者,单纯之时为语根与接尾语所作成,结合此二素之母音,尚有存于其间者,复合之时则插入构成的接尾语于语根及人称的语尾之间者也。无非人为,且不足以尽时间之区别。位之中表主位、宾位之别以附加接尾语为者,盖后来之发展。古代亦尝以语词之顺序及其词句之意义推测其关系者,不难知也。其他诸位亦当状词(Adverb)、介词未发达以前,综合以示其关系者耳。然仍无如许种类,足以表彰名理思想也。性非原于自然之区别,殆可视为语基之差也。阳性、中性为同一语基所作成,阴性名词则特殊语基名词之一类也。

数似明辨一法矣。然有表数语词,固不须名词本体示之辨,即名无数词亦得于词句关系上知之,莫须有也。法因动词变化所生语气之态度,气则动词之一种变态以指别句主与动词之动作关系者,要皆词句关系上各语词欲明示其职用,作致种种变态耳。不能活用,斯求之于形式耳。若以句为单位,其成分之语词,固不须用形式辨别也。

抑意味之感,意识中之一种特殊元素也。籍联想或类推作用彼此相连,或彼此相限,起关系上包晕之感。如吾云"人",口中起"人"之发音运动,脑中即起"人"之意识经验,发音之"人"同。经验之"人"视其词句之关系,而意可异。如云"患不知人也",对己而称他人,三人称也。"过也人皆见之",有皆以限之,多数也。"硕人"诗赋卫庄姜,可知其性为阴,其位为呼也。而动词之时、法、气亦可于句中觇之,不宁惟是。"不知人"之"人"称伟人也,与"人皆见之"之称常人者有辩。更以修辞的言之,人不限于三人称。如"哲人其萎乎",孔子自谓。"斯人也而有斯疾也",则对称伯牛也。若是所附加之意识为一种特殊积极之感,化单纯之音响为特定之意义,盖发于意识而有规定思虑之性能者也。思虑既定,斯思虑结果之语言亦以心传心,不逾矩矣,是即所谓关系包晕之感。吾国语无如屈折语之形式而不感不足者以此,屈折语之形式在我且感蛇足者亦以此也,况彼所谓形式者畸形欲以之限定概念者不足乎?性也、人称也、位也,以吾辈观之,徒事烦扰,于名理上无理,于思想一致上无谓也。法与气则属语句上之问题,表以语词上之形式,更无谓矣。数与时以之表彰名理思想,或非无理,然梵语之十逻声仍为挂漏,希腊语之两数则为畸形,盖时劫数量,诚非区区语尾之别所能尽之也。吾国语虽无形式之特例,然形式所宜尽之职分,别立一语以尽之。即无语词之存在,亦有言外之意,即所谓包晕之感者代尽之。一言以蔽之,吾国语表彰吾国文学、哲学、科学、思想者克尽厥职,无不足之感,自由自在,吾辈所以之为国语特色者也。(73～75 页)

  胡以鲁在这里论述的问题主要是:一是就施莱赫尔所持屈折语为高等,非屈折语低等观点,继续寻求形态论者的漏洞,以便立论。胡以鲁从屈折语形式,比如人称、时、位、数、法、气等入手,尽显其人为痕迹,彰显屈折语非自然形式特征,表明上述一切都不能成为高等语言的根据。二是中国国语的特殊元素,即借联想或类推而发生作用。比如"人"这个词,可以在口中发音之时,头脑中立刻联想或类推到"人"之意识经验,由此,形成了"若是所附加之意识为一种特殊积极之感,化单纯之音响为特定之意义,盖发于意识而有规定思虑之性能者也。思虑既定,斯思虑结果之语言亦以心传心,不逾矩矣,是即所谓关系包晕之感"的连续性语言活动。胡以鲁认为,如果就此再以"屈折语之形式"去讨论其是否符合要求,已经成为"画蛇添足"之举了。因此,得出结论:"吾国语虽无形式之特例,然形式所宜尽之职分,别立一语以尽之。即无语词之存在,亦有言外之意,即所谓包晕之感者代尽之。一言以蔽之,吾国语表彰吾国文学、哲学、科学、思想者克尽厥职,无不足之感,自由自在,吾辈所以之为国语特色者也。"不拘于形式而具有言外之意,是汉语的特色。

  6. 胡以鲁论汉语是否为"孤立语",以及"初、中、高""三段论"有否"立体的深度"问题。胡以鲁说:

  胥立盖而氏(Sehlegel)、抱浦氏(Bopp)、麦斯牟勒氏(Maxmüler)等形态分类者,皆以吾国语为孤立语,且遂谓为发达之初步。抱浦氏谓吾国语无文法,且无机如矿物然;麦斯牟拉氏谓为家族的组织语,甚有如胥拉海氏谓为止于太古状态而未尝发展者。甚矣!感情论之盲目,盖未尝平心静气一研究吾国语也。不惟不知吾国语,且不知当世之有语言学矣。取语词而观,诚哉,其似无机物!然此非仅吾国语如是,大抵语言然也。论语言之发达,岂可但以语词为根据?语词生存于句中,惟在句中方为有机之关系,而亦不得不有机者也。一切语言表思想于语句皆有一定之机制,语词之于语句犹元素分子之于有机化合体,不成其为孤立也。吾国语亦有如三段分类法,所谓屈折,所谓附添者,纵语有孤立,吾国语亦非是类,况孤立之名,非语言学理之所取乎。吾国语语词分立时得保其独立,加入于句之化合体联合,而尽其职者也。苟家族组织、国家组织等比喻语而有当也,吾辈毋宁谓吾国语为有联邦组织耳!虽不如屈折语灭却其存在之一部而屈服于他,谓为孤立则非。而所谓语法者,叙述语言之机制者也。无外语之接触比较,无成文之机则已耳。其法之存,固与语言同生死,纵语言有等,而吾国语为最初语法,实在要亦不容泯灭也。况若必以易于屈折而失独立者为高等,则北美土人语为最高,印度日耳曼语固亦曾为高等者,不幸而形消式灭渐退化于初等者也。惟立士曼语(Lithmanian)、斯拉复语(Slavoui)犹得略保其形式耳,其他无不溯洄此逆潮而荡涤其形式以去也。

以一己之语族为退化则反其自夸之情,于是迦伯林之氏之循环论以起,若辈敢想像印度日耳曼语综合时世之前曾有分析之一时,吾辈对于国语不敢存是想像也。以历史事实为根据,谓屈折语从所谓孤立语发达者,毋宁谓其有反对之倾向。三级(Three Stages)发达说,固为吾辈所不取,孰因孰果亦非吾辈所欲主张者。特就心理观,语言之发展常就精神活动之简易者,则原则耳。

形态论者之胥拉海氏一派,徒见语言现在之形态,忘却其有历史矣。徒见其横断的外观,不念及其有立体的深度矣。而其所见之外观,又不过皮相之一瞥,乃欲以是为根据,而以印度日耳曼语上所得之法则律之,归纳之于三级发达大命题之下,多见其不知量矣。(75~77 页)

胡以鲁谈到施莱赫尔[胥立盖而氏(Sehlegel)]、葆朴[抱浦氏(Bopp)]以及马克斯·穆勒[麦斯牟勒氏(Maxmüler)]等学者,以形态分类理论区别语言,都认为汉语是孤立语,处于发达之初步阶段。

比如马克斯·穆勒《语言学》[13](1907)在第十章"形态的分类"中确实谈到了以"词根"结合状态来区分语言类别的问题,并由此认定这构成其"三阶段说"。(135 页)马克斯·穆勒在"语言的三阶段"一节(136~137 页)中,谈道:"词根各自持续独立,其语词外形与词根之形并不相同,处于语言的最初状态,可以称之为词根状态的语言,或者叫单缀语,也可以叫孤立语。两个以上词根合成一个语词,其中一个词根保持独立,另一个词根系统被破坏,单纯地语尾化,属于语言的第二阶段。把这种语言称之为语尾状态,或者称之为添着语。第三个阶段,即是成为语词的词根,无论哪一个固定合在一起,又可以成为独立的语素,成为曲转状态。有时称之为融着语(屈折语),又可以称之为有机语。"马克斯·穆勒又在"语言阶段推移"一节中(138~140 页)称:"语言经常发生变迁,无论是哪一个时代,可能前后时代使用词语全然不同,历史三阶段不可能始终固定不变。中国语,依据艾约瑟(EDKins)教授的研究,还没有发展成为曲转语,由其方言而见,在近代逐渐呈现添着语状态。属于阿尔泰语系的乌戈尔(Ugriclanguage)语,其音韵退化,呈现了显著的曲转语特征。"马克斯·穆勒在"词根阶段的语言"一节(140~145页)详细地论证了中国语属于语言中最初状态问题。马克斯·穆勒强调:"中国语不存在文法形式上的区别,唯一的例外就是语词在句子中的语序位置,表示词类区别。"

胡以鲁强烈地反对这种提法,认为,相关学者"不惟不知吾国语,且不知当世之有语言学矣",并逐一加以驳斥。胡以鲁认为不能单纯用语词作为判断根据,语词不是孤立存在的,是"有机"的,不是"无机"的,"语词之于语句犹元素分子之于有机化合体,不成其为孤立也"。用孤立语这个词去命名汉语类型是不科学的,"况孤立之名,非语言学理之所取乎。吾国语语词分立时得保其独立,加入于句之化合体联合,而尽其职也"。汉语很像"家族组织结构""国家组织结构",汉语应当称之为"联邦组织结构"类型语言。

胡以鲁这种看法,亦具相当的影响力,我们认为,后代学者在汉语是否为孤立语的问题上,未见得比胡以鲁想得更为全面,比如高名凯《汉语语法论》(开明书店,1948)"汉语之特性"一章专门谈汉语是否是孤立语问题,结论是:"中国语虽有一部分的屈折成分,虽有一部分的黏着成分,但终不失其为一种孤立语,只是不能说是绝对的孤立语而已。然而,我们却不能因此而说中国语是无机的,是没有语法的。"(67页)高名凯还是围绕着孤立语做文章,就没有胡以鲁这种跳出来看问题的眼光。

胡以鲁从甲柏连孜"循环论"谈起,对西方学者所谓语言发展存在着初级、中级、高级之三级说进行了批判,认为,认识汉语,要从心理学"精神活动"入手,如此,语言发展过程研究就变得"简易"了,这是一个基本原则。西方学者用印欧语系语言的规则看待汉语,忽略了历史性要素,是一种只看表面形式"皮相"的做法,没有"立体的深度",非常偏颇,不足取。

但有一个情况需要说明,胡以鲁点名批判马克斯·穆勒"汉语是孤立语,处于发达之初步阶段"观点,与其所处学术环境有关。我们不应忽略,胡以鲁的老师上田万年对此事也有所关注。上田万年与金泽庄三郎合译的萨斯《语言学》(1897)第四章就是"语言发达史上有所谓三期说"。[14]萨斯说:"根据语言学研究,最为显著的结果就是,证明语言发达历史不间断。依据其理论,首先是孤立语时代,即语根之世。没有表示联系的辅助符号,由语词位置表示句子结构关系。其次,有独立意义的,由补助语表示关系,是附着语时代。最后,表示补助语的符号失去独立意义,成为活动(屈折语)的时代。"(95页)"中国语是第一期,土耳其语是第二期,梵语是第三期。梵语成为语言发达的标本。"(96页)萨斯认为,那种认为中国语是孤立语,处于第一期,其语言是比较劣等的说法,存在着相当大的矛盾,是无视中国文明是世界上最古老文明的事实的议论。(102~105页)

上田万年《言语学》[15](1896/1975年)设"中国语优劣论——其价值"小节,也说道:"马克斯·穆勒派说,'中国语等是人类的最下等的语言';但甲柏连孜等认为,lang 之过去式是不同的,而且,中国语以概念为主,欧洲语的 lang,以音响为主,原型极其发达,非常精致。词形变化足以与之比肩。"(68页)看得出来,上田万年是不赞同马克斯·穆勒一派的看法的,比较而言,他更欣赏甲柏连孜的思考方式。胡以鲁应该了解上田万年的想法,更应该读过甲柏连孜《汉文经纬》(1881)、《语言学》(1891)与萨斯《语言学》(1897)这三本书的。他在这里没有提到甲柏连孜与萨斯的看法,倒是很让人生疑的。

7. 胡以鲁论是否能以"形式简单"而定论汉语是"不发达"的"初级"阶段语言问题。胡以鲁说:

若辈特瞀见吾国语形式简单之事,斯诬为初等耳,简单即初等,论法之谬已甚,但就形式观吾国语者,正其不知吾国语之自白也。吾国语之所以为国语者,惟其形式简单耳。简其外而充实其内,实质的意义宿于各语词之中,形式的关系的意义则寄于语词结合之际,不借音韵多大之劳,发挥思想之真义,此吾国语精神(Sprachsinn)之所存,即简单而明瞭也。不思以音韵复杂之关系表彰其思想,思以形式之音与实质之概念相平行,音韵关系上表面之发达,双声叠韵二节而止。其主要之发达则钻于深远,盖纵断非横断也。于一音节之中作大小长短调节,使一一与概念相平行,而文字更确定其倾向。虽后天之发展或为复合,或加形式,仍得保其独立而不相同化。此支那语国民之特长也。此而不知,不足与语吾国语矣。

虽然,贬吾国语为初等,诬为未尝发达者,不惟不知吾国语言史,且蔑视吾国文明史者也。交通既繁,知吾国之文明亦有不可侮者在,而于语言知识亦得耳提而面命,于是亨抱而的一派出,进一步以完全、不完全或有形式、无形式为心理之分类,而入吾国语于有形式之中。此亨抱而氏首唱,斯丹太而氏(Steinthal)、密斯推理氏(Misteli)等继之。心理分类派所称为有形式者,其旨不同,或以内范,或以国民精神,或以形式之充实,或以主说语之关系,要不拘于表面之形态,以语言精神为观察点则一也。扩张形态论者之语系(Affix)

观,知语言之位置配列,亦为形式之一。扩张形态论者之语词观,知语言须从语句观察,是皆心理分类派之特长也。虽然,心理分类,以吾国语为关键,其精神之所在亦在吾国语,而惜乎诸氏对吾国语犹未尝有真实知识也。诸氏之论吾国语也,纷杂纠综,然异口同声,先有一假定而后立论者也。假定维何?则以形式为精密文明思想惟一发表具,盖印度日耳曼语族国民之先入僻见也。有是僻见,不得不贬无形式者为劣等,然则吾国语不谓之有形式即劣等也。两方论法,二者必居一于是,而有见于吾国之文明,竟贬为劣等,诸氏亦有所不忍也。于是谓为有形式,然其形式与印度日耳曼语族诸氏所奉圭臬者异也,则又穿凿附会之,以语词之连结配置为形式。其穿凿之所得也,以国民精神以主说语关系为形式,则迷惘于形式之中,不知形式之外亦有特长矣。不去其先入之偏见,立一已语族之规则为格,欲以范世界之语言,是之谓不知务。不求诸语言根本之差及其特色之所在,徒见其文明,逆推而外铄,混思想语言为一事,是之谓不知本。(78~80页)

胡以鲁针对西方学者以汉语形式简单为理由就推论汉语是初级而不发达语言的观点进行了批判:其一,胡以鲁认为,此种观点"论法之谬已甚"。他强调,"吾国语之所以为国语者,惟其形式简单耳"。他认为:汉语外在形式简单,但其内容意义充实而丰富。内容意义寄寓在语词中,语词外在形式关系造成的实际意义体现在与语词结合之时。借简单形式,而不是复杂形式的语音外壳,显示思想之真义,这是中国国语精神(sprachsim)存在的方式,看起来,十分简单而明了。就语音来看,双声叠韵两个音节结构形式是基本的方式,并且一个音节之内结构形式或大或小、或长或短,自我自由调节,并且能够"使一一与概念相平行,而文字更确定其倾向"。即使后来复合形式发达,但"仍得保其独立而不相同化"。这些都是中国人所操国语的长处之所在。西方学者不了解这些情况,妄加评论,看来,他们是不够资格与中国学者胡以鲁讨论此类问题的。言语之间,看得出来,胡以鲁对此类问题的研究十分深刻,充满学术自信心。其二,胡以鲁认为,那些推论汉语是初级而不发达语言的学者,不了解中国语言史,采取的是蔑视中华文明史的态度。不论心理学派有几种说法,还是要不拘于表面之形态,而以语言精神为观察点。而西方各位学者"混思想语言为一事,是之谓不知本"。胡以鲁不拘于西方学者的学说,而以客观冷静的态度看待世界语言分类,并在世界语言分类过程中,充分认识汉语的实质,十分难能可贵。

第三节 世界语言分类与汉语特征之"真相"

胡以鲁以认识中国国语之精神为起点,期望各国学者对世界语言分类时,要研究汉语之"真相"。他认定,中国国语是一种"联邦组织结构式"的形式与内容结合体。胡以鲁将世界语言分类与研究汉语之"真相"结合起来,主要探讨了几个主要问题:

一、马克斯·穆勒"心理分类派大举小遗,忘却语言之历史"问题

胡以鲁说:

缪拉氏(Müller)评心理分类派大举小遗,忘却语言之历史,诚哉,其忘语言史也!氏谓吾国语果为单节与否犹未可知,即今为单节而昔日曾为多节与否,抑将来得为单节与否,皆疑问也。怀此疑问,氏之特见也,然不求解决,怀疑而止,欲自建系统的分类而于东洋语又涉惑于形态。(80页)

马克斯·穆勒[缪拉氏(Müller)]《语言学》(金泽庄三郎、后藤朝太郎译,博文馆,1907)在第二章"充满矛盾的语言发达诸说"中谈到"中国语的变化"问题时,提到了汉语"单音节"问题(66~67页),他说:

中国语 shi(十)は如何に些少なりと虽も音韵上の変化を受くる时は即ち十の义をば失はん。今 shi を少しく変して t'si とするもその旧の意义は全く保たれず,偶然 t'si は七を指す音となれるのみ。十を二倍するには eul(二の音)を shi に冠し eul shi となす,是に由て吾人は一音の増减と虽も语の原意を或は変化し或は破坏する。是れ岂中国语のみに止まらんや、单缀语(monosyllabic)の言语は总て皆然り。西藏语の十を表はせる音 chu 二を表はせる nyi が二十を形成するには nyi-chu となり、ビルマ(Burma)语の十 she と er 二 nhit とが二十 nhitshe を形成するが如き皆同一なり。

这里用了个"单缀语(monosyllabic)"概念,表示对汉语是否为单音节语或孤立语的关注态度。马克斯·穆勒把藏语与汉语放在一起比较,也力图说明

这个问题。胡以鲁指责马克斯·穆勒没有用历史的眼光观察汉语是否为单音节问题，是很有道理的，我们也确实在马克斯·穆勒书中没有找到历史地考察汉语是否为单音节语问题的踪迹。但马克斯·穆勒把藏语、必尔玛语与汉语放在一起比较研究，还不能完全否定，这确实是很有意义的。

二、胡以鲁主张对世界语言分类时，要研究汉语之"真相"

甚矣，研究外国语而欲知其语言精神之难也！不知语言之精神，漫以他语族之法则作归纳之论断，无怪其不能知厥真相矣。不得吾国语之真相，语言分类亦殆无望，而其真相之解决，则中国语国民之责任，不能望于他族也。盖发达之途既异，研究之蹊径亦自宜独辟，借鉴他语族之法则作他山之石可也，欲据以为范律则蔽矣。欧西语言学者，大抵由自尊其语族之僻见，即以其一己语族之法则为范律，故对于根本不同之吾国语，不能确知其名价，评定其位置也。（80~81页）

胡以鲁强调，许多西方学者往往用印欧语系语言的法则，比如以形态的法则看待汉语，并由此得出一些结论来，这就掩盖了汉语的事实真相。作为中国的国民，不能把希望寄托在别人身上，而应该担起研究汉语之"真相"的责任。另外，世界各类语言发展演化的途径不同，学者们就应该根据各自语言的实际情况在研究道路选择上独辟蹊径，而不应该只是跟在别人的后面走。

三、胡以鲁对叶斯柏森"循环论"理论的认同与批评，叶斯柏森"循环论"理论是否应该与甲柏连孜相关

独有丹抹语言学者耶斯彼善氏（Jespersen）论语言发达之顺序，称吾国语为曾经发达之历史，以不用形式之末枝而寓意于词句相与之间者为进步。欧西人之论吾国语者，比较上此说最为得其平，然徒为位置之指定，不作根本之研究，仍未足以言知吾国语也。盖吾国语自发生而自长盈，独立而特行，未尝与他语族相联络，故作循环论者非也。自有其特色，自有其特性，即在语言中自别有其位置。形状而轩轾之，亦未见其是也。（81页）

叶斯柏森[耶斯彼善氏（Jespersen）]"循环论"理论，也可以见之于其1927年出版的《语言——它的本质、发展与起源》（市河三喜、神保格译本，83~84

页)。叶斯柏森引用洪堡特的说法,即中国语并不具有标准的形态文法形式,反而具有曲折语、胶着语、抱合语三种类型语言的特点。具有了曲折语、胶着语、抱合语的特点,是不是就经历过了初级、中级、高级"三段论"的所有时期?循环往复,各个阶段不断重复"再现",这是不是胡以鲁所称的叶斯柏森"循环论"理论的来源?也未可知。甲柏连孜与洪堡特、叶斯柏森在"循环论"理论认识上"英雄所见略同",绝不是巧合。

我们通过洪堡特的著作(《洪堡特语言哲学文集》,2010)[16],确实发现其有别于当时那些持有极端看法的欧洲语言学者,洪堡特认定汉语也是发达语言,或者是特别类型语言,与胡以鲁的评述基本一致。洪堡特说:

当我们读了一个汉语的句子后,得到的第一个印象便是,这种语言不同于几乎所有已知语言。但在语言问题上,我们须提防过于一般的推论。恐怕很难说,汉语完全不同于所有其他的语言。(139页)

我认为,汉语和其他语言之间的区别可以归于一个根本的事实:在把词连结为句子时,汉语并不利用语法范畴,其语法并非建立在词的分类的基础之上,而是以另一种方式在思想中把语言要素的关系固定下来。其他语言的语法有词源和句法两个部分,而汉语只有句法部分。由此,便决定了汉语句子结构的规律和特点,一旦我们进入语法范畴的领域,就会改变汉语句子的本性。(139页)

根据这些描述,人们或许会把汉语同未开化民族拥有的语言混为一谈。这些民族的智能从未获得过充分的发展,或者其智能的发展从未对语言产生过有利的影响。这一点在我看来是一个巨大的错误。

汉语不同于这类不完善的语言,因为它始终一贯地、有规律地保持着它所择定的系统,而所有其他不完善的语言或者中途止步,或者完全缺乏系统的目标。由于其语法系统的纯粹性,汉语绝对可以同我们所知道的最完善的语言,即古典语言相并立,尽管汉语的语法系统不但有别于古典语言的语法系统,而且在人类语言的一般性质所允许的范围内与之根本对立。(173页)

H.A.康德拉绍夫《语言学说史》(1985)评价道:洪堡特强调语言的进化、发展,认为语言任何时候都不是僵死的东西。每一代人从前人那里接受的是现成的语言,但是在这些现成的形式中,包含着由于人类的创造而使语言革新和不断运动的一切因素。他广泛地研究过不同语系的语言,以及所谓的原始语言。在这方面,洪堡特从纯结构角度比较不同的语言,而不管它们在起源上的亲缘关系。在确定语言学研究的普遍性原则时,强调语言功能的意义。(57页)[17]康德拉绍夫说得很清楚,洪堡特对世界语言的研究与分类,也是着眼于语言结构形式类型上的"同构性"的,而不是运用施莱赫尔历史比较语言学"亲缘关系"的"谱系"分类理论,在这一点上,洪堡特与胡以鲁的学术观念基本一致。

通过叶斯柏森《语言——它的本质、发展与起源》的论述,我们可以知道,叶斯柏森"循环论"理论来自洪堡特,而胡以鲁又是或多或少地从叶斯柏森的认知中获得灵感而加以重新思考的。胡以鲁清楚地认识到科学理解汉语的类型特征,仅仅依靠西方语言学者不行,必须依靠中国学者自己,这一思想意识十分明确,也由此可见其建设中国语言分类理论的决心之大。

四、胡以鲁认定,中国国语是一种"联邦组织结构模式"的形式与内容结合体

胡以鲁说:

吾国语之发达也,简单保守心理为之骨,于一二音节中作纵断之发达以平行于概念。而其发达之法则自昔有定,无激剧之变迁,形式、实质之间,又自昔条分吻合,殆相一致。概念习用之弊或思想趋于复杂也,单节音不足以副之,则复合或形式部以添。然纯粹分析之果,词各有义,关系上不须形式之加减,斯罕以离合上影响其独立。词句之间,更自在配置,但有先后之惯例而已矣。而关联统一之意义,则在完成之语句。比喻的言之,有实质之语词,单独国也;复合词,政合国;形式复合词,则隶有附庸之国也。介节词,自由市;而语助节词,从属国也。从属国而外,其他皆有自由意志之实质。以自由意志联合而为句,句犹一大联邦也。发表完全思想,即运用国际主体之时,则以联邦总体之句为之,而内政上依然独立,自有意志,即不失其实质意义也。自由市虽不具国家性质之实质,仍不失其自由,惟附庸国之独立意志大半为主国所左右,而从属国则国际主体之体面上一附属品耳。然是不过欲明吾国语在句上之关系而已,非如麦克斯牟拉氏之论发达上组织也。一切国语皆有机制,皆有精神,即无国家组织之国语,非吾辈所敢知也。然则以一切国语皆为有国家组织者,

第四章 《国语学草创》：从世界语言分类看汉语特征

比吾国语于联邦组织可乎？（81~82页）

胡以鲁缕析了西方学者世界语言分类理论，以及汉语研究过程中的"偏见"与"曲解"问题，力图全面地揭示汉语所属类别之"真相"，所涉及的问题是：

其一，胡以鲁所认定的汉语"真相"是：汉语发达的基本结构规律，自古及今没有很大变化。中国国语发达，特点非常明显，以简单保守心理为其骨干标志。具体来看，每一个汉语语词音节构成形式，无论是纵向上观察还是横向上审视，都平行对应于概念意义，显示其发达的突出特征，而其发达之基本法则，自古而确定，没有发生过激剧的变化，一直非常稳定。

其二，胡以鲁所认定的汉语"真相"是：汉语结构形式与实质意义之间的关系，自古以来就条理清楚，其连结十分吻合，基本途径一致。但也存在着概念意义"惯用之弊"，所表达的思想逐渐趋于复杂，此时单音节结构形式已经很难适应语言发展需要，就只好采用复合结构形式，或者添加新的构成要素加以补充、完善。

其三，胡以鲁所认定的汉语"真相"是：对其作纯粹分析的结果，词各有义，上下关系不需要形式上的加减帮助，因为形式上离合倾向而影响到其独立性则很难见到。词句之间，更是自由配置，只不过按照先后次序之惯例安排而已。与之相关联，统一之意义，则蕴含在完成之语句结构形式之中。用比喻的方式来论述此事，即存在着"实质之语词，单独国也"的形式。由复合词构成"政合国"形式，形式复合词则存在着具有隶属关系的"附庸之国"形式，介词连词成为"自由市"，语助连词则成为"从属国"形式。从属国之外，"其他皆有自由意志之实质"。以自由意志联合而成为句子，句子犹如一个"大联邦"形式，这表达了完整思想意识，即运用"国际主体"形式之时，就要用"联邦总体之句"形式来显示，而在"内政"结构形式上词语依然独立，突出自由意志，即不失去其实质意义。

其四，胡以鲁所认定的汉语"真相"是："自由市"形式虽然不具有"国家性质"上的实质意义，但仍然不会失去其自由性。惟有"附庸国"之独立意志大半为"主国"所左右，而"从属国"则是"国际主体"形式之"体面"的一个附属品罢了。运用这种比喻，不过是想要人们明确了解中国国语在句子上的结构形式关系而已，中国国语与马克斯·穆勒（麦克斯牟拉氏）所说的语言组织结构形式发达的情况并不一样。所有国家的国语都具有组织结构形式的运行机制，都有一种民族精神蕴含在其中。那些没有"国家结构组织形式"的国语，就不是人们所感知的。但是,所有国家的国语都呈现国家组织结构形式,如果它们可以与中国国语相比,就都能类似于中国国语而有"联邦组织结构形式"吗?很显然,中国国语"联邦组织结构模式"是独特的,值得特别关注。

在这里,胡以鲁使用了比较特别的比喻方式,其所类比对象与国家制度相关的有几个,其中,"联邦组织"就需要加以解释。"联邦组织"又称为"联邦制",是一种国家制度形式。郑建邦《国际关系辞典》(1992)解释说:"联邦制是由几个成员国(如共和国或邦、州等)联合组成统一国家的政治体制。它是国际交往中的主体,有自己的最高立法机关和行政机关,有统一的宪法和法律。联邦行使国家的外交、军事、财政等主要权力。联邦同成员国间的权限划分由联邦宪法规定。各成员国按联邦宪法规定,设立自己的立法机关和行政机关,制定自己的宪法和法律,在自己辖区内行使职权。有的联邦制国家宪法还规定,成员国可以同外国直接发生关系。联邦制国家一个十分重要的特点是:国家整体与组成部分之间是一种联盟关系,既'松散'又'紧凑'。"[18]有人说,中国商周制度就是一种"联邦制"或"酋邦制"[19],可备一说。

胡以鲁将中国汉语句子的内部组合要素之间构成的结构形式关系类比为国家制度上"联邦组织结构模式"表明,汉语句子的内部组合要素之间构成的结构形式关系既"松散"而又"紧凑",立体性、多面性十分突出。这反映了胡以鲁独立思考汉语特征的思维模式,由国家制度上"联邦组织结构模式"受到启发,其观点特色鲜明,与众不同,对今天学者研究汉语特征是不是具有很大的启发性?这也许就是胡以鲁所发现的汉语结构形式的"真相"吧!

注释:

[1] 徐通锵《历史语言学》11页,商务印书馆,1991/2008。

[2] 胡以鲁《国语学草创》68～82页,山西人民出版社,2014。

[3] 伯纳德·科姆里《语言共性和语言类型》,沈家煊、罗天华译,陆丙甫校,北京大学出版社,2010。

[4] 王东杰《声入心通:国语运动与现代中国》,北京师范大学出版社,2019。

[5] 甲柏连孜《汉文经纬》,姚小平译,外语教学与研究出版社,2015。

[6] 甲柏连孜《语言学》,川岛淳夫译,同学社,2009。甲柏连孜《汉文经纬》,姚小平译,外语教学与研究出版社,2015。

[7] 藤冈胜二《国家研究法》,三省堂,1907。

［8］沈步洲《言语学概论》，商务印书馆，1931。

［9］张世禄《语言学概论》，中华书局，1941。

［10］叶斯柏森《语言——它的本质、发展与起源》83页，市河三喜、神保格译，岩波书店，1927。

［11］郑张尚芳《上古音系》7～31页，上海教育出版社，2013。

［12］岑麒祥《语言学史概要》205～207页，世界图书出版公司，2008。

［13］马克斯·穆勒《语言学》，金泽庄三郎、后藤朝太郎译，博文馆，1907。

［14］萨斯《语言学》，上田万年、金泽庄三郎译，金港堂，1897。

［15］上田万年《言语学》，新村出笔录、柴田武校订，教育出版，1975。

［16］洪堡特《洪堡特语言哲学文集》，姚小平选编、译注，商务印书馆，2010。

［17］H.A.康德拉绍夫《语言学说史》，杨余森、祝肇安译，武汉大学出版社，1985。

［18］郑建邦《国际关系辞典》，中国广播电视出版社，1992。

［19］谢维扬《中国早期国家》，浙江人民出版社，1995。

第五章 《国语学草创》：
汉语词汇发展变化之观念

第一节 通假、双声叠韵、音之长短、类推与汉语"发起"

胡以鲁《国语学草创》论述了汉语摹声时期之"拟声"特征，在此基础上，进一步以声音分析为对象，总结其"拟声"的内在规律，即"所缘之音既明，语言之发起可得而论也。"主要有：

一、同源与汉语语言"发起"

同缘关系用胡以鲁的话说，就是"缘同一声类而发起"。胡以鲁从汉语字词的音节结构形式特性谈起，涉及"同音同义而词形相异"的"同源词"问题，他说：

吾国语大抵单节音也，意有余而音不足，故同一近似之语意，在字义有辨而语音同音甚多数也。昔王子韶氏创作右文以为字从某声即具某义，如《说文》"勺"部有芍、钩等，"臤"部有紧、坚、贤等，"丩"部有纠荆等，皆同一声类而同义者也。为是说者犹但据《说文》之部首耳，不拘拘于文字之形式，古音谅为同音而义亦同义者尤多。近世阮元氏亦言从古声者，有枯槁、苦窳、沽薄诸义，今更略举一二。如契、切、决、缺、桀、刖等，古音皆 Ket，北鄙杀伐之声，而亦皆杀伐之意也。弗、勿、莫、没、灭、未、末、靡、無、亡、无、毋等，音虽略异，韵皆明韵，而义皆否定弗辞也。若是以同一声类或韵同而音各异以表同意者不少。舍文字而就语言立论，直昔之同语而分化者耳，岂仅同意云乎哉！金勾亦勾，竹句亦句也。丝之紧曰臤，土之坚曰臤，人之贤亦曰臤，文字形式虽别加意部，其为语则一也，所异者亦后日之分化者耳！观彼刻物曰契，破物曰缺，以齿切物曰决，切腹曰桀，切足曰刖，字虽别创，而语犹沿用一"切"者，可相阐明也。弗者，拆举手也,作否定之态度,同时发否定之声也。又勿,亦否定辞,摹仿旗帜勿勿之音而为之也。日没曰莫,物沉曰没,物尽曰灭,木枯曰未,木之尽头处曰末,皆消极之义也。又披靡曰靡,逃亡曰亡,其双声无,其别字无,亦皆消极也。惟为禁止其辞义稍异,然要皆否定消极之词,而其语头音则皆明韵,闭两唇以作否定消极语,盖自然态度自然发声也。亚细亚单节诸国语,其弗辞大抵以 m 为语头音,亦从可知矣。不惟两唇之重浊音也,即清音之"不"或"否"、气音之"非"或"丕",以及今所借用浊音之"别",亦不外两唇否定之辞。盖其始同语,其后习用处不同,乃渐就分化耳! 分化之后,吾犹且见其通用也。先秦文献,其例不少。试举一二:

不非相通。例:"毕弋田猎之得,不以盈宫室也。征敛于百姓,非以充府库也。"(《大戴礼·王言篇》)"上之所赏,命固且赏,非贤故赏也;上之所罚,命固且罚,不暴固罚也。"(《墨子·非命篇》)

不无相通。例:"不一日而无兵。"(《武五子传赞》)"不日不月。"(《五凤》)

不丕相通。例:"不曰坚乎。""吾不惴焉。"(《孟子》)

勿不相通。例:"爱之能勿劳乎。""非礼勿视。"四句(《论语》)

靡不相通。例:"自高辛氏之前尚矣,靡得而记云。"(《史记》)

未无相通。例:"或问:'劝齐伐燕,有诸?'曰:'未也。'"(《孟子》)

无毋相通。例:"王无罪岁。"(《孟子》)"毋意,毋必,毋固,毋我。"《论语》;

蔑无相通。例:"虽我小国则蔑,以过之矣。"(《左传·文公》)

最后之蔑,《说文》解:"劳目无精也。"状字而无否定之意,盖借用字耳! 然借用者其音,非其义也。相通诸字,义略同而音相同也。假相同者而通用,不拘拘于字形之异,亦可见古昔之言文一致,而古人用字不过假为音符而已也。曰罔曰匪,表实字也,而乃用之为否定。尤数见于《诗》《书》,盖亦彼一时之否定语习用两唇之气音,重浊音耳! 通借字之始,往往原于时世地方之方音,继乃别成一义。方音之差相去究无几何,故否定辞终不出两唇。昔日之差更微,从可知也。如彼、切、契、决、缺、桀、刖诸字,古音正同,且彰彰可见。本义之差,即若是其微,音又大同而小异。然则必非一时作如许类语,殆缘一语而用不同,斯音生轻重清浊之别,而义亦就引伸耳,此吾国语发起之第一步也。

更进而引伸稍远,然其缘起犹可得而辨者,如"为",今语作为也,文字虽象母猴,然就语言论,当先有作为一语,而后以之名好动之母猴耳! 一面以作为名母猴,一面以作为异于自然也,乃引申为诈伪之伪。诈伪非真实也,更引申为讹误。文字别制伪讹,所以别其音之展转意之引申也。名字与动字之差则不变,一面更以作为常有所为也,作因为之义,而亦但变其音容(详见后),不别制字,盖所缘本一语,字以别其展转引申者,亦应其必须而止也。乍,止亡词,因有猝然之义,引申而为创始,其字为作。《毛诗·鲁颂》传曰:"乍,始也。"又《尚书》万邦作乂、莱夷作牧等,皆始之义。因始而有起立之意(《论语》:"三嗅而作")、造作之意(《书》:"作之君,作之师")。字仍沿用而不变。更以造作异于自然,犹"为"也,乃引申为诈。又以始之意,而亦为即今称昔之义矣,乃引申为昨。此其字形虽经意标之装添,而其语之所缘者同,亦不难知也。又辨,罪人相与讼也。因诉讼引申而为辩论,因辩论而为辨析辨别,因析别而为瓜分之瓣。其字虽各有其意标,其音标之部则皆同,即其所缘同也。

虽然,因缘可知,缘端难知也。所可知者,惟德、业之名必先诸实耳,此语言学之所研究,既述之矣。据例而言,缘何名一己及同类曰人?则自尊或武力不及他动物之自觉,以仁之德称也。缘何名死者曰鬼?则如埃及人千年复苏之迷信,以为归自浮世,以业称也。缘何名在天者曰神,在地者曰祇?则以其伸提万物之业称也。古中原荒凉寂寞地也,其风土少变化,其人亦沉静而善思,故不以宇宙万物之本体为崇拜物,思别有创造者以伸提。(参观希腊、亚剌伯之神话可知)其他,以颠名天,以底名地,以吐名土,以汎名风,皆以德或以业,虽其中或有后人之傅会,然缘起之途径,诚若是也。(25~29页)

胡以鲁在这里谈了几个需要我们理解的关键性汉语研究理论的问题:

其一,汉语词的特点之一就是以单音节为主。为何以单音节为主?胡以鲁分析了情况后认为,主要还是"意有余而音不足,故同一近似之语意,在字义有辨而语音同音甚多数也"。很明显,汉语音节数量有限,但要表达的意义却很多,超出了固定音节的负荷能力,就只好另寻途径,这是汉语语言表达适应汉语自身特点而构成的结果。沈步洲(1931)把胡以鲁的原文意思概括为"由同一声类而孳化之语词"。沈步洲说:"国语音少而义多,每以同一音表若干义。吾辈研究文字观察所得,常见声类相同之字,其义亦复相近。"(137页)与此文原意基本相同。[1]请注意,胡以鲁在这里用了"单节音"这个术语,是不是和他用的"单缀语""单节语"是一个范畴的关联概念?按我们的理解,这些与"单音节"是同义语。

其二,以同源词分化理论而认识。如何解释这种单音节语词"超负荷"承载问题?胡以鲁提到了王圣美的"右文说"理论。王圣美"右文说"主张从汉字形声字之声符推求字义,认为汉字形声字中那些声符相同的一组字具有共同的意义,这一共同意义由一组声符显现,而形声字之形符只决定该字所表示的一般事类范围。王圣美的这种观点,打破了传统"以形索义"的观念,进而开拓"因声求义"的训诂新途径。沈兼士《右文说在训诂学上之沿革及其推阐》(1933/2014)则从声训与右文、右文说史、诸家学说之批评、应用右文以比较字义、应用右文以探寻语根几方面深入研究,使得右文说的价值和意义凸显,其中就包括同源分化形式的研究。

王圣美"右文说"与王安石《字说》观点不同。洪诚说:"王安石是否定了形声字的声旁表音作用,把它当作一个有具体意义的意符字。右文说是综合相同的谐声偏旁,概括出一个总的意义。这种意义,形容性居多;不否定它的声符作用,字义统一于字音。""右文说虽然在文字语言的声义关系上有所发现,但是,只可以说明一部分同源词,不能看作是必然规律,因为声符相同的字意义不一定都相通。如江和杠,同从工声,杠是床前横木;河与柯,同从可声,柯是斧柄,意义各不相联。这种观点启发了训诂学因声求义的方法,所以,后来发挥王子韶的学说的人还不少,在南宋有王观国,近世有黄扶孟、段玉裁、王念孙、黄承吉、刘师培、杨树达等。"[2]胡以鲁并不完全赞同王圣美"右文说"观点,他说:"为是说者犹但据《说文》之部首耳,不拘于文字之形式,古音谅为同音而义亦同义者尤多。"不局限于《说文》部首框架,要面向更为广阔的学术领域,这就开阔了人们的学术视野。比如出土文献带给人们研究古文字的新认识;比如后代的各类典籍存在着的方言俗字,极其复杂,所涉及的研究范围更为广泛,可提供的文献非常多,这就大大拓宽了研究"因声求义"的思考空间。

胡以鲁如果沿着这条道路继续走下去的话,当然前途无量。我们看到的是,胡以鲁举了阮元考定的例证,比如:"如契、切、决、缺、桀、刖等,古音皆Ket,北鄙杀伐之声,而亦皆杀伐之意也;弗、勿、莫、没、灭、未、末、靡、無、亡、无、毋等,音虽略异,韵皆明韵,而义皆否定弗辞也。"[3]这是来自其师章太炎《国故论衡》(2010)与《文始叙例》[《章太炎全集》(四)176～177页,2018]的学术思路。章太炎将语词的增值概括为"变易"和"孳乳"两大条例,他在其中说:

余以颛固,粗闻德音,闵前修之未宏,伤受肤之多妄,独欲浚抒流别,相其阴阳,于是刺取《说文》独体,命以初文,其诸省变。及合体象形、指事,与声具而形残。若同体复重者,谓之准初文,都五百十字,集为四百五十条。讨其类物,比其声均,音义相雠,谓之变易。义自音衍,谓之孳乳。

王力《同源字典·同源字论》称："对汉语同源字做全面的研究，是章炳麟的创举。"（商务印书馆，1982）这是实事求是的评价。沿着章太炎创举之路发扬光大则是胡以鲁的责任。

胡以鲁从声音关系论证其"共通"字义，这并不稀奇。值得注意的是，他的"声音关系"解释模式，使用了"然要皆否定消极之词，而其语头音则皆明韵，闭两唇以作否定消极语，盖自然态度自然发声也。亚细亚单节诸国语，其弗辞大抵以 m 为语头音，亦从可知矣。不惟两唇之重浊音也"的分析方式。胡以鲁论述中所体现出来的现代语音学理论、超越语系之"类型"特征的意识，已经不是阮元"古音学"所可比拟的，现代语音科学气息十分浓郁。最为可贵的是其对"同源分化现象"的认识："盖其始同语，其后惯用处不同，乃渐就分化耳！分化之后，吾犹且见其通用也。"其对"同源分化"的解释，还用了一个术语，即引申。由此涉及本义至引申义关系问题。他是这样解释的：

本义之差，即若是其微，音又大同而小异。然则必非一时作如许类语，殆缘一语而用不同，斯音生轻重清浊之别，而义亦就引伸耳，此吾国语发起之第一步也。（27~28页）

还是和"语音变化"相关。与现代语音学结合，这就发展了章太炎的"同源分化"理论。胡以鲁从"语音变化"谈"同源分化现象"，一定以"声形义相通"为始，比如"以颠名天，以底名地，以吐名土，以汎名风"。其实例来源是有依据的，比如许慎《说文》："天，颠也"；刘熙《释名》："地，底也"；许慎《说文》："土，地之吐生物者也"；段玉裁《说文解字注》："泛，从水。凡声，孚梵切。按古音十七部。如风字，亦凡声也。《上林赋》泛淫为叠韵。音转为扶弓反。"胡以鲁所举都是"声训"之例，一如《释名》的体例与方法。张舜徽认为，刘熙《释名》的思维方式，开"右文说"之先声，但书中"母子相训""同母相训"之格式并皆本于郑玄。张舜徽《郑学丛书·演释名自序》（齐鲁书社，1984）云：郑玄"其弟子刘熙亲承音旨，得所指授，本其义例，述为《释名》。《释名》者，所以绍郑学余续而发挥光大者也"。（齐鲁书社，423页）

张世禄《中国音韵学史》（1936）第四章"反切和四声的起源"谈到"二合音和双声叠韵的原理"时，从语音形态看中国语语词的转变和分化问题，认为，音素的变异和语音的重叠是值得特别重视的现象。[4]双声叠韵的原理有力地支撑了这一理论，这实际上回应了胡以鲁的这一研究。张世禄说：

中国语言的转变和语词的分化,属于音素变异的现象的,又可以区分为一个音缀内起首部分音素的变异和末尾部分音素的变异这两种现象。末尾部分音素的变异,可以说是依双声而变。起首部分音素的变异,可以说是依叠韵而变。意义方面相同或相近的语词,往往属于这种双声叠韵的关系。这里我们姑且举胡以鲁的话来作证。……(98页)

又意义方面相对或相反的语词,也往往属于这种双声叠韵的关系。胡以鲁说……(98页)

所谓二合音,是指双字和单字间的一种关系。由单字演变成双字,是因语音的重叠而使音素或音缀增加。如果把这种演成的双字还原为单字,便又是语音的节缩作用,而使音素或音缀失落了……。这里引举胡以鲁的话来作证。……(107页)

其三,除了突破字"形"之惑,以字"音"相通贯理论之外,还要结合现代语法学理论进一步阐释其在具体句子中的结构功能关系,强调现代训诂科学的空间认知范畴所发挥的作用。比如说"蔑",是"状字",没有否定语义,只不过是借用字而已。这个借用字,借用它的字音,而不是借用它的字义。由此,可以肯定借用与被借用的字其关系是"通借关系",且不论是"本无其字"的"通借",还是"本有其字"的"通借"。"蔑",按照《说文》的解释,是"劳目无精",即段玉裁说的"目劳则精光茫然"。按王力上古音系统,"蔑"是明母月部,是形容词,本身并没有否定副词的意味。但在这里,由形容词转用为了副词,是因为通借为"无"。"无"是否定副词。"无",按王力上古音系统,属于明母鱼部,"蔑"与"无"二字主要元音一致,可以成为语音上的对转关系。这就涉及了字形与字形无关,字义与字义无关,词法与词法无关,只有字音有关的"相隔而用"问题。在理解上,更上一层楼,语法中的词法理论介入了同源关系分析中来。

二、双声叠韵语音构成、多面性与汉语语言"发起"

此即胡以鲁归纳的"缘双声叠韵而发起"规律,他认定是汉语词汇语义基本构成的特点之一。沈步洲(1931)把胡以鲁的原文理解概括为:"由双声叠韵而孳化之语词。"(139页)对此类单纯词认识,以"双声叠韵"为起点,涉及汉语上古音诸种关系研究的许多理论性问题。胡以鲁对此进行了论述。

其一,何为"双声叠韵"？胡以鲁认为：

> 语意之引申,非尽如抽稻剥茧,逐渐而起也,有相对相反对而引申者矣,此在吾国语大抵以双声叠韵为之。双声即同韵异音语,调节机关相同,以口腔之大小著其差也。如对于天而言地,对于阳而言阴,对于古而言今,对于生而言死,对疾言徐,对精言粗,对加言减,对燥言湿,对夫言妇,对公言姑,对规言矩,对褒言贬,对上言下,对山言水等是也。又对长言短,对锐言钝,古音皆前舌端,双声也。对文言武,古音皆两唇气音,亦双声也。
>
> 叠韵者,双声之逆,同音异韵,即口腔同形,以调节机关之转移著其差也。如对旦言晚,对老言幼,对好言丑,对聪言聋,对受言授,对祥言殃,对出言纳,对起言止,对寒言暖,对晨言昏,对新言陈,皆叠韵也。对水言火,古音同在脂部,亦叠韵也。（29～30页）

胡以鲁论述了几个问题：其一,语言中的语义引申变化不是渐变而"顺序"的过程,而是一个相对或相反的"逆序"的过程,即存在着因突变而引申变化的情况。这个看法非常重要,打破了人们认识词汇语义变化的常规"渐变"模式,引入了"突变"模式。其二,对"双声叠韵"内涵范畴"变相"确认。比如双声,他说是"双声即同韵异音语"。这与一般人的理解有差别,韵母相同,又"异音",应该是叠韵,为何又说是"双声"？比如叠韵,他说是"同音异韵"。这与一般人的理解有差别,声母相同,又"异音",应该是"双声",为何又说是"叠韵"？这里实际上用了"迂曲"确认之法。何为"迂曲"确认之法？即迂回而不直接确认的方法。这里所谓的"同",不是平面观照的"同",而是"立体"观照的"同"。其标准起点"异"是《广韵》的韵母、声调,而"同"的标准是《广韵》的声母,上古音也是如此。从《广韵》来看,发音调节器官是相同的,但落实到具体的"口腔大小",就存在着差异。比如"文",《广韵》反切无分切,微母文韵合口三等平声,而"武",《广韵》反切文甫切,微母虞韵合口三等上声。从《广韵》来看,声母相同,韵母有别,声调有别,上古音中是同声母明母字。"文"上古韵部,王力文韵；"武",上古音韵部,王力鱼韵。韵部差别较大。"叠韵"也是如此,比如"旦"与"晚"。"旦",《广韵》反切得按切,端母寒韵开口一等去声；"晚",《广韵》反切无远切,微母元韵合口三等上声。声母、声调不同是肯定的,韵母在《广韵》中,分属两个韵目,但读音相近,说是"叠韵"也有道理。"旦",王力端母寒韵,李方

第五章 《国语学草创》：汉语词汇发展变化之观念

桂明母元韵；"晚"，王力明母寒韵，李方桂明母元韵。"旦"与"晚"，王力、李方桂在韵母认识上一致，都认为两字韵母相同，所以，是"叠韵"。胡以鲁省去了这个论证过程，简化了程序，但结论是清楚的。

其二，"双声叠韵"之类别及认识"双声叠韵"的"多面性"。认识了"双声叠韵"基本内涵，胡以鲁进一步论证其类别及性质。

1. "双声叠韵"表一事一物之一语，但许多字《说文》不见载，特点是"本无其字而有其音，乃假他字以为音符"。胡以鲁将其看作是"添注其语音"造成的结果，与反切"二字切一字之音"结构方式是一致的。这是从"双声叠韵"形成过程，以及内在语音结构机制上加以认识的：

> 更有以双声叠韵表一语，即联续以表一事一物者。《说文》之所连载，大抵属之。《说文》而外，如流离、含糊、踌躇、蟋蟀、黾勉、唐逮等双声语，胡芦、诘诎、支离、章皇、蹉跎等叠韵语，皆以表一事一物之一语也。然其中相联之字多为文字之所无，则又何耶？如筹在《说文》有籀本字，而躇则借音字，《说文》无此字也。蟋蟀则有蟋之本字，悉亦音字。黾勉之黾，唐、逮、诘诎之唐、诘，亦即借音字也。盖本无其字而有其音，乃假他字以为音符耳。就吾辈想像之所及想像。双声叠韵，吾国语发起之一程序也。而发起之际，或求明瞭，或表丁宁，有用双声叠韵为一语者矣。然大多数固犹单节语也，故小数之双声叠韵语为不适。言语既成，不宜改变，惟文字则勉力同化之为一字。而在当时又勉欲保言文之一致，乃取折衷一法，以反切切之为一音。上所列举双声叠韵语，而本字但有一字者，切后之音也。犹恐不为一般之所认，乃借他字之音添注之。添注者，添注其语音也，果尔则言文背驰，由是始矣。（30~31页）

胡以鲁认为，《说文》所载，往往是"以双声叠韵表一语，即联续以表一事一物者"，比较单纯，《说文》之外的双声叠韵词，"相联之字多为文字之所无"，这引起了胡以鲁的注意。"文字之所无"，很可能在《说文》之类的字书中很难找到字形依据。从字形索求，很难达到目的，就只得另寻途径为之。胡以鲁的途径是从"假借"寻求答案。因声求义，乃是"借他字之音添注之"，如此果然奏效，问题迎刃而解。而且，以往深以为难题的"言文不一致"问题，也与之相关，所以，胡以鲁说："言文背驰，由是始矣。"原来，"言文背驰"，是由于"双声叠韵"盛行而造成的，与语体运用无关，这可备一说。

2. 认定"双声叠韵"的多音节切字性质，比如二字切一字，由此推及三字切二字特殊现象,但还是认为以"二节之制限",这就从语源角度认识汉语词汇语源研究的独特性质,已经超出一般学者的认识水平。不仅如此,胡以鲁还进一步从现代语言学角度分析其本质特征。他说:

  顾炎武氏《音学五书》有云:胡芦切为壶,鞠穷切为芎,丁宁为钲,僻倪为陴,其例甚多。要皆在语为双声叠韵,而在字切为一字也。文人好弄字,往往舍固有之语而用既切之文。汉末已用所谓反语者,至魏而更大行,爰有不必双声叠韵语而切之者矣。如不可为叵,何不为盍,如是为尔,而已为耳,之乎为诸(宋沈括之说)也。尤其甚者,切三音为二字,如私鈚头为鸡鶲(高诱注《淮南·主术训》),吐谷浑为退浑(《旧唐书》)。郑樵谓慢声为二,急声为一,慢声之焉,急声旃,慢声而已急声耳也。慢急者,听闻程度之差,其实盖二语由习用而缩之耳,故其字皆假他字为之。以语言为本位,视彼既切字为缩音之代表,叵读作不可,盍读作何不,可也。读彼言文,谅必一致之古书,如《周礼·士师》五戒:一曰誓,用之于军旅;二曰诰,用之于会同;三曰禁,用诸田役,亦可读用之于田役,即不读为之于,而为之于语之缩者不可不知也。而蛳为蟋蟀,勉为黾勉,逮为唐逮,筹为踌躇,诎为诘诎,亦从可知之,特何不、不可等易于急切,故叵、盍或曾见用于语言(如英语之 Can't, Don't),而蟋蟀、黾勉等缩而用者少耳。盖蟋蟀、黾勉乃先天双声叠韵语,缩之恐不易知也。语用双声叠韵之二节,此在摹声时期既发起矣,故谓吾国语为单节者非也。然虽非单节,亦二节而止,二节而又拘束于音声,不外乎双声叠韵;双声叠韵为二节之制限,故二节以上则不进。(31~32页)

  胡以鲁对反切原理进行了探讨,认定双声叠韵与反切功能相一致。但胡以鲁未停留于此,而是看到,从历史发展过程上讲,双声叠韵产生于摹声时期,而反切则是"汉末已用所谓反语者,至魏而更大行",这还是有着很大的区别的。尽管如此,它们都有一个共同的特点,即以二字构词为限,显现了一个值得注意的汉语语词的构词形式规律。"以语言为本位,视彼既切字为缩音之代表",又站在更高的起点之上,即现代语音学角度来认识,无论是描写方式,还是解释方式,现代意识都十分浓烈。这与胡以鲁所主张的"语词复合法,亦吾国语后天发展也"理论有某种内在关联性,至少是时间段上相吻合,这却不是偶然的,值得进一步研究。

  3."双声叠韵"之特例,需要从"对转旁转"理论构成的角度认识,胡以鲁由

第五章 《国语学草创》：汉语词汇发展变化之观念

此而极力推崇章太炎《成均图》所运用的理论，并把它作为自己研究汉语"发生学"的新起点。

胡以鲁讲述了一个构词语音结构形式关系的理解问题，此即"双声同韵而异音者"问题。什么是"双声同韵而异音者"？按照常规，"双声"是指二字词两个字的声母相同；"同韵"，应该是二字词两个字的韵母相同。在这样的语音条件下，"双声同韵"就等于"同音字"，但为何还要"异音者"呢？即为何还存在着"异音之中有鼻音无鼻音者兼包之"现象呢？原来，这个所谓的"同音字"不是真正的同音字，而是隐含着"有鼻音无鼻音"之不同的"同音字"。我们理解，无论有无鼻音，即有无鼻音韵尾，元音都是相同或相近的。而有无鼻音则是阴声韵尾与阳声韵尾的区别。这才是"异音者"问题的关键，但还是承认它们是所谓的"辗转相通"的"同音字"。如何确认这种"辗转相通"的"同音字"？胡以鲁说，要通过"对转旁转之例"修正而达到目的。

为何需要经过"对转旁转之例"确认而达到"同音字"的目的？胡以鲁解释说：

> 吾国语大抵一音一义，列诸语句之中亦不受前后音之影响，勉保其一己之名价，此特质也。然五方风土不齐，语言之发起不能一致，此社会有一音为他社会所不能发或不欲发者，乃生方言之差。方音者，起于空间的社会心理与夫时间的社会心理之差，盖自然之势也。保持之特质与自然之趋势相冲击，折衷调和之，乃发近似之音声。（32~33页）

胡以鲁承认，语言发生之时，"五方风土不齐"，乃产生"方言之差"。如何认识这种"方言之差"？胡以鲁的解释是："方音者，起于空间的社会心理与夫时间的社会心理之差，盖自然之势也。""双声叠韵"之特例呈现"有鼻音无鼻音"之不同，则是"保持之特质与自然之趋势相冲击，折衷调和之，乃发近似之音声"的结果。

如何对上面提到的"双声叠韵"之特例加以理解？胡以鲁采取了"对转旁转之例"来确认关系。胡以鲁对"对转"与"旁转"内涵分别做了揭示，即：

> 近似者加之以鼻音，"谓之对转者此"，别以拿侈，"谓之旁转者，"此也。拿侈之别，口腔大小之差耳。讹传固甚易易，而鼻音亦其相近者也。鼻音虽列于韵，实近于音，其原料以声为之，与元音同也。其发也不受何等之障碍，亦犹元

音也。其所异者惟开闭之程度,即元音者,纯开音也。其共鸣室惟以口腔为之。鼻音则口腔而外悬雍垂开,其一部假鼻腔为共鸣室矣,是为半合音,盖近于音者也。要之,开闭程度之差,应社会之心理,蕃成吾国之方音者也。(33页)

这种解释,与今天学者对"对转旁转之例"的看法几乎完全一致。胡以鲁师承章太炎,也曾阐发《成均图》原理,对章氏"对转旁转"理论十分熟悉。章氏"对转旁转"理论亦受戴震、孔广森"语转"理论启发,所以,胡以鲁"对转旁转"理论源于章氏,乃至于戴震、孔广森,亦可以理解。即便如此,还是不能完全局限于前辈的认识,而从语音科学角度出发,可更为深刻。由此,他才说:"孔氏《诗声类》以鼻音收声为阳声,以纯音收声为阴声,列为上下两行,发对转旁转之例。吾师章炳麟更图示而昌明之。抄其图而拟以罗马音标如下:阳弇、阴弇、阳侈、阴侈各为一列。"我们对与之相关问题的探讨,另文说明。

4. 以"双声叠韵""三面性"理论审视,就可以走出汉语"单纯性"认知而进入汉语语词语音语义呈现"复杂性"认知上来。胡以鲁认为,如果仅仅从"录同一声类缘双声叠韵而起者"认识,那么,就属于"平面上之发起也"。学术视野也实在是太狭窄。如此看问题的话,只会达到:"果仅是而止者,吾国语之为国语者,亦太单纯矣。"胡以鲁不相信中国国语如此之单纯,所以,希望另寻途径加深认识。胡以鲁的"立体性"认识观是什么呢?就是"侧面、对面、反面"的"三面性"理论,对此,他认为:

吾国语,意义丰富之语也。其发达决非一面而止者,侧面、对面、反面,盖三面(Three dimensions)也。有三面之发起,故统体七百余之音声,得为表彰丰富语意之资料。

三面者,就意言也,而音亦应之而略异。以上所论之音韵,音韵本体,就发音机关而论者也。音之所以发,为之主动者为心理作用。同一音也,心理作用不同,斯音上之着色亦异。名此音声之着色,谓之音之变容,即音之高低(Pitch)、长短(Duration)、强弱(Intensity)、锐钝(Register)等是也。锐钝大抵缘于生理或社会心理之差,高低、长短、强弱则主因于心理状态。所谓意景也,即以音容之变化,表意景之不同,犹同一骨格之人而赋以容姿之差也。此在他国多节语,且往往假为意景之辨别,吾国单节语,更藉作意思方面之表示矣。意之方面,即意之职用也,随句中之位置而定,故舍句不能论语意。音之变容应意之方面而起者,亦必于句中论定之固也。惟吾国语音简而意富,变容略有定规。定规维何?则高低、长短、强弱之差,所谓四声也。古无四声之名,然自有高低、长短、强弱之别。其差别之繁,且不止于四。盖自入声而外,所谓平、上、去者,其高低、长短之度固无限也。齐梁之间文人陆颙辈,始分四声之类,其趋旨在于诗律文韵,固非完全规定也。夫分一切文字为四类,顾炎武氏且辨其为无理。欲以之范类变迁无常之语言,则更难事矣。语词,生活于句中者也,其处句之职用有轻重之差,或其处句之位置有音调(Fuphony)之关系,斯其音有高低、长短、强弱之别,故精密言之,音声综合论以外,无从论语词之四声也。所可言者,取一语词假定其在某句上表示某面之意,大抵作若何变容耳!音之变容,其复杂较本体为尤甚,假四声而分之:所谓平声者其音最长,上去次之。至于入声,余音截然,盖吸入之音则最短矣。高低、强弱与之为反比例,短者高而强,发为入声,次第为去为上,至长则抵而弱矣,所谓平声者此也。随意为转移,有一语而二声三声者,其转移固无定则,转于某意,则取某声,更无定则也。然虽无定则,而为语言所缘而别章者,则彰彰之事实。四声虽无足取,长短固自有别也。故据音之长短,说语言之缘起,然缘音之长短而起者,必同一语音之意辨,自又不待言也。(36~38页)

  胡以鲁"三面性"的"立体"认识观,语音是根本,所以,"音亦应之而略异"。对语词语义之语音,可以从几个方面去理解:其一,发音与人的心理上主动与否关系甚大,即"音之所以发,为之主动者为心理作用"。其二,单音节语"意之职用",即语法功能,与语音关系密切。胡以鲁对"意之职用"又有一个说明,即"吾国单节语,更藉作意思方面之表示矣。意之方面,即意之职用也"。但"意之职用"关涉语音,他说:"随句中之位置而定,故舍句不能论语意。音之变容应意之方面而起者,亦必于句中论定之固也。"其三,以"音声综合论"角度而论"语词之四声"。但必须注意,语音"随意为转移,有一语而二声三声者,其转移固无定则,转于某意,则取某声,更无定则也。然虽无定则,则为语言所缘而别章者,则彰彰之事实"。无论如何,目的还是:"据音之长短,说语言之缘起"。但"缘音之长短而起者,必同一语音之意辨,自又不待言也"。语词意义的寻求,离不开以语音区辨意义的实践,方法方式不应再寻求单一化,而要把着眼点放在了"三面性"认识上。

三、音节的时长与位置之不同,"已存多少音容之差"

胡以鲁从"缘音之长短发起种种之语意"引发了许多思考,包括对汉语语义问题的认识。比如:

语词有体词、用词、状词之三面,用词、状词,先体词而发生既假定之矣。本为状词或本为用词,展转而为体词或堕落而为节词(详见后),则音亦不得不应之作长短之差。如"好",《说文》训爱而不释,用词也,转而为美好之意则状词矣。长读矣,更转而为体词,作孔意,则更长。若是展转诸职发生诸意,为吾国语之一特色,称之曰侧面之发起。

同一职而为用不同,时亦缘音之长短为之辨,如在用词施受内外之辨是也。《公羊·庄公二十八年》传春秋,伐者为客,伐者为主。何休氏注:伐人为客,读伐长言之,齐人语也。见伐者为主,读伐短言之,齐人语也。长言者,今之平上去声,短言则今之入声也,即施伐之伐与受伐之伐以长短之差辨也。此类之例,文献不概见,至用为内外之别者则不少。如"饮"内用其常,作外用则短读,如《檀弓》"酌而饮寡人"是也。又"出"短音自出也,稍长则为驱出之出矣。《正韵》曰:凡物自出为入声,非自出而出之则为去声。此类之例,今语亦有之,此犹相近之展转,意中事也。而又有积极、消极相反,亦以一音为者。如"乱"之一语,在"乱臣贼子"句与"夫乱臣十人",同一四子书也,而意则一乱一治。"特"一般训为独,而《诗传》有训为匹者。"介"原意为分划,在理宜引伸为两,而《春秋传》则以"介""特"为单数。是等语在后世固但取其一意,其在先秦曾相并为语言不可诬也。其他苦训为快,徂训为存,故训为今,《书传》中且多有之(英语亦有之,然是缘于起源之异也。如 Incorporate 有积极、消极之两意。前者取盎格鲁撒逊之前系 In,有益深之意;后者取拉丁前系 In,为否定也)。然谓为同音而音容亦同者,则不能测矣。虽曰由语句位置之关系,可无混杂之虞,然位置之不同,已存多少音容之差矣。如伐有施受二意,齐人语有长短之辨,此何休氏之所注也。虽今日皆短读,此辨已不复存。吾辈据音声心理学窥察语言,毋宁信其为有也。盖后世之四声,固不足尽古音之变容,随语意之展转作语音之变容,在古尤属寻常事。强作四声以范古音,乃对古诗有不得不收为二声、三声者矣。四声之不完,亦可见也。然则同语而义相反,在心理为不可通者,诚不若信其有音容之变也。(38~40 页)

胡以鲁论述的问题主要有：其一，语词分为体词（名词性）、用词（动词性）、状词（形容词性）三个"词品"，这是借用了日语词法的功用分类模式。从演化的时间次序来看，胡以鲁假定用词、状词先于体词而发生。其本为状词或本为用词，却转而为体词或变而为节词（虚词）。其二，各词品之间无论如何转换，都离不开语音这个要素在发挥作用。沈步洲（1931）把胡以鲁的原文理解概括为："由音容变易而孳化之语词。"（142页）比如音之"长短之差"与"音容之差""音之变容"，它们决定了词法、句法之"职用"。比如"用词施受内外"关系等。沈步洲（1931）的解释比较有特点："音异字同而表不同之义者亦不少，如朝暮之朝与朝会之朝，期会之期与期年期月之期，长短之长与生长之长，从违之从、从容之从与从横之从，盖皆由一义化为二义，不变其韵变其音，以资分辨。此外，尚有一格，则音同字同而意义不同，所资以区别者，实为音容。音容者，不仅平上去入之分，即平与平，上与上，去与去，入与入，亦常可辨别。今但就四声之转而举例，已累累不能穷。状词之下，上声也，其音短；动词之下，去声也，其音较长。行为之为，平声也，转而为因为之为，音短而为去声。"（142页）与此同时，胡以鲁还是进一步强调心理观察的重要性，所谓"据音声心理学窥察语音，毋宁信其为有"，表明了他的心理语音学思想是一贯的。

四、面对日趋复杂之社会事物，比拟、比喻与命名方式更加丰富多彩

胡以鲁称之为"缘悬拟而发起"，即汉语词汇语义因"比拟"方式丰富而构成进步与发展趋势。他说：

号物之数曰万，其实世之进也，物之发见者犹不止万数。有形之物已难于命名，抽象之事物，更无论矣。然对是日趋复杂之事物，犹无甚不足之感者，则语言亦比喻转移，与之相应也。由物质的感觉的之意，转移于抽象的以表彰复杂微妙之思想，此语言自然之倾向也。而在吾国语音之发达不及意者，此悬拟之特征尤为显著。如人呼出口气谓之吹，借以悬拟风之吹；人自陵阜下曰降，借以悬拟雨之降。对于极单简外界之动作，已以一身之举动悬拟之矣。稍进则为想像上之悬拟，见祥瑞之麦以为其来自天，遂称人之由他处至者曰来。更进发生知识上道德上之思想或知识道德之关系，则以物质上或感觉上之意义悬拟之。悬拟之特征至是乃益著。曰思想深远，曰度量宽宏，深所以度水，远所以记里，宽宏所以形状空中之器者，皆以有形、形无形而悬拟之也。有形、形无形犹云不得已，至思想进于抽象也，即有形之事物亦假卑近事物之性质而悬

拟之矣。如能，熊属也，悬其坚中之性质以拟坚中之人，悬其强壮之性质以拟强壮之人，而有贤能能杰之称矣。凤有朋聚之性质者也，悬之以拟朋友。豪有刚直之鬣者也，悬之以拟豪杰。群，羊群也，以其能群，悬之以拟群党，是犹埃及人悬雌蜂以拟至尊，悬牡牛以拟强有力者也。悬野兽之性质以拟人性，以起人之联想耳。今则视如固有之美名，为大人物之所争逐者矣，而其所悬之语源，转且遗忘不以为意，是则语意之代谢，亦适者生存之原则也。盖分出比喻语，内涵丰富而浑厚，应用于赋颂骈俪等文学上之性质者适也。然语源忘却而谢去，苟所习用者不得不别作一语以当之，仍未便也，故悬拟不足，继之以类推。类推语者，所悬与所拟之并用而不背也。（40～42页）

胡以鲁从这样几个层面去论述：其一，称物之数量过万，甚至远超"万数"，这就表明，社会在发展在进步。其二，各类事物不断增多，也带来了很大的问题，就是如何"命名"才合适？胡以鲁把世间万事万物，分为"有形之物"与"抽象之事物"两大类。这很像许多学者对汉语名词的语义分类，即把汉语名词分为有形名词与抽象名词。其三，"命名"的出路在于如何转移到比喻"类比"上，这才是适应世间万物增多而加以确认的最好方式。胡以鲁所说"然对是日趋复杂之事物，犹无甚不足之感者，则语言亦比喻转移，与之相应也"，就是这个意思。其四，胡以鲁观察到进行比喻"类比"的特点，即："由物质的感觉的之意，转移于抽象的以表彰复杂微妙之思想"，"对于极单简外界之动作，已以一身之举动悬拟之矣。稍进则为想像上之悬拟……"其五，胡以鲁进一步认识到"更进发生知识上道德上之思想或知识道德之关系，则以物质上或感觉上之意义悬拟之。悬拟之特征至是乃益著"。其六，胡以鲁上升到人类进化理论高度去认识这类问题，得出结论："是则语意之代谢，亦适者生存之原则也。"这与他接受达尔文进化论思想关系很大。当时在东亚日本与中国最为流行的一本书就是严复所译赫胥黎《天演论》(1898)。《天演论》认为世间万物均按"物竞天择""优胜劣汰"的自然规律而运行变化，而"适者生存"成为了一条许多人认知的基本人生法则。胡以鲁把这种思想引入汉语语词语义研究，很明显，这种思想与当时流行的"天演""物竞天择""淘汰""天择"思想意识相适应。

五、引入思维方式上逻辑"类推"理论，认定"缘类推而发起"，即汉语语词语义因使用"类推"方式而语义更加丰富，快速进步与发展

胡以鲁说：

第五章 《国语学草创》：汉语词汇发展变化之观念

思想愈近于复杂，类推之用愈广，如"牧"，牛饲也，其后羊饲马饲亦用牧，更后抚育人之人亦用牧，尧之四牧，后世之州牧是也。又由牧畜扩张而称牧畜之地，即郊外地曰牧(《尔雅·释地》)。由官名扩张而称管理者亦曰牧，《礼·月令》之舟牧是也。虽然，类推者，悬拟语之两用者也。两用必有伤于明瞭，故代谢之则，仍复流行。思想进于复杂也，类语之范围转有反比之缩少者矣。一般之名称渐专用于特称，与前之特殊称语泛用于一般者，适相反也。语之原意，固大抵同种类事物之名称也。思想复杂，知识开发，斯见解愈趋于精致，即不得不缩其范围。如金者，五金之总名也，有五色之别而无五种之称，迨后各得名称，金之名乃为黄金所专有，此犹为区别而然也。又有惯习上多所使用而独占种类名者。如"文"，错画也，象交文。"章"，乐竟为一章。原意凡文辞而有一段落者，皆称为文章，至汉方以上书奏记为文章(《论衡》)。自晋而降，惟以有韵者为文章(《文心雕龙》)。自宋迄科举废止时，则更专指制艺矣。要皆一世文章之自谓，即多所使用者得势而独占公名也。

其他有因缘一事一物而类推及他者。如日以二十四时间一转，乃称二十四时间曰日；月以二十九日或三十日一圆，乃称此一圆转曰月；稻大抵三百几十日间一熟，乃称其间曰年。

又有拟人拟物之类推。如水有面、山有脚、屋有角、树有皮，其拟人也。花有冠、竹有衣，其拟物也。循是而寻究之，语无限而语之本体有限也。吾国民强于保守性而富于类推力，其表彰新思想，勉欲以同类语言之旧材料为也。(42~43 页)

按，"类推"，是许多人认定的类比推理逻辑思维模式。与格里姆定律所讲比较语言学中的"类推"理论不是一回事。许多学者认为，类比推理是根据两个或两类对象有部分属性相同，从而推出它们的其他属性也相同的推理，简称类推、类比。认定事物之间，比如两个事物之间某些属性相同，这是基本判断。以此判断为前提，再行判断，从而推断出两个事物其他属性相同的结论。胡以鲁举例亦体现出他"类推"理论的基本思维形式。饲养牛，可以叫"牧"，如此，饲养羊、马，也应该称之为"牧"。进而把管理人称之为"牧"，但还有动词意味。后来变为名词，管理官名称之为"牧"，由动词转变为名词。比如"尧之四牧"一如"后世之州牧"，"由官名扩张而称管理者亦曰牧"。"牧"，甲骨文亦见多种写法，后来保留了从攴从牛的字形，且牛左攴右的布局亦得固定。[5]（李学勤主

编;赵平安副主编《字源》,2013.07:264页)比如:

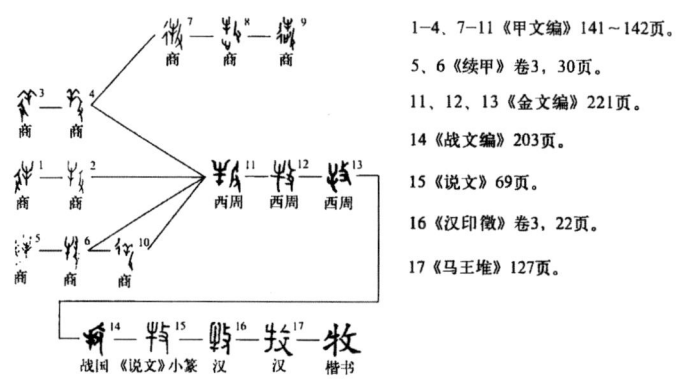

胡以鲁对此种现象的认识是清楚的,即"思想愈近于复杂,类推之用愈广"。这是人们对日益发展的社会认识深入的必然结果。沈步洲(1931)把胡以鲁的原文理解概括为:"由类推而孳化之词语。"沈步洲说:"类推之法,无论何国语言,均尽量使用,故由类推而孳化之语词,为数甚多。前言言语变迁之方法,于字义扩张收缩,既辨之详矣。今返观国语,类推之例,不一而足。例如江淮河汉之江河,本为专名,今已衍为公名;草之可食者曰菜,今则俗称肴馔皆曰菜,乃有所谓例菜敬菜者;又专指特成一派之肴馔,如川菜、徽菜等。"(144页)沈步洲对此种现象理解为:"要之事物繁变,思想增进,旧语词不足用,则造新语词以补之。旧意义不足用,则引申为新意义以补之,故扩展为言语进程必经之阶梯。其或因力求意义之确切,废旧意而专崇拜新旨,避广途而转趋隘径,只能认为偶尔之现象,非恒则也。"(145页)

胡以鲁又提出了"虽然,类推者,悬拟语之两用者也。两用必有伤于明瞭,故代谢之则,仍复流行。思想进于复杂也,类语之范围转有反比之缩少者矣。一般之名称渐专用于特称,与前之特殊称语泛用于一般者,适相反也。语之原意,固大抵同种类事物之名称也。思想复杂,知识开发,斯见解愈趋于精致,即不得不缩其范围"的问题。

胡以鲁用了一个术语叫"悬拟语"。这个"悬拟语"是什么意思? 台湾《重编国语辞典》解释说:"凭空揣度想像。"如果据此而认为,悬拟语是指无根据类比之语,即随意类比之语,则有失偏颇。沈步洲(1931)理解胡以鲁的原文意思为:"或借卑下事物之性质以悬拟上等事物,例如悬能(熊属)之性质以拟坚中强健之人,悬豪(野兽)之性质以拟杰出之人,悬枭之性质以拟雄健之人。凡此者亦数见不一见,亦犹英语以牡牛喻刚狠,埃及语以雌蜂拟至尊也。又如丧子曰丧明,丧妻曰断弦,亦比拟语。"(143页)这种"类比之语",又称"类语"。这类"类语"往往"两用"或"多用",即具有双重或多重意义。双重或多重意义带来的问题是,在具体的使用过程中,有的情况是词义范围不是扩大了,而是缩小了。胡以鲁以"金"为例。"金",本来是"五金之总名",《说文解字》说"五色金也"。但后来,"金之名乃为黄金所专有",此即《说文解字》所说的"黄金之长"。这就造成了"金"词义缩小的结果。我们且不论胡以鲁所举"金"例是不是符合词义范围缩小的实际,但其理论上的归纳对汉语语词语义研究却是具有重要意义的。

胡以鲁虽然论及类推之语的种类问题,比如"有因缘一事一物而类推及他者"以及"又有拟人拟物之类推"者,但其用意并不在此,而在于从"语无限而语之本体有限"出发而得出"吾国民强于保守性而富于类推力,其表彰新思想,勉欲以同类语言之旧材料为也"的结论,生发出对汉语造词构义基本特点的认识,这是一个重要的论断。

许多学者已经认识到,类比推理具有或然性问题。如果所定下来的前提条件中确认的共同属性很少,而且共同属性和推理认定的属性之间没有什么逻辑关系,这样的类比推理结果就是极不可靠的,因为证据不充分,就很容易陷入一种"虚拟"的境地,所以,许多学者将这种结果称为机械类比。"机械类比"是不是胡以鲁所说的"悬拟语"? 如果是的话,就可以认为,胡以鲁的着眼点不仅放在语言发生学上,而且放在了语言发展与现实社会"观照"的逻辑关系上。那是一个迄今为止仍然让人感到言犹未尽而颇为引人瞩目的话题。

第二节　汉语后天发展心理观:以词汇为中心

胡以鲁研究汉语演化过程中的"缘起"时,十分注重从心理学角度认识语言问题。比如在第二编中,专设"国语缘起心理观"加以探讨。

一、从人的精神活动开始认识语言问题,比如"类推悬拟",其作用不可低估

胡以鲁说:

> 语言，精神活动之产物也，故探究语言当自其胚胎作用之精神活动始。
>
> 心理学上最低之精神活动，感情也。感情有主观而无客观，故纯感情之发表，但有声气之反射，感而有外界之认识则为感觉，感觉由戟刺而起，其为映象犹纷纷也，即意识界之最初感觉，由神经传入于脑，意识即直接之。无过去所经验之记忆为之联想，闻鹊噪即作鹊声，闻雁鸣即作雁声，盖由此感觉活动犹未具语言性质也。更进而有知觉作用，经由神经，攫于脑而为表象，即初期之感觉留触痕于脑皮质回转物中，以与后来之感觉协同而为反应之活动。于是关于一事一物之观念，与该事物现实直接意识相混交，乃生辨别，乃起比较，乃相类推悬拟而起命名之作用。此时意之表象与反应之而发之音之表象，因经验而连结，而语言起于其间。
>
> 此经验而为种种心象间统一作用者，谓之统觉。统觉者，联想作用结果之总和也。思流（Stream of thought）面上，即"意识"，有若干之观念焉。彼此联想时，观念浮动于流面，如泡如波，或起或伏，思流既滚滚不息，观念之波又起伏无常，于是而欲留波电泡影之表象，盖惟统觉是赖也。而统觉之发达转有赖于语言之象征作用。设以观念之波会计于意识界，数目象征其必须也；而语言之于统觉，犹数目象征之于会计也。故语言者，精神活动之结果，而亦助精神活动之发达者也。（43～45页）

胡以鲁认为，语言是人类进行精神活动的产物，所以，要探讨人类语言就要从对其发挥胚胎作用的精神活动开始。精神活动也有学科领域归属，是属于心理学范畴。胡以鲁认为，精神活动也是区分高低层次的，人之感情属于精神活动低层次之列的。他又将感情认定为主观性，而不是客观性。然后，由感觉、意识、直觉循序论之，认为知觉才是与语言关系密切的心理活动。由知觉进而论及"类推"及"悬拟"，语言发生"命名"之用。胡以鲁又使用了"统觉"（Apperception）这个哲学概念。

哲学史学者认为，"统觉"是近代德国哲学家莱布尼茨和康德的哲学中关于认识论的重要概念。G.W.莱布尼兹于17世纪首先使用这一术语，莱布尼茨的统觉是指人对其自身及其心灵状态的认识。李天慧《论莱布尼茨的认识过程思想》（2015）认为，莱布尼茨将认知看作是人类心灵特有的活动，人类心灵的认知是一个连续的过程。心灵的认知首先需要感觉作为一种"机缘"促发认知的开始。在感觉和内在注意的共同作用下，微知觉不断地影像化，同时天赋观念不断地由潜在转化为现实，微知觉便实现了对认知的建构。进而心灵通过反省和推理将天赋观念从自身中"抽引"出来,最后通过统觉对认知整合才使整个认知过程得以完成。莱布尼茨虽然承认感觉作为认知机缘的必要性,但他认为感觉是有限的,认知的缘起需要感觉和注意作为双重来源,并且整个认知活动都是心灵自身的内在活动。[6]

康德不同意莱布尼茨对"统觉"概念的理解,他认为莱布尼茨的定义混同了感觉与理智认识的根本区别。但许多学者认为,康德对"统觉"的认识也是唯心的,具有哲学上的"先验性"的特点。傅志伟《康德〈纯粹理性批判〉中"统觉"与自我意识的关系》(2019)说,康德在论证他所说的"哥白尼式变革"的过程中,提出了最为关键的一个论证步骤,即先验演绎。在先验演绎论证的逻辑起点处,康德明确地将(本源的)统觉与(先验的)自我意识等同起来。但是,统觉就其自身的分析视角来看,存在着两个不同的维度,这实际上所导致的直接结果就是,统觉同自我意识的关系也能够从两个不同的层面得到分析。我们从分析统觉的这两个视角出发,来阐发康德所说的统觉同自我意识的等同关系。同时,出于论证的完备性要求,对人们常常易于陷入误解的统觉与内感官的关系问题,以及对"我思"进行的实体化做法给予一个必要的说明,以防止人们在这些问题上做出某种僭越的举动。[7]

欧洲"现代教育学之父"赫尔巴特(德语:Johann Friedrich Herbart)使用了"统觉"这一术语,一些学者研究认为,赫尔巴特"统觉"理论的基本内涵是,当人类遇到新的刺激而感觉发生作用时,表象就通过感官的大门进入意识阈上,那么,二者的联合就进一步巩固了它的地位。赫尔巴特指出:"统觉,或内在的感觉,只有在条件允许的时候才会发生。"所谓统觉的条件,主要是指兴趣。根据赫尔巴特的观点,兴趣是指观念的积极活动状态,是一种好奇心和智力活动的警觉状态,正因如此,兴趣赋予统觉活动以主动性。他认为,当观念活动对事物的特性产生了兴趣这样一种活动时,意识阈上的观念就处于高度的活跃状态,因而更易唤起原有的观念,并争取到新的观念。魏晨《略论赫尔巴特统觉理论的心理学基础》(2018)对赫尔巴特心理学基础进行了详尽的分析。他以心理学作为教育学的基础,在一定程度上揭示了教育发展的规律,并使教育学第一次具有科学的形式。[8]

有学者认为,冯契是中国哲学界第一位将"统觉"纳入认识论范畴的哲学家,他界定了统觉的涵义,考察了统觉的来源,阐明了统觉的功能,探讨了统觉的特点。[9]但从我们的认识来看,这一论点需要再行探讨。胡以鲁已经将"统觉"纳入自己的研究,不但解释了统觉的功能,归纳了统觉的特点,还把统觉与语言的发生发展联系起来考虑，这就拓展了统觉的研究空间。他所表现的统觉视角的哲学与心理学认识，在中国学者中，是非常早的，在当时也是独树一帜的，比起冯契来，其更可以称为"先觉"。为何胡以鲁能够做到这一点？确实需要我们认真研究这个问题。

胡以鲁对"统觉"的定义则是"联想作用结果之总和也"。联想涉及许多方面，若干观念构成了意识，而意识又是达到"统觉"层面的必经之路。很显然，"统觉"属于精神活动高层次的东西。最为关键的是，"统觉之发达转有赖于语言之象征作用"，这就强调了语言与统觉关系十分密切的特点。胡以鲁认定，语言发达与否决定了统觉的发达与否，二者相辅相成，互为依存。这就可以看出胡以鲁的"跨学科"研究能力了，集哲学、心理学、语言学、人类学于一体，视野极其开阔。

张世禄《语言学原理》（1931）"语言的内容"一章设"语言之心理基础""语句的成立"和"文法范畴和心理的关系"三节，都提到"统觉"概念。（34~48页）其中，有一段阐述基本概念："凡有精神作用的动物，都有一种统觉作用，能把经验上所得到的许多杂乱的感觉，综合为种种有形象的个体。所以，我们对外界事物的认识，并不是散漫的感觉，而是整个的观念。我们能把一群一群的感觉分析出来，每一群的感觉总有一个中心，以别于他群的感觉，这就是客观界的实体。"（35页）尽管张世禄努力阐明概念内涵，但我们感到，还是胡以鲁对"统觉"的定义是最清楚的。

二、寻求造成语言演化过程中"层次差别"原因之所在，时间因素固然重要，但从主观心理学角度认识，也是一条切实可行的途径

胡以鲁对此的看法是很清楚的：

虽然，语言之发生非如数目意匠经营而后得者，乃表彰思想应用上之一方便耳！而此所谓方便，更非有预定契约而然者，乃随便使用而成立之一惯习耳！应载刺而反射，发为感情之声，此语言之胚胎也。吾辈既假定之矣，信如是也，则此反射之声习用而与此感情相关连，使他人闻其声得知其所感也，此种发声即为此种感情之名称矣。人心不同，好尚各异，即处同一团体之人，亦未必尽用同一之音声固也。第既团聚而居，为防卫，为协力，不能不有一若何可以通用之音声，以收共同生活之事效，虽所谓若何者未定，其所见用者，必其易知而为一般所认者无疑。盖亦适者生存原则也，感情发生已如是，人为之语

言更无论矣。即其发生为尝试为偗来（Method of trail and error），而其生存则适也。适者，适于团体之心理，而偗来尝试则更有心理上必然作致之原因也，故研究语言发生之差，当于心理上求之。

虽然，初等心理即但有感情感觉发达之时，外界所感，顺受之而已，故此时精神状态于固有心理作用外，更得自外界情势推测之。

所谓汉人种者，当其黄河沿岸定住以前，或来自西南之幽谷，或自更西之西藏，固犹属人种学上之问题，然其曾居于亚陆荒凉地者，可断言也。非沙漠则幽谷，处四境寂寞之中，惨淡经营，故其发声所谓于于之声，闭而不舒，盖沉吟非高啸也，荒凉岑寂之感起，则其声闭塞，盖亦境遇使然耳。（44~46页）

胡以鲁认为，回应外界刺激而发出带有感情色彩的声音，这是人类语言所呈现的胚胎形态。语言胚胎形态成为"惯用"常态，使得他人听得这个声音而知道其表达的感情内涵所在，就会引起心理"共鸣"，也对这种感情加以定名。但因为各种原因，"人心不同，好尚各异，即处同一团体之人，亦未必尽用同一之音声固也。"所以，就需要人们使用一个大家认可的"通用之音声"。定名要通用，这就是显现了人们遵守"适者生存"原则的基本情况，"人为之语言"则"意外忽来"，语言之"共通性"迫切要求适应形势发展的需要，"语言之突变"理论呼之欲出。

在这里，胡以鲁用了一个叫"偗来"的概念。"偗来"，见于《庄子·缮性》："轩冕在身，非性命也。物之偗来，寄者也。"成玄英疏："偗者，意外忽来者耳。"《晋书·王坦之传》："帝曰：'天下，偗来之运，卿何所有！'"但这里是一个外来概念，"Method of trail and error"，可译为"跟踪误差法"。但我们认为，胡以鲁虽然引进了外来词，但以中国固有词汇为基本词形，并直接赋予其新义，仍然不改其本意，将"偗来"理解为"意外忽来"之义是完全符合其表达实际的。

胡以鲁也探究了汉语"语言之突变"的地理要素，所谓"精神状态于固有心理作用外，更得自外界情势推测之"，即是如此。很显然，胡以鲁此处论述具有了语言地理学理论分析的味道，这应该与保罗《语言史原理》等欧洲语言地理学理论传入日本有着直接密切关系。

三、"沉着而单调"的国语特性，保守心理作用，由此而及于"内范"与"外范"意识

胡以鲁进一步分析汉语"沉着而单调""保守"的特性，并探讨造成其"沉着

而单调""保守"特性的原因,即何种精神作用在"作祟"问题,他说：

沈着而单调,吾国语特性也。当摹声之际,此性益著。声之摹仿,宜为诸语族之所同也；所不同者,精神活动之影响于发音法耳。然则以一二节单纯之音声,摹仿外物之发声者,得非吾国语民族单调沉着之精神作用有以使之然耶？诚哉,单调沉着！申言之,即简单保守之二大心理作用横亘于吾国语发达史者,彰彰事实也。愈发达则其特征愈著,见于语言者益可见焉。语言,心之声,摹仿之果也。第所摹仿者不限于声,其作用其状态亦摹而仿之耳,非机械摹仿也,意识亦加焉。其意识即亨氏所谓民族心理之内范,一民族心理作用之特征也。如以申出万物称神,以提出万物称祇,以单纯之心静观万物也。以仁称人,以归称鬼,以单纯之心静观人生也。攫好动之性称母猴曰为,以沈着之心观其浮躁之性为奇特也。以人为曰伪,以伪事为易于讹误。凡声,皆非有沈静之思不能得也。若文字之注释果皆国语之真义,则吾国语之内范其单纯而有条理概可见矣。

纵是等之解释,皆归诸文人之想像傅会,而由外范究音声发达之迹,其简单保守心理犹不容易泯没也。吾国语言之外范大抵由一节而成,多亦双声叠韵之二节而止,统计语音不过七百,其中有为古昔所无而为后世所发展者,将就表彰其思想者,不过五百音而已也。以不足五百之音,表彰丰富之思想者,果由何道哉？则曰同音也,一音之展转也,双声叠韵也,对转旁转也,变容也,悬拟类推也,此吾国语发达之道也。然其中对转旁转为枝节之发达,变容则句中位置上之关系,由注意强弱、前后音调而起者,于音之本体上无所差也。至悬拟类推则意之立体的发达,通借其意兼借其音,更无关于音之发达矣。同音者,意语大同之语,吾辈所认为由同一语发起者也,意分化斯音亦分化。同一切也,切竹简与切足区别为契、刖,音虽同而韵异矣。分否定禁止为弗为毋,不惟韵异,音亦异矣。同音之语,盖若是其展转也。展转云者,保其韵而别以音之大小,或保其音而别以韵之调节。广义概言之,不出于双声叠韵也。特从中有经双声之展而兼经叠韵之转者,斯其起源不可复知耳！然则寻绎若干之端绪,以究吾国语所缘而起者,总不外乎双声叠韵,其理至赜,其法至简也。综言吾国语之道揆,概念相同,其差不过在范围之张缩,即能摄所摄范围之广狭者,则位置前后关系（Connex）可得而辨也。即以同一语为之,一概念而范畴不同,即句中所尽之职异。用意之方面异者,则于位置前后关系外,更别以音之长短。然其长短之别,亦附从于位置者也。故此二者专藉位置为表见,语言实质之概念有差,而语言形式之音不变也。前后关系意义自辨,此语言以心传心之妙用也。虽然,以云妙用,吾国语殆尽之矣。然混杂之虞,则所不免,故实质之概念展转,形式之音,不得不与之俱转,双声叠韵之法,盖应是而起也。(46~48页)

胡以鲁确定的汉语特性是"沉着而单调"。经过考察,他认为,"沉着而单调"是由"民族心理之内范"造成的一种稳定性性格结果。这里需要明确一个问题,即何为内范?内范,其实指的是人们常说的"定势"或曰"固定思维模式"。何为定势与"固定思维模式"?即平常人们所说的心理"定向趋势"。由此,可以说,"民族心理之内范"即指民族心理定向趋势。由此可以看出,胡以鲁用"沉着而单调"评价中国国语特性,使用的不是一个贬义词,而是使用了一个褒义词,即指中华民族心理定向趋势具有"沉着而单调"的特点。以此论之,则定性为"单纯而有条理",是一种高度的概括和总结,他希望以此来把握"中华民族固定思维模式"总体性特点。

除了"内范"之外,观察汉语,还有个"外范"之法。这里需要明确一个问题,即何为"外范"?我们的理解是,这里的"外范"指的是语言稳定的外在表现形式。探求中国语言稳定的外在表现形式,胡以鲁还是把目光放在了汉语音节结构呈现形式上,即"吾国语言之外范大抵由一节而成,多亦双声叠韵之二节而止,统计语音不过七百,其中有为古昔所无而为后世所发展者,将就表彰其思想者,不过五百而已也。以不足五百之音,表彰丰富之思想者,果由何道哉?则曰同音也,一音之展转也,双声叠韵也,对转旁转也,变容也,悬拟类推也"。胡以鲁说,汉语音节,无论是单音节,还是复音节,数量是有限的,不超过700个,包括了古代音节和现代音节。如果按单音节算,普通话音节420个左右。这个数量与胡以鲁的估计不会相差太多。具体类别,这里举出来几种,比如:同音字,音节相同;一个音节,由二字反切展转相拼而成;双声叠韵;对转旁转音节之中元音近似相转而通;音节变形;类比虚拟次音节"类同"……不一而足。但造成语言发生的关键还是"双声叠韵"。

这里还用了一个术语,即"道揆"。《孟子·离娄上》:"上无道揆也,下无法守也。"朱熹《四书集注》:"道,义理也;揆,度也。道揆,谓以义理度量事物而制其宜。"原来,"道揆"是法度、准则之义。胡以鲁提出观察汉语语义的两个准则(道揆):词义"范围之张缩",即词义扩大与缩小;单音节或复音节词的"位置前后关系",即词法与句法关系。以此来衡量,就可以看出汉语是不是具有这个特点。胡以鲁认为,双声叠韵之法是适应汉语这种语义内容与形式变化而产生的,尽管如此,还是离不开"此语言以心传心之妙用"的语言心理定势。从心理语言学透视,双声叠韵之法产生及应用就更为明了。

四、"在内范为联想,在外范为双声叠韵"理论与类推语"新陈代谢"问题

对此,胡以鲁论述道:

于人心思流面上,波起泡伏,使人生得有意义者,非彼联想耶?联想以相近、相类、相对、相反而联系者也。甲联于乙,乙已非甲,故代表甲之音,即亦不得不随其所代表者以变。概念由甲及乙,代表之音即由子及丑,而甲乙之移转,以其相关联也。故其代表子丑之移转,亦勉求并行于甲乙而保其关系。双声叠韵独多于吾国语者,此也;偶有二节语,亦大抵以双声叠韵为者,此也。濡滞于双声叠韵而不为逾越之发展者,亦不外此也。一概念务以一音代表之,联想上概念之展转,亦务以音之展转代表之,此辖于简单保守心理作用之吾国语特色也。概言之,吾国语发起之道揆,在内范为联想,在外范为双声叠韵也。然要不过五百余音耳,虽经双声叠韵之展转亦其限也。故吾国语于音意平行展转而外,但缘意之一方发起者亦复不少。概念,立体者也,大抵具形状、作用、具体化之三方面。间且有失,却实质流于形式至一面(即节字详见后)。此同体异面之展转,非联想比也。故习用上变容而外,即以同一形式为之。此在他语族亦多少运用于文学之上,而在吾国语为补音声简单之缺,其用尤多。

然概念经用而变迁者也,使用多而思想又近于复杂,能摄所摄之范围,渐就广漠,或物质上感觉上之意义,转为知识上道德上之意义及关系矣。此种变迁,吾国语所习见。形式之变化既有所限制,则于形式内容之实质上起弸张,盖自然理势也。然实质多而形式简,心理作用即比例其弸张而烦者,亦自然理势也。于是立体之中,各方面相竞争,变迁后之意义与原义相竞争,竞争之结果,有习用而宜者焉,有经用而敝者焉,其中意异方而义殊致之语,尚有带容变而并存者。(如好之一语,爱好、好歹二语并存。)类推之语,殆但见其新陈代谢矣。(如金作黄金解,五金常添五以为用;朋作朋友解,凤之语乃另制)。独有悬拟语以适用之扩张,非概念之变迁也,容易理解,且赋事物以生气,犹大抵无竞争而适用。要之,入竞争熔炉内经淘汰而去者大多

数也。然则内容之弸张失其效,吾国语之本领减色矣。思想之发达进步无已时,保守简单一节之音,使之为双声叠韵之展转,或假位置为概念之转移,其技又有时而穷,于是保守性不得不退一步而求他道矣,此吾国语后天发展之所由起也。(49~50页)

胡以鲁有意区别联想与联系两种思维方式。他认为,"联想以相近、相类相对、相反而联系",其优点是"概念之展转,亦务以音之展转代表之";而联系则相反,是"甲联于乙,乙已非甲"。联系的缺陷是"代表甲之音,即亦不得不随其所代表者以变"。为何联想能做到和音节结构呈现形式相关联?原来联想受制于"简单保守心理作用"。由此,胡以鲁得出结论,即:"吾国语发起之道揆,在内范为联想,在外范为双声叠韵也。"可见,双声叠韵在胡以鲁词汇语义学理论体系上的位置,是十分重要的。

然而,由联想模式而产生的"词汇语义"并不是一层不变的,"然概念经用而变迁者也,使用多而思想又近于复杂,能摄所摄之范围,渐就广漠"。尽管如此,还是存在着"实质多而形式简,心理作用即比例其弸张而烦者"的问题。基本情况是:"于是立体之中,各方面相竞争,变迁后之意义与原义相竞争,竞争之结果,有习用而宜者焉,有经用敝者焉,其中意异方而义殊致之语,尚有带容变而并存者。(如好之一语,爱好、好歹二语并存。)类推之语,殆但见其新陈代谢矣。(如金作黄金解,五金常添五以为用;朋作朋友解,风之语乃另制。)""新陈代谢",又显示出"双声叠韵之展转"之威力。在中国古代,双声叠韵一直是汉语语言中不可忽视的存在,比如清代李汝珍的《镜花缘》就提到"双声叠韵"饮酒令。其饮酒令用了"祭酒""细辛""布帛"等词语来作比赛的对子。[10]可见,当时人们在社会生活中仍然存在着使用"双声叠韵"语言形式的现象。虽然这种"双声叠韵"的语言形式已经有所"变异",即很难与《诗经》中出现的"窈窕""蒹葭"等"双声叠韵"词相提并论,凸显出联绵词词性不足的缺憾,但仍可以看到其语音构成的基本规律。由此可见,胡以鲁还是力图让人们认识到,汉语词汇语义构成的语音特性,即语音构成形式,是由汉语"保守简单"之特性所制约、所决定的。

第三节　观察汉语词汇语义后天发展变化的维度

一、胡以鲁在第三编"说国语后天发展"中，谈到了观察国语词汇语义后天发展变化的几个维度

胡以鲁说：

国语后天之发展，概言之，实质、形式之增加，或实质、形式之变迁也。实质、形式之区别，因观察之点不同而有三：一从语词方面（Side）言；二从语词种类（Kind）言；三从语词部分（Part）言。（51页）

我们的理解是，胡以鲁的"从语词方面（Side）言"，即是从语音形式与概念内涵来观察的；而"从语词种类（Kind）言"，则是从概念本身的实质概念与形式概念区分来观察的；而"从语词部分（Part）言"，则是从"实质概念之所流转"来观察的。总之，就是胡以鲁对"国语概念立体"之研究，寻求汉语与印欧语言的差异特性。

二、在具体的观察方式上，胡以鲁进行了理论上的思考，主要围绕着"语音之形式方面与概念之实质方面"展开了论述，从而导出实词与虚词之间关系的问题

比如胡以鲁论述道：

言为心声，故言有二面，语音之形式方面与概念之实质方面是也。两者相为表里，不可偏废。但有概念，不为音而发表，固非语言；但有音而不联想之于概念，亦不成其为语言。音其形式，概念其实质，有联想为之联结，语言乃成。

此就语言中之方面言也。而实质一面更有实质概念与形式概念之分，以别语词之种类。实质概念有作用、形状、实体三方面，概念之本领应有此三者，然发表而为语也，或一方面二方面而止，鲜有三方面者。概言之，抽象语词能摄之范围广，常有二三，具体语词一二而止。是盖具体语词常为物质的、感觉的，以之表关系上之思想殊欠灵便，故别就分化也。不惟具体语词也，表作用、

第五章 《国语学草创》：汉语词汇发展变化之观念

形状者亦然。兼摄多方，简则简矣。后世思想日就精确，语词亦起分业作用。实质概念其所指不仅一方面者，各从其习用专就一方，此文法所以有词品，而近世语词兼涉多数词品者所以少也。

吾辈因语词概念之所指，以别词品。实质概念所指，据印度胜论说之所谓实、德、业三者，及密斯推利氏(Misteli)所谓起语言的思虑之外界三事情，别为实词、用词、状词三者。[所谓三事情者：一、有物体于兹乃生观念，乃能思虑，所谓实在(Substanti)。二、附于事物之性质，所谓客观(Objective)。三、作用及状态，所谓用词(Verb)亦含状态者，对作用之不作用，即对动之静，盖消极的用词也。]吾辈以言语为起于外界之摹仿，故以外界相应之对象作词品之类别。概念，于多数思想对象中对于某部分特加之意，抽象之、确持之之谓也。此概念所指之某部分，为语词真意之所在，故以之为分类之根据。然类虽三，其包有实质之点则一致也，故综称之谓实词(Fullword)。实词者，意内言外，斯维的氏(Sweet)所谓足以表完全意义之语词，即无论自立或与他语词直接联合，皆能自成一义者也。然自成一义，完有一语词之义耳。个个语词足以表彰一事一物，不足以表彰思想也。欲表彰思想，则不可无联合语词之关节。关节之中，有联合语词间或句读间之关系者，有领结语句为之始末者，要皆语之形式，实质概念之所流转者也。同一流转而有用意之差，程度之差，称前者为介节词，后者为语助节词。节词者，对于具实质概念之实词而言。实质浸微，流为形式，以其实微，亦曰虚词(Formword)。实词、虚词就概念上实质之有无言也。发生上无不实之语词，有之，其在发展后矣。粗率语言关节词极少，有之，亦假实词而为之，或假其义，或假其音，久假不归，乃为形式。形式且专作虚词矣，愈发展虚词愈多。然其始皆实词，考征学家屡能言之也。如由之而为的，犹底与止所属之意也。由与而为和，和同之意。於同乌，谓乌止屋，言其所止。今之虚词，皆昔之实词也。句读关节词亦然，如但(但裼)、虽(虫名)、况(寒水)等词，尤实词中之彰彰者也。语助节词以之助语气，即传语之神情者，其所假之词往往假其音而止，殆无何等意义也。神情千变万化，表神情之词，其变尤不可究诘。方音之差，相去亦远。今所称为语助者，皆不过音之形式耳。曾有意与否，不可知矣。希腊拉丁等综合语，其名词代词有位之变化以为之关节，故无须节词。吾国语反之，而其假实词为关节，习用而流于形式也，则犹希腊拉丁之位，渐次分化而为介词、接词、添词等也。又综合语无语助词，动词与他词之关系，则以动词尾音之转换为之。如希腊拉丁其动词有变至六十七次而尾音各不同者。吾国语无是，故别假他音以为助。其发展之途径虽异，其曾经此一阶级者则同也。

要之,吾国语词,就个别言,其始皆具实质者也。发展而后,为关节,为语助。或假其义,或假其音。假音者,相假之始,已属形式,固无论矣;即假其义,关节词其用必多,其用愈多,其加意愈薄,意义消微流于形式而后止。此语言之实质渐就各方面而分化,渐向形式而流转者,后天之发展也。(51~54页)

胡以鲁所论,涉及的主要问题是:

其一,"言为心声,故言有二面,语音之形式方面与概念之实质方面是也"。词汇语义为"心声"表现,既然存在着语音形式与概念内涵两个方面,那么如何认识这两者的关系?胡以鲁的论述充满着辩证思辨的模式,即二者互为表里,既有联系又有区别。

其二,区分语音形式与概念内涵两方面,这只是就大的方面来说的。具体来看,在概念内涵中,也有实质概念与形式概念之分,目的是用以区别语词之种类。

其三,胡以鲁对实质概念从三个方面去认识,即作用、形状、实体。他认为,进入交际层面,成为词语者往往具备三个方面之中的一个方面或两个方面,很显然,出现了缺憾,其中表示实体语义的情况更为明显。胡以鲁所说的"实质概念有作用、形状、实体三方面,概念之本领应有此三者,然发表而为语也,或一方面二方面而止",就是这个意思。为何如此?胡以鲁解释说:"是盖具体语词常为物质的、感觉的,以之表关系上之思想殊欠灵便,故别就分化也。"胡以鲁认为,表示实体语义的情况如此,就是"表作用、形状者亦然"。但随着时代发展,表"实质概念"语义之词,已经很难适应时代发展的需要,最基本的问题是:"兼摄多方,简则简矣。后世思想日就精确,语词亦起分业作用。实质概念其所指不仅一方面者,各从其习用专就一方,此文法所以有词品,而近世语词兼涉多数词品者所以少也。"

其四,实体语词与词品中实词关系。胡以鲁说:"吾辈因语词概念之所指,以别词品。"意思是说,当时学者往往根据语词概念语义指向而研究词法,确定词品类别归属。对于这种实体语词,国外学者已经有所研究,他说:"实质概念所指,据印度胜论说之所谓实、德、业三者,及密斯推利氏(Misteli)所谓起语言的思虑之外界三事情,别为实词、用词、状词三者。[所谓三事情者:一、有物体于兹乃生观念,乃生思虑,所谓实在(Substanti)。二、附于事物之性质,所谓客观(Objective)。三、作用及状态,所谓用词(Verb)亦含状态者,对作用之不作

第五章 《国语学草创》：汉语词汇发展变化之观念

用，即对动之静，盖消极的用词也。]"

印度胜论，被称之为伏世师迦派，是印度自然哲学史上一个十分重要的学术派别。印度胜论学者将语言现象分类，有所谓六个"句义"范畴：(1)实；(2)德；(3)业；(4)同；(5)异；(6)和合。[11]（陈大齐《印度理则学》111～112页，1939/1952）许良越《论章太炎"语言缘起说"》(2015)谈道，章太炎借用印度哲学胜论派观点，以为事物之本体、属性、效用三者相互作用，于是产生了由此及彼的联想造词法，因而事物的名称必与事物的特点存在着某种必然联系："以印度胜论之说仪之，实、德、业三，各不相离，人云、马云，是其实也；仁云、武云，是其德也；金云、火云，是其实也；禁云、毁云，是其业也。一实之名，必与其德若与其业相丽，故物名必有由起。"（章太炎《国故论衡》2010，48～51页）在不同的历史发展阶段，语言中各类词语产生的先后顺序有所不同，但因同类词语都是同一现象之"实、德、业"三者相互作用的结果，所以，语音相近的词其意义往往相通。密斯推利氏（Misteli），即德国语言学家密斯台利（米斯特利），提出语言与外界事物之联系，主要是实在、客观、作用及状态三方面，与印度哲学胜论派观点非常相似。胡以鲁是章太炎的学生，一定是了解这一点的。[12]

胡以鲁引用这些学者理论的目的在于强调，汉语实体语词分类是离不开人们对外界事物的观察模仿等对立统一的思考方式的，由此，他认为："吾辈以言语为起于外界之摹仿，故以外界相应之物件作词品之类别。概念，于多数思想对象中对于某部分特加之意，抽象之、确持之之所谓。此概念所指之某部分，为语词真意之所在，故加以之为分类之根据。"但归根结底，"然类虽三，其包有实质之点则一致也，故综称之谓实词（Fullword）"。称之为实词，其实就是实体词的简称。中国古代对汉语词汇分类就有所谓"实虚"之分，刚好与此相对应。

胡以鲁借助于英国语言学家亨利·斯威特[斯维的氏（Sweet）]的说法，把这种实词的语法功能定义为："足以表完全意义之语词，即无论自立或与其他语词直接联合，皆能自成一义者也。"从词法语义上来说是如此，但胡以鲁又提到，斯威特又否认了它的句法功能语义表示，即"然自成一义，完有一语词之义耳，个个语词足以表彰一事一物，不足以表彰思想也"。尽管如此，他又指出："欲表彰思想，则不可无联合语词之关节。"从而引出关于"虚词"问题的讨论。"虚词""表彰思想"的功能突显出来了。

其五，"联合语词之关节"，即语词与词品中虚词的关系。关节，本来语义指骨头与骨头相连接的地方，但在这里，胡以鲁指的却是起关键性作用的"连接"环节。能够发挥"联合语词"关键性作用的"连接"环节究竟是什么呢？胡以鲁提到，"关节之中，有联合语词间或句读间之关系者，有领结语句为之始末者"。意思是说，关节是连接语词或者可以指示"句逗"的标记符号形式，并且引领人们理解完整语句的语义。

如何认识这种语词标记形式？胡以鲁认为，有几点是明确的：1.给其语词标记形式定性，就是"要皆语之形式，实质概念之所流转者也"。意思很明显，都是"语之形式"，而且是实体性概念所"流变"而来的，即是指由实体词变化而来的。2."语之形式"类别。胡以鲁说："同一流转而有用意之差，程度之差，称前者为介节词，后者为语助节词。"起关键性连接作用之词，他命名为介节词与语助节词。3."形式专作虚词"的过程。胡以鲁认为："节词者，对于具实质概念之实词而言。实质浸微，流为形式，以其实徵，亦曰"虚词（Formword）。实词、虚词就概念上实质之有无言也。"发生上无不实之语词，有之，其在发展后矣。粗率语言关节词极少，有之，亦假实词而为之，或假其义，或假其音，久假不归，乃为形式，形式且专作虚词矣，愈发展虚词愈多。然其始皆实词，考征学家屡能言之也。"很显然，实词发展为虚词，存在一个量变到质变的过程，在这个过程中，"假借"形式不可忽视。4.今之虚词，皆昔之实词。胡以鲁考证说："句读关节词亦然，如但（但祢）、虽（虫名）、况（寒水）等词，尤实词中之彰彰者也。语助节词以之助语气，即传语之神情者，其所假之词往往假其音而止，殆无何等意义也。神情千变万化，表神情之词，其变尤不可究诘。方音之差，相去亦远。今所称为语助者，皆不过音之形式耳。"他也比较希腊语等与汉语的区别："希腊拉丁等综合语，其名词代词有位之变化以为之关节，故无须节词。吾国语反之，而其假实词为关节，习用而流于形式也，则犹希腊拉丁之位，渐次分化而为介词、接词、添词等也。"5.语言中实质语词"渐就各方面而分化，渐向形式而流转者，后天之发展也"。胡以鲁的结论是，实体词向虚词发展变化，是后天不断发展变化的结果。为何如此说，他也论证道："要之吾国语词，就个别言，其始皆具实质者也。发展而后，为关节，为语助。或假其义，或假其音。假音者，相假之始，已属形式，固无论矣；即假其义，关节词其用必多，其用愈多，其加意愈薄，意义消微流于形式而后止。"

沈步洲《言语学概论》（1931）以"由实词流转而孳化之语词"为题，在胡以鲁基础上继续讨论这个问题："言为心声，其形于外者为声音，其蕴于内者为概念。有概念而无音以发展之，或有音而不与概念相联结，皆非语言。必形式、实质语二音结合，声音与概念相表里而后有言语。但所谓实质者，或表彰事物之实,或表彰事物之业,或表彰事物之德,其发起之先后,姑不必论,要之皆采取多数思想中之一部而标明之。所采之部不同,语词之用亦不同,言语法者,遂为之条分而类析焉,此词品之所能由起也。大抵最初语词,有名词、状词、动词,以表彰事物之实德业三者。每一语词,均含有实质概念,与他语词相结合,能自成一义,盖即第十二章末节所谓实词(pr-esentive word)也。然仅有若干语词,各表一事一物,而无虚词(symbolic)联词以调节之,决不足以表彰思想也。故语言稍进步,即有多数虚词发生,此多数虚词,大抵均由实词流转而孳化者。流转之时,或假其义,久假不归,本义浸失,向之代表实质概念者,今乃完全流荡为形式。若非翻检音书词书,殆莫由辨别其本来面目。"(148页)意思基本相同。他还举了一些例证,比如:"在,存也,古训为存问之义,后又训为存亡之存,本者动词而兼状词,今则皆用为介词。自,鼻也,引申之,从也,己也,自然也,或为介词或为疏词,盖在吾国语言,由实词意义之假借而流转为疏词介词,亦由在诎诘语言由名词之位而流转为疏词介词,取径虽同,其揆一也。若言联词之发起,更有出入意表,且与欧语异趋者。""大多数虚词如乃兮、乎哉等,盖极少数,语言最初之情状如此也。"(148页)沈步洲讨论实词与虚词范围也很广,语法化过程是其关注的焦点。

其六,胡以鲁论述不取"欧式应用名学之分析法,拟从发生上分之"之原因,很值得深入思考。他说:

> 吾辈对于吾国语词品之不分,不取欧式应用名学之分析法,拟从发生上分之。语言发生本自然发声与自然摹仿二者,自然发声语谓之感叹词,代表发声之独立借音语也。无实质之概念,故虽为词品,又当别论。(由此点观察,语助节词毋乃类是。然语助纵曰形式,亦表示用词关系者,与叹词之为独立纯形式者又有辨也。)自然摹仿则因自然界事情不同,摹仿之点亦复有差,对于实、德、业三者别为体、状用词,此等实词流而为形式者则为节词。就概念言,节词固不过虚词而止,然语言非概念之断片,必有使之联合者,则节词尚已。若是节词乃联合语意而完成之者,别为一类,亦就发生心理分也。语言发生之始,固无先天之词品,为实为用为状,皆由后天之分化;分化而后,且犹有因位置而易其品者。据名理为分析,徒见其扰。况吾国语概念立体,其能摄广,位置自由,其所摄广,更不可以名理范畴律之矣。(54~55页)

胡以鲁认为:"语言发生之始,固无先天之词品,为实为用为状,皆由后天之分化;分化而后,且犹有因位置而易其品者。据名理为分析,徒见其扰。"不能用欧式理论看待汉语,应该寻找符合汉语自身实际的理论模式分析,而选择用"语言发生心理学"分析,则是一种应该考虑的途径。

三、汉语单音节形式存在局限性,双音节形式"后天发达"之要因

胡以鲁认为,虽然选择用"语言发生心理学"分析汉语实词与虚词之间"后天"转化关系取得实效,但对汉语单音节形式局限性,以及双音节形式"后天发达"之要因认识犹嫌不足,需要进一步加以论述。他说:

以上就方面上及种类上之实质、形式关系,论吾国语后天发展也。然方面、种类之发展,终不外乎单节之语词,仍有限也。吾国语于此有一特长焉,则无语尾等细赘之形式,前后联合得以自由自在,而概念即随之为屈伸缀合语词得表见无限意义也。世界语文梵语最富,而吾国语次之。梵语所谓六合释(Shatsamasa)者,吾国语皆具有。曰带数释(Dvign),如"四海""十方",以数目状词与实词之复合,别成一实词,以为大地之意。曰有财释(Bahuvrihi),如"苍头""方丈""近视",状以特点以称其人。曰限定释(Determinativ),则于限定状词之外,更假复合词为表位之关系。即无位之形式,不假节词之助,而以复合表之也。如"雪花",雪之花领位(Genetiv)也;"园丁",住园之丁,方位(Locativ);"车夫",挽车之夫,宾位(Accusativ)也。曰重复法(Iterativ),其用尤广,其义尤多。如"来来往往",不第往来也。亦有常相往来、或往或来、来来往往者诸义。有表逐次之义者,如"试一一为我言之";有表强盛之意者,如"风风雨雨";有表进行之意者,如"行行且止"。有表切实之感者,如"唯唯否否"。要之,单节之语,语感(Sprachsgefühl)有所不足,补是缺憾,乃延长其语音,或重复之,以促相与语者之加意。故重复之法,见用尤多。其他曰连置释(Kopulativ),连置释中有并立、对立二法,要皆复合二语为一语词也。并立者,合同义之语,即所谓俪语者为一语词,有如"溪谷",《广雅》释为山。或合意义相近之二语为一语,别成一义,有如"典章""制度"等。并立法亦然。"上下""尊卑"言序也;"长短""轻重",言度量也;"缓急",言告急之时;"存亡",言将亡之际也。要皆复合二语为一语词,融合其义使之浑厚,或急遽其义使之强烈,以促对话者之加意;或融洽二者别成一义,以补语词之效用耳!语词复合法,亦吾国语后天发展也。

虽然,融合急遽,或别成一义,其本义虽减而未尝消失也。语言之实质有

流为形式之倾向,单节语然也,复合语亦如是。吾国语保守性虽强,亦不能尽免此弊。单节语之末流为虚词,复合语之末流则生形式部。所谓部分上之形式,实质此也。特吾国语无屈折之例,虽流而为形式,本意殆不复见,音声俱在,勉自保持其名价,仍卓然自成一部耳。此种发展,纪传中不概见,盖晚近事矣。如对于体词之习用者添"儿"、添"子",此在音由长音而为卷舌,在义遂傅会儿或更转而为子,以示昵近乎? 由长音而为卷舌,北美人之英语声"r"作卷舌者,其例也。以小示昵近,德意志妇人小子多用"chen""lein"等形式语,其例也。一为形式,斯有随处应用之倾向。其范围遂扩张,而其本义不可究诘矣。

此言体词也,状词用词亦然。如"前""后"等状词附以"头""面"等形式词以示其方位;"看",用词也,附"了"以示其过去,附"着"以示其现在;虽不无意义之可解,然而本义微矣。此晚近之发展,盖亦语言有就二节以上之倾向故也。(55~58 页)

胡以鲁论述的主要内容是:其一,认识到汉语单音节结构呈现形式存在着局限性。即"要之,单节之语,语感(Sprachgefühl)有所不足,补是缺憾,乃延长其语音,或重复之,以促相与语者之加意"。语感,一般人认为,是知识人所具有的一种对语言文字表达方面的感悟能力。这里主要指的是人们对语音形式的感知能力。其他,还有"连置释法"。胡以鲁对"连置释法"有所说明:"连置释中有并立、对立二法,要皆复合二语为一语也。并立者,合同义之语,即所谓俪语者为一语"。"要皆复合二语为一语词,融合其义使之浑厚,或急遽其义使之强烈,以促对话者之加意;或融洽二者别成一义,以补语词之效用耳! 语词复合法,亦吾国语后天发展也。"还是将两个语词合并成为一个词组形式而呈现语义的方式。这也是汉语语词在历史发展过程中逐渐形成的一种语词构建形式,有效地呈现了汉语丰富多彩的语词语义形态。其二,语言之发展,从形式上来看,已经形成由单音节形式向双音节或双音节结构以上语词发展趋向。他说:"语言之实质有流为形式之倾向,单节语然也,复合语亦如是。""此晚近之发展,盖亦语言有就二节以上之倾向故也。"晚清大量的外来词涌现,不仅仅是二字词,就是三字词、四字词也是陆续纳入汉语词汇体系,胡以鲁一定是具有强烈的感受,由此,才敏锐地捕捉到了这一迅捷变化的现象。这也是胡以鲁对汉语词汇学理论所做出的巨大贡献。

沈步洲《言语学概论》(1931)在胡以鲁等学者研究的基础上,就"由复合而孳化之语词"问题进行了探讨:"梵语复合之方法大备,吾国语中之复合语亦多。""今若细为分析,则我所利用之复合方法,重复、假借、限定,三者最多。曰来来往往,则有常相往来、或往或来之义。"(146页)沈步洲研究更为细致。

沈国威《汉语近代二字词研究——语言接触与汉语的近代演化》[13](2019)认为:最早从汉语历时"发展"的角度讨论二字词问题的是留学日本东京大学博言学科,师从日本国语学家上田万年,并且与章太炎有着师承关系的胡以鲁。(3~4页)一般学者认为,胡以鲁的学术观点来自章太炎。章太炎把希望寄托在发掘汉字的古训和造新字上,但这个主张当然是走不通的。(8页)胡以鲁指出,汉语在发展的初始阶段,是在词汇一字词和二字联绵词的范围内(即单纯词)进行意义的引申和分化。一字词和二字联绵词的语音形式简单,区别性弱,造成了大量的同义词和近义词。古汉语尽管有利用变音、变调对词义、词性加以区别的方法,但终究极其不便。在词义扩大的过程中,暧昧不清的概念随之混入。在文学文字受到社会推崇的时代,意义上的暧昧性能产生含蓄、浑厚的效果,故沿袭至今。(9页)很显然,胡以鲁不同于其师章太炎,是具有明确的现代词汇学理论意识的。

胡以鲁也讨论了名词性的"儿""子"的用法,与太田辰夫《中国语历史文法》(1958/1987,北京大学出版社)研究的名词接尾词观念基本一致,亦可见胡以鲁具有了明确的近代汉语法意识。

第四节 观察语词语义分化趋势的心理学意识

胡以鲁在第四编"国语后天发展心理观"中,进一步强调从心理学角度观察语词语义分化趋势的重要性,由此构成了他的语词语义分化心理学理论意识。

胡以鲁汉语"后天发展心理观"研究涉及这样一些关键性的问题:

一、思想愈趋复杂也,表彰思想之具愈求单纯,斯语言分业之道愈进

这是一个辩证的逻辑思维方式,即随着人类社会向前发展,文明不断进步,人们的思想意识愈发精密复杂化,但人们对语言表达方式的要求却刚好相反,即对表达思想的手段与方式要求单纯化,简洁化,语言职能分工之思路由此愈加开阔,稳定有序地展开,从而构成新的思考词汇语义表达范式,这是就总的趋势来说的。

二、就语词概念语义来说，汉语语词词形、词义、词音职能分工自有其运行规律

胡以鲁论述得十分清楚：

> 概念方面不一，区别各方面而使之分担。然分担则语言不得不增，单节之语音又有所限，斯同音异义之语多而闻者又虞淆惑矣。故一方确定语言之概念而使之分业，他方作复合语，以补其缺憾。盖数不足还而求诸容量者，亦势也；容量之加，以复合语为主。复合语者，语词之混合，一词之不足者充实之，一词之不能确定者确定之，虽习用而用途广，心理上惯熟便利，有随词皆思适用之倾向，然实质不失，仍不失其为复合语也。至复合而为无须之饰物，但调和其音调或限定其职用而止，则音虽不变，已流而为形式矣。形式之界说，虽为本义之消微及其原音之变化，然吾国语之本质，各语音独立不相侵越者也。故原音变化一项，不适用于吾国语之所谓形式也。吾国语实质、形式之两面，表里相副，无过不足，故留形式而失其实质，使形式长于概念者，为原则上之所无。欲求明瞭，欲行分业，音数不足，乃弸张于容量，而作二节。二节之双声叠韵又有所短，于是假他语而为之。习为常套，流于乏意，此吾国语形式部分发生之途径也。故屈折语之发声部分形式也，欲求简单也，因使用而堕落于形式，为语词个体中之一部。吾国语之发声部分形式也，欲求明瞭也，因使用分化成形式为语词个体之附属。此其异也。且形式之分化不惟求明瞭，亦求简单也。概念诸方，此何所指，不待位置而后定。不取音容之烦琐，而分化之为形式，此部分形式之主要职用也。故就音言，虽加多而复杂，就概念言，分担而确指，明且简矣。（58~59页）

胡以鲁认为，概念语义不同，要有所区别的话，就必须明确其分担的职责所在。但分担职责，在已有"词汇语义库"中又很难找到对应的语词，而且，"单节之语音又有所限，斯同音异义之语多而闻者又虞淆惑矣"。就不得不另外寻求途径，解决语词词汇语义库容量增加问题。胡以鲁指出，增加词汇语义库容量的有效途径之一就是构造"复合语"。什么是"复合语"？胡以鲁认为，"复合语者，语词之混合，一词之不足者充实之，一词之不能确定者确定之，虽习用而用途广，心理上惯熟便利，有随词皆思适用之倾向"。很明确，"复合语"由两个或更多单音节语词"混合"而成，基本方法是"充实"与"确定"。"充实"好理解，

有在音节语义上增加的，有在形式上补充的。那么，"确定"是什么意思？我们的理解是，这里的"确定"，是指在形式结构上，由原来之"松散关系"，即词组或成分结构关系，进而变成"紧密关系"，由词组变成语词，其在语言单位中的地位肯定是降格了。

在这一语词语义急剧变化过程中，可以看到，"吾国语实质、形式之两面，表里相副，无过不足，故留形式而失其实质，使形式长于概念者，为原则上之所无"。有的强化了语词语义特点，这是所谓实词；有的则淡化了语词语义特点，而只是保留了"发声部分形式"，成为虚词，这是"形式长于概念者"。尽管如此，胡以鲁还不忘记强调语词变化特点，即"要之，分担作用使概念分化为简单而明辨者，吾国语后天之发展也。然发展而仍不失其保守性，此形式部分附属语所以少，而复合语所以特多也"。语词语义分担职责的历时变化造成了其保守性，也是"复合语"愈加增多的重要因素。

三、胡以鲁不同意"二元说"，而证明语词的"新陈代谢"是"词汇语义库"流动变化的一种常规方式

胡以鲁认定，语言乃社会心理之产物，所以，胡以鲁认识到，品词"分业而外，二节复合或形式部附加适用，甚至学术语词且有进向三节以上之倾向"也是不足为奇的。他说：

轧拉刹利氏（Grasserie）分语言之发展为升降二时期（Descendent Period and ascendant period）。前时期统一而简单，后时期分化而复杂。持此二元说者，殆本于名学之综合分析，与名理范畴，不能便应用于语言。语言之发展，未必综合，分析二元也。分化而复杂现象也，但就形式而论者也。更进而从心理观察，则且简单矣。此吾辈对吾国语之所信而不疑者。

抑吾国语之初发展也，以单节或双声叠韵之二节为范围，作意义之引申，为语言之化分，其差甚少，其辨甚微，而同音异义、同义异用语尤多，音韵之形式则简矣，然时或混淆而难明。假音之变容示区别，其不便为尤甚，且单节语习用，则能摄有扩延之倾向，扩延则暧昧不规之念（Notion）入之矣。此在醉心文学文字万能之时，暧昧者或转以为浑厚而含蓄，沿袭而用之。思想进于复杂，起分化之必须，事物多则名称繁，科学进则术语繁，益促是必须之急进。盖语言而不能精确指概念，则语言失其用；语言而不足于表彰其思想，则语言不能尽其用故也。

第五章 《国语学草创》：汉语词汇发展变化之观念

于是而欲弃陈敝补不足，使任意得创作新语以便更替之者，则秉人为淘汰之原则，可立见其新陈代谢矣。而无如语言乃社会心理之产物，非独断所能造作也。无已，则惟加以订正耳。不废旧用之资料，使之分担专其职，或加以限定素以定其适用之范围，扩延之使其概念明确而丰富，盖折衷之得策也。此品词分业而外二节复合或形式部附加之所以适用也。今者二节语固甚普通，学术语词且有进向三节以上之倾矣。此欲求概念之明简而仍不能弃其保守性，直角方向之二力作用，所以向对角线进行也。(59～61页)

格拉斯[轧拉刹利氏(Grasserie)]提出了对语言发展过程认识的"二元论"学说。其基本观点是：语言发展过程可以分为"升降二时期"。两个时期呈现的语言特点有所不同，即"前时期统一而简单，后时期分化而复杂"。胡以鲁认为，这是运用了逻辑学上的综合与分析方法而得出的结论。但这种综合与分析方式是不是能够运用于语言学研究上的？胡以鲁采取了否定的态度："语言之发展，未必综合、分析二元也。"最主要的原因在于，格拉斯只注意到了一般的语言结构形式变化，而未注意到结构形式与内容在时间上的交错变化关系。如何另辟蹊径去认识？胡以鲁认为，从"单音节或双声叠韵"入手，找出新语替换旧语"新陈代谢"语词语义变化的内在规律，是切实可行之路。"品词分业"，即语词遵守词法职守，各司其职，而复音节构造形式进入"词汇语义库"是语词存在的常态模式。但在复音节结构形式之外，词语还有向着三音节结构形式发展的倾向，尤其是学术术语发展结构模式，更应该重视研究。胡以鲁认为，"此欲求概念之明简而仍不能弃其保守性，直角方向之二力作用，所以向对角线进行也"。这里使用了一个力学定理，用来解释"概念之明简"与呈现"保守性"既对立又统一之运行关系，十分形象，非常有说服力。

四、由"一词而兼二品、三品"进而转向重视结构形式职用分担作用，使概念语义分化变得简单而明辨，特点突出，这都是国语后天之发展趋势使然

胡以鲁说：

此种发展名曰后天，以其在语言完全产出后耳。言其时世，惟形式附属不过晚近事，词品分担则大抵自古已然，复合固亦由来长久也。分实词之品类为三，一词而二品兼摄，见诸先秦文献亦既有限。用为三品，更无多词矣。至复

合则《汉书》而下可勿论，即见诸《左传》者亦已多矣，如"申之以盟誓，重之以婚姻""躬擐甲胄，跋覆山川，逾越险阻""离散我兄弟，挠乱我同盟，倾覆我国家""又欲阙翦我公室，倾覆我社稷，帅我蟊贼，以来荡摇我边疆"，此先秦纪传，吾辈所信为语言纪传者也。况是等语词，迄今固犹未尝死也。雅言社会，上例中诸语词殆皆通用。即在通俗"婚姻""兄弟""同盟""国家""边疆"等体词及"离散""扰乱"等用词，亦皆用之殆不能有所代，其单语转且绝响矣。此心理上简明之要求与夫保守性之改良法，盖亦吾国语之自然进化也。

吾国语词，世虞不足，然不足者用语耳，废弃语词，保守于断简残篇者固太多也。《释故》训三十余语为一意，《方言》之训亦以十计，是谅所谓八代方国之差异，非一时有如许同义语也。文人者起，集时地之方言为俪语，或以字形，或以意标，训别其义，如刻玉为"璓"，刻竹为"篆"，合耦为"逑"，怨耦为"仇"，马之重迟者曰"笃"，物之厚重者曰"竺"，文字上形式之区别，诚彰明矣，语言上形式之区别则无可辨。无辨而强以辨之，少数人之造作，非保守社会之所许，即行之不能远也。即方言而非方音，其形式之差甚辨，然苟非固有，亦不能得一般之同情。盖分担固后天之发展，而可以通用者，即亦因陋就简通用之，烦琐之别，又非吾国语之所欲有也。狗有县蹄曰"犬"，犬未成豪曰"狗"，鸟白曰"雗"，霜雪白曰"皑"，玉石白曰"皦"，以吾辈观之，是殆皆方言之差耳。文人以之作概念之辨矣。然而辨于墨子者曰"狗，犬也，而杀狗非杀犬也"，辨于孟子者曰"白羽之白犹白雪之白，白雪之白犹白玉之白"，可知矫揉造作，秖是当时，已非一般之所认矣。盖言语固精神之产物而亦受辖于心理者，非可以名理范畴制定之者也。（61～63页）

胡以鲁认为，汉语不同于印欧语系语言，在实词中，一个语词，往往身兼多职，既是名词，也是动词，甚至是形容词的情况并不少见，这是值得重视的语言现象。但他也指出，这种情况于先秦时代还是很少的，尤其是一个单音节结构形式的词用为三品词实在更少，这应该是由单音节词本身结构形式单一化特性决定的。不过，他也注意到，双音节结构形式复合词在先秦时期也应该是流行的，比如，见之于《左传》一书的便很多，例如"婚姻""兄弟""同盟""国家""边疆"等语词就是如此。如何认识这些词？他认为这些词是由单语词，即单音节词转化而来的。如何转化？即由两个单音节词组合而成。按照现代一些学者的理解，当时这些复音节词内部结构松散，很类似于今天所说的"词组"或"短语"，只是后来才逐渐地凝固成一个词。无论如何理解，这种词的单音节结构形式部分,即"其单语","转且绝响矣",多个单音节词结构形式具有了再行"组合"的"构词"功能,也就提供了组合成复音节结构形式词的前提条件。

五、如何解释汉语语词语义结构形式变化现象

胡以鲁说:"此心理上简明之要求与夫保守性之改良法,盖亦吾国语之自然进化也。"(62页)

胡以鲁认为,语词的废弃与语词的替换、语词的新制,都是语词发展过程中的常态存在方式。比如他举例,"文人者起,集时地之方言为俪语,或以字形,或以意标,训别其义,如刻玉为'璙',刻竹为'篆',合耦为'逑',怨耦为'仇',马之重迟者曰'笃',物之厚重者曰'竺',文字上形式之区别,诚彰明矣,语言上形式之区别则无可辨"。这是事实。对于一些语词的认识,要放在方言中去理解,比如"狗有县蹄曰'犬',犬未成豪曰'狗',鸟白曰'雈',霜雪白曰'皑',玉石白曰'皦',以吾辈观之,是殆皆方言之差耳"。如果文人强行"以之作概念之辨",则会是"矫揉造作"之举,违背逻辑规律,与一些人移植西方语言学理论"强行阐释"一样,无益于解读此种现象。一句话,还是要回到这个现实中来:语言乃"精神之产物而亦受辖于心理者,非可以名理范畴制定之者也"。

为何胡以鲁能够注意从汉民族心理角度去认识汉语的问题?这肯定与他接受德国保罗《语言史原理》(1880/1965)等著作所阐发的心理语言学理论意识相关。[14]东条操《方言研究小史》(1962)说:"新村出是上田万年的弟子,写过一篇文章,叫《上田先生与方言调查》。"[15]在这篇文章中,新村出回忆在东京大学听上田万年学术讲演,及上田万年上讲方言学课时,用很长时间介绍其老师德国学者保罗《语言史原理》(1880/1965)方言分化论情况,涉及语言地理学的许多内容。但许多人未必注意到,保罗《语言史原理》还谈到了心理学对语言研究的重要性,这一定是胡以鲁关注的内容。保罗在《语言史原理》第一章"语言发达的本质一般论"中特意强调了心理学与语言学结合问题:

近代心理学最显著的进步,就是对所发生的多数的心理现象具有了明确意识,过去我们从来未被意识到的,作为活动的一切要素正在被人们所认识。这个认识,对语言学,给予非常重大的影响。人们利用语言学,正在扩大其应用范围。其语言活动带来的新认识,其内在的无意识精神,正由这个暗黑的空间流出。在这个空间里,尽可能使用一切的语言手段,特别是对个人的一般的状态,还有隐藏种种的复杂错综的表象,又很复杂的形象,经过有效处理,而被

陆续揭示出来。（20页）

胡以鲁通过上田万年了解了保罗《言语史原理》，不但深刻领会其方言地理学知识，也领悟了其语言心理学真谛，这肯定给他研究中国语言学带来了新的启示。所以，他认定汉语语言是中国各民族精神世界的产物，一定受制于中国各民族的心理管辖，这就不是采用西方逻辑范畴学者所能理解的一种规律，由此，胡以鲁的汉语心理学语词形式构造理论实质昭然若揭！

注释：

［1］沈步洲《言语学概论》，商务印书馆，1931。

［2］洪诚《训诂学》16～17页，江苏古籍出版社，1984。

［3］章太炎《国故论衡》51页，商务印书馆，2010。

［4］张世禄《中国音韵学史》96～109页，商务印书馆，1936。

［5］李学勤主编，赵平安副主编《字源》264页，天津古籍出版社；辽宁人民出版社，2013。

［6］李天慧《论莱布尼茨的认识过程思想》，《自然辩证法研究》2015年第9期。

［7］傅志伟《康德〈纯粹理性批判〉中"统觉"与自我意识的关系》，《华侨大学学报》2019年第5期。

［8］魏晨《略论赫尔巴特统觉理论的心理学基础》，《黑河学刊》2018年第3期。

［9］王向清等《统觉：冯契认识论的重要范畴》，《湖南师范大学社会科学学报》2005年5期。

［10］李汝珍《镜花缘》1页、2～4页，中国书店，1985。

［11］陈大齐《印度理则学》111～112页，中华文化出版社，1952。

［12］许良越《论章太炎"语言缘起说"》，《西南石油大学学报》2015年第6期；章太炎《国故论衡》48～51页，商务印书馆，2010。

［13］沈国威《汉语近代二字词研究——语言接触与汉语的近代演化》，华东师范大学出版社，2019。

［14］保罗《语言史原理》，1880出版，福本喜之助译，讲谈社，1965。

［15］东条操《方言研究小史》，国语学会编《方言学概论》3～29页，武藏野书院，1962。

第六章 《国语学草创》：
汉语心理语法理论模式

第一节 学术界对《国语学草创》汉语语法理论之研究

对胡以鲁《国语学草创》语法理论的研究,许多学者付出了艰辛的努力,比如邵敬敏《汉语语法学史稿》(1990)第二章"汉语语法学的草创时期(1898—1936)"第七节"语法理论的研究"讨论了《国语学草创》语法理论所涉及的问题。[1]邵敬敏认为,此书涉及汉语语法理论,颇有独到见解。胡氏对编写语法书有他自己的设想,认为:"语法书宜分音声、词品、词句三篇,而各宜为固有之说明,不必悬印度日耳曼语法之一格而强我以从也。"胡氏对汉语音声、词品、词句之基本内涵分别加以论述:"第一音声篇叙述吾国语音声之特质、特征及其发展之由来";"第二词品篇叙述吾国语词之本领及其应用上之品类";"第三词句篇,语词得句而后生活者也,其职务其意义皆定于句中之关系";"其成立之法则,舍连结配置之外无他也"。

邵敬敏认为,胡以鲁这一语法学说深受叶斯柏森的影响,第一次提出用"连结配置"结构方式理论来观察分析汉语句法结构,后被陈望道吸收并进一步发挥。胡氏还对句法结构提出自己的汉语句法研究的六条"法则"。邵敬敏还说:"但可惜的是,胡氏往往只提出一些原则性意见,未能对汉语作具体分析,同时,由于叙述过于简略,使读者难以体会其意图。"

邵敬敏、方经民《中国理论语言学史》(1991)第二节"中国理论语言学的建立"以"《国语学草创》的问世"名目涉及《国语学草创》语法理论问题。[2]比如他们认为,胡以鲁对汉语语法研究提出了一套设想,胡氏把语法分为"纯理"和"应用"两种,"纯理"又分为"叙述语法"和"说明语法","应用"又分为"历史说明""比较说明""原理说明"。胡氏在汉语语法理论上的具体贡献主要是:其一,第一次指出词序和虚词在汉语语法中具有特别重要的作用,一方面可以弥补无屈折结尾等形式的不足,另一方面又可以弥补同音异义语过多的缺点。其二,第一次提出汉语语法的"连结配置"形式的学说,这无疑对揭示词类同句子成分关系的研究有重要意义。其三,具体归纳出汉语语法结构形式的六条重要规则。

邵敬敏等学者认定《国语学草创》归纳出汉语语法的六条重要规则的观点无疑是正确的,他们已经敏锐地认识到了胡以鲁所具有的语法意识,前瞻性很强。但因为邵敬敏等学者并非专门研究《国语学草创》的语法理论问题,也就没有细化而深入地研究下去。由此,对《国语学草创》归纳出的这些规则的性质还有待于进一步深入认识,而且他们所认定的胡以鲁第一次指出词序和虚词在汉语语法中具有的特别重要作用以及第一次揭示词类同句子成分的关系的看法,则有待于进一步思考。我们认为,胡以鲁在汉语语法学史上是不是第一次提出此说,还需要进一步挖掘史料加以证明。

海晓芳《文法草创期中国人的汉语研究》(2014)第三章设"汉语的语法"一节加以详尽探讨。[3]其所涉及的问题是:其一,关于语法的认识,比如"语无定法""约定俗成"的理论价值。其二,汉语词类划分。以词为单位,而不是以字为单位。而其"词品"确定则需要"举句察词",是"词有定类"的主张者。其三,汉语句法特点。即汉语句法重意合,讲求"位置顺序",总结了六条语法规则。海晓芳极其敏锐地认识到德国语言学心理学派,比如斯坦达尔对胡以鲁汉语语法研究所发挥的作用。(315~325页)但对胡以鲁经常提到的"体、状、用"词法理论的看法,因为缺乏实证,解说存在缺憾,需要学术界进一步发掘其背后的理论依据。

海晓芳虽然也提到了甲柏连孜语法理论,但因为没有就此而继续深入下去研究,没有接触到实质性的内容,也就失去了一次难得的确立胡以鲁汉语心理语法理论"原型"的机会,这是至为遗憾的。

胡以鲁说:"语法分纯理及应用二方面,纯理分叙述及说明二大部。观察语言之现象顺序叙述之,叙述语法也。视其现象所由起,观其现象所由变,察其现象所以然,则为说明语法。故说明语法中又分为历史说明、比较说明、原理说明之三项。然是哲学的语法,语言学之研究也。语法之实用在于介绍一国语之事实而已,故应用语法独详于事实,理论原理以事实上所必须者为度。"(100页)

我们理解,胡以鲁所搭建的汉语语法范畴理论宏观构架是:(1)二级分类:纯理语法(理论语法)、应用语法(实用语法)。(2)三级分类:即在纯理语法之下,又分为叙述语法、说明语法。(3)四级分类:说明语法又分为历史说明(历史解释语法)、比较说明(比较解释语法)、原理说明(语法解释原理)三项。胡以鲁强调,应用语法独详于事实,而理论原理语法,则以事实为依据,提炼语法思想,属于哲学语法。胡以鲁将自己的构架称之为"语法案",即研究汉语标准语法的"方案",充分体现了他对汉语语法研究的一种全新的思考方式。

刘复《中国文法通论》也继承这种理论构建方式,也同意将汉语文法学分为理论的文法和实际的文法两类。王力先生也是如此研究汉语语法的,他将汉语语法分为《中国现代语法》和《中国语法理论》两书进行研究,我们认为,这些与胡以鲁语法理论意识存在相通性。

可以确定的是,《国语学草创》语法,应该是"纯理"的理论语法,在具体研究《国语学草创》时,我们也分"词法"与"句法"两个大方面论述。

第二节 胡以鲁汉语"品词"之"词法"学说

一、胡以鲁《国语学草创》之前中国语法学界汉语"词法"研究

海晓芳论及中国汉语语法学的成立,是从《马氏文通》说起的,很显然,这是采取了以往大多数学者的看法。但现有资料表明,在《马氏文通》出版之前,中国已经产生了比较系统的汉语语法学著作,这确实是事实,是不可忽视的,比如《衍绪草堂笔记》与《文学书官话》。

何群雄《中国语文法学事始》(2000)通过艾约瑟(J.Edkinns)《上海方言文法》(1853)的论述,介绍了晚晴嘉庆举人毕华珍《衍绪草堂笔记》(1851年前完成)对中国语文法的研究情况。[4] 毕华珍运用西洋式"品词"理论进行分类,其中,对一些重要品词类别所下定义就很正确。(131页)他把汉语的词类分为"实字、呆虚字、活虚字"三类。实字与《马氏文通》的"名字"相同。呆虚字,略等于后来的形容词,"描述属性和外观"。活虚字,具有动词的作用,系连"命题"。何群雄引述了艾约瑟的评价:"他确立了文章的规则或者是作文演习,但没有形成中国语文法。在文法学对中国人来说是未知的科学时代,如前所述,毕华珍的研究明显接近了西洋式的品词分类法。他能够给予最重要的品词以正确的定义,这显示了作者是具有超常的智慧的。"(131页)。有关艾约瑟《上海方言文法》的基本情况,可见钱乃荣《西方传教士上海方言著作研究——

1847—1950年的上海话》(上海大学出版社,2014:6～13页)的介绍。艾约瑟《上海方言文法》第二章,就介绍词类问题,比起毕华珍来,区分更细。海晓芳(2014)谈到(44～74页),《衍绪草堂笔记》后来由内田庆市教授在澳大利亚国文图书馆发现,因此,我们今天有幸看到此书的内容,并且能够了解到一些《马氏文通》之前中国人对汉语语法现象的认识情况和对汉语语法问题的分析方法。内田庆市围绕《衍绪草堂笔记》词类划分问题进行了初步分析(2005),即毕氏将汉语词类划分为"实字""虚字"两个大类,并将"虚字"分为"呆虚字""活虚字""口气语助虚字""空活虚字"四类。其"活虚字"(动词),还从语义上进行了分类,比如"自内说出者""自外说人者""自内收入者""自外勾出者"四类。这就涉及"动词和其他句法成分组合时所表达的不同的逻辑语义"。[5]

《文学书官话》,由美国传教士高第丕(Tarlton Perry Crawford)和中国人张儒珍合著,同治八年(1869)在山东省登州府(现蓬莱)刊行。高第丕是美国南浸信传道会的传教士,1852年来上海传教已有约12年,1863年转道山东登州。日本著名国语学家大槻文彦后来将该书译为日文,并做了注解,书名为《中国文典》。[6]《文学书官话》全书分21卷,第一章"论音"(大槻文彦译本增加副题"音论");第二章"论字"(大槻文彦译本增加副题"文字论");第三章"论名头"(大槻文彦译本增加副题"名词")到第十七章是词类,分15类;第十八章到第二十一章是谈词的兼类(话字换类)、词类总述、"句连续"(大槻文彦译本增加副题"文章论")、话色(应该是"修辞")等内容。《文学书官话》"序"称,所谓的"文学书","原系讲明话字之用法。""话字之用法",就是我们现在所说的"口语语法"。研究"口语语法"是为了"推求乎话之定理,详察乎字之定用",即达到摸清汉语口语语法的规律和应用价值的目的。《文学书官话》的叙述语言用的是浅近的口语体语言,因此,称为"话",而不是"文",即书面语体。这样做还有一层意思,即便于一般读者学习,所以,《文学书官话》说,"书内俗言俚语,究不嫌于卑近,意明词达,亦甚于于参观";"是以语虽浅近固陋,而意则融会贯通"。

《文学书官话》"词法"研究与句法研究结合,而不是单纯地对词进行分类研究,比如:"名头",《中国文典》:"名词。"对"名头"即"名词"的分类,《文学书官话》第三章:"有三支,叫定名、实总名、虚总名。"《中国文典》认为,这里名头相当于日语的"体言","洋语"的"名词"。具体的小类,定名可以看作是"洋语"的"固有名词";实总名可以认为是"洋语"的"有形名词";虚总名可以看作是"洋语"的"无形名词"。《文学书官话》认为,"名头"是有上下层级的,所以,讲求"位次",即"上位次、中位次、下位次"。《中国文典》解释道:位次指的是与人、物、事相关文章中,其"名头"的各自位置,根据位置情况而分为上中下。"洋语"称为名词,或代名词。但《文学书官话》的原文是:"上位次是讲话的,中位次是听话的,下位次是提过的。"大槻文彦的解释还是没有说清楚,只看到了表面的形式。实际上,从所举例句"请先生教学生念书",以及相关分析:"先生——中位;学生——下位"来看,《文学书官话》是从句子结构形式研究入手的,"句法"意识初步显现出来。《文学书官话》提到"名头有六个地步",即"行的地步、有的地步、受的地步、用的地步、得的地步、余的地步"。《中国文典》认为,这里所说的地步,是这个名头和那个名头由于位置的原因而表现出来的相互语法结构关系。日语称为"体言之辞"或"挂辞","洋语"称为"名词之格"。《文学书官话》举例:"先生可以使笔给学生写字。""先生是行的地步,笔是用的地步,学生是得的地步,字是受的地步"。"行的地步是根本的名头,必要行出靠托言(动词)","没有记号"。《中国文典》:"洋语"称为"第一格或主格"。我们今天往往看作是主语。"有的地步",记号是"的、之"。《中国文典》:第二格或持格。类于我们今天的定语。"受的地步",没有记号。《中国文典》:第三格或宾格。"用的地步",记号是"拿、用、使"。"余的地步",没有记号,所举"教师今天要讲书"例中的"今天","无职分",类于我们今天的时间状语。"得的地步",记号是"给、为、替、代",如"兵丁要为朝廷出力","朝廷"是"得的地步",今天许多人看作是"兼语成分"。很明显,这也是从句子结构形式去研究名词作用的。大槻文彦的解释缩小了与《文学书官话》文本理论的距离,但在"用的地步"和"得的地步"两类"名头"上还没有深刻体会《文学书官话》文本的意图。

二、胡以鲁《国语学草创》之前日本语法学界汉语"词法"研究

胡以鲁研究汉语语法,不可避免地吸取日本学者的研究成果,由此,有必要回顾一下《国语学草创》之前日本语法学界汉语"词法"的研究情况。

大槻文彦《中国文典》(1877)已经涉及了汉语"词法"问题,分十五类。村上秀吉《中国文典》(1993)改编《文学书官话》,用当时通行的语法术语对应"词类"区分。[7] 比如"品词"部分,分名词、代名词、指名词、形容词、数目词、分品词、加重词、动词、助动词、副词、折服词、接续词、示处词、疑问词、间投词 15 类,并专设"话字换类"章(69～72 页)讨论"兼类词"问题,比如"画",有动词和名词之分。猪狩幸之助《汉文典》(1898)"品词篇"分名词、代名词、形容词、动词、副词、前置词、后置词、接续词、终词、感动词 10 类。儿岛献吉郎《汉文典》

(1902)第三篇"文辞典"分名词、代名词、动词、形容词、副词、前置词、助动词、转接词、感应词、歇尾词 10 类。每一类下还细分,比如名词,还分为有形名词、无形名词、特名、通名等。还谈了名词转化为动词、转化为副词,名词和名词的连合,形容词副词连合,动词和助动词连合,以及句法上的主次、宾次、直接主词、间接主词、第一主词、第二主词、第一种宾词、第二种宾词、第三种宾词问题。广池千九郎《中国文典》(1903)则持"八品"说,分名词、代名词、动词、形容词、副词、前置词、接续词、感词。[8]

三、《国语学草创》汉语"品词"之"词法"学说

海晓芳提到,胡以鲁讨论汉语历时发展时,谈了词语所表达的概念义,其目的还是表达自己对词类划分的看法。因此,所谓"语词方面"和"语词种类"是同一个问题的两个方面。也就是说,海晓芳认定胡以鲁是通过概念义的区分来讨论汉语的词类划分问题。

但我们认为,这还只是一个静态地认识《国语学草创》"品词"之"词法"问题的方式。其实,胡以鲁一开始就表明了自己的观察问题的角度,即在汉语历时发展过程中看其动态变化方式如何,比如第三编"说国语后天发展"开始的一段话:

国语后天之发展,概言之,实质、形式之增加,或实质、形式之变迁也。实质、形式之区别,因观察之点不同而有三:一从语词方面(Side)言;二从语词种类(Kind)言;三从语词部分(Part)言。(51 页)

"实质、形式之增加"是就语词结构构造形式动态"翻新"与新概念不断"涌现"的新形势而言的。这也就成为我们研究胡以鲁"词类"学说的起始点。

如何研究汉语语词形式与语义历时发展过程中的新态势?胡以鲁以"语词规则"为切入点,提出了自己的观察角度:

其一,"语词方面"包含了"实质"与"形式"两个范畴。为了说明"语词规则"问题,他先要解释一下自己为概括"新态势"而使用的新的概念术语的内涵,即"实质、形式"术语内涵指的是什么?他说:

言为心声,故言有二面,语音之形式方面与概念之实质方面是也。两者相为表里,不可偏废。但有概念,不为音而发表,固非语言;但有音而不联想之于

概念,亦不成其为语言。音其形式,概念其实质,有联想为之联结,语言乃成。(51页)

原来,这里的"实质"指的是"概念之实质方面",而"形式"指的是"语音之形式方面"。紧接着,需要理解的是,语音与概念是什么关系?胡以鲁说:"两者相为表里",不可分割。语音是"表",即人们常说的"物质外壳",符号标记形式;概念是"里",即语词的内容、实际意义。语音与概念二者结合,即高名凯《语言与思维》所说的"抽象概念和语音的结合体",它们构成了语言的语词语音形式与语义内涵要素,就是这个意思。[9]

其二,语词"实质"概念之种类问题。胡以鲁没有就物质外壳的语音形式作进一步的探讨,而是就"观察之点不同而有三"之一的"语词种类"问题进行了说明,涉及了词类划分这样一个十分重要的问题:

而实质一面更有实质概念与形式概念之分,以别语词之种类。实质概念有作用、形状、实体三方面,概念之本领应有此三者,然发表而为语也,或一方面二方面而止,鲜有三方面者。概言之,抽象语词能摄之范围广,常有二三,具体语词一二而止。是盖具体语词常为物质的、感觉的,以之表关系上之思想殊欠灵便,故别就分化也。不惟具体语词也,表作用、形状者亦然。兼摄多方,简则简矣。后世思想日就精确,语词亦起分业作用。实质概念其所指不仅一方面者,各从其习用专就一方,此文法所以有词品,而近世语词兼涉多数词品者所以少也。(51~52页)

在这里,胡以鲁进一步将概念细分为"实质概念"与"形式概念"两类,对"实质概念"又加以分类,即作用、形状、实体三类。但因为结构构造形式动态"翻新"与新概念语义不断"涌现"之客观形势,学者们认识其问题的角度,即"作用、形状、实体"各有所偏向,结论当然各有所不同,于是就产生了认识上的差异,所以,才有了文法上的"词品"之分析理论。胡以鲁这个认识十分重要,即认定了词类研究的文法学性质。无论如何,研究词类,一定要从语法角度着眼,而不是从词汇学角度着眼,这是一个根本性的原则问题。

陆俭明《现代汉语语法研究教程》(2013)专门设"汉语词类问题一直被认为是个老大难问题"一节[10],谈到,汉语学术界在20世纪曾经就汉语词类问题有过三次大的讨论,一次是在30年代,一次是在50年代,还有一次是在80

年代。通过讨论,大家基本上逐步统一到这样的一个观点上,即词类是词的语法分类,是按词所具有的不同的语法功能划分出来的类别。即便如此,汉语词类仍然是一个老大难问题:第一,中国学者对词类的认识来自西方印欧语言学。印欧语划分词类根据的是形态标记和形态变化。汉语没有形态标记和形态变化。划分词类的依据是什么,大家意见不一致。第二,任何语言共时平面上的词,都实际存在着不同的历史层次和领域层次。由于印欧语有形态,而且词的形态变动性很小,基本不受历史层次和领域层次影响。汉语由于词没有形态,不同历史层次的词、不同领域层次的词在用法上会有很大的差异,这就给汉语词类划分带来不少的麻烦。第三,以往讨论汉语词类问题,许多人只举典型例子,而不是一个一个地实际考察现代汉语那千千万万个词的使用情况,由此,只能是纸上谈兵。(34~35页)

陆俭明也谈到,词类是词的语法分类,是按词所具有的不同的语法功能划分出来类别的,这样一个认识不是一开始就有的。早期的语法书,按照词的意义来给词分类,比如黎锦熙《新著国语文法》(1924)提倡"句本位",强调要"依句辨品"。(37~43页)但我们在《国语学草创》中却看到,胡以鲁倡导以词所具有的不同的语法功能来给词分类,即"语词亦起分业作用",确实不同于黎锦熙的"依句辨品",已经具有了"词类职用序列"的意识,按照词在句法结构中所起的功能作用而分类,其观念意识不同寻常,这确实是值得注意的一个理论倾向性问题。

值得注意的是,胡以鲁还提出了"语词增加"的词法问题。所谓"语词增加",就是指在语词结构与新概念形式发生变化时呈现出的新语法研究方式。为何胡以鲁把语词结构与新概念形式同时提出来讨论?我们认为,这是就语词的结构形式构造与意义呈现方式由"简单"到"复杂"的过程而言的,很像朱德熙所说的"词组"与"句子"结构的"类似性"。朱德熙《语法讲义》提出"词组本位"观念。1982年,他又在《语法分析和语法体系》中提出了一个著名的观点,即"由于汉语句子的构造原则跟词组的构造原则基本一致,我们就有可能在词组的基础上来描写句法"。"如果我们把各类词组的结构都足够详细地描写清楚了,那么,句子的结构实际上也就描写清楚了。"胡以鲁与朱德熙在这个问题上具有相通性,确实需要认真对待。

其三,从汉语语词语义历时发展过程中实词、虚词词法之变化看"词品"分类问题。胡以鲁认为,要讨论"词品"问题,就要从"语词概念之所指,以别词品"做起。什么是"实质概念所指"?胡以鲁引证说:

第六章 《国语学草创》：汉语心理语法理论模式

实质概念所指，据印度胜论说之所谓实、德、业三者，及密斯推利氏（Misteli）所谓起语言的思虑之外界三事情，别为实词、用词、状词三者。[所谓三事情者：一、有物体于兹乃生观念，乃能思虑，所谓实在（Substanti）。二、附于事物之性质，所谓客观（Objiective）。三、作用及状态，所谓用词（Verb）亦含状态者，对作用之不作用，即对动之静，盖消极的用词也]。（52页）

"实质概念所指"，用德国学者密斯台利[密斯推利氏（Misteli）]，的话是可以分为"实词、用词、状词"三类的。前提是，主观上对客观世界事物的感知，用语言来表述结果。在此基础上，胡以鲁又有自己的看法，他主要还是分为实词与虚词两类：

吾辈以言语为起于外界之摹仿，故以外界相应之对象作词品之类别。概念，于多数思想对象中对于某部分特加之意，抽象之、确持之之谓也。此概念所指之某部分，为语词真义之所在，故以之为分类之根据。然类虽三，其包有实质之点则一致也，故综称之谓实词（Fullword）。实词者，意内言外，斯维的氏（Sweet）所谓足以表完全意义之语词，即无论自立或与他语词直接联合，皆能自成一义者也。然自成一义，完有一语词之义耳。个个语词足以表彰一事一物，不足以表彰思想也。欲表彰思想，则不可无联合语词之关节。关节之中，有联合语词间或句读间之关系者，有领结语句为之始末者，要皆语之形式，实质概念之所流转者也。同一流转而有用意之差，程度之差，称前者为介节词，后者为语助节词。节词者，对于具实质概念之实词而言。实质浸微，流为形式，以其实微，亦曰虚词（Formword）。实词、虚词就概念上实质之有无言也。发生上无不实之语词，有之，其在发展后矣。粗率语言关节词极少，有之，亦假实词而为之，或假其义，或假其音，久假不归，乃为形式。形式且专作虚词矣，愈发展虚词愈多。然其始皆实词，考征学家屡能言之也。如由之而为的，犹底与止所属之意也。由与而为和，和同之意。於同乌，谓乌止屋，言其所止。今之虚词，皆昔之实词也。句读关节词亦然，如但（但杨）、虽（虫名）、况（寒水）等词，尤实词中之彰彰者也。语助节词以之助语气，即传语之神情者，其所假之词往往假其音而止，殆无何等意义也。神情千变万化，表神情之词，其变尤不可究诘。方音之差，相去亦远。今所称为语助者，皆不过音之形式耳。曾有意义与否，不可知矣。希腊拉丁等综合语，其名词、代词有位之变化以为之关节,故无须节词。吾国语反之,而其假实词为关节习用而流于形式也,则犹希腊拉丁之位,渐次分化而为介词、接词、添词等也。又综合语无语助词,动词与他词之关系,则以动词尾音之转换为之,如希腊拉丁其动词有变至六十七次而尾音各不同者。吾国语无是,故别假他音以为助。其发展之途径虽异,其曾经此一阶级者则同也。(52~54页)

从胡以鲁的论述可知,他对实词的理解是,实质之义是实词的灵魂,"概念,于多数思想对象中对于某部分特加之意,抽象之、确持之之谓也",不是虚空的,即"即无论自立或与他语词直接联合,皆能自成一义者也"。

从胡以鲁的论述可知,他对虚词的理解是,相对于实词,虚词的作用不可低估,胡以鲁说:"然自成一义,完有一语词之义耳。个个语词足以表彰一事一物,不足以表彰思想也。欲表彰思想,则不可无联合语词之关节。"他使用了"关节"一词来表达虚词之功能,十分准确。即虚词是连接实词,并使之充分展示句法结构功能的必要环节,这道出了虚词语法作用的实质。

胡以鲁认为,虚词是由实词历时变化而来的,因此,实词与虚词之间的界限不是固定不可逾越的,而是在时间的顺序中渐次发生变化的。实词之由"实质"意义指向进而"流转"为虚词形式指向,是后天,即汉语历时演化的必然结果,路径的指向也非常清楚。对此,胡以鲁论述道:

要之,吾国语词,就个别言,其始皆具实质者也。发展而后,为关节,为语助。或假其义,或假其音。假音者,相假之始,已属形式,固无论矣;即假其义,关节词其用必多,其用愈多,其加意愈薄,意义消微流于形式而后止。此语言之实质渐就各方面而分化,渐向形式而流转者,后天之发展也。(54页)

胡以鲁的这段论述,也很容易让我们联想起近些年来流行的汉语语法化分析理论。什么是语法化?鲍尔·J.霍伯尔等《语法化学说》[11]称:语法化是一种过程,通过这种过程,词汇项和结构进入某种语境以表达语法功能。这些词汇项和结构一旦语法化之后,它们继续发展出新的语法功能。(1页)"语法化存在着方向性,像一个运动动词经过重新分析变为一个将来时助动词。"其单向性原则主张:"较少语法的变为较多语法的。"(21页)胡以鲁所说的实词之"实质""流转"为虚词形式的历时变化结果,方向性是与此论述一致的,很显然,胡以鲁在这里已经涉及了"语法化机制"问题。沈家煊《语法六讲》(2011)

也说:"所谓'语法化',就是实词变虚词和新语法格式的产生过程。所谓'机制',就是自然而然、反复遵循的步骤或方式。对于语法化的机制,有人认为是结构的'重新分析'(reanalysis);有人认为是结构的'类推'(analogy)。"[12]是不是如此,还有待于进一步研究。无论如何,胡以鲁在研究汉语实词向虚词转化过程中已经具有了明确的汉语语法化分析理论意识,这确实是过去学者没有指出的,忽视这一点,等于埋没了胡以鲁语法研究的又一大功绩,今天我们应该予以彰显。

四、《国语学草创》"品词分别法"——实词:"体、状、用";虚词:语助、节词(连词)、感叹词

胡以鲁有意识地借用日本早期语法理论的情况不可忽视,这也是我们认识胡以鲁词法观念理论"原型"的重要途径之一,也是过去学者没有能够尽心关注的问题之一。胡以鲁的"品词分别法",坚持从语言发生学的角度去认识,但不忘记以历时发展变化的动态眼光去考察。他说:

> 吾辈对于吾国语词品之分,不取欧式应用名学之分析法,拟从发生上分之。语言发生本自然发声与自然摹仿二者,自然发声语谓之感叹词,代表发声之独立借音语也,无实质之概念,故虽为词品,又当别论。(由此点观察,语助节词毋乃类是。然语助纵曰形式,亦表示用词关系者,与叹词之为独立纯形式者又有辨也。)自然摹仿则因自然界事情不同,摹仿之点亦复有差,对于实、德、业三者别为体、状、用词,此等实词流而为形式者则为节词。就概念言,节词固不过虚词而止,然语言非概念之断片,必有使之联合者,则节词尚已。若是节词乃联合语意而完成之者,别为一类,亦就发生心理分也。语言发生之始,固无先天之词品,为实为用为状,皆由后天之分化;分化而后,且犹有因位置而易其品者。据名理为分析,徒见其扰。况吾国语概念立体,其能摄广,位置自由,其所摄广,更不可以名理范畴律之矣。(54~55页)

胡以鲁认为,欧式语法研究,以应用名学(逻辑学)之分析法为主。所谓"应用名学之分析法",即是逻辑范畴理论分析法。逻辑范畴理论分析法不能代替语法自身的分析方法,胡以鲁隐含的批评意识十分明确。

语言的产生,源于"语言本自然发声与自然摹仿",这是胡以鲁所持观点。也让我们想起了德国 J.G.赫尔德《论语言的起源》(2014)里著名的一句话:"当人还是动物的时候,就已经有了语言。"姚小平解释这句话的意思说:"语言的根源在于人的动物本性。语言是从表达情感的自然发声演变而来的。人为了创造语言,必须拥有某种并非本能的内在力量。这种内在的力量,即赫尔德所说的人所特有的'悟性'。"(5页,译序)我们也可以延展理解,人也存在着一种自然模仿的"悟性",无论是模仿大自然,还是模仿动物和人。[13]胡以鲁是不是读过赫尔德《论语言的起源》,我们还不能确知,但胡以鲁相承于赫尔德的理论确实是事实。

以历时发展变化的动态眼光去考察,胡以鲁认为,品词是在历时发展变化过程中分化而构成"体、状、用"三个种类的。

"体、状、用"三类,是不是对应了日本"品词"类别中的"体言"(名词)、"形状言"(形容词)、"用言"(动词)理论？这种分类理论,应该与胡以鲁所了解到的日本学者的语法研究中"品词"分类理论意识相关。西田直敏《日本文法の研究》(1993)提到,本居宣长(1730—1801)的门人铃木朖(1764—1837)曾写有《言语四种论》(1824),他将语言分为"体之词""テニヲハ""形状之词""作用之词"四种(14页),除了"テニヲハ"一类,其他三种都和"体、状、用"有关。[14]这之后,佐藤诚实《语学指南》(1879)将词类分为体言、用言、形状言、助词四类,前三类相当于胡以鲁的"实质概念"之实词。大矢透(1850—1928)编辑《语格指南》,依据前人的研究,将词类分为体言(名词)、代名言、用言(动词)、形状言(形容词)、接续言、感动言、助辞言七种。而大槻文彦(1847—1928)《广日本文典》(1898)则打破常规,将词类分为名词、动词、形容词、助动词、副词、接续词、天尔远波、感动词八类(26～28页)。胡以鲁的虚词,则有语助、节词(连词)、感叹词三类,与《广日本文典》助动词、副词、接续词、感动词相关。由此,《国语学草创》"品词"之"词类"为:名词、动词、形容词、语助、连词、感叹词六类。海晓芳没有将"体状用"三个种类与日本语法学词法分类理论相结合,是不是有自己的另外考虑？

高名凯《汉语语法论》(开明书店,1948)提到,陆志韦在《国语单音节词词汇》"导言"中认为,中国的语词,以它所代表的意义方面来说,可以分为三个基本的词品:名词、形容词、动词。他又认为这几个基本的词品放在句子里,因为与其相连的语词的性质的不同,又可以生出各种不同的词品的变化。这一方面是因为替一个不存在于句中的独立的语词规定词品没有形态可凭,只好用最常代表的意思来做标准;另一方面也是着重于语词在造句法中所生的变化。这办法和德国甲柏连孜的分类颇相似。甲柏连孜在他的《汉文经纬》中也认为中国语词的分品应当从两方面着眼：一是语词的基本品或自然品，一是功能品。这些都可以证明他们对于中国语词在造句法中的地位是如何注重的。(50～51页)无论是甲柏连孜、陆志韦，还是高名凯，他们都与胡以鲁的思路非常一致，值得特别注意。

胡以鲁以"后天之发展"之语言演化意识，继续探讨"体、状、用"分类问题，很显然，这具有十分明显的动态研究汉语词法的锐利眼光。他认为，"体、状、用""分化而后，且犹有因位置而易其品者"，即因语法职能发生变化，这是由于"位置自由"，即今天许多学者所说的"位移"空间表达方式造成的，因此，就不能机械套用西方语法逻辑范畴理论去加以规范了。品词分类，与弹性句法"约束"机制相结合，构成了汉语特有的"词类"理论。"吾国语概念立体，其能摄广"，是说，词类概念"所指"立体化，空间范畴极其广阔，再加上"位移""位置自由"，很显然，"意合"特性突出。这也与张黎教授等学者所倡导的"汉语型语法"的"意合型语法"观念类似。张黎教授认为，汉语语法的规则是根植于常识结构中的，表现为一种常理，构成一种常识规则，形成一个常规系统。汉语语法规则是存在于语义——认知平面上的。[15]"因位置而易其品"，词的语法职能发生变化，即在常规语法结构中呈现"词品"之语法功能，在这里，胡以鲁的词类语法意识十分明确。

第三节　胡以鲁汉语"句法"学说

胡以鲁以"语词连结配置"理论为认识基点，对汉语句法理论进行了全面而系统的建构，无论是当时，还是现在来看，都独树一帜，是值得进一步探讨的。

一、胡以鲁之"语词连结配置"句法观念

胡以鲁认为，尽管汉语语词音节长度在历时发展过程中发生了很大的变化，但无论是单音节词、双音节词，还是多音节词，都逃脱不了由"个个语词连结配置"而集合成句子，即在句子中承担一个基本的语法职能的法则。很自然，其句法观念由此而流露无遗。胡以鲁在研究汉语"语词连结配置"问题时，还不忘记与印欧语系语法规则比较：

吾国语之语词，自晚近发展附属形式外，独立而不变。故集个个语词连结配置之足以表完全思想者，即完成为语言。其成立之法则，舍连结配置之外无他也。表彰完全思想，固不必待连结配置，有一语足以表示者，即一语为已足。语法家言，语言必须主语述语二者而成立，若但发表其一，必有为之含蓄者矣。然是名理论或适用于印度日耳曼语族，在吾国语则不用此理论为也。主语说客观之实在，述语主观之所见也。说客观时或说明而止，述主观亦不须必有客观存在也。(63页)

汉语"语词连结配置"构成完整句式是常态，也是其法则，但也有"固不必待连结配置，有一语足以表示者，即一语为已足"的"缺略成分句式"情况，即主语、述语不一定通过"搭配"成"主谓语句"的形式"同时共现"。这使我们想起了丁声树等《现代汉语语法讲话》(1961)对汉语句子基本类型的论述[16]：主语、谓语俱全是句子一种比较常见的存在情态，这和印欧语言"主谓语句"没有什么两样，但汉语还有一种不同于印欧语言的情态，即没有主语的句子，也就是无主句。丁声树等说："有些句子可以没有主语。说话、作文只要对方能够从实际环境和上下文了解陈述的对象是什么，就可以没有主语。"并列出四种情形，比如：实际环境不需要一定把主语说出来；主语见于上下文，不必重复；主语泛指，也就不必说出；日常用语，往往没有主语。(18~19页)丁声树等还提到了"独词句"现象，假设主人与客人谈话，主人说："你抽烟吗？"客人说："抽！"在一定条件之下，一个字就能传达一定的意思，所以，即使是一个字，也是句子。(18页)胡以鲁的认识，与学者们认识到的汉语句法特点是一脉相承的，自是看到了汉语不同于印欧语的特点，这是非常有意义的。

二、胡以鲁"连结配置"学说是否深受叶斯柏森影响问题

胡以鲁《国语学草创》语法"连结配置"理论是否如邵敬敏等所说的那样，是受叶斯柏森的影响？这很自然牵涉到叶斯柏森语法理论在东亚的传播问题。

叶斯柏森专著在中国翻译出版的时间较晚，现在能够看到的是廖序东主持，何勇、夏宁生、司辉、张兆星翻译，王惟甦、韩有毅校对的《语法哲学》，商务印书馆，2010年出版。湖南教育出版社出版的任绍曾编的《叶斯柏森语言学选集》，2006年出版。原版引进的，主要是世界图书出版公司，比如《从语言角度论人类、民族和个人》，任绍曾导读，世界图书出版公司2010年出版；《现代

英语语法》(1~7卷),世界图书出版公司2014年出版;世界图书出版公司出版编辑了《叶斯柏森选集》(全2册),曲长亮导读,2016年出版;《语言论:语言本质、发展和起源》(《语言——它的本质、发展与起源》),世界图书出版公司,2016年出版;《分析句法》,世界图书出版公司,2017年出版。

  日本学者翻译叶斯柏森著作,比较早的是新村出。他专门翻译了《语言进步论》,以《イェスベルセン氏言语进步论抄》为题出版(见于《东方言语史丛考》655~725页,岩波书店,1926);而《语言——它的本质、发展与起源》,由市河三喜、神保格翻译,岩波书店1927年出版。可见,日本对叶斯柏森语言学理论关注要早一些。但在胡以鲁发表《国语学草创》之前是不是就有学者翻译与介绍过叶斯柏森语言学理论还需要证实。

  邵敬敏(1990)说:"胡以鲁'连结配置'学说深受叶斯柏森影响。"因为没有指出其出处,所以,我们还不知道邵氏的根据在哪里?叶斯柏森《语言——它的本质、发展与起源》完成于1922年,《语法哲学》是1924年问世的著作,胡以鲁并无参照这两部书的可能。比如《语言——它的本质、发展与起源》的语法部分内容,按照叶斯柏森1921年的自序,是在撰写《言语的逻辑》的过程中形成的,论及了文法组织、文法和逻辑关系、文法范畴及其定义问题。而《言语的逻辑》则是1913年在哥本哈根出版的。所以,胡以鲁阅读的未必是翻译文本,很可能是叶斯柏森著作的欧美语言文本。具体是哪一部著作,也未可知。叶斯柏森与胡以鲁语法理论的关系有待于进一步考证。

三、胡以鲁"国语连结配置之大略法则"

  胡以鲁吸取东亚汉语语法研究成果,加上自己的思考,进而建立了独特的"句法理论",他论述道:

  主语说客观之实在,述语主观之所见也。说客观时或说明而止,述主观亦不须必有客观存在也。在吾国语,以心传心之法常作用于语言形式之里面,发表客观而不加主观之意见者,更自古而然也。如《大学》"物格而后知致,知致而后意诚,意诚而后心正,心正而后家齐"诸语,皆先以客观之实在叙以客观之性质,叙述而是认之耳,无叙述之主观语如名学上所谓系联(Copula)者。今语亦然,惟说话之时略加顿挫耳。盖表彰思想得心心相传为已足,固无名学上规定范畴也。有之,亦惟习惯而成耳。出于心理之自然,无必然之理,随社会心理为转移,亦非不易之法也。兹就心理上见地称所谓主语(Subject)者为直接客观语,所谓目的语(Object)者为间接客观语;所谓述语者(Predicate)为主观语,而客观语之中以之作表彰语之用者谓之表彰客观语;主观语大抵用词也,而有时亦以状词;用词主观语称之曰说语,状词主观语称之曰表语,直接客观语亦曰题语,间接客观语亦曰目语,而限定题目语与说语之状词,谓之属语。

界说既明,为述一般之法则如下:

法一,题语置第一位,说语或表语置第二位,有目语时则目语置第三位。

系一,对语命令之句,题语从略。

系二,说语或表语表说感叹,则置诸主语之先。

系三,比拟之句所以比拟前者,其说语或表语从略。

法二,属语置于其所状词之前。

系一,若属语与所属语共为体词,或为语调叶和之故,两者之间时用介节词。

系二,表时间或方法之疑问语,置于主语之次。

系三,表时间之语次于主语,表地方之语冠介节而先于说语。

法三,目语常置于最后。

系一,属语而述说语所行之方法或地方者,时置目语之后。

法四,介节词置其所介语词之前。

法五,语助节词置于句读终结处。

法六,助用词置于用词之前。

此吾国语连结配置之大略法则也。(63~65页)

由上可见,胡以鲁研究汉语句法,采取分两步走的策略:第一步,以"以心传心之法常作用于语言形式之里面"为基本原则,为自己的汉语语法基本理论依据定性,即研究汉语句法,必须从心理学入手,心理学是汉语句法研究的窗口,由此,揭开了建构汉语心理句法模式的序幕。第二步,建构汉语心理句法模式。建构汉语心理句法模式,是不是还要走传统西方句法分析模式老路?将西方句法分析模式与汉语心理句法模式结合,是属于现成的不用费力的研究套路,可以达到事半功倍的效果。但我们看到,胡以鲁研究汉语句法,另辟蹊径,以语用认知为导向,建构汉语心理句法模式,这在汉语语法学史上却是一个创举。

(一)国语"以心传心之法常作用于语言形式"之学说

胡以鲁的论述有几个层面的意思需要辨明:1.主观与客观,是个哲学命题。按照一般的说法,主观指人的意识、精神;客观指独立于意识之外的对象,或指认识的一切对象。所谓"主语说客观之实在,述语主观之所见",即是主语表明的是客观存在的实在事物,述语则是主观之所见事物。在这个认识前提下,"说客观时或说明而止,述主观亦不须必有客观存在也"。就是说,论及主语表明的客观存在的实在事物,有时说明一下就可以了;而述语所言及的主观之所见事物,不一定是客观存在的。当下许多学者认为,主观和客观是对立的统一,客观是不依赖于主观而独立存在的,主观则能动地反映客观。2."以心传心之法常作用于语言形式之里面"。胡以鲁从哲学"主客观"观念上对语法学上的句法术语"主语"与"述语"关系加以论述。由此,引出人们认知外界事物,输入信息,经过头脑加工处理,转换成内在的心理活动过程而又以语言表达的方式问题。这个认识过程,肯定是主观客观化的过程,即主观反映客观,使客观表现在主观中。语言则在这个过程中发挥了转换形式的作用,这就是所谓"以心传心之法常作用于语言形式之里面",主观与客观互动,造成了这样一个结果。但是不是如胡以鲁所说的"发表客观而不加主观之意见者"就很难说了。可以见到,胡以鲁在这里否认了以主观能动性认识客观自主性问题,是存在着认识上的局限性。3.客观之叙述,不一定使用像逻辑学上所说的"系联语",逻辑学上的"规定范畴"并不适用汉语。汉语以"习惯而成","出于心理之自然,无必然之理,随社会心理为转移,亦非不易之法也"。"叙述"和"心理之自然",这就引入了"话题"之语用认知心理,很像功能学派从话语交际的角度解释语法现象,"心理互动"与"语言互动"交替进行,而不是使用一种单纯的主观"成分分析法"研究句法方式,这是摆脱印欧语眼光的独到认识。

(二)主观与客观:语用认知之汉语心理句法"互动"模式

胡以鲁引入了"话题"之语用认知心理,主观与客观之互动,构成了《国语学草创》之汉语心理句法模式。他认为,在客观存在中见到的主语,称之为直接客观语;而目的语,则是间接客观语;述语是主观语;在客观语中用以作表彰语之用者称之为表彰客观语;在主观语中的用词,即动词,有时也作状词。用词,即动词之主观语也称之为说语。状词主观语称之为表语。直接客观语也叫题语。间接客观语也叫目语;限定题目语与说语中的状词(形容词),则称之为属语。这里涉及的术语,颇为费解。对此,海晓芳(2014)的理解是:

胡以鲁对于汉语句法成分的划分也坚持"无名学上规定范畴"的原则,想尝试从一个新的角度来划分汉语的句法成分,即从心理上来划分。他首先将句法成分划分为"客观语"和"主观语"两个大类。"客观语"包括"直接客观语"和"间接客观语"。"直接客观语"为"主语",也称"题语";"间接客观语"为"目的语",也称"目语"。此外,还有一类"表彰客观语",是指"客观语"之中做表彰语的部分。"主观语"主要是指"述语",又称"说语",也包括"表语"("表语"是状词做述语的情况)。此外,还有一类充当"题目语与说语之状词"的"属语"。(269页)

海晓芳对胡以鲁心理句法大的分类认识是正确的,即分为"客观语"和"主观语"。但对一些术语的解释,还不够清晰,比如"用词"和"状词"。这两个术语其实是借鉴了传统日语语法学概念。按照铃木朖《言语四种论》(1824)与佐藤诚实《语学指南》(1879)词类的分法应该属于"用言""形状言",分别对应于现在的动词与形容词,胡以鲁用的是日本传统的语法术语。这些术语内涵所指不弄清楚的话,我们就难以把握胡以鲁汉语心理句法理论实质。

如何解读胡以鲁的这种汉语心理句法理论术语"界说"?请看:

大类:客观语、主观语;

直接客观语——主语(主观语之一),也称题语;

间接客观语——目的语(主观语之一),也称目语;

述语——(主观语之一);

表彰客观语——(客观语之一);

主观语——用词(动词)与状词(形容词);

用词(动词)主观语——说语;

状词(形容词)主观语——表语;

直接客观语——题语;

间接客观语——目语;

限定题目语+说语状词(形容词)——属语;

我们可不可以这样理解,直接客观语是主语,也称题语,间接客观语是宾语,也是目的语,即目语;主观语之一是述语,即谓语,主观语中用词(动词)也是谓语;用词(动词)主观语等于说语,也是谓语部分;而主观语中的状词(形容词),也是表语,即状语。限定题目语+说语状词(形容词)构成属语,也相当于定语;而表彰客观语,即客观语之一是补语部分。主谓宾定状补,成分齐全。而对应的是胡以鲁的成分句法体系术语:题语、述语、目语、表语、属语、表彰语。

（三）汉语心理句法规则

明确了胡以鲁句法成分基本概念内涵，就可以进一步研究其"国语连结配置之大略法则"，即汉语心理句法规则。对胡以鲁拟定的"国语连结配置之大略法则"，以海晓芳（2014：269～271页）的理解为基础，我们也进行了一些补充说明（见按语）：

"法一，题语置第一位，说语或表语置第二位，有目语时则目语置第三位。"（海晓芳：主—谓—宾。）按，胡以鲁呈现了主谓句、主谓宾成分俱全句两种。其句法结构是主谓结构、述宾结构。丁声树等《现代汉语语法讲话》（1961）称之为主谓结构句，其中有主语对谓语讲是"施事"，就是说，谓语所说的行为是从主语发出来的，比如："她切了一颗大白菜。"（赵树理）"爷儿三个上了小四舱。"（袁静）"大门锁了。"（曹禺）（9页）

"系一，对语命令之句，题语从略。"（海晓芳：在对话、祈使句中主语可省略。）按，对语，即对话。从话语交际的角度解释语法现象（陆俭明《现代汉语语法研究教程》240～241页，北京大学出版社，2013），按格莱斯（Grice，1975）提出的会话合作原则，这属于"应答协调一致性原则"，突出了"命令句"优选地位。尽管胡以鲁没有将会话上下文提出来，但可以预想到对话环境是什么样。这已经具有了许多学者研究功能语法的意识，就不是仅以祈使句定位而所能够概括的。丁声树等《现代汉语语法讲话》（1961）认为，强制性命令，语调很急促，通常不用语助词。比如："走！你们都走！"（曹禺）；"放下枪，举起手来！"（老舍）与表示祈使的请求、劝告、催促等不同。（211～212页）

"系二，说语或表语表说感叹，则置诸主语之先。"（海晓芳：表感叹时动词谓语或形容词谓语可放在主语前，形成倒装句。）按，这里讲到动词谓语置于主语之前与形容词状语置于主语之前两种情况，比如："吓，太美了，这地方！""飞得真高啊，鸽子！"这与朱德熙讨论的倒装句问题有关（《语法分析讲稿》138～140页，商务印书馆，2011），比如："别说了，你！""太便宜了，这本书。"陆俭明称之为"易位现象"。[17]《汉语口语句法里的易位现象》（1980）认为有四种情况：一是重音在前一部分，后一部分轻读；二是可以恢复原来的顺序（复位）；三是原式句末的语气词只能在前一部分的最后，不能在后一部分后头出现；四是意义重心在前一部分。但词类倒装句也是在具体的对话语境中呈现的，比如朱德熙提到的例子："买菜了吗？—买了，菜。""信写了没有？—写了，信。"就具备易位句的四个特点，称之为倒装主谓句。在对话链接中，构成了一个话轮，其问答形式结构可以看作是"毗邻式问答"。[18]张伯江、方梅《汉语功能语法研究》(2014)"对话语体的主位形式:易位现象分析"一章认为:"对话语体里在有限的说话时间内把最重要的信息放在句首的处理方法,既是说话人直接的心理反应,也是引起听话人注意的便携手段,在我们所收集到的材料里,96％以上的易位句时出现在对话里。""从功能角度上看,这些句类都是含有强化焦点手段的常规句"。[19]

"系三,比拟之句所以比拟前者,其说语或表语从略。"(海晓芳:比喻句中只有一个核心的谓语。)按,胡以鲁说的是在比拟句中动词谓语或形容词状语省略,即可以称之为谓语省略句、状语省略句。这个省略的前提有两个:一个是在比拟句中,一个是在具有规约性的句子中。比如:"春姑娘！春姑娘！"(谓语省略句)"春姑娘来了。"(状语省略句)现代学者认为,修辞学中比拟、比喻、拟人是有区别的。一般来说,比拟借助丰富的想象,把物当成人来写,或把人当成物来写,或把甲物当成乙物来写。这里不知道胡以鲁是不是有如此区分,如果有区分,究竟指的是哪一种？我们暂且把它看作是比拟形式。

"法二,属语置于其所状词之前。"(海晓芳:定语或状语放在所修饰词之前。)按,定语放在形容词状语之前的句子,比如:"张家的二小子干着急！"张国宪《现代汉语形容词功能与认知研究》(2006)认为这属于"性质形容词作状语",是一种有标记性的功能,尤其是单音性质形容词作状语,其标记性表现得更为明显。具体来说,其组合层面受到韵律限制,也具有凝固化构造倾向。[20]

"系一,若属语与所属语共为体词,或为语调叶和之故,两者之间时用介节词。"(海晓芳:名词做修饰成分时,与被修饰的名词之间可以用介词。)按,在定语修饰的名词性中心语之间使用了介词的句子。比如:"我对他的朋友开玩笑了。""我的关于环境保护的报告已经交给小王了。"但出于语调协和的原因而构成的这类句子究竟属于哪种句子,还需要认识。"他每天都惦记着那个生活在北京的女儿",与语调协和是否有关系？汉语韵律语法构建者认定,各类语体都有自己的韵律选择,其中,符合韵律规则的词语选用是必须注意的配合机制与约束机制的。[21]胡以鲁的观点,就很契合这种看法。

"系二,表时间或方法之疑问语,置于主语之次。"(海晓芳:表时间或方式的疑问副词放在主语之后)。按,在疑问句中,表示时间或方法的疑问语,应该是副词与介词,放在主语之后。表现时间性的副词,往往在句中作状语,比如"价格逐渐降下来了。"日本明治北京官话教科书《官话指南》也有:"你多咱喝了,我没瞧见。""您今儿甚么时候儿回来？"[22]。表示方法之疑问语,是副词还是介词？按现在的说法,副词作状语时一般放在主语之后,只有少数的副词可放在主语的前面。在副词小类中,表示时间的,是很多,但表示方法的却很难见到。是不是指的是表示方法的介词?介词中有一类表示方式类的,比如照、把、用、拿、凭等。比如:"你把他藏在哪里了呢?"这类介词本身无法表示疑问,必须借助于疑问语气助词来实现。由此看来,胡以鲁所说的表时间之疑问语是副词;而表方法之疑问语,则是介词与语气助词构成的惯用句式。

"系三,表时间之语次于主语,表地方之语冠介节而先于说语。"(海晓芳:时间词放在主语之后,方位词前加介词可以放在述语之前。)按,一种是时间介词放在主语之后,与其他名词性成分构成介词结构作状语;一种是介词加上处所名词构成介词结构状语,放在谓语动词之前。胡以鲁论述的焦点是介词的语法功能,比如:"匈奴之祸从我始矣。"(《汉书·苏建传》)"朝从滩上饭,暮向卢中宿。"(岑参《渔父》)

"法三,目语常置于最后。"(海晓芳:宾语常常在句子的最后。)按,表明这是一个述宾结构形式,比如:"我捡到了一串钥匙。"

"系一,属语而述说语所行之方法或地方者,时置目语之后。"(海晓芳:表示方法或地点的状语放在目的语的后面。)按,这是说,表示方法或处所的补语放在宾语后面,比如:"期我乎桑中,要我乎上宫,送我乎淇上。"(《诗经·鄘风·桑中》)

"法四,介节词置其所介语词之前。"(海晓芳:介词常放在名词之前。)按,介词放在名词之前,构成介词结构。

"法五,语助节词置于句读终结处。"(海晓芳:助词常置于句子的最后。)按,助词放在句子之尾,比如语气助词:"光着脚走不了路了啊!"

"法六,助用词置于用词之前。"(海晓芳:助词常放于动词之前。)按,助动词放在动词之前,比如:"可以打他吗?""你不能说不做。""这块铁犁很容易生锈。"

胡以鲁对自己的"吾国语连结配置之大略法则"归纳得很清楚,呈现了他的汉语心理语法理念,即从认知心理构成角度出发,将语法结构与语用范畴结合,显得与众不同。他关注了多种句法结构形式,对内部结构形式的分析也十分到位。

(四)"位置顺序特要于国语"之"语序"问题

在确定了"国语连结配置之大略法则"之后,胡以鲁出人意料地强调了汉语语序,即"位置顺序"研究的重要性,"特要"一词,表明了"语序"在整个汉语语法研究中的特殊地位。为何胡以鲁对"位置顺序"研究如此关注?他有自己的考虑：

> 位置顺序所以特要于吾国语者，一以补屈折语尾等形式之缺，一以补同音异义语过多之缺也。屈折语尾等形式缺乏，则其所属有不明之虞，不得不规定之于顺序。同音异义语过多，则音之所指易于混淆，以位置关系示若何职用，宜为若何概念，使之联想而不致误。（65～66页）

原来，胡以鲁是力避陷入以印欧句法学理论看待汉语句法学的尴尬境地，希望"汉语语法研究摆脱印欧语的眼光"[23]，并根据汉语句法特点的实际，从汉语句法关键性要素切入。胡以鲁在切入汉语句法学关键性要素之前，认识到汉语句法形式与印欧语句法形式相比存在着明显不同之处，即缺少曲折语尾形态变化以及"同音异义语"过多。汉语句法形式缺少曲折语尾形态变化，就会带来"其所属有不明之虞"。印欧语词在句子中固定地"各司其职"，"句子是一套构造原则，词组是另一套构造原则"[24]，而汉语词组和句子则是一套结构规则（沈家煊《语法六讲》7页）。胡以鲁的这个认识，与大多数学者的认识是一致的。汉语"同音异义语"过多之弊，造成了"音之所指易于混淆"问题，则是过去学者很少有人注意的现象，但我们认为，汉语"同音异义语"过多，则很难成为胡以鲁研究汉语句法结构的障碍。因为，汉语"同音异义语"虽然过多，但可以通过字组合形式，改变"词形"来解决，并加以控制，不会对汉语句法研究造成很大的影响。

（五）汉语句法成分功能，其构成语序的灵活性

胡以鲁在20世纪初就重视"以位置关系示若何职用，宜为若何概念"问题。确定语序内部各个成分的"职用"，即语法功能的语序问题，这是十分有远见的语言意识。（100多年来，中外学者对汉语语序问题的研究持续不断，胡以鲁的学说仍然居于十分重要的位置。）但胡以鲁不以此为满足，他从语序及相关法则的变化来看问题，使得相关的汉语句法研究具有了更为深刻的识见：

> 然但以位置，犹有未尽，盖语言所以为语言者，非机械之堆砌，乃有机之语词生存于句中者也，故语连结而表彰思想也。（66页）

胡以鲁认为，确定好了语法成分位置，即语法功能，这只是静态地看待语序问题，与欧美语法理论所认识的语序范畴没有什么区别，所以，才有了"犹有

未尽"的看法。他进一步认识到:"盖语言所以为语言者,非机械之堆砌,乃有机之语词生存于句中者也,故语连结而表彰思想也。"这里有几个观点很明确:其一,句法成分之间关系不是机械而僵硬地按顺序排列的;其二,句法成分在句子中的关系就像一个生物体那样,各部分互相关联协调而不可分,完整而系统,具有旺盛的生命力;其三,句法成分之间一旦发生紧密的"连结"联系,就达到了思想表达的最佳效果,即是王力所说的:"思维和语言是有机地联系着的,不可分割的。"(《人民日报》1982年3月29日)在这里,胡以鲁的汉语心理句法观念显露无遗。

(六)以语音形式介入语序变化研究,音节容量可以弥补词之配置不足

其主意所在之词,或易于误解之词,不置之先,即发以强,此音质之强弱其一也。又吾国语语气之变,大抵无位置之更,为叙述,为疑问,或为正语,为反语,皆以抑扬为之,此音调之抑扬其二也。其他词品之异或感想之差,表以发音之长短,则又以仅少语音表丰富意义之吾国语特色矣。凡此皆以音容补措词之不足也。音容固随时随地而异,措词则今昔略同。(66页)

为了有效地说明自己的观点,胡以鲁转换思考方式,以用为词语的物质外壳形式的音调作突破口,来说明语序之于句法研究之重要性,以及认识语序变化的角度。其一,词之成分是句法发挥作用的关键之所在,如果从读者层面就对之产生了误解,可追寻的原因在于词成分不放置在前面,却发音超强,音质的强弱就造成了这样的效果。其二,汉语语气变化与其位置没有绝对的关系,无论是陈述、疑问,还是正问、反问,都用抑扬的声调表现,声调抑扬造成了句法效果。其三,其他一些词类,词之音节长短成为关注的焦点,以较短的音节表示丰富的语义,由此,用音节容量来弥补词之配置不足的缺憾,而且,音节长短容量"随时随地而异",词之"音容"配置古今大体相同。

(七)先秦汉语语序构成形式之规则与后代汉语语序构成形式之规则大不相同

其不同之例可得而举者:(一)外用词而有弗辞为属语,则代体之目语插入于属语与外用词之间。此例见诸先秦文献者极多。如"莫我知也夫"(《论语》)、"以不女违"(《左传·襄公》)、"莫之敢背"(《桓公》)等是也。(二)其目语虽非代体词而为体词,亦间有置于外用词之前者。如"老夫其国家不能恤"

《昭公》)、"臣死且不避"(《项羽本纪》)等,此殆犹感想语先置之法则也。(三)又有先置目语而于外用词之上更插入代体词者。如"君亡之不恤而群臣是忧"(《僖公》)。(四)体词未见于上而外用词与代体目语亦有颠倒者。如"则予一人汝嘉"(《蔡仲之命》)、"今命尔予翼"(《君牙》)、"帝式之恶"(《非命上》引《仲虺之告》),则又《尚书》时世之特例也。(五)更有属语与被属语颠倒者。如《禹贡》"祗台德先"者,先祗台德之倒;《诗》"逝不古处""逝不相好"者,不逝即不逮之倒。(六)更有兼(四)(五)两例外者。如《无逸》言"大王、王季,克自抑畏。文王俾服,即康功田功"者,俾文王即服康功田功之倒转;《公羊·襄二十七年》传言"昧雉彼视",即视彼昧雉之倒转也。(七)又有介节词与其所介词之倒转。如"启乃淫溢康乐,野于饮食"(《墨子·非乐》引)者,即饮食于野也。又"室于怒,市于色"者,即怒于室,色于市也。以上诸例,今日视之,固后先倒置矣。昔曾为一般语法或为特别方言者殆无疑义。盖舞文弄字,古时所无,惟其参差,且足见其为言文一致记载也。(66~67页)

胡以鲁对汉语语序的研究进入了精细化程度。他列举汉语语序古时与后世不同的几个例子:其一,代词宾语(代体之目语)前置,而插入了否定副词(弗辞属语)与及物动词(外用词)之间。其二,宾语为名词性成分,这当中还有置于动词性成分之前的词,比如否定副词。其三,宾语代词与及物动词谓语颠倒次序,而置于及物动词之前。其四,及物动词谓语与代词宾语次序颠倒,主语是代词而不是名词。其五,否定副词或时间副词与所限定的动词谓语位置颠倒。其六,名词性宾语的修饰语置于及物动词谓语之前,名词性宾语又置于名词性宾语的修饰语之前。其七,动词谓语置于介词之后,而不是置于介词之前构成介词谓语结构。

对这七种汉语语序结构形式,胡以鲁是以动态发展变化的眼光看待的。胡以鲁认为,它们在古代,即从所引例句来看,应该在先秦时代,曾经是常规的汉语语序表现形式,或者是汉语方言的语序表现形式,而且,可以定性为汉语口语语体语序表现形式,也可以认定是汉语书面语语体语序表现形式。因为在那个时代"言文一致",即汉语口语语体与汉语书面语语体一致,没有像后代那样"言文分离",而被视之为特殊语序形式。这种说法是具有十分敏锐而阔大的观察眼光的。后代学者,比如王力《汉语史稿》(1958)语法部分,以及何乐士《左传》与《史记》、《史记》与《世说新语》等研究结果"相映成趣",这可以证明,从胡以鲁开始,汉语语法研究才脱离了静态观念,而进入动态观念之中,殊

为引人注目。这与甲柏连孜《语言学》(1891,川岛淳夫翻译《言语学—その课题、方法、及びこれまでの研究成果》(2009)所述的"旧的语法范畴消亡与新的语法范畴建立"理论十分相似。[25]

李临定《现代汉语句型》(2011)说:"一些语法学者认为,语序(词序)是汉语的一种主要语法手段。其特点是,语序位置固定。其实,语序固定,这只是问题的一个方面。另一个方面,汉语的语序也还是比较灵活的,常常可以变化。""这里需要明确的一个问题是:语序变化的前提是什么。"[26]李临定提到了两条:"1.语序变化前后句子里边各个实词成分之间的语义关系不变,即施事成分和谓语动词的关系不变、谓语动词和受事成分的关系不变、介词短语和谓语动词的关系不变等。2.语序变化前后句子的意思(所表达的内容)不变。"李临定认定的语序变化形式是:受事成分的语序变化;隐现句的语序变化;非意志句的语序变化;存在句的语序变化;介词短语的语序变化等。(480~496页)汪国胜等主编《汉语语序问题研究》(2016)更是集中了许多学者,比如邢福义、李如龙、田小琳、邵敬敏、徐杰、柳英绿等的探讨,涉及了宾语前置、空间顺序对汉语语序的制约、汉语语序变化与结构重组、句法层面的语序与句子层面的语序焦点和语序互动关系、方言接触语序等问题,研究已经非常深入。对我们理解胡以鲁汉语语序理论提供了更为广阔的思考空间。[27]

(八)汉语语法"法因时而变","语无定法",但"语有一般法则"

语法之成立本非名理制定,特以心传心之惯习规约耳。习用则心理上起分化,斯为定法。法有时而参差,盖社会心理之差;法有时而变迁,亦社会心理之变也。

语无定法也。表彰思想之际,得语词而连结配置之,偶为惯习,一经社会之容认,即为语法。类化陶铸,次第而为法则,参差者渐就陶汰而去,至今而存为一语法者,必其适于社会心理者也。然法固由惯习而成者,惯习坚定,虽非法之法而亦存,此各国语法又所以无不有例外者也。例外而占优势,适于一般社会之心理,则又为法矣,法即从此变迁矣。幸吾国语无屈折语尾之变,其表彰之于文字也,又为木强难变之形,各有其义,勉保其名价。虽经连结配置,不相侵越,不失本真。大抵单节之音,语词之实质自虚词外殆古今无所差。位置为语言形式之一,所以补形变之不足表彰思想之机能也。其变迁更微,故其一般法则,有可得而言者。(67~68页)

胡以鲁从关注一般的、具体的语法结构形式，又回归到了语法理论上的概括，即上升到了理论认识上。其一，语法构成之所以形成稳定性结构，并不是人为地制定一套逻辑规则就能决定的，它不过是人和人之间"以心传心"的"习惯形式规则"造成的。彼此心心相印，共同遵守"约定俗成"的社会语法形式规约，久而久之，这些规约就成为人们普遍认可的语法形式，固定下来，就是定法。其二，语法形式，有的时候与定法有些差异，这也是正常的，因为每一个人的个体语法形式不可能是一刀切的。原因在于，每一个人每一个时代，社会心理状态不一样。这种存在着差异的心理认知状态，就决定了语法形式各有所不同。语法形式发生变迁，亦映射着社会之变。人的社会心理决定着语法形式的基本形态。

社会之变造成了人们的心理之变，由此，给人们的印象是：语无定法，即没有稳定不变的语法结构形式。如何理解这个学术命题？胡以鲁认为：

其一，表达思想之际，得到语词，并连结配置，偶然之间，形成习惯，一经社会上人们的认可，就成为语法规则形式。

其二，很多人按照这个模式类化陶铸模仿而构成类同的语法形式，这些语法形式渐渐地被认为是大家遵守的法则。

其三，那些与之相异的语法形式渐渐地被人们所放弃而遭到淘汰，由此，仅剩下了至今仍然存在着的唯一的语法形式。这是社会生活过程中的优选之结果，原因在于，它一定是适应于人们社会心理的。"优胜劣汰""适者生存"，达尔文进化论在这里得到了有效释放。

其四，但也有一种情况必须注意，就是，语法形式固然可以因为"惯习"而形成，但也存在着"例外"的现象。现在许多学者称之为"变异"的语法结构形式。如何认识这种现象？按照历史比较语言学理论，比如"维尔纳定律"，语言变化"例外"是有条件的，语言变化的条件成为解释语言发展变化的有效途径。维尔纳认为："没有一个例外是没有规律的。""那就是说，曾支配一个语言的规律倘有任何例外的话，这例外一定另有原因。"[28]胡以鲁的解释与此有所不同，他从语言的发展变化"量变"到"质变"的辩证原则出发，认为，"例外而占优势，适于一般社会之心理，则又为法矣"。语言现象如果在数量上处于劣势，才称之为规律之外的"例外"，但在历时发展过程中逐渐地在数量上又变得处于绝对优势地位时，这就不是"例外"，而是规律之中的"例内"，又成为新的规律与法则。这是用发展的、动态的眼光看待语言现象的科学范例。汉语句法结构形式的存在也是如此。这种认识，又与19世纪历史比较语言学中青年语法学派绝对的"音变规律无例外"(也可以说"语法演变规律无例外")理论有所不同。青年语法学派讲"类推"。萨斯《语言学》(1898)也论述了文法语形上的"类推"问题。[29]青年语法学派代表性人物布鲁格曼是胡以鲁的老师上田万年在德国留学时的老师。上田万年在《言语学》(1896—1898/1975)中专门介绍"语音变化无例外"理论[30],这说明上田万年对这种理论的重视程度。但胡以鲁没有机械继承布鲁格曼等人的这种理论,而是从另一个角度发展这种理论,比较而言,则更为深刻。拉波夫《语言变化原理:内部因素》(石锋等译,2019)"扩展新语法学派的观点"一节认为,新语法学派原理中的语言条件下的"音变"渐变性与规则性,仍然是有着重要启发价值的,充满着唯物主义精神。[31](603页)这与胡以鲁的认识"异曲同工"。

其五,从认识汉语"意合"特点出发,胡以鲁认为,汉语虽然"无屈折语尾之变",但在"连结配置"构成句法形式的过程中,由文字本身单音节性质所决定,其字词凸显其语法职能作用。语法与词法交相"叠置",扭结在一起。实词语法职能古今大体不变,而虚词语法职能"古今有所差",与实词一道发挥着"补形变之不足表彰思想之机能"的作用。这里有几个观点值得注意:其一,强调了单音节虚词的"语法化"语言形式之性质;其二,单音节词法与句法存在着微小功能变化,但也是不可忽视的一个句法规则。陈练军《汉语单音节语素化研究》(2019)言及"单音节词语素化的词法变化""单音节词语素化的句法变化"与"单音节词语素化的语义变化"存在着一定的关联,也可以证明这一点。[32]虽然如此,其仍然是和句法之"表彰思想之机能"的心理观照密不可分。

第四节　甲柏连孜等学者与胡以鲁汉语心理语法理论"原型"

胡以鲁汉语心理语法理论观念对后来学者的影响还是存在的。比如张世禄《语言学原理》(1931)"语言的内容"一章设"语言之心理基础"、"语句的成立"和"文法范畴和心理的关系"三节,都以"统觉"观念看待汉语语法。(34～48页)这不是偶然的,尽管张世禄未必承认这一点,但毕竟胡以鲁汉语心理语法理论观念在先。张世禄说:"我们把统觉上所得到的经验,分析为两个分子,一个是主辞,一个是述辞,就成了一个简单的语句。我们再把主辞和述辞的观念,加以第二次的分析,便可以得到主辞和述辞的附加辞。"(39页)"从此可以知道各种语言的文法范畴是根据民族心理上的各种习惯。在分析经验的程序上就有一种支配分子的手续,这种支配的手续成了普遍的习惯,就成为各民族的文法范畴。前面说过,经验的分析,有完全的和不完全的两种。支配完全的分析,成了一种心理的习惯,就是措辞的范畴;支配不完全的分析,成了一种心理的习惯,就是形态的范畴。各种语言文法范畴的不同,是根据民族心理习惯的不同。"(41页)

虽然是这样,我们还是要追寻胡以鲁汉语心理语法理论观念形成的背后因素,这是整体性理解胡以鲁汉语心理语法理论过程的必要一环。

海晓芳(2014)强调洪堡特等西方语言学心理学派理论对《国语学草创》的决定性影响。(315~324页)同时,我们也认为这与他的老师上田万年在德国留学期间曾先后师从斯坦达尔、甲柏连孜、布鲁格曼、季弗斯等人有关,上田万年又将这些学者传授给胡以鲁。其中,斯坦达尔又是德国语言学心理学派的创始者。胡以鲁在《国语学草创》中称洪堡特、斯坦达尔、密斯台利等为心理学派,这一派强调通过语言与心理、语言与民族精神的关系来讨论语言问题。洪堡特说道:"某一民族精神特性与其语言的形式是紧密联系在一起的。""语言也就是各民族的精神的外在显现。其语言即为其精神,其精神亦为其语言。二者的同一性怎么强调都不为过。"(317~318页)

海晓芳(2014)又解释道,斯坦达尔是洪堡特的继承者,并且首次将心理学的分析导入语言学之中,而斯坦达尔的学说又经过保罗影响到了亨利·斯威特。也就是说,在《国语学草创》中出现的几个重要的语言学者,都属于心理学派或者受心理学派语言理论的影响。保罗虽然没有出现在《国语学草创》中,但是他的名著《语言史原理》在东京帝国大学语言学科的影响是很大的。因此,《国语学草创》中虽未提及保罗,但是胡以鲁极有可能也受到了他的影响。此外,甲柏连孜(1891)也用"语言精神"来讨论语言问题。可见,胡以鲁直接或间接地受到了德国语言学派心理学派的影响。(318~319页)

我们在姚小平选译的《洪堡特语言哲学文集》(2010)中,可以看到涉及语言学心理学问题的文章,这可以为我们理解胡以鲁《国语学草创》心理语言学思想提供一条路径。洪堡特文章主要有《论思维和说话》《论语法形式的产生及其对观念发展的影响》《论语言的民族特性》《论人类语言结构的差异》等。姚小平引用了洪堡特几句话表明了这个意旨。洪堡特说:"即使在纯语法研究的领域里,我们也绝不能把语言与人,把人与大地隔绝开来。大地、人和语言,是一个不可分割的整体。"(序言,1页)《论思维和说话》说:"思维的某些部分统一起来,构成一些单位;而这些单位本身又作为要素区别于一个更大整体的其他要素,以便成为对立于主体的客体。这样的一些单位所具有的感性表达在最广的意义上便可以成为语言。"(1页)"语言与第一个反思行为直接相关,并与之一同发生。在含混无序的欲念状态中,客体为主体所吞噬,而当人从这一状态中觉醒并获得自我意识之时,词也就出现了;词仿佛是人给予自身的第一个推动,使他突然静下心来,环顾四周,自我定向。"(1页)

对汉语与思想的关系,洪堡特也有比较详尽的论述,比如他在《论汉语的语法结构》中说:

汉语指望知性担负起更多的劳动,比任何其他语言要求知性付出的都要多,它只向知性暗示概念之间的关系,几乎不让知性拥有任何有助于理解的自动的手段;甚至连言语的组构,也几乎完全建立在观念序列和概念的相互限定关系的基础之上。就这样,汉语激发起并维持着针对纯思维的精神活动,避开一切仅仅属于表达和语言的东西,这是汉语的一个优点。有些语言所依赖的基本原理是,在言语的组构中把所有的成分都联系起来,使得词的语法形式对思想的表述产生相当大的影响,对于这样的语言来说,只是在一定程度上以及在个别的词序中才显示出类似汉语的优点。(136~137页)

汉语区别于具有完善的形式标记的语言之处在于,这些语言将一种明确的形态赋予了系结为言语的词,而词借助由此获得的特性,便对思想的表达产生了积极的影响,使思想内容附带上它本身并不具备的种种限定关系;汉语则不这样做,它没有使词获得一种足以对思想内容产生反作用的特有性质,而是仅仅驻留在思想内容上面。在把思想内容用语词包裹起来的时候,汉语尽可能不依靠语言的特殊性质进行构造。所以,为了刨根问底,我们要提出这样一个问题:当语言借助完备的形式标记对思想内容产生反作用时,与此相应在心灵中究竟发生了什么?既然在汉语里不存在这一反作用,或其影响微不足道,那么,在操汉语者的精神中缺少了什么?要想弄清楚这个问题是很困难的,不过我想说,能够导致上述作用效果的心灵力量乃是一种想像力,它努力要通过语音把标记赋予思想,那些拥有完备的形式标记的语言,得益于想像力的强有力的活动,反过来又更强烈地作用于想像力,而在汉语里,想像力和语言之间却不存在这样的相互作用。由此,一种拥有丰富的语法形式的语言结构也就得以使其有益的影响施及整个思维系统。这种语法形式看起来似乎无关紧要,然而正是它们提供了扩展句子和构造复合句子的手段,从而使精神更自由地发展起来。思想在头脑里构成一个连续不断的统一体,而在一种把所有的词有机地联系起来的语言里,思想的统一体可以保持其恒定的特征。这两个方面的结合,便使得一种形式完备的语法结构具有双重的优点:一方面,它赋予了思想更大的活动空间和更丰富、更细腻的色彩。另一方面,它更准确、更忠实地表达了思想。此外,这种语法结构也以语言形式的均衡配置和语音联系的和谐一致陪伴着思想。这两点同样合乎思想以及心灵感知的要求。一种语法若不设法利用语言自身的种种优势,至少不可能在同样的程度上赢得这样的优点。(135~136 页)

我们看到,胡以鲁的老师上田万年教授在《言语学》中多次提到过语言与心理(46 页)、思想与语言(69 页)的关系。语言与心理、思想与语言关系成为关注的焦点问题。

上田万年曾与金泽庄三郎合作翻译了萨斯的《语言学》(1898)。萨斯曾列有"比较语言学定义及其心理学和音声学关系"(33~35 页)、"思想和语言不可分离"(210 页)、"语言由思想感化"(210 页)等章节加以论述。

上田万年的学生保科孝一《言语学讲话》(1902)第四章,谈"语言和思想的关系"时也用了很大的篇幅论述这个问题。[33]

其实,上田万年老师甲柏连孜的《语言学》(1891/2009)就涉及了语言与心理关系的许多问题,比如对"人类语言的概念"理解,就说:"人类的语言,是从音声分节开始而表现思想的。"(5 页)在"语言学所具有的地位"中,讲到语言学与民族学的关系,他认为:"民族语言,很直接地表现其民族精神生活。它依存于民族,与民族发展息息相关,语言从而成为民族历史上的一个不可分割而极其重要的组成部分。"(14 页)在"语言研究者之训练"一章中,甲柏连孜专门设置"心理学之训练"一节,就"思考与说话""作为世界观的诸种语言"话题进行讨论。在"言述的内容和形式"一章中,列有"语顺(语序)"一节(350~373 页),其中谈到了"心理的主语、述语"问题。比如把动词放在主语之后,按顺序安排结构,给人的感觉是心理上的行为负载在语言上,所以称之为心理主语,他举了两个汉语的例子:"雨下了。""雷鸣。"以语序优先为原则,而不是考虑到逻辑上的规定。"下雨""打雷",允许"逆语序",而表述行为焦点放在了动词述语上,也是心理上的行为负载在语言上的结果。(357~358 页)在"语言评价、语言之价值规定诸观点"一章,甲柏连孜谈到了"文法和国民的思考习惯""客观契机和主观契机"问题。他说:"人类的语言,将之构成要素加以分解、配列、结合就成为思想。民族的语法,确实表现了民族的习惯,由此,'言述'存在着主观性态度和客观性课题问题。"(418~440页)

甲柏连孜《汉文经纬》(1880/2015)第一卷"导论和概述"第四章"语言结构的基本规律"谈到"一般词序规则",用了"心理主语"术语[34],他说:

> 从说话的对象开始,一步一步按照次序构造话语,使得所有的句子成分构成,就说话对象而展开完整的陈述,应该是合乎自然的操作。对此,中国人的需求至少不会低于我们。言语的直接对象是心理主语,但心理主语并不总是等同于语法主语(也即欧语的主格),而是可以由其他句子成分充当。如表示时间或处所的成分、语法宾语及其属格形式,等等。这类充当心理主语的词必须从句法联合体中挣脱出来,获得绝对独立的地位。在这方面,汉语的做法很像法语:"您的兄弟,我有关他的消息。"等等。在叙述体中,习惯先说时间,再说地点,然后才轮到时间的主体(主语)。例如:"秋,七月,辛酉,叔老卒。"(《春秋·襄公二十二年》)

在第三卷"综合系统"第二篇"单句"中,设置了"心理主语、倒装"一章。其中,"心理主语,绝对位置"(647~652页)讲到:

> 出于不同的原因,人们有时会不顾一般有效的词序规则,或者在不损害一般词序规则的情况下,特别突出某些句子成分:(1)为了突出心理主语。至于是否同时又担任语法主语,则无关紧要;(2)为了强调某个其他句子成分,使之获得常规词序无法赋予的色彩;(3)为了用一种划分得更清晰的句式代替原本拖沓或含混的句式,即把多词的句子成分从组合中提取出来;(4)为了取得优雅的效果,使单调划一的句子构造时而有所变化。
> 心理主语,无论是否同时又兼任语法主语或宾语、副词,或者某个句子成分的属格,也无论两个句子成分的关系如何,都始终发挥起句的作用。假如一般句子规则遭到破坏,某个句子成分被推至句首,而那里并不是它习惯出现的位置,人们便赋予它某种绝对的地位,即让它独立于句子组织,并且在句子组织中通过相应的第三人称代词来指代。比如"五母之宅,树之以桑。"(《孟子·梁惠王上》)

甲柏连孜的汉语心理句法学理论相当成熟，"心理主语"发挥负载句子大部分功能的作用，在语序中具有"绝对地位"，并主动地促进句子构造发生变化，其解释理论，在当时的西方世界里是独树一帜的。胡以鲁熟悉甲柏连孜《语言学》与《汉文经纬》，加之其老师上田万年极力推崇，上田万年的学生及后学猪狩幸之助、后藤朝太郎、儿岛献吉郎、广池千九郎以之为"模本"，构成一个"汉语心理句法理论"研究模式，已成为必然，丝毫也不奇怪。

保罗《语言史原理》(1965)第15章，专门谈"心理的范畴与文法的范畴"，以及"由构文论而见分节的推移"问题，都和心理语法理论相关。[35]

岑麒祥曾发表《心理学和哲学对语言研究的贡献》(《国外语言学》1980年第6期)一文，文中提到了保罗、斯坦达尔，另外还有拉札鲁斯、冯特等的理论。岑麒祥强调说："冯特的语言心理学也完全是为历史语言学服务的。语言心理学的任务就是指出语言的历史演变中表现出来的心理过程，用这个理论可以解释几条发展路线所遵循的方向。"岑麒祥还补充说："叶斯伯森一心总是想求助于心理学或心理分析来解释语言的历史现象。"岑麒祥评论道，可是这种历史方向却不能使心理学的方法和结果与语言的科学研究真正结合起来。心理学对于理解语言的助益无可争辩地首先是在共时方面。所以，语言心理学在语言学中获得比较重要的地位，只是从索绪尔开始，而且是在近代语言学改变了他的态度之后。我们认为，岑麒祥的看法对我们理解胡以鲁心理语法理论很有启发意义，这实际上等于让我们既看到了胡以鲁心理语法理论的某些缺憾，也看到了其结果如何，由此更深刻地理解其存在的方式与方法的意义和价值之所在。

第五节　胡以鲁理想之汉语标准——"文典语法"模式说

胡以鲁的"词法"与"句法"心理学说，已经十分明了，但这并不等于是其心中的理想模式，那么，他心中的理想语法模式是什么样子呢？这可从其第八编"论标准语与标准音"所述谈起，胡以鲁说：

然语无自然法，言又人人殊，不作之则，有不知适从者矣。况当国语统一之初，标准所在惟此是赖乎！吾国无语法书，有之，惟马建忠氏之《文通》，然说明古文,且一以拉丁文法为原则,非今语法,尤非纯粹吾国语法也。谨案:语法书宜分音声、词品、词句三篇,而各宜为固有之说明,不必悬印度日耳曼语法之一格而强我以从也。(101页)

从这段话可以看出,胡以鲁自己心中理想的汉语语法模式,肯定不是《马氏文通》式的。对《马氏文通》式的汉语语法模式他有两点不满意:一是只研究文言语法,却"非今语法",即不研究白话口语语法,也就是今天所说的现代汉语语法;二是"以拉丁文法为原则",生搬硬套,不符合东方汉语的实际。胡以鲁这两点批评,与后来学者们对《马氏文通》的批评观点几乎一致。说明胡以鲁批评《马氏文通》是切中要害了的,开中国批评语法理论的风气之先,胡以鲁可以说是中国最早反思《马氏文通》语法理论弊端的学者之一,他的认识非常深刻,极具前瞻性眼光。

但胡以鲁用意不在这里,他是一个"有破有立"的学者,"破"是为了"立"。那么,胡以鲁立的方向是什么呢?很显然,胡以鲁立的方向就是走出近现代印欧语法理论模式,即专为研究语法而研究语法,不涉及其他语言学学术领域的内容。胡以鲁认为,研究语法,要做到构建"音声、词品、词句三篇"的结构形式,这才是理想的汉语语法研究理论模式。如此,在他的语法研究模式中,加入了研究语音的内容,而不是单纯而常规的《马氏文通》式的研究语法理论模式。

这种汉语语法研究理论模式在中国过去是没有人构建的,但在这里却成为胡以鲁的一大创举,应该如何去理解胡以鲁所倡导的汉语语法研究理论模式?

我们认为,胡以鲁的这种汉语语法研究理论模式,是借鉴了日本的《汉文典》汉语文言语法研究模式的结果,并非他的独创。日本《汉文典》汉语文言语法理论模式,以猪狩幸之助《汉文典》(金港堂,1898)为代表,以语法内容为主,设置品词篇、单句篇、复句篇,还有文字与音韵内容,等于将中国传统小学理论与欧美语法理论结合在一起,由此而构成的新的语法研究理论模式,被学者们称之为"文典语法模式"。对此,我们曾经有过研究(李无未《日本近现代汉语语法学史》,商务印书馆,2018)。"文典语法模式"的优势在于,既照顾到了汉语语法研究的内容,又将与汉语语法研究相关的语言学领域,比如语音学、词汇学、文字学等内容加以整合,使得东西方汉语语法学理论集中到一个交汇点,是具有强烈东方色彩的汉语语法研究理论模式。

胡以鲁的同门,也是其老师辈分的新村出曾经写过《日本文典的两种——规范的文典与历史的文典》一文(《新村出全集》第二卷,1977:245～278页)。他认为,理想的日本文典应该是分为总论与本论两大部分。总论部分主要论述语音、词汇、文字,而本论,主要是论述语法内容。语法内容包括语法学理论、语法学实际两部分,当然,要以规范和历史两个视角构筑语法体系。新村出追根溯源,说道:"印度系统的文法学传统,也是音声法与文法的结合,历史悠久,欧洲人接受印度文法学理论的时候,抛弃了这个文法传统。"[36] 胡以鲁汉语"文典语法"理论模式是不是与新村出所述语法理论相关?我们认为,一定相关,最起码胡以鲁"文典语法"的理论来源应该是清楚的,只不过研究的对象语言不同罢了。

胡以鲁理想之汉语标准的现代汉语"文典语法"模式的提出,为中国之汉语语法理论的发展指明了一条新路。可惜,100多年来,中国学者,除了来裕恂(1873—1962)以研究汉语文言语法为目的的《汉文典》(1906)之外,基本上忽略了这个模式,没有几个后继者,这确实是一个明显的汉语语法理论倾向。

"一切文法规则都有漏洞",林语堂曾引用 Edward Sapir(爱德华·萨丕尔)的名言,来给自己的《开明英文文法》(张沛霖译《汉译开明英文文法》7页,开明书店,1941)解嘲,所以,他称自己的书是一本没有规则的文法书。用萨丕尔"一切文法规则都有漏洞"意识来看待胡以鲁汉语"文典语法"研究理论,漏洞也是有的,比如希望建构汉语现代语法的范畴框架,却还把"文典语法"的文言语法旧框架拿来作为标准,这好比"穿着西装戴斗笠",有点不合时宜。

注释:

[1] 邵敬敏《汉语语法学史稿》73～75页,上海教育出版社,1990。

[2] 邵敬敏、方经民《中国理论语言学史》32～38页,华东师范大学出版社,1991。

[3] 海晓芳《文法草创期中国人的汉语研究》365～372页,商务印书馆,2014。

[4] 何群雄《中国语文法学事始》,三元社,2000年12月。

[5] 内田庆市《〈马氏文通〉以前中国人的语法研究——关于毕华珍〈衍绪草堂笔记〉品词分类法》,《关西大学中国文学会纪要》第26辑,2005。

[6] 李无未《日本近现代汉语语法学史》,商务印书馆,2018。

[7] 村上秀吉《中国文典》,博文馆,1993。

[8] 猪狩幸之助《汉文典》,金港堂,1898;儿岛献吉郎《汉文典》,富山房,1902;广池千九郎《中国文典》,早稻田大学出版社,1903。

[9] 《高名凯语言学论文集》19页,商务印书馆,1990。

[10] 陆俭明《现代汉语语法研究教程》第四版,北京大学出版社,2013。

[11] 鲍·J.霍伯尔、伊丽莎白·克劳丝·特拉格特《语法化学说》(第二版)1页,梁银峰译,复旦大学出版社,2008。

[12] 沈家煊《语法六讲》,商务印书馆,2011。

[13] J.G.赫尔德《论语言的起源》,姚小平译,商务印书馆,2014。

[14] 西田直敏《日本文法の研究》,和泉书院,1993。

[15] 张黎《汉语意合语法学导论——汉语型语法范式的理论建构》3页,北京语言大学出版社,2017。

[16] 丁声树等《现代汉语语法讲话》,商务印书馆,1961。

[17] 陆俭明《汉语口语句法里的易位现象》,《中国语文》1980年第3期。

[18] 刘虹《会话结构分析》120～123页,北京大学出版社,2004。

[19] 张伯江、方梅《汉语功能语法研究》,商务印书馆,2014。

[20] 张国宪《现代汉语形容词功能与认知研究》43～46页,商务印书馆,2006。

[21] 冯胜利《汉语韵律语法问答》237页,北京语言大学出版社,2016。

[22] 杨杏红《日本明治时期北京官话课本语法研究》156～170页,厦门大学出版社,2014。

[23] 沈家煊《语法六讲》1页,商务印书馆,2011。

[24] 朱德熙《语法答问》,商务印书馆,1985。

[25] 甲柏连孜《语言学》(《言语学―その课题、方法、及びこれまでの研究成果》)248～249页,川岛淳夫译,同志社,2009。

[26] 李临定《现代汉语句型》,商务印书馆,2011。

[27] 汪国胜等主编《汉语语序问题研究》,华中师范大学出版社,2016。

[28] 裴特生《十九世纪欧洲语言学史》291页,科学出版社,1958。

[29] 萨斯《语言学》251页,上田万年、金泽庄三郎译。金港堂,1898。

[30] 上田万年《言语学》249页,教育出版,1975。

[31] 拉波夫《语言变化原理:内部因素》596～603页,石锋等译,商务印书馆,2019。

[32] 陈练军《汉语单音节语素化研究》,社会科学文献出版社,2019。

[33] 保科孝一《言语学讲话》41～50页,宝永馆,1902。

[34] 甲柏连孜《汉文经纬》141～142页,姚小平译,外语教学与研究出版社,2015。

[35] 保罗《语言史原理》248～288页,福本喜之助译,讲谈社,1965。

[36] 新村出《日本文典的两种——规范的文典与历史的文典》,《新村出全集》第二卷245～278页,筑摩书房,1977。

第七章 《国语学草创》：
从汉语方言史谈到汉语标准语

在《国语学草创》第七编"论方言及方音"中，胡以鲁用一种独特的视角来看待中国各地方言分区及其方言区形成过程，虽然并未对各类方言一一细致描写，但这种主动从宏观的角度来对民国前的中国方言问题进行的探讨，对后来的汉语方言史研究起到了非常重要的引领作用，可以称之为后世方言史研究的理论"预设"。同时，作者的视野并不局限于对中国区域方言的审视，由于胡以鲁留学东瀛，其语言学思想深受其老师上田万年以及德国语言学家甲柏连孜、保罗等人的影响，并以欧洲各国的不同语言的方言形成过程，来与中国各地方言的形成过程作对比，因此，其汉语方言史观更具世界性、国际性，这是他之前乃至当时中国很多语言学家所无法相比的。

中国在历史上一直处于"分久必合，合久必分"的状态，虽然各地方言歧异，但是每当中国处于统一状态时，一些统治者必然会想到制定官方语言标准的问题，此即雅言或正语、官话的标准的由来，这不仅仅是统治者语言上的使用需要，更是政治的需要，无论是秦始皇的"书同文"，还是后世民国政府规定以"北京话"为基础来制定国语官话，都是一种对汉语实行"标准化"的语言权力行为。那么，从古至今，汉语"标准化"的政策是否具有一定的连贯性和共通性，是否具有差异性，汉语的标准语和标准音的制度性规定是否有一定的评判理据，这些也是当前学者研究的热门话题。

胡以鲁在《国语学草创》中，也对这一课题进行了阐述，这可见于第八编"标准语与标准音"。作者列出了古今中外一系列"标准语及标准音"的制定标准和制定依据，并且给出了制定"标准语及标准音"的方法和手段，涉及了语言政策等相关内容，这应该是中国近现代较早的语言政策及其相关问题的研究文献之一。下面我们将具体阐述一下胡以鲁《国语学草创》是如何由汉语方言及方言史研究而进入汉语标准化以及汉语语言政策研究的。

第一节　方言的产生与汉语方言史

胡以鲁对于方言史的阐述,大多集中于第七编"论方言及方音"当中,在该编开头,胡以鲁阐述了中国方言之差别产生的原因:

吾国方言发音之差剧甚,常人云然也。然以吾辈观之,论方言方音于吾国决不得谓之甚,何也？吾国百四十万方哩之大国也。就地势言,有高山峻岭,有长江大河,有平原,有海岸,所谓洋海大陆性之差及交通之不便,亦甚矣。就历史言,所谓汉族者,由西北来居于黄河沿岸之若干部落耳。与异族争,渐征服之,恢张其势力,树国族于斯。然有史以来,外患未尝绝也,特类化力强,能吸收外族,同化而融合之耳。尧舜时之苗、周代之玁狁、秦汉之匈奴、晋之五胡、唐之突厥,以至宋之契丹、蒙古,自明迄今之满洲,无不然也。方言方音云者,广义言之,本于社会心理之差异耳。则地域扩大,历史绵亘,外人之接触纷杂,斯语言异方而殊致者,必至之势,自然之理也。不见乎彼罗马语族乎？法兰西、意大利、西班牙、葡萄牙、罗马尼亚等别为如许国语者,由一语族而分歧者也。是无他,当日罗马文明为文明程度较低之民人所破坏,罗马之语言遂于罗马人势力不及之地,随诸民族地域之蔓延,时世之代更,而与之俱变耳。吾国域之广,非欧洲一部比;外患之烈,殆犹哥儿人(Gaul)之于罗马也。然所谓方言者,固犹不若彼国语之大差,大别之十部而止,实质之差可征知,其音更不过舒促开闭而已。是又何也？非积极的之一致,消极的有防止纷歧之一大势力在也。语言之状态,与其社会状态相照应。汉族犹在部落时,其方言方音之多,不难想见也。盖尔时武力虽及于就近诸部落,不有统一,固未尝有文化也。人民惟龌龊于生存之竞争,日以敌视排斥为事,故语言发达上亦发生种种之特色,而方言方音以多。然汉族之发达也,文化之中心定,部落团结而为国民,方言亦统一而为国语。文化中心,诚防止方言方音之一求心力也。(82~84页)

对于中国方言产生的原因,胡以鲁总结了以下几点:

其一,地理原因。"吾国百四十万方哩之大国也。就地势言,有高山峻岭,有长河大江,有平原,有海岸,所谓洋海大陆性之差及交通之不便,亦甚矣。"我国地形复杂,很多地方相互隔绝,所以导致交通不便,使不同地方难以相互交流,久而久之,其语音词汇也变得各不相同。

其二,历史原因。"就历史言,所谓汉族者,由西北来居于黄河沿岸之若干部落耳。与异族争,渐征服之,恢张其势力,树国族于斯。然有史以来,外患未尝绝也。特类化力强,能吸收外族,同化而融合之耳。尧舜时之苗、周代之玁狁、秦汉之匈奴、晋之五胡、唐之突厥,以至宋之契丹、蒙古,自明迄今之满洲,无不然也。"中华民族大部分人是汉族,而汉语是汉族所使用的语言,在中国几千年的历史当中,不但一直在与其他族群抗衡,同时也在与其他族群融合。汉族以其绝伦的包容力、文化融化力使这些族群融化,即使对方作为外来征服者也会被汉族的文化融化(例如清),使其产生文化认同感,并将汉语作为自己民族的语言。但是其他族群、其他地域的人民使用汉语作为其常用语言,也是融合了其原有语言、原有习俗等文化因素而形成了当地特色的。历史上与汉文化融合的民族不计其数,那么汉语形成诸多方言也就不足为怪。

其三,心理原因。"方言方音云者,广义言之,本于社会心理之差异耳。则地域扩大,历史绵亘,外人之接触纷杂,斯语言异方而殊致者,必至之势,自然之理也。"作者认为方言形成的最后一个原因是在地理、历史、社会等要素综合作用下,各地区人民的心理因素不同,各个地区都有其特殊的历史地理文化特质,这造成了各地人民的语言习惯和语言观不同,也导致了各地的方言也产生较大的差异。

其四,政治原因。"是又何也?非积极的之一致,消极的有防止纷歧之一大势力在也。语言之状态,与其社会状态相照应。汉族犹在部落时,其方言方音之多,不难想见也。盖尔时武力虽及于就近诸部落,不有统一,固未尝有文化也。人民惟龌龊于生存之竞争,日以敌视排斥为事,故语言发达上亦发生种种之特色,而方言方音以多。"中国在历史上有很长一段时间并不处于统一状态。其时,各个政权之间战争频繁,人民彼此仇恨,所以对敌方的语言文化也有一种抵触排斥的情绪,很难接受相互间的文化语言融合,所以各地的人民会在语言心理上较为保守,生活上更偏重于使用自己本来的语言,导致各地的方言方音逐渐形成差异。

同时,胡以鲁认为,中国的方言以及方音其实"决不得谓之甚",相比较于欧洲,中国的方言其实并非差异很大,"然所谓方言者,固犹不若彼国语之大差,大别之十部而止,实质之差可征知,其音更不过舒促开闭而已"。为什么呢?作者以欧洲为例,他认为欧洲法兰西、意大利、葡萄牙、德国,皆出于"罗马语族",但是其语言不相同,有的国家之间语言差异极大,若把以前罗马帝国的疆域看作一个整体，那么，其分裂出的欧洲各国的语言也可看作为一个国家内部不同的方言。他分析道："不见乎彼罗马语族乎？法兰西、意大利、西班牙、葡萄牙、罗马尼亚等别为如许国语者，由一语族而分歧者也。是无他，当日罗马文明为文明程度较低之民人所破坏，罗马之语言遂于罗马人势力不及之地，随诸民族地域之蔓延，时世之代更，而与之俱变耳。"胡以鲁认为罗马文明程度较高，能够影响其他文明，即使罗马被一些"蛮族"所征服，这些"蛮族"也不同程度地接受了罗马文明和语言，其接受的程度各不相同。而这些被罗马文明和语言所影响的族群，由于时间和空间的变化，逐渐形成了自己独特的文化和语言。虽然其源头皆为罗马语言文明，但是由于以上原因，这些族群的"罗马方言"最终发展成了法语、意大利语、西班牙语等独立的语言。中国方言方音的"其音更不过舒促开闭"与之相比，的确差异没有那么大了。

胡以鲁认为中国有很长一段时间处于分裂状态，这应该是方言方音形成的原因之一。那么中国如果处于统一状态，是否就能消弭各地方言方音之间的差异呢？胡以鲁否定了这种可能：

然云统一，亦程度之相去耳！方言因是而杀，不因是而止也。语法已然，语词、语音更甚。先秦文词倒置之例，语法差异之残影也。至语词之差，则《尔雅》《方言》之训诂，六书之转注，皆其例征矣。《释故》训三十余语为一意；《方言》训大者十二语，训至者七语，而云别国之言，初不相往来，俗语不失其方。可知闭关之世，各操土风，同义异音语不若是其多。同义异音语之起，大抵方言方音之侵入也。社会组织统一于文化，所谓方言方音者，亦统一于文字。或为俪语，或为转注语，通用于大社会之中，致吾国语于大同者，此也。虽然，方言方音之远心力，未尝已也。虽经一时之统一，发达变化无已时。诸种变化偶发生于一区域一阶级之中，及其特质庞大也，则又成一种方言矣，是亦语言自然运命也。（84 页）

胡以鲁认为，即使中国在政治上处于统一的状态，也很难完全消弭方言方音间的差异，"方言因是而杀，不因是而止也。语法已然，语词、语音更甚"。语法、词汇以及语音上，都很难达成统一。语法方面，"先秦文词倒置之例，语法差异之残影也"。词汇方面，"至语词之差，则《尔雅》《方言》之训诂，六书之转注，皆其例征矣。《释故》训三十余语为一意，《方言》训大者十二语，训至者七语"。语音方面，"同义异音语不若是其多。同义异音语之起，大抵方言方音之侵入也"。胡以鲁以上述语例证明，无论从语法、词汇还是语音方面，消弭各方言之间差异的困难很大。国家组织所能做出的最大努力，无非就是"社会组织统一于文化，所谓方言方音者，亦统一于文字。或为俪语，或为转注语，通用于大社会之中，致吾国语于大同者，此也"。能够像秦始皇那样，做到"书同文"已经是极限了。那么在统一时，没有了部族之间的征战与仇恨，是不是就不会产生新的方言方音呢？胡以鲁认为："虽经一时之统一，发达变化无已时。诸种变化偶发生于一区域一阶级之中，及其特质庞大也，则又成一种方言矣，是亦语言自然运命也。"社会各个阶层不同的生活状态，形成了不同的阶级，各个阶级由于其生活状况相差甚大，所以其使用的语言也各不相同，因此，又形成了新的方言。在国家统一之时，统治阶级所使用的多为"雅言"或"官话"，而底层百姓则因为受教育程度，或其他原因，许多人不会说"雅言"或"官话"，阶层的差异、文化的差异，也往往导致了方言的差异。在欧洲，曾经很多贵族阶级以使用法语为荣，而平民则不能也不愿使用法语。胡以鲁在此提出的"阶级差异导致语言差异"的观点，就具有了社会语言学研究的意义，在中国，他应该是最早进行社会语言学研究的学者之一。

我们引申理解胡以鲁理论，认为它与社会阶层分化和社会制度的形成有很大的关系。夏启之前的尧舜禹时期，中国处于准国家形态，有的人称为"部族联合体"时代，阶层开始分化。从夏启开始，中国进入了国家形态，但没有脱离"酋邦"性质。有学者研究春秋时期贵族生活，通过他们的研究成果，可以了解到一些社会阶层的分化与社会制度演进的情况。[1] 而阶层的分化，其语言的"阶层意识"已经产生.而且有一定的强制性。霍贝尔《原始人的法》说："首领关系的制度化"，"意味着作为官吏的首领的权力的固定化"。语言也应当如此，"语言的等级制原则"，规定了阶层语言的形成。[2]

拉波夫社会分层语言理论是另外一种模式。威廉·拉波夫《纽约百货公司(r)的社会分层》(祝畹瑾《社会语言学译文集》120～149页，1985)叙述道，贝尔纳·巴柏(Bernard Barber)下的定义：社会分层是社会分化和社会评价的结果。使用这个术语，不是指哪个特别类型的阶级或等级，而只是表明社会的正常活动方式已经在一定的集团和人群之间形成系统的差别，而且分层的形式已被公认是地位或声望悬殊的体现。[3]

社会阶层"语言的等级制原则"与社会分工上的等级意识相适应，按照一定的"礼"的规范而形成了社会阶层各类角色语言。从社会结构来看，体现的是社会关系的高低层次语言规范的差异。[4]

社会不平等往往造成语言学不平等。英国学者 R. A.郝德森《社会语言学》(卢德平译,1989)第五章"语言学不平等和社会不平等"(226～270 页)指出,在每一种情况下,语言学不平等既可以看作是社会不平等的原因(自然还有许多其他因素),也可以看作其结果,因为语言是社会不平等借以一代一代持存下去最重要的因素之一。即可分为三种:其一,主观不平等。语言以其变体示差形式,如语言偏见对社会不平等发挥了影响作用。其二,狭义语言学不平等。语言学不平等和人们所知道的语言学项目相关,比如某些个体拥有特殊领域方面的一整套丰富的技术术语,而别人没有或不具备。其三,交际不平等。即指使用言语和其他人相互作用时所需要的那种知识或技巧。它还包括说话者在选择语言学变体的变异成分时所采取方式上的不平等[5]。胡以鲁所述统一以后方言差异形态的构成原因,从理论上说,也会存在如此要素。

胡以鲁在文中认为,即便是在统治者以制度规定强行将文字统一之后,学者通过"开转注之例,作训诂之书,网罗方言,作之俪语"的方式,试图将各个方言纳入统一的汉语标准模式中,但肯定也是收效甚微的,方言之间依然会存在着一定的差异的。其差异主要表现为 6 个方面:

1.一个字在不同方言中的读音不同。"一字而有二音三音,辗转而后,不知所本,无所适从,乃起方言。如衣服开曰'襓',从声类读如启,依多声读如义。此例更于论谐声中言之,方言中此种现象最多。"

2.一个音在不同方言中所属的字不同。"一语而有二字,声近相乱,乃起方言。如去曰'朅',字犹作去,是朅去双声而相乱也。又吃曰'啜',书犹作吃,是吃啜叠韵而相乱也。"

3.不同的方言,单语词后有不同的附属语。"于单语词之下,加添双声叠韵之形式附属语。如'楬'曰楬刺,'纥'曰纥怛,'釜'曰釜卢等是也。"

4.由古语而类推得出的结论不同,导致方言用字用词不同。"由于类推作用。如'贞'古音同打,贞卦曰打卦,侦听曰打听,盛饭亦曰打饭。又称尾曰尾'巴',面之辅遂曰辅巴,孔之魄曰魄巴等是也。"

5.由于音声相近导致语义发生变化。"由于音声相近之通借。如'赖诈'实据地不起意之赖菱也。'鞭在鼓里'者,受欺于人谩在兆里之谓也。"

6.由于语义相近,导致一些方言混淆而改变字的使用方法。"由于意义相近之通借。如'叉',交叉之意也,凡两手抱持皆通曰叉。'用',使用之意也,凡享受之意亦通借曰用。"

胡以鲁的结论是:"以上所述,犹几分性质之差也。又有同一语而发音有

程度之差者,则大体可以开闭舒促治之。""开闭舒促"涉及了具体的有差异的语音要素,他进一步认为:

四声中平上去三者,舒音也。入声则加尔雅林的氏(Oarl Arendt)所谓吸入音,盖促音矣。故晚近入声之消灭,无非音声余韵(Rhyme)之舒展耳!鼻音,半开音;元音,开音也。既述之矣,故鼻音收声之消灭而音化也,亦无非开闭之差。又韵之组织亦得别之以开闭,闭障音、破障音等一时的断续之音,闭音也。摩擦音则延引的继续音,即开音矣。沿革上闭障音、破障音等之渐弛缓也,则又渐倾向于开音耳。闭障音、破障音之软化及诸韵之喉音化,其著例也。故开闭之差,吾国语音韵史之关键也。方音之消长得于是知之。(86~87页)

在这里,胡以鲁将传统"开闭舒促"术语用现代语音学术语重新加以对应解释,使得模糊含混的术语内涵更为清晰化了。在这里,他提出了"国语音韵史"的学术范畴,是极具开创性意义的。

胡以鲁对汉语区域方言的发展历程进行了梳理。他认为,汉族来源于"西方秦蜀,或更自远西",经过迁徙,"经秦蜀而来住于巨川沿岸者,历史足征也。巨川沿岸宜于聚居,生长繁滋,衍方五千里之地;河卫之北,江淮之南,无几皆汉人居焉"。但是巨川两岸的汉族居民,被巨川所分割,成为不同的部族,"此间自然被江河之影响而分为南北,河卫之岸谓之唐虞,江汉右左谓之夏楚。"于是随着时间的推移,两岸民众的生活习俗逐渐不同,其语言也大不一样,"方音之差,随社会之分裂而起,舜乐以南风,纣以北鄙,刘向已辨之矣。"胡以鲁对夏商时代远古汉语方言差异产生的原因进行了推理。

胡以鲁认为,到了周朝,疆域扩大,北方很多族群被群山所阻隔,其生活习俗与语言便产生差异,而南方的楚国因为种种原因其音声又与中原产生了差异,后来经过战乱、各地居民迁徙等原因,北音传入南方,南音又影响北方,可是由于我国国民性保守,传入地居民称这些外来音为"蛮音",无法接受。所以无论是南音还是北音都无法完全取代当地原来的土音,却又对当地的音声产生了影响,这就又产生了新的方言。其阐述如下:

降至先周,其王宅东南以大山为畛域,而岱南曰徐、曰扬,皆羁縻于周。周人作四始,北音乃流入于南(取《说苑·修文篇》义)。古北方但有五声,至文武始增和穆二变征。和穆之音若何无从确知,然所谓和穆辟雍者,大抵清朗之音,即所谓开音、继续音与?《韩诗》说周召推其地在南阳南郡间,又有以"二雅"为夏楚,《诗三百》而以楚言为中声者矣。要之,随南北之交通,北音流入于南方,南音广杂转以北侵者,殆事实也。然此时虽曰能夏则大,楚声犹谓为南蛮侏离而受斥。迨周室式微,吴楚相继称霸,老庄领袖南学,南音益以北张。如"耶"疑问句助,节词开张口以腔而发之侈音,盖楚音也。此在《四书》《左传》尚不概见,《语》《策》诸子中始盛用之。去声、开音皆继续的延长音也,发之之时,于肺脏中道敛其气而深长发扬之。此种发音,为北鄙声之所难,故郑声且斥以为放。今山西人发阳唐之音,犹穿其口腔,在古则张大而发阳唐者,更江南而已矣。至吴越接踵抗衡上国,诞慢江南之音所谓雅雅如白项鸟者,始盈中国矣。然保守性,吾民族特性之一也,保守乃起排他。淮南距淮北仅一衣带水耳,而见称曰蛮。(87~88页)

汉代以长安为都,仍然认为吴楚之地为蛮地,所以,汉代北方之民的语言受南音影响较少。而到了晋代,"永嘉之乱"爆发,少数民族纷纷深入汉族聚居地建立政权。导致北方的语言杂糅了早年的北音,以及不同民族的语言,形成了新的方言方音;而由于北方战乱,导致北方的贵族、学者逃入南方,间接地影响了南方的风俗和语言,是一次语言文化上的重心转移。这个时候,南音渐渐在舆论上占到上风,反而认为北音为蛮音。北方的少数民族政权也因心慕汉族文化,吸收了南方汉族的语言风俗习惯。隋唐两代虽定都北方,但是依然受到了南方文风的影响。其阐述如下:

汉承秦后王关中,江南又见斥矣。至晋室东迁,清谈老庄,北方翕合无间,南音方一般认用也。(《抱朴·外篇·审举》曰:"昔吴土初附其贡土,见偃以不试。今太平已四十矣,犹复不试,此乃见同于左衽之类。"由是可知,晋初,中原人士犹贱视吴楚。至东晋,始得翕合也。)晋一东来,北方外患遂从此无宁日,五胡蹂躏中原者百余年。所谓南北朝者,南方为中国都,异族转窃据于北,于是文学流行皆折衷于南方,蟠蜷中原之胡人亦摹仿当时江南风,如彼孝文帝者,其特著者也。晋后四百余年,南方之音普遍中原。北鄙之声则与刚锐之气俱销矣。急促吸入之音,渐弛缓其所促,闭障、破障之音则为摩擦音、为喉音。唐代都长安,江南之文风益促其倾向。(88~89页)

而后五代到了宋代,由于外患严重,北方被征服之地的人民因为自己势单

第七章 《国语学草创》：从汉语方言史谈到汉语标准语

力薄，无法对抗异族，又不甘被奴役，心生不平之气，导致其胸中不平之气悲凉慷慨，发之音声，使北音发生了重大变化。而到了宋末，外患更加严重，宋人胸中不平之气更加激烈，所以导致其音声更加悲哀，并传遍中原。而只有闽越等沿海地区，由于地理和政治等原因，受到北方音声的影响较少，所以依然保留了古音。胡以鲁阐述如下：

> 五代至宋，北患愈烈，中原旧地化为兵马之场，文弱旧民族抵抗力薄，然其不平愤激之情可知也。悲凉慷慨，发之于音，促音消而余韵长，唇内鼻音弛而为喉内；颚音清音之 k' 为近于后舌端之 ch，浸变且为近于喉音清音之 hs，颚音之浊音 g 及重浊音 ng 贬而为 w，凡此皆从来所无之音变也。其他又有前舌端清音之 t 变为重浊之 n 或后舌端清音之 s，而喉音之发达及来 r 音添附于余韵，尤为此时变化之特征。然要之，则侈口延引发音之果耳！韵中之开音，以喉音为最，盖侈口延长则调节弛而流于喉音者，音声之自然倾向也。r 之音亦开口之侈音，特延之过长略以卷舌闻耳。宋之末世，外患最烈，中原元气之伤，亦于此最甚。于是发之于声也，哀以嘶软化之韵，头部共鸣之音（Head voice）起于是矣。自是以还，宛平都会六百年，此种音声殆浸淫遍中国。惟闽粤等沿海地濡染古中原文化也晚，距离音声激变之北方也远，犹得保其古音化石耳！（89~90页）

少数民族的统治对汉语，尤其是"北音"带来了很大的冲击，但是胡以鲁又认为，虽然这是一个中国各地方言发生变化的重要原因，但是并没有给汉语带来根本性的冲击，汉语的文字、词汇、语法依然保留至今，只是音声发生了改变。为何会出现此种情况？胡以鲁的解释是，即使汉族政权被异族所取代，但是汉族的文明程度较高，处于文明之中心，异族的语言文化很难压倒汉族的文化；又由于汉族性情保守，对于家传之法祖宗之训看得很重，对于新生事物接受程度不高，且以自身的语言文化为自豪，这就导致即使异族以武力征服了汉民族，却也无法改变汉民族的语言文化，甚至自身也被汉民族的语言文化所融化的情况。例如清朝统治中国几百年，但是最后渐渐式微的却是满语，现在只有中国东北一小部分人还在使用，汉语却依然是中国使用最广的语言。作者阐述如下：

> 虽然，起吾国语音声之激变者，外患居其大原因固也，彼因此果，遽谓为外

语之侵入或同化于外语音则非。吾国北方异民族所使用西土耳其语、北蒙古满洲语等，皆与吾国语大异其性质。异语族侵入而同化已非易事，况文化低度之人民移植于文化中心地，而中心地之旧民又富于保守性者乎？故政治上虽常以一时之悍力制胜，语言语音则居于被征服之地位，吾未见其侵入而为所同化也。……先王制文字网罗方言，组织文学，以贻后昆；后王者起，非先王之法言不敢言，尊崇先业，汲汲以勃兴文学为务，此高尚国民感情，蕴结于吾民脑中者，防止语言侵入之一大势力也。蛮言雉舌蔑视外语之古代无论矣，晋时五胡之势力压中原，然而当时儿郎有学胡语者，颜子推氏即叱曰学为奴。晚近与欧美交通之盛亦既五十年矣，而外语之袭用极少，此国民之保守性，亦文化求心之力也。网罗方言，组成文学，拉丁语所以虽死犹生，建设国民文学，统一方言，德意志所以免法语征服也。（90～91页）

胡以鲁以中国的民族语言文化得以延续而自豪，认为其并不因异族入侵而改变，是值得庆幸的事情，"此高尚国民感情，蕴结于吾民脑中者，防止语言侵入之一大势力也"。这种高尚的国民感情，也是中华民族语言文化生命力的重要保障。但是作者依然隐隐担心当时的政治与文化形势，"晚近日本语之侵入，其势且滔滔也。长斯以往，不加人为之统一，方言方音之发生，不知何所底止也。区区交通自然救济法，容足恃乎？故标准语标准音之制定，实为当务之急"。作者认为在日本语入侵，而中国已非文化势力之中心之时，若中国依然处于方言繁杂，而无统一之"国语"的状况，那么汉语未来的命运则扑朔迷离，当务之急是制定国语"标准语"和"标准音"。

第二节 国语统一"标准语"与"标准音"

胡以鲁在《国语学草创》第七编"论方言及方音"中，阐述了汉语方言特征与方言产生的原因、汉语方言与方音的差异特点，以及汉语方言发展史。过去，中国学者很少有着这样明晰的汉语方言史观念，这样的观念对构建中国汉语方言史研究模式意义十分重大。1923年，林语堂发表《研究方言应有的几个语言学观察点》(《语言学论丛》239～248页，上海书店，1989)一文，提出了研究方言的多项建议:1.应考求声音递变的真相,及观察方言畛域现象,比如区分方音界域问题。2.以《广韵》206韵为研究出发点。3.应使用发音学详密的方法厘清音声的现象。4.应注重各地俗话而略于字音。5.承认方言材料有被科学整理的可能性。6.对于词字应寻求文化的痕迹。7.应博求存在于俗语中的古语。8.对于文法关系应做独立的语言学上的研究。林语堂强调,这里的独立,就是"不为西洋文法的模范所拘"。9.应考求方言句法的同异。林语堂研究汉语方言的立足点与胡以鲁不同,但在方言史的观念上,有相当的一致性。

胡以鲁认为,在汉语文字统一之后,各地方言的差异依然存在,多为"过舒促开闭之差"。汉语方言的发展,也面临着异族语言传入的威胁,但他认为,这不是决定性的要素,所以影响不大。这是因为中国常常处于东亚文化势力之中心,且中国国民性偏于保守,又常常以自身民族文化为自豪,所以,汉语非但没有被异族语言所替代,反而逐渐影响了那些曾经入侵的异族的语言文化,汉语依然坚挺屹立不倒,是"文化求心之力",亦即后来人们所说的"文化向心之力"在起作用。但是胡以鲁又为中国文化遭到破坏而担忧,这不是没有道理的,此时日本"东亚殖民语言战略"开始实施,有一些学者,比如他的老师上田万年,也积极参与其中。1901年上田万年兼任文部省专门学务局局长,地位仅次于文部省大臣菊池大麓,主导制定"东亚殖民语言政策",并领导国语调查委员会,全面布局东亚语言战略。[6]他的许多东亚殖民语言理论,收入了《国语学十讲》(1916)一书中。日本许多学者制造舆论,"东亚文明中心移动说"极其盛行,以至于导致后来东条操"方言区划论"与柳田国男"方言周圈论"理论体系的形成。胡以鲁对此是十分清楚的,如此,他认为此时确定中国国语的"标准语""标准音"势在必行,是保持中国语言文化优势的必需之举。胡以鲁在其《国语学草创》第八编"标准语与标准音"中进一步阐述了其统一国语,国语"标准化"的理论,充溢着浓浓的历史责任感。

一、胡以鲁探讨了国语"标准语和标准音"适用的范围

胡以鲁并没有以政治上的国家意识为论述主体来探讨国语的"标准化"问题,而是体现了明显的语言地理学意识。他认为:

标准语、标准音者,欲统一国语认定特定之语词语法,特定之读音,为一般用语之准也。然此所谓一般者,非云领土内之人民,盖国语固非云领土内人民

用语也。

国语之所谓国者,异于政治上国家之解说。吾国政治区域内,若蒙、若藏、若满州之一部,犹非吾国语之所领,然而政治区域外南洋以下之华侨势力范围皆吾国语之领土。国语领土之广,世界各国语盖莫吾国语若也。

虽然,领土之内,小社会区分不一,各社会风土不同,同一国语,各社会用之,斯各有其特有之着色,此着色,即通常所谓方言也。(91~92页)

这种以使用语言族群和社区的语言学观念来划分语言分区,而不是以国家、民族来给语言分区的思想,在当今社会语言学研究中并不少见。但是在当时,则是一种十分新颖的观念意识。我们在这里看到了胡以鲁移植藤冈胜二《国语研究法》(1907)"小区域语言"和"国语领土"概念(24~30页)的情况,所不同的是,胡以鲁把它用于解释汉语方言流布问题上。胡以鲁认为,应该把南洋华侨的语言社区也包括在国语"标准化"的范畴当中,同时在国内领土上的一些小的语言社区,则要更加细分和细化。我们现今许多学者研究海外汉语方言,已经形成一定的规模,有的研究已经列入国家社科基金重大项目,比如陈晓锦《海外华人社区汉语方言与文化研究》(2014)可以称得上是胡以鲁这种观念意识的进一步延伸与发展。

那么,如果要将国语"标准化",哪些方言需要纳入这些标准化的范畴内呢? 胡以鲁认为汉语主要方言的划分可以归纳为以下 10 种:

黄河以北,其北境至塞,东至海,即直隶、山东、山西以及彰德、卫辉、怀庆等一区域为一种。韵虽不完,多唐虞之遗音。高亢殆无入声,为此种方言之特色。陕西自成一种,汉唐旧都,久为文化中心地,中原之遗风逸韵,犹有存者。明晰简直,为此种方言之特色。(陆法言曰:"秦陇则去声为入,梁益则平声似去。"至今亦然。)开封以西,汝宁、南阳等处,今之河南,即古之所谓荆豫错壤也。自是沿江而下至湖北、镇江为一种,居中国之中,尔雅正大之夏音产地也,其中武昌、汉阳之音,又为醇中之醇。其南湖南自为一种,古所谓楚声是也。福建、广东各为一种,漳泉及嘉潮各属之佶屈敖牙,在两者中又别成特色,此二种最屌杂,然中原古音犹有作化石而保存者。开封以东,由山东之曹、沇、沂以至江淮间,大体似朔风,具有四声,特成一种方言。江南之苏州、松江、太仓、常州及浙江之湖州、嘉兴、杭州、宁波、绍兴等又为一种。其中宁、绍固甚屌杂,论其大体,则沿海居民方言之代表也。海滨卑湿,且其中多湖沼,故濡弱之音,菁成此种方言之特色。东南之地独徽州、宁国之高原别为一种,而浙江之衢州、金华、严州,江西之广信、饶州等属之。四川上下与秦楚接,其音与关中大同而小异,以其地域特异,或亦别为一种。其他云南、贵州、广西三部最偏僻,古来为苗族所蟠踞,其方言极纷杂。自沐英氏为云贵总督,以兵力胁从中原之音,略得一定。然其所发音不如沐英氏所豫期之直隶音,而为湖北、四川之音。广西亦受云贵之影响,亦可见人心所趋,孰为适者矣。又有如湖南沅州与贵州同音,浙江之温处台大体与福建之福宁近似,福建之汀州且似江西之赣州,此则山陵隔绝,难言同化。欲解以理由,殆移住之史因耳。(93～94页)

胡以鲁的这十种方言划分主要依据其师章太炎的研究,但有所调整与补充,我们认为,这种划分在汉语方言分区史上具有重要的意义和价值,我们将另文加以探讨。胡以鲁将这十种方言纳入国语"标准化"研究中来,就超越了其汉语方言分区史的功能与作用,视野更加广阔,而且考虑得十分周全,可见,胡以鲁此项研究已经上升到了更高层次的国家战略规划中来了。

二、从国家和社会的角度来审视国语"标准化"

胡以鲁认为,我国历史悠久,地理环境十分复杂,形成了诸多汉语方言群,所蕴含的文化资源是十分丰厚的。语言最重要的功能在于它是用来表达与沟通人与人之间的思想,当地人使用自己的方言,是能够最准确地表达自己的思想和情感的,保留当地方言,从某种意义上说,也就能够保留当地的风俗文化,这是一定的。但是,我们为什么还要进行统一语言的工作,并将国语"标准化"呢?胡以鲁认为,仅仅从语言和风俗的角度来看待这个问题,眼界是很狭隘的,应该从更高层次看问题,那就是,要从国家和社会的角度来审视:

若是分别之略为十种,以吾国之历史地域作比率,不为多也。且方言之生,无非语言自然之发达,无足怪者,而各方言又各有其特色,各有其发达之历史,更不容有所轩轾也。于是保守者所谓为地方精粹之所存,且表彰思想惟方言最为适切,则不如各保其自然。以言表彰思想之适切,诚莫方言若。然是在闭关之世,老死不相往来则可也。世界交通以国家社会为单位,统一教育尤宜以统一国语为先务。方言有普通之部分及特殊之部分,使各操土音,辞不足以达其意,则集代议士以谋国事,事用不集,谋统一教育,而教育手段之言文先以纷歧矣。故国语宜统一,语音语词语法不可不有一统一之标准,俾国民得有所遵守。况标准确立与教育相成，习用而后，则自由适切发表其思想，犹向之方言矣。一国之粹，更未尝非一方之粹也。盖语言之形式，固与实质无必然之关系，概念固随用而驯熟者也。（94～95页）

胡以鲁认为，在现代国家之中，很难再继续保持着"小国寡民，老死不相往来"的固有生活方式，世界各国人民交流日益频繁，并且以国家社会为单位，各国政府的做法大体情况是：都以统一教育，尤以统一国语为先务。如此，就要对那种"各操土音，辞不足以达其意"，以及"言文纷歧"的现状加以改变。改变现状最为有效的方式方法就是适应新形势，建立统一的国语标准，然后再按照标准去加以落实，推进普及国语的工作，达到公民人人都遵守的目的。但如何制定标准？就不是一件简单的事，牵涉面非常广泛。

中国汉语方言繁杂，统一汉语各类方言，实行国语"标准化"本身就是一项大工程，是否可以如有些国家那样借取其他民族的一种语言来作为自己的"国语"，以便达到统一国语的目的呢？胡以鲁认为这是不可行的，其理由阐述如下：

虽然，形式、实质虽其间无必然之关系，然当其相关相系之时，则有必然之原因，此国民之精神所谓语言内范也。（详见第一篇）故印度日耳曼语族国民所用语，不能袭用之于吾国。所谓世界语者，纵其完成有日，而吾且不惜舍国粹以从之，亦未见其能实行也。况自相关系以来，经千百年形影相随之历史，经千百人文学上之运用，其原有者愈益固结，其变迁而得成为方言者亦非偶然也。故欲于方言之外别立一理想标准语，而强一般以相从，亦甚非易事。

诸种方言既不能并存，诸种而外又不得别立，然则入诸人为淘汰之熔炉，听其自然竞争可乎？曰人为淘汰固无时或息，方言竞争则自交通以来亦未尝或间也。然则竞争而存必其宜者，又听交通之自然进行可也，焉用人力为？（95～96页）

胡以鲁认为，国语"标准化"要从历史与现实两个着眼点考虑，如此，"诸种方言既不能并存，诸种而外又不得别立"，而任其自由竞争，或人为淘汰都不是理想的途径，那样会打破方言生态平衡。而在自由交流中获得人们的认可，并且顺其自然之势，倒是不失为一种可以选择的方言生态平衡方式。

三、中国语言统一的方言选择与国语"标准化"

尽管如此,胡以鲁对统一中国语言的方言选择还是确立了一些基本原则。哪种方言适合作为统一中国语言的选择,并且成为国语"标准化"的基础,要符合以下几个条件:

第一,社会影响力大。"人为既不容已,理想又不可行,然则惟求方言中之有势力者,即竞争而能胜者因势利导之耳。以是为本,去其特异者,采择他方以益之。盖语言者,社会现象之一也。产于社会,为社会利,社会之所用,社会能废之,故当制定标准语当以社会为前提"。语言作为社会现象,必须具有一定的社会影响力,否则,如果民众都不了解这种方言,其则失去参选的资格,也就无法进行下一步的"标准化"工作。

第二,符合社会大众的心理。"其所取舍尤当视社会心理为标准也"。这种语言要能够被大众的心理所接受。例如在魏晋南北朝时,虽然北方一直被异族政权所把持,但是普通民众依然以学习其语言为耻。语言虽然影响力广,但不被人民所接受,依然不能成为国语"标准化"的基础。

那么符合这两个条件的语言,在其他国家是否有例可循呢?胡以鲁举了德国的柏林语,以及日本的东京语为例,这两种语言皆为首都地区的方言,也是德国和日本两国标准化的"国语"。那么,中国是否也可以用首都所在地的方言来当作中国统一语言的选项,以之为国语"标准化"的基础呢?

胡以鲁否定了这种看法,当时许多学者提及,北京话应该成为中国统一语言的选项。胡以鲁不同意这个看法,他认为,北京话不符合当时民众的社会心理,有以下三点原因:

其一,北京话为官吏用语,和普通民众存在着心理隔阂,即"吾国向所称为北京官话者,官吏用语,非公共语也。官与民隔,官话不及于民,言与文歧,官话又未尝著于书,有之亦极少且陋,非一般所认也"。

其二,地理上不适合,且与满语混杂,不纯正,即"且地处北偏,交通机关向未发达,故北京官话势力实微;实际说所谓京片子者,殆惟直隶、南满之一部,直隶方言间杂以满语者耳"。

其三,语言本身的缺点很多,不适合作为"标准化"的国语,即"软化、锐利、延长、卷舌音,京片子为尤著。且长而抑扬曲折,锐而头部共鸣,近于哀嘶,亦示文弱。据音声以观社会心理者之所不取也"。

胡以鲁的看法正好跟当今的中国主流语言标准语意识相悖,这是个值得注意的现象。为何会出现这种情况？主要原因是由于当时中国虽然完成了形式上的统一，但是各省存在着相对的政治独立性，中央政府虽然设在北京，但是其影响力也仅限于华北地区，其他地区依然是军阀混战，各为其政。在这种情况下，北京话的影响力的确如其所说，仅仅局限于直隶附近，及其周边地区。当时清政府刚被推翻不久，除了遗老遗少之外，民众皆不屑于其语言文化，北京作为曾经的清政府统治中心，其语言文化必然遭到当时学者抨击鄙视，也是可以想象得到的。胡以鲁也以"直隶方言间杂以满语者耳"而认为北京方言不满足要求。胡以鲁希望进行国语"标准化"，一个重要原因是希望能够以此提振国民精神，使国民从精神上获得一次升华和洗礼。他认为带有"且长而抑扬曲折，锐而头部共鸣，近于哀嘶，亦示文弱"特点的北京话与这一社会心理期望不相符合，因此，在他看来，北京话不能作为国语"标准化"基础的方言也就不足为怪了。

四、湖北话：胡以鲁心目中的标准化理想方言

既然北京话不符合胡以鲁的标准，那么，中国哪种方言是他心目中理想的方言呢？胡以鲁选择了湖北方言，主要基于以下两个原因：

其一，湖北方言来源正统，历史悠久且受到其他民族语言的浸染较少。他对此进行了详细的论证：

> 然则比较求适宜而有势力者，其惟湖北方言乎！湖北之音，古夏声也，未尝直接北患之激变，常作南音之代表。《颜氏家训》谓南方言杂吴楚，北方言杂建朔，固也。然吴楚当晋时已同化于中国，非建比也（陵堃氏之说）。况夏口之音，由来扩张其势力，为他言他音所纷乱者少。所谓江汉之音，春秋时已见扩张之轮廓，至吴晋弸张益著，晋室东迁，遂与中原龠合为一大势力。尔来北音激变，湖北独屹然保障江左。南北朝之南都，宋之南迁，中原音流入于南，夏口实保障之。北方激变，闽粤沿海块杂，中心其在斯乎？此理论也，实际亦如是。十方言之中，自闽粤吴越等沿海外，大抵皆略与湖北近，以其比较上纯粹而中和也。交通上又为吾国之中心，其发达正方兴而未艾。故以之导用于国中，似较京语为利便。云贵之已事可鉴也。（97～98页）

其二，从地理上来讲，湖北省位于中国的中心地带，地理位置优越，四通八达，从商贸、文化发达等方面来看，有利于语言传播，所以，胡以鲁说："交通上

又为吾国之中心,其发达正方兴而未艾。故以之导用于国中,似较京语为利便。云贵之已事可鉴也。"胡以鲁所持标准语为湖北方言的观点来自于其师章太炎。1907 年 8 月 18 日,章太炎在给钱玄同信中说道:"尊议近世言言,不能以北京官音为准,斯言甚是。……若音韵则似以长江流域为正。"[7] 章太炎在《驳中国用万国新语说》中说得更为清楚:"若为便俗致用计,习效官音,虑非难事;若为审定言音计者,今之声韵,或正或讹,南北皆有偏至。……南北相校,惟江、汉处其中流,江陵、武昌,韵纽皆正,然犹须旁采州国,以成夏声。"[8]

由此我们可以看到,胡以鲁虽然留学日本,其语言学思想受到了日本语言学家上田万年以及德国语言学家甲柏连孜等人的影响,能够运用西方语言学理论来分析语言问题,但是思想深处依然保留了传统中国"小学""经学"中所谓"中华正统"的传统思想。其选择湖北方言作为中国统一语言,进行国语"标准化"基础方言的重要原因是湖北方言乃所谓"华夏正统",其语言观依旧受到了民族和政治意识的影响。而其选择湖北方言的第二个原因则具有其相对合理性,毕竟 20 世纪初生产力并不发达,选择五省通衢的湖北省作为语言文化中心,的确利于"标准化"的国语向全国扩散传播,这是胡以鲁从社会学、传播学的角度来讨论标准语选择问题,是一种值得注意的观点。

五、胡以鲁国语"标准化"理论与方法

选定了中国统一语言的基础方言之后,胡以鲁认为不能全盘套用湖北方言,必然要对其进行改造,于是胡以鲁提出了实施国语"标准化"的途径与方法:

虽然,取一以为本,不可不有损益,随时发生之方言,又不可不加以修正,此损益修正之业责成学会为之。学会设国语统一调查会及国语统一研究会两机关,其事业分读音、语法、辞书三者。调查会调查之于各地方各社会(俚言鄙语往往古语所在,不可不知也),而报告之于研究会,研究会穷其源委,择其纯粹而易行者制定之为标准,然后为国语教育行政施行之。(98 页)

胡以鲁的国语"标准化"方法概括为两点,即:其一,对湖北方言进行人为干预与改造,即采取学术手段。其二,制定政策,对改造后的"标准化"国语进行推广,即采用语言政策手段。

有关胡以鲁实施国语"标准化"的语言政策手段后面会详细论述,这里主

要谈一下其所运用的学术手段,胡以鲁认为主要有以下3个方面:

(一)修订语音,使之符合正音标准

1.胡以鲁认为确定国语标准音,应该认识到湖北音也有缺憾,标准音要参酌古音制定:

古音简单,允宜增益。然如猪、诸、租等音,今或不能辨。韵纽之作也。当时遍采国中之韵,今则汇萃各处方言,恐犹不足尽韵纽矣。例如中(知)终(照)宗(精)之辨,赣州而外殆无之。然韵纽外别有发展者,元代欢卷干分四等,则漠然易淆,不如别增韵。四声之辨不甚便利,不如节之而益以复合语,凡此宜损益者也。又如湖北音作标准之基础,清音去声变为浊音,轻唇变为喉音,其特短处,此宜修正者也。(98~99页)

2.制定标准音图,不能以汉字"韵纽"这种旧音类的标记方式作为音值区别的写法,而是采取音素分析方式标记更为合适,他以度量衡来作比喻,认为"度量衡诚不若取世界之所大同者,知之用之者多"中国国语的记音也是如此,应当以通用之罗马音标标记,其功用在于"以之为识字之标准,以补意标文字之不足",并且以"吾国语之宜普及于满蒙藏者"为目标,这才是切实可行的方式:

损益修正之音韵,欲以之为标准也,不得不有标准音图。然制定音图,不能便以韵纽为音标,盖韵纽不过类别之代表耳!音有变迁,代表者本体既辗转非畴昔,其类属更淆惑而难明矣。韵纽读音,若以今音当之,即合诸种方言,切者宁几?以不切之音,强使之为代表,于今音之外,不得不更记古音,则转不若无之为愈矣。此韵纽之弊,则以木强难变之文字,非纯粹音标故也。故制定音图,首宜分析音素而以通用之罗马音标当之。韵与音相切,二十四元素(较诸英语字母多 w、g 二文,而少 w、l、q、x 四文),足以化成一切语音之代表。文字固不取,简字流弊与文字等,且矫揉造作,一时不易得社会之同情。吾所谓音图者,欲以之为识字之标准,以补意标文字之不足,其为用犹度量衡耳。度量衡诚不若取世界之所大同者,知之用之者多,其变化不易也。况吾国语之宜普及于满蒙藏者乎!(99~100页)

胡以鲁虽不是第一位欲以国际通用的罗马字为音标代替汉字韵纽旧的标

记方式作为标音工具的学者,但是从这里依然可以明显看出其当时在国语运动语音标记工具改革大潮中的学术倾向性。胡以鲁此时已加入教育部读音统一会(1912),其主张属于罗马字母派。[9]

3.调和汉字古音与今音难以协调的矛盾性问题,他认为,当古音与今音发生矛盾时,应"取其音之最近者当之"。他说:

此吾所谓读音者,语言之读音,亦即文字之读音也。盖文字者,语言之徽识耳。苟犹见用于活语,不宜别有他音也。纵字音为古音,标准语既定,亦不能以之改今语。古音律今语,顾炎武氏之所主张也,然"天明"之说在顾氏已自茫然矣。有语言然后有文字,语言主而文字宾也,故吾辈勉欲使文字接近于语言,读文字一如语音。语音中有误传已久、文字上不可究诘者,则取其音之最近者当之。使当时所谓质文者皆语体,读之如谈话然,则吾辈之望也。然是有待于辞书,更有待于语法。(100页)

胡以鲁所确立的原则是清楚的,在制定标准语时,不能用古音改今天的口语语音,摆脱以往学者以"古音律今语"的思维模式,他认定这样一种进化论的观点:人类是先有了语言,然后才创制了文字,语言是主体,而文字是表现语言的标记符号,这才是其实质。在他看来,理想的状况是,要能够使得文字在语音上接近语言,做到"言文一致",在这个基础上,才去考虑编写辞书、制定语法规则问题。

(二)确定语法理论与语法实际双向研究模式

1.确定纯理语法为标准。胡以鲁认为,纯理语法包括叙述和说明两大部分,描述语言现象的语法为叙述语法,即我们现在所说的描写性语法;而分析语言现象背后的语言规律并说明之,是说明语法,即我们现在所说的解释性语法。"语法分纯理及应用二方面,纯理分叙述及说明二大部。观察语言之现象顺序叙述之,叙述语法也。视其现象所由起,观其现象所由变,察其现象所以然,则为说明语法。故说明语法中又分为历史说明、比较说明、原理说明之三项。然是哲学的语法,语言学之研究也。语法之实用在于介绍一国语之事实而已,故应用语法独详于事实,理论原理以事实上所必须者为度。"

胡以鲁语法理论范畴构架是二级分类:纯理语法(理论语法)、应用语法(实用语法);三级分类:即在纯理语法之下,又分为叙述语法、说明语法。四级分类:说明语法又分为历史说明、比较说明、原理说明三项。胡以鲁强调,应用语法独详于事实,而理论原理语法,则以事实为依据,提炼语法思想,属于哲学语法。胡以鲁称之为"语法案",实际上,就是胡以鲁有关标准语语法研究的语法理论范畴构架,充分体现了他对汉语语法研究的一种全新思考方式,在当时的中国语言学界,可谓振聋发聩,几乎无人可与之匹敌。

2.确定应用语法为标准,即对日常用语加以说明,得出规则。但是胡以鲁认为,当时除了《马氏文通》之外,并没有专门的语法用书,在编撰语法书时可以遵循音声、词品、词句组合的形式构成一种语法研究模式,但也不必像日耳曼那样,将语法规定得那样繁复。我们研究后认定,音声、词品、词句组合形式的语法模式,实际上是广泛流行于日本的"文典语法模式",比如猪狩幸之助《汉文典》(1898)就把中国传统小学,诸如文字、音韵、训诂等内容与西方语法内容相结合,构成了综合性的汉语文言语法研究的新模式。这种模式完全不同于《马氏文通》只单纯以语法为研究对象的模式,忽视语言要素之间的关联性研究。很显然,《马氏文通》的模式是西方语法研究的典型模式,而《汉文典》则是东西方语言学结合的东亚"文典语法模式"。胡以鲁力图在中国复制这种东亚"文典语法模式",可谓用心良苦。但在胡以鲁之前,来裕洵《汉文典》(1906)已经捷足先登,有所尝试。[10]尽管如此,我们还是认为,胡以鲁在宏观把握汉语语法研究大趋势上是远远超出来裕洵的,而且,研究的应用语法语体对象也不同,一个是汉语文言语体,一个是汉语标准语口语语体。从这一点上说,胡以鲁是中国"文典式口语语法模式"的开拓者、先行者。

(三)编撰标准的"文典语法"

胡以鲁认为标准的"文典语法"框架模式内容可以分为三个部分,即音声、词品、词句。他说,"语法职务,约言之,分语词形式'音声'、语词实质'词品'、词句范畴之三篇"。

1.音声篇。胡以鲁认为在此篇中应当完成以下工作:其一,确定中国国语语音的特质、特征,以及发展之由来。其二,用大多数谐声字为标准演绎汉语语音的发展变化过程。其三,"以今音别韵类",然后用罗马字母代替古代《切韵》反切注音方式,进行其正音、标音的工作,胡以鲁论述如下:

第一音声篇,叙述吾国语音声之特质、特征及其发展之由来。以大多数谐声字为准而绎其今昔之变迁,然后以今音别韵类,取韵(即纽)之语头音代以罗马音标为类首,而以音(即古所谓韵)之音标切合之,所切之音注于字旁,为读音之准则。补谐声字变迁之过,语音庶乎其有定也。至音之性质及音节构造之说明，皆宜自立。不容依据印度日耳曼语，如母音、子音、半母音等界说，在音声学已失其根据，吾国语音更莫须有是区别也。向从某声，在音标则某韵与某音之切合，变迁而后，某韵弛或某音转则成某声，所宜说明者如是而已，不须子、母音之名，更无须半母音之别也。又如音节者，希腊语（Arthros）之译名，印度日耳曼语往往不止一韵，段分之如竹节，故有此名。吾国则大抵一韵，有二韵者，非叠韵即收声也。故比较上有单节之称，国语之说明则曰叠韵曰收声可已。（参观第一篇、第七篇）（101~102 页）

胡以鲁认为，应当结合传统语音研究成果，比如谐声理论，赋予其研究古今语音演变的职能，从语音历史变化过程定位当时的国语语音。在语音标记选择上，采用罗马字作为标记工具，并以罗马字标记补充谐声字语音研究之不足。同时，胡以鲁的观点中还蕴含着结构主义语音研究思想，比如研究汉字字音的音节构造形式，这是难能可贵的。当时，索绪尔语言学理论并未发表，更谈不上传入日本与中国，胡以鲁具有这样的语音结构分析意识，很可能与德国布鲁格曼语音学理论的浸染有关。其研究视野，也非常开阔，他采取比较的方式，比如汉语语音结构与印欧语系语言的语音构造形式比较，非常有说服力。

2.词品篇。构建汉语标准语语法的"词法"理论，胡以鲁认为，应当完成以下工作：其一，确定汉语语词的基本词义，即"叙述吾国语词之本领"。其二，确定汉语语词语法上的"词法"分类，即"应用上之品类"。胡以鲁论述如下：

第二词品篇，叙述吾国语词之本领，及其应用上之品类。今语所用，大抵词各有品，有定品者类聚而群分之，其有兼摄者亦例别其所异。所谓品者，自然摹仿之体、状、用词及发生之叹词、又节词五者而已。名理分别法，于吾国语无取也。公名专名之别，在英语有冠词添否，书体大小之关系，吾国语则曰"鲤也死"，语词本体虽无异于鲤鱼，不至误也。而于词品下设注之曰有作专名者，且蛇足矣。何则？吾国专名无辨，国语性质上不须设此种区别。而非专属或常属于形式之意义（即实质），即非语词本领也。（102 页）

在这里，胡以鲁有几个观点值得提出来讨论：其一是"词各有品"理论。他承认汉语存在着词的语法分类，由此，大部分可以归入其所属词类。如此，就要把那些有"定品"的词"类聚而群分之"，这具有了索绪尔的"聚合关系"意识。当然，也考虑到了"兼类词"的特殊性，所以这也要提取出来，以示区别。其二，确定"词品分类"范畴。比如分为体(名词性)、状(形容性)、用(动词性)、叹词(语气词或助词)、节词(连词)五种。这种分类方式也与日本当时流行的词类分类意识有关。其三,词类区分中是否用逻辑的分类问题。胡以鲁认为,"名理分别法,于吾国语无取"。"名理分别法",就是逻辑分类法。胡以鲁将语法研究与逻辑研究区别开来,具有十分重要的方法论意识,值得进一步研究。

3.词句篇。胡以鲁认为在此篇中应该描述词在句子中的位置和关系,即句法。胡以鲁叙述如下:

> 第三词句篇,语词得句而后生活者也,其职务其意义皆定于句中之关系,故语词之位置为此篇之要务,在吾国语以此补屈折之形式,示命意之所在,故此项之说明为尤要,此词句范畴论也。语法书中又有论词句名理者,即以语法范畴表见于句处不同立论,如句素之曰语或以体词(例"彼人也,我亦人也"),或以状词(例"道阻且长"),或以用词(例"仲尼居,曾子侍"),其语法范畴同而其所见异。迦伯林之氏著《中国语法书》详说之,自信为语法之模范。然此项叙述,宜在品词及语句范畴论说明后矣。且应有之事实而又不能以毕举,名理语法终不免于挂漏,非所必须也。(102~103页)

胡以鲁认为,语词具有什么样的句法职能,必须通过在具体的句子中所发挥的作用才能看出来,而不是像印欧语系语言那样,语词的语法功能早已定型,与在句子中的职能取得了一致,根本用不着去验证。这种句法职能,他称之为词句范畴,即今天我们所说的句法范畴。胡以鲁批评了其师爷甲柏连孜(迦伯林之)《汉文经纬》的句法理论。他把甲柏连孜的句法理论称为名理语法理论,即逻辑语法理论。甲柏连孜的逻辑语法理论,最为突出的是"以语法范畴表见于句处不同立论",即根据语词处于句子的不同位置进行逻辑推理而给语词定性,忽略了汉语句法研究过程中的语义、语用要素。这样一来,"名理语法终不免于挂漏"的情形毕显毕露。

胡以鲁认为,西方语言学家的语法理论不无可资参考之处,研究汉语语法还是以句法为主,也就是主张"句本位",其理论比黎锦熙《新著国语文法》(1924)发表早了整整12年,他说:

> 巴西氏(Passy)之法语法,苏彝的氏(Sweet)之盎格鲁萨克逊语法,混实质范畴为一篇,未见其不可也。在吾辈思之,论吾国之语法,或且不如混同之而

自词句始。盖吾国语词为立体质,词品迄无严格之分业,定词品不免先举句以为例。若然,则何如由句说起也?举句察词,以普通者定其品,而以特殊者作其兼。(103~104页)

这里,胡以鲁提到了两位语法学者,即帕西[巴西氏(Passy)]、亨利·斯威特[苏彝的氏,又写作斯维的氏(Sweet)]。他们研究法语、英语语法,特点是"混实质范畴为一篇"。所谓"混实质范畴为一篇",我们的理解是,不去过分强调"词法"理论,而是把词法研究与句法研究结合起来,在句子中定性词类,在语词研究中考虑句法特点,"举句察词,以普通者定其品",灵活操作,这样就不会陷入纠结于词类划分与句法职能的狭窄视野中,而是"立体"地研究语法,并以句法研究为主。胡以鲁的解释,比如"论吾国之语法,或且不如混同之而自词句始。盖吾国语词为立体质,词品迄无严格之分业,定词品不免先举句以为例",就是这个意思。这使我们想起高名凯《汉语语法论》(开明书店,1948)提及的甲柏连孜对汉语语词的分类。甲柏连孜在他的《汉文经纬》中也认为中国语词的分品应当从两方面着眼:一是语词的基本品或自然品,一是功能品。这都可以证明甲柏连孜等人对于中国语词在造句法中的地位是如何地看重。(50~51页)甲柏连孜的观点与帕西、亨利·斯威特的理论是不是有相通的地方?胡以鲁语法理论的看法也暗合甲柏连孜的观点,就很让人感到好奇。

谈到这里,我们很自然想起中国学者讨论的胡以鲁语法理论受何者影响的问题。邵敬敏说胡以鲁语法是受到穆勒和叶斯柏森的影响,何九盈说是受到了洪堡特和斯坦达尔等心理学派的影响,但在这里,胡以鲁却赞同帕西、亨利·斯威特的学说,可见其受到帕西、亨利·斯威特的影响是明显的。很显然,胡以鲁自己的论说是最直接的证据。但我们认为,还不可以如此匆忙地下结论,我们在讨论胡以鲁汉语心理语法学理论时,也涉及这个问题,恐怕问题并不是如此之简单。综合胡以鲁汉语语法研究理论各方面的情况来看,我们的观点是,宏观上,其语法体系,受叶斯柏森影响很大,比如分为纯理语法(理论语法)、应用语法(实用语法),但在具体的研究方式上,有描写,有解释,心理语法观念渗透其中,这和洪堡特和斯坦达尔有关系是没有问题的,更为重要的是,这和保罗、甲柏连孜心理语法联系更为密切,更为直接。涉及语法内部范畴时,采用"举句察词,以普通者定其品"的方式,"立体"研究语法,又是受到帕西、亨利·斯威特的启发。所以,影响胡以鲁语法理论的不是某一个人,而应该是一个群体。

说到这里,我们不要忘记胡以鲁的身份,他是上田万年和藤冈胜二的学生。由此,我们注意到藤冈胜二《国语研究法》语法理论与胡以鲁语法理论体系建构的关系。藤冈胜二《国语研究法》(1907)第五章"语法与辞书"(95~123页)就讲到了语法研究的宏观构想问题,他说道:"说起语言,应该分为理论与实际两个方面,依据这个原则,去考虑研究事项与研究方法。在语言学领域内,分为心理的与逻辑的两个视角的研究,语法也不例外。观察口语语言现象,有次序地记述,可以称之为记述文典。对所观察到的口语语言现象,寻求其来源,讲明其理由,被称之为说明语典。把它们放到语法范畴研究,就可以说是记述语法与说明语法。说明语法又分为三个方面:其一是历史性说明语法,讲一个国家语言语法的变迁规律。其二是比较性说明语法,讲同类同语系的不同国家语言的语法比较。其三是一般性说明语法,讲语法的一般性规律。由一般性语法研究,进入哲学性语法研究,即上升到理论性的研究。以上是广义的语法研究。狭义的语法研究,主要是实用语法研究。实用语法,着眼于按照常规语法原理论述一个国家国语的语法事实,现状与秩序是关注的重点。实用语法,是不是以日常口语语法为主?这需要具体分析,从教学角度上讲,教师教授的口语语法规则,主要还应该是规范的,标准的,而不是一般方言的。语法书的标准,以客观事实为主。编写语法书问题,考虑到英德等欧洲语法书内容构成,分为三个部分:语言的音声、语言的品词、语句的构造。"在说明语句构造问题时,他谈到了甲柏连孜《汉文经纬》"形式及逻辑语句构造论",但藤冈胜二没有像胡以鲁那样,过于直接地指责甲柏连孜。藤冈胜二紧接着提到了"便利的混合法"问题,认为,没有必要过分区别品词篇与语句构造篇,区别品词篇与语句构造篇不过具有语法范畴上的逻辑意义罢了。他举出帕西(バシー)和英国亨利·斯威特(スウヰート)的语法"混合"观点,但并没有涉及汉语。

我们不厌其烦地引述藤冈胜二《国语研究法》原文观点,目的是让人们认识到,胡以鲁照搬藤冈胜二语法理论的实际情况。这样看来,胡以鲁语法理论范畴构架直接来源是藤冈胜二的《国语研究法》,间接来源应该与洪堡特、斯坦达尔、叶斯柏森、保罗、甲柏连孜,以及帕西、亨利·斯威特关系密切。这些,构筑了胡以鲁庞大的汉语语法体系,这在中国还是第一次。其庞大程度,远远超过了《马氏文通》及其后来者刘半农、黎锦熙等学者的构想。

(四)补充汉语语法书之非"穷尽式"所短,委任于辞书理论

以上论语法,其职务在语词形式、实质范畴等一般规则之说明。欲为个个

之说明及例外之解释,则语法书有所短,惟委之于辞书。辞书者,注各语词之音,解各语词之义,时或论各语词之范畴者也。完全辞书载古今音之变迁,语词之由来,兼举异音同义语及同音异义语,时且加一般语法之叙述,而附以例外变态之说明,以补语法之不足。

辞书之任务若此,而在统一国语时,其任尤重。其体裁及编撰法,不属此论之范围,拟别著于篇。(104 页)

胡以鲁认为,无论是纯理语法(理论语法)研究,还是应用语法(实用语法)研究,就当时来看,还有缺憾,就是不可能"为个个之说明及例外之解释"。意思是说,做不到研究的"穷尽式",带有期待计算语言学介入的意识,这个期待不是空想,100 年后,我们已经建立了计算语言学的研究汉语语法的模式,构造了许多模型,这就是胡以鲁期待计算语言学介入的结果。

当然,胡以鲁不可能运用计算语言学研究汉语语法,实现"穷尽式"研究的理想,只能根据当时的条件,委任于辞书,附以一般语法之叙述,即给每一个规则以实例说明,并加以详细描写,包括其词法与句法职能。当然,也有一些例外,对其"变态"(变异)加以解释。解释"变态"的例外语法现象的观点,有悖于"语言规律无例外"的比较语言学原理,却暗合拉波夫社会语言学"变异"理论意识。这在当时也是一个非常独特的看法,因为它不局限于观察"同质"语法要素,也把"异质"语法要素纳入研究对象,是一个了不起的真知灼见。

此外,当中国现代辞书学还未起步之时,就把辞书编撰与语法研究结合起来,这也是一个十分大胆的想法。我们现在编写现代汉语词典,也力图做到把辞书编撰与语法研究结合起来,但还是遇到了许多难以想象的困难,确实是当年胡以鲁未曾料到的事情。但无论如何,我们还是要感谢胡以鲁,他的设想,毕竟开启了我们未来辞书编撰与语法研究结合之路。

但我们也要看到,胡以鲁的"辞书编撰与语法结合"理论,与藤冈胜二《国语研究法》(1907)有一定的关系。《国语研究法》第五章,就讲"语法与辞书"之间的关系。藤冈胜二说:

所说的语法,只是一般的规则,因为重在形式,不能不把每一种语言现象放入一般规则中了。但是,那些不规则的例外的语言现象,很难收入语法书中,就只好把它们放入辞书中去,辞书承担了把这些语词的意义表现出来义务,语法规则的说明自然不能缺少。(123～124 页)

很明显,胡以鲁完全接受了藤冈胜二"辞书编撰与语法结合"理论并联系汉语语法的实际加以发扬光大。

在研究胡以鲁"文典语法模式"的时候,我们切不可忘记,胡以鲁建构"文典语法模式"的前提,即这一切都是围绕着中国国语"标准化"进行的。建立"标准化"的中国国语"文典语法模式",是胡以鲁国语"标准化"的一项内容,它和语音、文字、词汇、辞书等项目一样,都寄予了胡以鲁中国国语统一的理想,这是一定的。

第三节　国语"标准化"与语言规划及政策

胡以鲁在适用范围、基础方言选取、方言改造三个方面完成了国语"标准化"的学术理论建构任务,打下了国语"标准化"的基础,那么如何将标准化的国语推而广之,使中国的民众接受并使用"标准化"的国语呢?胡以鲁为此提出:使用"语言政策"作为手段来对"标准化"国语进行推广。

一、国语"标准化"的语言政策与语言规划

近年来,关于语言政策与语言规划的研究逐渐成为中国语言学界极力开拓的研究空间,各种研究愈加广泛、深入,中外语言政策与语言规划的研究成果日益增多,但是关于民国初期语言政策与语言规划的理论研究成果,还稍显不足。而胡以鲁的《国语学草创》第八编"标准语与标准音"涉及了一些作者对于中国国语语言政策和语言规划的看法,他以建立"标准化"的国语为中心,将其进一步落实到如何推广中国国语问题的研究中,提出了不少有益的观点和建议,是我们研究民国时期中国语言政策与语言规划的宝贵材料。

我们知道,语言政策是指人类社会群体在言语交际过程中根据对某种或者某些语言所采取的立场、观点而制定的相关法律、条例、规定、措施等,即政府、社会组织或学术部门等对语言生活所做的干预、管理、相关计划等,例如国语的确定、民族共同语的选择等等。语言政策是语言冲突和矛盾的产物,是表明一国对国内多元化语言种类存在的态度和规划的方式。

学者们对语言政策的研究,则会较多地讨论到语言官方化地位、语言地位法律程序的确立、语言研究机构或者学术组织对于语言变化问题的研究、语言

政策实施措施,以及所选择并规划的语言如何通过教学、地位确定等方式来推进等一系列亟待解决的问题。

语言规划通常是某种语言政策的体现。语言政策表现国家或社会团体对语言问题的根本态度。例如在殖民主义时代,殖民地政府通常推行语言同化政策,把宗主国的语言强加给被压迫民族,在正式场合禁用当地语言。在实现民族平等的国家,少数民族地区实行双语政策,例如在中国内蒙古自治区,汉语和蒙古语都是官方语言。

语言使用都是以语言信仰为基础,并在不同的社会群体中发展,而语言政策更会导致人们通过一定行为来管理其他人的语言生活和语言实践活动。语言政策理论包含四大特点:

其一,语言政策成分带有三位一体性,即语言实践、语言信仰或语言意识形态、显性的语言政策或语言规划。

其二,语言政策不仅与某一特定的语言变体有关,还与语言各个层面的个体有关。

其三,语言政策运用于各种大小不一的言语社区当中,语言政策的使用范围可以是任何已经指定的或将来可以指定的社会、政治、宗教团体或社区。

其四,语言政策在复杂的语言生态关系中所发挥的作用,这种复杂的生态关系包括大量的语言和非语言的成分、变项和因素。

同时,语言政策的应用领域包括家庭、学校、宗教与宗教组织、工作单位、地方政府、超国家组织、民族与国家(或政体)。

同时,一些语言政策通过语言规划或语言现代化的渠道来改善语言本身的功能,例如语言培育,语言书写系统的采纳、借鉴乃至创造以及新词的处理,翻译规则的制订和规划等。

二、胡以鲁语言政策与语言规划思想

胡以鲁对于语言政策和语言规划的理解,体现在其《国语学草创》第八编"标准语与标准音"对于"国语"统一、"国语"标准化制订的途径及方案上,主要内容是:

此言制定方法也,既定之矣,其施行之方又不可以不讲,约举其大端:

一、国语教育。小学教以国语及国语法,订正其方音方言,中学继之。大学则设国语学科研究之,小学校一切教科书皆用国语编辑,由国语统一研究会审定之。

二、强制公人使用。官吏、公吏、议员、军人、教师、学生等会议、公文、设讲、公开演说,皆强其用国语。交际场、仪式场亦奖励国语之使用。

三、奖励书籍上使用。于小学教科书以外,新闻、杂志、小说及普通之著述奖励其使用国语,或加以相当之强制。

四、强制剧场使用。用国语作脚本以教优伶,使全国剧场皆用国语。此法德意志用之,见成效矣。

此统一国语粗略方法也,然统一非易事,亦非易言也。语言有生死之现象,非如度量衡得以金属为之也。金属且有若干弸张率,况具有生命之语言乎?故方言方音发达变迁得势而为一般之所认,则不容防遏,宜参酌而订正之。故统一乃程度之相去,标准制定则经常事业也。(104~105页)

胡以鲁提出的这四点建议,皆是对于国民语言生活的干预和管理。语言政策的应用领域包括家庭、学校、宗教与宗教组织、工作单位、地方政府、超国家组织、民族与国家(或政体)。其中第一点的国语教育主要应用于学校领域;第二点强制公人(即公务人员)使用,则体现了语言政策在工作单位的应用。第三点可以和第四点统一来看,报刊和书籍出版的适用领域相当广泛,但是考虑到当时的识字率以及识字的阶层,我们可以推断这一条的应用人群应该是知识分子和权贵阶级。而第四点中作者的具体手段是"用国语作脚本以教优伶",希望用强制手段在剧场使用标准的"国语",剧场是一个人群层次不等而混杂的地方,而民众无论知识水平如何,都能在剧场听戏,面向所有阶层。考虑到第三条的应用人群主要是知识分子和权贵阶级,这一条应是主要针对不识字的中下平民来设计。所以,笔者认为第三条和第四条的应用领域应是"民族与国家(或政体)"。

同时,在胡以鲁的这几条语言政策中,最为重要的关键词有两个:"强制"与"统一"。作者在第七篇"论方言及方音"中认为,"国语"的标准音制订和统一势在必行,他认为"言文之背驰也,文学之势力不及于语言,而向所统一之方言,亦徒为断简中之长物。后起之方言更辗转不知所究诘,而方音又随社会心理以俱变。晚近日本语之侵入,其势且滔滔也。长斯以往,不加人为之统一,方言方音之发生,不知何所底止也。区区交通自然救济法,容足恃乎?故标准语标准音之制定,实为当务之急。"他尤其强调"晚近日本语之侵入"已经让"国语"到了危急存亡之秋,需要采取坚决果断的措施来使"国语"通过统一而继续存活下去,且"国语统一非易事,亦非易言也",面临了很多的困难。在这种危急且困难重重的情况下,也不难理解为什么胡以鲁在自己提出的四点方法当中一直强调这些手段的"强制性"了。除了第一条国语教育不具有强制性之外,其余三条皆明文规定"强制执行"。

胡以鲁认为,推动"国语"统一化、标准化应采用强制性手段,使统一化、标准化的"国语"的使用范围覆盖各个阶层,无论是政府机构的公务员还是在剧场听戏的普通民众,都能够接受统一化、标准化的"国语"熏陶,使其逐渐深入人心,进而起到抵抗列强语言殖民,振奋国民人心的目的。

国家层面的语言本土规划,要求公民在语言使用上体现出形式上的最小差异和功能上的最大差异。换句话说,在国家生活的各个领域,需要使交际共同体内发生最少的误解,产生最高的效率。这需要中央政府通过标准化、正字法和语法规范化等在全国强制实施国家标准。因此,规范化和标准化是国家的主动举措,一般由有威望的语言协会或者精英知识分子在政府的授意之下进行。

由于胡以鲁以往的求学经历,以及其在《国语学草创》中引用了大量的其他国语的例子(如日耳曼语、梵语等),我们可以认为,其语言政策与语言规划思想受到了欧洲其他国家语言规划行为的影响。例如 1786 年古斯塔夫三世成立瑞典皇家学会,用以推进"瑞典语言的纯度、强度和崇高度"。1779 年弗雷德里克二世创建了德国普鲁士语言诗歌学会,并在 17 世纪开始鼓励并成立了许多个语言学会,以进行日耳曼语的标准化、规范化工作。

但是"国语"的规范化具有强烈的政治意图和高度的意识形态,依赖于权威部门强制推行其运用的任何标准,政治色彩比较浓郁。胡以鲁其"国语"统一化、标准化思想也带有"强制性"的特点,但在其所处的时代,这也只是一种理想愿望而已。当时的北洋政府对于整个中国的控制力相当低下,全国军阀混战,政令无法统一,北洋政府无法作为高度的权威机构来通过强制性手段推行这些"国语"统一化、标准化政策,即使推行也无法形成连续性。民国政府于 1912 年设立"读音统一会",1916 年设立国语研究会,1919 年设立国语统一筹备会,都是国语标准化进程中的重要事件。1928 年,南京国民政府大学院改组前国语统一筹备会为国语统一会,并在"国语统一筹备委员规程"的第二项第七条中明确提出该筹备会的任务为"计划促进国语统一之各种方法",于 1929 年颁行"小学国语科暂行课程标准",并于 1932 年在此基础上颁行了"小学国语课程标准",规定"联系运用本国的标准语,以为表情达意的工具,以期全国国语相通",1928年由内政部颁布《暂行公文革新办法》,对于政府公文的用语进行了统一化、标准化改革。国民政府的这一系列政策,虽然从某些程度上与胡以鲁的主张不谋而合,但是由于派系争斗以及全面抗战爆发等原因,国民政府的语言政策始终没有得到全面彻底的落实和执行,很多时候沦为一纸空文。而胡以鲁的"国语"统一化、标准化语言规划思想得以切实实施,则要等到1949年以后了。

胡以鲁在日本先学习法律,后学习语言学,所以,他能够将二者相结合,提出了一些具有法律意义上的国语规划制度设计。我们也不必讳言,胡以鲁也受到西方学者和日本学者"国语统一"意识的影响,比如其师上田万年《为了国语》《言语学》《国语学》,藤冈胜二《国语研究法》等有关理论,这肯定对他研究中国汉语标准化问题,具有重要的启发作用。胡以鲁是当时民国政府所属读音统一会的会员,又是中国国语学的创立者,他及语言学同行对于国语语言政策、语言规划、语言教育和语言推广的一些理论与建议,对于后来国民政府制定其语言政策,在有形与无形之中也一定会产生影响的。

那么,为什么胡以鲁要如此急切地进行国语"标准化",并希望通过政治行政化手段,去落实国语语言政策与语言规划、语言教育和语言推广计划,从而达到实现自己设想的目的呢?胡以鲁虽然没有在书中具体写明,但是其老师章太炎在《国语学草创》序中认为,胡以鲁撰写该书的目的是"今者考文正读,宜逆计是以为型范,斯余畴昔所持论而仰曾亦有取焉。既撷其大旨,乃为叙录,以告国人治语学者。"而胡以鲁也在《国语学草创》最后一章中,写道:"国语者,国民性情节族所见也。汉土人心故涣散,削于外族者再,所赖以维持者,厥惟国语。使外语蔓滋,陵乱不修,则性情节族沦夷,种族自尊之念,亦将消杀焉,此吾所为涓涓而悲也。"(146页)可见,胡以鲁撰写本书除了学术研究上的原因之外,也包含了希望通过用西方语言学理论对汉语重新认识,来达到使人民重视国语的目的。通过国语彰显民族气节,为自己的母语而感到自豪,提升民族自尊心,以助中华崛起。其政治上的意义大于语言学意义,也是应该看得到的。

注释:

[1] 蔡锋《春秋时期贵族社会生活研究》,中国社会科学出版社,2004;谢维扬《周代国家形态研究》,中国社会科学出版社,1990;《中国早期国家研究》,浙江人民出版社,1995。

［2］霍贝尔《原始人的法》，严存生等译，贵州人民出版社，1992。

［3］威廉·拉波夫《纽约百货公司(r)的社会分层》，祝畹瑾《社会语言学译文集》120～149页，北京大学出版社，1985。

［4］陈汝东《语言伦理学》，北京大学出版社，2001。

［5］R.A.郝德森《社会语言学》226～270页，卢德平译，华夏出版社，1989。

［6］日本文部省文化厅《国语施策百年史》104～107页，株式会社ぎょうせい，2006。

［7］章太炎《章太炎全集》（十二）167页，上海人民出版社，2018。

［8］《章太炎全集》（八）355页，上海人民出版社，2018。

［9］黎锦熙《国语运动史纲》122～127页，商务印书馆，2011。

［10］来裕恂《汉文典》，南开大学出版社，1993。

参考文献：

1.苏·赖特《语言政策与语言规划——从民族主义到全球化》，陈新仁译，商务印书馆，2012。

2.博纳德·斯波斯基《语言政策——社会语言学中的重要论题》，张治国译，商务印书馆，2011。

3.陈原《社会语言学》，商务印书馆，1983。

4.黄晓蕾《民国时期语言政策研究》，中国社会科学出版社，2013。

5.六角恒广《日本中国语教育史研究》，王顺洪译，北京语言学院出版社，1992。

6.李无未、徐高嵩《上田万年东亚殖民语言战略的朝鲜"布局"》，《厦门大学学报（哲学社会科学版）》2019年第4期。

7.李无未《胡以鲁〈国语学草创〉汉语方言分区理论及"原型"》，《语文研究》2019年第2期。

8.藤冈胜二《国语研究法》，三省堂，1907。

第八章 《国语学草创》:汉语方言分区理论"初啼"及"原型"

胡以鲁《国语学草创》(1912)被学术界公认为是中国学者所写的第一部带有强烈近现代中国语言学精神色彩的学术著作。[1]由此,它在近现代中国语言学史上的地位十分显赫,可以和《马氏文通》相提并论。但长期以来,学者们并不重视对《国语学草创》的研究,专论与专著很少见到,而且,学者们对《国语学草创》性质的定位还存在着"名实"不符的问题,误以单纯"普通语言学"著作定位,忽略了"国语学"书名文本定位的深刻内涵标记作用,这是需要重新审视与换位思考的。我们在对此已经有所论述。[2]《国语学草创》在许多方面堪称中国现代语言学的奇迹,在这里,我们就其汉语方言分区问题进行讨论,以期获得更为深刻的学术史认识。

《国语学草创》第八部分是"论标准语及标准音"。(91~105页)胡以鲁说:"标准语、标准音者,欲统一国语认定特定之语词语法,特定之读音,为一般用语之准也。"但又说:"然此所谓一般者,非云领土内之人民,盖国语固非云领土内人民用语也。"(91~92页)这是不是就是许多人讨论过的国内外同一语言的"二语并用"问题?胡以鲁对这里的"国语"概念作了进一步的解释:"国语之所谓国者,异于政治上国家之解说。吾国政治区域内,若蒙、若藏、若满州之一部,犹非吾国语之所领,然而政治区域外,南洋以下之华侨势力之范围,皆吾国语之领土。国语领土之广,世界各国语盖莫吾国语若也。"汉语覆盖人口之广,世界第一,超越了国界与民族的"界限",但汉语本身也很复杂,如果不对汉语实际进行客观分析,制定标准语就无从谈起。由此,胡以鲁对"统一"于国语之下的方言也进行了区分,分为十种,并对方言分布区域进行了描写,不过,他没有对十种方言进行命名。值得特别关注的是,胡以鲁是现代中国最早提出进行方言分区的学者之一,但却很少为人所提及,比如项梦冰《汉语方言地理学——入门与实践》(中国文史出版社,2005)就是如此。我们关心的是,胡以鲁对方言进行分区的根据是什么,其理论的来源或曰"原型"如何,方言分区理论的学术史意义是什么?这些问题真的需要我们进一步研究。胡以鲁谈方言,是为建立理想标准语服务的。他认为,要"因势利导","视社会心理为标准也"。作者对将北京官话作为标准语持不同意见,也谈到了湖北官话作为标准语有利之因素。在此基础上,胡以鲁建议国语统一调查会等筹议标准语为国语之事,也对标准音损益修订、标准语语法标准、标准语辞书编纂、标准语国语教育等国语问题提出自己的意见。

第一节　胡以鲁汉语方言分区理论述略

　　胡以鲁《国语学草创》主观上是从国语统一,建立标准语的角度审视中国方言的,但客观上所得到的结果却是对汉语方言进行了区域划分,得出了汉语方言分区十种的结论。这在当时是异乎寻常的,在近现代汉语方言研究史上也是很特殊的。

　　胡以鲁《国语学草创》对中国汉语方言之分区,具有如下特点:其一,对汉语方言通行之地理要素进行了描述。比如:"黄河以北,其北境至塞,东至海,即直隶、山东、山西,以及彰德、卫辉、怀庆等一区域为一种。"其二,指出其方言之特色。有的是其声调有特色,比如陕西方言,自古就是"秦陇则去声为入,梁益则平声似去"。这也是从历史语言地理角度所做的观察。有的则是看到其整体性发音富于特色,比如宁绍之音,属于"濡弱之音";而"漳泉及嘉潮各属之佶屈聱牙"。其三,对与之关系密切的方言之间的关系进行了比较。比如"湖南沅州与云贵同音;浙江之温处台大体与福建之福宁近似"。这就把方言所具有的独特之处,交代得十分清楚,这在当时汉语语言学学者中间是极为罕见的。

　　胡以鲁对汉语方言进行分区之后,对相关问题又有所思考,即:"若是分别之略为十种,以吾国之历史地域作比率,不为多也。且方言之生,无非语言之自然发达,无足怪者,而各方言又各有其特色,各有其发达之历史,更不容有所轩轾也。"这段话意思是说,将中国汉语方言共时面貌分为十个区域数量并不多,因为,历史文献所反映的区域划分远比这更为丰富。汉语方言之滋生不是一朝一夕完成的,一定是有一个过程的。这也说明,汉语方言发达,与其历史积淀丰厚有着密切关系。况且,每一个区域方言的形成,都承载着具有象征性的文化符号意义,具有独特的个性特征。认识它们,就要冲破既有的陈旧框框束缚,走向更为广阔的天地。这实际上,蕴含着汉语方言分区理论与方法的革故鼎新之意。

第二节　胡以鲁汉语方言分区的对应名称及分布问题

尽管胡以鲁《国语学草创》汉语方言分区理论非常清楚,但也有一个十分重要的问题没有解决,就是在《国语学草创》中,人们还没有见到这十种区域方言的确切名称,这也给后来研究者带来了一些困惑,不免会问,胡以鲁为何没有给这十种方言"定名"？如果要给这十种方言"定名"的话,应该确定何种名称为好？我们试图对这些问题有所求解。关于方言分区,许多人做过工作,何仲英《训诂学引论》(1934)提到：西洋传教士对汉语方言进行了分类。同时,也说到章太炎(《国故论衡·正言论》)、胡以鲁(《国语学草创》)、黎锦熙(《国语教学法》)的汉语方言分区说法。(80～88页)另外,日本人藤木敦实、麻喜正吾编著《综合中国语发音字典》(1934),其"中国语言语系统一览表"(1页)扩大了范围,介绍了中国境内语言及方言的分布。中国的语言之下分为乌拉尔阿尔泰语系与印度中国语系。乌拉尔阿尔泰语系之下分为满洲语、土耳其语、蒙古语三类。印度中国语系之下分为汉语、西藏语。汉语之下分为两大类：标准国语和方言。方言之下分为四大类别：北方官话、南方官话、苏浙语、滨海系。北方官话分为：河北系(河北省、山西省、山东省北部、河南省一部、"满洲国")、河南系(河南省一部、山东省南部、江苏省与安徽省之一部)、河西系(陕西省、甘肃省、新疆)。南方官话分为：江淮系(江苏省一部、安徽省中部、江西省九江)、江汉系(河南省一部、湖北省)、江湖系(湖南省东部、湖北省一部、江西省一部)、金沙系(四川、云南、贵州、广西一部,湖南省西部)。苏浙语分为太湖系、浙源系。滨海系分为：瓯海系、闽海系、粤海系。中国学者李方桂在1937年曾发表了《中国境内的语言和方言》一文,将汉语方言划分为九个群。主要是：北方官话群、下江官话群、西南官话群、吴语群、赣—客家话群、闽语群、广州话或称粤语群、湘语群、某些孤立的群。[3]李方桂对每一个群地理分布和语音特征进行了说明。比如北方官话群,分布在中国北部的广大区域内,包括河北、山西、陕西、甘肃、河南、山东,并向北延伸至新疆、内蒙古、东三省；向南延伸至湖北、安徽、江苏等省。它的特征是古浊塞音、浊塞擦音、浊擦音声母的清化和入声调的消失。一般只有阴平、阳平、上、去四个声调。这个语群还可以进一步分为几个次群。李方桂的这个分类,成为许多学者研究的标准之一,在汉语方言学史研究上具有重要的标志性意义。张琨《论汉语方言的分类》涉及

第八章 《国语学草创》：汉语方言分区理论"初啼"及"原型"

方言分类。[4]张琨认为，音韵特征是一个很重要的依据。其中一个特征是，看其方言是否有区别，可按《切韵》全浊声母，即並、定、澄、从（邪）、崇、船（禅）、群母，是否发浊塞音、浊塞擦音声母的办法处理。《切韵》全浊声母不论平仄都读吐气清音的分布现象可能和永嘉之乱时期汉人南迁有密切关系。湖南境内有三种方言保存《切韵》全浊声母。汉语方言的分区，是以地域为基础的。吴语区在江苏南部和浙江省，闽语区在福建，粤语区在两广，赣方言在江西，湘语区在湖南。用音韵特征来划分方言区，不能只靠一个特征。即如用《切韵》全浊声母的处理办法来划分汉语方言也面临着许多困难。《中国语言地图集》（第2版，2012）把汉语方言分为十区：官话、晋语、吴语、闽语、客家语、粤语、湘语、赣语、徽语、平话和土话。更为细致。[5]我们结合一些学者的研究，审视一下《国语学草创》的汉语方言分区及其名称对应问题。

（1）胡以鲁说："黄河以北，其北境至塞，东至海，即直隶、山东、山西，以及彰德、卫辉、怀庆等一区域为一种。韵虽不完，多唐虞之遗音。高亢殆无入声，为此种方言之特色。"这实际上属于官话方言中的北方官话区和西北官话区。按，山西部分区域官话，现在有的学者称之为晋语，它保留了入声。袁家骅主编《汉语方言概要》（1960）说："北方方言，即狭义的北方方言、北方话，又叫北方官话，分布于河北（京津在内）、河南、山东、东北和内蒙一部分。其中胶东半岛和辽东半岛的语音又有突出的特点。西北方言，及西北官话，分布于山西、陕西、甘肃、宁夏等省和河北、青海、内蒙各一部分。内部方言分歧多一些，特别是山西中部北部和陕西北部。"[6]胡以鲁有分有合，但所指包含了北方官话区和西北官话区两部分。

（2）胡以鲁说："陕西自成一种，汉唐旧都，久为文化中心地，中原之遗风逸韵，犹有存者。明晰简直，为此种方言之特色。（陆法言曰：'秦陇则去声为入，梁益则平声似去。'至今亦然。）"这属于官话方言中的西北官话区，与《汉语方言概要》的说法还有些不同，等于说的是秦陇官话。

（3）胡以鲁说："开封以西，汝阳、南阳等处，今之河南，即古之所谓荆豫错壤也。自是沿江而下自湖北、镇江为一种，居中国之中，尔雅正大之夏音产地也，其中武昌、汉阳之音，又为醇中之醇。"黄景湖《汉语方言学》（1987）称之为官话方言中的中原官话区。[7]但《汉语方言概要》将其归在了北方方言区中。

（4）胡以鲁说："其南湖南自为一种，古所谓楚声是也。"这里的方言属于湘语。但现在学者，又把湘方言分成新湘语和老湘语两类。新湘语分布在长沙、益阳、常德、株洲一带，以长沙话为代表。老湘语分布在双峰、湘乡、衡阳一带，

以双峰话为代表。此外,《汉语方言概要》说:"还分布在广西北部全州、灌阳、资源、兴安四县。"(102页)

(5)胡以鲁说:"福建、广东各为一种,漳泉及嘉潮各属之佶屈聱牙,在两者中又别成特色,此二种最屡杂,然中原古音犹有作化石而保存者。"这实际上说,这一地区的方言分为福建、广东两类。福建话,称之为闽语。一般称之为福建话。根据内部差异情况,可分为闽东、闽南、莆仙、闽中、闽北五片。闽东话分布在福建省东部、中部和台湾一小部分,福州话是其代表。闽南话,分布在福建省南部,广东东部潮州、汕头、海南岛及雷州半岛部分地区,台湾省大部分,浙江南部的平阳、玉环、舟山群岛,以及江西省玉山、铅山一带。东南亚华侨说闽南话的极多。广东话,如果以广州为代表的话,是粤语,分布在广东省中部、西南部,以及香港、澳门等地。(《汉语方言学》39~44页)

(6)胡以鲁说:"开封以东由山东之曹、沇、沂以至江淮间,大体似朔风,具有四声,特成一种方言。"这是属于官话方言中的江淮官话区。《汉语方言概要》说:"江淮官话,即下江官话,分布于安徽江苏两省的长江以北地区(徐州蚌埠一带属于北方方言区,除外)和长江以南九江以东镇江以西沿江地带。"这是比较贴切的。(24页)

(7)胡以鲁说:"江南之苏州、松江、太仓、常州及浙江之湖州、嘉兴、杭州、宁波、绍兴等又为一种。其中宁、绍固甚屡杂,论其大体,则沿海居民方言之代表也。海滨卑湿,且其中多湖沼,故濡弱之音,构成此种方言之特色。"这说的是吴语分布在江苏境内长江以南镇江以东和长江北岸的靖江、海门、启东等地,浙江省的大部分,以及安徽南部的铜陵、太平等地。吴方言内部根据古见、溪、群三母今发音部位的不同,可分为江浙和浙南南北两片,称之为北部吴语、南部吴语。传统上以苏州话为代表。(《汉语方言概要》58页)

(8)胡以鲁说:"东南之地独徽州、宁国之高原别为一种,而浙江衢州、金华、严州,江西之广信、饶州等属之。"李方桂方言分区没有设置徽语,《汉语方言概要》把衢州、金华、温州归在了吴语区。(58页)有人认为,徽语是独立的方言,它兼具吴语和赣语两种特色,存留入声、次浊音。其代表性方言分别为徽城、梅城、屯溪三处。胡以鲁划出个徽语,是不是有先见之明?可见,他的方言感知能力是超出一般人的。

(9)胡以鲁说:"四川上下与秦楚接,其音与关中大同而小异,以其地域特异,或亦别为一种。"这是说,四川官话具有独特性。很多人把四川官话称为西南官话的代表。那么,其与关中西北方言"大同而小异"的判断,是不是准确之

第八章 《国语学草创》：汉语方言分区理论"初啼"及"原型"

语？杨时逢《成都音系略记》(1951)的研究很典型。[8]杨时逢说他所用的文献是1942年秋季去四川峨嵋等地调查的材料。但因为仅有1000多个字的单字音记录,所以,很难做详细的研究。尽管如此,我们还是能够根据该文献做一些初步的判断。据杨时逢归纳,当时成都音系声母20个:即[p][ph][m][f][t][th][n][ts][tsh][s][z][tʂ][tʂh][ɳ][ʂ][k][kh][ŋ][x][ø]。韵母36个:开口:[ɿ][a][o][e][ai][ei][au][əu][an][ən][aŋ][uŋ][ər];齐齿:[i][ia][io][ie][iai][iau][iəu][ien][in][iaŋ][iuŋ];合口:[u][ua][ue][uai][uei][uan][uən][uaŋ];撮口:[y][ye][yen][yin]。声调:阴平(55)、阳平(31)、上声(42)、去声(24)。同时,也涉及了简单的连读变调情况,比如阴平接阴平,第一个字高升调,第二个字读半高平调。阳平接阳平,第一个字读原调,第二个字变阴平高升调。西安音系,据王军虎《西安方言字典》(1996)[9],西安方言声韵调是声母26个:即[p][ph][m][f][v][pf][pfh][t][th][n][l][ts][tsh][s][z][tʂ][tʂh][ɳ][ʂ][k][kh][ŋ][x][ø]。韵母39个:开口:[ɿ][ʅ][ər][ɑ][o][ɛ][ɯ][æ][ɤ][au][ei][ou][e][ɑŋ][əŋ][ɑɳ];齐齿:[i][iɑ][iɛ][ie][iæ][iau][iou][ien][iŋ][iɑŋ];合口:[u][uɑ][uɛ][uo][uei][ue][uæ][uɑŋ];撮口:[y][yɛ][yo][ye][yæ][yŋ]。声调:阴平(21)、阳平(24)、上声(53)、去声(44)。字典也涉及了简单的连读变调情况,比如阴平接阴平,第一个字24调。上声接上声,第一个字读21调。通过对比,我们发现还是存在着不小的差异的。不知道胡以鲁根据的是不是成都话,如果是根据成都话的话,那么,这个判断就有一些武断的意味。

(10)胡以鲁说:"其他云南、贵州、广西三部最偏僻,古来为苗族所蟠踞,其方言极纷杂。自沐英氏为云贵总督,以兵力胁从中原之音,略得一定。然其所发音不如沐英氏所豫期之直隶音,而为湖北、四川之音。广西亦受云贵之影响,亦可见人心所趋,孰为适者矣。又有如湖南沅州与贵州同音……"云南、贵州、广西三地的语言接触,情况十分复杂,虽仍然属于西南官话区,但内部小片很多,有所谓滇西片、黔北片、昆贵片、桂柳片等。

(11)胡以鲁说:"浙江之温处台大体与福建之福宁近似,福建之汀州且似江西之赣州,此则山陵隔绝,难言同化。欲解以理由,殆移住之史因耳。"我们理解这段话,着眼点并不在划分方言区上,而在于强调这几处方言的特殊性。比如温州话,又称之为瓯语,一般认定是属于南部吴语。胡以鲁说它与福(州)宁(德)"近似",兼有一些闽东话特点,是不是有将之归为闽东话的意图？这是语言接触的自然结果,还是独立成区,还需要进一步研究。浙江东南部方言,有一些就和闽语关系密切。秋谷裕幸《浙南的闽东区方言》(2005)对浙江泰顺、苍南"蛮话"也有详尽的描述,同意"蛮话"为"闽语说"。[10]汀州,位于福建长汀,所操方言,属于客家话。赣州,通行客家话。胡以鲁所称"福建之汀州且似江西之赣",正是两地具有相同的客家方言特点造成的,这一认识,十分正确。

根据我们的分析,《国语学草创》方言分区结构,与今天一些学者,比如袁家骅《汉语方言概要》等之分区吻合的是官话、湘语、吴语、闽语、粤语、客家话六个区域,唯一缺少的是赣语。从大的方面来说,这符合汉语方言七区说。但《国语学草创》还有一个值得人们关注的看法,就是认识到徽语的独特价值,从而分出个徽语区。这样,把汉语方言一共分为七个方言区。所以,与今天的一般学者认同的七个方言区说还是有所不同的,但却暗合《中国语言地图集》(第二版,2012)的一些观点,"徽语"独立为一级方言区,这确实是让人们感到惊异的。胡以鲁《国语学草创》与袁家骅等"七分法"不同,没有分出赣语,似乎是一个漏洞,但拿今天学者们眼光去衡量,却也不是没有一点儿道理。有的学者就认为,赣语与客语属于姊妹关系,一致性也比较大,专门称之为赣语,独立为一个方言区有牵强附会之嫌。有的学者干脆称之为客赣方言。胡以鲁不设赣语区是不是就有这种考虑?也未可知。但从今天学者们的研究来看,是有独特的方言理论研究意义的。在七个方言区之下,胡以鲁也谈到了一些次方言区问题。比如官话之分为北方官话、西北官话、中原官话、江淮官话、西南官话,但没有涉及东北官话和胶辽官话。闽语则强调了闽南话、闽东话,吴语分为北部吴语、南部吴语。最为可贵的是,谈到了云南、贵州、广西的中原官话与西南官话方言接触问题、温台吴语与福宁闽东话接触问题。这些都是学者争议比较多的问题,具有相当的前瞻性。

第三节　胡以鲁汉语方言分区理论"原型"

游汝杰《汉语方言学导论》[11](1991)说道:"方言分区虽然允许采用不同的标准和方法,但是,在某一个地区采用什么样的标准和方法却有优劣之辨。方言分区跟方言分类不同,它只是研究方言在地理分布上的区划。"(44页)游汝杰所提倡的方言分区研究方法主要有:特征判断法(同言线法)、古今比较判断法、综合判断法、集群分析法、可懂度测定法等。(45~52页)而制约方言区划的非语言因素他也有所说明,比如人口迁移、行政区划、交通往来等。胡以鲁《国语学草创》方言分区的方法与依据是什么？这确实是需要讨论的。

胡以鲁《国语学草创》没有像现代学者这样,对每一个区域方言的语法、语音、词汇、语用特点进行描写,而只是取其大概,从方言分布的自然地理角度加以论述,似乎"轻佻果躁",缺乏实证性,但其成果的"先见之明"光彩,却不容你不重视,而且,具有"四两拨千斤"之妙。我们认为,胡以鲁汉语方言分区理论的成型,不是空穴来风,而一定是有理论依据的。

一、与其沿袭中国汉语方言研究传统,师承章太炎,并获得章太炎汉语方言研究的"真传"分不开

中国学者研究方言的著作,比较早的是西汉扬雄的《方言》,此后,方言学著作不断涌现,比如郭璞《方言注》、李实《蜀语》、杨慎《俗言》、陈与郊《方言类聚》、李调元《方言藻》等,构成了中国特有的研究汉语方言的理论与方法。在近现代学者中研究汉语方言取得最为突出成就的是章太炎。章太炎的方言学思想散见在其所撰《自述学术次第》《驳中国用万国新语说》《正言论》《訄书·方言》《訄书·订文》《〈经籍旧音〉题词》等著作中。但在方言理论与实践研究方面达到当时传统汉语方言学最高成就的当属《新方言》,写于1906—1908年之间,正是他旅日之时。[12](孙毕博士论文《章太炎〈新方言〉研究》3页)温端政《"晋语分立"与汉语方言分区问题》(2000)讲汉语方言分区划分为三个阶段[13]:第一阶段,是尝试阶段,代表人物是章太炎与黎锦熙,分别将汉语方言划分为十区和十二区,偏重于地理自然因素。在章、黎之前,有学者说,1896年由穆麟德提出的四大分区为粤语、闽语、吴语、官话。第二阶段为探求阶段。即在调查的基础上,以事实为依据制定分区标准。有赵元任七区说,李方桂八区说,历史语言所九区、十一区说,丁声树与李荣八区说,袁家骅七区说。第三个阶段为成熟阶段,以李荣《官话方言的分区》《汉语方言分区的几点意见》《中国语言地图集》为代表,提出汉语方言分区层次大构架:大区—区—片—小片—点,并明确划分汉语方言大区—区的两个基本特征:中古入声字和古全浊声母。无论是孙毕,还是温端政,都没有提到胡以鲁《国语学草创》方言分区成果。章太炎汉语方言分区十区说,见之于《訄书·方言》。《訄书》,1900年出版,1902年出版重刻本,1904年在日本东京翔鸾社出版重印本。1906年再版。1915年章太炎在被袁世凯幽禁期间又做修改,更名为《检论》。1915年收入《章氏丛书》。王福堂《汉语方言语音的演变和层次》(1999)"现代汉语方言

的分区(一)"谈到了汉语方言分区历史三个阶段。[14]温端政与王福堂的观点大体一致,王福堂对汉语方言分区历史分段工作的时间在前。其第一个阶段,也是谈到了章太炎与黎锦熙的分期。更为重要的是,王福堂引用了章氏原文。王福堂说:章太炎在《訄书》初刻本(1900年)中把汉语方言分成十种,稍后在《检论》(1915年)中又改订成九种。所述如下:

河之朔,暨于北塞,东傅海,直隶、山西,南得彰德、卫辉、怀庆,为一种。纽切不具,亢而鲜入,唐虞及房之遗音也。陕西为一种。明彻平正,甘肃肖之,不与关东同。唯开封以西,却上。汝宁、南阳,今日河南,故荆、豫错壤也;及江之中,湖北、湖南、江西为一种。武昌、汉阳尤啴缓,当宛平二言。福建、广东各为一种。漳、泉、惠、潮又相輈也,不足论。开封而东,山东曹、沇、沂,至江、淮间,大略似朔方,而具四声,为一种。江南苏州、松江、太仓、常州,浙江湖州、嘉兴、杭州、宁波、绍兴,为一种。宾海下湿,而内多渠浍湖沼,故声濡弱。东南之地,独徽州、宁国处高原,为一种。厥附属者,浙江、衢州、金华、严州,江西广信、饶州也。浙江温、处、台附属于福建,而从福宁。福建之汀,附属于江西,而从赣……四川上下与秦、楚接,而云南、贵州、广西三部,最为僻左,然音皆大类湖北,为一种。滇、黔则沐英以兵力略定,胁从中原,故其余波播于广西。湖南之沅州,亦与贵州同音。江宁在江南,杭州在浙江,其督抚治所,音与他府县稍异,用晋宋尝徙都,然弗能大变也。[《章太炎全集》(三)496~497页,上海人民出版社,1984]

王福堂评价说:"章太炎还对部分方言的语音特点和形成原因做了简单说明,其中有关社会历史原因的分析符合史实,而方音差异由于水土不同而造成的看法则出于传统,缺乏科学性。传统时期末期的方言分区颇嫌粗疏,原因是作者没有可能进行实地的方言调查,分区的根据基本上是见闻构成的印象。而印象常常缺乏确定性(比如章太炎原分十区中的湖南一区在改订后反而被删除)和完整性,分区中存在错漏也就在所难免。"(40~42页)

王福堂用的是《检论》卷五本子。《检论》本与《訄书重订本》略有差异。比如"唐虞及房之遗音也",《訄书重订本》作"唐虞之遗音也";"汝宁、南阳,今日河南,故荆、豫错壤也;及江之中,湖北、湖南、江西为一种。武昌、汉阳尤啴缓,当宛平二言",《訄书重订本》作"汝宁、南阳,今日河南,故荆、豫错壤也。自是沿江而下,自湖北镇江为一种。武昌、汉阳尤啴缓,当宛平二言";"然音皆大类湖北,为一种",《訄书重订本》作"然音皆大类关中,为一种";"音与他府县稍异,用晋宋尝徙都,然弗能大变也"。《訄书重订本》作"音与他府县绝异,略似中原,用晋宋尝徙都故"。

对比胡以鲁与章太炎的汉语方言分区,就可以知道,二者论述基本一致。胡以鲁照抄章太炎《訄书重订本》原文的情况历历在目,只不过胡以鲁对章氏原文个别词句顺序有所调整或用自己的语言来表述。但不同的是,胡以鲁赞同其初刻本看法,把湖南作为一个区域,即"其南湖南自为一种,古所谓楚声是也"。他认为湘语独立。《訄书重订本》也有个别的地方胡以鲁没有录入,比如:"江宁在江南,杭州在浙江,其督抚治所,音与他府县绝异,略似中原,用晋宋尝徙都,然弗能大变也。"其实,这一句也很重要,章太炎从历史移民角度看待南京话和杭州话,而胡以鲁却忽略了这一点,径直把杭州话纳入了吴语区中,湮没了南京话和杭州话的特殊性,这是胡以鲁不如其师高明之处。由此,胡以鲁《国语学草创》汉语方言分区理论"原型"大体清楚了,我们也更明白胡以鲁为何没有给这十种方言"定名",原来,他的老师章太炎就是如此做的,与他本人所见无关。

胡以鲁的特殊经历决定了他属于"章氏谱系"之列,看看他的经历就清楚了。胡以鲁曾赴日本留学,先是在日本大学攻读法政学科,获法学学士学位。后于1909年考入东京帝国大学博言科学习语言学,师从上田万年,获得文学学士学位。1906年,国学大师章太炎赴日本,在留学生中开设《庄子》《楚辞》《说文》等国学讲座,胡以鲁和鲁迅、周作人、钱玄同、黄侃等一起成为章氏弟子。胡以鲁学贯中西,在日本东京帝国大学攻读语言学时,接受了德国、丹麦等西方语言学家理论的熏陶和影响,同时又师从国学大师章太炎,具有深厚的国学基础。学成回国后,先是在浙江高等学校任教务长,后到北京法政专门学校担任主任教员,1913年,胡以鲁担任当时司法部的参事,又在北京大学教授国语学课。此后也在北京民国大学、北京师范学校等高校任职。《国语学草创》(1913)是胡以鲁唯一一本中国语言学著作。其书完成应该是他在日本留学行将结束之时。《国语学草创》由章太炎作序,章氏盛赞胡以鲁继承自己的学术衣钵又有所发展。胡以鲁自己也称:"时地方音之差盖若是也。此种类例章先生《国故论衡》举之甚多,别无所见不更述,惟补说明于兹。""敢据音声学之理,拟之如下,敢乞教于先生。"(35~36页)用现代语音学理论解释《成均图》音转理论,继续向前推进一步。胡以鲁与章太炎在汉语方言分区理论上存在着"继承与发展"的关系,也就不足为奇了。

二、胡以鲁在日本学习西方语言学理论，接受西方汉语方言研究的理念，并付诸语言研究实践

如果我们仅仅看到胡以鲁照抄章太炎汉语方言分区原文这一点，就得出胡以鲁不如其师高明，没有超越其师的结论，肯定会陷入一种简单的单向性推断的境地。我们认为，胡以鲁照抄章太炎汉语方言分区原文，并不只是为了汉语方言分区，而是借汉语方言分区去申明自己国语统一、建立标准语的意愿，适应的是建立"国语学"的需要，是具有"大格局"语言学意识的。从这个意义上讲，胡以鲁不但不是不如其师高明，而是已经超越了其师的视野，更具有中国国家语言战略"布局"意识，这是至为重要的。为何胡以鲁能够获得如此之高瞻远瞩之洞见？我们认为，这和他在日本接受西方语言学理论意识相关。

胡以鲁对马克斯·穆勒《语言学》[15]思想的接受与兼容，也应该是有迹可循的，比如方言发达（90页）、比较语言学（70页）、地理学分布（192页）等。但更为直接的是他接受了他老师上田万年的老师德国甲柏连孜《语言学》（1891）与《汉文经纬》（1881）两书的一些理论。[16]甲柏连孜在《语言学》"个别语言研究"之"语言知识"（62～64页）一节，专门谈怎样学习语言与国家统一、语言统一问题，他认为，一个国家，统一语言是必要的，也是语言生活的需要。此外，他还认为，要正确理解母语，不可误用，不可混入杂质；要按照语言法则讲好自己的母语，这个语言法则也称之为语言精神；要遵从内部有机体系法则以及实质和形式；要把语言精神作为民族精神的一个构成要素。关于汉语方言区域分区的论述，甲柏连孜参考了美国人卫三畏《汉英韵府》和英国人艾约瑟《官话口语语法》。论及官话，他认为分为三种次方言：南部官话（南京话）、北部官话（北京话）、西部官话（成都话）。论及方言，浙江和江苏的方言，主要提到上海话；广东方言，主要提到广州话，还有客家话；福建方言提到潮州话和福州话。甲柏连孜说："关于这个庞大帝国的其他方言土语，我们还很不了解，因此，无法加以分类。"（姚小平译《汉文经纬》18页）这些思想，毫无疑问，对胡以鲁研究汉语标准语标准音、国语统一、方言分区理论是具有启发作用的。

三、师承日本学者上田万年，吸取日本学者研究日语和汉语语言学及方言学的优秀成果

胡以鲁在东京大学学习时的导师是上田万年，上田万年的语言学思想对他研究标准语标准音、国语统一、方言分区理论问题应该产生了很大的影响。

1896年之前,上田万年出版了《国语のため》(1895/1903)、《国语论》(1895)、《日本语学の本原》(1895)等著作。[17]《国语のため》的主要内容为:国语与国家;国语研究;标准语;在教育上,国语学者应该抛弃的东西大要点;作为语言学者的新井白石;普通人名词;在欧洲诸国"缀字改良论";清浊音;新国字论;今后的国语学;本居春庭传;在初等教育中的国语教授;国语会议;日本大辞典编纂。这些内容,在日本也是最为先进的"国语学"理念,为他建立"东亚语言学",并与西方语言学分庭抗礼进行了周密的学术准备,这对胡以鲁不能说不产生影响。

这也为上田万年写《言语学》讲义(1896)奠定了相当深厚的语言学研究基础。1894年7月,上田万年从德国、法国留学归来,担任博言学科讲座教授,讲授"语言学",学生只有新村出一个人。我们现在见到的这本《言语学》,就是新村出保存的上田万年当年上课讲义的笔记,完好地保存了当年的语言学课内容原貌。柴田武考证说:"这个讲义笔记,是上田万年在1896—1897年度、1897—1898年度3次语言学授课的讲义,是当时上田万年讲课内容的真实记录。"[18]上田万年在《言语学》"本论"中,第一个讲的就是"国语研究"(119页),涉及国语、方言、标准语等问题,比起甲柏连孜原著,增加了"文典科语(日本文典略史)"(134页),品词的发达及分类(134~140页)等内容。上田万年《言语学》受其师甲柏连孜《语言学》(1891)影响很大,也有一个明确的学术延续的关系。胡以鲁学习上田万年《言语学》不能不了解这一点。

其他日本学者的语言学著作,也不能说对胡以鲁写作《国语学草创》没有启发意义。比如藤冈胜二是上田万年的学生,其《言语学》(1901)"方言"一章,涉及了"标准语、方言分布、交通机关发达、阶层语言、方言形成环境、国语统一方法"。冈仓由三郎《应用语言学十回讲话》(1902)第九回,也有:"标准语、标准语范围、标准语设定必要、国语统一的必要、地方语和标准语关系"等内容。保科孝一是上田万年的学生,其《言语学讲话》(1903)是当时影响比较大的一部著作。保科孝一当时任东京大学助教授。据其序言,他的立意是结合当时人们关注的国语学术而思考语言学理论问题。《言语学讲话》基本内容为:语言学的性质;语言的定义;语言和文字的关系;语言和思想的关系;语言研究的目的和方法;语言学及其辅助学科;语言的发达;语言的体形变化;语言的意义变化;语言的消灭;新语的发生;借用语;方言;标准语;研究方言的必要;语言的起源;语族;国语和国家的关系。[19]高桥竜雄《应用言语学》(1905)第十章"方言",涉及"方言和标准语的差异、方言发生的十一种原因、地域的差异、交通机关的关系、气候的差异、政治习俗差异"等问题;第十一章"标准语",涉及"方言成了杂草、标准语的资格、标准语的选择、口语作为标准、方言为国语之基础"等问题。可见,胡以鲁所讨论的标准语、标准音、国语统一问题,都不是孤立存在的,是有着深厚的日本语言学学术理论背景的,只不过,他由思考日本语言学问题转向了思考中国语言学问题,借鉴成为一种必不可少的手段与方式。

关于日本学者研究汉语方言成果,后藤朝太郎《现代中国语学》(1908)是日本最早从现代语言学科学角度建构汉语语言学理论的著作之一。[20]该书在"中国语方言的地理分布"一节中,对方言通行区域进行了描写与说明:第一,官话,在中国五分之四的地域通行。第二,方言,在中国五分之一的地域通行。东南沿海地方语主要是浙江方言、福建方言、广东方言。这三大方言进一步细分有浙江方言、上海方言、宁波方言、温州方言。福建方言,有福州方言、厦门方言、汕头方言。广东方言,有广州方言、客家方言。这等于是九分法。后藤朝太郎还对各方言使用的人口情况进行了说明。后藤朝太郎也是上田万年的学生,与胡以鲁同出一个师门,胡以鲁对后藤朝太郎的成果应该有所了解,但很显然,有一些看法并不一致。但也不能因此而说明胡以鲁汉语方言分区等问题与后藤朝太郎没有什么瓜葛。

四、获取汉语方言第一手资料,根据自己的研究所得而建立自己的理论体系

胡以鲁对章太炎汉语方言分区的修订,足以证明,他是具有一定的方言依据的,比如没有强调杭州话的特殊作用,还是认为,杭州话具有吴语的"共性"特征,所以,才将之回归"吴语之位"。可以设想,如果没有第一手资料,他是不会轻易修订老师的看法的。章太炎在《国语学草创》序言中,没有对胡以鲁的修订提出异议,这说明,章太炎已经接受了胡以鲁的观点,这是尤其需要我们注意。

第四节　胡以鲁汉语方言分区理论的学术史意义

我们认为,研究胡以鲁《国语学草创》汉语方言分区理论具有十分重要的学术史意义:

第八章 《国语学草创》：汉语方言分区理论"初啼"及"原型"

一、《国语学草创》的汉语方言分区理论具有划时代的学术意义

在胡以鲁之前，研究汉语方言分区的学者，无论中外均不乏其人，但结合中国国语统一，建立标准语来审视中国区域方言特点，并为之分区，胡氏在中国近现代语言学史上是最早的学者之一。由此，他的《国语学草创》汉语方言分区理论就具有了划时代的学术意义。

在胡以鲁之前，章太炎的"正音观念"也是很突出的，以正音（标准音）衡量各地方音，确实看出了各地方音的特点。章太炎《国故论衡·小学十篇》（上海古籍出版社，2011）"正言论"以中华"正音"衡量各地方音，得出"讹音变节，随在而有"的结论。（44～48页）比如他说："浊音去声变清音界：直隶、山东、河南、山西；清音去声变浊音界：湖北、湖南、广东、广西、福建；浊音上声变去声界：除浙江嘉兴、湖州二府，他处皆然；去声不别影喻二纽界：除江南、浙江，他省皆然；上声似平界：陕西；入声似去界：直隶、山东、河南、山西；舌上音归舌头界：福建；舌上音归喉音界：广东；舌上音变正齿界：江南、浙江、广东、湖南、广西、云南、贵州；轻唇音归牙音界：除广东，他省多有；牙音误轻唇音界：广东；喉音误齿头音界：广东；齿头音归喉音界：各省多有；齿头音变正齿界：各省多有；匣纽变喻纽界：浙江；疑纽误娘纽界：除广东，他省多有；泥纽变娘纽界：除云南、贵州，他省多有；泥纽变来纽界：直隶、山东、河南、江苏北部、安徽北部；弹舌音变来扭界：安徽北部；弹舌音误禅纽界：江南、浙江、江西、湖南、云南、贵州、广东；鱼韵误支韵界：云南、贵州、广东；鼻音收舌、收唇无别界：除广东，他省皆然；东冬二韵无别界：除湖南、江西、安徽，他省皆然；青真二韵无别界：除广东，他省皆然；真谆二韵无别界：除岭北诸省，迤南诸省皆然；江阳二韵无别界：除江西，他省皆然；术物等韵误入模韵界：直隶、河南、湖北、湖南；麻韵乱佳韵界：除江苏江宁府、浙江绍兴府，他处皆然；麻韵误先韵、幽韵界：除浙江、江西、湖南、广东，他省皆有。"

章太炎具有明确的"正音观念"，但还没有十分明确的国语统一、建立标准语的语言意识，但对胡以鲁汉语语言学思想的形成产生了十分重要的影响，由此，把方言分区与国语统一结合起来，是具有十分重要的创新意识的，非常难能可贵。

二、胡以鲁《国语学草创》汉语方言分区理论不是孤立存在的，而是在建立中国国语学理论体系的大背景下提出的

胡以鲁《国语学草创》被学术界公认为是中国学者所写的第一部带有强烈近现代中国语言学精神色彩的学术著作，与《马氏文通》齐名。由此，这个汉语方言分区理论，属于中国国语学理论体系中极其重要的组成部分，与中国国语学发展命运休戚与共，从而载入史册，名垂青史。

三、胡以鲁《国语学草创》汉语方言分区理论以其系统性强，方言地理学理论内涵丰富著称于世，应该让世人了解

过去，许多学者低估了该书的汉语方言学史价值，今天重新检讨《国语学草创》，将使之重放异彩，使中国汉语方言学史附着上了更为显赫的国语学意义，即中国汉语方言学研究理论，在其初始阶段，就以别具一格之"初啼"，显得与众不同。《国语学草创》起点高，立意深远，这就给中国汉语方言分区理论及其相关问题研究奠定了坚实的理论基础。

四、胡以鲁汉语方言分区理论所蕴含的丰富内涵，迄今仍有极其重要的现实意义

其"先见之明"与章太炎"共生共存"自不待言，所运用的研究理论与方法，至今仍具有重要的理论与实际指导意义。这是我们最应该挖掘的部分。

五、胡以鲁汉语方言分区理论"原型"多源，东西方兼容，这也给我们研究近代以来东西方学术关系提供了一条学术"通道"

中国近代学术范畴的形成，比如语言学，是极其复杂的，要想解开诸多学术之谜，"溯源而察流"是十分有效的方法。我们应该积极而广泛地使用，这既是研究中外学术交流史的需要，也是扩大中国汉语语言学史研究学术视野的需要，必须认真对待之。

100多年来，虽然有学者关注《国语学草创》，并且也发表了一些有益见解，但从整体上讲，还是对它重视不够，遗留的学术缺憾太多，标志之一就是迄今还没有一部研究《国语学草创》的专著问世，更谈不上对它的伟大历史地位予以科学定位，这是令人深深遗憾的。《国语学草创》涉及的语言学问题太多，当然，就使得我们的学术研究空间无限阔大，这也是我们的幸运之所在。汉语

方言分区理论只不过是胡以鲁丰厚"国语学"理论中的一个方面的问题。

今后研究《国语学草创》汉语方言分区理论，可以展开的项目很多，比如《国语学草创》汉语方言分区语音特征、语法特征、词汇特征，以及与"标准语"的关系等，都是可以深入研究的。

注释：

[1]胡以鲁《国语学草创》，山西人民出版社，2014。

[2]李无未《东西兼容：胡以鲁〈国语学草创〉(1912)"国语学"性质及其理论"原型"》，未刊稿，2018。

[3]何仲英《训诂学引论》80～88页，商务印书馆，1934。藤木敦实、麻喜正吾编著《综合中国语发音字典》，外语学院出版部，1934；李方桂《中国境内的语言和方言》，英文《中国年报》，1937；1973年《中国语言学报》重印；《民族译丛》1980年第1期，梁敏译，根据美国《中国语言学报》创刊号。

[4]张琨《论汉语方言的分类》，《中国境内语言暨语言学》1《汉语方言》1～22页，"中央"研究院历史语言研究所，1992。

[5]中国社会科学院语言研究所、中国社会科学院民族学与人类学研究所、香港城市大学语言资讯科学研究中心《中国语言地图集》第2版，商务印书馆，2012。

[6]袁家骅主编《汉语方言概要》24页，文字改革出版社，1960。

[7]黄景湖《汉语方言学》33页，厦门大学出版社，1987。

[8]杨时逢《成都音系略记》，《历史语言研究所集刊》第23本上289～302页，1951。

[9]王军虎《西安方言字典》，江苏教育出版社，1996。

[10]秋谷裕幸《浙南的闽东区方言》，台湾"中央"研究院语言学研究所，2005。

[11]游汝杰《汉语方言学导论》44页，上海教育出版社，1991。

[12]孙毕《章太炎〈新方言〉研究》3页，华东师范大学出版社，2006。

[13]温端政《"晋语分立"与汉语方言分区问题》，《语文研究》2000年第1期。

[14]王福堂《汉语方言语音的演变和层次》，语文出版社，1999。章太炎原文见《章太炎全集》(三)205～206、486～487页，上海人民出版社，2014。

[15]马克斯·穆勒《语言学》(上、下册)，金泽庄三郎、后藤朝太郎译，博文

馆，1907。

［16］甲柏连孜《语言学》（《言语学－その课题、方法、及びこれまでの研究成果》），川岛淳夫译，同志社，2009。甲柏连孜《汉文经纬》，姚小平译，外语教学与研究出版社，2015。

［17］上田万年《国语のため》，第一册，富山房，1895；第二册，富山房，1903。《国语论》，金港堂，1895。《日本语学の本原》，出版机构不详，1895。

［18］上田万年《言语学》，新村出笔录，柴田武校订，教育出版，1975。

［19］藤冈胜二《言语学》，哲学馆，1901；冈仓由三郎《应用言语学十回讲话》，成美堂书店，1902；保科孝一《言语学讲话》，宝永馆，1903；高桥竜雄《应用言语学》，开发社，1905。

［20］后藤朝太郎《现代中国语学》，博文馆，1908年发行，被列为日本"帝国百科全书"之中。见李无未《汉语现代语言学理论体系的初次构建——日本〈现代中国语学〉(1908)的意义》，《厦门大学学报（哲学社会科学版）》2014年第1期。

第九章 《国语学草创》：
汉语上古音理论及罗马字标记意义

中国近现代语言学理论奠基之作胡以鲁的《国语学草创》(1912)，蕴含着十分丰富的汉语音韵学理论与实际学术成果信息。我们发掘它，就有四个方面考虑：一是可以为缕清高本汉之前中国近现代音韵学"过渡期"发展的实际线索找到一条可行性途径；二是为研究《国语学草创》的"国语学"性质服务，至少可以明确汉语音韵学在"国语学"构建中所发挥的重要作用；三是借以审视清末民初东亚语言学视域下各国汉语音韵学"映射"与"辐射"之复杂关系；四是充分发掘胡以鲁汉语音韵学理论系统性的时代特征。由此，就可以尽力去弥补目前国内外学者对胡以鲁汉语音韵学理论研究的缺憾。《国语学草创》"国语学"理论以中国传统小学"元素"为重心，传统小学"元素"中又以汉语音韵学为枢纽，彰显了胡以鲁国语学理论体系一个明显的特色。而在《国语学草创》汉语音韵学理论之中，上古音理论内涵又十分丰富，在清末民初的中国汉语音韵学界则独树一帜，这就使得我们不能不对之加以系统关注，催促我们对之尽力重新发掘和认识，这是本章展开研究的一个起始目的。

第一节 胡以鲁元音理论与汉语上古音韵部概念

胡以鲁全面构建中国国语学理论，作为中国学者，他认定，必须转变语言学观念，将西方语言学理论与东方汉语语言学理论结合才会有出路。以汉语音韵学为例，中国传统音韵学关于字音内部音节结构分析理论，主要体现在反切与等韵图文献上，汉语音节"二分法"是基本格局。关于声母部分，有所谓声、纽、声类、字母、双声的说法。反切上字也和声母分析相关。但中国传统音韵学的一些术语内涵与外延并不很周密，因此，有的概念所指显得很混乱，单纯从字面上很难和声母部分联系起来考虑。比如孔广森《诗声类》，其"声"就指的是"韵"范畴。关于韵母部分，有所谓韵、韵母、韵类、韵部、韵目、韵摄这些整体性概念,还有着眼于韵母结构某一部分的概念,如开合口、两呼、四呼、阴声韵、阳声韵、入声韵等说法,有时也免不了产生歧义。无论是声母部分,还是韵母部分,由于缺乏一整套成熟的语音学理论分析汉语音韵学概念术语,就很难将之整合在一起加以系统化。胡以鲁引入西方现代语音学理论观念,以汉语音韵学上古音为对象进行研究,就希望先从整合现代语音学理论与汉语音韵学术语关系入手,找到一条新的研究汉语音韵学的途径。从中国学者来看,胡以鲁是最早进行此类探索的学者之一,主要表现在:

一、胡以鲁从讲述西方现代语音学理论中元音发音原理入手,打破常规,贯彻现代语音学的元音理论,目标直指传统上汉语古音学的韵部概念

(一)胡以鲁对元音含义进行说明

《国语学草创》第一编"说国语缘起"说:

声而不被障碍,不被摩擦,得以自由发出者谓之音。音者,元音也。未经何等之调节,但以口腔为共鸣空间,随口腔之大小为高下者也。自能成音,以表语意,得曾经颚喉唇舌齿调节之音(即韵)附和节奏之,成种种节音,语言以完。元音之种别,高下为之。

元音之高下则口腔之大小,即舌头向口盖隆起之差也。隆起舌之后部而发音为泰,稍前为队,更出而突起其前部为支为至。此等元音古所谓韵,亦如纽然,以之作叠韵代表耳。音之所以为音处,无从知也。兹欲分析而得其元音,亦惟以其所为翕之音,表以罗马音标,以 a、e、ě、i 等当之。由 a 及 i 唇渐后向,舌渐前隆,口腔空处渐小渐前,音乃渐就明锐。次圆撮其两唇,舌渐后隆,发上四音,则为歌侯之,即 o、ǒ、u 是也。此时音渐后响而圆笼,乃渐就沉钝。又以两唇作椭圆而嘘声,为闭口之鱼韵[ü],以 i 及 u 与 ě 及 ǒ 之折衷位置,而发两者中和之音,则为幽宵,略如 û、ö。所谓韵者,如是而已。(14~15页)

按,在这里,胡以鲁首先强调了元音发音的特点,即元音是发音过程中气流通过口腔而不受任何阻碍,比如没有摩擦等因素而发出的音。但发元音要受制于口腔的共鸣空间,所以,其分类也就在此基础上展开。比如口腔大小决定了发音的高低,以及圆唇不圆唇,还有舌面位置的前中后移动。从当代学者所阐发的发音语音学观点来看,胡以鲁的分析是合乎一般学者的认识的。有

的学者讲,元音按舌面和双唇的部位分类,但有时也按空气是否自由通过鼻腔来分类。高元音发音时舌面拱起,紧靠口腔顶部,低元音发音时舌的部位相对低平,开口度比高元音稍大。中元音发音时舌的位置处于中间状态,高、中、低元音也按前后列分类。发前元音时舌的最高部位移向口腔前部并稍许拱起,后元音发音时舌后部向软腭抬起。请注意,胡以鲁用了"元音"这个术语,而不是像日本学者那样,用"母音"术语。比如冈仓由三郎《应用语言学十回讲话》(成美堂,1903)第三回主题词,就用"母音"术语而不是"元音"术语。(63页)胡以鲁说得很清楚,这个"元音"术语就是用来分析韵部部分的,所以他说:"此等元音古所谓韵,亦如纽然,以之作叠韵代表耳。"

胡以鲁讲述元音发音原理,目的还是借此机会,引出上古韵母罗马字标记问题。他认为,歌侯之,即 o、ŏ、u;鱼韵为 ü。以 i 及 u 与 ĕ 及 ŏ 之折衷位置,而发两者中和之音,则为幽宵,略如 û、ö。这样,就把现代语音学和上古韵部研究结合起来了,十分自然。至于他为何要把歌侯之鱼幽宵标记作 o、ŏ、u、ü、û、ö,这里并不作更为详细的解释,很显然,引入现代语音学理论,改造传统上古音研究的理论与方法,是他的基本意图。

胡以鲁接受现代语音学理论,则与他在日本东京帝国大学博言学学科学习相关。当时,日本处于明治时代末期,日本学者接受西方语音学理论,所写作的语音学著作对元音分析也已经到了比较成熟的地步。比如冈仓由三郎《发音学讲话》(1901),是当时日本比较流行的语音学理论著作。从其书可见,近现代语音学理论意识已经很突出了,比如涉及了发音器,即发音部位的作用、气管、喉头、声带、声门、喉头腔、咽头、鼻腔、口腔、唇;音韵的分类:鼻音、母韵、父音中破裂音、促音、半浊音、摩擦音等。具体分析起来,分类更加细致。比如气息,分为有声、无声;(47 页)父音分为清音与浊音两类,其中清音又分为破裂音和摩擦音,浊音分为破裂音和摩擦音;(50 页)鼻音分为唇内鼻音、舌内鼻音、喉内鼻音 3 种,他还说:"这来源于《韵镜》鼻音的分类。"(53 页)其 45 页口腔诸部位显示图,所定位的部位有:上唇、下唇、上腭、下腭、舌尖、舌面前中后、软口盖、硬口盖、鼻腔、齿门、齿槽前中后,等等,都和发音有直接关系。其元音理论,可见"第十九话,母韵"(58～68 页)一节。冈仓由三郎从分析日语五十音图あいうえお开始。他列了ヘルヴアツハ(Hellwarg)在 1780 年制作的等边三角形元音舌位图,以及ブリウツケ(Brücke)最终完成的"三角式母韵配列法"。(63 页)这表明,元音发音原理与韵母分析关系十分密切,成为当时日本学者所应该知道的基本语音常识。无论如何,胡以鲁在日本东京帝国大学学习语言学不可能不注意这一点的。[1]

胡以鲁之后,赵元任等学者分析中国语音更进一步走向科学化。1916年,他与胡适合作完成的《中国语言的问题》涉及中国语音学,提出用科学的历史的方法进行语音分析的原则。二人认为,应该熟悉一般生理的实验的语音学。分析系统是:国际音标系统、贝尔的可视言语先验系统、叶斯柏森字母数字加标注的系统。1922年发表的《中国言语字调底实验研究法》就在方法上有突破,比如讲实验的方法,赵元任说:"要晓得字调这现象在言语里声学的地位。"很显然,更为深刻。(两篇文章见江苏人民出版社2015年出版的《赵元任文存》)

(二)胡以鲁对以往学者研究汉语上古音分部理论的缺失加以评析

论韵之书,以声类为嚆矢,已散失而不可理。后出者,独有《广韵》为后世韵学之宗。顾炎武氏作《唐韵正》,分韵为十部;江永氏作《古韵标准》,分为十三部;段玉裁《六书音韵表》分十七部;孔广森《诗声类》分十八部;王念孙分二十一部。愈降愈多,精则精矣,然不知平上去入不过长短广狭之差。以收声为阳声,亦加入所谓韵者,则更病在不知分析研究,徒取其叠韵而均分之故也。(15页)

按,胡以鲁说"论韵之书,以声类为嚆矢",其"声类"是目标,但当为"韵类"概念理解,这样就和后边讨论的有关"韵部"问题在逻辑上切合了。"已散失而不可理",指的是《切韵》等韵书原本亡佚,只在敦煌残卷,以及唐写本《切韵》系韵书中见到"影像"。后世学者研究《切韵》前韵书,比如有任大椿、马国翰、黄奭、顾震福、龙璋诸家辑本。其中,黄奭辑李登《声类》成绩最好。黄奭辑有李登《声类》逸文共计236条,补遗16条,总计252条。对于黄奭辑李登《声类》逸文,高明进一步考订,指出其有讲古今字的,有讲古今语异的,有讲字形之异的,亦有释义的,等等,认为该书为后来的韵书编写树立"楷模"。研究则有林平和的《吕静〈韵集〉研究》(嘉新水泥公司文化基金会研究论文第324种,1976),这是其在政治大学中国文学研究所获得硕士学位的论文,指导教师是高明教授等。20世纪初,外国人在敦煌莫高窟千佛洞石室和吐鲁番沙漠中发现了古写本和刻本《切韵》系韵书等文献,震惊了世界。可叹的是,中国学人却费尽心机求一见而不得,只能赴法国、英国才能见到真迹。叶德辉《书林清话》"刻板盛于五代"条说:"光绪庚子(1900)甘肃敦煌县鸣沙山石室出《唐韵》《切韵》两种,为五代细书小版刊本,惜为法人伯希和所收,今已入巴黎图书馆,吾国失此环宝,岂非守土者之过欤?"王国维《跋手写〈切韵〉残卷》也说:"光绪戊戌(1898,伯希和1908年才到敦煌,恐记述之误,应为1908年),余晤法国伯希和教授于京师,始知伯君所得敦煌古书中有五代刻本《切韵》。嗣闻英国斯坦因博士所得者更为完善,尚未知有唐写本也。"1921年,王国维手写石印本,号称巴黎国家图书馆馆藏的唐写本《切韵》残卷三种问世。但魏建功辨明,这三个本子,即"王写《切》残一、二、三",是伦敦所藏斯坦因劫掠本,姜亮夫收入《瀛涯敦煌韵辑》中。1925年,刘半农在法国国家图书馆所藏敦煌写本中,录出了文件104种,分为三集。其下集语言史料中,有P2129《唐韵序》、P2012守温撰《论字音之书》、P2011《刊谬补缺切韵》。后来用木板重刻,这就是《敦煌掇琐》。1932年,刘半农进一步收集资料,包括《敦煌掇琐》三种、《刊谬补缺切韵》和唐人写本《唐韵》两种、五代刻本《切韵》、古逸丛书本《广韵》汇集剪贴,定名《八韵比》,后又称《八韵汇编》。魏建功提议加入《西域考古图谱》和德国普鲁士学士院《切韵》断片,更名为《十韵汇编》。刘半农逝世后,罗常培整理遗稿,补制凡例,1935年该书印行。国家图书馆出版社2009年9月出版《十韵汇编》,署名刘复、魏建功、罗常培等编著,把十种韵书材料集中在一起,按韵对照编排;附《广韵》校勘记,并有分韵索引和部首索引。姜亮夫在法国巴黎国家图书馆访书,"抄写、影拓、摄影、校录",除了有列号的之外,还有没有列号的,分为甲乙丙丁戊五种。1954年10月,收录了姜亮夫所整理的韵书文献的《瀛涯敦煌韵辑》出版。1967年到1969年之间,潘重规赴巴黎、伦敦以《瀛涯敦煌韵辑》为基础,参考《十韵汇编》,和原卷核对"新校",并补辑姜亮夫未收者如P3693、P3694、P3695、P3696、P3798、P3799,以及P2012等,定名为《瀛涯敦煌韵辑新编》。这部书是当时海外敦煌韵书辑校最为精审的文献汇编。周祖谟《唐五代韵书集存》(中华书局,1983),汇集了30种唐五代韵书写本、刻本,详加考释,分别异同,辨章源流,是20世纪有关于唐五代《切韵》等韵书文献汇辑与研究方面的集大成著作之一,无疑代表了自王国维、刘半农、魏建功、罗常培、姜亮夫、潘重规等学者整理和考订《切韵》文献以来的学术高峰。[2]

胡以鲁称"后出者独有《广韵》为后世韵学之宗"。宋本《广韵》,周祖谟、余迺永、蔡梦麒等学者以校勘精审著称,为我们提供了可以信据的文献。胡以鲁言外之意是中古有《切韵》《广韵》这些韵书可以凭借,但上古音研究就没有那么幸运了,最为突出的是,缺乏可供参照之韵书依据。尽管如此,后世学者的古韵分部工作,卓有成效,也可以成为重要依据。他指出:"顾炎武氏作《唐韵正》,分韵为十部;江永氏作《古韵标准》,分为十三部;段玉裁《六书音韵表》分十七部;孔广森《诗声类》分十八部;王念孙分二十一部。"

胡以鲁肯定了清人研究上古韵部的成绩,确实是很精审的见解,其研究的理论与方法,自有独特之处。对清人的上古音研究成就,许多学者有所总结,比如陈新雄《古音学发微》(文史哲出版社,1972)、《古音研究》(五南图书出版有限公司)和王力《清代古音学》(中华书局,1992)等,无须赘言。

胡以鲁对清人的批评角度很特别,"愈降愈多,精则精矣,不知平上去入不过长短广狭之差。以收声为阳声,亦加入所谓韵者,则更病在不知分析研究,徒取其叠韵而均分之故也"。胡以鲁的批评有两点值得注意:一是上古韵部不同,主要表现在区分韵部方法有问题,以四声分韵,就与中古四声不同,不在于四声的区别是"长短广狭之差"。长短还比较好理解,类似于王力先生所说的"舒声分长短""入声分长短",那么广狭呢?是不是还有韵尾的问题?李方桂认为把上古的韵尾辅音跟四声合并讨论,是因为韵尾与四声的关系相当密切。如果认为上古汉语是有声调的,而且大体调类与四声相合的,那么,我们只要承认一套鼻音韵尾跟一套塞音韵尾就够了,不必在塞音韵尾中再分清浊、塞擦等,如[*-t]、[*-d]、[*-e]、[*-k]、[*-g]、[*-r]等。李方桂拟了下列韵尾辅音:鼻音[*-m]、[*-n]、[*-ng]、[*-ngw];塞音[*-p]、[*-t]、[*-k]、[*-kw]。古韵学家往往把古韵分为三类:阴阳入三类,其实,阴声韵就是跟入声相配为一个韵部的平上去声的字。这类字大多数也有辅音韵尾,即[-b]、[-d]、[-g]。不过很难证明是清还是浊。如此,暂时构拟为:平声:[-m]、[-n]、[-ng]、[-ngw]([-b])、[-d]、[-g]、[-gw];上声:[-mx]、[-nx]、[-ngx]、[-ngwx]([-bx])、[-dx]、[-gx]、[-gwx];去声:[-mh]、[-nh]、[-ngh]、[-ngwh]([-bh])、[-dh]、[-gh]、[-gwh];入声:[-p]、[-t]、[-k]、[-kw]。上古时代没有以元音收尾的字。《诗经》时期,[*-b]已经变成[*-d]了。[3]二是"不知分析研究,徒取其叠韵而均分之"。这里的"叠韵"是指"同韵部",即通过文献,比如《诗经》等用韵,以及"同谐声者必同部"原则,归纳出韵部来。古人归纳韵部,只是个大概的韵类,距离韵母相差很远。清人研究上古韵部,仅到此为止。为何停留在这一地步?是因为清代学者大多缺乏进一步研究音值的工具,并且不具有科学标记的功夫,所以,段玉裁晚年给年轻的江有诰写信说:"足下能知其所以分为三乎?仆老耄,倘得闻而死,岂非大幸?"这就是"知其然不知其所以然"的研究结果。胡以鲁严厉地批评前人"不知分析研究",实际上就是批评其"不知所以然"的思维模式。他认为,从现代语音学角度认识韵部,以元音为标记,则可

第九章 《国语学草创》：汉语上古音理论及罗马字标记意义

以解决这个"知其然不知其所以然"的思维模式问题。

（三）胡以鲁运用西方传入东方的现代语音理论对以往学者古韵概念进行了辨析

《诗序》曰："情发于声，声成文谓之音。"笺云："声谓宫商角徵羽也。"声成文者，古宫商上下相应。按此所谓音即后世所谓韵也（顾炎武氏亦云）。宫商角征羽即 o、a、e、i、u 之声，发而有口腔以共鸣之，则成文矣，即为音矣。《诗》笺所云虽未必确有是意，作如是解，方尽音之真意也。未经调节之音，所谓口径大小之差者，乃凡用有节言语 Aticulated 者之所大同。所不同者，o、a、e、i、u 之外，拗杂之音耳！如吾国语音中之 û、ü、ŏ 等变徵之音是也。然既曰变徵，已非纯粹元音，乃为元音之所杂糅者矣，实则所谓二重音三重音者，此也。吾国古昔语中多二重音三重音，不难想像，即如泰音上古殆发如 tai，如 taei 无疑。后则单音节语得势，乃同化于单音 a 而为去声耳！晚近且有由入声转为去声者。去声音语益多，乃又有延长而为二重音三重音者矣。今之北京语其显著者也。鱼幽宵等音表以 û、ü、ŏ(¨)、(^)等音符，固昔日之独立一音而渐摩龠合者也。观今日"宵"之北京读音已析而为 iao，逆而推之，所谓变徵之音。上古皆曾为二重三重者，未可知也。

要之，音之中泰(a)、队(侈口 e)、支(弇口 e)、至(侈口 i)与歌(侈口 o)、侯(弇口 0)、之(侈口 u)，纯粹元音也。鱼(ü)、幽(û)、宵(ö)则所谓变徵之音，殆即二重音三重音之上龠 Steigende 也。为作音表如下(略)。右表利用海尔华尔胥(Hellwarg)三角形图参酌之案也。案图索之，庶几知音之位置性质乎？(16～17 页)

按，这里涉及的问题是：其一，从解释郑笺"声谓宫商角徵羽"说起，胡以鲁认为，这五音就是元音 o、a、e、i、u，分别为舌面后半高圆唇元音、舌面前低不圆唇元音、舌面前半高不圆唇元音、舌面前高不圆唇元音、舌面后高圆唇元音。为何胡以鲁如此肯定，并认定就是这几个元音？胡以鲁没有讲明理由，他应当有自己的学术考虑，这是需要我们进一步探讨的。这里用了"有节言语"术语。我们认为，这里的"有节"，还是单元音音节之意。和后面的"变徵"术语，刚好相对而发生变化。"有节言语"，就是单元音音节语之意。这里的"语言"，要灵活理解。

其二，讲变徵之音。什么是变徵之音？胡以鲁解释说："已非纯粹元音，乃为元音之所杂糅者矣,实则所谓二重音三重音者,此也。"我们的理解是,从历时音变的角度看待汉语元音组合结构的变化:由单元音构成一个韵部,向由多个元音构成一个韵部转变。或者由多个元音构成一个韵部,向单元音构成一个韵部转变。转变的过程,不是简单的元音数量的递减或增加,而是发音的开口度,舌位的前后、圆展都产生相应的变化。此外,他以北京话语音为基准,和上古音对比,所具有的是标准语、雅言观念,其年代跨度之大,也是惊人的。元音格局正在发生激烈变化,胡以鲁汉语语音史中韵母发展史观由此而确立起来。

其三,胡以鲁引用海尔华尔胥(Hellwarg,黑尔瓦格)的三角形图说明元音格局。海尔华尔胥的现代译语用哪一个我们并不知道,暂且称为黑尔瓦格。海晓芳考证说:"海尔华尔胥 Hellwarg 就是德国人 C.F.。"[4]但 C. F. 的情况,她也没有做一点儿介绍,等于说不清楚。冈仓由三郎著《发音学讲话》[5](1901)"第十九话,母韵"(58～68 页)一节提到,ヘルヴアツハ(Hellwarg)在1780 年制作了等边三角形元音舌位图。后来,ブリウッケ(Brücke)最终完成"三角式母韵配列法"(63 页)。Hellwarg 的等边三角形元音舌位图图形是:

$$\begin{array}{ccc} & \text{ア a} & \\ \text{エ e} & & \text{オ o} \\ \text{イ i} & & \text{ウ u} \end{array}$$

而 Brücke "三角式母韵配列法"则是:

$$\begin{array}{ccccc} & & a & & \\ & a^e & & a^o & \\ & e^a & & a^{oe} & e^a \\ e & e^o & & o^e & o \\ i & u & & u & u \end{array}$$

冈仓由三郎的引用与今天学者们所列的元音舌位图箭头所指方向刚好相反,属于"正三角",不是"倒三角",这也让人产生疑问,是不是冈仓由三郎误解了 Hellwarg 与 Brücke 的学说,也未可知。不论如何,冈仓由三郎在东亚较早引进了元音舌位图分析理论,这在当时东亚各国语言学界是一件十分引人注目的事情。

我们在日本学者大西雅雄的《音声学史》(1934)中也发现了一些线索。[6]大西雅雄将"欧美音声发达时期"分为三个时代:第一期,基础时代,1650—1850 年,属于音声学的哲学、生理学的研究,代表人物アムマン(阿姆曼)。因

第九章 《国语学草创》：汉语上古音理论及罗马字标记意义

为这几个时期许多学者取得了突出的成就，所以，大西雅雄就以每一个时期具有代表性的学术成就给它们命名，比如第一期是聋哑教育的时代。第二期，建设时代，1850—1900年，属于音声学的生理学、物理学的研究，代表人物是贝尔，是国际音标时代。第三期，扩充时代，1900—1934年之间，属于音声学的音响学、心理学的研究，代表人物是ルスロ（Rousselot, Jean Pierre, 1846—1924），这一时代也被认为是写（录）音机时代。（9～10页）

涉及第一期学者研究成果，大西雅雄介绍了C.F.Hellwarg（ヘルヴァーク，黑尔瓦格）的成果。（14～17页）德国医生C.F.Hellwarg在1780年发表《语言构成的自然科学序说》，另外，Robert Willis在1829年发表《元音调音原理》一文，考察元音图表，证明元音性质，提出共鸣音依赖声带振动而发生的学说。C.F.Hellwarg是以德语为考察对象的，比如德语元音构成位置，通过图表表现其配置状态，这就是所谓的"元音图表"，又称之为"元音三角"。大西雅雄说："最初发表时是'元音五角'，后来才改为'元音三角'。"（14～15页）此后，人们研究元音格局，一定要以"元音三角"为依据，C.F.Hellwarg"元音三角"成为经典性分析元音格局理论之始。后来，又经过Lichtenberg教授的修订，1883年基本定型。

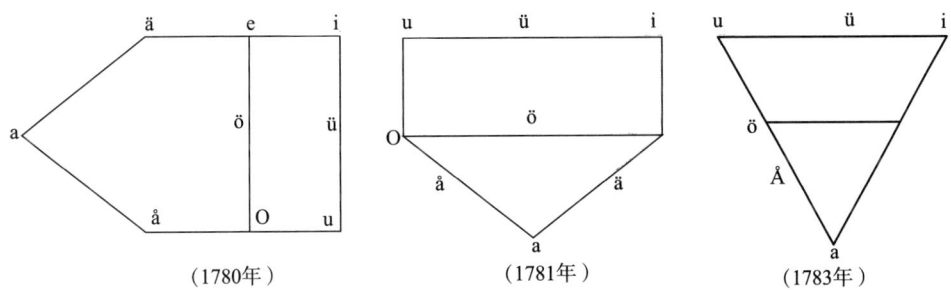

大西雅雄说，日本人在天明四年（1784年）发表了《本居元音图表》（76页），接近C.F.Hellwarg的"元音三角"原理，这说明，日本学者对元音舌位机理的认识也是很早的。

胡以鲁"元音三角"取的是1883年定型的图表，但他是如何看到C.F.Hellwarg元音图表的？我们推测，这可能有两个途径，一个是阅读了德文原文，另一个就是通过日本学者，比如冈仓由三郎（1901）等学者的介绍而得知这一成果。胡以鲁认为"元音三角"对分析汉语语音韵母系统非常适用，所以，引进到了《国语学草创》上古音分析中，这是非常重要的一个学术举动。胡以鲁还有一个大胆的推测:"观今日'宵'之北京读音已析而为 iao,逆而推之,所谓变徵之音,上古皆曾为二重三重者,未可知也。"即是说,上古汉语韵部很可能存在着二重三重元音。比钱玄同研究黄侃古韵分部音值的《古韵廿八部音读之假定》(1934)还要激进。截至目前,我们还没有发现胡以鲁之前的中国学者在语言学著作中使用 Hellwarg 的三角形图分析元音的,如此说来,这不能不说是一个大胆的尝试。

二、胡以鲁论运用罗马字音标分析研究语音之必要性及双声叠韵、上古音韵部诸学说

(一)胡以鲁论运用罗马字音标分析研究汉语音节结构形式之必要性

语音生活于语句之中者也。有语句,斯语音方得有生命而有意义。是即所称为单音节之吾国语,亦究非一音之微,所能量度其全体。借他种音标,论吾国国语,亦难得其真相也。虽然,以科学的研究,欲究语言之发达,不能不得其音韵而分析之,况若是分析,其能胜于杂驳之类别者,固不待言也。(17页)

按,胡以鲁在这里有意区别汉字字音与汉语语句语音。涉及汉语语句中的字音就是汉语语句语音。整体性语音,是一个系统,即汉语语句中字音是有生命力的活的语音,要比单纯的孤立的字音灵活得多,有字音,有语流语音,有语调语音,用"语流音变"或"连读变调"的说法很难完全概括。如何去标记这种语音?胡以鲁认为,用罗马字去标记并不理想,因为罗马字本身标记形式就很复杂,很难对汉语语音音节结构形式的复杂性音值特征进行科学描写。尽管如此,他认为,罗马字标记还是比传统的汉字标记要更能说明问题一些,在当时语言学学界还没有广泛使用国际音标的情况下,这也是无奈之举!看来,胡以鲁已经认识到了罗马字标记语音的缺憾,所以,这等于在呼唤新的更为科学的语音标记理论与方法问世。这是相当先进的汉语语音音节结构形式标记意识。

(二)胡以鲁论双声叠韵内涵及其结构形式特点

如是分析之,属于同一韵部者谓之同音,属于同一纽部者(《唐韵》)称纽,即古之双声,音之异同未尝问也,谓之同韵。同韵而异音者谓之双声,同音而异韵者谓之叠韵。知音韵双声叠韵之为何?国语所缘起之音程,可约举而知

也。就音韵以究国语之缘起,史事也。史上之音韵舍文字外莫能知矣,而文字非语言也。虽然,节词之外体、用、状等词见用于今之语言者,大抵与文字相一致。(18页)

　　按,胡以鲁对双声与叠韵的概念内涵进行了说明,但他认为,学术研究不应该仅仅停留在这个层面上,而应该进一步,即为达到语音学理论高度,也就是为实现"音程"目标服务。"音程"这个术语比较费解。那么,音程指的是什么? 音程本来是音乐术语,按一般学者的理解,音程属于乐音之间的音高关系,用度来表示两音间的距离,亦即两音在高度上的差异。蔡元培《美术的起源》:"初民的唱歌,偏重节奏,不用和声,他们的音程也很简单,有用三声的,有用四声的,有用六声的;对于音程,常不免随意出入。"这里用来指的是国语语音中的"音高关系"差异,即声调关系,由双声叠韵而知汉语声调关系,也就知道了各地域方言语音差异,用声调代指语音系统。就传统汉语音韵学来说,就是指汉语音韵学理论。从研究汉语音韵学开始,研究中国国语学的发生与形成过程,这属于历史学的研究。从这个意义上说,汉语音韵学也是汉语历史文献语音学。汉语音韵学文献是用文字来记载的,由此,从文字入手研究汉语音韵学就变得十分重要。但胡以鲁清楚地认识到,文字不属于语言范畴,这和今天学者的认识基本上是一致的。但中国的文字作为记录语言的符号承载着语言,也包括语音的信息,所以,中国的文字与语言还有着相通的一面,语言的文字和文字的语言,难以截然分开。所以,胡以鲁说:"节词之外体、用、状等词见用于今之语言者,大抵与文字相一致。"文字组词,构成语言的一个要素,文字与此功能一致。关于语言的字的问题,比如徐通锵(2005)讲"语言是现实的编码系统",其所谓"码",就是现实现象的标记符号。他注意区别"语言的字和文字的字"。语言的字就是语言的结构单位,即音形义三位一体的字造就了语言中听觉单位、书写单位、结构单位三位一体的语言的单位。由此,可以通过文字去研究语言的结构,这是语义型语言的一个重要标志,和一般学者所表述的文字的字意义还不同。在《语言学是什么》(2007)中,其"语言结构(上):语音和语义",谈语言符号的音与义是怎么结合的? 其"语言结构(下):词汇和语法",谈词和语法研究、字和汉语语法研究、语法的结构类型。实际上,也承认了语言范畴中字的要素地位。刘钊《古文字构形学》(2006)所论"古文字中的'变形音化'""古文字中的'一字分化'"等内容也涉及了许多"语言的字"问题。曾良《略论汉字对词音、词义的影响》(2010)也指出:"从中国语言文字的具体实际看,汉字并不是像西方文字那样,对语言层面没有产生任何反作用;汉字这一文字层面却对汉语的语音和语义产生了重大影响。换句话说,汉语文字的作用影响到了语言层面,使本属语言的东西发生了改变。"比如"垴圿"之"圿",慧琳《一切经音义》释为"奸拜反",而《广雅·释言》释为"垢也",源自于"圿"。《汉语大字典》释为"圿"音 jiá,是典型的"音随形变""望形生音"。(206页)对这些问题,我们在《汉语史研究理论范畴纲要》中(2012)有所涉及。[7]

（三）胡以鲁论推测古音之条件

虽然,纵曰语言之音见表于文字,《广韵》、唐纽已非古音,《说文》云从某声,而所从之声亦复变迁,古音殆难确知矣。所可知者,音韵变迁,大抵可绳之以音声学之理法,即出于理法之外,而史上变迁,亦有文献足征耳!（18~19页）

按,胡以鲁认为,属于汉语语言的语音音节结构形式由文字符号标记负载,但是,从文字符号标记去研究上古音音节结构形式确实面临着诸多困难,《广韵》、唐纽,即唐代声母已经不是上古音了;就是简单地从汉代《说文》"从某声"资料中也很难考知上古音音节结构形式了,原因在于语音随时代而变迁。但胡以鲁确认,以新的语言观念,就是引入现代语音学理论,即所说的"音声学之理法",是可以寻求到线索的,再加上中国固有的文献佐证,是可以建立上古音系统的。这一段话非常之重要,西方语音学理论、东方汉语音韵学理论与文献的结合,是研究近现代汉语音韵学的必由之路。这个看法,至少要早于高本汉4~5年,这是非常可贵的。

但我们也要知道,胡以鲁所应用的西方语音学理论,还只是一般的语音学理论,是不是和高本汉的历史比较语言学理论强调按严格程序"构拟"有直接关系,还需要我们进一步研究才能知道。

（四）胡以鲁论汉语上古音韵部诸学说

就音言,顾炎武氏谓古无麻部,段玉裁谓古无去声,此其言虽无确证,然古代叹声亦且弇闭,则多侈放之音,或非古中原所有,未可知也。近有黄承吉氏定古音为曲、直、通三类,简则简矣,奈语音流转多不依据本部,往往旁转、对转,对转得由音声学说明之,而旁转则未必尽然。如发音作用复杂之 a、o、u,往往移转于简易之 e、i,音声学理法也。而乃实际上有反之者,故音之中至今

但得一古无侈音之想像,外此惟遵古韵后身之《广韵》,考征不足,舍此殆无他道也。(19页)

按,这段话表达了几个意思:其一,对顾炎武"古无麻部"与段玉裁的"古无去声"结论的看法。胡以鲁认为,如果从古代中原"雅言"语音来看,顾炎武与段玉裁这个看法未必符合当时语音实际,但如果研究非中原雅言的话,即其他地方的方言语音的话,还是存在着符合语音实际的可能。所以,就没有完全否定顾炎武与段玉裁结论的可信实性。尽管如此,还是引出了人们对其他地域方言语音是否与顾炎武与段玉裁的观点吻合问题的兴趣。如何去论证?这还需要更多的文献来加以证明。章太炎《国故论衡·小学十篇》"古今音损益说"有几句话与此相关。原文是:"近世平议古音之士,惟四说为奇恒。顾炎武曰:古无麻部。段玉裁曰:古无去声。王念孙曰:古音盍部、缉部有入声,无平上去。至部、月部有去入,无平上。钱大昕曰:古音字纽,有端透定,无知彻澄;有帮滂并明,无非敷奉微。"[8]章太炎对此进行了论证。章太炎认为,顾炎武"古无麻部"与段玉裁"古无去声",以及王念孙的说法缺乏强有力证据,倒是认为钱大昕的看法有道理。由此看来,胡以鲁有关顾炎武、段玉裁的看法还是来源于章太炎,但与章太炎关注的角度有所不同,胡以鲁是共时与历时兼顾,构成了对顾炎武"古无麻部"与段玉裁"古无去声"观点的新认识。

其二,关于黄承吉确定上古音"曲、直、通三类"学说。那么,什么是"曲、直、通三类"?张世禄《中国古音学》(1930)第十四节是"章氏古音变声说",而第十五节就是"附黄承吉之曲直通说"(第150~151页),可见研究"黄承吉之曲直通说"与研究章氏"对转旁转'变声'理论"直接相关,不可忽视。[9]张世禄说:"清季黄承吉分古音为曲直通三类,以为顾江戴段之书,不过薄书核校,非闳通者所务。其书曰:'凡字同声者,即同纲义。纲之统同者云何?曲直通之声、义、象是也。'(《义府后序》)又曰:'凡古书之用为通假者,皆同声也。惟声同故义象同,惟声义象皆同,故可通假。'(《义府后序》)然黄氏所定曲直通三类,如以东为通象之声,以侯为曲象之声,则二类相隔,何以有对转之例?故章太炎论之曰:'黄氏所条,易则易矣,然且曲通相阂,侯东无以对转,诚欲就简,独有合为一部,循二毛之澜语,斯则可也。'(《文始·略例辛》)盖古韵分部虽多,可因音之近远,合为数类,自不仅用以考古,而兼为审音者也。章氏《丙午与刘光汉书》云:'分部虽繁,要当知其邻类,如之与萧、尤为类,脂与真文元为类,支歌为类,蒸侵覃为类,东阳庚为类,此皆眇合自然,今古不异。戴段诸公,于斯尽瘁;审音有素,非专比合诗骚后学守文,局于当句,故为承吉所讥,虽然宁人于此,诚有缺矣。江戴诸公,盖非承吉所能讥也。'盖刘师培《正名隅论》(见《国粹学报》丙午第四册),盛称黄氏之说,故章氏作书辨及之。"

张世禄与胡以鲁在此问题上心心相印。张博《刘又辛先生对汉语词族研究的理论贡献》(2006)也说:"晚近黄承吉、刘师培等无限扩大了'右文说'。黄承吉认为,'凡同一韵之字,其义皆不甚相远。'他提出'曲直通'的'声义象',把'逐事逐物'归纳为'曲直通''三大义象'。每一义象'系属'于一定声音。"刘师培极力推阐黄氏之说,而刘又辛先生则对这种观点的批判最为有力。[10]刘又辛没有看到胡以鲁的看法,但两位学者观点"异曲同工",只不过,胡以鲁从现代语音学理论角度分析,则更为透彻。

其三,胡以鲁为何说"对转得由音声学说明之,而旁转则未必尽然"? 张世禄《中国声韵学概要》(1930)说:"然章氏弟子黄侃钱玄同等,以为旁转诸名,可以不立。盖阴阳对转,自合音理,可以成立,其余旁转等,则皆可以双声赅之者也。黄氏《音略略例》曰:'古音通转之理,前人多立对转旁转之名,今谓对转于音理实有,其余名目,皆可不立。以双声叠韵二理,可赅括无余也。'"钱玄同论述,见于《文字学音篇》。(113页)唐作藩先生《音韵学教程》(1988)说:"阴阳入三类韵尾互相转化的现象,在音韵学上就叫做'阴阳对转'。"[11]但这种音节结构形式变化模式,标志在于主要元音不变,韵尾发生变化,从汉语语音历史演变以及不同方言区比较的角度上看,比较容易理解,这是明确的。但"旁转"则很难理解。唐作藩先生说:"主要元音发生旁转。'旁转'就是舌位往一旁转,指主要元音的发音部位发生了变化。"(53页)在研究上古汉语语音音节结构形式的变化过程中,"旁转"规律性很难把握,而且,造成"旁转"的背后原因更为复杂,就不是单纯依靠一般语音学理论所能解释得了的,胡以鲁的说明也是很客观的。

其四,胡以鲁为何说"此惟遵古韵后身之《广韵》,考征不足,舍此殆无他道也"? 胡以鲁认定研究上古音韵母,难以从现今西方语音学理论中求得现成的答案,就只好把目光回归到顾炎武《唐韵正》"离析《唐韵》而求古音"的理论与方法上来,这就充分肯定了中国清代古音学家顾炎武开创性的学术贡献,及其研究在清末汉语上古音研究方面的学术意义。由此可以看出胡以鲁上古音研究的"持中"理念,"西学为体,中学为用",为其本质性特征。

第二节　胡以鲁上古音声纽音理与方音证据

一、胡以鲁梳理上古音声纽研究诸学说

就韵言,古代有重唇无轻唇,有前舌端而无里音,有齿背而无后舌端,钱大昕氏言之。娘日二纽古音皆泥纽,而喻纽古所无,章炳麟先生言之。此其言有可得而证者。古音大抵重厚之音,不作琐碎之声,轻细之韵也。后世社会趋于文弱,思想趋于复杂,表思想之具亦以种种调节繁分细别之,于是轻细之韵起矣,盖亦自然之势也。虽然曰自然之势,犹未普及于吾国也。轻唇音喻纽或共有之矣。娘日二纽则福建、广东之人仍发如泥纽,福建人之发里音且仍如前舌端也。至混后舌端为齿背音,则更大部地方通病矣。盖《广韵》、唐纽采吾国全部音韵组织而类列者,固非通国所共有,尤非一省所独具也。无与是音韵相应之机关,即因古就简而不别,此古韵之别所以六列而止也。山西人声阳唐等侈口之音,闭窘出之;广东人声入声也,急促而简截,唇内鼻音仍分明以唇收,凡是盖皆古音之仅存者欤?

轻唇音昔为重唇音,旁观希腊亦然。新希腊之轻唇字母,皆由重唇变迁者也,更证之以译例。《史记》冒顿,匈奴语白轧都耳(Baghatdr)之译语也。乃以冒译重唇音之白,非无重唇音字,殆昔之声冒以重唇耳!又慕容者,白杨(Bāyang)之译语[据轧鲁被(Grube)氏之研究,慕容者,安富尊荣之意],慕之音亦通作重唇之白矣。凡是固不过旁证耳!然古人发音机关简单,而所发之音重浊,是殆诸语族之所同,而亦音声学之理也。

知彻澄三纽,以舌头切于龂上(Alveolar)而发者也。举舌而切诸龂上,殆非卷起舌底尖与之相切不可,以舌底尖抵龂上而障声,烦难之发音也,稍申即端透定矣。然则知彻澄诸韵为简易古音之所无,由端透定分化而出者,殆无疑也。娘纽亦然,使声之一部通过鼻腔,悬雍垂不得不开,舌头即因之较知彻澄尤前延,其切于龂上也,抵触稍紧即为泥矣。苟有分化,得非由泥来耶?至日纽与泥纽之差,更不过举舌而不卷耳!不卷而弹转,抵触龂上,即为泥矣。欲不抵触而发弹舌之音,求诸今之福建、广东人且不可得。还求诸发音机关,尚未精细分化之古人,诚难事矣。(19~21页)

按,胡以鲁这段话涉及几个问题:

其一,术语及文字辨析。1.胡以鲁"就韵言"的"韵",在这里指的是辅音声母。2.前舌端,实际上胡以鲁是指舌尖中音的塞音,即端[t]、透[t']、定[d]。3.里音。胡以鲁有所解释:"Coronale虽然曰齿之背后,曰口盖之前部,亦有种种之点焉,突其最里部曰知彻澄娘,称为里音。"(12～13页)我们认为,里音指的是舌面前音,今天用国际音标[ȶ]、[ȶ']、[ȡ]、[ȵ]表示。4."以舌头切于龂",龂,牙龈。

其二,胡以鲁赞同前人上古音声纽学说,但在理解上,还是按照现代语音学理论说明。比如"古无轻唇音,古无舌上音""娘日二纽归泥说"等,解读为"古代有重唇无轻唇,有前舌端而无里音,有齿背而无后舌端,钱大昕氏言之。娘日二纽古音皆泥纽,而喻纽古所无,章炳麟先生言之。"在收录在四部丛刊本《潜研堂文集》卷十五的《古无轻唇音说》一文中,钱大昕提出了"凡轻唇之音,古读皆为重唇"的理论。在收录在《十驾斋养新录》卷五的《舌音类隔之说不可信》一文中,钱大昕提出了"古无舌头舌上之分"的论点。其所列出的大量文献,可分七个方面,非常全面且可以信据。章太炎推崇钱大昕的研究,所以,在《国故论衡》(2010)"小学略说"与"古今音损益说"中,对钱大昕学说大加称赞。[12]章太炎在《国故论衡》中提出"古音娘日二纽归泥说"。(40～43页)用异文、重文、声训、谐声字、读若、异读文献论证,具有说服力。"喻纽古所无",章太炎《新方言》(1999)"纽目"将喻母并于影母[13]可以证明。1927年东北大学教授曾运乾提出了"喻三归匣""喻四归定"二说(见《切韵五声五十一纽考核》《喻母古读考》),成为著名论断。[14]

章太炎在《新方言·音表》"纽目表"中提出上古声母五类二十一纽说[15]:

喉音: 见溪群疑

牙音: 晓匣影(喻)

舌音: 端(知)透(彻)定(澄)泥(娘日)来

齿音: 照(精)穿(清)床(从)审(心)禅(邪)

唇音: 帮(非)滂(敷)並(奉)明(微)

1910年,章太炎在《文始·序例》中又列此表。不同之处在于,此时章太炎将喉音称为深喉音,将牙音称为浅喉音。这是近现代中国学者列出的第一张上古声纽表,具有划时代的意义。但章太炎并未像胡以鲁那样用现代语音学理论对这些声纽进行罗马字标音,也未进行现代语音学的发音部位与发音方法分析,不过,这并不等于章太炎没有考虑"拟音"之事。李开《汉语古音学史》(上海古籍出版社,2015)就认为:章氏所谓"音准"就是"音值"。《国故论衡·音理论》仿戴震《声类表》,以影母字韵部标目,试图用具体汉字作为音标以确定韵部的音值。章云:"鱼阳曰乌娃,支青曰娃䁖,至真曰乙因,脂队谆曰媁尉壼,歌泰寒曰阿遏安,侯东曰讴翁,幽东侵缉曰幽雕猎邑,之蒸曰埃膺,宵谈盍曰夭庵瘟,可以准音,而视戴氏声气精㣲冥合矣。"(108页)这说明,章太炎具有明确的"音值"意识,只不过没有用罗马字表示而已。王力《汉语音韵学》(中华书局,1956)称之为"注重音值第一人"(396~397页)是实事求是的。胡以鲁在章氏基础上,再前进一步,音标工具运用显然不同,语音理论分析思路也与以往不同。胡以鲁说:"自然之势,犹未普及于吾国也。"这里的"自然之势",其实就是按照发音的基本规律并用现代语音学理论加以描写的学术研究思维模式。胡以鲁尝试用罗马字描写,就使得章太炎的上古声纽学说更加科学化、具体化了,这是一个了不起的举措,是中国上古音声纽研究走向现代语音科学之始。

其三,验证"古代有重唇无轻唇,有前舌端而无里音,有齿背而无后舌端""娘日二纽古音皆泥纽"的存在,可以用现实活的方音、民族语言、外语做证据。胡以鲁的证明方式是:

1."娘日二纽则福建、广东之人仍发如泥纽,福建人之发里音且仍如前舌端也。至混后舌端为齿背音,则更大部地方通病矣。"

2."轻唇音昔为重唇音,旁观希腊亦然。新希腊之轻唇字母,皆由重唇变迁者也,更证之以译例。《史记》冒顿,匈奴语白轧都耳(Baghatdr)之译语也。乃以冒译重唇音之白,非无重唇音字,殆昔之声冒以重唇耳!又慕容者,白杨(Bāyang)之译语[据轧鲁被(Grube)氏之研究,慕容者,安富尊荣之意],慕之音亦通作重唇之白矣。凡是固不过旁证耳!然古人发音机关简单,而所发之音重浊,是殆诸语族之所同,而亦音声学之理也。"

3."知彻澄三纽,以舌头切于龂上(Alveolar)而发者也。举舌而切诸龂上,殆非卷起舌底尖与之相切不可,以舌底尖抵龂上而障声,烦难之发音也,稍申即端透定矣。然则知彻澄诸韵为简易古音之所无,由端透定分化而出者,殆无疑也。"

4."娘纽亦然,使声之一部通过鼻腔,悬雍垂不得不开,舌头即因之较知彻澄尤前延。其切于断上也，抵触稍紧即为泥矣。苟有分化，得非由泥来耶？至曰纽与泥纽之差，更不过举舌而不卷耳！不卷而弹转，抵触断上，即为泥矣。欲不抵触而发弹舌之音，求诸今之福建、广东人且不可得。"

在胡以鲁之前，章太炎《国故论衡·小学十篇》(2011)"古音娘日二纽归泥说"已经有此论，章氏说："古音高朗而彻，不相疑似，故无日、娘二纽矣。今闽广人，亦不能作日纽也。"(28页)，其在福建方言与广东方言中找到了证据。章太炎《国故论衡·小学十篇》"古今音损益说"对"轻唇音昔为重唇音""端透定分化而出知彻澄"问题也有所论述："汉音异他国者，独知彻澄三纽，细不致照穿床，大不及端透定。罗甸字纽，传于欧罗巴诸国，不足以切汉音者，惟汉音有知彻澄故。印度旧音，有缪、姹、茶三纽，斯则知彻澄也。今就问梵土诸学者，缪、姹、茶音，犹作多、佗、陀。(多、佗、陀入麻部，本亦有多、佗、陀三纽，然与此轻重有别)故悉谈亦不足切汉音。露西亚声有上腭(腭)，与知彻澄又小异。斯齐州之土风，所以殊众。今无知彻澄，则与域外相通耶？诸纽不发声则不见，独知彻澄非敷奉微，蹙口呼之，声不暴出而清亮如鸣蜩、蟋蛄。此为吟啸，非语言也。语异于啸，故无上腭(腭)、轻唇之音矣。"(25页)

章太炎论证"轻唇音昔为重唇音""端透定分化而出知彻澄"问题，从梵语语音、俄语语音入手，寻求其相通性，其研究方法对胡以鲁亦有影响是很明显的，但章太炎对用"罗甸字母"即拉丁字母标记汉语上古音声母音值还是很有顾虑，认为"不足以切汉音"，所以，在上古音声母标记上趋于保守，没有迈出关键性的一步，失去了考订上古音声母音值的一个有利的学术契机，这是让人感到遗憾的。胡以鲁恰恰在这一点上紧跟时代脚步，用现代语音学理论加以认识，跨出了历史性的一步，这是中国汉语上古音研究史上一次真正的新飞跃。即便如此，可惜的是，胡以鲁还是没有用罗马字给章氏上古二十一纽作全面的拟音，但从后来钱玄同用国际音标给黄侃19纽的构拟中看到一些影子，可以补胡以鲁之不足。

钱玄同《国音沿革六讲》(1920/1999)提到，黄侃根据章太炎理论考订上古音19纽，钱玄同还给这19纽拟定音值，即：帮 p、滂 p'、并 bb'、明 m、端 t、透 t'、定 dd'、泥 n、来 l、精 ts、清 ts'、从 dz/dz'、心 s、见 k、溪 k'、疑 ŋ、晓 h、匣 h、影(元音)。(194～198页)此时，高本汉古音学尚未传入中国，钱氏对黄侃上古音19纽的构拟，与胡以鲁对章氏上古音声纽的现代语音学分析相得益彰，拓展了章黄上古音声纽体系的思考空间，这是需要理解的。

张世禄《中国声韵学概要》(1930)详细解读了章氏后学黄侃的上古声类学

第九章 《国语学草创》：汉语上古音理论及罗马字标记意义

说(119页)："黄侃更承钱章二家之绪，先于《广韵》二百六韵中求得有三十二韵为古本韵，复于此三十二韵中考其声类。陈澧《切韵考》求《广韵》声类，于守温之三十六字母，增益为四十一。黄氏从此四十一声类中，考得古无喻知彻澄娘日非敷奉微十类，足以证明钱章二君所论之不可易。此外，为二君所未道及者，则喉声无于，牙声无群，舌声无照穿神审禅，齿声无庄初床山斜，凡十二类。夫古本韵内所具之声，皆古本声也，此喻知等十类，及于群等十二类，既为古本韵之三十二韵中所不具，则非古本声而为后世变声甚明。今参酌黄氏《音略》所云，喉音影晓匣三类，为古本声，于喻二类，皆影之变声；牙音见溪疑为本声，群为见之变；舌音端透定泥来为本声，知照为端之变，彻穿审为透之变，澄神禅为定之变，娘日为泥之变；齿音精清从心为古本声，庄为精之变，初为清之变，床为从之变，山斜为心之变；唇音帮滂并明为本声，非为帮之变，敷为滂之变，奉为并变，微为明变。是四十一声类中，十九类为古本声，二十二为今变声。由此断定古之声类，止有十九，殆无疑义。表之于左：喉声：影(喻于)晓匣；牙声：见(群)溪疑；舌声：端(知照)透(彻穿审)定(澄神禅)泥(娘日)来；齿声：精(庄)清(初)从(床)心(山斜)；唇声：帮(非)滂(敷)并(奉)明(微)"。

何大安《声韵学中的传统、当代与现代》(《声韵论丛》第11辑1～16页，学生书局，2001)主要是从语言学的现代性角度检讨汉语声韵学研究的传统性问题，其中，涉及了黄侃"古本声"及"变声"问题，主要是"相挟而变"理论。何大安认为，《黄侃论学杂著》记载的黄侃论证古韵的方式是：前人既已证明古无轻唇、舌上、娘日，则这些声母当然不会是"古本声"，只能是"今变声"；声母不会独变，必有促使其变的环境，亦即非有韵母之促成不能变；声母既变，或反作用于韵母，或韵母本身特征因促变而有所转移，或因声变的类化(即"凡韵有变声者，虽正声之音，亦为变声所挟而变")，于是声母、韵母遂"相挟而变"；既然会相挟而变，则凡有"今变声"的韵，应该也都是"今变韵"；只有"古本声"的韵，由于不曾发生过"相挟而变"，因此就是"古本韵"；噂，古本声只配一四等韵母，因而古本韵亦皆属一四等。其"相挟而变"理论十分关键，默认了静态的声韵配合(结构)，而且默认了声韵母的互动(生成)。还有，"相挟而变"这个理念自然会要求我们对声韵的结合形态做动态的、历时的观察，因而就导出了一种在他之前的古韵学家，即使是审音派的古韵学家也不曾想象过的方法。由相挟而变推知古本韵，这不是"归纳"，而是因演绎所作的"预测"；预测的结果与前人的结论相合，这是"证明"，相当于"内部拟测法"(internal reconstruction)。可见，黄侃上古声类理论发展了章氏理论，与胡以鲁用现代语音理论解释章氏学说"相得益彰",各有悠长。我们把胡黄理论比作章氏上古音学说的两翼,二者缺一不可。学术界对黄侃上古声类理论阐发较多,而对胡以鲁上古声类理论研究太少,价值估计过低,因此,导致在理解章氏上古音理论上出现了缺憾。这是尤其需要加以说明的。

唐作藩先生《音韵学教程》(1988)则从现代方言角度对这几个上古音声母问题研究加以论述,说:"现代的学者又从这两方面做了许多补充,进一步证明钱氏的结论是正确的,现代闽方言就没有轻唇音[f],往往还保存了重唇的读法,如'房',厦门读为[pɔŋ]或[paŋ],福州读为[puŋ];'肥',厦门读[pui],福州读[pi]或[puei]。吴方言和粤方言中,非敷奉母字已分化出来念轻唇了,但'微'母字还往往保存重唇,与'明'母不分,比如'味''文''万''袜'等字就是如此。方言里舌头舌上不分的情况也是存在的,比如'陈',现代厦门方言念[tin],福州方言念[tiŋ];'郑',厦门念[tiŋ]或[ti],福州方言念[taŋ];'知',厦门、福州、梅县都念[ti],江西临川也念[ti]。"[16]许多学者的补充与研究为这几个问题的解决提供了更为坚实的证据。王力《汉语史稿》(1958)[17]总结了各位学者,包括章太炎等的成果,认为,上古声母是三十二个,即:

唇　音:帮(非)[p]滂(敷)[pʻ]并(奉)[b]明(微)[m]

舌　音:端(知)[t]透(彻)[tʻ]喻四[dʻ]定(澄)[d]

　　　　泥(娘)[n]

　　　　来[l]

　　　　章[ȶ]昌[ȶʻ]船[ȡ]书[ɕ]禅[ʑ]日[ȵ]

齿　音:精[ts]清[tsʻ]从[dz]心[s]邪[z]

　　　　庄[tʃ]初[tʃʻ]崇[dʒ]生[ʃ]

牙喉音:见[k]溪[kʻ]群[g]疑[ŋ]晓[x]

　　　　匣(喻三)[ɣ]影[ø]

李方桂《上古音研究》(1973/1980)分为两个方面去讨论上古声母问题:一个是简单的声母,一个是复合的声母。研究简单的声母,最重要的是谐声字。有两条严格的谐声原则,一是上古发音部位相同的塞音可以互谐。二是上古的舌尖塞擦音或擦音互谐,不跟舌尖音相谐。根据这两条原则,可以发现四个有关上古声母系统的疑问之处:其一,高本汉等构拟了一套上古的舌面塞音,跟上古的舌尖塞音互谐,但发音部位不相同,不应当谐声。其二,高本汉等构拟了一套上古的卷舌塞擦音,跟上古的舌尖前塞擦音互谐,但发音部位不相同,不应当谐声。其三,董同龢构拟了一套上古的舌根前塞音,跟上古的舌根后音互谐,但发音部位不相同,不应当谐声。其四,高本汉等构拟了一套上古的[*ś-]、[*dz]等,也常跟舌尖塞音互谐,但其发音部位不相同,并且塞音也不该与塞擦音或擦音相谐,应当是另有来源的。由此,李方桂对高本汉等构拟的上古音问题进行讨论。李方桂认为,既然中古的浊塞音是不吐气的,就没有理由说它是从上古吐气的浊塞音来的。高本汉把喻母四等分为两类,一类是从上古[*d-]来的,一类是从上古[*z-]来的,这种分法的困难,董同龢已经分辨清楚。(《上古音表稿》18~20页)喻母四等是上古时代的舌尖前音,因为它常跟舌尖前塞音互谐,邪母也常跟舌尖塞音及喻母四等互谐,所以,邪母也是从上古[*r-]来的,后面有个三等介音[j]而已。审母三等应当是从上古塞音来的,不过还要牵扯到复声母问题(按,胡以鲁并不赞同上古存在复辅音声母)。中古知、照二声母在上古音中后面有介音[*r-]。中古照三组和日母等都跟舌尖前塞音谐声,又只在三等有[j]介音的韵母前出现,其中床禅不分。中古见溪群晓匣影等母大致互谐,开口韵多与开口韵谐,合口韵多与合口韵谐。其中,上古舌根音的开合口应当区别,有必要立一套圆唇舌根音,可以看作是中古大部分合口的来源。舌根音还有匣母[ɤ-]跟群母[g-]和喻母三等[j]的配合问题。可以认为,喻母三等是从圆唇舌根浊音[gw+j]来的,群母是从不圆唇的舌根浊音[g+j]来的。董同龢开启了清鼻音声母讨论,比如晓母与疑母互谐,与上古清鼻音关系密切,来母也有跟透母彻母互谐的例子,所以,上古来母也应该有个清音来相配。[18]这也代表了今天相当多的一部分学者的看法。

二、胡以鲁对上古音声纽的分析理论及文献证据

胡以鲁说:

古中原之音,收敛之音(闭口敛气之音)也。无侈声(如麻部),无去声,多闭障音(急截之入声及急促之唇内收声,皆闭障音也),而无精清从心邪非敷奉微等所谓摩擦音者,盖曰侈声,曰去声,皆延长之音,遒敛其声气,徐徐引扬之音也。古中原音以短稍简裁为特色者,称郑声曰放,而肯以引扬自放乎?观其多用闭障音也;反之,即可见其不用侈声去声也。不惟侈声去声为不用,即摩擦音谅亦未曾见用也。何则?欲摩擦而出之,必有若干空间之开度,必有若干时间之继续,此摩擦音所以亦称为开音、继音也。开音、继音去侈声去声,不过程度之差耳!凡是皆非古音所宜有,可一贯而解也。

影纽揆诸印度日耳曼音标为半韵,而实二重音之上龠,犹至音与支队泰歌侯之诸音相龠也。其读音略如拉丁字母 i 之在语头者,而与 y 异。两龠音之两龠合也,在于喉头,而亲和力则压力为之也,压力驰缓斯为喻韵矣。本居宣长氏《喉音三行辨》之论假名"也"行也。曰,"也"本"伊阿"之龠音,非如今日之所读也。今读如也(y),龠音之堕驰以后者耳! 是亦喻韵由影韵分化之一旁证也。

由是观之,影喻二重音也,特不过于喉头龠合之耳! 即晓匣亦不过著气音之色,假喉头为作用之所,位置上称为喉音,性质上非喉音也。就性质言,则音渡 Glide 耳!(21~22页)

按,胡以鲁对顾炎武"古无麻部"与段玉裁"古无去声"发音存在形态继续进行说明,并将这种上古中原区域语音韵母、声调存在形态,上古中原区域语音声母"齿头音",即所谓舌尖前音精组,与轻唇音非组声母,也就是唇齿塞擦音、鼻音存在形态联系起来考虑,令人称奇。很明显,胡以鲁已经具有了十分明显的动态音节结构内部要素之间协同关系认识的系统观念。胡以鲁这里提到的闭障音,就是今天人们所说的塞音。发闭障音时,发音部位是否阻碍气流,成为学者们关注的焦点。而麻部与去声则与之相反,是开音节的,不受发音部位束缚,无阻碍,呈现了元音的特点。在元音中,也有圆唇与不圆唇,以及舌位高低之分。所以,他举 i 与 y 关系为例,引证日本本居宣长氏《喉音三行辨》,论述喻韵由影韵分化的例子进行说明,吸取日本汉字字音成果,视野不流于一般。这种说明,毫无疑问,符合现代语音学理论的基本科学规范,已经跨越了中国传统上古汉语音韵学"汉字模糊音值语音分析理论"的阶段,具有十分重要的汉语语音学理论发展的进步意义。

第三节 解读对转旁转理论:语音学与心理学

章太炎的对转旁转语音理论被学术界公认为是汉语上古音研究的一大重要理论,超越了戴震与孔广森的思维模式,形成了非常完备的理论体系。胡以鲁在接受这个理论的同时,运用现代语音学及相关学科理论进行研究,不但使得章氏理论得以科学化,而且,还使之获得了新的生命,走向了更为广阔的学术领域,这是尤为引人关注的。

第九章 《国语学草创》：汉语上古音理论及罗马字标记意义

一、胡以鲁谈对转旁转理论内核

胡以鲁说：

兹有宜加意者,双声同韵而异音者也。然异音之中有鼻音无鼻音者兼包之,叠韵同音而异韵者也。然同音之中如老幼好丑,实际上不相同者亦称为叠韵。是何耶？则对转旁转之例也。吾国语大抵一音一义,列诸语句中,亦不受前后音之影响,勉保其一己之名价,此特质也。然五方风土不齐,语言之发起不能一致,此社会有一音为他社会所不能发或不欲发者,乃生方音之差。方音者,起于空间的社会心理与夫时间的社会心理之差,盖自然之势也。保持之特质与自然之趋势相冲击,折衷调和之,乃发近似之音声。近似者加之鼻音,"谓之对转者此",别以弇侈,"谓之旁转者此"也。弇侈之别,口腔大小之差耳。讹传固甚易易,而鼻音亦相近者也。鼻音虽列于韵,实近于音,其原料以声为之,与元音同也。其发也不受何等之障碍,亦犹元音。其所异者,惟开闭之程度,即元音者,纯开音也。其共鸣室惟以口腔为之。鼻音则口腔而外悬雍垂开,其一部假鼻腔为共鸣室矣,是为半合音,盖近于音者也。要之,开闭程度之差,应社会心理菁成吾国之方音者也。孔氏《诗声类》以鼻音收声为阳声,以纯音收声为阴声,列为上下两行,发对转旁转之例。"(32~33页)

按,胡以鲁研究汉语对转旁转语音现象,从三个角度进行：一是从社会心理空间角度认识。这是认定汉语对转旁转语音变化的产生与各个地域人的语音社会心理有关。二是从社会心理时间角度认识。这是认定汉语对转旁转语音的产生与不同时代之人的语音社会心理有关。三是从汉语语音元音配置方式的发音生理机制与社会心理关系角度认识。由此,去解开"双声同韵而异音者也。然异音之中,有鼻音无鼻音者兼包之,叠韵同音而异韵者也。然同音之中,如老幼好丑,实际上不相同者亦称为叠韵"的实质问题。这就为研究汉语对转旁转语音现象提供了一个全新的思路,视野极其开阔,而不是像清人那样,只是一味地就语音本身呈现的对转旁转问题进行研究。很显然,胡以鲁研究汉语对转旁转语音现象,从语音发生学的角度认识,寻求前因后果,超越了汉语音节结构形式描写阶段,进入了汉语音节结构形式解释学阶段,这体现了非常超前的学术研究理论意识。

二、胡以鲁论述其师章太炎对转旁转理论实质

胡以鲁说:

吾师章炳麟更图示而昌明之。抄其图而拟以罗马音标如下:阳弇、阴弇、阳侈、阴侈各为一例。一部同居相转谓之近转,同列而邻居移转谓之近旁转,同列而隔越转者谓之次旁转,阴阳相对者谓之正对转,旁转而更对转者谓之次对转。由近转、近旁转、次旁转、正对转、次对转而为双声者谓之正声。五者而外有音转而为双声者,对正声则成例外,谓之变声。凡是展转而犹同音者,发起之时地不同,所谓方音之差也。如《尚书》与《诗》,时世不同,《诗经》中更有诸风之差,汇萃之于一书,乃义同而音差,有所谓对转旁转者矣。表中所据,虽为《唐韵》,不得便谓之古音。然就一时世为观察点而论其差,固有法有则若是也。如穷在冬部,然《诗》"不宜空我师",《传》以空为穷,则所谓冬东旁转也。今之语音,自湖南江西安徽等外,冬东之别亦复不存,穷乏空乏,韵虽异而音则同矣,时地方音之差盖若是也。(33～35页)

按,胡以鲁论述其师章太炎对转旁转理论,做了如下工作:其一,按照章太炎《成均图》提示,用罗马字对之进行标音,并进行了具体论述。

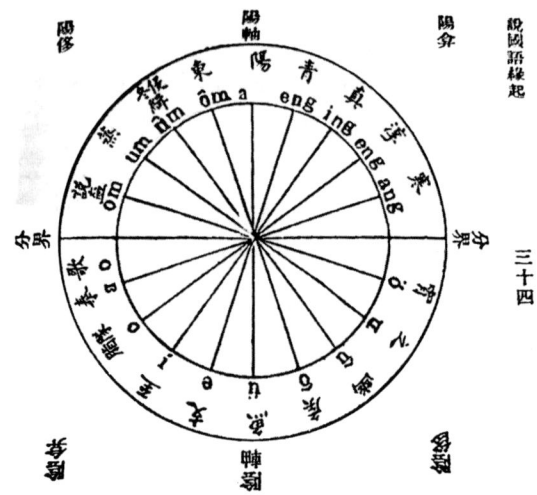

这里包括：

1.一部同居相转谓之近转。《文始·叙例》说："二部同居为近转"，这是与章太炎《国故论衡上·小学略说》不同之处。陈新雄《古音研究》(1998)说："增'二部同居为近转'一例，而删除交纽转、隔越转二例，改为'凡双声相转，不在五转之列为变声。'其所谓五转，乃于近旁转、次旁转、正对转、次对转之外，又加入'近转'一名。"(145页)胡以鲁吸取的是《文始·叙例》的说法。

2.同列而邻居移转谓之近旁转。章太炎《国故论衡上·小学略说》(2011)言："同列相比为近旁转。"(12页)

3.同列而隔越转者谓之次旁转。章太炎《国故论衡上·小学略说》(2011)原文："同列相远为次旁转。"(12页)

4.阴阳相对者谓之正对转。章太炎《国故论衡上·小学略说》(2011)原文："阴阳相对为正对转。"(12页)

5.旁转而更对转者谓之次对转。章太炎《国故论衡上·小学略说》(2011)原文："自旁转而成对转为次对转。"(12页)

6.由近转、近旁转、次旁转、正对转、次对转而为双声者谓之正声。章太炎《国故论衡上·小学略说》(2011)原文："近旁转、次旁转、正对转、次对转为正声。"(12页)

7.五者而外有音转而为双声者，对正声则成例外，谓之变声。章太炎《国故论衡上·小学略说》(2011)原文："交纽转、隔越转为变声。"(12页)

章太炎《国故论衡上·小学略说》对转旁转理论的具体论述则是：东冬旁转、东与侵旁转、冬侵二部同居而旁转、冬蒸旁转、侵蒸旁转、蒸谈旁转、东蒸旁转、东谈旁转、冬谈旁转、侵谈旁转、真谆旁转、谆寒旁转、青寒旁转、真寒旁转、青谆旁转，以上是阳弇旁转。侯幽旁转、幽之旁转、之宵旁转、侯宵旁转、侯之旁转、幽宵旁转，以上是阴侈声旁转。支至旁转、至脂旁转、脂对二部同居而旁转、脂歌旁转、对泰旁转、泰歌二部同居而旁转、支脂旁转、支泰旁转、至泰旁转，以上是阴弇声旁转。东侯对转、东幽对转、侵幽对转、缉幽对转、蒸之对转、谈宵对转、盍宵对转、东幽对转、缉之对转、侵东之对转、东之对转、青之对转、真至对转、谆脂对转、寒泰对转、青至对转、真支对转、真脂对转、寒支对转、寒脂对转，以上弇声对转。鱼阳对转，以上轴声对转。(15~22页)

章太炎上古音韵母。在《新方言·音表》(1999)"韵目表"中，章太炎提出上古韵部二十三部(130~131页)：

之一——蒸十————————之宵幽灰（术）蒸东元
幽二——侵十一——缉二十————宵支（锡）东侯冬阳脂
　　　　冬十二　　　｜
宵三——谈十三——盍二十一———之幽歌（麻）灰（术）侵东元
侯四——东十四————————侯侯阳鱼谈真耕
鱼五——阳十五
歌六——元十六————————宵幽歌蒸东元耕
灰七——谆十七——月二十二————鱼鱼支东冬鱼阳
脂八——真十八——质二十三
支九——耕十九

章太炎解释道："右二十三部古韵凡目。横迤则为旁转，纵贯则为对转，惟东部与侵部同对转。缉、盍近于侵、谈，月近灰、谆，质近脂、真，然皆非其入声，有时亦得相转。此四部为奇觚韵。今世方音流转，亦依是为准则。脂、灰昔本合为一部，今验自、回、雷、夔等声与脂部鸿纤有异，三百篇韵亦有分别。别有辨说，不暇悉录。或依旧义通言脂微齐皆灰，或以脂部称灰，或云脂、谆相转，不悉改也。"

章太炎的《成均图》包括"古韵阴声九类"和"鼻音九部"：

所谓声势者，谓韵终所收，若水之走为尾闾也。异域并音，以阴声为主，多者不能过十名。（原按：此即今人所谓母音。印度有十二字，为最多矣。然其间有长短者，有开合音，亦可并省。）咽喉曲折之度，虽中外不逾是矣。故古韵阴声九类者，足以准度百代。

不误是者，鼻音九部悉似同呼，不能得其鳃理。

胡以鲁在为章太炎《成均图》上古音韵部用罗马字标记的时候，把本来归为同部的泰歌部分开标记了，从而使得章太炎的"古韵阴声九类"变成了"古韵阴声十类"，并且按照"音声学之原理"拟定为七个"纯粹元音"（包括之 u、侯 ŏ、至 ĕ、至 i、脂队 e、泰 a、歌 o）和三个"变徵之音"（包括宵 ö、幽 û、鱼 ü），他说：

元音之种别，高下为之。元音之高下，则口腔之大小，即舌头向口盖隆起之差也。隆起舌之后部而发音为泰，稍前为队，更出而突起其前部为支为至。此等元音古所谓韵，亦如纽然，以之作叠韵之代表耳。音之所以为音处，无从知也。兹欲分析而得其元音,亦惟以其所为翕之音,表以罗马音标。以 a、e、ě、i 等当之。由 a 及 i 唇舌渐前隆,口腔空处渐小渐前,音乃渐就明锐。次圆撮其两唇,舌渐后隆,发上四音,则为歌侯之,即 o、ǒ、u 是也。此时音渐后响而圆笼,乃渐就沉钝。又以两唇作椭圆而嘘声,为闭口之鱼音[ü]。以 i 及 u 与 ê 及 ô 之折中位置,而发两者中和之音,则为幽宵,略如 û、ö。所谓韵者,如是而已。(14～15 页)

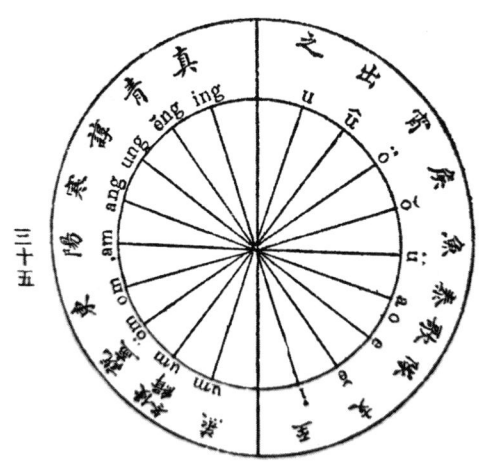

许多学者认为,由于缺乏科学的标音工具,明清上古音学者研究韵部只能停留在划分韵部上,但划分韵部以后,是不是需要再做区分音值的工作?认识还很模糊,更谈不上去构拟音值。所以,可将其定论为:考古之功深,而审音之功浅。为上古音韵部构拟音值,是从西方学者开始的,比如英国传教士和汉学家艾约瑟(1823—1905)。相关论著有《中国语言的发展》(1886)、《〈诗经〉中之韵》(1886)、《段玉裁的第 15 韵目》(1887)、《中国汉武帝之诗以及上声与去声之史》(1887)等。(罗巍,厦门大学博士论文,2019)日本学者大岛正健《中国古音考》(丸善书店,1898)也给汉语上古韵部注上罗马字音值。在中国,胡以鲁为章太炎《成均图》上古音韵部元音用罗马字标记应该是第一次,这在中国学者中,无疑是一个在音韵学方法论上的极大突破,意义非同小可。1914 年,章太炎作《二十三部音准》描写古韵音值,但标记还是汉字。尽管如此,许多学者还是认为章太炎是系统研究上古音值的第一人。(306 页)后来,俞敏为章太炎二十三部加注了用国际音标标记的音读,主要元音是:ɑ、ɔ、e、ə、i、u。(曹述敬编选《钱玄同音学论著选辑》177 页,附:十七家古韵分部对照表,1988)

张世禄《中国古音学》(1930)写道,章太炎也注意到"盖旁转、对转,正次诸目,科条虽细,犹不能驭字音之转变,乃不得不另归于变声。所谓变声者,依据双声相转,而不入韵部旁转、对转之条也。章氏乃另立交纽转,隔越转二科,其立例烦赘,是尤说之牵强者也。章氏作《文始》,遂消除此二转之名,而谓双声相转为变声,盖已自加以改正矣"。(147页)

对章太炎上古音韵部的修订与补充,许多学者非常重视,比如黄侃。钱玄同《文字学音篇》(1917年北京大学《音韵学讲义》,1921年铅印本,这里根据曹述敬《钱玄同音学论著选辑》1~45页,1988)说:"及章太炎作《成均图》,更定为二十三部,较之王氏(王念孙),益为精密.黄侃据章君之说,稽之《广韵》,得'古本韵'三十二韵,合之二十八部.大体与章说相同,惟分出入声五部(锡铎屋沃德)为异。章君之图,于入声分合,原为尽善,证据精确,殆可作为定论。"(36页)

罗常培《中国声韵沿革表》(《罗常培文集》23~24页,2008)曾参照《音略》,进行详细列表研究。黄侃二十八部为:歌部、寒部、曷部、先部、屑部、灰部、痕部、没部、齐部、青部、锡部、模部、唐部、铎部、侯部、东部、屋部、豪部、冬部、沃部、萧部、咍部、登部、德部、覃部、合部、添部、帖部。

张世禄《中国古音学》(1930)解释黄侃补正章氏古韵学说,认定:"惟黄侃考定古韵,与三百年来取证于先秦诗文用韵及《说文》形声偏旁者,其所采途径又不同。黄氏之二十八部,乃依据《广韵》内所包含之古本音以考得者也。按《广韵》二百六部包有古音,时发现之者,亦江慎修、戴东原诸人。""戴氏此论,即以《广韵》二百六韵,兼有古本音、今变音二种。东韵者,古本音也;江韵者,今变音也。章太炎亦谓《广韵》所包,兼有古今方国之音,非并时同地得有声势二百六种。黄氏秉承其说,又发现古本韵中所用音切,无轻唇、舌上诸母之字,知古本韵中,皆用古纽为切。因古纽以考古韵,得三十二部,其中歌戈曷末寒桓痕魂八韵。古本四韵,《广韵》以其兼有开合,分之为八。黄氏仍合之,计得二十八部。阴声八:歌灰齐模侯萧豪咍;阳声十:寒痕先青唐东冬登覃添;入声十:曷没屑锡铎屋沃德合帖。""较之章太炎二十三部,多入声锡铎屋沃德五部,兹录其古本音表(见黄氏《与人论治小学书》)。""盖其于章氏二十三部外,更列入声锡铎屋沃德五部者,皆本于戴氏所定者也。"(152~156页)

可见,黄侃补正章氏学说与胡以鲁不同,一个是审音而考据,一个是审音而构拟。理论与方法差距较大,但在丰富与发展章氏学说上,各有千秋,贡献卓著。

钱玄同《国音沿革六讲》以及《古韵廿八部音读之假定》(原载1934年12

月 17 日《师大月刊》上)为黄侃二十八部用国际音标构拟音值。何九盈《中国现代语言学史》(2008)称之为"中国学者最先用国际音标构拟上古韵部音值的"(297 页)。钱玄同的构拟是：

	阴	入	阳
	歌	月	元
开	a	at	an
合	ua	uat	uan
	微	物	文
开	è	èt	èn
合	uè	uèt	uèn
		质	真
开		ät	än
	佳	锡	耕
开	å	åk	ång
	鱼	铎	阳
开	ò	òk	òng
	侯	烛	钟
合	u	uk.	ung
	幽	觉	冬
开	o	ok.	ong
	宵		
开	âu		
	咍	德	登
开	e	ek	eng
		缉	侵
开		op	om
		盍	谈
开		âp	âm

中国学者用西方语音标记符号构拟汉语上古音音值，比如钱玄同为黄侃二十八部用国际音标构拟音值，从时间上来说，还是晚于胡以鲁，只不过胡以鲁用的是罗马字而不是国际音标，但无论如何，胡以鲁真的是中国用罗马字给上古韵部拟音第一人。

王力《汉语史稿》分古韵为二十九部，在他主编的《古代汉语》里又增为三十部。唐作藩《音韵学教程》(2013)说："这三十个韵部又可以概括为十一类，"按阴阳入排列如下：

	阴声韵	入声韵	阳声韵
第一类	之[ə]	职[ək]	蒸[əŋ]
第二类	幽[u]	觉[uk]	冬[uŋ]
第三类	宵[o]	药[ok]	
第四类	侯[ɔ]	屋[ɔk]	东[ɔŋ]
第五类	鱼[a]	铎[ak]	阳[aŋ]
第六类	支[e]	锡[ek]	耕[eŋ]
第七类	脂[ei]	质[et]	真[en]
第八类	歌[ai]	月[at]	元[an]
第九类	微[əi]	物[ət]	文[ən]
第十类		缉[əp]	侵[əm]
第十一类		盍[ap]	谈[am]

(146～147 页)

其二，怎样认识胡以鲁以现代语音学理论，并用罗马字标记诠释章太炎旁转对转理论？陈新雄《古音研究》对章太炎等理论有所认识："夫旁转对转者，实近代语音史上常见之事实。所谓旁转，就现象言，乃阴声韵部与阴声韵部之间，或阳声韵部与阳声韵部之间，有互相押韵、假借或形声字中有互相谐声之现象者称之；就音理言，乃某一阳声韵部或阴声韵部因舌位高低前后之变化，而成为另一阳声或阴声韵部者是也。"他引用胡以鲁《国语学草创》"方音者，起于空间的社会心理与夫时间的社会心理之差，盖自然之势也"一段话加以说明。又引用王力《中国音韵学》一段话来加以解释。王力说："所谓旁转，是从某一阴声韵转到另一阴声韵，或从某一阳声韵转到另一阳声韵。例如阴声 a，稍变闭口些，就成阴声 ɛ；又如阳声 ɔŋ，稍变开口些，就成为阴声 aŋ。这在语音史上是常见的事实。"（151～152 页）至于对转，陈新雄说："乃阴声韵加上鼻音韵尾而成为阳声韵，或阳声韵失落鼻音韵尾而成为阴声韵是也。又阴声之变，往往经由旁转对转二历程，即所谓次对转是也。"陈新雄又引用王力《中国音韵学》一段话来说明："就中国现代方音与古音比较，我们看得出，有些字音是经过了'旁转'与'对转'的历程，例如'慢'字，在隋朝读作[man]，今苏州读作[mɛ]，我们料想在起初的时候先由[man]变为[mɛn]，这是旁转；再由[mɛn]变为[mɛ]，这是对转。"[19]

陈新雄认为："然则章君之说，竟一无罅隙乎？是又不然，盖章君之言旁转、对转,仅据现象而言。据现象者,仅足知其然,而于其所以然者,尚有未审也。若鱼部为阴声闭口之极,而与阳部阳声开口之极相对转,则于对转之理未合也;青部入阳弇,支部入阴弇,使韵尾不同者,混于一处,韵尾相同者却彼此分开,以言旁转,亦有未合也。"(153页)

当时一些学者对章太炎旁转对转理论的认识大多局限于理论本身的解释能力上,但胡以鲁《国语学草创》在章太炎基础之上又进一步认为,"凡是展转而犹同音者,发起之时地不同,所谓方音之差也"。这就和后代学者看法取得了一致。此外,胡以鲁创造性地用罗马字标记语音音节结构形式,这确实是了不起的,实开中国学者利用现代语音学理论研究上古语音之先河。

三、胡以鲁从语音学、心理学角度分析对转旁转理论

胡以鲁说:

此种类例章先生《国故论衡》举之甚多,别无所见不更述,惟补说明于兹。即所谓旁转对转者,音声学理所应有,方音趋势所必至也。虽然,先生之图,作环转之则,诚尽美矣,然所谓音转,果一如图序配列与否,犹不能无疑也。其在对转也,撮唇之音转为唇内,弛唇后向之音转为喉内,闭口引唇之音转为舌内,此诚音声学之理也。然其他近旁转、次旁转得非顺序颠倒否?敢据音声学之理,拟之如下,以乞教于先生:

缘同一声类缘双声叠韵而起者,平面上之发起也;果仅是而止者,吾国语之为国语者,亦太单纯矣。吾国语,意义丰富之语也。其发达决非一面而止者,侧面、对面、反面盖三面(Three dimensions)也。有是三面之发起,故统体七百余之音声,得为表彰丰富语意之资料。

三面者,就意言也,而音亦应之而略异。以上所论之音韵,音韵本体,就发音机关而论者也。音之所以发,为之主动者为心理作用。同一音也,心理作用不同,斯音上之着色亦异。名此音声之着色,谓之音之变容,即音之高低(Pitch)、长短(Duration)、强弱(Lntensity)、锐钝(Register)等是也。锐钝大抵缘于生理或社会心理之差,高低、长短、强弱则主因于心理状态。所谓意景也,即以音容之变化,表意景之不同,犹同一骨格之人而赋以容姿之差也。此在他国多节语,且往往假为意景之辨别。

古无四声之名,然自有高低、长短、强弱之别。其差别之繁,且不止于四。盖自入声而外,所谓平上去者,其高低、长短之度固无限也。齐梁之间文人陆

颙辈,始分四声之类。其趣旨在于诗律文韵,固非完全规定也。夫分一切文字为四类,顾炎武氏且辨其为无理。欲以之范类变迁无常之语言,则更难事矣。语词生活于句中者也,其处句之职用有轻重之差,或其处句之位置有音调 Fuphony 之关系,斯其音有高低、长短、强弱之别,故精密言之,音声综合论以外无从论语词之四声也。所可言者,取一语词假定其在某句上表示某面之意大抵作何变容耳! 音之变容其复杂较本体为尤甚。假四声而分之,所谓平声者其音最长,上去次之。至于入声,余音截然,盖吸入之音则最短矣。高低强弱与之为反比例,短者高而强,发为入声。次第为去为上,至长则低而弱矣,所谓平声者此也。随意为转移,有一语而二声三声者,其转移固无定则,转于某意,则取某声,更无定则也。然虽无定则,而为语言所缘而别章者,则彰彰之事实。四声虽无足取,长短固自有别也。故据音之长短,说语言之缘起,然缘音之长短而起者,必同一语之意辨,自又不待言也。(35~38页)

按,胡以鲁谈对转旁转,把"开闭程度之差,应社会心理构成吾国之方音者也"作为认识的起点,既走出了章先生《国故论衡》的研究范式,进入现代语音学理论视野范畴,又上升到社会心理学高度去认识,开辟了研究上古音对转旁旁转问题的新领域,这在当时是极为大胆的举动。就是在今天,也是极为超前的,意义重大。

从胡以鲁的论述方式可见:其一,以"音声学之理"审视章氏"旁转对转"理论,其所谓强调"惟补说明于兹"之原则十分重要。从普通语音学理论认识,这不过是"方音趋势所必至"的结果,历时与共时,兼而有之。其二,胡以鲁据"音声学之理"发现,章太炎《成均图》亦有可疑之处,比如是否存在着"近旁转、次旁转顺序颠倒"问题。其三,胡以鲁论证此问题,环环相扣,具有较强的内在逻辑性。1.胡以鲁以"简单化"而否认惯常所述"双声叠韵"分析平面模式。2.胡以鲁认定国语语音呈"侧面、对面、反面三面"立体化音节形式,达"七百余之音声"。3.胡以鲁定性"三面"理论为"音韵本体,就发音机关而论者也",局限性很大。由此,引出了更为广阔的语音研究四维空间范畴。其四,胡以鲁认定"音之所以发,为之主动者为心理作用",就是语音研究四维空间范畴。其五,胡以鲁提出"同一音也,心理作用不同,斯音上之着色亦异"问题。在这里,胡以鲁打通了语音学与心理学关系,是非常关键性的研究着眼点。其六,胡以鲁论述"音之变容"内涵,即"音之高低(Pitch)、长短(Duration)、强弱(Lntensity)、锐钝(Register)等是也"。但胡以鲁深入研究下去,认定四种"音之变容"状态各不相同:锐钝——生理或社会心理之差;高低、长短、强弱——主因于心理状态。其七,胡以鲁认为"音之变容应意而起"与"句中论定之固"相关,即可以肯定:"变容略有定规"。这个"定规",即"高低、长短、强弱之差,所谓四声也"。其八,胡以鲁认为,"古无四声之名,然自有高低、长短、强弱之别"。沈约等人之前,四声已经存在,但并没有人给它命名。而沈约等人发现了汉语有"四声之别",所以,以"四声名之"。但究其实质,从现代语音学角度认识,不过是"高低、长短、强弱之别"而已,这就摆脱了传统音韵学研究理论的束缚,予以科学定性。其九,胡以鲁对四声予以科学定性十分必要,因为,研究中国的国语学,理论的创新是真正研究的开始,所以,胡以鲁说:"说语言之缘起,然缘音之长短而起者,必同一语之意辨,自又不待言也。"回过头来讲,对章太炎的"旁转对转"理论的认识,也要从现代语音学理论介入开始。这表明,胡以鲁研究章太炎的"旁转对转"理论,不是简单的继承与发展,而是重新创造,赋予新的生命力。

四、胡以鲁谈"以文字研究语音史"问题

胡以鲁说:

古音之条件,就今日研究之所得,如是而已!信如是,则韵不过由六分化而为九,音更不过夅侈之差耳!然则比诸他语族激剧之变化,其差盖甚微。盖吾国语世所称为单节语者也。就一般论,单节亦事实也。一音一意居吾国之最大多数,舍此一音外,意无所寓,音乃勉自保持其名价(Value)而不失其精粹(Essential quality),故他语族之发展求明瞭也。固有语不足,乃假特异者以益之。而吾国语则不然,不能过多于单节,又不得脱离其固有,故发展亦缘其近似,而无激剧之变化。故研究古音探国语之缘起,但审若干条件而已!犹易为也,况代表音声以木强难变之文字,形在音亦无大变,足为研究古音之好资料乎?虽然,以文字研究语音史便也,欲以之研究语意之缘起则不便。(22~23页)

按,胡以鲁认识到,汉语属于单节语,一音一意,这是基本事实。但这一音一意需要以文字形式呈现,单音节语是"形音义结合体","形在音在",况且,中国文字几千年来没有发生剧烈的根本性变化,"古音犹存",由此,文字和古音关系的研究提到了议事日程上。胡以鲁认为,文字是"研究古音之好资料",这

是一个十分精辟的见解,这与段玉裁"同谐声者必同部"原则不谋而合,从而带来了上古音研究的无限生机。胡以鲁所处时代,甲骨文、金文、战国文字古音价值还未得到学者们的充分认识,出土文献语音理论体系尚未形成,就是《说文解字》的古音研究虽然有后藤朝太郎《文字研究》(1910)开启头绪,但也未充分展开,但胡以鲁已经认定,古文字是研究古音必备的若干条件之一,很显然,胡以鲁"以文字研究语音史便也"的观点,十分超前,让后人不得不佩服其远见卓识。尽管如此,他还是认为,"欲以之研究语意之缘起则不便"。我们理解,这实际上在说,"以形索义",不如"因声求义",王念孙与王引之氏父子"因声求义"获得了巨大成功,就是一个很好的例证。所以,"探国语之缘起",还是要从研究上古音开始。胡以鲁在这里仍然强调上古音在研究汉语发生、形成、发展过程中的巨大作用,坚守自己的"国语学"宗旨,学术理论意识前提未变。这和他解读对转旁转理论模式,即从现代语音学与心理学入手并不矛盾。

第四节 发掘胡以鲁上古音理论的意义

章太炎《国语学草创》"序"说:"尝为声韵对转之图,撰次二十三部,补东原讹约所未备,而仰曾综贯大秦驴唇之书时,时从余讲论,独有会悟。今见其书,乃为比合音理,别其弇舒,音有难喻,以珊斯克列及罗甸文参伍相征,令古今华裔之声,奄然和会,斯治语学者所未有也。"(1~2页)对章氏之评价要如何理解?

一、章太炎讲自己研究上古音"对转旁转理论",以及归纳古音二十三部是从纠正戴震理论开始的

戴震理论存在缺失之处,要不断地加以完善,这是章太炎对前人与自己古音研究成果的基本认识,是实事求是的。章氏对胡以鲁继续沿着自己开辟的道路行进,并取得重大突破表示赞赏,认定胡以鲁用拉丁字母标音的工作,是"斯治语学者所未有也",评价极高。章氏定评,为我们认识胡以鲁上古音学说起到了一个十分重要的指引作用。我们在章太炎认识的基础上,进一步认识到,胡以鲁上古音学说在中国传统古音学向现代古音学过渡过程中,"架桥铺路",沟通东西学术,是极为重要的里程碑式的工作,意义十分重大。可惜,这100多年来,汉语音韵学界低估了胡以鲁上古音研究的汉语音韵学史价值,这

第九章 《国语学草创》：汉语上古音理论及罗马字标记意义

是必须重新评估的。

章太炎《国语学草创》序还说，"斯余畴昔所持论，而仰曾亦有取焉。既揅其大旨，乃为叙录，以告国人治语学者"。在这里，章太炎把胡以鲁视为自己国学"正宗衣钵"的授业弟子，《国语学草创》当然也就是章氏所认定的自己国语学思想的直接传播著作了，代表的是章氏学术的又一重大成就。章太炎小学取得成就的领域主要是汉语音韵学，这是世人皆知的事实。我们看到，胡以鲁建构国语学体系也把汉语音韵学作为阐扬其国语学理论的一个最为厚实的根基。所以，胡以鲁说："各国语皆各有其特有之内范，吾国语大抵一节，多亦不过二节。以有限之音声表丰富之思想，其间相应尤为微妙。而其文字由音、形、意三者而构成，言语内范，探究亦易。文字研究，别著一篇，兹先就以同音或相似音之展转发展语意，及以双声叠韵之展转发展语意者，探吾国语发起之踪迹。"（9页）把音韵当作基础，就要将音韵的功能发挥到极致。所以，他说，"欲以音声研究国语之缘起，当先审音声本体之为何"（9页）。于是，按照一般的语音学原理，对汉语的发音生理、物理等基本要素进行分析，发音机关、音素、清浊音、舌头音、轻重唇音、喉头音等竞相登场。胡以鲁所绘制的宋人三十六字母发音图表，用罗马字拟音不说，还按发音部位与方法分出腭音、前舌端、里音、两唇、唇齿、前舌端、齿背、喉音、卷舌、弹舌 10 类，不但名称与分类上与宋人三十六字母不同，就是与今天一般的学者所用名称与分类也是不同。用罗马字母表示，胡以鲁有自己的看法："于单节语音之中分析其语头音而研究之，此吾国之所无也，乃借罗马音标而为之。虽然，罗马音标非为吾国语而设，欲借之以完全表示，殆不可能。"（15页）"借他种音标，论吾国国语，益难得其真相也。虽然，以科学的研究，欲究语言之发达，不能不得其音韵而分析之，况若是分析，其能胜于杂驳之类别者，固不待言也。"（17页）其音论，涉及中国古音学和今音学两大学术门类。他在评述清人古音学说时说道："独有《广韵》为后世韵学之宗。顾炎武氏作《唐韵正》，分韵为十部；江永氏作《古韵标准》，分为十三部；段玉裁《六书音韵表》，分十七部；孔广森《诗声类》分十八部；王念孙分二十一部。愈降愈多，精则精矣，然不知平上去入不过长短广狭之差。以收声为阳声，亦加入所谓韵者，则更病在不知分析研究，徒取其叠韵而均分之故也。"（15页）胡以鲁认为，"《广韵》唐纽已非古音"。（18页）对顾炎武"古无麻部"、段玉裁"古无去声"、钱大昕"古无轻唇音""古无舌上音"说、章太炎"娘日二纽归泥说"等进行了详细论证，大体上严守章太炎"家法"不逾矩，但还是提出了古音研究的条件问题（22页），是很有见地的。论古音变化，则就对转、旁转等问题进行梳理,并以章太炎《国故论衡》中《成均图》为例进行说明(35页),但还是认为:"所谓音转果一如图序配列与否,犹不能无疑也。"这说明,胡以鲁不拘于师说,敢于怀疑。在"论方言及方音"一编中,论及入声古今变化,还是谈到:"故开闭之差,吾国语音韵史之关键也。方音之消长得于是知之。"(87页)他对中国古今方言史中各地方言差别,还是引用了大量的古代文献从语音的角度辨别。(87～91页)可见,胡以鲁进行的汉语音韵学研究,上古音成果是其亮点和枢纽,更是传统小学在"国语学"中显赫地位的突出表现,所以,其意义不凡,这是必须肯定的。

当然,我们也不回避黎锦熙《国语学讲义》(1919)对胡以鲁上古音研究理论的评价问题。黎锦熙说:"近人章炳麟分二十三部,章君门人黄侃又分二十八部。大都是分之于纸上,并不能验之于口头。惟顾氏与友人,曾有读天明为丁芒一段佳话。胡氏《国语学草创》曾于古韵之下注以罗马字母,按外国字母读古韵,略能分别,然究有牵强之处,此实我国研究古音韵之一大缺点。因为言古韵者,只从古书中勤搜证据,加以裁断,傍形求音,定其类系,此不失为一种归纳的研究法,但我以为,往后研究古音韵学的,必须如丁芒之例,字字能用古音读出,方算是能实验,方可谓合于研究学术的法则,那么,自然也要用一种音标,以期共喻。旧式的研究法,也不能不稍稍改良了。"(5～6页)但我们也要注意一点,黎锦熙在这里是存在着矛盾说法的,既然肯定了用新的音标,包括罗马字构拟古韵的益处,却又批评胡以鲁的研究方式,是不是让人感到无所适从?严格说来,黎锦熙并没有客观看待胡以鲁上古音研究理论的开拓性贡献,代表了一种误读胡以鲁上古音研究理论的倾向。

二、以上古音研究而论,"章胡黄学派"提法是否成立

一些研究民国音韵学史的学者,把黄侃提出上古声纽系统十九纽(1913)作为起始,称之为民国审音派开创人,还把钱玄同《国音沿革六讲》(1920)为黄侃十九纽用"国音字母"和"发音学字母"的标注作为国际音标(罗马字)最早者[20],这实际上不大符合实际,忽略了胡以鲁在阐发章太炎上古音理论,建构新的上古音理论体系上的贡献,这是需要再议的。我们通过挖掘胡以鲁上古音研究成果,除了肯定他的巨大贡献之外,还有意质疑这些看法,也是一个很重要的目的。

在汉语音韵学领域,人们习惯以"章黄学派"称呼之。这就是说,章太炎之后,黄侃继承与发扬章太炎汉语上古音学说,由此,黄侃与章太炎一起成为一

个学术流派的整体性标志性符号。当时章门弟子对章黄汉语上古音学说自有其思考空间,比如钱玄同。杨天石整理的《钱玄同日记》(北京大学出版社,2014)1914年9月18日记载道:"黄君(侃)又谓音韵,阴声有入,阳声无入,歌之入即泰,有入无入,当从王念孙说,对转图当从孔广森之式,缉、盍亦阴声,缉宜附幽,盍宜附宵。余于前二说均谓然,惟缉、盍宜与侵、谈同列。此实阳声也,广东人读侵、谈、缉、盍,皆有收音,与其他人声异可证。黄君又谓,师之于音韵,太欲求其整齐,是其一病。此说我宜极表同情。而廿三部,黄君必谓其绝不可少,此则与以为音韵分部当考古与审音为并重。戴氏之说最精,侯幽、谆真,我实主张合,但现在不敢说。"(275页)钱玄同不同于黄侃,有了不同的想法,他并不是去考虑如何再行突破问题,又不敢直截了当说破,还是惧怕冒犯其师章太炎汉语上古音学说,固守师说意识由此可见,。

胡以鲁似乎顾忌小一些,发展章太炎汉语上古音学说,走的是另外一条路子,将传统汉语上古音学理论与现代语音学理论结合,使之符合现代学术范式,贡献极大,这也应该是章氏汉语音韵学理论组成部分之一。将章胡黄三人贡献各自表述,比如称之为"章胡黄汉语上古音学派"似乎更为符合实际,不知学界同仁以为如何?请有识之士批评之。

我们是不是还可以用另一种比喻方式表述?借用《涅槃经》所做的两个比喻来类比,即:"犹如车有二轮,则有载用;鸟有二翼,堪任飞行。"如果把章太炎学术比作一驾马车的话,章太炎汉语上古音学术的构成就是个整体的"庞大理论体系",而黄侃、胡以鲁就是其"庞大理论体系"车体之左右二轮,右边一个车轮是近代式汉语上古音学,左边一个车轮是现代式汉语上古音学。两个车轮共同支撑着章太炎建造的章黄汉语上古音学术之车向前猛劲儿飞奔,二者缺一不可,这才是章黄汉语上古音学术"庞大理论体系"的本真面目。如果我们重新公正地看待胡以鲁在章黄汉语上古音学术"庞大理论体系"中发挥的异数"再造"功能的话,情况则大不一样。胡以鲁之主动融入世界语言学潮流,与世界第一流语言学家平等地对话之功效,则会有力地弥补"再造"章黄汉语上古音学术"庞大理论体系"阙如之遗憾,如此,章黄汉语上古音学术,一定会重放异彩,章黄汉语上古音学术时空间将得到更大的拓展,"庞大理论体系"内涵会愈加丰富,真的就是呈现了"鸟有二翼,堪任飞行"的巨大学术效应。

注释：

[1] 冈仓由三郎《发音学讲话》，宝永馆书店，1901。

[2] 李无未《台湾汉语音韵学史》303～324页，中华书局，2017。

[3] 李方桂《上古音研究》，台湾《清华学报》新九卷1、2期合刊，1973；商务印书馆，1980。

[4] 海晓芳考证说，海尔华尔胥 Hellwarg 就是德国人 C.F. Hellwarg (1754—1835)。见《试析中国第一部语言学著作《国语学草创》——从西方语言学的影响说起》，《东アジア文化交涉研究》7，日本关西大学，2011；《文法草创时期中国人的汉语研究》，商务印书馆，2014。

[5] 冈仓由三郎《发音学讲话》58～68页，宝永馆书店，1901年。

[6] 大西雅雄《音声学史》，明治书院，1934。

[7] 李无未《汉语史研究理论范畴纲要》，吉林人民出版社，2012。

[8] 章太炎《国故论衡·小学十篇》23页，上海古籍出版社，2011。

[9] 张世禄《中国古音学》，商务印书馆，1930。

[10] 张博《刘又辛先生对汉语词族研究的理论贡献》2页，中国训诂学研究会年会暨庆祝刘又辛教授从教六十周年学术研讨会，西南大学，2006。

[11] 唐作藩《音韵学教程》52页，北京大学出版社，1988。

[12] 章太炎《国故论衡》204、40页，商务印书馆，2010。

[13] 章太炎《新方言·"纽目"将喻母并于影母》，《章太炎全集》（七）132页，上海人民出版社，1999。

[14] 曾运乾提出了"喻三归匣""喻四归定"二说，见《切韵五声五十一纽考》《喻母古读考》，《东北大学季刊》第1、2期，1927。

[15] 章太炎在《新方言·音表》"纽目表"（原书成书于1908年）中提出上古声母五类二十一纽。《章太炎全集》（七）132页，上海人民出版社，1999。

[16] 唐作藩《音韵学教程》198页，北京大学出版社，1988。

[17] 王力《汉语史稿》上册，中华书局，1958。

[18] 李方桂《上古音研究》，台湾《清华学报》新九卷1、2期合刊，1973；商务印书馆，1980。

[19] 陈新雄《古音研究》，五南图书出版公司，1998。

[20] 乔秋颖、王任赵、史晶璐、胡林霞著《民国音韵学三论》12页，上海古籍出版社，2016。钱玄同《国音沿革六讲》，《钱玄同文集》第5卷194～195页，中国人民大学出版社，1999年。按，这里不是国际音标，是罗马字母。

第十章 《国语学草创》：
宋人36字母理论及罗马字标记"原型"

胡以鲁的《国语学草创》（1912）是中国学者所写的第一部汉语现代语言学理论，即所谓"国语学"的奠基之作，可以和《马氏文通》相提并论，由此，它在近现代中国语言学史上的地位十分显赫。[1]

《国语学草创》"国语学"理论以中国传统小学"元素"为重心，而传统小学"元素"中又以汉语音韵学为枢纽，彰显了胡以鲁国语学理论的特色。这里我们力图从《国语学草创》宋人36字母"罗马字标音"理论及其"原型"角度去加以认识，以期引起学术界对胡以鲁汉语音韵学理论重大价值与特点的注意。

第一节 胡以鲁宋人36字母罗马字标音理论

一、宋人36字母罗马字标音标记图表

《国语学草创》"说国语缘起"（1～43页）认为："欲以音声研究国语之缘起，当先审音声本体之为何，并若何构成吾国国语者。"（9页）由此，汉语语音学理论成为研究中国国语学的前提，以及国语学之所以成立的根本原因之所在。胡以鲁"审音声本体"，是从观察中国中古汉语"36字母"发音的生理、物理属性开始的。胡以鲁的宋人36字母罗马字标音表如下：

浊	清	浊重	浊	气	清	音质 发音机关
		疑 ng	群 g	溪 k'	见 k	腭音
		泥 n	定 d	透 t'	端 t	前舌端
		娘 n	澄 d	彻 t'	知 t	里音
		明 m	並 b	滂 p'	帮 p	两唇

续表

浊	清	浊重	浊	气	清	音质 发音机关
		微 w	奉 v	敷 fh	非 f	唇齿
邪 z	心 s		从 dj	清 ch	精 ĉ	舌后端
禅 zh	审 sh		床 dz	穿 ts'	照 ts	齿背
		匣 hh	喻 y	晓 h	影 i	喉音
			来 r			卷舌
			日 g			弹舌

胡以鲁对宋人"36字母"音值用罗马字母标记，是在他之前的中国汉语音韵学者基本不去做的事情。就当时中国汉语音韵学者来说，对这种标记，有相当一部分人认为是属于"异端"行为，难以接受；但对另一部分汉语音韵学者来说，其革新意识十分突出，认定胡以鲁的汉语音韵学研究观念是超出常人的。

二、胡以鲁宋人36字母发音方法与发音部位研究

胡以鲁为何用罗马字对宋人"36字母"作如此"标音"？《国语学草创》阐述了其研究宋人"36字母"的现代西方语音学理论依据，他说：

构成语言唯一之原料，即肺脏所流出之空气。肺脏者，人身空气制造所，语言原料所由出也。因其种类、容量、共鸣器、调节机关等之差乃生种种之调节（Articulation），此有调有节之声音，加以意义，则为言语。

声门广开，肺脏中空气自然流露谓之气（Breath）。声门闭塞，声带密切，气经声门，使声带振动则成声（Noise）。气经发音机关之调节，则为溪透彻滂敷清穿晓诸气音（Aspirata），以罗马字表之 k'、t'、ṭ'、p'、fh、ch、ts'、h 等大略同也。声经发音机关调节之为声音（Voice），声音又因声带密切之度，及声门闭塞之度而有差。此差之生，细佛氏（Sievers）所谓压力（Drncksterm）所致也。压力大小，乃生清浊。以发音机关若尔之状态，作若干之狭度，加以若干气息之压力而为清音（Tenuis）。见端知帮非精照影心审 k、t、ṭ、p、f、ĉ、ts、i、s、sh 等是也。以同一之状态，作致气息于其内，压力因作致而粗弱，是为浊音（Mediae），群定澄并奉从床喻邪禅 g、d、ḍ、b、v、dj、dz、y、z、zh 等是也。由是更进内而作之。压力愈弱，气息通过声门之际，略带鼻腔之共鸣，则为疑泥娘

第十章 《国语学草创》：宋人36字母理论及罗马字标记"原型"

明微匣来日 ng、n、ṇ、ṁ、w、hh、r、g 等声，是盖压力已极薄弱，悬雍垂（Uvula）仰起，声之一部上通鼻腔（Nasali），其音重浊矣，是由音质而分也。（9～10页）

胡以鲁用关键词概括，认定宋人"36字母"发音运用的方法主要是：音素、气、声、清音、浊音、重浊音。这些术语，大多属于传统音韵学理论范畴，但也有现代语音学理论范畴的，比如"音素"这个术语。无论如何，胡以鲁认为，对这些术语都要用现代语音学理论重新解释和分析。这种解释与分析与传统汉语音韵学理论认识大不相同。如果定性的话，胡以鲁认为，是属于"音质"性质的研究，即现在学者通常称之为发音方法的理论性研究。胡以鲁引用了Sievers的看法。Sievers，海晓芳认为就是季弗斯（1850—1932）。现在学者通常翻译为西佛士（E.Sievers 1850—1932），他是德国语言学家、语音学家，著有《语音学纲要》（1881）、《古日耳曼语音律学》（1893）、《格律·旋律研究》（1912）、《语音分析的目的和方法》（1924）等。季弗斯是欧美普通语音学的奠基人之一。这里引用的应该是《语音学纲要》（1881）的说法。

胡以鲁对宋人"36字母"的研究与传统汉语音韵学分析存在着明显差异，还有就是对宋人"36字母"运用现代语音学进行发音部位的研究。胡以鲁沿用日语汉字词的说法，称之为"发音机关"之研究：

更就发音机关观察，当声气经过口腔之际，障其经过而调节之者，发音机关之妙用也。调节之机关不同，声音又得类别之如下：以舌之后部隆起于口盖，障其经过则为颚音（Guttural），曰见溪群疑。以舌头伸突于齿之背后，即口盖之前部则为舌头音（Coronale）。虽然曰齿之背后，曰口盖之前部，亦有种种之点焉。突其最里部曰知彻澄娘，称为里音（Zerebral）；突于齿龈之上而稍屈者曰端透定泥，称为前舌端音（Alveolar）。突于齿龈而发者谓之后舌端音（Postdental）；突于背齿而发者谓之背齿音（Introdental），精清从心邪及照穿床审禅是也。自是而外，上齿与下唇相切，或声或气流露于其间，则为唇齿音，或曰轻唇音（Labio-dental），非敷奉微是也。龠两唇而以障声气之经过为两唇音或重唇音（Reinlabial or by labial），帮滂并明是也。以上就舌头对于口盖弓及齿牙诸点之隆突作用言也。其他卷舌而抵诸口盖则发来（r）音。弹转于齿龈则发日（Z）音。前者名其舌之形曰卷舌（Inverted）。后者名其弹转作用曰弹舌，此口腔内外部分之调节也。顾犹有不及口腔压声气于喉头而发如影晓喻匣者，是为喉头音（Laryngal）。以上或就音质或就发音机关而类别者，皆以有

所调节而分，即经调节之声气则韵纽也。（11～12页）

胡以鲁认定的宋人36字母标音"机关"，即"发音部位"关键词，主要包括：调节机关、口盖、腭音、舌头音、里音、前后舌端音、背齿音、轻重唇音、弹舌、卷舌、喉头音。这里不好理解的术语是"里音"。我们认为，里音指的是舌面前音，今天用国际音标[ȶ][ȶʻ][ȡ][ȵ]表示。唇齿音在今天，就是指双唇浊辅半元音[w]和唇齿浊擦音[v]。今天许多学者解释说，口盖音，就是舌根音。发这个音时舌根向上抬起，对气流形成阻力的位置在舌根与后腭之间。"口盖"一词，是日语语音学常用的语音术语。"弹舌"一词，章太炎也已经用过了。在胡以鲁之前，章太炎《国故论衡·小学十篇》（2011）"正言论"就有"弹舌音变来纽界"和"弹舌音误禅纽界"的说法。（47页）胡以鲁认定发[Z]音，是指舌尖后浊擦音[ʐ]，接近高本汉所构拟的[nʐ]。这些术语，如果按现代语音学理论定性的话，都是属于"发音部位"的研究，与"发音方法"角度不同，但二者相互配合，构成一个整体性语音理论系统。

三、胡以鲁对历史上传统音韵学术语"韵"（均）和"纽"的内涵也进行了新的解读，带有明显的现代语音学音节结构理论分析特点

韵古曰均，经喉颚舌齿唇等诸机关所调匀之音也。纽者，代表同类语头音之类首也。被梵语输入之影响，肇分音类。然以国字单节不可分之贯习，语音亦就其首音相同者，类别之而止，然则双声字首音同者，皆同类也。一个音内之成分素未尝分也，故喉头、弹舌、卷舌等统如梵语归于韵纽，不如印度日耳曼语族别为半韵。虽然，此历史上观察也。就音韵学上观，半韵不过音渡（Glide）耳！韵纽之外，固不必别为半韵也，为表韵纽，以音质发音机关为准排列之。（12～13页）

胡以鲁对传统汉语音韵学中的两个术语"韵""纽"进行了辨析：其中"韵"，不是"韵母"，而是描写声母发音状态的"均"。在表面上这很像现代学者对元音发音特点进行的分析。元音的发音体是声带。发音方法是使声带发生振动，气流通过声带后不受任何阻碍，所以是"均匀"形态。但胡以鲁在这里所用"均"很显然不是指"元音"的，而是指"辅音"的，这是需要注意的。胡以鲁对辅音声母发音各个部位整体性协调情况进行了描述，即声母发音时，各个发音部

第十章 《国语学草创》：宋人36字母理论及罗马字标记"原型"

位,比如"喉颚舌齿唇"要协调用力,着眼点不是单纯地在某一个发音部位上。所以,他称是"经喉颚舌齿唇等诸机关所调匀之音也",看法十分独特。胡以鲁对声母"纽"的看法,就不是简单地从发音部位与发音方法的问题上,而是从"反切"内在结构构成角度去看声母,即反切上字所代表的"同类反切上字群"的音节前首部分。这种反切上字"同类音声选字"的理论,又可以和陈澧"反切系联法"相关,很像是用《广韵》反切上字"系联"而归纳出的声类。反切上字很多,但只用一个反切上字做代表字而加以表示,这是学者们惯常的做法。声母和韵母已经构成一个完整"音"的音节配列形式结构,胡以鲁比较了中国传统音韵学中来自印度的梵语术语与来自现代语言学中研究印欧语的术语内涵后,进一步认为用现代语音学理论发音方法（音质）与"发音机关"（"发音部位"）结合定性而分析音节结构中的"声母"更为合理,而不是孤立地游离于音节结构系统之外的分析与研究。

四、宋人36字母罗马字标音

如何对这些声母"音值"进行标记？是用传统的汉字字母标记,还是寻求新的语音标记方法？很显然,胡以鲁选择了后者,而后者则是欧美语音学标记理论的产物。不过,因为用新的标记方法与中国传统汉语音韵学"声类"分析下的汉字标记截然不同,故而引起当时汉语音韵学学者们的极大注意。新的标记方法思维方式个性突出,追求科学的"音值"之质地,在汉字字母标记基础上再行用罗马字母作标记,这肯定需要有一个"转换语音标记形式"的认知过程。无论如何,胡以鲁在符号标记上做了新的改进,借用新式罗马字符号标记语音,标志着中国学者所构建的传统汉语音韵学研究理论模式,在陷入"绝境"后"浴火重生",由此,中国汉语音韵学研究进入了一个新的语音标记时代,这对中国学者来说是第一次,值得特别注意。瑞典学者高本汉用历史比较语言学理论研究汉语音韵学,进而用新式罗马字标音方法"构拟"中古音,从时间上来说,与胡以鲁相距很近（高本汉,1915—1926年）,所以,我们认为胡以鲁的汉语宋人36字母罗马字标音属于中国汉语音韵学由传统向现代"过渡期"的研究成果,意义非凡。胡以鲁对此是有一定认识的,他称:

于单音节语音之中分析其语头音而研究之,此吾国之所无也,乃借罗马音标而为之。虽然,罗马音标非为吾国语而设,欲借之以完全表示,殆不可能。故如溪透滂等罗马音所无者,表以 k'、t'、p',以示其压力较 k、t、p 等气音为尤强也。里音下识以点，微表以 w，以示其在 w 与 v 之间。日表以 g̣，以示其在 r 与 j 之间。表所示诸韵大抵但作语头音，惟 k'、t'、p' 亦作语尾音，所谓收声（Auslant）也。印度日耳曼语族之发 k、t、p 也。声气一障于唇舌便得自由经过，称之曰破障音。吾国之 k'、t'、p' 语尾音则不然，一闭不复能通过，乃急遽发泄其音声。破障音由闭琐与破裂而成，而兹但有闭琐，然则谓之闭障音可乎？以 k'、t'、p' 作结，截然无余韵，是即所谓入声也。声气之发也，唇舌障之而不紧。经过之际得摩擦而出，如 h、ng、g̣、s、z、sh、zh、r̩、n、t、ḍ、w、f、v、m 等所谓摩擦音者是已。此中鼻音 ng、n、m 亦有以之收声者，以 m 收者曰唇内鼻音；以 n 收者曰舌内鼻音；以 ng 收者曰喉内鼻音；摩擦之于喉头或唇舌，而使其一部通过鼻腔以收声也。不明以一音闻，使语音鼻化而已。梵语所谓随韵者，此类也。（13~14 页）

  胡以鲁做出"于单音节语音之中分析其语头音而研究之，此吾国之所无也"的论断，我们可以与之商榷。汉语宋人 36 字母是古人根据韵书反切上字归纳的结果，而 206 韵，也是古人对反切下字，以及实际诗歌用韵归纳的结果，其"韵目"蕴含着"韵类"（比如唐作藩教授《音韵学教程》有 142 个韵类）。"四声"则是贯穿于字音之上的。反切本身就蕴含着"音节结构"分析模式，与今天的汉语音节结构"两分法"的分析方式一致，怎么能说是"吾国之所无"呢？很显然，这是不正确的看法。

  什么才是"吾国之所无"的东西？胡以鲁所述"借罗马音标而为之"的宋人 36 字母确实是中国传统音韵学理论中"所无"（法国传教士金尼阁《西儒耳目资》等文献除外），这个判断基本是正确的。在这里，胡以鲁对用罗马字标记汉语声母问题进行了研究，其结论是：其一，"罗马音标非为吾国语而设，欲借之以完全表示，殆不可能"，这是讲了罗马字母是根据拉丁文辅音体系设计的，与汉语中古音辅音体系不同，当然就会有不对应标记"音值"的问题，这个基本认识是十分正确的。其二，用罗马字标记宋人 36 字母声母辅音之外，罗马字还可以标记韵母韵尾辅音，这与当代学者研究汉语语音学，对辅音作用的分析是一致的。

第二节　现当代学者对宋人36字母的国际音标"构拟"

近100年来,无数现当代学者在高本汉研究汉语中古音成果基础上,进一步改进高本汉中古音"构拟"结论,取得了长足的进步。尽管各家构拟有分歧,但还是在大多数问题上取得了一致意见。这里要分清两个问题:一是对《切韵》系韵书、《切韵》残卷、《广韵》等音系的"构拟",这是属于中古音研究的"正宗",其声母研究当然是人们关注的焦点之一;一个是对宋人36字母的"构拟",这是属于中古音"非正宗",因为,宋人36字母包含有唐五代与宋代语音声母成分,属于两个时间层次的语音系统。唐作藩先生《音韵学教程》(1994)依据王力的研究成果,对这两个中古音音系声母都进行了"构拟",属于王力"构拟"系统的延续,流传甚广,很有代表性[2]:

《广韵》35声母构拟(表)

唇音:	帮(非)[p] 滂(敷)[p'] 并(奉)[b] 明(微)[m]
舌音:	端[t] 透[t'] 定[d] 泥[n] 来[l]
	知[ṭ] 彻[ṭ'] 澄[ḍ] 娘[ṇ]
齿头音:	精[ts] 清[ts'] 从[dz] 心[s] 邪[z]
正齿音:	庄[tʃ] 初[tʃ'] 崇[dʒ] 生[ʃ]
	章[tɕ] 昌[tɕ'] 船[dʑ] 书[ɕ] 禅[ʑ] 日[nʑ]
牙音:	见[k] 溪[k'] 群[g] 疑[ŋ]
喉音:	晓[x] 匣(于)[ɣ] 影[ø] 喻[j]

宋人36字母构拟(表)

		全清	次清	全浊	次浊	全清	全浊
唇音	重唇	帮[p]	滂[p']	并[b]	明[m]		
	轻唇	非[pf]	敷[pf?]	奉[bv]	微[ɱ]		
舌音	舌头	端[t]	透[t?]	定[d]	泥[n]		
	舌上	知[ṭ]	彻[ṭ']	澄[ḍ]	娘[ṇ]		
齿音	齿头	精[ts]	清[ts']	从[dz]		心[s]	邪[z]
	正齿	照[tɕ]	穿[tɕ']	床[dʑ]		审[ɕ]	禅[ʑ]

续表

	全清	次清	全浊	次浊	全清	全浊
牙音	见[k]	溪[k']	群[g]	疑[ŋ]		
喉音	影[0]			喻[j]	晓[x]	匣[ɣ]
半舌音				来[l]		
半齿音				日[nz]		

可以看出,胡以鲁对宋人36字母罗马字标音与唐作藩《音韵学教程》中古35声母与宋人36字母"构拟"理论意识区别很大:其一,一个是用罗马字"标音",一个是用国际音标"构拟",标音与构拟标记工具不同,考虑的角度就不一样。其二,涉及具体的读音和"音值",二者看法不同,这是一定的,而且十分自然。其三,所用语音学术语还有区别,如胡以鲁用里音、腭音、齿背等术语,与各家术语有别。其四,研究的理论依据还存在着一定的差别。唐作藩先生与一般学者一样遵循历史比较语言学"构拟程序"操作,以《切韵》系韵书为依据建立"共同语"音系,与汉语方音、域外对音对应,所以唐先生对宋人36字母拟音是非常严格的历史比较语言学"构拟"的产物,而胡以鲁对宋人36字母"标音"过程因为没有进行详细交代,所以,还很难看出经过建立"共同语"而存在与之对应关系的情况。胡以鲁究竟是运用何种比较语言学理论方法研究的,我们只有找出"背后"的操作理念与过程才可以下结论。

第三节 胡以鲁宋人36字母罗马字标音理论"原型"

因为胡以鲁曾经留学过日本,师从日本东京大学上田万年教授,而上田万年又曾师从德国学者甲柏连孜,所以,我们还应当从胡以鲁接受东西方汉语音韵学理论观念上寻求其理论"原型"之所在。

一、胡以鲁与德国人甲柏连孜唐代语音研究

上田万年是德国甲柏连孜教授的学生,而胡以鲁又是上田万年教授的学生,我们"追根溯源",当然还得从德国人甲柏连孜那儿寻求"原型"理论之根。川岛淳夫所译甲柏连孜《语言学》[《言语学—その課題、方法、及びこれまでの研究成果》(2009)]"译者あとがき(后记)"[3]与姚小平《甲柏连孜与〈汉文

经纬〉》"序言"(2015)等文献[4]对甲柏连孜(1840—1893)都有介绍。

我们在甲柏连孜《汉文经纬》[5](1881)"语音和声调"一章中看到,甲柏连孜专门谈到了"方言和音韵"问题。(姚小平译本,42～51页)其列出的《方言声母表》和《方言韵母表》呈现了他对汉语方言语音的认识。其中,《方言声母表》用罗马字标记 6—8 世纪的汉语声母,以及官话、北京话、汉口话、上海话、宁波话、福州话、厦门话、潮州话、汕头话、广州话罗马字声母读音;《方言韵母表》没有标记 6—8 世纪汉语韵母,但却标记了官话、北京话、汉口话、上海话、宁波话、福州话、厦门话、潮州话、汕头话、广州话罗马字韵母读音。

在《汉文经纬》中,甲柏连孜用罗马字标记的 6—8 世纪汉语声母(川岛淳夫译本,28～30 页;姚小平译本,42～51 页)十分引人注目。对这个标记,甲柏连孜称:在有名的《康熙字典》《字汇》及其他著作中,记录了从公元 6 世纪到 8 世纪的中国语"语头音",按以下顺序配列,叙述如下:

Ⅰ.牙音　下齿音　　　见 k　　溪 k'　　群 g　　疑 ng
Ⅱ.舌头音,舌音　　　端 t　　透 t'　　定 d　　泥 n
Ⅲ.舌上音,口盖音　　知 č　　彻 č'　　澄 ǧ　　娘 ň
Ⅳ.重唇音,很强唇音　帮 p　　滂 p'　　并 b　　明 m
Ⅴ.轻唇音　　　　　　非 f　　敷 f'　　奉 v　　微 w
Ⅵ.齿头,上齿音　　　精 ts　　清 ts'　从 dz　　心 s　　邪 z
Ⅶ.正齿,正确齿音　　照 tš　　穿 tš'　床 dž　　审 š　　禅 ž
Ⅷ.喉音　　　　　　　影 y　　晓 h　　喻 j　　匣 h
Ⅸ.半舌半齿,舌齿音　来 l　　日 r

甲柏连孜的罗马字标音,呈现了两个十分突出的特点:其一,在原来的发音部位上又加上了他理解的发音部位,比如舌上音是口盖音,是重唇音,是很强的唇音;齿头是上齿音;半舌半齿是舌齿音等,这个理解是建立在西方语音学理论分析的基础之上的,突破了中国传统的语音分析模式。其二,为汉字字母进行罗马字注音,这是采用了新的标记方法。在列出这个字母表之后,他又对自己的罗马字注音加以解释,有的从语音理论上说明,有的则是引证方言语音说明。我们看到,有北京方言、南京方言、山东方言等;还有日语汉字音、满语语音。这说明,他的罗马字标音"构拟"是有着"借音"与方言基础的,符合比较语言学构拟汉语中上古音对应的程序,所用方法是科学的。

这里有一个问题,就是这个声母系统是不是我们熟知的汉语宋人 36 字母?我们从甲柏连孜的论述中,看到他引用了日本版《唐韵》来证明"日母"写法,看来,他是把它当作宋人36字母的。胡以鲁在自己的著作中,多次引证甲柏连孜《汉文经纬》(1881)与《语言学》(1891),这说明,他读过这两本书,他应该是了解他的老师上田万年的老师德国人甲柏连孜关于宋人36字母罗马字标音成果的。其标记受甲柏连孜的影响也是可能的。

石山福治《最新中国语学研究法》(1919)提到[6],传统文献所说的《切韵指掌图》宋人三十六字母,欧洲学者也有研究。最为引人注目的是,他提到了欧洲学者研究唐末和尚"守温三十六字母"(宋人36字母,守温是30字母)的拟音及音类划分成果(194~195页),这具有重要的学术史意义。1896年,沃尔皮切利在《中国音声学》中对"守温三十六字母"的拟音及音类划分如下:

K1	T5	Tr9	P13	F17	Ts21	Tsr26	Hh31		
K'2	T'6	T'r10	P'14	F'18	Ts'22	T'sr27	H32		
G3	D7	Dr11	B15	V19	Dz23	Dzr28	Kh33		
Ng4	N8	Nr12	M16	W20			Y34	L35	Jr36
					S24	Sr29			
					Z25	Zr30			

另外,他又举了恰克(又译作商克)《唐代中国的声音》(*Ancient Chinese Phoetics*)的研究情况,这也是在欧洲19世纪,即高本汉之前学者对汉语中古音研究的杰出贡献。其实,欧洲19世纪还有更早的宋人36字母罗马字标音,厦门大学李焱先生就在 *Dissertion on the Characters and Sounds of the Chinese Language including Tables of the Elementary Characters* 这部英国传教士马士曼(Joshua Marshman)1809年出版[印度何塞兰坡(Serampore)出版社]的著作中发现了相关资料,引录如下[7]:

第十章 《国语学草创》：宋人36字母理论及罗马字标记"原型"

```
ON THE CHINESE LANGUAGE.                    xxxv

1. 見 K-in,   溪 kh-ee,   郡 k-wun,   疑 gn-ee.*
2. 端 T-uin,  透 t'h-ou,  定 t-ung,   泥 ng-ee.†
3. 知 Ch-ee, 徹 chh-it,  澄 ch-ing,  娘 n-yong.‡
4. 幫 P-ong,  滂 ph-ong,  並 p-ing,   明 m-ing.§
5. 非 F-wee,  敷 fh-oo,   奉 f-oong,  微 m-ee.‖
6. 精 Ts-ing, 清 tsh-ing, 從 ts-oong, 心 s-in, (or sum) 邪 s-e¶
7. 照 Tch-eu, 穿 tchh-in, 狀 tch-ong, 審 sh-in, 禪 sh-yun**
8. 影 Y-ing,  曉 h-yeu,   喻 y-ee,    匣 hh-ip.††
9. 來 L-ai (or loi) 日 y-ut (or yit*).‡‡
```

此外，我们看到，罗常培曾提到艾约瑟《官话文法》(1864)对宋人36字母的拟音：见[k]、溪[k']、群[g]、疑[ng]、端[t]、透[t']、定[d]、泥[n]、知[ch]、彻[ch']、澄[dJ]、娘[ni]、帮[p]、滂[p']、並[b]、明[m]、非[f]、敷[f']、奉[v]、微[v]、精[ts]、清[ts']、从[dz]、心[s]、邪[z]、照二[ts]、照三[ch]、穿[ch']、床[dj]、审[sh]、禅[j]、影[y]、匣[h]、喻[uy]、晓[h]、来[l]、日[ni]。

罗常培说："在武尔披齐利（沃尔皮切利）以前，西洋人研究汉语古音的结果，只有艾约瑟（Z. Volpicellis）等关于古声母和声尾的构拟是可以接受的。"（《罗常培文集》第6卷451页，2008）

罗常培(2008)还谈到了商克（恰克）批评沃尔皮切利对宋人36字母罗马字标记构拟的问题。商克说："武氏用数学的方法所证明的假设，还用数学的定理去折服它，就是说，一个已经证明的简单事实而有变例的那个学说必定是假的。"（460页）

马士曼、艾约瑟、恰克的研究成果，未必与胡以鲁构拟宋人36字母罗马字标记有直接关系，但一定与甲柏连孜研究汉语中古音有着十分密切的关系。马士曼、艾约瑟、恰克等人和甲柏连孜有关系的情况是：马士曼是一位对甲柏连孜具有深刻影响的学者（见姚小平《汉语经纬》序）；恰克则是受甲柏连孜影响，至少是在研究理论与方法上"相通"的（石山福治说）。艾约瑟对甲柏连孜也有影响。（林语堂说）胡以鲁构拟宋人36字母"原型"理论，来源于甲柏连孜等欧洲学者，则完全可以肯定。

二、日本学者对宋人 36 字母罗马字标音

日本学者对宋人 36 字母罗马字标音研究成果不少,从胡以鲁《国语学草创》发表(1912)之前的情况来看,有几个人所做的研究工作是必须提到的,我们在这里介绍一下。

在日本,也有许多学者采用近现代语言学方法进行汉语古代语音比较研究,比如大岛正健在《汉音、吴音和中国音的比较》系列论文(1898—1899)中对《韵镜》音,包括宋人 36 字母、梵汉对音、"现实"的官话、江南音、福州音、厦门音、广东音进行对比。具体的描写,用罗马字母标音。[8]

他解释说:官话不取北京官话,而取南京官话。江南音以苏州音为代表,包括上海、杭州、宁波等,但大同小异。具体的描写,用罗马字母标音。过去用罗马字母标音取其近似,现在力求精确。诸家记法不同,选择最恰当的使用。按照这个原则,比如 Baorudaogien 的《福州方言集》,开始记 p、t、k,后来记 b、d、g。Macikugalien 的《厦门方言集》也屡见改变。《韵镜》音,用 ayiteru 标记。参照《梵汉对译》的同时,也参照和汉对音,而且,这些和汉对音用经过审订而可靠的《古事记》《日本记》《万叶集》音为依据。引用江户时代资料是辑取鱼彦《古言梯》、石冢龙磨《古言清浊考》、春登上人《万叶用字格》,而不是太田全斋《汉吴音图》(1815)等"虚拟语音"资料。比如"音之部",对涉及的《韵镜》声母,即宋人 36 字母进行了构拟。帮滂並明分别是[p]、[pʻ]、[b]、[m],其中次清拟作送气音。在"韵之部",对涉及的《韵镜》韵母进行了构拟,并考虑到了开合口、内外转,以及等位因素,贯穿了一定的历史比较的理论意识。如此对《韵镜》音包括宋人 36 字母所作的比较研究,在 19 世纪《韵镜》音研究史上还是不多见的,具有重要的方法论意义。

在 19 世纪末,还有一些学者对《韵镜》中古音用罗马字及日本假名进行"标音",这一过程贯穿着比较成型的罗马字母标音理论与方法。这里我们谈谈日本学者猪狩幸之助《汉文典》(1898)所附《〈韵镜〉解释》中的中古音构拟。[9]

第十章 《国语学草创》：宋人 36 字母理论及罗马字标记"原型"

猪狩幸之助是上田万年的学生,他的《汉文典》附录《〈韵镜〉解释》"36字母条"(第102~104页),在解释"36字母来源"时,引用了《音韵日月灯》的说法,即李唐之际舍利创立悉昙字母,后来,守温和尚(这个说法根据不足)增加了"娘床帮滂微奉"六母。在列了"悉昙体文以及遍口表"之后,他又对36字母用罗马字进行了标音。猪狩幸之助还解释说,唇音第三等,舌齿两音第三、第四等称之为"轻母",其余称之为"重母"。猪狩幸之助考虑了对三等韵音值标记的特殊性。

进入20世纪,1908年,日本学者小川尚义出版了《日台大辞典》(台湾总督府印)[10]。他为了研究闽南语,也对宋人36字母进行了罗马字标音,即:

见[k]、溪[k']、群[g]、疑[ng]、端[t]、透[t']、定[d]、泥[n]、知[ṭ]、彻[ṭ']、澄[ḍ]、娘[ṇ]、帮[p]、滂[p']、并[b]、明[m]、非[f]、敷[f']、奉[v]、微[vⁿ]、精[ts]、清[ts']、从[dz]、心[s]、邪[z]、照二[ts]、照三[ch]、穿二[ts']、穿三[ch']、床二[dz]、床三[j]、审二[s]、审三[sh]、禅[zh]、影[0]、匣[h]、喻[y]、晓[h]、来[l]、日[zhⁿ]。

我们比较了一下猪狩幸之助与小川尚义的罗马字标音,二者还是有些不同的(方括号中的为猪狩幸之助的标音,圆括号中的为小川尚义的标音):

见[k](k)、溪[k'](k')、群[g](g)、疑[ng](ng)、端[t](t)、透[t'](t')、定[d](d)、泥[n](n)、知[ch](ṭ)、彻[ch'](ṭ')、澄[dj](ḍ)、娘[ṇ](n)、帮[p](p)、滂[p'](p')、并[b](b)、明[m](m)、非[f](f)、敷[f'](f)、奉[v](v)、微[m](vⁿ)、精[ts](ts)、清[ts'](ts')、从[dz](dz)、心[s](s)、邪[z](z)、照[ch](ts(照二)ch(照三))、穿[ch'](ts'(穿二)ch'(穿三))、床[dj](dz(床二)j(床三))、审[sh](s(审二)sh(审三))、禅[zh](zh)、影[yy](0)、匣[h](h)、喻[y](y)、晓[hh](h)、来[l](l)、日[j](zhⁿ)。

佐藤仁之助在所著《速成应用汉学捷径》[11]中也用罗马字标音:

第十章 《国语学草创》：宋人36字母理论及罗马字标记"原型"

我们也比较了佐藤仁之助与小川尚义的罗马字标音（方括号中的为佐藤仁之助的标音，圆括号中的为小川尚义的标音）：

见[k](k)、溪[k'](k')、群[g](g)、疑[ng](ng)、端[t](t)、透[t'](t')、定[d](d)、泥[n](n)、知[ch](t)、彻[ch'](t')、澄[dj](d)、娘[n̄](n)、帮[p](p)、滂[p'](p')、並[b](b)、明[m](m)、非[f](f)、敷[f'](f)、奉[v](v)、微[m](v^n)、精[ts](ts)、清[ts'](ts')、从[dz](dz)、心[s](s)、邪[z](z)、照[ch](ts(照二)ch(照三))、穿[ch'](ts'(穿二)ch'(穿三))、床[dj](dz(床二)j(床三))、审[sh](s(审二)sh(审三))、禅[zh](zh)、影[yy](0)、匣[h](h)、喻[y](y)、晓[hh](h)、来[l](l)、日[j](zh^n)。

与猪狩幸之助《汉文典》附录《〈韵镜〉解释》"36字母条"拟音一样，佐藤仁之助《速成应用汉学捷径》"字音类别"讨论吴音、汉音、唐音拟音问题，可谓细致入微。

大岛正健《韵镜音韵考》（启成社，1912）与胡以鲁的《国语学草创》（1912）同一年出版[12]。《韵镜音韵考》"七音考"章，也涉及三十六字母拟音。（第97页）下面所列，[ ]号中是大岛正健拟音，( )号中是胡以鲁拟音：见[k](k)、溪[k'](k')、群[g](g)、疑[ng](ng)、端[t](t)、透[t'](t')、定[d](d)、泥[n](n)、知[t̯](t̯)、彻[t̯'](t̯')、澄[d̯](d̯)、娘[n̄](n̯)、帮[p](p)、滂[p'](p')、并[b](b)、明[m](m)、非[f](f)、敷[f'](fh)、奉[v](v)、微[m](w)、精[ts](ĉ)、清[ts'](ch)、从[dz](dj)、心[s](s)、邪[z](z)、照[ts](ts)、穿[ts'](ts')、床[dz](dz)、审[s](sh)、禅[zh](zh)、影[i](i)、匣[i'](hh)、喻[y](y)、晓[h](h)、来[l](r)、日[j](g)。大岛正健拟音根据说明比较详细，比如对"匣"母的解释(9~10页)：

匣母相对于影母之清是浊音。但仅仅依赖于影母"韵性"，还是不得其"浊"之意。征之于江南音，匣母所属字，如鞋之à、痕之èn、下之ò，在"母韵"的左肩附加上送气符号。匣母应该称之为影母的次清音。听中国送气音，浑然如浊音，区分喉音清浊，匣母应归属于浊音。我国吴音，于此类似，下之ゲ、此行之ギャウ、降之ゴウ，记为浊音是定则。另外，再如会之ヱ、和之ワ、横之ワウ。发合口音时，其尽写于和行的假名，综合古今音考虑，给匣母拟音，就在影母 i 附加上送气符号，即是 ì，表示是浊音。在官话中，匣和晓等同，都是 h。见之于韵书记载的晓匣双飞，以及晓匣往来等名目，表示两者具有混同的倾向。我国汉音，两者一起写上加行的假名。为何影晓为清？因为晓比影"硬声"。匣已经成为变态之浊，为何晓成为变态之次清？应该自有其理由。《玉篇指南》、《韵学集成》、《康熙字典》都归在次清。按，晓变为清，到后世失去了"送气之力"，而匣比晓则锐气更盛，就成为浊声。中原雅音晓匣为一，是元代大都之音。如官话、广东音，应该属于这个系统。

大岛正健的宋人36字母罗马字标音理论已经比较成熟，与胡以鲁的《国语学草创》(1912)的宋人36字母罗马字标音刚好可以进行比较研究。

我们追述甲柏连孜(1881)与日本1898至1912年几家学者的宋人36字母罗马字标音，目的是在说明，胡以鲁在日本写作《国语学草创》(1912)时，其思考宋人36字母罗马字标音问题，不会"闭门造车"，应该是看过这些成果而受到启发后才标记的。因此，他对汉语宋人36字母用罗马字标音不是孤立存在的，是有着德国和日本等国家学者宋人36字母罗马字标音"原型"理论基础的。

第四节　对胡以鲁宋人 36 字母罗马字标音理论的认识

尽管胡以鲁汉语宋人 36 字母罗马字标音理论与前辈学者，比如与欧洲、日本学者有关，但还是有着自己突出的个性特征的。我们在这里试述之：

一、胡以鲁在对发音部位与发音方法的认知上，与相关的学者存在着一定的差异

比如胡以鲁对宋人 36 字母发音方法用了音素、气、声、声音、清音、浊音、重浊音这些术语，对宋人 36 字母发音部位用了调节机关、腭音、舌头音、里音、前后舌端音、背齿音、轻重唇音、弹舌、卷舌、喉头音等术语。那么其他学者呢？试加以比较：

发音方法	发音部位
胡以鲁（1912）：音素、气、声、声音、清音	腭音、舌头音、里音、前后舌端音、背齿音、轻浊音、重浊音 重唇音、弹舌、卷舌、喉头音
甲柏连孜（1881）：弱音、有气音、湿音化	舌头音，舌音；牙音，下齿音；舌上音，口盖音；
猪狩幸之助（1898）：清浊、清、浊、次清音重	重唇音，很强唇音；轻唇音；齿头，上；正齿，正确齿音；喉音；半舌半齿，舌音重、舌音轻、唇音重、唇音轻、齿
小川尚义（1908）：摩擦音	齿音轻、牙音、喉音、半舌音、半齿音 唇音、舌尖音、舌根音、喉头音、半母音、舌尖里音、舌面音、舌面鼻音
佐藤仁之助（1910）：清浊、清、浊、次清	舌音重、舌音轻、唇音重、唇音轻、齿音重
大岛正健（1912）：清浊、清、浊、次清	齿音轻、牙音、喉音、半舌音、半齿音 重唇音、轻唇音、舌头音、舌上音、牙音、齿头音、正齿音、喉音、半舌音、半齿音

当今学者对宋人36字母的发音部位与发音方法如何理解？唐作藩先生《音韵学教程》(1994:34～36)总结王力等前辈学者的观点认为,从现代语言学角度上来看,牙音就是舌根音,就是舌面后音,如现在普通话里面的[k][k'][x]一类音,那么,为什么古人把它叫作牙音呢？大概是因为古人觉得在发这些音时由于舌根与软腭接触,舌根紧靠着大牙,以为与大牙有关系,所以,把它叫作牙音。舌音这个名词也是比较含糊的,从现代语音学来看,舌音可以分为舌尖音、舌面音、舌根音。舌尖音又可以分为舌尖前、舌尖中、舌尖后。舌面音也分前中后。而古人所谓的舌音,实际上指的是口内的闭塞音,因为这一类音发音时舌尖必须翘起来,比较容易察觉,所以,以为只是舌尖在起作用。36字母里的舌头音,实际上是舌尖中音的塞音、鼻音和边音,即端[t]、透[t']、定[d]、泥[n]、来[l]。舌上音实际上就是舌面前音的塞音和鼻音,即知[ȶ]、彻[ȶ']、澄[ȡ]、娘[ȵ]。传统的所谓齿音(齿头和正齿),实际上就是舌尖前和舌面前的塞擦音和擦音,即精[ts](c)、清[ts']、从[dz]、心[s]、邪[z]、照[tɕ]、穿[tɕ']、床[dʑ]、审[ɕ]、禅[ʑ]。发这两类音时,舌头也是翘起来的,但是它并不接触上腭,所以,古人以为舌头不起作用,因此古人把这一类音叫齿音。至于半舌音,就是现在的边音,因为发这类音时,舌头和上腭是比较松的,而且只是舌头的中间翘起来,所以,古人认为用了舌头的一半,故称之为半舌音。半齿音比较复杂一些,理解有分歧。半齿音指的是日母字,现在有三种不同的理解:一是认为就是舌面鼻音[ȵ],一是高本汉认为舌面加摩擦[ȵʑ],一是王力观点闪音[ɽ]。唐先生同意高本汉的拟音。

唐作藩先生对宋人36字母的发音部位与发音方法的分析,是基于现代学者运用国际音标这种标记工具与现代语音学理论而得出的结论,科学性自不待言。但对于100多年前的中、日、德语音学家来说,则很难达到这种精确地步。今天看来,用罗马字标记,肯定是会存在着标记不准确的问题,往往追求的是音位上的描写,而不是音值上的精确描写,对此我们不能苛求。

与上述几家的罗马字标音一样,胡以鲁摆脱了《韵镜》语音发音方法与发音部位分析模式的束缚,而尽力和近现代语音学理论接轨。这一点,可以从前面所引用的文献中见到,他有许多见解超越了当时大多数中国学者所具有的认识水平,前瞻意识十分突出。

二、胡以鲁宋人 36 字母"罗马字标音"具有国内外语音学理论研究基础

我们关心的是,胡以鲁对宋人 36 字母语音分析理论是否具有当时欧美及日本、中国通行的普通语音学理论基础呢?

冈仓由三郎《发音学讲话》(1901)[13],是当时日本比较流行的权威语音学理论著作,从其书可见,近现代语音学理论意识已经很突出了,比如涉及了发音器。其 45 页口腔诸部位显示图,所定位的部位有:上唇、下唇、上腭、下腭、舌尖、舌面前中后、软口盖、硬口盖、鼻腔、齿门、齿槽前中后等等,都和发音有直接关系。

大西雅雄《音声学史》(1934)将欧美音声发达史分为三个时代[14]:第一期,基础时代,1650—1850 年,属于音声学的哲学、生理学的研究,代表人物アムマン(阿姆曼)。大西雅雄将第一期称为聋哑教育的时代。第二期,建设时代,1850—1900 年,属于音声学的生理学、物理学的研究,代表人物是贝尔,是国际音标时代。第三期,扩充时代,1900—1934 年之间,属于音声学的音响学、心理学的研究,代表人物是ルスロ(Rousselot,Jean Pierre,1846—1924),这一时代也被认为是写(录)音机时代(9~10 页),第三期在许多领域进行更为深入的研究。其标志是:

其一,实验语音学体系的建立。法国音声学者 L'aēbbe Rousselot 于 1896 年在巴黎大学设立音声实验室,建立"机械音声学",闻名世界。他又在 1897 年出版了《实验音声学原论》,使音声学成为独立的一门学科,因此,被学术界称之为"实验音声学之父"。大西雅雄详细介绍了《实验音声学原论》内容:第一章,音声之音响要素;第二章,自然的观察及实验方法;第三章,图示法沿革;第四章,音声的物理分析;第五章,发音器官;第六章,生理学的音声分析;第七章,实验音声学的应用。在此基础上,实验语音学最终得以建立,并产生巨大影响。

其二,形成音声学的教育学派。20 世纪初最为活跃的是音声学的教育学派。教育学派理论包含了"一般音声学""特殊音声学""初等音声学""应用音声学"等门类,是抽象性与具体性的集合。"一般音声学"代表性人物及著作,有 Laura Soames《音声学概论》、Walte Ripman《英法德音声学概论》、Henry Sweet《音声学入门》和 Paul Passy《比较小音声学》等。"特殊音声学",即一个国家的音声学研究,有 Henry Sweet《口述英语入门》《英语的音声》;Paul

Passy 出版了《法语的音声》《法语音声学讲话》等。这类"一个国家的音声学研究"著作很多,大西雅雄按年代顺序列了一个书目。(47~49页)"应用音声学",是教育学派最为着力研究的内容之一,主要论著有:Dayton C. Miller《乐音科学》,C.Stumpf《言语音》,H.Gutzmann《音声和言语的生理》《声的构成和声的练习》,G.Oscar Russell《元音》《言语和声》,Sir Richard Paget《元音共鸣域》《人类语言》,Harvey Fletcher《话述和听取》等。

  大西雅雄解读日本音声发达史,也分为三个时代:第一期,准备时代;第二期,觉醒时代;第三期,活跃时代。胡以鲁正处在第二期,即觉醒时代。在音声方面,从学术动机来看,大西雅雄称之为"翻案时代""反省时代"。欧美科学语音学理论输入,学者们对之进行研究,则从翻译术语入手,然后,利用欧美语音学理论对日本国语研究历史进行检讨与反省,酝酿着新的学术突破。山田美妙由研究国语音调进而对中国语四声进行反省,是当时最为重要的创见。(《日本大辞书》序言,1892)其《新定日本文字发音符略解》(1893)制作了国字字音标记符号,而将欧美标记符号引入日本音声教育实践的是伊泽修二《视话法》(1901)。(99~100页)与《视话法》同年发表的还有冈仓由三郎《发音学讲话》,由此,山田美妙、伊泽修二、冈仓由三郎、上田万年等一起成为"英语学、音声学"的代表性人物。其他则有高桥龙雄《发音教授法》(1901)、平野秀吉《国语音声学》(1902)、远藤隆吉翻译贝尔《视话音字发音学》(1906)等。

  中国学者在19世纪末20世纪初所发动的国语运动,也应该对胡以鲁宋人36字母语音分析理论的建立有所启发。石山福治《最新中国语学研究法》(1919)提供了今天学者研究中国国语运动的第一手资料。我们在书中看到,他记述的史实,非常详细而富于重要的历史文献价值。比如"创设读音统一会"一节,将"读音统一会"委员基本资料罗列出来(26~30页);还有"读音统一会"认定的汉字读音448种表格(33~54页)、"读音统一会"认定"国定音"与"北京音"相异字音例(55~64页)、39个"注音字母"说明(65~71页)、北京官话总音表(77~85页)等,这些都代表着当时的汉语字音研究成果,非常珍贵。

  石山福治也介绍了当时中国语汉字语音标记的种类与来源。比如卢戆章《一目了然新阶》(1892)、《中国字母北京切音教科书》(一、二)(1906)展示的罗马字拼音成果,中国王照、日本伊泽修二等创制北京官话标记符号的贡献,让读者了解现代汉语字音标记产生的过程,加深对"注音字母"实际意义的理解。该书还讲到了"各类中国语写音法",比如满蒙文字中国语写音法、片假名中国

第十章 《国语学草创》：宋人36字母理论及罗马字标记"原型"

语写音法、罗马字中国语写音法、文字以外的中国语写音法等，目的是，扩大读者视野，开阔思路。与此同时，对这些汉字标记法的理论与方法的问题进行了探讨，比如罗马字标记，各种流派记音方式不同，种类复杂，但应用最为广泛的是《语言自迩集》(1867)的威妥玛式。(128页)作者认为，威妥玛式可议之处不少。(129～132页)但回顾"片假名中国语写音法"历史时，依然肯定了威妥玛式的贡献。(121～127页)

胡以鲁《国语学草创》(1912)中的宋人36字母罗马字标记与语音分析理论，都可以从这里找到根据，这说明，胡以鲁宋人36字母研究所运用的语音学理论与日本引进欧美语音学理论，以及中国"国语运动"中罗马字标音理论等难以截然分开。从胡以鲁的分析来看，他的观念更合乎当时日本与欧美流行的语音学分析理论模式，也呼应中国汉语语音罗马字标记研究态势。其宋人36字母语音分析理论已经能够非常接近现代学者所认知的一般语音学理论体系，不足为奇。

三、胡以鲁在对宋人36字母罗马字标音上，与相关的学者存在着差异

胡以鲁对宋人36字母罗马字标音自成体系是可以认定的：

胡以鲁《国语学草创》(1912)宋人36字母"罗马字标音"：见[k]、溪[k']、群[g]、疑[ng]、端[t]、透[t']、定[d]、泥[n]、知[ṭ]、彻[ṭ']、澄[ḍ]、娘[ṇ]、帮[p]、滂[p']、并[b]、明[m]、非[f]、敷[fh]、奉[v]、微[w]、精[ĉ]、清[ts']、从[dj]、心[s]、邪[z]、照[ts]、穿[ts']、床[dz]、审[sh]、禅[zh]、影[i]、匣[hh]、喻[y]、晓[h]、来[r]、日[g]。

见[k]、溪[k']、群[g]、疑[ng]、端[t]、透[t']、定[d]、泥[n]的各家标音基本一致，但其他的声母标记还是有一些差别的，这当中，有几组罗马字标音的标记比较特殊：

其一，胡以鲁：知[ṭ]、彻[ṭ']、澄[ḍ]、娘[ṇ]；甲柏连孜：知[č]、彻[č']、澄[ǧ]、娘[ñ]；猪狩幸之助：知[ch]、彻[ch']、澄[dj]、娘[ñ]；小川尚义：知[ṭ]、彻[ṭ']、澄[ḍ]、娘[ṇ]；佐藤仁之助：知[ch]、彻[ch']、澄[dj]、娘[ñ]；大岛正健知[ṭ]、彻[ṭ']、澄[ḍ]、娘[ñ]。

按，胡以鲁的标音，可以理解为，应该把知[ṭ]、彻[ṭ']、澄[ḍ]、娘[ṇ]认定是舌面前音，今天用国际音标[ȶ]、[ȶ']、[ȡ]、[ȵ]表示，与大岛正健基本一致。唐作藩先生《音韵学教程》(第2版，1994)也是如此构拟。这说明，胡以鲁具有

很强的审音意识。

其二，胡以鲁：非[f]、敷[fh]、奉[v]、微[w]；甲柏连孜：非[f]、敷[f']、奉[v]、微[w]；猪狩幸之助：非[f]、敷[f']、奉[v]、微[m]；小川尚义：非[f]、敷[f']、奉[v]、微[vⁿ]；佐藤仁之助：非[f]、敷[f']、奉[v]、微[m]；大岛正健：非[f]、敷[f']、奉[v]、微[m]。

按：唐作藩先生《音韵学教程》(第2版，1994)构拟为：非[pf]、敷[pf']、奉[bv]、微[m]，认定是双唇与唇齿音的结合体，主要是考虑到，中古轻唇音虽然从重唇音中分化出来，但尚未过渡到唇齿音的地步。而胡以鲁标音为[f]、敷[fh]、奉[v]、微[w]，则是表明完全进入了宋元时音俗读的程度，与中古音不相符合。今天看来，这个标音是缺乏文献证据的。其他学者标音也存在着这样的问题。

其三，胡以鲁：精[ĉ]、清[ts']、从[dj]、心[s]、邪[z]、照[ts]、穿[ts']、床[dz]、审[sh]、禅[zh]；甲柏连孜：精[ts]、清[ts']、从[dz]、心[s]、邪[z]、照[tš]、穿[tš']、床[dž]、审[š]禅[ž]；猪狩幸之助：精[ts]、清[ts']、从[dz]、心[s]、邪[z]、照[ch]、穿[ch']、床[dj]、审[sh]、禅[zh]；小川尚义：精[ts]、清[ts']、从[dz]、心[s]、邪[z]、照二[ts]、照三[ch]、穿二[ts']、穿三[ch']、床二[dz]、床三[j]、审二[s]、审三[sh]、禅[zh]；佐藤仁之助：精[ts]、清[ts']、从[dz]、心[s]、邪[z]、照[ch]、穿[ch']、床[dj]、审[sh]、禅[zh]；大岛正健：精[ts]、清[ts']、从[dz]、心[s]、邪[z]、照[ts]、穿[ts']、床[dz]、审[s]、禅[zh]。

按：唐作藩先生《音韵学教程》(第2版，1994)构拟为：精[ts]、清[ts']、从[dz]、心[s]、邪[z]、照[tɕ]、穿[tɕ']、床[dʑ]、审[ɕ]、禅[ʑ]。一组是舌尖前音，一组是舌面前音。而胡以鲁则把精组字看作是"舌后端"音，如果按现代语音学理论理解似乎就是舌尖后音了，比如精[ĉ]就是如此，但无论如何也不像，因为他在后面专门列了"卷舌音"，如果把它解释为舌叶音就比较合适了。这与大多数学者的理解不同。但问题是，这一组标音，并没有连贯性，后面的几个音却又回到了舌尖前音上，比如清[ts']、心[s]、邪[z]。比较麻烦的是[dj]，似乎是舌尖中浊塞音和半元音的结合，而不是像多数人所标记的舌尖中浊塞音和舌尖前浊擦音的结合，出于什么样的考虑，我们还不清楚，很可能是他把舌尖前浊擦音标记为半元音了，也未可知。至于照组字更奇怪，是齿背音，但一反常规，却标记为舌尖前音了。尽管如此，也是存在着不和谐的地方，就是，把审母标记为[sh]了，是不是也考虑到它是舌尖前清擦音和清擦喉音的结合，这也有其合理的地方，和大多数学者的标记是一样的。[zh]是舌尖前浊擦音和

第十章 《国语学草创》：宋人36字母理论及罗马字标记"原型"

清擦喉音的结合,也与当时大多数学者相同,但与现代学者的构拟存在着差异,《音韵学教程》认定是舌面前浊擦音。

其四,胡以鲁:影[i]、匣[hh]、喻[y]、晓[h]、来[r]、日[g];甲柏连孜:影[y]、晓[h]、喻[j]、匣[h]、来[l]、日[r];猪狩幸之助:影[yy]、匣[h]、喻[y]、晓[hh]、来[l]、日[j];小川尚义:影[0]、匣[h]、喻[y]、晓[h]、来[l]、日[zh^n];佐藤仁之助:影[yy]、匣[h]、喻[y]、晓[hh]、来[l]、日[j];大岛正健:影[i]、匣[i]、喻[y]、晓[h]、来[l]、日[j]。

按:唐作藩先生《音韵学教程》(第2版,1994)构拟为:影[o]、喻[j]、晓[x]、匣[γ]。从大的方面来说,胡以鲁影[i]、喻[y]、晓[hh]、匣[h],似乎很接近今天学者的构拟,但仔细琢磨,还有些问题。[i]是舌面前高不圆唇元音,作辅音声母不合适。喻[y]是舌面前高圆唇元音,也不能作辅音声母,甲柏连孜标音喻[j]就比较科学。胡以鲁晓[hh],两个清擦喉音合在一起,和舌面后(舌根)清擦音[x]很相像,和当时许多学者的标记是一样的,有其合理的一面。胡以鲁对匣母的认识和当时大多数学者一样,认定是浊音没有问题,但标记了[h],就有清擦喉音的嫌疑。《音韵学教程》构拟为舌面后浊擦音则很好地解决了这个问题。至于来、日,胡以鲁认定是[r]和[g],一个称作卷舌音,一个称作弹音。把来母当作卷舌音[r],肯定是误解,受古人"半舌"影响的因素还在,实际就是现在的边音,只取了近似的音来标记并不合适。与胡以鲁同时代的大多数学者都看作是[l],十分正确。而日母,胡以鲁认定是[g],今天看作是舌面后不送气浊塞音,与半齿音挂不上边儿。高本汉认为舌面加摩擦[nʑ],唐作藩先生比较赞同,倒是具有胡以鲁说的"弹音"的意味。[Z]音是指舌尖后浊擦音[z]。胡以鲁这个标记存在的缺憾是明显的。胡以鲁同时代大多数学者都看作是半元音[j],更有问题。只有甲柏连孜[r]是相对比较正确的选择,但甲柏连孜还是不敢确定是否合理,所以,就用了一个问号,表示自己的怀疑态度。

从罗马字标记角度去看胡以鲁《国语学草创》(1912)宋人36字母"罗马字标音"的合理与不合理情况,这只是就与其他学者的比较来看的,局限性还是存在的。其实,宋人36字母"罗马字标音"的背后,还应该有《切韵》音系研究、汉语各地方言语音调查、对音文献材料的支撑,以及语音对应规律的判断等操作程序来作依据。胡以鲁《国语学草创》所能提供给我们的文献资料有限,我们今后还需要进一步挖掘这些信息,才能够有效地证明他用"罗马字标音"宋人36字母的深刻意蕴如何,这是必须认识到的。

由以上分析看出,胡以鲁《国语学草创》宋人36字母"罗马字标音"理论存在着一些标记缺憾,与那个时代认识汉语中古音的局限性息息相关,这并不奇怪。难能可贵的是,他把这种方法引进中国,并加以实践,仅此一项,就足以看到他的学术眼光是极其阔大,与世界语音学研究理论发展大势同步,这是最为可贵的创举!

第五节　宋人36字母罗马字标音理论及"原型"发掘的意义

胡以鲁宋人36字母罗马字标音成果与分析理论文献的发掘,使我们对汉语音韵学研究中极为重要的一个学术问题——宋人36字母研究史有了全新的认识:

其一,瑞典人高本汉《中国音韵学研究》给世界汉语音韵学研究理论与方法带来了深刻的革命,构成了新的学术范式,影响了近百年来中国汉语音韵学的学术走向,这是许多学者所公认的历史事实。但高本汉的研究也不是空中楼阁,而是继承西方历史比较语言学理论与实际,并与中国传统音韵学理论与实际相结合的产物,从其对汉语中古音声母"构拟"成果就可以看出来。与胡以鲁宋人36字母罗马字标音有着甲柏连孜(1881)罗马字标记的6—8世纪的汉语声母"痕迹"一样,高本汉的研究也同样是甲柏连孜等学者学术思想"映射"的结果。高本汉就曾说过:"甲柏连孜汉语古音构拟精思奇妙。"[15]甲柏连孜"辐射"东西方汉语音韵学研究,确实是过去我们所不知道的,认识到这一点,十分重要,开启了我们新的思路,对于我们研究东西方汉语音韵学关系史具有重要的参考价值。沿着这样一个思路去发掘,肯定还会有新的收获。

其二,高本汉《中国音韵学研究》被认为是中国汉语现代音韵学形成的起始,这是没有疑问的,但问题是,中国汉语现代音韵学学术范式的建立,就一定要从高本汉说起吗?它有没有一个从汉语传统音韵学到汉语现代音韵学的"过渡期"?我们通过发掘胡以鲁宋人36字母罗马字标音史料,惊奇地发现,这个"过渡期"是存在的,而且,"过渡期"所拥有的学术成果积累之丰厚,远远超出我们的想象,由此,以胡以鲁汉语中古上古音研究为标志的汉语近现代音韵学"过渡期"成为中国汉语音韵学史研究"链条"上不可或缺的一个重要环节。过去我们很少有人关注,今后,应该弥补缺憾,加大关注力度。

其三,研究中国学者所构成的近现代汉语音韵学史,应该具有更为广阔的学术视野和更为深刻的洞察力。以胡以鲁《国语学草创》宋人 36 字母罗马字标音为例,如果我们仅仅就胡以鲁本人在《国语学草创》中的创见而论,他不过就是一个比较早运用罗马字为宋人 36 字母标音的人而已,其文献当然也仅仅停留在一般的汉语音韵学价值上,其"背后"所蕴藏着的巨大的标志性学术价值就很难被发现,更不用说去揭示这背后所具有的近现代学术史重大意义了。但有了更为广阔的学术视野作铺垫,情况则有所不同。

其四,在研究胡以鲁《国语学草创》时,我们深感近现代中日,以及欧美汉语音韵学学术关系之复杂,不是一两句话就可以说清的。清末民初,中国留学生在日本接受近现代西方汉语音韵学学术理论熏陶,进而用新的汉语音韵学学术之眼审视中国汉语音韵学学术,衍生出了汉语音韵学许多新的见解和看法,对中国汉语音韵学发展起到了很大的促进作用,我们应该予以科学与理性的评判,这也是我们今天学者义不容辞的责任。我们如果以科学和理性的态度对待这些学者的成果,则会更好地思考中国近现代汉语音韵学史中的许多问题。胡以鲁《国语学草创》宋人 36 字母罗马字标音就应该是一个突出的范例。

今后,我们可以按照这种思路,尽量去破解中国近现代汉语音韵学史似乎定论但实际上存在着诸多疑点的"谜题",对胡以鲁《国语学草创》宋人 36 字母罗马字标音的研究,仅仅是个开始,还有许多问题,因为十分复杂没有得到满意的解决。我们希望能够抛砖引玉,从而启发对此感兴趣的学者进一步寻求解决诸多疑难问题的有效途径,以期获得更多的收益!

注释:

[1]胡以鲁《国语学草创》,山西人民出版社,2014。

[2]唐作藩《音韵学教程》第 2 版,北京大学出版社,1994。

[3]甲柏连孜《语言学》(《言语学—その课题、方法、及びこれまでの研究成果》),川岛淳夫译,同志社,2009。

[4]姚小平《甲柏连孜与〈汉文经纬〉》,《中华读书报》2015 年 3 月 4 日 18 版。山口谣司《日本语を作った男,上田万年とその时代》183~191 页,集英社,2016。

[5]2015 年,川岛淳夫翻译出版了甲柏连孜的《汉文经纬》[川岛淳夫译名为《中国语文法—低级文体と现代の日常语を除く》,IPC 出版センター,2015]。同一年,中国学者姚小平翻译的《汉文经纬》由外语教学与研究出版社

出版。

[6]李无未《东西兼容:胡以鲁〈国语学草创〉(1912)"国语学"性质及其理论"原型"》,未刊稿,2018。

[7]石山福治《最新中国语学研究法》,文求堂,1919。罗常培《域外中国声韵学论著述评》,《罗常培文集》第 6 卷,山东教育出版社,2008。

[8]罗常培《域外中国声韵学论著述评》提及艾约瑟《官话文法》(1864)36 字母罗马字拟音,《罗常培文集》第 6 卷 442～443 页,山东教育出版社,2008。

[9]大岛正健《汉音、吴音和中国音的比较》系列论文,《国学院杂志》第 5 卷第 2 号至第 6 卷第 2 号,1898—1899。

[10]猪狩幸之助《汉文典》,金港堂,1898。

[11]小川尚义《日台大辞典》,台湾总督府印,1908。李无未《小川尚义中古音"拟音"及与高本汉比较"非对称性"问题——向洪惟仁教授请益二》有详细论述。台湾《声韵论丛》第 20 辑,台湾学生书局,2017。

[12]佐藤仁之助《速成应用汉学捷径》,东亚堂,1910。

[13]大岛正健《韵镜音韵考》,启成社,1912。

[14]冈仓由三郎《发音学讲话》,宝永馆书店,1901。

[15]大西雅雄《音声学史》,明治书院,1934。

[16]高本汉《中国语言学概论》238～239 页,岩村忍、鱼返善雄译,文求堂,1937。

第十一章 《国语学草创》：
由文字而论"言文一致"与"言文背驰"

胡以鲁在《国语学草创》第九编"论国语与国文之关系"中讨论了当时学者们十分关心的汉语"言文一致"与"言文背驰"问题。其实，胡以鲁在《国语学草创》第五编"说国语成立之法则"中，已经提到了"言文一致"问题。但在这个地方，胡以鲁是从汉语语序结构形式角度去认定先秦时期汉语是"言文一致"的：

又有介节词与其所介词之倒转。如"启乃淫溢康乐，野于饮食"(《墨子·非乐》引)者，即饮食于野也。又"室于怒，市于色"者，即怒于室，色于市也。以上诸例，今日视之，固后先倒置矣。昔曾为一般语法或为特别方言者殆无疑义。盖舞文弄字，古时所无，惟其参差，且足见其为言文一致记载也。(67页)

"野于饮食""室于怒，市于色"，在今天有的学者看来，是介词与发生结构语义关系的动词位置"错位"，属于非常规形式的"倒置句"。语序形式不合常规，可以理解为当时出现了"言文背驰"，即口语与文字关系背道而驰的现象，由此应该改为"饮食于野""怒于室，色于市"。胡以鲁认为，这种判断是不正确的，应该理解为，这是合乎当时的普遍语法规则，或者是方言语法结构形式规则的，是一种"言文一致"，即口语与文字密切融合在一起，其文献记载十分可靠。很显然，胡以鲁在这里讨论的"言文一致"，指的是当时文字记载的语言，与当时的实际语言是一致的。

但后来学者们讨论的"言文一致"与"言文背驰"，就不限于此，在其表述中，除了文字文献与语言相互对应的概念所指之外，还有所谓"口语"与"书面语"、"白话"与"文言"相互对应的两组概念关系。有学者认为，第一方面涉及的是语言和文字两大系统关系，第二个方面则深入语言内部表达关系，第三个方面则进一步深入书面语内部的关系。[1]如果按照这个标准去衡量"野于饮食""室于怒，市于色"与"饮食于野""怒于室，色于市"，两组关系属于"口语"与"书面语"，即所谓语言内部表达认识的问题。因为，今天学者所认识的"倒置句",是站在"口语"的立场上看待的,而承认它合乎当时的普遍语法规则,是从"书面语"与"口语"是否一致的关系上理解的,无论是"言文一致"还是"言文背驰",与文字本身很难牵扯上联系。从胡以鲁《国语学草创》第五编"国语成立之法则"来看,其讨论的议题也不是文字问题,而主要是语法问题。

但胡以鲁在《国语学草创》第九编"论国语与国文之关系"中(105～125页)讨论"言文一致"与"言文背驰"问题,就与此思路有所不同,胡以鲁是站在语言和文字两大系统关系上进行研究的,这就需要提醒我们加以注意,与第五编"说国语成立之法则"讨论的"口语"与"书面语"范畴相比,其视角发生了很大的变化。

第一节　汉语语言与文字关系:"言文一致"

一、中国文字的产生与"六书"理论

(一)中国文字的产生与绘画有关

胡以鲁说:

吾国文字何为而作乎?曰:自然发生,未尝作也。缘何而自然发生乎?曰:绘画也,而适于用,习用之而形态简略,遂发达而为文字耳,故吾国文字发生之当时代表事物之本体,非直接代表特定音声也。此自古发达之文字,如罗马字、亚叙利亚(Assiria)字,殆无不经由此途径,而吾国文字尤为绘画直系之发达。

草昧时代之部落,神治也。以神庙为行政之所,以神道设教,爰绘其祖先功绩于四壁,以驯服其部下。五世之庙,禹之铸鼎,犹留是残影也。当时部署皆敏于感觉神经者,瞻仰此画,深印脑中,信仰崇拜,驯服于神,以至关系于其神之人,而君臣之阶级起焉。(106页)

胡以鲁在这里谈到了几个问题:其一,中国文字是自然产生的,不是哪一个人创造的。这种说法与许慎《说文解字·叙》所提到的仓颉作书并不一致。许慎说:"仓颉见鸟兽蹄迒之迹,知分理之可相别异也,初造书契。""仓颉之初作书,盖依类象形,故谓之文;其后形声相益,即谓之字。字者,言孳乳而浸多

也。"[2]仓颉作书不可信,但许慎区别"文"和"字"是很有意义的。其二,中国文字产生之时就与"事物之本体"发生关系,而不直接代表特定的音声。这谈的是文字产生最初与语言所指物体存在着直接关系,但当时文字未必与声音一一对应,固定不变。其三,中国文字源于绘画,它们之间是明显属于同一谱系的。"信仰崇拜,驯服于神",促进了文字与绘画的分离。中国现代考古发掘发现的陶文,比如小屯陶文、藁城台西陶文、新干陶文、清江吴城陶文等,文字与绘画的分离倾向性十分明显,为文字起源的研究提供了重要证据。

张世禄《语言学概论》(1941)专门论述"绘画语与文字的萌芽"时也说:"人类的文字是由绘画演化而成,世界上古代各国的文字都是起源于图画的。"[3]

裘锡圭考虑到了文字与绘画的关系,但他承认,有文字画存在,文字画与文字还是有区别的。他在《文字学概要》(2007)中说:"文字画是作用近似文字的图画,而不是图画形式的文字。"[4]而从文字到文字体系则又经历了漫长的历史阶段。裘锡圭说:"事物都有一个发展的过程,文字也不例外。以别的语言的文字为依傍,有时能为一种语言很快地制定出一套完整的文字来。但是对完全或基本上独立创造的文字来说,从第一批文字的出现到能够完整地记录语言的文字体系的最后形成,总是需要经历一段很长的时间的。我们把还不能完整地记录语言的文字称为原始文字。"(1页)

刘钊《古文字构形学》(2006)也提出了一个令人深思的问题[5],就是早期铜器铭文的构形特点是将文字加以图画化,装饰意味浓重,加边框,等等,不但没有完全脱离绘画因素影响,比起甲骨文来,反而趋向于图画化,混淆了图画与文字的界限。为何如此?其实,人为"图画化"的因素应该是不可忽视的一个方面。

(二)象形、指事、会意、谐声文字的产生与"君臣之阶级起"有关

胡以鲁说:

作之君者,知绘画之足以利用也,政令符节皆以用之。使用频繁,因陋就简,遂成象形之文字。日月山川等天地间有仪可象者,以一种神秘意味图示之,束缚屈服象臣形,坐临臣下象君形,更寓威仪于文字之中,所谓为夬之政以扬于王庭也。而百官以治,万民以察,则神治绘画之收效也。然用于政令以干事,则象形有所不足而指事以起。事无形者也,乃以意匠造作之,意匠造作,文字所以为文字也,是为脱绘画之初步。

然意匠造作不已会意乎?曰不然。会意者,会合数字而为一字,指事则虽

有两三体之复合,皆准体文而非字,偶有字亦非其主体也,故指事字别成一类。指事者,造意以象事,意不必寓于字之内,会意则所会之字各有其意,而总体之意即寄于其相与之间,此其辨耳。以言意之有无象形字未尝无也,画日而圆,画月而缺,象山有峰,象川而流,皆意也。君臣皆人也,无以别之,君以君权著,臣以服从著,则更非意莫辨矣。血,象形字也,合皿与一二形而为之。巢,象形字也,合木、鸟、巢三形而为之。以额理加目为眉,以殳击磬成殷。凡此皆象形而加意者矣。不宁惟是,其全体形不概见,以声与意为形者亦有之。如身从人从眉省声,能从肉(象胸)从比(象足)目声等是也。指事则纯体指事而外更非意不能指矣,纯体指事,近于省形,如弋、式、弍,纯体指事字也。解说纷纷,吾睹台湾土人之悬记数珠于弋形之架下也,想见其象形矣。此外,则大抵意会,特所会者乃文字与准体文之合体,非尽成文字耳。如以一为界,上指曰上,下指曰下,以一指示,上引曰进,下引曰退,不以意会,何由知耶?

谐声亦然,曰某声者音素,而其所从者意标也。如江河之水旁,示其水区域一种之意(是又得谓之一部之象形,故谐声亦曰形声字)也。故曰象形、指事,曰会意、谐声,其间无截然之界说,意盖大部之所共通也。此吾国文字所以见称意标文字与?(106~108页)

胡以鲁在这里谈到了几个问题:

其一,文字的产生与国家的形成密切相关。"君臣之阶级起"是说原始部族内部等级制的兴起,对文字产生了迫切的需求,这成为文字产生的重要契机,"文字所以为文字也,是为脱绘画之初步",国家的形成从客观上促进了文字体系的进化,这和当今的一些学者的看法差别不大。比如裘锡圭《文字学概要》(2007)说:"文字的产生是需要一定的社会条件的。在社会生产和社会关系还没有发展到使人们感到必须用记录语言的办法来记事或传递信息之前,它们只可能直接用图画来代表事物,而不会想到用它们来记录事物的名称——语言里的词。通常要到阶级社会形成前夕,文字才有可能开始出现。"(1~2页)

许慎的"六书"理论,象形字与绘画关系最为密切,当然,象形字却在国家形成的条件下脱离了绘画阶段,正式进入了文字阶段。许慎《说文解字·叙》说:"二曰象形。象形者,画成其物,随体诘诎,日月是也。"还是强调了象形字与客观物体,以及绘画的联系,至少在文字构形上,还很难摆脱绘画的痕迹。

其二,会意字与指事字的产生。对会意字与指事字,许慎有自己的定义。

第十一章 《国语学草创》：由文字而论"言文一致"与"言文背驰"

许慎《说文解字·叙》说："一曰指事。指事者，视而可识，察而见意，上下是也。"指事与象形字关系密切，但符号标记确实是其重要的构形标志之一。许慎《说文解字·叙》说："四曰会意。会意者，比类合谊，以见指㧑，武信是也。"会意字，胡以鲁解释说："会意者，会合数字而为一字……所会之字各有其意，而总体之意即寄于其相与之间，此其辨耳。"胡以鲁的意思很清楚，会意字已经走出了"图画式"的独体封闭静止状态，而迈向开放的动态的活力世界。裘锡圭（2007）说："跟图画有明确界线的表意字的产生，有助于使那些本来跟图画分不出明确界线的象形字，逐渐跟图画区分开来，成为真正的文字符号。"（5页）也表达了与胡以鲁同样的观点。

其三，谐声（形声）字的产生。许慎《说文解字·叙》说："三曰形声，形声者，以事为名，取譬相成，江河是也。"胡以鲁在解释形声字时，用了意标这个概念术语。意标，即意符，意符还有"示其一种之意"的"类符"功能。音符加意符，就构成了形声字。虽然如此，胡以鲁并没有讲形声字是如何产生的。裘锡圭（2007）说："形声字起初都是通过在已有的文字上加注符或音符而产生的，后来人们还直接用定符和音符组成新的形声字。""形声字的应用大大提高了文字表达语言的明确性，是文字体系形成过程中的一个极为重要的步骤。"（7页）裘锡圭讨论得更为深入。

其四，虽然区别了象形、指事、会意、谐声四种造字之法，但胡以鲁也指出，四种造字法之间，并没有截然不同的界说，它们之间以"意"而通的联系是十分密切的，所以，胡以鲁对把中国文字的性质定性为意标文字，即称之为"意符文字"的观点也表示怀疑。所以，他说："此吾国之文字所以见称意标文字与？"如果不是"意符文字"，那么是一种什么性质的文字呢？胡以鲁为后边的研究提供了一种学术思考的疑问铺垫。

（三）象形兼音素，指事、谐声、会意字兼形与中国文字"意、音、形三要素"

胡以鲁说：

不惟意也，音亦共通。如齿从止声，舜之舛亦声，金禽今声，是象形亦兼音素也。牵，从牛从𡕢，古文玄，意亦声也。米，象形八声，是指事亦兼音素也。会意字，《说文》明言从某声者无论矣。即重意而不言声，其音素亦有不容泯没者。略举常用字为例，社、崇、皇、取、畋、鼻、劓、奋、刵、青、贯、凶、两、仰、伍、位、什、伯、皋、制、危、冰、缀、屏、此、教、命、艾、谡、竟、异、与、笔、坚、喜、忧、厚、李、致、华、卖、赞、明、華、辩、字、壹、廿、友、哥、科、麻、冒、偎、表、羡、彭、胞、契、乔、惠、冬、电、乱、臾、曳、酋、闰、原、尧等皆是也。

不惟意与音也，形亦共通，指事、谐声之兼形既述之矣。会意字亦有之，如牢崔蔓父脑等皆是。吾国文字律为六书，然叚借、转注乃发达以后事，其成立则象形、指事、会意、谐声四者而已也。而四者大体通有意、音、形三要素，故吾国文字可谓为意、音、形三素所荟成。（108～109 页）

胡以鲁认为，虽然把中国文字的性质定性为意标（符）文字，但他仍然嫌不满足，进一步认识到，象形、指事、会意、谐声四种造字法，还具有"意、音、形三要素"。为何如此说？胡以鲁指出，其一，象形字，象形亦兼音素。请注意，在这里，他用了"音素"一词。贾洪伟（2016）认为是胡以鲁第一次把"音素"引进学科术语之列。(87 页)但此处音素并不是指用了现代语音学的音素术语，是语音成分之意。其二，指事字，指事亦兼音素形素。其三，会意字，意与音兼形。其四，谐声字，意与音兼形。胡以鲁还强调，假借与转注两种字，是中国文字系统"发达"，即文字系统成熟时期的产物。如此，中国文字系统"六书"也是有历史时间层次的，即象形属于第一层次，指事、会意属于第二层次，谐声属于第三层次，而假借与转注属于第四层次。由此，把汉字定性为"意、音、形三素"文字。

黄德宽《古汉字发展论》（2014）提到："上古世纪七十年代末以来，有很多学者对汉字的性质提出了新的看法，主要有三种观点：意音文字、表意文字、语素—音节文字。裘锡圭主张汉字的性质应当由汉字字符的性质来决定，并认为汉字早期阶段（隶变以前）基本上是使用意符和音符的一种文字，可以称为意符音符文字。隶变以后由于汉字里的很多意符、音符，已经变为既无表意也无表音作用的'记号'，这时的汉字可以称为意符音符记号文字。"[6]胡以鲁从汉字的功能与作用考虑汉字性质，比起黄德宽所列意音文字、表意文字、语素—音节文字三种观点，观察角度还是有些不同。当然，还有学者对汉字的分类更为细致，比如龙宇纯《中国文字学》（1984）把汉字分为纯粹表形、纯粹表意、纯粹表音、兼表形意、兼表形音、兼表音意、纯粹约定七类。[7]胡以鲁支持许慎"六书说"，但不拘于"六书说"，也不同于后世学者中岛辣与唐兰"三书说"，更为直截了当，更为清楚明白，但是否合乎汉字构造理据，则需要进一步思考。

二、文字系统适应语言发展变化态势与古人"言文一致"

胡以鲁认为，文字系统适应语言发展变化态势而有所调整，涉及的问题比

第十一章 《国语学草创》：由文字而论"言文一致"与"言文背驰"

较复杂，主要有这样几个方面：

（一）文字自然发达与单音节语音语词关系

胡以鲁说：

> 吾国文字发生于绘画，习用则人事之不能形容者亦加意匠而象之，语言代表之文字，成立于是矣。人事日繁，意匠日进，合单文而会意，乃孳乳而为字。例如野蛮之世，妻妾子姓语无区别（《士丧礼》侠床注）。夫妇伦定，乃有从女持帚之会意字。宗法社会重家长权，未尝有弟之称，字初借韦束次弟之弟，至后方制翠字。然人事繁兴，思想发展犹未艾也，一一制字将不胜其烦，故取意文及音文合为谐声字。此例一出，所以代表单节语音者具矣，盖亦文字自然发达也。（109 页）

胡以鲁的意思很清楚，其一，中国文字的产生虽然承袭自绘画，但成为一种社会习惯之后，人世间所出现的事物，难以描摹的，就取象于事物而精心设计，语言所代表的文字，就这样构成了其外在形式。但不止于此，随着社会向前发展，社会上事物愈加复杂，描摹技术日益进步，将单体字合在一起成为会意字，这就是用"派生"（孳乳）的办法造字，比如妇女之妇字，还有翠字也是如此。其二，胡以鲁认为，因为"人事繁兴，思想发展犹未艾也"，只要是出现一个事物就造字，就会使人们有"不胜其烦"的感觉，因此，就采取意符与声符结合的办法造字，这就是谐声字，又称之为形声字。如此，表示单音节的汉字音节结构算是完备了，这标志着文字系统达到了一定的发达程度，同时，也实现了文字与语言的完美统一结合。

在这里，有几个术语需要注意理解，比如形容，表示描摹、描述之意。唐司空图《二十四诗品·形容》："形容：绝伫灵素，少回清真，如觅水影，如写阳春，风云变态，花草精神，海之波澜，山之嶙峋，俱似大道，妙契同尘，离形得似，庶几斯人。"意匠，精心构思之意，宋陆游《题严州王秀才山水枕屏》诗："壮君落笔写岷嶓，意匠自到非身过。伟哉千仞天相摩，谷里人家藏绿萝。"日语也用"意匠"这个词[いしょう][ishou]，即构思、设计之意。比如：意匠をこらす；家具の意匠にざん新さを出す。人事，指人世间事，这里指社会。《乐府诗集·杂曲歌辞十三·焦仲卿妻》曰："自君别我后，人事不可量。"宗法，指的是宗法制度，是中国过去调整家族关系的一种政治制度。周代宗法制度发达，许多学者有研究，成果很多，比如周代宗法制度，就有所谓的大宗、小宗之分。王国维

《殷周制度论》(《观堂集林》,1961:451～480页)的表述再清楚不过了:[8]

欲观周之所以定天下,必自其制度始矣。周人制度之大异于商者,一曰立子立嫡之制,由是而生宗法及丧服之制,并由是而有封建子弟之制,天子臣诸侯之制;二曰庙数之制;三曰同姓不婚之制。此数者,皆周之所以纲纪天下。(453～454页)

(二)部首代表语言之总体概念

胡以鲁说:

语言不外实质之概念与形式之音两方面。谐声字以音素代表语言之形式,而以所谓部首者代表语言之总体概念,即尽代表语言之能事矣。象形、指事但将抽象概念具体化之而已。会意、谐声则以意之分析或音之综合为其发达之道,象形、指事字无几不复发达。会意多兼音标,发达稍著。及其进也,惟音标、意标兼具之谐声字独多,其数实占吾国文字之什八。盖发生上固为绘画之直系,其为用则以音标为最要。故意、音、形兼具之文字,其后天之发展亦以音标字为最多。(109～110页)

按照通行的说法,部首,比如《现代汉语词典》(2012)称,其是字典、词典为了给汉字分类而确定的字类标目,是从分析字形的结构中产生的。部首是具有字形归类作用的偏旁,是字书中各部的首字。一般学者把部首分为造字法与检字法两类。就胡以鲁所论来看,其语义内涵范畴似乎与造字法相关,但实际上,其语义内涵范畴指向,已经超出了造字法的文字学范畴,并已经进入语言学范畴。

胡以鲁认为,语言要素,包括了实质的概念(语义语法)、语音形式两个方面。谐声字用音素,即音节结构形式表示语言的形式,而以部首表示语言的总体概念所属,即代表了语言概念(语义语法)所属全部类别范畴。具体来看,象形、指事两类字,是将抽象概念具体化了;而会意、谐声两类字,则把意义,即概念分析,以及音节结构有机结合在一起,构成了其系统完善而发达之路。象形、指事字只处于语言文字发达的初步阶段。会意字除了表示意义范畴外,还多兼有音标职能,处于语言文字发达的中级阶段。只有音符意符兼具之谐声字才是能产性最高的,占到了全部字数的百分之八十左右,可见其处于语言文

第十一章 《国语学草创》：由文字而论"言文一致"与"言文背驰"

字发达的高级阶段。胡以鲁的结论是，从文字产生的角度上看，它与绘画属于同一个谱系中的"直系"，其最显著的标志就是语音标记部分，也是其语言形式的典型代表，由此，中国文字达到了"意、音、形兼具之文字"标准。它在呈现语言形式时，语音要素为最多，显示了其语言形式化发展过程中的能产性特点。

（三）语言文字本体亦别为意之引申与假借、转注法产生

胡以鲁说：

> 虽然，语言非单纯音声也，其里面有实质之概念，概念之中已混有主权者复杂之感想，发为语言也，感想亦随注于音声，及其再现于视觉而为文字也，更于文字形意中寄种种之联想，故由语言文字之本体亦别为意之引申焉。信"麦"之来自天，借以名来；"西"，鸟归巢也，联想及夕阳西下之时，乃名日没之方为西；"朋"，群鸟也，联想及友朋，借以名朋。凡此皆所谓假借也。特思想要求分化，形意字易于结构，假借字久假不归，本字又别立字以代之，是以不可复知耳！
>
> 此意之变迁谓之假借，意变而音亦非不变者也。方音之变又促文字之改形。文字形变，感想及联想又异，乃枝生别种之概念，转生别种之语言，所谓转注是也。建类一首，同意相受，《说文》转注之解说也。所谓类者，声类耳。郑君《周礼》序曰：就其原文之声类；《夏官·序官》注曰：字从类耳，古类、律同声，声类犹声律也。首即今所谓语基，语音之根对于孳乳后者以称首基也。（《方言》曰：人之初生谓之首。）方言之差，大抵双声叠韵，以言声类则大同。大同而小异，乃于一音首之下更制一字，则所谓转注文字也。同部之字音声相近而意义大同者，许慎氏大抵联举之以示转注之微旨。芋蕖、菖蕾、蓨苗、萧荻、走趋、邋迤、講訓、幺幼、刑到、标秒、皓皞、煇照、洪涤、霁霎、鰊鰥等诸所联举者，古音皆同部或相转者也。是在古不过一语，因方音之差乃孳乳别为字，谓之转注。且不必同一部居也，一名一义，孳乳二字以上亦往往为转注。例如士事、丰韋、火熅燯、羊戬、恫痛俑等同音字。屏藩、并比、旁溥、亡无、谋谟、勉懋慎、楸茂芜、迎逆迓、空窠、丘虚、但裼、雁鹅、囗圆圜、弱柔柒、突穷、诵读、媪姁、爨炊等双声叠韵，亦转注之例也。《说文》但举考老以为例，寿苟亦此类之转注，皆方音之转注也。类言声类，言非五百四十部；首言声音，非云某之属从某也。转者，音声之辗转；注者，把彼之意而注于此也。意分化者，别为一义，否即为同义异音字矣。（110～111页）

胡以鲁认为,与汉语语言发展进程中至为相关的用字在"分化而滋生",这就必然造成假借与转注两种方法的使用,从而构成十分重要的假借与转注理论。

其一,假借的产生。许慎《说文解字·叙》说:"六曰假借。假借者,本无其字,依声托事,令长是也。"这仅仅是对假借字用字的方式说明,还没有回答其深层次"因音借名""异形异义同音而通"的复杂关系问题。胡以鲁对假借字的解释,是从麦借为来、西借为西、朋借为朋开始的。许多学者根据甲骨文与金文史料也清楚地证明了这一点。

其二,转注的产生。许慎《说文解字·叙》说:"五曰转注,转注者,建类一首,同意相受,考老是也。"关于转注的解释,非常多,清代学者不说,就是现代学者也非常多,其中林沄《古文字研究简论》(吉林大学出版社,1986)、孙雍长《转注论》(岳麓书社,1991)等论著考证深入,见解独特。胡以鲁将转注解释为:"文字形变,感想及联想又异,乃枝生别种之概念,转生别种之语言,所谓转注是也。"字形发生变化,因感想及联想不同,由此生出新的词义概念,转为另外的语言形式,就是转注。胡以鲁不忘诠释许慎原本定义:"类者,声类耳;首即今所谓语基。语音之根对于孳乳后者以称首基也。""乃于一音首之下更制一字,则所谓转注文字也。"这里胡以鲁用了"语基"的概念,与章太炎《国故论衡》中《转注假借说》所用术语是一样的。[9] 胡以鲁对转注的解释,相承于章太炎无疑。章太炎原文:"何谓建类一首?类谓声类。""以声韵为类,犹言律矣。""首者,今所谓语基。"胡以鲁没有引用"以声韵为类"一句,对理解"语基"术语内涵十分不利。根据章太炎的解释,我们认为,这里的"语基",即部首代表字的语音结构形式(声韵为类)之意。胡以鲁的另一个说法,则超出了常人的思考方式,即"且不必同一部居也,一名一义,孳乳二字以上亦往往为转注"。意思是说,转注字不一定严格要求两字属于同一个部首。一个部首所属种类,或者一个文字就是一个意义范畴,由此而分化出两个以上的字就是转注字。有同音字,有双声叠韵字。胡以鲁认为许慎所举"考老"二字和"寿"字关系是方音形式转注,不是"正例",这个理解就与章太炎在《转注假借说》中的看法不同,隐含着对许慎所举"考老"转注例证的批评意识。很可惜,胡以鲁限于篇幅,没有就此深究下去,还是让人感到其批评有嫌证据不足。

(四)"六书"文字既应语言而发达

1.胡以鲁讨论语言先天发展与语言之后天发展问题。

胡以鲁说:

第十一章 《国语学草创》：由文字而论"言文一致"与"言文背驰"

由表象，而成概念，由概念而生语言，此语言先天发展也。其后先有语言，由语言而得概念，即无形之事物不能直接经验者，先从语言会得其概念，然后想见相当之表象，此语言之后天发展也。（111～112页）

胡以鲁讨论语言先天发展与语言之后天发展的问题，从比较两者内涵说起。语言先天发展观，胡以鲁认为客观事物与语音表象对应而生成了概念，再由概念组合而生成语言的过程。这讨论的是原始语言起源与构成问题。语言后天发展观，即是经历再一次由语言所指而理解概念内涵所指。与这之前所论述不同的是，由直接感知客观外界事物表象而生成概念所指，而变成间接通过语言，感知客观外界事物表象而生成概念内涵所指。没有直接经验，却根据间接经验，即语言通过联想而得其表象。胡以鲁把语言区别为先天语言与后天语言两个阶段，与一些学者讨论的人类原始语言与进入文明社会语言认识存在着相当大的一致性。

2. 语言后天发展与转注及假借的关系。

胡以鲁说：

吾国文字，尤能助长此后天之发展，转注、假借其显著者也。有音于兹，为一社会所不能发或不欲发者，乃起方音，而固有字音为不适于代表，于是不得不别制一字以切之。然社会原有交通性，而语言文字又为交通之要具，此字此音乃侵入于他社会，而自他社会视之，不无新奇之感，由新字新音会得其概念，而当会得之际已加此社会，从来之心理作用而杂糅之矣。此考老之意义，所以距离也。文豪者起，认容此新字新音网罗之而开一例，义近似者保留原意作异音同训字，其差之甚者乃别作一字，是即转注之例也。习用而语意引申以旧字代新义，是谓假借；习用而语音展转制新字生新义，是谓转注。二者语言之后天发展也。（112页）

胡以鲁认为，脱离原始语言阶段，而进入文明社会语言阶段，其显著标志就是转注与假借方法。其中，胡以鲁重点论述了转注字的产生与应用过程：从字音谈起，胡以鲁提到，在社会群体中有一种已经存在，却难以通行，或者是自己从内心里，即主观上不想去发音的字音。这个字音属于方音，并不是大家认可的规范读书音。在固有的读书音字库中找不到可以代表这个字音字形的字,就不得不另外造一个字来标记这个字音,新的字音与新的字形构成了新的文字符号,并代表新的概念意义。当这个字音进入社会群体交流过程,社会群体在接纳它的同时,又有意识地以"心理作用而杂糅"方式改造它。这类文字,由学者们汇集而认定,这属于象形字、指事字、会意字、形声字之外的字的类别。这种字最大的"条例"特点是"义近似者保留原意作异音同训字,其差之甚者乃别作一字"。所以,成为转注字。转注字与转注字之间,又可以"辗转相训",这又成为训诂的方式之一。人们总结转注字,集音训、义训、形训于一身,并非没有道理可言。但胡以鲁认为,转注字最主要的特点则是"习用而语音展转制新字生新义"。而假借字的产生方式,胡以鲁觉得并不复杂,仅以"习用而语意引申以旧字代新义,是谓假借"一句话概括其特点,这也是二者的区别性特征,它们都是文字适应文明社会语言发展变化的新产物。

3. "六书"时间层次与顺应语言后天发展大势。

文字发生于象形,成立于指事,发达于会意、谐声,而变迁于转注、假借,此所谓六书也。象形而后,应语言而发达者也。(112页)

许多现代学者往往通过打破传统"六书"文字发展理论的方式去构建自己的文字发展理论分析模式,比如林泰辅"二书说",中岛竦、唐兰、陈梦家、裘锡圭"三书说"。胡以鲁则有自己的考虑,他没有脱离传统"六书"理论思维模式去谈文字发展各个历史阶段的问题,如此,他建立了自己的文字层次分期理论模式:象形——文字发生期;指事——文字成立期;会意谐声——文字发达期;转注与假借——文字变迁期。尽管如此,胡以鲁没有忘记自己为何去讨论文字分期理论的宗旨,其宗旨是为研究语言与文字关系服务的。在他看来,象形与图画瓜葛,是个说不清楚的命题,但指事、会意、谐声、转注、假借就不同,它们是适应文明社会语言发展变化的必然性产物。

(五)同音通借与古人"言文一致"

胡以鲁说:

文字既应语言而发达,故音标字之发达独盛,而同音为之多。文字之用,既不过指语言之音,故所谓通借者以起。如今所用之"左右",实借佐佑而为之,其本字ナ又也。左右为ナ又所借,其本体乃加入旁以示辨。"前"本即今之翦,借作歬后之歬,前乃加羽以示其辨。左右之于ナ又,其音今犹同也,前之于翦亦相似也。又有古同音相通借而今难辨者,如"何天之休",休即好,在古同音相通借也。通借非意之引申,非字之形似,任意借同音之别字,作语言代表耳。此例在先秦文籍极多,训诂家往往惑之,不知古音古语,臆度而傅会之。以今度古,古书神秘矣。不知古人言文一致,同音通借,而乃规规焉求之于今音今义,宜乎其惑也。(112~113页)

胡以鲁的观点是,同音"通借",也是文字顺应语言发展需要的必经之路。中国文字顺应汉语语言发展到了一定阶段,语音标记字繁盛,特点之一就是同音字特别多。既然其"同音"结构形式不能超过语言系统音节库范畴,就只好自行调节,不增加文字数量,而采用"通借"的方式增加字义义项,扩大文字义项库"内存"。胡以鲁举了"左右"通借"佐佑"等例子加以说明。胡以鲁强调"通借"的条件限制,即"通借非意之引申,非字之形似,任意借同音之别字,作语言代表耳"。这是说,"通借"与意之引申、"通借"与字之形似、"通借"与任意借"同音之别字"是有区别的,"通借"不过是汉语语言的一种表达形式而已。

胡以鲁也指出另一种汉语训诂学的"误解"问题,即先秦文籍"通借"极多,但是,许多训诂学家没有"历时观念","不知古人言文一致,同音通借",往往"不知古音古语,臆度而傅会之",还"以今度古",用今天的汉字字音字义去解释先秦文献的字音字义,造成了误解误训太多的问题。很显然,胡以鲁把"通借"研究,放在了汉语语言与文字结合的严格时代性视角上了,具有了一定的"历时"与"共时"有别的观念。

第二节 汉语发展变化:语言为主,文字为从而"言文背驰"

一、语音之变迁,以谐声"相转"方式研究之

胡以鲁说:

虽然,吾国音标文字,乃个别约束之音,非音素之相切也。一变斯本音,难于究诘矣。音之变迁,曾述其大略;韵之变迁,试于谐声研究之。

谐声字占吾国文字之什八,其所从之某声,吾辈所认为音标者也。特此音其标音既有大小收声之差,其韵亦辗转非昔矣。古声之胡、工声之红、公声之

翁、叚声之瑕、夹声之挟、甲声之狎、见声之苋现、气声之忾、开声之刑、雚声之欢、呙声之祸、区声之欧、干声之汗、谷声之浴、角声之斛、句声之煦、羔声之窯、丂声之号、高声之蒿、斤声之欣、军声之运、今声之会、毄声之系、元声之完、午声之许，此颚音转为喉音之例也。然其反对亦有之，如异声为冀、羊声为羌姜、臣声为姬、或声为国、危声诡、奚声豯鸡、益声蠲、肙声鹃、与声举、虍声虗亏、户声顾、由声轴、爻声教、玄声牵、咸声感、衍声愆、合声祫等，皆喉音转为颚音例也。谐声字之音标，喉颚二音相通者实多，曲红亦曰曲江、冶容亦曰盅容、肉倍孔亦曰肉倍好，然其本相通而已，孰为本音，孰为辗转后者，不可知矣。

颚喉音有转为舌音者，如呂声为台能、弋声为代忒、攸声为条、由声为笛、睪声为铎、舀声为稻韬、尚声为当、余声荼、俞声媮、炎生谈、易声汤、甬声通等，其例也。颚喉音又有转为齿音者（即齿背后舌端），如鱼声为稣、户声为所、羊声详、易声伤、血声恤、弋声式、乐声铄、公声松、殷声声、谷声俗、匀声旬、牙声邪、彦声产、也声施、告声造、执声褻等，其例也。

反之，舌音有转为颚喉音者，如多声为宜为移、阜声为归、象声为缘、兑声为阋、虫声融、众声为鳏裹、殳声为股殺，其例也。齿音亦有为颚喉音者，如出声为屈、彗声为慧、戌声为威、佳声唯、氏声衹、矢声疑、昏声揖、丞声巹、川声训、井声荆、金声剑险、旨声诣稽者，其例也。

颚喉音有转为唇音者，如墨声为默、久声为畝、交声駁、已声汜、囧声朙等是也。反之，丙声夏、勿声忽、每声悔、网声冈、文声虔、分声衅，则为唇音转颚喉音之例。颚喉音更有转为卷舌者，如鱼声为鲁、谷声为洛路、京声为凉、柬声为阑、果声裸、兼声廉、监声滥、乐声砾、聿声律、邔声柳等是也。反之，翏声膠、吕声莒、今声矜、立声位、鬲声隔，则为卷舌转为颚喉之列。（113～115 页）

胡以鲁认为，研究汉语语音之变迁，应该重视谐声文字与谐声文字语音标记部分声类相转的关系，这是个有效途径。尤其重视"谐声字之音标"，即谐声字之语音标记部分与谐声字音节结构形式关系的研究。比如韵亦辗转非昔例、腭音转为喉音之例、喉音转为腭音例、腭喉音有转为舌音者、舌音有转为腭喉音者、腭喉音有转为唇音者、唇音转腭喉音之例、腭喉音更有转为卷舌音者。翻阅章太炎《国故论衡》"古双声说"[《章太炎全集》（五）27～30 页，2018]，亦可见胡以鲁论述的理论与例证的主要来源，即他的这种理论与材料使用是属于在章太炎论述的基础上有所增益，是有补充性质的。比如胡以鲁说，"颚喉

第十一章 《国语学草创》：由文字而论"言文一致"与"言文背驰"

音有转为舌音者,如吕声为台能、弋声为代忒、攸声为条、由声为笛、睪声为铎、舀声为稻韬、尚声为当、余声茶、俞声媮、炎生谈、易声汤、甬声通等"。显然抄之于"古双声说"的"此喉牙发舒为舌音也"。（29 页）但也可以见到这样的现象,即胡以鲁所举之正例理论,往往是章太炎的反例理论,这确是为何？比如胡以鲁所举腭音转为喉音之例,如"古声之胡、工声之红、公声之翁、段声之瑕、夹声之挟、甲声之狎、见声之苋现、气声之忾、开声之刑、雚声之欢、呙声之祸、区声之欧、干声之汗、谷声之浴、角声之斛、句声之煦、羔声之窑、亏声之号、高声之蒿、斤声之欣、军声之运、今声之会、毁声之繁、元声之完、午声之许"等,在章太炎"古双声说"中则称之为"此喉音为牙也",而不是腭音转为喉音,与其师章太炎的理解刚好相反,似有循环论证之嫌疑。即便如此,我们还是认为,胡以鲁的学术出发点是应该肯定的,胡以鲁这样做的目的,还是有意区别不同时代的语音层次及相互依存关系,主流方向是对的。

胡以鲁研究谐声文字音节结构形式与谐声文字语音标记部分声类相转关系,也透露一个信息,即谐声文字语音音节结构形式反映的是,造字初期的文字音节结构形式,而谐声文字语音标记部分反映的是谐声文字造字完成以后的语音结构形式,它们分别适应不同时代的语言现实的需要。从时间纵向上看,已经属于不同时代的语音层次。胡以鲁之所以用"音转"的方式研究,寻求的是不同时代的语音层次之间的固有联系,从而提供语音历史发展变化的有益线索。尽管如此,胡以鲁还是认为,谐声文字语音标记部分的音节结构形式与造字初期的文字音节结构形式之间,存在着"言文分歧"实质形式,其语音"差异"形式显露无遗。这个观点与后来高本汉以谐声字研究古音理论存在着差异,应该就此问题深入讨论之。

曹伯韩《中国文字的演变》(1937/2012)也以"汉字的特征和它同语言的关系"列章讨论[10],在谈到"言文分歧的原因和影响"时,认为:"本来就汉字演变的情形看起来,在秦汉时代,就已经走向衍声的道路了。"他以《说文解字》为例说明 7701 字为形声字,认定语言和文字走向"分歧",在语音上的表现就是与文字之关系越来越远了。（74～76 页）

二、以今日音声学说明语音辗转相通

胡以鲁说：

是等之辗转,但据今日之音声学不得而说明之。同音间清浊之转讹、破障音之辗转、摩擦音之辗转等,固音声上普通现象也。然此所谓展转者,往往流转于喉音等比较容易之音,所谓避烦难就简易。一方之倾向,非互相之辗转也。相互则孰先孰后且无从知,欲为音声学之说明,更难事矣。其中颚喉音辗转为卷舌,在音声学言之且为不可能,是盖今日音声学大抵就多节音相与之间立论,即同音作用、不同化作用等他音响影上之辗转也。而吾国语音大抵单节,欲保其名价之性质强,殆无此等之作用。(《考工记》故书以两乐为两栾,殆同化作用也,然是复合语也,不可以常例律之。)故其韵之变迁,起于特殊之方音,或同音字过多欲区别之而强为变更乎?其中即有音声学原则之存,而所从之原音未知以前,其变迁之原则无从知也。以上所述,特现象耳。现象之中惟颚喉二音为共通,所可知者,如是则已。(115~116页)

胡以鲁认为,汉字语音之间展转相通,是传统汉语音韵学的理论建树之一,但到了此时,必须顺应现代语音学发展大势,以现代语音学解释汉语字音,即音节结构形式展转相通现象,比如"同音间清浊之转讹、破障音之辗转、摩擦音之辗转"。

什么是破障音?胡以鲁在《国语学草创》"说国语缘起"中说:"声气一障于唇舌便得自由经过,称之曰破障音。吾国之k'、t'、p'语尾音则不然,一闭不复能通过,乃急遽发泄其音声。破障音由闭锁与破裂而成,而兹但有闭锁,然则谓之闭障音可乎?以k'、t'、p'作结,截然无余韵,是即所谓入声也。"(13~14页)今天学者称之为塞音。冈仓由三郎《发音学讲话》(三省堂,1906)分之为促音与破音两种(78~79页)。佐久间鼎《国语的发音和声调》(同文馆,1919)称之为破音,但又认为包括破裂音与闭锁音两种。[11]

什么是"摩擦音"?胡以鲁说是"声气之发也,唇舌障之而不紧,经过之际得摩擦而出,如h、ng、g、s、z、sh、zh、r、n、t、d、w、f、v、m等,所谓摩擦音者是也。"(13~14页)

胡以鲁还探讨了"颚喉音辗转为卷舌"的问题。这里他还提到了"同化作用""名价之性质"等概念术语内涵问题。"同化作用",按照现在学者的理解,说的是语音发生同化变异现象,是指语流音变中常见的现象,语流中两个邻近的不同的音,其中一个音受另一个音的影响而变得跟它相同或相近,这叫作发生了同化作用。这里需要对"名价"做一点解释。"名价",最初是声价、名声之意。比如颜之推《颜氏家训·勉学》:"有一俊士,自许史学,名价甚高。"胡以鲁"而吾国语音大抵单节,欲保其名价之性质强,殆无此等之作用"之"名价",由名价转为特指语音结构形式特征之意。这几句的意思是说,中国语音构成,一般属于单音节形式,如果确保单音节结构形式特征性质保持原有优势,大概就不会发生复合语那种双音节结构形式"同化变异"问题,当然也就不会起到复合语双音节结构形式那种"同化变异"作用了。

三、文字字形变迁与语言形态变迁

胡以鲁说:

> 是音标变迁现象也,然变迁不独音标而已,形态亦然。相传苍颉造字,然形态未定也。周宣王时史籀始作大篆,虽笔划繁多,文字得由是统一焉。秦李斯作小篆省略之,已因陋就简矣。至程邈以隶书方书之,日月作长方形,鸟有四足,即象形字无形可象矣。甘之口为廿字,即指事指不成事矣。夒从页从臼从夂即有首有手足之中国人,隶书变为夏,首不完而手失,即会意会不成意矣。龡,禽声也,隶书变为食,谐声之声不谐矣。此隶书起形态变迁之现象也。而犹不至此,吾国文字虽云木强难变,其变迁正复不少也。如星上之三星变为日矣;集上三隹只一隹矣;冰赘一点,决况准皆欠一点矣;曷下本匃、夸下本亏、卿中本皂、台能之上吕、当之上向、融旁虫、句上匀、威上戌、更上丙、冈上网也。(是皆谐声之音标也,见前举例。)又拿之上奴、添吞之上天、听呈之下壬,是皆谐声音标也,而今不可复见。在心理言,虽曰省略作用、类推作用自然之变迁,然音标、意标经变迁而不明,于是反之有加意标于本字者矣,如菁加木旁、藏加肉旁、孚加卵、直加人,此种加添,殆无部无之也。甚且有然之下本有火而更添火旁,气加水旁、食旁而与固有之汽饩相衡击者,其当否且勿论,变迁之事实盖若是也。(116~117页)

胡以鲁所论几点意思:

其一,各类文字字体的字形流变,渐失原字形结构形态。胡以鲁以苍颉造字为例,说明初期文字结构的形态特点是同一个字结构形态各异,处于"耗散结构"状态,这个判断是正确的。已公布的考古发现的相关资料,比如小屯陶文、藁城台西陶文、新干陶文、清江吴城陶文、小双桥陶文、郑州二里岗和南关外陶文等(黄德宽《汉字理论丛稿》4~31页《殷墟甲骨文之前的商代文字》,商务印书馆,2006),"形体结构"规范性不强,"约定俗成"与"未约定俗成"并存,有许多符号可以与甲骨文相比对,被一些学者认定为商代文字资料,早于或相当于甲骨文时代,对探讨甲骨文之前的汉字形态具有重要意义。李孝定就认为,这些陶文对汉字的起源研究具有重要价值,他推测,已知的中国文字,应推半坡陶文为最早,其年代可上溯至公元前4000年,最晚亦应为公元前3500年。(71页),所以,他发表了《从几种史前和有史早期陶文的观察蠡测中国文字的起源》、《中国文字的原始与演变》、《再论史前陶文和汉字起源问题》、《汉字起源的一元说和二元说》(《汉字的起源与演变论丛》,1986)等加以论述。[12]其实,即便是殷商甲骨文,其字形呈现的特征也是带有"形态未定"的一些情况。比如字形的结构方向相当不固定,呈现增繁、省简、异形、讹变等特点。[13]

其二,大篆笔画繁多,但文字得以统一。胡以鲁认为,西周"宣王中兴",史籀开始创制大篆。大篆笔画繁多是事实,由早期商周金文字体形态可以明显看出。但文字是否因此而得以统一而规范?这个看法从何而来?是否应该源于许慎《说文解字·叙》?许慎只是说,"及周宣王太史籀,著大篆十五篇,与古文或异",却没有论及统一而规范问题。也许"与古文或异"的论断给胡以鲁以莫大启发,就提出了这是一次统一而规范文字行动的论点。很显然,持这种观点与通行的李斯等人遵循"书同文"原则第一次统一而规范"小篆"文字的说法不同。如此看来,先秦之前,中国经历了两次大的"书同文"规范文字行动,而不是一次。现在许多学者认为,大篆是金文、籀文、古文、石鼓文的统称,由此,就有一个疑问,金文在商代已经通行,直到西周宣王才统一而规范,是不是有"过晚"之嫌?史籀"书同文"结果如何?是不是就搞了一个大动作而使大篆字形规范而统一? 史籀西周说,学术界本来就有怀疑,王国维《观堂集林》(二)《战国时秦用籀文六国用古文说》(中华书局,1961)补充自己所写《史籀篇疏证序》的论点,即:"疑战国时,秦用籀文六国用古文,并以秦时古器遗文证之,后反复汉人书,益知此说之不可易也。"(305页)所以,西周宣王统一而规范金文属于空穴来风,继续追寻踪迹很有必要。

还有,胡以鲁对李斯"书同文"规范"小篆"文字的贡献仅以"秦李斯作小篆省略之,已因陋就简矣"定评,似乎评价不高,其中蕴含的深层意义是什么?需要咀嚼。许慎《说文解字·叙》只说是"初有隶书,以趣约易,而古文由此绝矣",并没有说程邈作隶书。胡以鲁根据蔡邕《圣皇篇》"程邈删古立隶文"而承认程邈作隶书的功绩。隶书字体"形体"转型理论还是源于许慎隶书制作而"古文由此绝矣"的理论,所以,他进一步认识到隶书"象形字无形可象矣"、"指事指不成事矣"、"会意会不成意"、"谐声之声不谐",而"隶书起形态变迁之现象"的巨大变化。胡以鲁对隶书字体"形体"转型的认识过程是值得研究的。

程邈隶书字体的"形体"转型,是一次革命,不言而喻,胡以鲁的细致观察也是难能可贵的。

其三,音符意符变迁,有一些不合理据。胡以鲁的观点中也隐含着对"隶变"造成文字构型理据不足,出现自相矛盾逻辑问题的批评。"是皆谐声音标也,而今不可复见。在心理言,虽曰省略作用、类推作用自然之变迁,然音标、意标经变迁而不明,于是反之有加意标于本字者矣"。这也是一种对"隶变"所起到的正反作用的有益反思。

胡以鲁在这里用了一个术语"木强",其原来有质直刚强之意,《汉书·张周赵任等传赞》:"周昌,木强人也。"颜师古注:"言其强质如木石然。"从而引申为固定系统模式之意。

100多年来,学术界对汉字发展演变研究提出了许多理论与观点,各有其理据。比较早的是林泰辅《中国古文字源流》(1907),其《古文变迁表》以字形为分期依据,将古文字分为三期。唐兰(1935)则将古文字分为殷商系、两周系、六国系、秦系四个时期。近几年,比较有代表性的是黄德宽《古汉字发展论》(2014)对汉字发展阶段的划分。黄德宽以形体为基本依据,综合考虑汉字结构的发展,尤其是汉字功能的实际变化,分为四个阶段:1.史前文字阶段(新石器晚期—夏代);2.古代汉字阶段(夏代—秦代);3.近代汉字阶段(汉代—清代);4.现代汉字阶段(20世纪初叶以来)。(11页)黄德宽在思考古代汉字阶段、近代汉字阶段、现代汉字阶段理据时,注意到了语言与文字的适应性问题。比如他说近代汉字,"近代汉字的发展,大体上与上古汉语向中古、近代汉语发展相一致,适应汉语发展的需要,汉字由记录上古汉语的词逐步演变为主要记录中古、近代汉语的语素。"他说现代汉字,"汉语由文言为主发展成为白话文,汉字的功能和属性相应调整,现代汉字以记录现代汉语为主要功能,由字—词的一致性(书面)或部分一致(记录古白话),转化为字—语素的一致性,汉字适应记录现代汉语的需要,完成了从'词字''向语素字'的转变"。(11~12页)胡以鲁思路与此特别相像,也是从语言与文字关系来整体性考虑汉字发展演变规律的,即便是今天,仍然不失为一种独特的,具有前瞻性的观点。

四、文字增加而补语言之缺憾与"言文背驰"

胡以鲁说:

《说文解字》不过九千三百五十三字耳,至唐而二万六千,明末四万五千,

《康熙字典》盖五万六千有奇也,是非古书之收罗,大抵后人之所造作者耳。学术之语不加多,事物名称之增加者又无几,然则多数文字之增加,果何为耶?以吾观之,是殆徘徊于形意之间徒作无谓区别耳。音标不能随语言而发达,遂为治文字者所遗忘,于是蔽于文字之形义,崇拜之、神秘之、修饰之、损益之,而言文从此背驰矣。文字之职用不过补语言之缺憾耳。语言在空间不足以达远,藉文字以达之;在时间不足以传久,藉文字以传之。其职用如是而已。然则其对于语言之关系,语言象征主也,文字象征从也。语言为思想之代表,文字更为代表之代表,对于思想盖间接也。自语言学言,文字本体且不过一种无生命之象征也。虽然无生命之象征,而能起国民崇拜心如吾国文者,则又别有因缘在。吾国文,绘画之直系发达也。发达之后,虽取音标勉接近之于语言,然音标之外,意标依然,且音标不过个别之约束,不足追随语言之变迁也。意标乃转为文字之特征,有意可寻,有仪可象,于是一见文字其感想其联想皆倾注之。(117～118页)

胡以鲁所论,其一,例举从《说文解字》到《康熙字典》字书所记载的文字不断增多的发展趋势,意在说明,"徘徊于形意之间徒作无谓区别"的情况。其二,阐明"言文背驰"之缘由。胡以鲁观察到"学术之语不加多,事物名称之增加又无几",但文字不断增多,然而大多数增加的字意义不大,因为它们存在着"徘徊于形意之间徒作无谓区别"的矛盾状态。"音标不能随语言而发达","文字之职用不过补语言之缺憾",文字在语言链条上的功用价值大大降低,如此,造成事实上"语言象征主也,文字象征从也"的局面。胡以鲁看到,文字系统不适应语言发展需要的情况越来越严重,"言文背驰",不可避免。

张世禄《中国音韵学史》第四章"反切和四声的起源"曾引用了胡以鲁关于"言文之背驰"的论述,并对其"言文之背驰"问题有过阐释。张世禄解释道:"胡氏所谓言文背驰,就是指一个字体并不一定是代表一个语词,有时也用两个字体来代表一个语词。文字上既然有用两个字体来代表一个语词,所以,训诂上也有以单字释双字或以双字释单字之例。"[14]

张世禄肯定了胡以鲁《国语学草创》在训诂学理论学术上的独创价值。但实际上,"言文背驰",也要具体情况具体分析。春秋战国时代,各国社会历史发展状态并不平衡,出现了"言语异声,文字异形"(许慎《说文解字·叙》)的语言与文字不相适应的状况,"言文背驰"困境难以摆脱。胡以鲁所述"言文背驰"的情况是不是如张世禄所说的,发生在春秋战国时代,还不好说,但大家都不约而同地指出了"言文背驰"发生的事实,确是令人深思的。文字发展难以追随语言之变迁脚步,比如"且音标不过个别之约束,不足追随语言之变迁也。意标乃转为文字之特征,有意可寻,有仪可象,于是一见文字其感想其联想皆倾注之"。在文字内部构成上,音符与意符配合难以和谐,不从语言与文字关系上寻求解脱之路,必定会陷于分道扬镳的尴尬境地,一些人提出中国文字也要走拼音文字化的道路,正是对"言文背驰"倾向的一种极端回应。

第三节 语言折射思想,"言文一致"与"质文建设案"

一、为何语言能够折射思想

胡以鲁以"语言为思想之代表","文字更为代表之代表"为理论基本出发点,展开立论的基本依据论述。代表一词,这里是反映、体现、表现之意。"语言为思想之代表",则是说语言是思想的反映形式;而"文字更为代表之代表",则是说文字更是思想的反映之再反映形式。与语言相比,文字反映思想多了一道程序,就是利用标记符号形式映射思想。胡以鲁又说:"语言者,思想之听觉象征也,而此为直接视觉象征矣。其理由更分别言之"。象征,是特征之意。如此,这两句则是说,语言是诉诸听觉而让人感受思想的,而文字则是直接诉诸视觉而让人感受思想的。胡以鲁就其认识理由之所在进行了比较详细的论述,我们在这里就其"分别言之理由"再行讨论,并加以解读:

其一,"形意之本体今虽不肖,而面影犹存,使读者起观书之感。表象活现,助长类似联想之精神作用"。

按,胡以鲁认为,字形与字义构成的文字本体,现今虽然没有达到"隶变"之前的标准,但其"旧容"犹存,能够使读者产生"观书"的感觉。这种文字外形表象,也能够助长发挥类似联想之精神作用。

其二,"结构而成,统体二元(Two dimensions)使读者起具体庄严之感,且易于辨认"。

按,胡以鲁在这里分析中国文字用了统体二元(Two dimensions)的术语,今天学者翻译为长宽二维空间之意。这是说,文字结构形式,呈现了长宽二维空间,使读者看到就产生了具体的庄严肃穆之感觉,并且容易辨认。这实际上是认知文字的空间语言所发挥的作用。

其三,"字形复杂则能摄广,表象概念由文字而生,即所谓望文生义"。

按,胡以鲁认为,中国文字字形复杂,统摄语音语义语法的内涵极其广泛。其外部形式体现的概念内涵所指,由文字而引发,并对此情形加以判断,这就是人们所说的"望文生义"现象。但事实上,具体理解起来,并非如此简单。

其四,"形意文字之构成词句也,珠联玉缀,自成机杼,易起读者之接近联想、情调联想"。

按,胡以鲁认为,形意文字(比如象形、会意、指事),犹如珠联玉缀,形成如织布机一样的格局,组合而构成词句形式,容易引起读者联想,用其联想方式去做,理解上接近原意,用其联想方式会构成高尚情感格调。

其五,"单节音文字易造韵文。其构成文句也,气息节与谈话节得以一致"。

按,胡以鲁认为,单节音文字容易构造韵文,其组合而构成的文句,由语气链接而成的环节与由谈话形式链接而成的环节取得了一致性。

其六,"一音而同义或类义之字多,俪语偶语易于排比,唤起读者之注意而夺其心目"。

按,胡以鲁认为,一个音节结构形式出现了多个同义或类义之字,这样,骈体文对偶的词句和诗词中的对仗词句很容易组合排比,它能够唤起读者的注意力而"夺其心目"。

其七,"无语尾之变化,有自然之位置,文人得利用位置之顺序,运用其技术以作美文,使读者起审美之感"。

按,胡以鲁认为,中国文字没有语尾的形态变化,处于自然组合的结构形式位置。文人能够利用其结构形式位置来构成语序形式,运用其个人的写作技巧与构思模式创作美文,使读者能够引发一种高尚的审美情趣。

其八,"含蓄之意既多,文字之外又往往联想他意,使读者得深长玩味"。

按,胡以鲁认为,中国文字含蓄之意甚多,在文字之外,又往往容易引发种种联想而产生新的意义,这会使读者陷入无尽地体会其中的意味之境遇中。

其九,"形式之表示,在于位置关系上无形之间,简单而益助意之发达"。

按,胡以鲁认为,中国文字结构形式显示意义,在于语句位置关系上,没有形态形式标记,形式简单,但有助于意义的直接呈现。

其十,"同一字也,因其位置为体词、为状词或为用词、节词,文无定职,用者神化之,读者益神秘之"。

按,胡以鲁认为,中国文字,同样一个字,由于其所处的位置而成为体词

第十一章 《国语学草创》：由文字而论"言文一致"与"言文背驰"

(名词性)、成为状词(形容词词性)、成为用词(动词词性)、成为节词(连词助词词性)，在句子中无固定的职位。使用者神化它，读者就越来越感到其神秘性。

其十一，"能摄本丰富，易于结合则所摄尤广，冓成学术语，助长哲学思想"。

按，胡以鲁认为，中国文字所统摄内涵本来就丰富，再加上文字与文字之间结合，构成新的音节结构形式，那么，其统摄内涵就更加广泛，构成学术术语，从客观上助长了哲学思想体系的形成。

其十二，"男子力田，妇人持帚整理家庭，父执杖以维持其父权，田区划之而分耕，推古社会组织及社会心理之一般，助读者怀旧之念"。

按，胡以鲁认为，中国文字"男子力田"而构形为"男"字，"妇人持帚"而构形为"妇"字，构成一个完整的家庭。男人执掌权杖成为家长而维持其父权，划分土地给他人耕种，由此，可以推断出古代社会组织结构形式及社会心理构成。

其十三，"音形意三者为构成吾国文字之要素，则其变迁得以寻究，其讹误易于更正"。

按，胡以鲁认为，音形意三者是构成中国文字的要素，因此，文字的变迁轨迹得以寻究，即便是出现了文字方面的错误，也容易改正。

其十四，"文字形态木强难变，词汇又夙发达，四千余年之文献尚可征者，唤起文艺复活及国民之感情"。

按，胡以鲁认为，中国文字形态固守难变，词汇系统又素来发达，四千余年之文献还可以征证，能够唤起中国人"文艺复活"信心及国民深厚的自豪感情。

其十五，"语言一音不足时或以二音三音为之，文字则仍保一音一义，使读者起简劲之感"。

按，胡以鲁认为，中国语言是一个完整的音节结构形式，如果出现了"缺环"，就创造两个音节结构形式、三个音节结构形式用以补足，这样往往能够保持一个完整音节结构形式，使读者产生简洁有力的感觉。

其十六，"一字一音，一字一义，意随形转，分合自如，用为文章学术语，庄严而流丽"。

按，胡以鲁认为，中国文字，一个字呈现一个音节结构形式，一个字表示一个意义，意义随着字形变化而有所调整，分合自如，由此学术术语的创制会显得庄严而流丽。

其十七，"文字形态婉曲，书法又自昔美术的发达，对于字形亦易起审美之感想"。

按,胡以鲁认为,中国文字形态婉曲含蓄,书法来自过去发达的美术,人们面对文字字形,也容易生发审美之感想。

其十八,"集形成字,寓意于形,虽不发声,亦能心得,吾国文字,盖超耳治之境矣"。

按,胡以鲁认为,中国文字汇集各类形体而构成文字形式,寓意于形,读者即便不能生发新的创意,亦能有心得,中国文字的意义超越了人们所知范围所能达到的境界。

二、语言变迁不息,文字不肯随之,语言范围转为文字侵入

胡以鲁说:

> 质言之,保形意之面影,作思想之视觉象征,与语言相对待而发达者,吾国文字之特色也。人类感官之发达,视觉原较听觉为先,即形态表象较诸音声表象其经验为尤早。先入强盛之表象其来复易,故视觉表象之再现较听觉为尤易,而音声之性质又不若形态性质之易于固执而调整。单节语音其表象更单调,往往资形态以为助。(如语无前后关系,或述姓名常假字形为注释是也。)而吾国文字之形态又有如许之特色,吾国人民之心理又富保守之特性,于是语言变迁不息,文字不肯随之,语言范围转为文字侵入矣。文字发达,谐声所以独多者,原期代表语言耳。文字变迁又开转注之例者,亦期适切语音耳。无如文字之变迟,语言之变速。木强之字体,约束之音标,其变更迟。教育未普及之社会,语法语汇等著作未发达之语言,其变更速。于是文字之中,保守既死之语言、异方之同义类义字。语言之实词虽犹保其文字之音,虚词则非文字之所及,语音字音,相去远矣。语言为音意表象之结合,文字为形意表象之结合,其所一致者,意之表象而已。譬彼代数,其内容之数目虽与算术同,而用符号直接代数目,不假数字之间接,遂脱离算术别成一部矣。(120~121页)

胡以鲁论述了这样几个问题:

其一,中国文字发达的特色。胡以鲁认为,中国文字发展的基本特色是:"保形意之面影,作思想之视觉象征,与语言相对待而发达者"。意思是说,中国文字保存了字形字义的表面形式,并成为思想的视觉象征,与语言相辅相成而发展变化。这里用了"面影"一词,即面容、表面形式之意。

第十一章 《国语学草创》:由文字而论"言文一致"与"言文背驰"

其二,中国文字形态与语言形态的分工不同,进一步促进二者的"裂变",构成特色。胡以鲁认为,1.中国人心理又富于保守之特性。具体来看,文字就是其表现方式之一。语言变迁生生不息,文字不肯跟随语言变化大势,但却以自己的方式介入语言。所谓"语言范围转为文字侵入矣",是说,文字成了语言的一个要素,文字融入语言之中。2.文字学发达的标志,就是创造了谐声方式,但谐声如此之具有能产性,数量之大,非常惊人,这是因为它具有了语言的特性,又代表了语言的运行方向。在文字发展变化过程中,转注字产生,又开先例,也希望能够适应语音形式,怎奈文字变化速度慢,语言变化速度快。文字体式坚守固定发展模式,受其音符系统约束,变化速度更慢。而语言不是这样,在"教育未普及之社会,语法语汇等著作未发达之语言,其变更速"。这就是文字发展与语言之发展在速度上不相匹配,两者之间矛盾十分突出。3.文字内部系统,矛盾也在激化,语言要素和文字要素也在分化、重组。在文字外部,文字与语言之语音、语法、词汇等要素相脱钩趋势正在加速"裂变",重新建构各自的体系,完善各自的功能。所以,胡以鲁说:"语言之实词虽犹保其文字之音,虚词则非文字之所及,语音字音,相去远矣。语言为音意表象之结合,文字为形意表象之结合,其所一致者,意之表象而已。譬彼代数,其内容之数目虽与算术同,而用符号直接代数目,不假数字之间接,遂脱离算术别成一部矣。"胡以鲁看到,"裂变"的结果就是,语言是音意表象的结合,文字是形意表象的结合,在意之表象上最为一致。

与胡以鲁一样,其后的张世禄也在思考相同的问题。张世禄《语言学原理》(1931)专门论述"语言和文字"之关系,他说:

依社会进化的程序,大都是先有语言而后有文字,文字所以代替语言,因为声音的效用,不能及于久远。声音是过而不留的,不能不有文字把它们记载下来,以传达于异时异地之人。但是语言和文字,根本上有差异之点,语言是耳诉的,文字是目诉的。所以,文字的起源,大都出于绘画。野蛮民族没有文字,就用绘画来表示意义。中国和叙利亚的古文字,显然由绘画演化而成。即罗马的拼音字母,也源于腓尼基而由埃及的象形文字中变化得来。世上文字,名义上虽然分为象形和拼音两种,实际都是渊源于图画的。不过,后来文字的应用愈广,愈接近于语言。拼音文字是要脱离图画的繁复形象,而纯粹变为声音符号的。象形文字虽然还没有丧失图画的遗迹,可是无时不受了语言的融化,如埃及文字中有声音模拟一科;中国文字中,有形声、假借等例,这就是文字由图画而趋向于语言化的表征。文字至于和语言结合,一方面脱离具体的形象的限制,他方面就是增进自身抽象的符号的作用。这样说来,象形文字固然有他的种种长处,但是从语言学上看来,终以拼音文字比较的进步。(13~14页)

张世禄没有用文言语体表述,而是用通行的白话书面语体表述。有关文字与语言"裂变"关系,以及造成的后果,应该加以说明,这样表述才显得更为清楚一些。

三、中国文字之病与言文纷歧之道

胡以鲁说:

麦克斯牟拉氏以语言之带神话意味者谓为语言病,然则吾国象形文字亦殆文字之病者与?然是原于蛮人之恐怖心宗仰心及拟人之心理,虽欲谓之病,亦自然病而已矣。且发达而为谐声也,所谓病者亦宜其平治矣。奈何音标之外,尚留意标,横断面之发达,音标转为所遗忘;转注之例,不足以切语音,转由字而生别义;假借益以助形意之发达。游离语言,迷失本真,语本无病,病自文字起也。汤武之革命,假皮去毛之革为之。干父之蛊,假皿虫之蛊为之,易象也,假借悬拟最甚。庄子曰"吾无粮我无食",曰"今者吾丧我",更以转注语为俪语而神化其意。太史公谓苛曰"吹毛求疵",谓猛曰"鹰击毛鸷",更启文字帖括之用。以言文学之数书者殆造极矣,然亦言文纷歧之道也。以吾国民之保守性而又有文字文学若是,奉为圭臬而又不能用之于语言,即所称为雅言社会者亦不过略用其实词。其节词,其成语,则死朽已久,不能用于一般今语也,于是优孟古人,倾注之于文学。汉之经术,魏唐之诗赋,宋明之帖括,三千年之时间,几千万人之心血,无非咬文嚼字,言古人之言耳。大文章无非各时代死语之复活也,远之十三经,近之宋人之语录,用之于今皆文章矣。故韵文又别论,其他所谓文语与口语之相去,不过古语与今语之差也。韵文割截语气,别有体裁,即不有文字之安达曼岛(Andaman),土人亦有之。其他文学之渊源皆口语,称所谓文章无非各时各地口语俗语之混合。故文学印刷术自昔发达如吾国者,文与语相距为尤远。此中消长苏彝的氏亦确乎言之矣。(122~123页)

第十一章 《国语学草创》：由文字而论"言文一致"与"言文背驰"

胡以鲁所论，可以理解为：

其一，从西方神话学"语言神话意味之病"而联想到中国文字之病。胡以鲁从马克斯·穆勒[麦克斯牟拉氏（Friedrich Max Müller）]的理论中找到了一个批评文字之病的学术依据，即马克斯·穆勒认为，"语言之带神话意味者谓为语言病"。我们阅读马克斯·穆勒《言语学》（1907）时看到[15]，马克斯·穆勒花了相当大的篇幅检讨语言学与"形而下学"（马克斯·穆勒用的不是"形而下学"术语）的关系，其中涉及了古希腊罗马等许多民族神话中的语言观念，比如太阳神话，有关女性太阳、男性月亮名称问题，如此，科学充满了"神之荣光"（15页），与宗教关系十分紧密。马克斯·穆勒言及语言与神话学之关系时认为，以今日之神话学理解，神话色彩的语言，"异样之讹误"占据了相当大的部分。（19页）这是不是胡以鲁所称的马克斯·穆勒关于"语言之带神话意味者谓为语言病"论断的来源？胡以鲁把马克斯·穆勒的这种理论引入了中国象形文字研究中来，很自然，他观察到了文字中许多关于神话的观念成分，称之为"病"。他认为，这种"病"应该解释为"原于蛮人之恐怖心宗仰心及拟人之心理"。

其二，中国文字"游离语言，迷失本真"问题。其实，胡以鲁所论，目的不在于中国文字的"语言神话意味之病"，而是借题发挥，仍然去探讨他关心的中国文字"游离语言，迷失本真"问题。中国文字如何"游离语言，迷失本真"？胡以鲁认为，谐声字的产生是医治象形文字之病的良方，但谐声字发展到了后来，由于人为干预，字体系统发生"隶变"，原来"音标（音符）意标（意符）"的和谐平衡状态被打破，"横断面之发达，音标转为所遗忘"。"音标"标记音节结构形式功能已经大为削弱。横断面，本来是指中线桩垂直于中线方向的断面。这里指的是"音标（音符）"与"意标（意符）"失去了原来的音形结合而发挥音形作用的双重功能，而"音标（音符）"与"意标（意符）"发生"断裂"，改变了原有的功能，偏向一个新具备的功能，就是"横断面"。由此，这里所谓"横断面之发达"，是指"意标、音标"也变为体现整体性符号形式的语言性功能，而不是单纯文字上的表音、表形和表意功能。而"转注之例，不足以切语音，转由字而生别义；假借益以助形意之发达"。造成这一局面的原因在于文字之病，不在于语言本身，所以，他说："语本无病，病自文字起也。"不过，对胡以鲁关于"隶变"是否为"文字之病"的问题，还要具体问题具体分析。赵平安《隶变研究》（2009）已经做了系统考察[16]，提出了许多创新性见解。制度要素所发挥的作用，与文字本身与语言本身运行关系"脱节"，没有太大关系，这是需要认真思考的问题。

谐声字如此,转注字与假借字又如何呢?很显然,也同样逃脱不了"游离语言,迷失本真"的命运。胡以鲁说"转注字"已经处于"不足以切语音,转由字而生别义"的状态。语音标记功能削弱,也减少了字形标记作用,唯一的功能是滋生新的词义。转注字也落得个"语言与文字背离"的境地。假借字,则"益以助形意之发达",是说,假借字语音标记功能削弱,而突出了其标记构形、表意的功能,也处于"语言与文字背离"状态。

其三,文语与口语相距很远问题。胡以鲁认为中国语言存在着两种文体形态:一种是文言文,"优孟古人,倾注之于文学。汉之经术,魏唐之诗赋,宋明之帖括,三千年之时间,几千万人之心血,无非咬文嚼字,言古人之言耳"。其不过是"死语之复活"文体形式,与中国文字体系相适应。另一种是"远之十三经,近之宋人之语录,用之于今皆文章矣"文体形式,"渊源皆口语,称所谓文章无非各时各地口语俗语之混合"。宋人之语录,及至于宋元话本、明清小说,皆以口语为主。与中国语言发展变化相适应,文语与口语相距尤远已经是事实。

高名凯《汉语语法论》(1948)设"汉语与汉文"专节(12~16页)谈此问题,角度与胡以鲁有别,可以补充胡以鲁的观点。高名凯认为:文言文是古代写的语言,而白话文则是现代写的语言。古文只是古代的白话文,而不是古代的白话。写的语言总不能和说的语言完全一致,"只能相当的代表他而已"。(12~13页)

这里胡以鲁还引用了苏彝的的观点。苏彝的是何人?是不是就是英国学者亨利·斯威特(Henry Sweet,1845—1912)?亨利·斯威特著有《英语语音史》《实际语言学习》等。亨利·斯威特讨论了"此消彼长"语言与文字存在形态的基本规律,对胡以鲁"语言与文字背离"理论内涵的构成起到了很大的作用。

四、"言文一致"之国语与"质文建设案"

(一)胡以鲁以"质文"而论"言文一致之国语"及国文教育

胡以鲁说:

虽然,发达至今,病理亦成为生理。有理由、有历史,决非人为之所能脱弃。数千年数万里之方言,数千百年来经无量劫之国民精神,其统一实有赖于是也。方珍重之不遑,又安忍脱弃之?苟教育普及,一般知文词之适用,而大思想家、大文豪如德意志歌德氏(Goethe)、西来而氏(Shiller)其人者,更起其

第十一章 《国语学草创》：由文字而论"言文一致"与"言文背驰"

间,以古语补今语之不足,以古语防外语之侵入,自成纯粹国民之文学,定言文一致之国语,此吾辈之所馨香祷祝者也。然是既不可旦暮遇,而谋教育之普及,又非从来国文所能奏其效,故吾辈权拟倡近于语言之质文,以应义务教育之实用。(123页)

其一,胡以鲁以"质文"而论"言文一致之国语"问题。"近于语言之质文",其"质文",即指语言的实质内容与文字的外在形式。这句话的意思很明确,就是语言的实质内容与文字的外在形式统一,要和实际语言相结合,尽力达到语言和文字的完美统一。这也就有效实现了中国国语语言和文字协和"一致"的目的。胡以鲁在"论标准语及标准音"一编中也涉及了"质文"的基本内涵,他说:"有语言然后有文字。语言主而文字宾也。故吾辈勉欲使文字接近于语言,读文字一如语音。语音中有误传已久、文字上不可究诘者,则取其音之最近者当之。使当世所谓质文者皆语体,读之如谈话然,则吾辈之望也。"(100页)口语语体的实质内容与语音形式,文字的实质内容与外在形式取得协和一致,收到"言文一致之国语"理论体系构建效果,就是胡以鲁"质文"的基本内涵。

其二,拟提倡近于语言之质文,以应义务教育之实用。胡以鲁认为,要尊重语言历史发展事实,比如"古语"之存在。虽然语言发展到了今天,已形成了今天语言与过去语言之间的"差异",但要尽量做到"以古语补今语之不足,以古语防外语之侵入,自成纯粹国民之文学,定言文一致之国语",即达到"言文一致"的理想境地。所以,他表达了"此吾辈之所馨香祈祝者也"的愿望。从当时国文义务教育的实际来看,他认为,要倡导"近于语言之质文",即语言的实际内容与外在文字形式的统一。

(二)胡以鲁拟定"质文建设案"

我们理解,胡以鲁的"质文建设案",即是胡以鲁拟定的做到语言的实质内容与文字的外在形式统一的建设方案。但这个建设方案,还有一个基本的限定条件,就是在确定语音系统的时候,一定要符合"标准语音制定案"。这里面有一个问题,就是,标准语语音系统的内涵是什么？胡以鲁没有明说。有没有可能是北京官话语音系统呢？我们表示疑问,因为胡以鲁心中的标准语音不是北京官话语音系统,胡以鲁在"论标准语及标准音"一编中已经放话:"北京官话者,官吏用语,非公共语也。官与民隔,官话不及于民,言与文歧,官话又未尝著于书,有之亦极少且陋,非一般所认也。""其不适于一般社会心理也,亦可见矣。"(97页)胡以鲁排除了北京官话语音系统,那么,标准语音是不是就是他所关注的湖北方音语音系统呢?还是有这种倾向性的。胡以鲁说:"然则比较求适宜而有势力者,其惟湖北方言者乎?"他认为湖北语音,是"古夏声""南音之代表",又掺杂了中原之音等等,加上"十方言之中,自闽粤吴越沿海外,大抵皆略与湖北近,以其比较上纯粹而中和也。交通上又为吾国之中心,其发达正方兴而未艾。故以之导用于国中,似较京语为利便"。但他也认为不能完全以湖北语音系统为标准音,只可以将其作标准音语音系统基础,应该对湖北语音系统有所"损益"与"修正",最终"以语音为读音"。(98~100页)所谓"读音"语音系统,胡以鲁解释说:"此吾所谓读音者,语言之读音,亦即文字之读音也。"但这个"读音"语音系统要和实际语言结合起来,"文字接近于语言,读文字一如语音"。很明显,胡以鲁希望新的语音系统标准,以湖北语音为修订基础,以文字读书音为修订目标,这就是其标准语音的内涵。但胡以鲁的标准语语音系统研究,还只是个"设想"而已,如何落实,却不见了下文。所以,还只是个纸上谈兵的语音系统"理想方案"而已。在这一点上,胡以鲁是"马失前蹄"了,无论如何,连他都没有料到,他所排斥的北京官话语音系统,竟然在他之后长期占据国家制定的标准语语音系统基础的地位,一直到今天,仍然是强势潮流不可逆转。

抛开胡以鲁的标准语语音系统"理想方案"不谈,胡以鲁的"质文建设案"还是值得进一步研究的,学术意义仍然不可小视。胡以鲁说:

质文建设案,谨拟如左。合标准语音制定案,静待同志之讨论。

其一,"质文应用文字约二千字已足,编为字典语法,依其发生之顺序而注六书类于其下,略说意标音标之变迁而定以今文今义,及今所用义应属之词品,与今语一般之语法,编为教科书,通行之于全国"。

按,胡以鲁的意思是说,符合"言文一致之国语"标准的"质文应用文字",有两千字左右就已经足够了。这里所说的字,应该是常用字。这一点与章太炎看法有些区别。章太炎《论汉字统一会》说道:汉字统一会"选择常用之字以为程限"不合适,他认为,那只是日本汉字的要求,"日本则不然,强用汉字以为符号,汉字以外自有假名,今隶不备,则切假名以足之。"[《章太炎全集》(八)332页,2018]胡以鲁认为,所编字典,收2000个常用汉字已经足够使用。在每一个汉字之下加注所属六书类别;略说意符音符变迁情况,并确定今天的字

第十一章 《国语学草创》:由文字而论"言文一致"与"言文背驰"

形字义,以及今天所属词类,和今天结构形式一般,编成教科书,使之通行于全国。将字义,即语词与词法结合研究,并编入字典,这就具有了现代语言学理论指导下的字典编写理念。中国学者论述字典功能最为著名的是严复,他在《〈商务印书馆华英音韵字典集成〉序》(1902)中说:"字典者,群书之总汇,而亦治语言文字者之权舆也。"与胡以鲁的认识异曲同工。

其二,"实词必求诸音义相近之文字,而以标准语音讲读之。虚词亦用同音字,其不同者读之使同,务使言文接近"。

按,胡以鲁认为,一定要选择"音义相近之文字"的实词,并加注上标准语音,再加以讲读。所选择的虚词亦用同音字,其读音不同的,应该使读音相同,务必使文字读音与标准语音读音相近。这遵循的还是"言文一致"的原则。

其三,"同音异义词酌取其一。异音同义或类义语词为语言之所无者不取"。

按,胡以鲁认为,如果是同音异义词,就要酌情选取其中一个异义词作为代表,而异音同义词或类义语词,如果国语语言之中没有,就不要勉强选取了。胡以鲁很少言及同形字与异体字的选择问题,同音异义词还只是同形字中的一类,还有同音近义词该如何处理?异体字,用裘锡圭的话说,外形虽然不同,但实际上只起一个字的作用。[17]这样的单音节词如何选择?还不明确。

其四,"假借字之非习用者省之,转注字之不见于语言者废之,通借字之为废语者弃之,古文词之词品兼摄者以今语为标准定于一"。

按,胡以鲁认为,假借字如果不是常用的、惯用的就不要选取了。转注字如果不见之于国语语言中就废弃不用。

其五,"新事物之名称及表彰思想之语词,勉用复合语词为之,不须作新字。外语亦勉用义译(惟无义之名,如人名地名或新发明物之以专名名者自取音),日人义译语词于汉文可通用者用之,否则改之。(拟有论《译名》一篇附后此条详见彼中。)"。

按,胡以鲁认为,新生事物名称及表现思想的语词,尽量用复合语词创制,不用创制新字来记录。这里涉及许多复音节或多音节词问题。他说,外来语也尽量用意译。日本人用意译方式制作的语词,在汉文可以通用的就使用,如果不是这样,就改造这些意译词,使它能够符合汉文通用规则。胡以鲁另有《译名》一篇文章以附录形式放在正文之后,可以参看。他比较全面论述了翻译及使用外来语问题。

其六,"繁缛之称呼,如称人曰足下、阁下,曰执事等,但取语中所常用之一,崩、薨、卒、不禄等无谓之区别,阶级制既废,自亦一死字可矣。余类推。"

按,胡以鲁认为,烦琐的称呼,比如称人曰足下、阁下、执事等,只选取这些语词中最常用的一个。"崩、薨、卒、不禄"等语词已经没有了用法的区别,随着旧社会等级制度废除,用一个"死"字就可以了。其余的以此类推而参照这种方法去做。这里也涉及许多不常用的复音节或多音节词问题。

其七,"词句以达意为度,陈语、古文、古典不仿用。(如黾勉、密勿、匍匐、蒲伏,古语音通,借字也,今无其语而用其字。乘舆、荐绅,汉制也,今且无物而用其字。吴越、秦晋,古地名也,今名已更而仍用之以为古雅。脱帽曰免冠,就位曰就席,甚且下第曰作刘蕡,逃亡曰作黄鹤,炫弄琐琐于古典。吾见某处告示之戒军人也,有曰:'此偶之之乌,难保无害群之马。果尔,以有限之血蚨,养无数之飞蝗。'为乌为马为蝗,实皆人也。亡清官样文章,大抵如此,此吾国文字末流之弊也。用之于文章,游戏固无妨,欲以之治百官,察万民也,则惑矣。质文以应用为主,故敢断言其不可。)"(125页)

按,胡以鲁认为,词句以达意为限度,陈旧词语、古文辞、古代典故不要模仿使用。胡以鲁例举了许多语词加以说明,比如"黾勉、密勿、匍匐、蒲伏、音通"等。但胡以鲁例举的语词里面仍然有一些现在还在使用,比如"古语、就席"等。王力《古语的死亡残留和转生》(1941/1980)就讨论过相关问题。比如:古语死亡有四种原因;古语的残留,借助成语的力量;古语转生的原因主要是:双音词的诞生、外国词义的翻译等。其实,古语"复活"与方言"胜出"等确是需要进一步讨论的问题。(413~418页)

五、胡以鲁"言文一致"与藤冈胜二等"言文一致"

胡以鲁在东京大学的语言学老师之一保科孝一《言语学讲话》(1902)曾设专章谈"语言和文字的关系"(23~40页)问题,主要是:文字发生的动机;文字的缺点——记录的语言与实际语言之差异;标记法难以满足一般使用——标记法的不协调性;造成文字变化的原因——标记法不协调性要素;科学的文字——语言和标记法关系等。也和"言文一致"研究相关。

胡以鲁在东京大学的语言学老师之一是藤冈胜二,藤冈胜二在其《国语研究法》(1907)中极力倡导"言文一致"理论[18]。

关于藤冈胜二"言文一致"理论,柿木重宜《近代国语の成立における藤冈胜二の果した役割について》(2013)设专节加以论述[19],主要是三个方面:从《国语研究法》看藤冈胜二的"言文一致论"、关于"言文一致"运动时期划分、藤冈胜二"言文一致论"和方言意识。

藤冈胜二的"言文一致论"依据保罗《语言史原理》"语言学就是语言史"的观念,强调"文语与口语"一致,重视语音在语言诸要素中的作用,具有所谓"音声语言中心主义"意识,主张"汉字废止论",以罗马字作为日本的文字,以适应口语语音记录需要。至于日本"言文一致"运动,确定期在 1900 年前后,而成长、完成期在 1910—1923 年,乃至于 1946 年前。藤冈胜二于 1901 年在《语言学杂志》7 月号上发表《言文一致论》,成为"言文一致"运动确定期的标志之一。经过学术讨论,大家基本上认定,选择"有教养的东京人说的话"为标准语。藤冈胜二"言文一致论"和方言意识,涉及在标准语化运动中,如何寻求方言矫正与普及标准语之间平衡的问题,如此,制定出既符合标准语要求,又能达到使标记方言的文体成为衡量是否"言文一致"的目标。这当中,标记方言,重视音读的语音中心主义语言观念显露无遗。尽管如此,胡以鲁还是谨遵其师章太炎《驳中国用万国新语说》[《章太炎全集》(八)353～369 页]教诲的,而不是像其同窗钱玄同高喊"汉字革命"那样,一如藤冈胜二般主张"汉字废止论",学术态度比较稳健。

藤冈胜二的"言文一致"理论,胡以鲁不可能不了解,"实词必求诸音义相近之文字,而以标准语音讲读之"的意识,是不是"言文一致"理论的另一种形式的反映?但胡以鲁没有藤冈胜二那么幸运,中国关于官话语音标准问题的讨论过程更为复杂,矫正方言与普及标准语之间平衡的问题很难讨论得更为深入。囿于老师章太炎,当然更由于他自己的学术意识的束缚,其"言文一致"问题认知,还停留在"改良主义"的层面。尽管如此,胡以鲁提出的"言文一致""预案"还是给人以巨大启发的,也留给了后人以很大的学术探讨空间。

六、徐通锵论语言与文字关系,补充胡以鲁"言文一致"说

徐通锵在《汉语字本位语法导论》(山东教育出版社,2008)第四章"文字和语言的研究"中根据自己的研究,提出一个假设:文字和语言都是为认知现实而平行地、独立地发展起来的两种获取信息和传递信息的最重要的途径,相互虽有"先进"与"落后"的差异,但目的的同一性迫使"落后"追赶"先进",相互谐合,逐步实现并轨,最终使文字成为记录语言的书写符号体系,诞生书面语。书面语是衔接视觉与听觉、文字与语言的桥梁,是实现两种认知途径并轨的结晶。(82 页)徐通锵的论述,可以补充胡以鲁在语言与文字关系研究上的缺憾,这是需要明确的。

第四节　胡以鲁是否具有出土甲骨文金文意识问题

在这里,我们还需要提出一个与"言文一致"理论相关,又是文字研究本身的问题,即,也许有学者会问,1911 年前后,刘鹗《铁云藏龟》(1903)已经出版,孙诒让《契文举例》(1904)、《名原》(1905)已经印行,日本学者林泰辅也发表了《清国河南省汤阴县发见の龟甲牛骨に就きて》[20],中国学者罗振玉《殷商贞卜文字考》释读 10 位殷王的名谥(1910),并精选出两千余片即将编成《殷墟书契》(前编 1913)。还有一些学者也已经开始考释甲骨文字。彼时金文研究,比如日本学者高田忠周《汉字の原理》(吉川半七,1904 年)、《汉字预测解》(西东书房,1909—1912 年),秉承中国阮元《积古斋钟鼎彝器款识》、徐同柏《从古堂款识学》、吴式芬《捃古录》、潘祖荫《攀古楼彝器款识》、刘心源《古文审》、刘心源《奇觚室吉金文述》、吴大澂《说文古籀补》、孙诒让《古籀拾遗》、庄述祖《说文古籀疏证》等学者学术传统,酝酿着文字学理论意识的突破。[21]为何胡以鲁没有像他的前两届同学后藤朝太郎《汉字研究》(1910)那样及时追踪中日学术界出土文献之古文字研究信息而提出有关语言与文字关系新的论点?

我们认为,这有几方面的原因在里面:

其一,胡以鲁所处之东京帝国大学,东洋史学权威白鸟库吉教授视甲骨文为伪造,不予理睬,还排斥林泰辅甲骨文研究。就整体性学术氛围来看,胡以鲁受其影响也不是不可能的。

日本学者成家彻郎《日本人研究甲骨的先驱——林泰辅》(2003)提到[22],林泰辅《清国河南省汤阴县发见の龟甲牛骨に就きて》里有这样一段表述:"余于二三年前看到此书(《铁云藏龟》),由此知道有关中国古代文字考究方面的研究情况,从而获有极为珍贵的材料,想试做一些考证,然而,尚未见到其实物,因之至今不敢发表。"

根据这一线索,成家彻郎在东京都立图书馆发现了林泰辅于 1907 年写的《关于中国古代史上文字的源流》(《支那古代史に於ける文字の源流に就きて》)。2018 年 9 月,李无未根据成家彻郎所述,也在东京都立图书馆阅读了林泰辅这一论著。

此文用毛笔书写,外表绢装,共五册,现藏于都立中央图书馆的诸桥文库。成家彻郎说,在这里他之所以说是"发现",是因为该著作几乎尚无人所知。譬如林泰辅死后出版的论文集《中国上代之研究》中的《著作目录》,以及镰田正《林泰辅》(《东洋学の系谱》所收,大修馆书店,1992)等,均未见对该著作的记录。林泰辅所谓"试作一些考证"而"不敢发表"的论著就是指此著作。成家彻郎提到,《关于中国古代史上文字的源流》第四册第六"古文的变迁"一节,对《铁云藏龟》所见甲骨文试做考证。该著作未写明写作年月时间,但根据作者的著述情况分析,著作可能写于1907年。但这本著作却归诸桥辙次所藏,成家彻郎有些疑惑。如果是1907年的话,就指的是林泰辅研究甲骨文时间不是1909年,而是1907年,仅仅比孙诒让《契文举例》晚3年,是继刘鹗、孙诒让之后的第三人。

成家彻郎谈到林泰辅不被正统学术圈接纳,被指为"异端"情况,就引述神田喜一郎《由贝塚教授制作甲骨文图版篇回忆林泰辅博士》(1970)一段话加以说明[23]:

> 我觉得,博士的苦心非一般人能够与之相比。尤其在我们日本,当时对于甲骨相信其为真品的学者甚少。即使直到后来,出现了如东京的饭岛忠夫、桥本增吉博士等中国古代史的专门学者,他们对甲骨也是报以不信任的态度,十分明朗。特别是东京的许多学者,好像从开始就宁可视其为伪物。林博士于大正八年(1919),也只是尝试性地以《关于殷墟的遗物研究》为题做了演讲。他颇有感触地回忆说:"我的友人有持以十分怀疑的态度者,不断有人说,那样的东西是靠不住吧!"《史学杂志》则刊登了林博士的论文,只是未收入论说栏而被置于杂录栏中,可见个中微妙。

林泰辅将该论文寄交住在北京的田中庆太郎,并由田中庆太郎送给罗振玉,并向罗氏"索(甲骨文)拓本"。罗振玉读到林泰辅的文章后,大为震惊,复信称自己以前所作的《铁云藏龟》序文及相关研究为"率尔操觚,见哂都雅,愧报无似",而对林文"深佩赡核",并受到启发而正在"重加研究","作《殷商贞卜文字考》……凡尊考之疑窦,一一皆可瞭然判决"。(《罗振玉关于殷代遗物新发掘的通讯》,日本《汉学》第二编第二期,1910年6月)可见,罗振玉受其刺激不小,于是就发奋努力,写成《殷商贞卜文字考》。罗振玉在序言中写道:"该博士(林泰辅)所引证据,足可补正予之先序(《铁云藏龟》序)。"这等于充分肯定了林泰辅取得的甲骨文研究的成就。

成家彻郎的记述,有助于我们理解胡以鲁看待甲骨文学术态度的东京大学学术背景,是非常重要的。

其二,胡以鲁业师章太炎也不相信甲骨文,也斥之为伪造。这可见于章太炎《国故论衡·理惑论》[24]:

> 又近有掊得龟甲者,文如鸟虫,又与彝器小异,其人盖欺世豫贾之徒。国土可鬻,何有文字?而一二竖儒,信以为质,斯亦通人之弊。按:《周官》有爨龟之典,未闻铭勒,其余见于《龟策列传》者,乃有白雉之灌,酒脯之礼,梁卵之祓,黄绢之裹,而刻画书契无传焉。假令灼龟以卜,理兆错迎,衅裂自见,则误以为文字,然非所论于二千年之旧藏也。夫骸骨入土,未有千年不坏,积岁少久,故当化为灰尘,龟甲蜃虮,其质同耳。古者随侯之珠,照乘之宝,瑊玏之削,餘蚳之贝,今无有见世者矣,足明垩质白盛,其化非远,龟甲何灵,而能长久若是哉?鼎彝铜器,传者非一,犹疑其伪,况于速朽之质,易埋之器,作伪有须臾之便,得者非贞信之人,而群相信以为法物,不其颠欤?夫治小学者,在乎比次声音,推迹故训,以得语言之本,不在信好异文,广征形体。

章太炎不相信甲骨文能够在地下保存几千年,且认为是伪造的,不可信据。当时也确实有伪造龟甲兽骨的现象存在,比如范春清伪造的甲骨泛滥成灾,曾经使得加拿大甲骨学专家、传教士明义士上当受骗。尽管如此,也不能因此而忽略了真正龟甲兽骨的存在。后来甲骨文大量出土,重现于人世,罗振玉还找到了安阳小屯村甲骨出土的地点。事实证明,章太炎这个观点是错误的,客观上削弱了他的古文字研究的学术判断力,也或多或少地对他的弟子及再传弟子们产生了一定的消极影响。

所以,章太炎出土文字意识对胡以鲁潜在的影响也是不可低估的。章太炎与白鸟库吉,在甲骨文"真伪"问题上"英雄所见略同",我们不禁要问:这是一种机缘巧合,还是另有隐情?章太炎在日本或在中国讲学是否了解白鸟库吉与林泰辅、内藤湖南在出土文献上的学术意识分歧?如果是另有隐情,那么,章太炎与白鸟库吉之间是否相识或有学术上的关联?如果不是这样,那么又是一种什么样的情形呢?这需要我们进一步探讨才能予以释疑。胡以鲁在这当中处于怎样的位置,他是不是具有鲜明的出土文字意识?如果不是,其古文字意识是如何形成的,也是需要究明的。

第十一章 《国语学草创》：由文字而论"言文一致"与"言文背驰"

注释：

[1] 郭勇《"言文一致"与中国文学观念的现代转型》3页，人民出版社，2018年。

[2] 许慎《说文解字》314页，中华书局，1963。

[3] 张世禄《语言学概论》24页，商务印书馆，1941。

[4] 裘锡圭《文字学概要》1页，商务印书馆，2007。

[5] 刘钊《古文字构形学》68~78页，福建人民出版社，2006。

[6] 黄德宽《古汉字发展论》3页，中华书局，2014。

[7] 龙宇纯《中国文字学》，台湾学生书局，1984。

[8] 王国维《殷周制度论》《观堂集林》第二册451~480页，中华书局，1961。

[9] 章太炎《国故论衡》之《转注假借说》，《章太炎全集》（五）36~42页，上海人民出版社，2018。

[10] 曹伯韩《中国文字的演变》，1937/2012，漓江出版社。

[11] 冈仓由三郎《发音学讲话》78~79页，三省堂，1906；佐久间鼎《国语的发音和声调》，同文馆，1919。

[12] 李孝定《汉字的起源与演变论丛》，台湾联经出版事业公司，1986。

[13] 黄德宽《古汉字发展论》44~64页，中华书局，2014。

[14] 张世禄《中国音韵学史》108~109页，商务印书馆，1936。

[15] 马克斯·穆勒《语言学》，后藤朝太郎、金泽庄三郎译，博文馆，1907。

[16] 赵平安《隶变研究》，河北大学出版社，2009。

[17] 裘锡圭《文字学概要》209页，商务印书馆，1988。

[18] 保科孝一《言语学讲话》，宝永馆，1902；藤冈胜二《国语研究法》，三省堂，1907。

[19] 柿木重宜《〈近代'国语'の成立における藤冈胜二の果した役割について〉》55~67页，ナカニシヤ出版，2013。

[20] 林泰辅《清国河南省汤阴县发见の龟甲牛骨に就きて》，《中国上代之研究》125~169页，进光社，1927。

[21] 樋口勇夫《汉字杂话》1~30页，郁文舍、吉冈宝文馆、杉本梁江堂，1901。

[22] 成家彻郎《日本人研究甲骨的先驱——林泰辅》，王宇信、宋镇豪主编《纪念殷墟甲骨文发现一百周年国际学术研讨会论文集》61~64页，社会科

学文献出版社,2003。

［23］神田喜一郎《由贝塚教授制作甲骨文图版篇回忆林泰辅博士》(《贝塚教授の甲骨文图版篇を手にして林泰辅博士を忆う》),《敦煌学五十年》,筑摩书房,1970。

［24］章太炎《国故论衡·理惑论》,《章太炎全集》(五)44页,上海人民出版社,2018。

第十二章 《国语学草创》：
译名、借用语及义译理论

胡以鲁《国语学草创》于正文之后，附以《论译名》一文。《论译名》主要讨论翻译、借用语之逻辑及义译理论问题，与一般学者讨论语言学理论问题不在一个对应范畴之内，所以，胡以鲁在《国语学草创》中不把它列入正文框架，只放入"附论"之列。照理来说，我们应该按照胡以鲁原书的安排去做，即不把它作为胡以鲁中国语言学理论子范畴内容去讨论。但我们认为，《论译名》所议及的内容毕竟与中国语言学理论内容相关，应该属于胡以鲁中国语言学理论研究的成果之一，就大不敬地违拗了胡以鲁意愿，照例去讨论之。

胡以鲁师从于上田万年。上田万年对日语外来语的研究非常精深，理论建树颇多，更付诸实践。1907年，即与高楠顺次郎、白鸟库吉、村上直次郎、金泽庄三郎共同编写《日本外来语词典》。胡以鲁的同门小仓进平（1906年毕业）、金田一京助（1907年毕业）也参与此事。历经7年。终于在1914年出版（东京三省堂）。胡以鲁虽然没有参与，但耳濡目染，对外来语理论与实践一定具有深刻认识，这对他研究汉语外来语十分重要，他能写下《论译名》一文自在情理之中。

胡以鲁《论译名》，涉及外语术语概念译名标准、不同国家语言特色与译名关系问题。主张借用外来语要"言之成理"，"以义译为原则"等。（132页）在胡以鲁之前，章士钊曾著文《论翻译名义》（1910）论及音译与意译问题，胡以鲁此篇文章与章士钊（1910）提出的意见有所不同[1]，曾引起学术界很大的争议，见李养龙与莫佳旋（2011）、张景华（2016）等的介绍[2]。

第一节　胡以鲁论译名与借用语之界说

一、译名、借用语之别

胡以鲁认为,译名、借用语是两个概念内涵不同的术语,他说:

传四裔之语者曰译,故称译者必从其义。若袭用其音,则为借用语,音译二字不可通也。借用语固不必借其字形,字形虽为国字而语非已有者,皆为借用语,且不必借其音也。外国人所凑集之国字,揆诸国语不可通者,其形其音虽国语,其实仍借用语也。借用语原不在译名范围内,第世人方造音译之名以与义译较长短,故并举而论之。(125页)

胡以鲁称:"传四裔之语者曰译",表面的意思是说,沟通世界各地语言之间联系的方式就是译。四裔,原为四方边远之地之意,《左传·文公十八年》:"舜臣尧,宾于四门,流四凶族,浑敦、穷奇、梼杌、饕餮,投诸四裔,以御螭魅。"但在这里是世界各地之意。胡以鲁觉得说沟通世界各地语言之间联系的方式就是译,还不够清楚,就又加了一句,"故称译者必从其义"。意思是说,称之为沟通世界各地语言之间联系的方式,就必须依从其译解的意义"转换"的角度去理解。这里的"从其义",与后边解释借用语时将着眼点放在语音上是相呼应的。同时,我们也要注意,这里的"语"也有限定,不是指语言之意,而是指语词之意,这样才和胡以鲁讨论的主题联系在一起。如此,"传四裔之语者曰译,故称译者必从其义",就应该理解为,沟通世界各地语言之间语词联系的方式就是译,而称之为沟通世界各地语言之间语词联系的方式,就必须依从其译解语词的意义"转换"的角度去理解。

那么,什么是借用语呢?胡以鲁称:"若袭用其音,则为借用语。"照应前边对"译"的内涵的理解,意思是说,如果沟通世界各地语言之间语词联系之时,则仅仅照搬其语音标记,而不考虑译解"转换"意义,就可以称之为借用语。但胡以鲁并不以此为满足,而是补充说道,"音译二字不可通也"。这句话意思是说,用音译二字组成的词去理解照搬其语音标记,而不考虑译解"转换""借用"

意义的借用语是不能说得通的。为何如此说？胡以鲁后面的解释更近一层，即："借用语固不必借其字形，字形虽为国字而语非已有者，皆为借用语，且不必借其音也"。借用语本来不必借用其文字字形，文字字形为中国汉字，而不是国外文字，但语词不是中国语的，都是借用语，就不必借用它的语音了，因为其词语的语音与借用没有必然关系。"译音"更无必要。在胡以鲁之前，他的老师之一保科孝一《言语学讲话》(1902)第十二章"借用语"专门讨论这个问题，他对借用语的理解是，借用外国语来丰富自己的国语。借用语，即国语的组成部分之一。借用语不仅仅是借用词形，还有借音，以及借用语法的形式。(125～133 页)

胡以鲁将借用语分为两类，一类是借用语音的，一类是借用语词本身的。借用语音的，也分为两类：一类是用汉字记录其语音的，这是语词形式上的借用，语词意义当然也要借用过来，这就包括"外国人所凑集之国字，撰诸国语不可通者，其形其音虽国语，其实仍借用语也"的情况；一类是直接照搬过来，不用汉字记录其语音的。借用语词本身的，借用其文字字形，也借用语词意义，还有的用汉字字形标记其语词，但不必借用它的语音形式标记，也是两类。但实际上，胡以鲁这个表述有些界限不清，容易混淆。

在此基础上，胡以鲁强调，借用语原不在译名范围内，但世人却制造了"音译"名词来和"义译"的名词较长短，所以，他一并举出而加以讨论。不承认"音译"名词，只承认借用语，这成了胡以鲁论述问题的出发点。

保科孝一《言语学讲话》(1902)也谈到了借用外国语的接触状态，有的是对等的，还有不对等的；不对等的，也有文化上的差异问题。当然，他也谈到了日本语输入古代汉语的问题。借用外国语也和"政治事变"有关系。他说明，台湾就属于这种情况。(128～129 页)

二、防范借用语侵入与中国学者对待借用语应有的态度

胡以鲁论述防范借用语侵入与中国借用语的命运问题：

社会不能孤立，言语又为交际之要具，自非老死不相往还如昔之爱斯几摩人者，其国语必不免外语之侵入，此侵入之外语谓之借用语。然言语为一社会之成俗，借用外语非其所习，亦非其所好也。不习不好而犹舍己从人，如波兰人之于俄语者可不论。不然者，必其事物思想非所固有，欲创新语，其国语又有所短，不得已而后乞借者也。固有之事物思想少而国语不足以为译者，概言

之,即其国之文化相形见绌,而其国语之性质又但宜借用不宜义译耳!波斯语中亚剌伯语居多数,英语中拉丁、希腊、法语等居七分之五,日语中汉语等居半,是其彰明较著者也。吾国语则反是。自来中国与外国交通惟印度,佛法入中国时,侏离之言随之,所谓多义、秘密、顺古、生善,以及此土所无者,皆著为例,称五不翻也。然迄今两千有余载,佛法依然,不翻之外语,用者有几?顶礼佛号以外,通常殆无闻也。外患之侵,无代蔑有;外语之防,则若泾与渭。征服于蒙古者百年而借用歹以代不好,如郑思肖所称者,殆为仅有之例。征服于满洲者亦几三百年,语言则转以征服之,借为我用者,殆绝无也。(125~126页)

胡以鲁对"借用语"在一些国家或民族越来越多情况有一个解释,就是这些国家或民族"必其事物思想非所固有,欲创新语,其国语又有所短,不得已而后乞借者也。固有之事物思想少耳国语不足以为译者,概言之,即其国之文化相形见绌,而其国语之性质又但宜借用不宜义译耳!"胡以鲁举了波斯语中的阿拉伯语,以及英语、日语中的其他语言作为例证,说明,它们借用语"侵入"过多,所占比例过高。

胡以鲁认为,中国的情况刚好相反,佛家典籍传入中国,由于有"五不翻"的清规戒律,有许多语词直接搬用不翻译,所以,造成了使用者很少的情况。关于"五不翻",许多学者有探讨。袁锦翔《玄奘译言考辨》(1993)有所考辨,指出《隋唐佛教史稿》(1982)的疏失。[3]

郑玲《我国古代汉译佛经翻译理论》(2014)[4]总结得比较全面,她说:关于"五不翻"的记载,最早见于唐昭宗乾宁二年(895年)景霄编纂成书的《四分律行事钞简正记》,此后于智园作《涅槃玄义发源机要》和法云编《翻译名义集》中均有记载。[张建木《玄奘法师的翻译事业》,《法音》1983第4期]对于"五不翻"的顺序各家说法不一,参考景霄在《四分律行·事钞简正记》中的顺序:一为"生善不翻",如"般若"尊重,"智慧"轻浅,根据这条原则,"佛陀""菩萨"等"皆存梵音";二为"秘密不翻",即对密宗经典中的咒语一律采用音译的方式处理,如"陀罗尼"等;三为"含多义故不翻",对一词多义采取音译,如"薄伽",梵具六义;四为"顺古不翻",是指过去一直采用音译的词语不再作意译,如"阿菩耨提",非不可翻,而摩腾以来,常存梵音;五为"无故不翻",即对中原地区没有的事物名称采用音译,如"阎浮"树,中夏实无此木。"五不翻"理论分门别类地指出追求特殊效果的词、具有神秘色彩的词、文化词、多义词,以约定俗成的通行译法等不宜进行语义翻译而保持其梵语原音的理据,从而有效地指导了彼时的翻译实践。(92~93页)除此之外,在"五不翻"理念指导下,在翻译技巧上,玄奘还成功地运用了省略法、补充法、变位法、分合法、译名假借法、运用代词还原法等,有效调动各种翻译策略,实现了"文""质"的辩证统一,因此,其译经质量达到了汉译佛经以来的最高水平。梁启超曾如此评价:"若玄奘者,则直译意译,圆满调和,斯道之极轨也。"(罗新璋《翻译论集》62页,商务印书馆,1984)

郑玲评价道:"其'五不翻'原则告诉译者五种情况下对佛典不译其义,只传其音,待到讲经时再作全面讲解,层层阐发。采用音译的办法,照搬原文,根本上就是为了不'失本',这显然是对道安'五失本'之继承、反思与发挥。"

胡以鲁又提出了"外语之防,则若泾与渭"问题。他举了蒙古语与满语的例证,元朝统治者试图以蒙古语为"国语",但未能"替代"汉语;清朝统治者以满语为"国语",还是难以"替代"汉语。这里说的郑思肖是宋末诗人、画家,连江(今福建省福州市连江县)人(1241—1318年)。思肖,就是思赵(宋)之意。

胡以鲁"外语之防,则若泾与渭",在今天看来,也是个需要认真思考而又争议不休的问题。引入外来语,还是有一个"度"的问题,不可偏激"越格"。

三、"借用语"理论主张有六种

胡以鲁认为,由于中西交流处于前所未有之势态:"迨于晚近,欧西文物盛传,借用外语者方接踵而起,持之有故言之成理者,约举之盖有六派",所以,向学术界介绍六种"借用语"理论主张,它们是:

(一)象形文字多草昧社会之遗迹,思想变迁,意标依旧,于是以为非外语不足以表彰新颖之名词,嫌象形之陋,主张借用外语者,此一派也

按,胡以鲁介绍说:这一派学者认为,象形文字属于蒙昧社会的遗迹,思想变迁,意符依旧不变,于是就认为,如果不是用外语,就很难表达新颖的名词术语,由此,嫌弃象形字的缺失局限,主张汉语就应该借用外语语词,这是一派。

(二)意标文字,多望文生义之蔽,名词为通俗所滥用,习为浮华,泛然失其精义,则利用外语之玄妙,以严其壁垒,此一派也

按,胡以鲁介绍说:这一派学者认为,意符文字,存在着望文生义的弊端,有许多名词被通俗语言滥用,导致了浮华的积习,粗泛而失去精要之语词意义。如此,需要利用外语之玄妙优势,来严格界定词义界限,这是一派。

(三)侨居其地,讽诵其书,对于外语名词联想及其文物,向往既深,起词语包晕之感,以为非斯词必不足以尽斯义者,此一派也

按,胡以鲁介绍说:这一派学者认为,侨居国外或异地,用外语诵读其书,由外语名词联想到外语的物质文化与精神文化语词。由此对其语言感情尤其深厚,从心中会升腾起对其语词理解具有恭敬包容情感,从而使用借用语。如果不是用此种语词就不足以全面表达语词意义,这是一派。这里,胡以鲁用了"包晕"一词。"包晕",犹如包孕,是恭敬而包容之意。

(四)名词之发达不同,即其引申之义不能无异,辗转假借,又特异于诸语族之所为,借以表彰新事新理,所含众义,往往不能吻合,则与其病过不及,毋宁仍外语之旧,以保其固有之分际,此一派也

按,胡以鲁介绍说:这一派学者认为,名词发展过程不一样,即其引申之义,不能没有差别。用辗转假借的方式,又与诸种语族语言所制造的语词特别相异,如果用它来表达新事物新理论,所包含的各类意义,往往很难吻合,那么,其弊病十分清楚,不如仍旧用原有的外语语词,来确保其固有的语词意义,这是一派。

(五)习俗不同,则事功异,风土不同,则物产异,西势东渐,文物蒸蒸,吾国名词遂无以应给之,此土所无宜从主称者,此一派也

按,胡以鲁介绍说:这一派学者认为,习俗不同,那么,所形成的习惯不同。东西方习俗及所处地理环境不同,那么,物产就不一样。西方思想向东传入,其物质文化与精神文化越来越兴盛,中国就没有名词能够用来对应的,这是由于社会与地理环境不同造成的没有贴切的名词术语来命名的原因,这是一派。

(六)北宋之亡,民日以偷,文敝言废,常用不过千名而止,事物虽繁,莫能自号,述易作难姑且因循者,此又一派也

按,胡以鲁介绍说:这一派学者认为,北宋灭亡,百姓偷安,文字衰败,语言废弃,常用的语词不超过一千。事物繁杂,却没有可以能够命名的语词可用,语词口语讲述容易,但创制书面名词却很难,只好暂且沿袭旧语词使用,这是一派。

最后二派,鉴于事实不得已,前之四派则持名理以衡言语者也,今先向名理论者一为解说,然后就事实论者商榷焉。(128页)

按,胡以鲁认为,最后两派,有鉴于事实是如此,不得不这样。前四派则是按逻辑理论来用语词平衡语言状态的方式,现在则先向逻辑理论者为之解说,然后就事实论者的观点而作商榷。

第二节　译名、借用语及"役于外语"问题

一、命名的起源与用方言借用语弥补之弊端

胡以鲁说：

> 天地之始无名也，名之起，缘于德业之摹仿。草昧之人摹仿不出感觉感情二事，则粗疏迷离之义，遂为名词先天之病矣。此麦斯牟拉之所云，诸国语之所大同者也。习俗既成，虽哲者无能为力，竭其能事，亦惟定名词之界说，俾专用于一途，或采方言借用语以刷新其概念耳！然方言借用语既未尝不同病，定义之功，新奇之感，又不过一时而止。习久则用之泛滥，义亦流而为通俗，粗疏迷离，又如故矣。疗后天病者，其法其功亦不过如前而止，费文豪之大力，作一时之补苴，思想之进化与语言之凝滞，其相去终不可以道里计。（128页）

胡以鲁认为，天地形成之始，没有命名之事，而命名源于模仿客观实际、作用及状态几方面（德业，印度哲学胜论派观点，章太炎引用加以说明。许良越《论章太炎"语言缘起说"》）[5]，产生了由此及彼的联想造词法。蒙昧之人模仿不出感觉感情两种事物，就会使得语词意义粗疏而模糊不清，创制的名词具有先天的弊病，这就是马克斯·穆勒所说的，各个国家国语存在的弊端情况。已经构成习俗，即使是哲人，也无能为力。竭尽其能力，也只是确定名词的内涵，使其专用于一种途径，或者可以采用方言借用语来刷新概念内涵罢了。

胡以鲁也看到，即使用方言借用语也未尝不会存在着同一种弊端。使用方言借用语，以求避免语言后天发展的弊病，刚开始这一方法似乎可以收到很好的效果，但时间一久，也不过是如前边所做的一样，难免粗疏。费尽文豪之巨大能力，却只是做一时弥补工作，思想之进化与语言之停滞不前，两者距离越来越大，就不是能用路程来计算的。

二、新名词之语音标记、语义标记

胡以鲁说：

二十世纪光明灿烂新世界,聆其名词,非不新颖玄妙也。语学者一追溯其本义,则索然于千百年之上矣。象形文字固其彰明较著者,音标语亦复如是也。通常用语,既因循旧名而不变;学术新语,亦大抵取材于希腊拉丁而损益之。其旧社会之文化,未尝高出于吾国,其措义能适用于今乎?知其不适而徒取音之标义,乃利其晦涩以自欺也,则非学者所当为。将利用其晦涩以免通俗之滥用也,其效亦不过一时。习用之而知其本义,则粗疏迷离之感,既同于意标。习用之而不知,则生吞活剥之弊,或浮于望文生义矣。推其本原,一由人心措词张皇欲为之,一由联想习惯性为之。科学不能私名词为己有,即不得祛其病而去,语无东西,其蔽一也。人心既有张皇欲矣。发语务求其新颖,冀以耸人之听闻,闻者固亦有张皇欲而以新颖为快也。新名词既奏其效,遂于不甚适用处亦杂凑而尝试之焉。辗转相传,名词遂从此泛滥矣。淫巧浮动之国民,其张皇之欲望,其习惯之变迁愈甚,则此泛滥之病愈剧。(128～129页)

胡以鲁认为,20世纪正是一个光明灿烂的新世界,聆听其新名词,不是不觉得新颖玄妙,而是语言学者一旦去追溯新名词其本义,就会向千百年之前的典籍去进行印证了。象形文字语义表达本来是明显的,音标语词也是这样的。通常用语,往往因循旧名而不变;学术新语,亦一般取材于希腊拉丁语而损益之。其旧社会之文化,不曾高于中国,其所设置语词意义能适用于今天吗?知道其不适用于今天却还拿语音标记语义,就是利用语词意义晦涩难懂而自己欺骗自己的行为,那不是学者所应当做的。要利用其晦涩而避免通俗滥用,其功效也不过是能够发挥一段时间而已,不会长久的。惯于使用它们而又知道其本来意义,那么,语词意义粗疏而模糊不清的感觉,就与意符作用一样;惯于使用它们而又不知道其本来意义,那么,生吞活剥的弊端就会显露出来,或者漂浮在望文生义上了。学者们推求其语词之本源,总是随意由人心而置词,并夸张性地创造,也总是由联想而习惯性地创造。科学不能以一己之私将名词为自己所用,如果存在着这样的情况,就不能够避免其弊端,语词无东西之分,其弊端是一样的。人心存在着一种张狂之欲望,制造语词务必追求其新颖,希望以此来捏造事实而使人感到震惊。听闻的人也存在着一种张狂之欲望,而把新颖当作快乐,新名词就可以马上奏效,就在不大适用的地方也杂凑尝试做此事。辗转相传,名词遂从此就泛滥开来。那些习惯于淫巧而轻浮的国民,其张皇欲望,其习惯变迁愈加过分,则此泛滥之弊端愈加严重。

三、对借用语采取恭敬态度与役于外语之弊

胡以鲁说：

> 泛滥者日久而厌倦也，则与外语相接触，即取而借用之。苟其文化较逊，则对于借用语不惟起新颖之感，亦且不胜崇拜之情焉。一见闻其名词，恍乎其事其物，皆汹涌而靡遗，是所谓包晕之感也。此感既深，对于借用语遂神秘之无以易，而不悟此包晕者为吾心自发之联想，为名词后起之义，及至习以为常，吾心之役于外语者盖已久矣。使向者独立自营，虽事物非吾固有，而名与实习，固亦能如是也。名者实之宾而已，视用为转移，何常之有？虽名词既成后，引申之义，不能无异同，然同吾国语者易于连缀两三词成一名词，义之过不及处，仍得藉两三义之杂糅，有以损益之也。（129～130页）

胡以鲁认为，新名词泛滥成灾，时间长了，就会使得人们对它从心理上变得厌倦了，于是就会找机会与外语接触，遇到外语语词就马上拿过来借用。如果感到其国家民族文化与之相比稍逊一筹，就会对借用语生发了新颖的感觉，也将会产生极其崇拜之情。一旦听闻其名词，就会被其事其物所迷惑，一股脑儿全盘接受，一点也不剩下，这就是人们所说的有了恭敬之心而不去辨黑白的感觉。这种感觉愈深，对于借用语的态度愈是认定它很神秘，不可替换。而没有觉察到这样做的结果。盲目恭敬，心理被外语奴役了。

四、辨西方逻辑学与中国名学理论

胡以鲁说：

> 例如逻辑，犹吾国之名学也，论者以名之义不足以概逻辑，遂主张借用之而不译。夫不足云者，谓从夕从口，取冥中自命之义，其源陋也；谓通俗之义多端也；谓引申之义不同也；亦谓西洋之逻辑褎然称一科学，非吾国昔之名学比也。是固然矣。然逻辑一词原于希腊，训词训道，其本义之褊陋略同。引申词与道之义，举凡一切言之成理，本条理以成科学者，皆结以逻支逻支者，逻辑之语尾音变也。（130页）

胡以鲁解释说，逻辑，犹如中国的名学，论及者认为，名学之意义很难概括

逻辑内涵,就主张借用逻辑一词而不翻译,直接使用。其不足道,说的是,其"名"这个字,从夕从口,取冥冥之中有自命之义,其语源鄙陋;说的是其通俗之义多端,说的是引申之义不同;称赞西洋之逻辑是一门科学,不是中国过去的名学可比的,这本来就是如此。

然而,逻辑一词源于希腊,训释词义而发生方式变化,其本义狭隘浅陋略同。引申词与类别之义,举凡一切训解言之成理,都是本之于条理而成科学的,都用"逻支逻支"来归结,这是逻辑一词语尾音变的结果。

五、中国言语之特质而独与外语异其类

胡以鲁说:

> 吾国语特木强难变耳,刑名、爵名、文名、散名,其引申处亦有同者。假借之义,诚不若吾国之多,然能以之为科学而研究之,则斟酌损益仍非无术。曰演绎名理、曰归纳名理,望而知其为名学之专名,其义所涵,视隐达逻辑、题达逻辑之,但作内引外引解者,有过之无不及也。岂得以其易解易泛之故因噎废食哉!况教师就任曰隐达,折减以去亦曰题达,易地皆然。浮泛之病,不自吾始乎?培根后之逻辑与亚里斯多德氏所草创者,较其内容之精粗,相去悬如。培根甚且斥亚氏之逻辑为无裨于人知,然斥之而犹袭用其名不变者,希腊拉丁语固为西洋诸国语之母,向且诵其书以学逻辑之学矣。深入人心,积重难变,概念随用义为转移,无待乎变更;强欲变更,而词义肤浅之国语,又有所不足也。不足云者,文化短绌未尝具此概念。语词之发达,又以在物资在感觉者居多,表形上之思,粗笨不适也。吾国语自与外语接触以来,对外文化之差,既非若波斯之于亚剌伯,英之于拉丁希腊,日本之于我,词富形简,分合自如,不若音标之累赘,假名之粗率。数千年来自成大社会,其言语之特质又独与外语异其类,有自然阻力若此,此借用语所以至今不发达于吾国也。况意标文字中取借用音语杂糅之,诘屈聱牙,则瞭解难;词品不易辗转,则措词度句难;外语之接触不仅一国,则取择难;同音字多,土音方异,则标音难。凡此诸难事,解之殆无术也。(130~131页)

胡以鲁强调,中国语系统特别稳固而难以变通,法律、等级、礼仪、各类事物,其意义的引申也存在着相同的地方;假借意义,确实没有比中国更多的,但能把它作为科学而加以研究,仔细斟酌起来仍然还有办法,称之为演绎名理,

有人称之为归纳名理,一看就知道那是名学的专名。其意义内涵,用内在逻辑与外在形式逻辑衡量,用作内在规律和外在规律解释,教师履行职责讲解将之称为演绎名理,而浮泛讲解就称之为归纳名理。

培根之后的逻辑学与亚里斯多德氏所草创的逻辑学,如果比较其内容的精粗的话,距离相差太远。培根批评亚氏之逻辑学,认为,其无补于人们了解其知识,只不过是袭用其逻辑之名而已。希腊拉丁语本来犹如西洋之诸国语之母,向来人们依据希腊拉丁语诵其书而学逻辑之学。逻辑之学深入人心,积久难变。概念随使用意义而转移,并没有期待其变化。如果要强行变更,那么会出现更多的问题。

中国国语自与外语接触以来,对外文化之差别不像波斯之于阿拉伯、英国之于拉丁希腊、日本之于中国,中国国语词富形简,分合自如,不像音标文字那样累赘,假名那样粗率。中国数千年来自成大社会,中国语言特质又与外语相异,存在如此自然阻力,这是至今借用语在中国不发达的很重要的原因。更何况在意符文字中,借用音语杂糅,拗口声牙,那么,理解就很难;词品不易辗转变化,如此,置词量句就很难;与外语接触不局限于一个国家,那么,选择就很难;同音字多,异域土音,标音很难。凡此诸难事,大概没有解决的办法。

六、脱弃外语而厘正国语为急者,国家主义教育之趋势

胡以鲁说:

主张借用语者,宁不为葆重学术计乎?对于通俗则碌格不能入,徒足神秘其名词而阁束之。稍进者,据吾国语所定学校之学科,宜已通解一二之外语,即无需此不肖之赘瘤。更进则悉外语之源流,当益鄙以羊易牛之无谓矣。形象粗笨如德语,对外新名词亦勉取义译,且不复借材于希腊拉丁之旧语。十二三世纪以来,意之但丁、英之仓沙、德之歌德等,无不以脱弃外语厘正国语为急者,盖国家主义教育之趋势也。弹琵琶学鲜卑语者,方洋洋盈耳,挽之犹恐不及,奈何推而助之耶?(131~132页)

胡以鲁认为,主张采用借用语的人也需要为保证正常学术研究而考虑。不应当引入难懂的词语,将其名词虚称为神秘而束之高阁。如果引入,就要根据中国国语所确定的学科而加以规范。就像德语那样形态粗笨的语言,对外语新名词,也勉强取其义译,不再向希腊拉丁之旧语借取材料。公元十二三世

纪以来,意大利但丁、英国乔叟、德国歌德等,都把脱弃外语束缚,厘正国语作为急务去做,适应的是国家主义教育的趋势。

第三节 胡以鲁译名之"义译"理论

鉴于引入借用语出现的种种弊端,胡以鲁认为,应该就"译名"问题,建立起自己的"义译"理论。胡以鲁说:"理至曲直若彼,势之顺逆计之得失若此,吾于是决以义译为原则,并着其例如下",就是这个意思。

胡以鲁的"义译"原则是:

(一)吾国故有其名,虽具体而微,仍以固有者为译名。本体自微而著,名词之概念,亦自能由屈而伸也。

例如名学原有概念,虽不及今之西洋逻辑,然其学进,其名之概念必能与之俱进,亦犹希腊逻辑之于今日也。(132页)

按,胡以鲁的意思是说,中国语词本来有自己的命名,语词虽然外形大体完备但形状与规模微小,就仍然用固有语词当译名。本体形状与规模微小而意义显著,名词概念内涵,也能够靠自我由收而放的。

胡以鲁举例,名学原有概念,虽然不如今天的逻辑学,但是,其学术充满朝气,其所命名之概念一定能够与时俱进,也犹如当年的希腊逻辑学一样。

(二)吾国故有其名,虽概念少变,仍以故有者为译。概念由人,且有适应性,原义无妨其陋也。

例如谷一稔为年,月一周为月,夜一转为日。今者用阳历,概念虽少变,以之表四季、三十日、十二辰之时依然者,无妨沿用吾旧名。以四季为年(季节之原子农义亦时),以月周为月,对夜而称日,照时间为日,西语亦大略相同,至今未见其不通也。以序数称日,略"日"之语词,则犹吾国以基数称日耳,亦未尝以"号"相称也。(132~133页)

按,胡以鲁说,中国语词本来有自己的命名的,虽然概念有一些变动,就仍然用固有语词当译名。概念内涵由人来决定,并且具备适应性。胡以鲁举阳历用"年""月""日"为例加以说明。

(三)吾国故有其名,虽废弃不用,复其故有。人有崇古之感情,修废易于造作。

例如俗名洋火,不可通也。吾国故有焠儿、火寸等称(《天禄识余》载,杭人削松木为小片,薄如纸,镕硫黄涂木片顶分许,名曰发烛;又曰:焠儿,史载,周建德六年,齐后妃贫者,以发烛为业。宋陶公穀《清异录》云:夜有急,苦于作灯缓,有知者披衫条染硫黄,置之待用,一与火遇,得炎穗然。呼为引光奴,今遂有货者,易名火寸),曷取而用之?(133页)

按,胡以鲁说,中国语词本来有自己的命名,虽然废弃不用,但可以再恢复使用其固有名词。人有崇古之感情,可以废弃之名词而易之。胡以鲁以"洋火"为例,指出:与中国古代名词不一样,应该把那些旧名词选择一些拿出来使用。

(四)但故有之名,新陈代谢既成者,则用新语。言语固有生死现象,死朽语效用自不及现行语也。

例如质剂非不古雅也,第今者通用票据,则译日人所谓手形者,亦自译作票据可已。又如古之冠不同于今之帽,免冠又非若今之行礼也,有译脱帽之礼为免冠者,事物不称,饰从雅言,百药所以见讥于子玄也。(133~134页)

按,胡以鲁说,中国语词本来有自己的命名,即固有名词新陈代谢已经成为趋势,不用固有名词,而用引入的新语词。语言本来存在生死现象,死朽之语的效用,肯定是赶不上现行语词的。胡以鲁以票据、帽、行礼等为例做了说明。

(五)吾国未尝著其名,日本人曾假汉字以为译,而其义于中文可通者从之。学术天下公器,汉字又为我固有,在义可通,尽不妨假手于人也。

例如社会、淘汰等语,取材于汉籍;主观、客观等语与邦人所译不谋而合,尤觇书同文者其名尽可通用也。(134页)

按,胡以鲁说,中国语词中并不突显其名词内涵新意义,日本人曾借用汉字来作译名,而语词意义与中文可相通的就采用。学术是天下的公共资源,汉字又是中国所固有,在义的方面如果可以相通,尽可不妨从别人手中借用过来。胡以鲁举"主观""客观"两个语词为例。

(六)日人译名虽于义未尽允洽,而改善为难者,则但求国语之义可通者因就之。名词固难求全,同一挂漏,不如仍旧也。

例如心理学以心之旧义为解,诚哉,其不可通! 第在彼取义希腊,亦既从心,而概念刷新,今义已无复旧面目矣。欲取一允当之新名不可得,则因陋就简而已。(134 页)

按,胡以鲁说,从意义上讲,日本人的译名未必都能协和,而改造又很困难,那么,就寻求国语语词意义可相通的而采用它。名词固难求全,即便将相关的词语合为一体使用,也不免遗漏,不如仍旧用固有名词。胡以鲁举"心"词为例加以说明。

(七)日人译名误用我故有名者,则名实混淆,误会必多,亟宜改作。

例如经济义涵甚广,不宜专指钱谷之会计,不若译生计之为愈。场合为吴蜀人方言,由场许音转,其义为处,不能泛指境遇、分际等义也。又如治外法权,就吾国语章法解之,常作他动字之治字,下缀以外字者,宜为外国或外人之隐名,若以外为状词,其上非常用为名字者不可(例如化外)。黄遵宪译《日本国志》序,治外法权概译为领事裁判权,固其所也,然则译作超治法权或超治外法权何如?(134~135 页)

按,胡以鲁说,日人译名误用中国固有名词,那么,名实混淆,误会一定很多,应该马上改正过来。胡以鲁举例:经济与生计、场合与境遇、领事裁判权或治外法权与超治法权等。这里他提到了黄遵宪的重要著作《日本国志》,可见,胡以鲁对此书相当熟悉。

(八)故有之名,国人误用为译者亦宜削去更定。误用者虽必废弃语,第文物修明之后,复见用则又淆惑矣,是宜改作者。第近似相假借者则言语所应有,自不必因外名之异,我亦繁立名目耳。

例如镴锑本火齐珠也,今借锑以译金类元素之名;汽本水涸也,今借汽以

第十二章 《国语学草创》：译名、借用语及义译理论

译蒸气之名；则不可。第如煲煤曰煤，古树入地所化，亦因其形似曰煤，则不妨假借，不必因外语异名而此亦异译也，必欲区别，加限制字可已。（135页）

按，胡以鲁说，中国固有名词，中国人误用为译名，也应该去除而加以更正。误用的语词即便是废弃语，待文明制度清明之后，又见使用那就又让人感到疑惑了，这也应该改正。胡以鲁举出锑、蒸汽、煤等译词为例证加以说明。

（九）彼方一词而众义，在我不相习，易于淆惑者，随其词之用义分别译之。

例如"梭威棱帖"（Sovereignty）一词英人假借之至于三义，吾译应从其运用之方面及性质，或译主权，或译统治权，或译至高权，不能拘于一也。又如财产权、物权、亦有权，英人以"伯劳伯的"（Property）一词概之者，在译者则宜分别之，此假借不同也。"不悟假借之异，宜有各执一端以相讼者矣。"又有西语简陋而吾国特长者，亦不当从其陋。如伯叔舅之称无别，从表兄弟之称无别，斯所谓窔语也，自亦宜分别为译。旧邦人事，发达万端，西方恒言，在吾为窔语者，固不知凡几也。（135～136页）

按，胡以鲁说，某一个词意义多，在中国学者看来是不常习用的，容易混淆，应该随其词所用意义而分别翻译它。胡以鲁举出 sovereignty、property 两个词，加以说明。胡以鲁在这里讲的是对译之难。

（十）彼方一词，而此无相当之词（即最初四条所举皆不存也）者，则并集数字以译之，此土故无之术名性以一词相傅会，不惟势有所难，为用亦必不给，况国语发展有多节之倾向，科学句度以一词为术语亦蹇跛不便乎？

例如"爱康诺米"（Economy）译为理财，固偏于财政之一部；计学之计字，独用亦病跂畸，不若生计便也。（136页）

按，胡以鲁说某一个词，没有与之相当的词可以用，就必须汇集几个字来翻译，是没有办法根据其原名内涵用一个词传达而达到意会效果的，何况国语存在着向多音节发展的倾向，科学句读，用一个词当术语，不也是像跛脚人走路一样不方便吗？胡以鲁举出"爱康诺米"一词为例加以说明。

（十一）取主名之新义，非万不得已（如心理等词改善为难者），毋取陈腐以

韬晦。

例如"非罗沙非"（Philosophy）日人译为哲学，已得梗概。章师太炎译为玄学，尤阐其精义。爱智二字，造者原为偶然。还从其陋，无谓也。（136～137页）

按，胡以鲁说，译取主要名词的新意义，除非万不得已，而不要取陈腐之词而使词义变得隐晦。胡以鲁举出"非罗沙非"一词为例加以说明。

（十二）取易晓之译名，毋取暧昧旧名相淆乱。

例如"狃脱"（Neuter），原谓不偏，译作中或中立可也，假罔两之鬼名以混之则惑矣。又如文法上诸名词，《马氏文通》所译，皆明畅易晓。不曰动字而曰云谓；不曰介词而曰介系，转似晦涩而难知。（137页）

按，胡以鲁说，要取容易懂的译名，不要取意义含混的旧名而造成混乱。胡以鲁举出"狃脱"一词为例加以说明，也赞扬了《马氏文通》所译术语之"明畅易晓"，但批评了那种"晦涩难知"的取旧名的做法。

（十三）宜为世道人心计，取其精义而斟酌之于国情，勿舍本齐末小学大遗以滋弊。

例如权利义务，犹盾之表里二面，吾国义字约略足以当之。自希腊有正义即权力之说，表面之义方含权之意。而后世定其界说。有以法益为要素者。曰人遂撷此二端译作权利，以之专为法学上用语，虽不完犹可说也。一经俗人滥用，遂为攘权夺利武器矣。既不能禁通俗之用，何如慎其始而译为理权哉？义务之务字，含作为之义，亦非其通性也，何如译为义分？（137页）

按，胡以鲁说，译名应该为世道人心考虑而取其精义，斟酌使用而符合国情，不要舍本逐末，因小弃大而助长译名弊端风气。胡以鲁举出"权利、义务"为例加以说明。

（十四）一字而诸国语并存者，大抵各有其历史事实及国情，更宜斟酌之分别以为译。

例如吾国旧译，同一自由也。拉丁旧名曰"立白的"（Liberty），以宽肆为义；盎格鲁逊本语曰"勿黎达厶"（Freedom），则以解说为义。盖罗马人遇其征

第十二章 《国语学草创》：译名、借用语及义译理论

服者苛酷而褊窄,得享较宽之市民权者,便标为三大资格之一,与英人脱贵族大地主之束缚者不同也。此译亦既不易改作矣,后有类此者似宜慎厥始。(137~138 页)

按,胡以鲁说,一个语词在各国国语中存在,一般是各有其历史事实及国情,更应该仔细斟酌分别制作译名。胡以鲁举出"自由"一词为例加以说明。

(十五)既取义译,不得用日人之假借语(日人所谓宛字也)。既非借用,又不成义,非驴非马,徒足以混淆国语也。

例如手形、手续等,乃日人固有语,不过假同训之汉字撺掇以成者,读如国语而实质仍日语也。徒有国语读音之形式,而不能通国语之义,则仍非国语。读音之形式既非,实质失其依据,则亦非复日本语。名实相淆,莫此为甚。票据之故有语,程叙之译语,未见其不适也,是亦不可以已乎?(138 页)

按,胡以鲁说,选取义译方式,就不能用日本人的假借语,否则,这样的词语既不是借用,又不成其意义,非驴非马,都是用来混淆国语的。胡以鲁举出"手形、手续"两词为例加以说明。

(十六)既取义译,不必复拘其音,音义相同之外语殆必不可得,则两可者其弊必两失也。

例如么匿图腾,义既不通,音又不肖。粗通国文者,或将视之为古语,通外语者又不及联想之为外语,似两是而实皆非,斯又焉取斯哉?即如几何有义可解矣,然数学皆求几何,于斯学未尝有特别关联也。彼名"几何米突"(Geomtry),原义量地,几何地之义也。割截其半,将何别于地质学、地球学、地理学等之均以几何二音为冠者乎?音义各得其一部,不如译为形学多矣。(138~139 页)

按,胡以鲁说,选取义译方式,不必再拘泥其原词之语音形式,语音意义完全相同的外语语词一定是找不到的,要想二者兼具,可能会二者都做不到。胡以鲁举出"么匿图腾"等词为例加以说明。

(十七)一词往往有名字、动字两用者,译义宁偏重于名字,所以尊严名词,

概念也。用为动词,则或取其他动字以为助。

例如"题非尼荀"(Definition),日人译为定义,此译为界说,就吾国语句度言之,名字上之动字常为他动,其全体亦即常为动词,定义有兼摄"题反"(Define)动字之功,然非整然名词也。宁取"界说",虽木强而辞正,欲用为动词则不妨加作为等字。(139页)

按,胡以鲁说,一个词往往有名字、动字两用的,其译义宁可偏重于名字,因为这是尊重名词概念内涵。如果用为动词,那么,就得取其他动字来帮助。胡以鲁举出"题非尼荀"一词为例加以说明。

(十八)名词作状词用者,日译常赘的字,原于英语之"的"(ty)或"的夫"(tive)语尾兼取音义也,国语乃之字音转。通俗所用为名代者,羼杂不驯,似不如相机斟酌也。

例如名学的、形学的可译为名理、形理;国家的、社会的或可译为国家性、社会性;人的关系、物的关系可译为属人关系、属物关系;道德的制裁、法律的制裁可译为道德上制裁、法律上制裁。相机斟酌,不可拘也。(140页)

按,胡以鲁说,名词作状词用,日语译名常常有赘余之形式,带一个"的"字,源于英语的"的"(ty)或"的夫"(tive)语尾,是兼取语音和意义的。国语乃是之字的音转,通俗所用为替代的,掺杂不符合规则的语言要素,似不如相机斟酌翻译使用。胡以鲁举出"名学"等词为例加以说明。

(十九)日语名词,有其国语前系,或日译而不合吾国语法者,义虽可通,不宜袭用,防殽乱也。

例如相手、取缔等有相取前系而不可通者,十五条既概括之矣。即如打击、排斥、御用、入用等带有前系词,及所有、持有等诸译名,义非不可通者,然不得混用。此非专辟外语也,外语而与国语似而其法度异足以乱国语纲纪者,不得不辟也。(140页)

按,胡以鲁说,日语名词,有其国语背景要素,或者有的日译并不合乎中国国语语法,意义即便可以通用,也不应该照搬袭用,因为容易造成混乱。胡以鲁举出"相手""取缔"等词为例加以说明。

（二十）器械之属故有其名者循而撼之，故无其名者自我译之。名固不能以求全，第浅陋、迷信、排外、媚外等义不可有。

例如洋火，浅陋也；钟曰自鸣，迷信也。何如循旧名曰烨儿曰钟乎（欧语语源亦大抵钟之旧名）？餐曰番餐，排外也。曰大餐，曰大餐间，曰大衣、大帽，又由排外变而为媚外。若为大势所趋，则余欲无言。不然，欲区别之，冠以西字、洋字可也。必欲号称新奇如古之称胡麻饭、贯头衣各与？以译名亦无不可，乌所用其感情哉！此以义译为原则者也，第事物固有比字属名以定其号而终不可题号者，则无妨从其主称。（140～141页）

按，胡以鲁说，器械之类固有名词循旧而选择之，所以，无其固有名词的可自行翻译之。译名固然不能求得完美，但浅陋、迷信、排外、媚外等做法也不可取。胡以鲁举出"洋火、钟"等词为例加以说明。

第四节　胡以鲁论固有名词不可译者

胡以鲁认为："第事物固有比字属名，以定其号而终不可题号者，则无妨从其主称。"这意思是说，已有固有名词形式的，就不妨按照其主要名称形式使用。胡以鲁分十个方面情况论述：

（一）人名以称号著，自以音为重，虽有因缘，不取义译。如摩西以水得名，不能便取其义而名之曰水。严格言之，如慕容、冒顿之慕冒轻唇音，且宜读古重唇以肖其原名也。（阏氏迄今犹读胭脂者，其严格者也。）然读史在知其为人，苟但求西史普通知识，则人名亦不妨略肖国人姓名以便记忆，收声等无妨从略。华盛顿、那破仑等名，通俗知之；蒙古、印度史中人名，虽学子不能记忆，无他，相似者易为习。诘诎者难为单节语，国民识也。孔孟二名之作罗马音也，赘有ns拉丁语尾，西人遂一般习知之，且未尝误会其为希腊、罗马人也。以汉音切西名，势必不肖。不肖而犹强为之，无非便不解西文者略解西史耳！然则曰叶斯比、曰亚利斯多德庸何伤？至谓为解西文者说法，则纯用西文，且读作其人本国语之音，是固鄙意所期也。（141～142页）

按，胡以鲁说，人名用称号显示符号性，自会以为读音最重要。虽然有因缘际会，但使用时不取义译方式。胡以鲁举出"摩西"等词为例加以说明。

（二）地名取音与人名同，可缘附者不妨缘附，如新嘉坡是也。可略者无妨从略，如桑港是也。国名、洲名之惯用者，不妨但取首音，如亚洲、英国是也。音声学应有之损益且无妨从习惯而损益之，如美利坚（重音在母音后之第二节，其母音往往不成声）、如俄罗斯（欲明辨首音之重音或至别添一音，此所谓不同化也）是也。其所异于人名者，则可译无妨译义，如喜望峰、地中海、黑海、红海等是已。第渺茫之义及国家之名一成不可译。如谓吾国支那之名本于缯儿，然不能称支那曰缯儿。尼达兰义为洼地，不能称尼达兰曰洼地。日本之名虽自我起，既成则不能更曰扶桑。（142页）

按，胡以鲁说，地名取用读音与人名取用读音的办法相同，可以附和原有形式的不妨附和使用，如取用新嘉坡这个地名就是如此。可以省略的不妨省略，如取用桑港就是如此。国名、洲名已经习惯采用的，不妨只取其首音，如亚洲、英国就是如此。从音声学角度看，应该增加或减少并且不妨依从习惯去做，如美利坚、如俄罗斯就是如此。有的地名与人名不同，可以翻译，就不妨翻译其意义，如喜望峰、地中海、黑海、红海等就是如此。如果语词意义含混不清楚以及国家译名已定型就不能翻译。如尼达兰之义是洼地，就不能把尼达兰叫洼地。日本译名虽然由中国起名，已经定型就不能改称叫扶桑。

（三）官号各国异制，多难比拟，不如借用其名以核其实，如单于汗、且渠、当户、百里玺天德，皆其例也。然法制日趋大同，官职相似者日多，既相似固不妨通用此号，而非汉官所有，特为作名，如左右贤王、僮仆都尉，古亦有其例也。（142～143页）

按，胡以鲁说，官方称号，由于各国制度相异，大多难以比拟，不如借用其名称而核定其实质，比如单于汗、且渠、当户、百里玺天德，都可以做证明。然而，各国法律制度越来越有趋同倾向，官职相似的越来越多，既然相似，就不妨通用此称号。而那些不是中国独有的，就特别制定译名，如左右贤王、僮仆都尉，自古以来就有其用例。

第十二章 《国语学草创》：译名、借用语及义译理论

（四）鸟兽草木之名此土所有者，自宜循《尔雅》《本草》诸书，摭其旧名。此土所无而有义可译者，仍不妨取义，如知更鸟、勿忘草等是也。无义可译则沿用拉丁旧名，然亦宜如葡萄、苜蓿取一二音以为之，俾同化于国语也。（143页）

按，胡以鲁说，鸟兽草木名称是中国本土早就存在的，自应该循依《尔雅》《本草》诸书，拾取其旧名。中国本土不存在的，且有有意义的语词可以做译名的，仍不妨取其语词意义而用，如知更鸟、勿忘草等就是这样。汉语没有对等意义的语词可以做译名的，就沿用拉丁语旧名，但应该如同葡萄、苜蓿这类词，取一两个音译成分来使用作为译名，使之转换同化而进入国语里面。

（五）金石、化学之名亦然。金、银、盐、矾故有者不必论，有义者则如酒精、苹果酸等取义译，无义者则依拉丁首一二音作新名。然音不可强用他义之旧名（例如锑本有火齐珠之义，不可为元素名），义不可漫撷不确定一端之义（例如轻气，在当时以其为元素中之最轻，今则义变而名窾矣），斟酌尽善，则专家之务也。（143页）

按，胡以鲁说，金石、化学方面的译名也是这样，金、银、盐、矾这类固有名词不必说，有语词意义的比如酒精、苹果酸等就采取义译方式，没有语词意义的就依照一两个音译成分来做新译名，但语音不可强用来表示其他词语意义之旧名。在义方面不可随意择选不确定的一个意义。例如轻气在当初是因为其作为元素中最轻之意义而得名，今天是意义变化而旧名变得空洞了，斟酌变通而达到尽善地步，就是专家的职责所在。

（六）理学上之名最难移译，向有其名如赤道、黄道者仍旧贯，确有其义，如温带、寒带者从义译。专名无关于实义者，不妨因故有之陋，如星以五行名，电以阴阳名，无损于其实也。似专名而义舍于其名者，则宜慎重。称"爱耐而几"（Energy）曰储能，称"伊太"（Ether）曰清气，漫加状词，殆未有不误谬者。"爱耐而几"固有储有行，"伊太"在理想中，无从状其清浊也。"爱耐而几"，或可译作势乎？伊太则伊太而已矣。（143～144页）

按，胡以鲁说，理学旧名翻译上是最难的，向来其旧有名称的，如赤道、黄道等，应该仍旧使用原名。确实有其意义的，如温带、寒带等语词依从意义翻

译。专用名词无关于实义的,不妨根据固有的浅陋之说,如星用五行命名、电用阴阳命名,并无损于其实义。胡以鲁举出"爱耐而几"称为储能等词为例加以说明。

(七)器械之属有义可译者,如上第二十条所云;无可译者,则仿后三四条作新名,璧珋、珂玳、古原有其例也。"亚更"(Organ)不能译原义曰机,"批阿娜"(Piano)不能译原义曰清平,而曰风琴、洋琴则骰矣。无已其亦借音作名,如古之琵琶乎?(144页)

按,胡以鲁说,器械之类有意义的可以当译名,举"风琴、洋琴"等为例加以说明。

(八)玄学上多义之名不可译,如《内典》言,般若犹此言智慧,而智慧不足以尽之。亚利斯多德言"奴斯"(Nous)犹此言理,而理不足以尽之。名之用于他者,无妨其不尽,玄学则以名词为体,以多义为用者,不可以不尽也。(144页)

按,胡以鲁说,玄学上的名词意义多而不可译。其名词用于其他译名,很容易滥用。玄学名词使用还是要有限定的。

(九)宗教上神秘之名不可译,如"曼那"(Manna)译为甘露,则史迹讹骰,涅盘译为乌有,则索然无味。佛义为知者,不能号为知者;基督义为灌顶,不能称其为灌顶王也。(144页)

按,胡以鲁说,宗教上的神秘之名称不可以翻译。胡以鲁举出"涅盘、基督"等词为例加以说明。

(十)史乘上一民族一时特有之名不可译,如法律史上罗马人之自由权、市民权、氏族权称曰"三加普"(Tria Caputa),不能译加普曰资格,政治史上希腊人放逐其国人之裁判法曰"亚斯托刺西斯姆"(Ostracism),不能译其义曰国民总投票等是也。(144~145页)

按,胡以鲁说,正史上一个民族一时间所具有的特有之名称是不能翻译的。胡以鲁举出"三加普、亚斯托刺西斯姆"等词为例加以说明。

第五节 胡以鲁"习于外而不忘其本"原则

胡以鲁确立译名之"义译"理论,以及在制定"论固有名词不可译者"原则基础上,进一步阐明其对待外语的态度:"习于外而不忘其本",是应该持有的正确的立场。具体而言:

一、一个人外语再好,但在表达上,还是感到"惟国语为最适切"

胡以鲁说:

美诗人某尝语其友曰:观君数用法兰西语,果使精练英语,无论何种感想,自有语言可表,安用借法语为也?德文豪哥德且曰表示感想,惟国语为最适切,诚哉,好用外语者盖未尝熟达国语也! 自史籀之古书凡九千名,非苟为之也,有其文者必有其谚言。秦篆杀之,《凡将》诸篇继作,及鄩氏时亦九千名,衍乎鄩氏者,曰《玉篇》以逮《集韵》,不损三万字,非苟为之,有其文者必有其谚言。刻玉曰琢,刻竹以为书曰篆。黑马之黑与黑丝之黑,名实眩也,则别以骊、缁。青石之青,孚笋之青,名实眩也,则别以苍筤、琅玕。白鸟之白,白雪之白,白玉之白,名实眩也,则别以皬、皅、皦。怨偶匹也,合偶匹也,其匹同,其匹之情异,则别以逑、仇。马之重迟,物之重厚,其重同其重之情异,则别以笃、竺,此犹物名也。更以动静名言之:直言曰径,一曲一直曰迂,自圆心以出辐线稍前益大曰奭,两线平行略倾渐远而合成交角曰皂,车小缺复合曰辄,釜气上蒸曰融,南北极半岁见日半岁不见曰暨,东西半球两足相抵曰僻。简而别,昭而切,则孳乳之用,具众理而应万事。(145~146页)

胡以鲁主要表达了几个观点:其一,借用西方文学家的话,无论外语使用多么熟练,也无论自己对哪一国家语言情有独钟,但一定要注意:"惟国语为最适切",即只有使用国语才是最合适的,最能贴切地表情达意。这是对国语所应具有的态度。其二,喜欢用外语的人不一定会熟练地用国语表达思想,因为,几千年来中国国语的发展无论是从文字上,还是从语词意义上看,都是极其复杂而深奥的,已经形成了"具众理而应万事"的语言系统,不了解这一点,就很难精熟地驾驭中国的语言。这也是最应该具有的客观看待国语的意识。

二、倡用万国新语者,习于外而忘其本问题

古者术语固无虞其匮乏也,后世俗偷文敝,使术名为废语,于是睹外货则目眩神摇,习西学则心仪顶理,耳食而甘,觉无词以易;乞借不足,甚且有倡用万国新语者,习于外而忘其本,滔滔者盖非一日矣。欧语殊贯,侵入犹少,日人之所矫揉者,则夺乱陵杂,不知其所底止也。吾虽于义译五六条下著日人译语不妨从同,然集一政党,亦必曰国民、曰进步、曰政友、曰大同俱乐部,亦何啙偷至于斯极乎?国语者,国民性情节族所见也。汉土人心故涣散,削于外族者再,所赖以维持者,厌惟国语。使外语蔓滋,陵乱不修,则性情节族沦夷,种族自尊之念,亦将消杀焉,此吾所为涓涓而悲也。综上所著三十条,更为之申言曰:故有其名者举而措之。荀子所谓散名之在万物者,从诸夏之成俗曲期也。故无其名者,骈集字数以成之。(《国语》释故乡言,而外复有释训,非联绵两字,即以双声叠韵成语,此异于单举。又苦事物名号,合用数言,放勋、重华古圣之建名,阿衡、祈父官僚之定命,是皆两义并为一称,犹西语合希腊拉丁之两言为一名也。今通俗用言,虽不过二千,其不至甚忧匮乏者,犹赖此转移,盖亦吾国语之后天发达也。音少意多,单举易鷇,明体达用,莫便于此。)荀子所谓累而成文,名之丽也。无缘相拟,然后仿五不翻之例,假外语之一二音作之。荀子所谓有循于旧名,有作于新名也。

本斯三端,著为世例,冀于斯道,稍有所贡献,当否不敢知也。至于切要之举,窃以为宜由各科专家集为学会,讨论抉择。折衷之于国语国文之士(例如日本法政之名,从国法;学术之名,从学会;国家主要用品如军舰、飞艇等名,则由政府布告以定之),名正言顺,庶几百官以治,万民以察乎?(146~147页)

胡以鲁主要申明了自己的几点主张:其一,要冷静地看待外语进入国语以后的后果,以及一些人对待外语的过分崇拜态度。他认为,中国古代术语从来就不是匮乏的。只不过是后世人往往把固有术语名称变为废语,于是就让一些人目睹"外货"而目眩神摇,心仪"外货",顶礼膜拜,耳食而感觉甘甜,感觉固有名词没有可以替换外来语的。乞借外来语还不满足,甚至于要提倡用万国新语代替国语。这些人熟悉外语而忘掉其国语根本,积久成弊。

其二,胡以鲁说,自己所提出之主张,是否恰当还需要进一步讨论。重要

的是,希望"由各科专家集为学会",把研究国语国文之士的意见加以讨论,进行折衷,提出关键性的决策,做到"名正言顺",达到"百官以治,万民以察"的目的。

三、胡以鲁译名理论的反响与争议

在胡以鲁之前,讨论译名问题的学者很多,比如严复。沈国威专门研究严复译名问题,他称之为译词。沈国威《一名之立,旬月踟蹰:严复译词》(社会科学文献出版社,2019年)专门讨论了严复译词理论问题。严复译词理论内涵十分丰富,除了学术界熟知的"译事三难,信、达、雅"之外,还有许多具体的理论观点需要后世学者了解。沈国威总结得十分全面,比如译词概念内涵、译词观念、译词承袭、译词新造、译词单双字之争、日本译词问题、科学名词审定、词典编撰、改造汉语等。

章士钊是较早关注"译名"问题的学者。陈福康《章士钊〈论翻译名义〉》谈到,章士钊早在1910年11月22日便以"民质"为笔名在梁启超主编的《国风报》第29期上发表了《论翻译名义》一文,称:"翻译名义之事,至难言矣。"他把"义译、音译之得失"作为讨论的中心议题。他认为,"以义译名",常常不能吻合原意。他举了"逻辑"(Logic)翻译成"名学""论理学"为例加以说明。他认为"以义译名"最大弊端是"所译者非原名",由此而强调,"义译"如果达不到达意的目的,就应该尽量选择"音译"这种有效方式。1914年2月15日,天津《庸言》杂志发表了胡以鲁的《论译名》一文,很显然,胡以鲁与章士钊强调"义译"弊端的观点明显不同。针对胡以鲁的观点,章士钊在1914年5月10日,在其所主编的《甲寅》杂志创刊号上,以"秋桐"为笔名发表《译名》,主要观点是:(1)不同意胡以鲁"音译之名不当立,凡译皆从其义,袭音非译也"的观点,从理论与历史依据上论述"音译"的重要性,认为应该承认其为翻译之一种。(2)论述了他对统一译名的看法,认为不应该由政府出面强行干涉此事,力主学术自由之下的共识。

无论是章士钊,还是胡以鲁,各执己见,都存在着局限性。其实,"音译"与"义(意)译"并不是对立的两种译名方式,而是可以并存而互为补充的,从现代翻译理论实践来看,这个观点是成立的。

虽然如此,我们切不可忽略胡以鲁"义译"理论的贡献,他所确立的义译理论构架,以及所发现的"固有名词不可译者",还有"习于外而不忘其本"的原则,迄今仍然具有重要的启发意义。

四、"习于外而不忘其本"与汉语外来词研究

胡以鲁所述,无论是音译意译,还是他认定的"借用语"也好,后来学者统称其为"外来语"范畴。

对这类外来语,胡以鲁之后,有一些学者仍然在继续讨论。乐炳嗣《语言学大意》(1923)第七讲"中国语底构造"专门设"借用外国语"一节,分为借西洋、借日本、从前流传下来的几类加以说明。(36~37页)沈步洲《言语学概论》(1931)则是在"特殊语"的"科学术语"中有所涉及,并不是专门讨论的。(177~178页)张世禄《语言学原理》(1931)在"语言的交流"一节中讨论了一些理论性问题。张世禄说:"比较的方法,只适用于一种或一族语言里各种语词声音的变迁,不能适用于某种语言的语词或组织传入他种语言的情形。两种不同的语言互相接触之后,自然要起交流作用,这一种语言里的语词和组织,自然要流入那一种语言里。流入的语词和组织,往往具有特别的意义和形式,是那一种语言本来所没有的。……这种交流作用,并非语言自身发展的结果,乃是由于两种文化接触以后自然发生的。"[6]

直到高名凯、刘正埮《现代汉语外来词研究》(文字改革出版社,1958年2月)出版,"外来语"才成为一个系统的专门的问题被提出来。高名凯等说:"目前我国语言学家对汉语词汇的研究已经做了一些工作,但是,对汉语词汇中的外来词部分却研究的很少。外来词是现代汉语词汇规范化中的一个重要的问题,因为现代汉语中包含有为数相当多的外来词。"(2页)是对什么是外来词也有一个基本的判断,即外来词是语言融合的产物,是以外语的词为来源的词,是本语言的词汇组成员。高名凯等也讨论了汉语外来词的历史、现代汉语外来词的许多语言的来源,也谈到了外来词的创造方式等问题。与此相关的研究也有一些学者在做,比如刘泽先,他有《音译、意译和形译》、《从科学新名词的翻译看汉字的缺点》《汉语不能容纳外来语吗》等论文。[7]新时期以来,史有为发表了《汉语外来语词典》(合编)、《异文化的使者——外来词》、《汉语外来词》等著作,讨论得更为深入。在国外,专注于汉语与某一种语言交流而涉及外来语问题的学者较多,比如日本有内田庆市、沈国威、陈力卫、朱京伟等,成果丰硕。

还有许多外来语问题,胡以鲁没有涉及,胡以鲁所涉及的主要是音译、意译等理论问题,其中,如何做到"习于外而不忘其本"的语言翻译与使用问题等成为学术焦点[8]。从这个角度上讲,胡以鲁有关音译、意译,以及"借用语"的

理论,还有着现实意义,后人仍然可以获得有益的启发,其价值由此可以充分显现。

注释:

[1] 章士钊(章士钊《论翻译名义》,《国风报》第 29 期,1910 年 11 月 22 日。

[2] 李养龙、莫佳旋《20 世纪初译名论战的现代解读》,《外语教学》2011 年第 3 期;张景华《清末民初西学术语译名的翻译暴力探析》,《翻译界》2016 年第 2 期。

[3] 袁锦翔《玄奘译言考辨》,《中国翻译》1993 年第 2 期;《隋唐佛教史稿》77 页,中华书局,1982。

[4] 郑玲《我国古代汉译佛经翻译理论》,《西夏研究》2014 年第 2 期。

[5] 许良越《论章太炎"语言缘起说"》,《西南石油大学学报》2015 年第 6 期;章太炎《国故论衡》48~51 页,商务印书馆,2010。

[6] 张世禄《语言学原理》158~160 页,商务印书馆,1931。

[7] 刘正埮《现代汉语外来词研究》,文字改革出版社,1958。

[8] 刘泽先《科学名词和文字改革》,文字改革出版社,1958。

第十三章 《国语学草创》：
中国接受西方普通语言学理论方式

西方语言学理论传入中国的时间、方式与效应问题，尽管有许多学者已经论及，但由于历史与现实的原因，加上文献阅读视野上的局限，还存在着一些模糊认识。其中，欧洲语言学与日本译介西方语言学成果在近现代中国发挥过极其重要的作用，这是需要重新探讨的。在这里，我们以近现代中国语言学理论教科书为切入点，论述中国当时是如何通过欧洲语言学与放眼"日本译介"的"曲线"方式接受西方语言学理论，从而获得学术效应的。

第一节 西方语言学理论知识传入中国的时间与方式

西方语言学理论是如何传入中国的，这是个不容易回答的问题。许多学者对此问题有所探讨，比如邵敬敏、方经民《中国理论语言学史》（1991）认为，《马氏文通》已经显露了普通语法学思想；章太炎《论语言文字之学》（1906）将"小学"改称为"语言文字之学"；胡以鲁《国语学草创》（1912）是中国第一部理论语言学著作，标志着中国理论语言学的诞生，[1]很有代表性。

但实际上，根据学者们的研究，这种估计在时间上还是略显迟滞一些，在一些领域，西方语言学思想早已传入，即便不是主流，也已经产生了不可低估的影响，比如在汉语音韵学理论"范式"上的突破。罗常培《耶稣会士在音韵学上的贡献》（2004）以《程氏墨苑》利玛窦罗马字注音、金尼阁《西儒耳目资》等韵图罗马字注音为例，说明西方语音学思想在明代已经传入中国，其学术价值非同小可，语音标记发生了变化，带来了字音音值研究的革命，"给中国音韵学研究开出了一条新路"，对方以智、杨选杞、刘献廷等影响颇大。[2]

在汉语语法学上，马建忠之前，据何群雄《中国语文法学事始》（2000），晚清嘉庆举人毕华珍《衍绪草堂笔记》（1851—1861年前写就）对中国语文法进行研究，运用西洋式"品词"理论进行分类，其中一些重要品词定义十分正确。[3]

1869年,由美国传教士高第丕(Tarlton Perry Crawford)和中国人张儒珍合著《文学书官话》在山东省登州府(现蓬莱)刊行。高第丕是美国南浸信传道会的传教士,1852年来上海传教约12年,1863年转道山东登州。《文学书官话》全书分21卷,第一章"论音"(大槻文彦增加副题"音论");第二章"论字"(大槻文彦增加副题"文字论");第三章"论名头"(大槻文彦副题"名词")到第十七章是词类,分15类;第十八章到第二十一章是谈词的兼类(话字换类)、词类总述、"句连续"(大槻文彦副题"文章论")、话色(应该是"修辞")等内容。

《文学书官话》原"序"称,所谓的"文学书","原系讲明话字之用法。""话字之用法",就是我们现在所说的"口语语法"。研究"口语语法"是为了"推求乎话之定理,详察乎字之定用",即达到摸清汉语口语语法的规律和应用价值的目的。《文学书官话》的叙述语言则用的是浅近的口语体语言,因此,称为"话",而不是"文",即书面语体。还有一层意思,是便于一般读者学习,所以,《文学书官话》说:"书内俗言俚语,究不嫌于卑近,意明词达,亦甚于于参观";"是以语虽浅近固陋,而意则融会贯通"。

早期西方学者研究汉语语法学的著作以汉语口语作为分析对象的不少,比如瓦罗《华语官话语法》、艾约瑟《官话口语语法》、威妥玛《语言自迩集》就是如此。但直接用汉语官话口语写作,并把当时官话口语作为研究主体,而且在中国府刊行流布并不多见,《文学书官话》也是很特别的。何盛三《北京官话文法》(1928)称《文学书官话》是在中国"印行的第一本北方官话(语法书)书",一点也不为过。[4]重要的是,参与研究的学者已经不只是西方学者高第丕,还有中国人张儒珍。张儒珍的参与意义重大,他所做的编写与订正工作,对于汉语官话口语研究的可信性来说必不可少,应该说,非同时代的毕华珍可与之相比,因为,毕华珍毕竟是把文言语法作为研究对象的。在以"经学"为主导的文言文教学占统治地位的时代,能够有这样的超前意识,是非常难能可贵的。[5]

《文学书官话》所蕴含的"普通语法学"理论与观念在当时是十分先进的,与西方语法学理论息息相关,这说明,西方语言学理论传入中国时间可以提到明末清初,并已经介入了汉语的研究中来,以教科书为主要传播方式,是可以肯定的。

第二节　教科书：近现代中国普通语言学理论传播方式

西方语言学理论传入中国时间已经很久，但这并不意味着当时"西式"语言学理论已经风靡语言学界，并且自觉上升到理论层面加以系统总结与概括。当时的语言学理论著述，还很难见到，这就意味着谈当时西方语言学理论系统已经传入中国还为时尚早。这里有两个问题需要辨明：

其一，在近现代中国，"西式"普通语言学理论输入中国已经进入了一个新的历史时期，其标志之一，就是"西式"语言学理论教科书已经诞生，并且逐步系统化、本土化。

邵敬敏、方经民《中国理论语言学史》(1991)谈到，这一阶段在中国问世的"西式"语言学理论教科书主要有：胡以鲁《国语学草创》(商务印书馆,1912)；黎锦熙《国语学讲义》(商务印书馆,1919)；乐嗣炳《语言学大意》(中华书局,1923)；王古鲁《言语学通论》(上海世界书局,1930)；沈步洲《言语学概论》(商务印书馆,1931)；张世禄《语言学原理》(商务印书馆,1930)与《语言学概论》(中华书局,1934)；张世禄与蓝文海翻译福尔(J.R.Fir-th)《语言学通论》(商务印书馆,1937)；周辨明与黄典诚编译《语言学概论》(厦门大学,1944；福建教育出版社,1984)。(28~38页)《中国理论语言学史》没有提到雷通群翻译安藤正次《言语学大纲》(商务印书馆,1931)与岑麒祥《语言学》(广州心声社印行,1938)、《语言学概要》(贵阳文通书局,1942)。薄守生《民国时期的语言学概论类教材史略》对这些教科书有过简要介绍，并按石安石的分期(《二十世纪的中国普通语言学》)，称之为启蒙期普通语言学教科书，其对应于民国时期，故又称之为民国时期普通语言学教科书。[6]王秀丽、梅涛《国外语言学在中国的译介及其影响》认为，胡以鲁、乐嗣炳、王古鲁受日本语言学理论影响很大，而沈步洲、张世禄受欧洲，尤其是英国语言学理论影响很大。同时走向系统化、本土化趋势，也是不可忽视的。[7]贾洪伟《汉译国外普通语言学典籍研究(1906—1949)》(首都师范大学出版社,2017年)则从译述、编译、直译、转译、语言学术语的流变等方面对所涉及的教科书进行了细致而全面的研究，代表了中国对此一阶段"西式"语言学理论教科书"汉译"的研究新趋向。

其二，"西式"普通语言学理论教科书在中国系统化、本土化的同时，十分注意"中国语言学理论"，即"国语学理论"与"普通语言学"的职能区别，如此，

第十三章 《国语学草创》：中国接受西方普通语言学理论方式

西式"普通语言学"模式开始有所定型，这是学术发展到一定程度上的精密化表现之一。

与许多学者一样，《中国理论语言学史》把胡以鲁《国语学草创》(1912)与黎锦熙《国语学讲义》(1919)当作"普通语言学"著作看待。它们是不是"普通语言学"著作仍需要辨析。我们曾谈到，从研究中国理论语言学史角度上看，将《国语学草创》定性为中国第一本语言学理论著作肯定是有积极意义的，因为，《国语学草创》所蕴含的语言学理论要素实在是太丰厚了。乐嗣炳《语言学大意》"语言学之在中国"[8]一节也说："把中国语言做系统地考述，浙江胡以鲁氏的《国语学草创》算是第一次。胡氏此书，对于中国语言的特质、起源等，都曾说起一点儿。此外，章太炎的《国故论衡》和《文抄》，梁任公的《演讲集》等一些零碎的论述，亦不过给将来研究中国语言学者一点儿参考罢了。从国语运动发轫之后，提倡国语者在传布、教学国语时所得的经验，发觉许多对于语言学的需要，渐渐有人拿语言为对象作科学的研究了。"(3～4页)王力曾说："《国语学草创》形成'普通语言学知识'体系。"王希杰(《略说胡以鲁对中国理论语言学的贡献》)、海晓芳(《试析中国第一部语言学著作《国语学草创》——从西方语言学的影响说起》《文法草创时期中国人的汉语研究》)等认定《国语学草创》具有雄厚的中外语言学理论基础都很能说明问题。[9]但我们认为，具有普通语言学知识体系，以及中外语言学理论基础并不足以定性《国语学草创》，要想真正揭示《国语学草创》本质，还是要回归到胡以鲁原书名称为何称之为"国语学"上来，这样才有可能接近胡以鲁构建此书理论体系之用意。回归文本看其中国"国语学"性质，比如认定中国传统小学"元素"重心在汉语音韵学，又辅之以独特的汉语方言分区、汉语句法理论、汉语词汇等观念，这就彰显了胡以鲁关注的焦点之所在；章太炎、黎锦熙从"国语学"角度认定《国语学草创》具有十分重要的"国语学"开创性意义。《国语学草创》文本寄予了胡以鲁"国语学"，即中国现代语言学体系精神的理想未来；《国语学草创》"原型"源于日本上田万年日本国语学，"兼容"德国甲柏连孜汉语心理语言学与德国保罗语言地理学、心理语言学理论。这可以证明，胡以鲁《国语学草创》不是一般的普通语言学理论著作，而是一本实实在在的现代中国汉语语言学精神与欧洲及日本语言学理论结合的经典性著作。[10]

据黎锦熙《国语学讲义》(1919)提到："至于中文著述，北京大学有一种《言语学讲义》，是浙江胡以鲁氏所编，叙论精当，足供参考。"(1页)这也证明了胡以鲁是有意将中国国语学与普通语言学理论职能分开，所以，才分别写了《国语学草创》与《言语学讲义》两书。只不过后人没有像黎锦熙那么幸运,没有看到《言语学讲义》书稿,所以,就没有黎锦熙理解得那么深刻。张世禄《语言学原理》(1931)"例言"所列参考书,"胡以鲁"名下就列有《国语学草创》与《言语学讲义》两种(4页),由此可以证明,张世禄阅读过这两种书,也是将中国国语学与普通语言学理论二者职能分开的。但我们现在很难再看到《言语学讲义》基本内容,姑且把《国语学草创》(1912)当作"普通语言学"著作来看待。

第三节 教科书:《国语学草创》等 接受西方普通语言学理论方式

近现代中国语言学理论教科书是如何对西方普通语言学理论知识加以"接受"的?从体例形式上看,我们看到至少有如下几种方式:

一、编译原著,传播普通语言学理论

1.《言语学大纲》,原著,安藤正次,雷通群译,收入王云五主编新智识丛书中,商务印书馆,1931年5月出版。《言语学大纲》主要目录是:第一章,概论。第一节,言语学之范围;第二节,言语学之本领,言语学建设之过程。第二章,世界语言之统系。第一节,统系的分类法;第二节,印度日耳曼语系;第三节,坎密度舍美特语系;第四节,乌拉尔亚尔泰语系;第五节,印度中国语系;第六节,马来波利尼语系;第七节,班图语系;第八节,杜拉维典语系;第九节,亚美利加语系。第三章,言语之声音。第一节,言语与声音之关系;第二节,发音器官之构造及作用;第三节,声音之分类;第四节,辅音;第五节,元音;第六节,连音及音节。第四章,言语之本质。第一节,表示运动与言语;第二节,言语与思想;第三节,言语与文字。第五章,言语之发达及变迁。第一节,言语构造上之分类;第二节,言语之变迁及原始时代之言语;第三节,国语与方言,文言与白话。

对照原著,即安藤正次《言语学概论》(1927/1974),可以看到,许多内容已经发生了变化,与原文存在着一定的差距。[11]比如第一章,原文是"序说"。第一节,言语的研究。第一句话就是:"言语学是把言语作为研究对象的科学。言语的本质、言语的构成、言语的发达变迁之理法、言语外形及内容、世界语言的分布、其他一切与言语现象有关研究,是言语学所汲取的。"而雷通群翻译则

第十三章 《国语学草创》：中国接受西方普通语言学理论方式

是：第一章，概论。第一节，言语学之范围。第一句话就是："言语学之范围，在研究言语之本质、构造、形式、内容，与其胚胎变迁之原理，世界上言语之分类，及关于一切言语现象。"(1页)第五章，言语之发达及变迁。第四节，我国国语史的考察与方言的考察，因为主要论述日本语史问题，与中国语研究关系不大，雷通群在译文中也删去了这一节。至于部分章节的具体内容删减就更多了。

2.《语言学通论》，福尔(J. R. Firth，今译弗斯)著，张世禄、蓝文海译，收入王云五主编"新中学文库"丛书中，商务印书馆，1937年7月出版。其目录为：第一章，语言的起源；第二章，书写的语词和口说的语词之研究；第三章，口说；第四章，听受和认识；第五章，意义问题；第六章，发音习惯；第七章，语言的系族。

"译者序言"说："原书是英国 Benns Sixpenny Library(廉价图书馆)当中的一种，对于'一般语言学'上重要的问题，有简括的论述。""不过，原书有一部分不免是根据英国人的立场的说话，我们嫌其对于英语的地位过分的抬高，凡是这些以英语为本位的论调，以及我们所认为不适合于国人阅读的部分，也就毫不客气地加以删除。""原书共分九章，最后的第八章和第九章，论到标准的英语和世界的语言，就是我们所认为的以英语为本位的论调，大部分是根据英国人立场的说话，不适合于国人的阅读。我们把这两章全部删除。又第一章的末段里删去一句，第二章中间的一段里，引据耶斯拍孙氏的话，以及末段里最后的一句也删去了。又第五章中间的一段也删去了末数句。我们认为这样的删减，结果可以使此书更适合于国人的阅读，而并没有损害原著里精要的意义。"(1～2页)可见，张世禄、蓝文海译介，带有明显的学术倾向性，尽量与中国语言学实际结合。

《语言学概论》，周辨明、黄典诚译著，1944年完稿，在厦门大学自印，以供教学之用。1985年由福建教育出版社再行出版。其"弁言"说，"这本书大部分译自下列三书，有时也把我们的一得之愚参了进去。"三本书是：L.R.Palmer(帕默尔)：*An Introduction to Modern-Linguistics*(《现代语言学导论》)；Frederick Bodmer(弗雷德里克·博德默)：*The Loom of Language*(《语言若隐若现》)；Sylvia Pankhurst(西尔维亚·潘克赫斯特)：*The Future of International Lan-guage*(《语言研究未来》)。帕默尔著述占了很大的一部分。其目录为：第一章，导论：基础的原理；第二章，语言的材料和取材；第三章，形态与功用之相应；第四章，在演化中的语言；第五章，意谓与意谓的变迁；第六章，文字;第七章,语言的地理;第八章,语言的分类。附录。这当中,"在演化中的语言"(即语言演化"格里姆定律")和"语言的地理"(即语言地理学)内容十分引人瞩目。

二、取原著框架而构成普通语言学理论"范式"

王古鲁《言语学通论》(1930)目录为:第一章,序说。第一节,言语之研究;第二节,言语学是怎样一种学问;第三节,言语学之建设前。第二章,世界的言语。第一节,系统的分类;第二节,印度日耳曼语族;第三节,哈密笃西密底语族;第四节,乌拉尔阿尔泰语族;第五节,印度中国语族;第六节,马来坡里内息亚语族;第七节,班笃语族;第八节,达罗毗荼语族;第九节,亚美利加语族。第三章,言语之声音。第一节,言语与声音;第二节,发音机关之构造及作用;第三节,声音之类别;第四节,辅音;第五节,元音;第六节,连音及音节。第四章,言语之本质。第一节,表出运动与言语,言语与思想;第三节,言语与文字。第五章,言语之发达及其变迁。第一节,从构成上来的世界之言语;第二节,言语之变迁及原始时代的言语;第三节,国语与方言,文言与口语。

许多学者认为,王古鲁《言语学通论》(1930)参照了安藤正次《言语学概论》(1927)的学术框架,这根据的是王古鲁"例言"的说法。王古鲁"例言"说:"本书纯以简明得当之日本安藤正次氏著《言语学概论》为根据,其增删处悉由编者负责。"从二者目录体现的框架上看,此言不虚。不过,与雷通群译《言语学大纲》一样,王古鲁《言语学通论》也是没有"第五章,言语之发达及变迁""第四节,我国国语史的考察与方言的考察"之内容。另外,更不要忘记他下面的话:"关于国语国音部分,因编者僻处海(宁)(上)虞,无多善本,足资参考。本书所引用者,大率根据胡以鲁氏之《国语学草创》、黎锦熙氏之《国语学讲义》、高元氏《国音学》。"由此可见,王古鲁《言语学通论》虽然沿袭了安藤正次《言语学概论》的学术框架,但根据实际情况来看,还不能说王古鲁《言语学通论》是连内容都完全照搬了安藤正次《言语学概论》。比如王古鲁《言语学通论》第一章第一节"言语之研究"有一段话是这样论述的:

这种国语与国语的接触的关系,我们也可以由此推想到方言与方言的接触,也是相同的。对于方言的研究,我国古时极为注重。我们看汉应劭《风俗通义序》上:"周秦以岁八月遣輶轩之使,求异代方言,还奏藉之,藏于秘室,及嬴氏之亡,遗弃脱漏,无见之者。"就可以晓得周秦之世,对于方言的重视了。

第十三章 《国语学草创》：中国接受西方普通语言学理论方式

他们研究的结果虽无遗存，然而这种研究的传说，却产生了汉扬雄的《輶轩使者绝代语释别国方言》的大著。(5页)

在安藤正次《言语学概论》同样章节的论述中，只是用"支那に于ても、既に周代に、方言采集、标准语制定の事が行はれてゐたといはれる"说明（15页）。而具体论述，则以日本《万叶集》为例说明"东国方言区域差异"。关于中国汉应劭《风俗通义序》，以及扬雄《方言》等的例证，则隐藏在"注"中。王古鲁删掉了正文针对日本《万叶集的》"东国方言区域差异"的大段论述，却把注解中有关这个问题的说明放到了正文中。王古鲁对安藤正次《言语学概论》内容调整的幅度是很大的。

最有意思的是王古鲁《言语学通论》"第二章，世界的言语"之"第五节，印度中国语族"部分，将其分为"西藏缅甸语"与"暹罗中国语"两个语支。而在"暹罗中国语"中，将汉语方言，"依地域言"分为十种，(79～81页)并不写明出处。我们将其与胡以鲁《国语学草创》对比，竟然完全一致(93～94页)，王古鲁照搬胡以鲁《国语学草创》殆无可怀疑。我们研究胡以鲁《国语学草创》中国方言分区十种发现，它取自于章太炎《訄书·方言》部分，但在具体论述上有所调整。这就与安藤正次《言语学概论》所论有所区别。安藤正次(1927/1974)认为，中国语方言，大体上分为南北两个方面。北方方言，即以北京官话为代表。该官话具有很强的标准语势力。与此相对，南方方言，只占有南方方言地位。南方方言分为三个大类：浙江省及其附近通行的，是浙江方言；福建省全部，浙江省、广东省一部分，是福建方言；广东省全部，及广西的一部分，是广东方言。进一步细分，浙江方言又分为上海、宁波、温州次方言；福建方言又分为福州、厦门、汕头次方言；广东方言又分为广州、客家次方言。(63页)

顺便说一句，安藤正次《言语学概论》思想还对朝鲜半岛语言学理论产生了很大的影响。比如周时经学术思想的继承者之一的郑烈模，不仅承继周时经的学术思想，同时还结合了在日本留学时的老师安藤正次的著作特点，立足于朝鲜语（韩国语）作为国语学科发展的想法编写其著作《朝鲜语学概要》。该著作分三部分在1927—1928年间连载于杂志《韩文》上，题名分别为《朝鲜语研究之原形》(1927)、《语言与文字》(1927)和《国语与方言》(1928)。这部通论性的著作从朝鲜语（韩国语）作为"国语"和"国语学"的研究对象出发，不仅在在音韵、词汇和句法领域基于共时的和历时两个层面展开研究，还借助了历史比较的研究方法，不拘泥于文献材料语言，进一步拓宽了基于朝鲜语（韩国语）

作为"国语"和"国语学"的研究思路，从而使学界对朝鲜语（韩国语）有了更全面的认识。

张世禄《语言学原理》（1931）在"例言"中说道："本书编制取材，大部分根据 L.Bloomfield（布龙菲尔德）的 *Introducton to the Study of Lan-guage*（《语言研究导论》）。"（2页）。我们现在所能见到的布龙菲尔德《语言论》（袁家骅等译，商务印书馆，1983年，依据1934年英文版）是《语言研究导论》（美国纽约，1914）的修订本，1933年出版。其目录是：第一章，语言的研究；第二章，语言的用途；第三章，言语社团；第四章，世界上的语言；第五章，音位；第六章，音位的类型；第七章，音位的变异；第八章，语音结构；第九章，意义；第十章，语法形式；第十一章，句子类型；第十二章，句法；第十三章，词法；第十四章，形态类型；第十五章，替代法；第十六章，形类和词汇；第十七章，文字记载；第十八章，比较法；第十九章，方言地理学；第二十章，语音演变；第二十一章，语音演变类型；第二十二章，形式频率的波动；第二十三章，类推变化；第二十四章，语义变化；第二十五章，文化上的借用；第二十六章，亲密的借用；第二十七章，方言间的借用；第二十八章，应用和瞻望。

张世禄《语言学原理》（1931）名义上依据布龙菲尔德《语言研究导论》，但还是有所不同，与布龙菲尔德《语言论》差距则更大。

三、引用原著与列参考文献而体现东西方语言学理论学术视野

1.引用。胡以鲁《国语学草创》的引用，一些学者有研究，比如海晓芳（2011：189~190页）就指出：能够和现在译名联系上的西方语言学者有洪堡特、季弗斯、密斯台利、亨利·斯威特、甲柏连孜、康拉迪、施莱赫尔、葆朴、马克斯·穆勒、斯坦达尔、叶斯柏森、阿仁特、帕西等。胡以鲁理论为多向性"兼容"，有选择地接受，同时，也带有一定的批判性。比如他接受了茨保特的内范、外范观念，他说："此种心意作用，即形成亨抱而的氏（Humboldt）所谓内范（Innerform）者也。内范者，对于言语之外范（Outerform）而言，各民族心意作用之范畴也。"（9页）"非机械摹仿也，意识亦加焉。其意识即亨氏所谓民族心理之内范。"（46页）"吾国语发起之道撰，在内范为联想，在外范为双声叠韵也。"（49页）不接受甚至批判西方语言学理论者，比如"迦伯林之氏（Gabelenz）主张螺旋进行说"。"立浦修斯氏（Lepsius）亦谓吾国语由多节而减少。然要皆持名学二元说而呈其想像，未尝深思明辨也。以吾辈所见，吾国语但有就简之一方，未尝见其复杂也。"（71页）"康拉地氏（Conradi）等谓吾国语向为多节，

第十三章 《国语学草创》:中国接受西方普通语言学理论方式

而杳然说其期在文字创造以前。多节语言强表之以单节文字,则更想像以外矣。脊拉海氏(Schleicher)一派形态分类主张者,动辄以吾国语形式之缺乏,贬之为初等。吾辈试先问形式之为何?"(72页)

乐嗣炳《语言学大意》(1923:23~24页)"语言的好丑"说:"欧洲的语言学者常有一种成见——形式是发表精密思想唯一的工具;有形式繁变的语言,一定有复杂的思想。其实最公平的要算沙司(Sayce)的说法:'评判语言、文学的眼光,和评判美恶的眼光,不能各个人都一样;亦没有一定的标准。黑人以为美,白人并不以为美。语言的好丑:倘若全把形格多变做根据,则杂体语当作第一;倘把简单直截作目的,则分析语最好;倘把透辟、明了作目的,则接合语和弯曲语当列一等。'不过,这仍旧是一家之言,不能据为定论。"沙司(Sayce),即萨斯,有人翻译为塞斯,牛津大学教授。其《语言学》(1874),上田万年、金泽庄三郎合作翻译,明治三十一年(1898)由东京金港堂出版,在日本语言学理论学界具有重要影响力。[12]

王古鲁《言语学通论》(世界书局,1930)引用、承袭安藤正次《言语学概论》,这是不言而喻的,比如:"莆立特立希密拉(Friedrich Müller,1834—)从言语之研究的目的上观察,将之区分为实用的、文献学的、言语学的三种。这样的分类法,对于言语学的职能,实在也可称划分得清清楚楚。"(9页)安藤正次《言语学概论》原文此完全相同。(20页)"茄培伦兹(甲柏连孜——引著注)(Gabelentz)氏,区分言语学的研究部门为各国国语的研究、系统的历史的研究和一般的研究三种,这种分类法,也是极得当的。"(13页)安藤正次《言语学概论》原文与与此完全相同。(23页)

沈步洲《言语学概论》(1931)引用例很多,比如第七章"言语之分类":"吾国言语本不以多变为能,而平时使用殊不觉其窘苦,则简单正其所长,胡得以为诟病之资?胡以鲁氏翘吾国语于他种语言上实非无据。今姑复述西儒舍斯(Sayce)氏所言,以见持平论之一斑:'吾辈常谓诎诘语优于关节语,关节语优于单节语,但所谓优劣者,从何而判?亦曰,若者善于表见思想,故优;若者不善于表见思想,故劣而已。'"(40~42页)

张世禄《语言学原理》(1931)"第八章,语言的分类"之"第四节,中国语在语言学上的地位"引用胡以鲁《国语学草创》之例,他说:"胡以鲁《国语学草创》谓此种作用,乃是'藉联想或类推作用,彼此相连,或彼此相限,起关系上的包晕之感。'"(119页)

2.参考文献体现了普通语言学理论学术视野。比如王古鲁《言语学通论》

(1930)书末列了 12 种参考书：(1) O.Jesperson（叶斯柏森）：*Language: Its Nature, Development and Origin*（《语言——它的本质、发展与起源》）；(2) H.E.Palmer（帕默尔）：*Scientfic Study and Teaching of Language*（《语言科学研究与教学》）；(3) L.Bloomfield（布龙菲尔德）：*An Introduction to the Study of Language*（《语言研究导论》）；(4) H.Sweet（斯威特）：*History of Language*（《语言史》）；(5) W.D.Whitney（惠特尼）：*Life and Growth of Language*（《语言的生命和成长》）；(6) Max Müller（马克斯·穆勒）：*The Science of Language*（《语言学》）；(7)神保格《言语学概论》；(8)苏秀尔著，小林英夫译《言语学原论》；(9)高桥龙雄《应用语言学》；(10)金子健二《言语哲学与言语共和国》；(11)胡以鲁《国语学草创》；(12)黎锦熙《国语学讲义》。

需要说明的是，苏秀尔即索绪尔。索绪尔语言学理论何时传入日本？时枝诚记《国语学原论》(1941)第一篇"总论"中，"对语言理论批判"一节(57～61页)有一个介绍。[13]他说："神保格从欧美留学归国后，在东京大学有一个讲演，专门介绍法国语言学，特别详细地介绍了索绪尔语言学理论。"这是大正十三年(1924)。时枝诚记说："事实上，神保格《言语学概论》(大正十二年(1923)十一月)中关于语言观念及语言活动的概念，与索绪尔学说 langue 和 langage 非常相似。"1928 年，小林英夫翻译出版了索绪尔的《言语学原论》(《普通语言学教程》)。[14]这在日本引起了很大的反响。王古鲁《言语学通论》(1930)在参考书目中提及"苏秀尔著，小林英夫译的《言语学原论》"，说明，中国学者引入索绪尔语言学理论是通过日本学者小林英夫译文实现的，这应该是中国引入索绪尔语言学理论之始。与一般学者对这个问题理解有所不同。

布龙菲尔德著作在这里出现也是一件让人惊奇的事儿。袁家骅《语言论》"译者的话"（商务印书馆，1980 年 6 月）说："《语言论》(Language)一书，1914 年在美国纽约以《语言学研究入门》(*An Introduction to the Study of Language*)的名称出版，1933 年修订增补后，改叫现在的《语言论》这个书名出版。一年后在英国再版。"这样看来，王古鲁《言语学通论》提到的是布龙菲尔德 1914 年在美国纽约出版的著作，不可谓不先进。

马克斯·穆勒(Max Müller)：*The Science of Language*《语言学》，1874 年出版。金泽庄三郎、后藤朝太郎译，分上、下册，博文馆 1907 年出版，列入"帝国百科全书"第 157、158 编。

叶斯柏森《语言——它的本质、发展与起源》，1922 年由哥本哈根大学出版。日本学者市河三喜、神保格译为《言语その本质·发达び及起源》，岩波书

第十三章 《国语学草创》：中国接受西方普通语言学理论方式

店1926年7月出版。

让人感到疑惑的是，王古鲁《言语学通论》(世界书局，1930)中多次提到的茄培伦兹(甲柏连孜)，但却并没有在参考书中出现，我们认为，这可能是由于作者没有看到甲柏连孜《语言学》(1891)及《汉文经纬》(1881)原书造成的。他之所以能引用，主要还是拜安藤正次《言语学概论》所赐。安藤正次是上田万年的学生，而上田万年则在日本大力推荐甲柏连孜《语言学》(1891)及《汉文经纬》(1881)。甲柏连孜在日本语言学界声名显赫，安藤正次《言语学概论》引用并不是偶然的，非常正常。

再比如，沈步洲《言语学概论》(1931)没有在书末列举参考书，但在"序"及书内的注释中列举了一些参考书。比如其"序"言："民国二年，余与胡仰曾(以鲁)君遇，仰曾服膺章太炎氏。习于国语学，又长于欧洲文学。尝以余力旁及言语，为余缕道其详，举耶斯拍孙(Jespersen，叶斯柏森)、米勒(马克斯·穆勒)之说相告，余乐其说之辩，偶披览其原作，油然有所感。"(2～3页)沈步洲1913年所读的叶斯柏森(耶斯拍孙)语言学著作，恐怕不是一般人熟知的《语言——它的本质、发展与起源》，此时此书还没有出版。那就可能是《语言的逻辑》，1913年出版。马克斯·穆勒(米勒)的著作，一定是《语言学》，1874年出版。很显然，沈步洲《言语学概论》与这两个人的语言学思想紧密相关。在《言语学概论》中，沈步洲介绍了不少参考书，比如语音的，他说："晚近胡以鲁氏《国语学草创》，亦稍论音韵。其说也，多本诸章太炎氏之著作。高元氏《国语学》，既详述发音机关之作用，又历叙注音字母，分类而标别之，于前人之讹误，颇多纠正。汪怡氏《国语发音学》，析音更详；钱玄同氏《文字学音篇》，为新旧声韵对照，足为参考之资。"(35页)在注释中，沈步洲谈道："言语与思想，如形影之不能相离，言之最切者，布伦飞德(Bloomfield)。其言曰……此说盖承玛克斯米勒氏。"(191页)布伦飞德，就是布龙菲尔德；玛克斯米勒，就是马克斯·穆勒。

再次，比如张世禄的《语言学原理》(1931)与《语言学概论》(1934)。张世禄《语言学原理》(1931)在"例言"中说道，"本书编制取材，大部分根据于L.Bloomfield(布龙菲尔德)的 *Introducton to the Study of Language*(《语言研究导论》)。"(2页)"至于其余的主要参考书，列举如下"：(1)F.Max Müller(马克斯·穆勒)：*Lectures on the Science of Language*(《语言学讲座》)；(2)W.D.Whitney(惠特尼)：*Life and Growth of Language*(《语言的生命和成长》)；(3)H.Sweet(斯威特)：*A Pratical Study of Language*(《实际语言学习》)；(4)Lefeure(勒费夫尔)：*Bace and Language*(《自主过程和语言》)；

(5)O.Jesperson(叶斯柏森)：*Progress in Language*(《语言的发展》)；(6)叶斯柏森：*Language：Its Nature，Development and Origin*(《语言——它的本质、发展与起源》)；(7)Palmes(帕姆斯)：*The Principles of Language-Study*(《语言学习原理》)；(8)Marce L.C(马塞尔)：*The Study of Languages*(《语言研究》)；(9)Karlgren(高本汉)：*Sound and Symbol in Chinese*(《中国的语音和符号》)；(10)Karlgren(高本汉)：*Philology and Ancient China*(《中国语言学研究》)；(11)小林英夫译《言语学原论》；(12)后藤朝太郎、金泽庄三郎译马克斯·穆勒《语言学》；(13)安藤正次《言语学概论》；(14)胡以鲁《国语学草创》；(15)胡以鲁《言语学讲义》；(16)黎锦熙《国语学讲义》；(17)沈步洲《言语学概论》；(18)乐嗣炳《语言学大意》；(19)章太炎《国故论衡》；(20)刘师培《正名隅论》；(21)刘师培《小学发微》；(22)赵元任《国际音标国语正音字典》；(23)刘复译《比较语音学概要》；(24)张世禄《国语外国语对照语音学》。这当中，高本汉《中国语言学研究》，贺昌群译，商务印书馆1934年出版。张世禄《语言学原理》居然把胡以鲁《国语学草创》与《言语学讲义》并列为参考书，说明他是看过这两种书的，但问题是，《言语学讲义》何时出版的，今天人很难确知，也是需要进一步寻求的。

张世禄《语言学原理》正文中不乏对中国学者语言学研究论著的评述与介绍，比如第一章，语言学的意义，其第四节是"言语学之在中国"。他说："往时胡以鲁曾著《国语学草创》一书，采取西洋的语言学理，依据章太炎诸人的成说，把中国语作为一番的考述，虽间有精到之论，终嫌浅陋。黎锦熙亦著《国语学讲义》，而只详于音韵一篇，略于文法、词类。近年来，研究中国语的风气渐渐兴盛，关于国语历史的研究、方言的调查、音韵的分析、词类和文法的整理，常有专书及零碎的论述刊布出来。至于东西洋学者，关于中国语的著作，也很有几种可以供我们参考。最近瑞典高本汉(K.Berhand)的书，尤其是最精密的。高氏所著《中国语与中国文》(*Sound and Symbol in Chinese*)及《中国语言学研究》(原名 *Philology and Ancient Chinese*)，实为研究中国语学入门必要的书籍(二书已由贺昌群君及鄙人译出)。"(5页)

张世禄《语言学概论》(1934)"例言"第十条特意强调："本书各章末均附有主要参考书目，以示本书取材的根据，并备读者参看。"(2页)

第1章，参考书：F.Max Müller(马克斯·穆勒)：*Lectures on the Science of Language*(语言学讲座)；W.D.Whitney(惠特尼)：*Life and Growth of Language*(语言的生命和成长)；H.Sweet(斯威特)：*A Pratical Study of*

Language(《实际语言学习》);T.G.Tucker:*Natural History of Language*(《语言自然史》),chap.I;E.Sapir:*Language*(《语言》),chap.I;O.Jesperson(叶斯柏森):*Language:Its Nature Development and Origin*(《语言——它的本质、发展与起源》);O.Jesperson(叶斯柏森):*The Philosophy of Grammar*(《语法哲学》),chap.I;W.M.Thoma:*Language in the Making*(《形成中的语言》);L.Bloomfield(布龙菲尔德):*The Study of Language*(《语言学习》),chap.IX,X;小林英夫译《言语学原论》;雷通群译《言语学大纲》,原著,安藤正次;沈步洲《言语学概论》第一、二、三章;张世禄《语言学原理》第一章。

第2章,参考书:W.D.Whitney(惠特尼)*Life and Growth of Language*(《语言的生命和成长》);W.D.Whitney(惠特尼):*Britinnia Encyclopedia*,article on "philogy"(《大英百科全书·语言》);H.Sweet(斯威特):*The History of Language*(《语言史》),chap.I,III,VIII;M.MoncaLm:*The Origin of Thought and Speech*(《思想和语言的起源》);T.G.Tucker:*Natural History of Language*(《语言自然史》),chap.III;E.Sapir:*Language*(《语言》),chap.I;O.Jesperson(叶斯柏森):*Language:Its Nature Development and Origin*(《语言——它的本质、发展与起源》);O.Jesperson(叶斯柏森):*The Philosophy of Grammar*(《语法哲学》),chap.I;W.M.Thoma:*Language in the Making*(《形成中的语言》),chap,II,III;L.Bloomfield(布龙菲尔德):*The Study of Language*(《语言学习》),chap.I;G.Wills:*Speech*(《说话方式》).chap.I,II,IV;小林英夫译《言语学原论》;后藤朝太郎、金泽庄三郎译马克斯·穆勒《语言学》;张行孚《说文发疑》;刘师培《正名隅论》;章太炎《国故论衡》《检论订文篇》;梁思成等译《世界史纲》第九、十三章;胡以鲁《言语学讲义》;雷通群译《言语学大纲》第四、五章;章士钊译《情为语变之原论》;沈步洲《言语学概论》第四、五、十三、十六章;乐嗣炳《语言学大意》;张世禄《语言学原理》第二、九章;张世禄《文字学概论》第三章。

第3章,参考书:W.D.Whitney(惠特尼):*The Life and Growth of Language*(《语言的生命和成长》),chap.VIII;N.C.Macnamara:*Human Speech*(《人类语言》);H.Sweet(斯威特):*The History of Language*(《语言史》),chap.I,II,IV;H.Sweet(斯威特):*A Pratical story of Language*(《实际语言学习》);T.G.Tucker:*Natural History of Language*(《语言自然史》),chap.II,III;O.Jesperson(叶斯柏森):*Language:Its Nature Development and Origin*(《语言——它的本质、发展与起源》);O.Jesperson(叶斯柏森):*The*

Philosophy of Grammar(《语法哲学》);E. Sapir:*Language*(《语言》),chap. II,III;W,M.Thoma:*Language in the Making*(《形成中的语言》),chap. I;L. Bloomfield(布龙菲尔德):*An Introduction the Study of Language*(《语言研究导论》)I,chap.II,III;J.R.Firth(弗斯):*Speech*(《语言》),chap.III,IV,V,VI; G.Wills:*The Philosophy of Speech*(《语言哲学》),chap.III;小林英夫译《言语学原论》;许慎《说文解字》;章太炎《国故论衡》;胡以鲁《言语学讲义》;雷通群译《言语学大纲》第三章;刘复译《比较语音学概要》;金兆梓《国文法之研究》;赵元任《国际音标国语正音字典》;张世禄《语言学原理》第三、四章;张世禄《语音学纲要》。

第 4 章,参考书:W.D.Whitney(惠特尼):*The Life and Growth of Language*(《语言的生命和成长》);H.Sweet(斯威特):*The History of Language*(《语言史》),chap.IV;O.Jesperson(叶斯柏森):*Language:Its Nature Development and Origin*(《语言——它的本质、发展与起源》);O.Jesperson(叶斯柏森):*The Philosophy of Grammar*(《语法哲学》);E.Sapir:*Language*(《语言》),chap.II,IV,V,VI;R.G.Kent:*Language and Philology*(《语言学与文献学》);W.M.Thoma:*Language in the Making*(《形成中的语言》),chap.VII,VIII;L.Bloomfield(布龙菲尔德):*An Introduction to the Study of Language*(《语言研究导论》)I,chap.IV,V,VI;G.Wills:*The Philosophy of Speech*(《语言哲学》),chap.V,VII;章太炎《国故论衡》;梁启超《从发音上研究中国文字之源》(《梁任公近著》第一辑下卷);林语堂《语言学论丛》;黎锦熙《国语文法》;金兆梓《国文法之研究》;杨树达《高等国文法》;乐嗣炳《语言学大意》;沈步洲《言语学概论》第十、十二、十五章;赵元任《国语留声片课本》;张世禄译《中国语与中国文》;张世禄《语言学原理》第五、六、七章。

第 5 章,参考书:W.D.Whitney(惠特尼):*The Life and Growth of Language*(《语言的生命和成长》);惠特尼:*Britinnia Encyclopedia*,*article on "philogy"*(《大英百科全书·语言》);T.G.Tucker:*Natural History of Language*(《语言自然史》);E.Sapir:*Language*(《语言》);O.Jesperson(叶斯柏森):*Language:Its Nature Development and Origin*(语言——它的本质、发展与起源》);O.Jesperson(叶斯柏森):*Progress in Lauguage*(《语言学术进展》);H.Sweet(斯威特):*The History of Language*(《语言史》);R.G.Kent:*Language and Philology*(《语言学与文献学》);W.M.Thoma:*Language in the Making*(《形成中的语言》);J.R.Firth(弗斯):*Speech*(《语言》),chap.VII,

VIII,IX；Lefeure：*Race and Language*(《人类和语言》)；新村出《东方言语史丛考》；胡以鲁《言语学讲义》；胡以鲁《国语学草创》；林语堂《语言学论丛》；金兆梓《国文法之研究》；冯承钧译《原始中国语为变化语说》(《东方杂志》第26卷第5期)；雷通群译《言语学大纲》第二、五章；沈步洲《言语学概论》第七、八章；张世禄译《中国语与中国文》；张世禄《语言学原理》第八章。

第6章，参考书：W.D.Whitney(惠特尼)：*The Life and Growth of Language*(《语言的生命和成长》)；H.Sweet(斯威特)：*The History of Language*(《语言史》)；T.G.Tucker：*Natural History of Language*(《语言自然史》)；E.Sapir：*Language*(《语言》)；O.Jesperson(叶斯柏森)：*Language its Nature Development and Origin*(《语言——它的本质、发展与起源》)；R.G.Kent：*Language and Philology*(《语言学与文献学》)；W.M.Thoma：*Language in the Making*(《形成中的语言》)；L.Bloomfield(布龙菲尔德)：*An Introduction to the Study of Language*(《语言研究导论》)；G.Wills：*The Philosophy of Speech*(《语言哲学》)，chap.II，IV，VII，XI；新村出《东方言语史丛考》；刘熙《释名》；胡以鲁《国语学草创》；林语堂《语言学论丛》；刘复译《比较语音学概要》；金兆梓《国文法之研究》；唐钺《修辞格》；汪怡《国语发音学》；雷通群译《言语学大纲》第五章；沈步洲《言语学概论》第九、十二章；张世禄《语言学原理》第十、十一、十七章；张世禄《文字学概论》第二章；张世禄译《中国语与中国文》；贺昌群、张世禄译《中国语言学研究》。

张世禄对索绪尔情有独钟是有名的，方光焘《问题的简化与复杂化》(《语文周刊》32期，1939年2月20日，《中国文法革新论丛》82～88页，中华书局，1958)就说，"世禄先生自己曾在《语言学概论》一书里，一再提及的小林英夫译《言语学原论》的270～275页。"(83页)

张世禄《语言学概论》(1934)参考书，欧美各国、日本、中国等各国文献覆盖面之广，视野之开阔，是20世纪30年代学者语言学理论教科书中最为突出的，足以代表中国语言学理论教科书编写的最高水平。

四、普通语言学理论教科书"范式"

近现代中国"西式"语言学理论教科书，具有自主"独创精神"，并且在当时国内外产生较大影响力的，主要是：胡以鲁《国语学草创》、乐嗣炳《语言学大意》、沈步洲《言语学概论》、张世禄《语言学原理》、张世禄《语言学概论》。其著作的目录代表着他们独创的"构架"形式，形式与内容结合，力求"贴切"，这应当是我们关注的焦点之一。

胡以鲁《国语学草创》(1912)目录为:第一编,说国语缘起;第二编,国语缘起心理观;第三编,说国语后天发展;第四编,国语后天发展心理观;第五编,说国语成立之法则;第六编,国语在语言学上之位置;第七编,论方言及方音;第八编,论标准语及标准音;第九编,论国语与国文之关系。附:论译名。

乐嗣炳《语言学大意》(1923)目录为:第一讲,语言学的定义和历史。语言学之在西洋;语言学之在中国。第二讲,语言的起源。语言构成的方法;语言没有发达以前。第三讲,语言的演进。未开化时代的民族所使用的文字;语言未发达的异类来类推;有了具体的语言文字之后;后来语言渐渐演进是因为有两种能力;各个发展;互相结合。第四讲,语言的变迁。变迁原因;变迁的方法:意义的变化;声音的变化。第五讲,语言的分类。形态的分类法:分析语、接合语、弯曲语、合体语;系统分类法;心理分类法;语言的好丑。第六讲,语族。印度日耳曼语族;塞米语族;乌拉尔阿尔泰语族;分析语族;马来波里耐思语族;高加索语族;略米语族;南非语族;美洲土人语族。第七讲,中国语言的构造。中国语言究竟属于哪一种;中国语言的原质;所组织的语句;词儿的孳生:单音词、复音词、借用外国词、本国方言杂用和死词复活;词儿的变态;特殊的习惯;语根和语系。

沈步洲《言语学概论》(1931)目录为:第一章,言语学之定名;第二章,言语学之范围;第三章,言语学之历史;第四章,言语之性质;第五章,言语之起源;第六章,声音;第七章,言语之分类;第八章,语族;第九章,言语变迁之原因;第十章,印度日耳曼语词之构造及其生命;第十一章,英语之沿革;第十二章,中国语言之发展;第十三章,儿童与言语发展之关系;第十四章,方言、标准语、特殊语;第十五章,词品论;第十六章,言语之本质、言语之作用。

张世禄《语言学原理》(1931)目录为:第一篇,语言学与语言。第一章,语言学的意义;第二章,语言的本质。第二篇,语言的构成。第一章,语言的声音;第二章,语言的内容。第三篇,语言的组织。第一章,语言组成的形式;第二章,形态学;第三章,措辞学;第四章,语言的分类。第四篇,语言的发生和变化。第一章,语言的起源;第二章,语言之内的变迁;第三章,语言之外的变迁;第四章,附论语言教学法。

张世禄《语言学概论》(1934)目录为:第一章,语言学的概念;第二章,语言的本质和起源;第三章,语言的构成;第四章,语言的组织;第五章,语言的分类和系统;第六章,语言的演变。

张世禄语言学思想,已经有硕士论文系统探讨,如赵文君《张世禄语言学思想初探》[15],但与之相关的其他学者的语言学著述顾及不多。何九盈《中国现代语言学会史》(2008)也肯定了张世禄在译介西方语言学理论方面的贡献,认为其用力最勤,成绩最突出(74~83页),但对《语言学原理》与《语言学概论》这些"原创性"理论著作关注不够,这是需要进一步探讨的问题。

这些近现代中国语言学理论教科书体例形式呈现了接受西方语言学理论的方式,都是显性的信息,可以触摸到的。但更为隐蔽的,潜藏很深的意识信息,需要我们经过更为精心的研究才能获得,我们将在另外的文章中加以论述。

第四节 译介日本翻译教科书:曲线接受西方普通语言学方式

在近现代中国"西式"普通语言学理论教科书中,再行译介日本学者已经"译介"的"西式"语言学理论,以及语言学著述成果成为一个必须注意到的学术亮点,我们称之为"曲线接受"方式。这些译介日本学者已经"译介"的"西式"语言学理论,加上著述成果,成了"三手"教科书,比如雷通群译安藤正次《言语学概论》(1927)而命名为《言语学大纲》(1931);王古鲁改编安藤正次《言语学概论》(世界书局,1927)而成《言语学通论》(1930),今天的许多普通语言学理论研究学者对他们的学术情况几乎是比较陌生的。近80年来,也较少有人论及,显得比较落寞。即便有学者论及,也只是几笔带过,并且站在西方语言学理论角度看待,把它们当作西学"附庸",他们并没有注意到,王古鲁、雷通群是典型的"曲线接受"西方语言学理论方式,与当时中国学术知识体系整体性接受方式是一致的。何九盈先生《中国现代语言学史》(2008)就说[16]:"还有一部是雷通群翻译的日本安藤正次的《言语学大纲》。其实,《大纲》的基本内容也是来自西欧,只不过加进了一些日本的材料。"(73页)何先生的看法有一定的代表性,但如果细究起来,这种观点,还是需要我们进一步思考其是否合理。

其一,日本学者对西方普通语言学理论加以引进、消化、整合,形成自己独特的语言学模式,也是经过了一个复杂的历史发展进程的,其中有一些学者通过有意"布局",直接推动了普通语言学理论研究的"整体性"推进的步伐,使得

"日本式"普通语言学理论体系日益形成,产生了前所未有的"辐射"力。

1.上田万年及其弟子在这方面做了大量的工作,可以说是日本学者对西方普通语言学理论引进、消化、整合的基本"缩影"。我们曾经论述过,上田万年1890年获得公费资助,赴德国留学,在莱比锡大学和柏林大学等大学学习。后来,又到巴黎求学接受西方语言学理论熏陶。在留学期间,深受东洋语学者フォン・デル・ガベレンツ(甲柏连孜)的影响。还听过青年语法学派核心人物カール・プルークマン(布鲁格曼)和ゃェドゥアルド・ジーフェルス(西弗斯)授课,并且,选修サンスクリット语言课。这些人中,比如布鲁格曼、西弗斯,都是索绪尔《普通语言学教程》中提到的人物。1894年,上田万年归国后,任东京帝国大学文科大学博语学讲座教授,讲授比较语言学、音声学等新领域课程,给当时古文献学、日本国语学、近代语学等注入了科学的理论与方法,并树立了学术新风,由此而创立了新的日本国语学与现代语言学理论。其《言语学》,由新村出笔录,柴田武校订后出版。日本学者柴田武在"序文"中(1~4页)说:上田万年《言语学》是日本最早的语言学概论教科书之一,具有引领风气之先的勇气。经过研究,可以认定上田万年《言语学》与甲柏连孜《语言学》(1891)体例、内容关系密切。上田万年在《言语学》"总论"后,列了20多种参考书,主要是:

Byrne:*General principle pf the Structure of Language*(1893);

Darmesteter:*Lauie des Mots*;

Delbrück:*Einleitung in das Sprachstudium*;

Delagrosserie des diuisions de la Linguistique;

Gabelentz:*Sprach Wissenschaft*;

Heyse:*System der Sprach*;

Hoblaque:*La Linguistique*;

Humboldt:*über die Verschiedenheitdes Menschlichen Sprach-baues*;

Latham:*Elements of Comparatiue Philogy*(1862);

Lefèvre:*Les Races et les Lang*;

Friedrich Müller:*Grundriss Der Sprach*;

Max Müller:*Lectures of the Science of Lang*;

Paul:*Principien der Sp.Geschichte*;

Pezzi et Nou:*Introduction à l'étude de la Science du Lang*。

这当中,有的还是1893年新出版的。说明其《言语学》参照系迅捷,同时也是多样化的,并不完全是甲柏连孜的《语言学》。因此,其《言语学》承袭于甲柏连孜《语言学》,但不局限于甲柏连孜《语言学》,这是肯定的。他个人的见解也是不可忽视的。

上田万年弟子,比如藤冈胜二、保科孝一、新村出、安藤正次等,均在语言学理论教科书编写上做出了突出成绩。

2.日本学者研究欧美普通语言学理论,翻译欧美普通语言学著作是必不可少的一环,但同时,也在建构自己的语言学理论体系,与东亚语言学传统结合,是其主要的特色之一。

根据日本国立国语研究所编的《明治以降国语学关系刊行书目》(1955)[17],明治末至1945年以前,日本出版与语言学理论相关的各类译作和著作65部。比较重要的翻译著作如:大槻文彦译《言语篇》(William Chambers's Fncyclopedia 之译,文部省,1886);上田万年、金泽庄三郎共译萨斯《语言学》(金港堂,1898);保科孝一译ホイトニー《语言发达论》(富山房,1899);新村出译叶斯柏森《语言进步论》(出版社不详,1901);八杉贞利编译《ストロング氏言语史纲要》(东京专门学校出版部,1901);金泽庄三郎、后藤朝太郎译马克斯·穆勒《语言学》(博文馆,1906);ヘンリ・スウィート(斯威特)原著,金田一京助译《新语言学》(子文社,1912);金泽庄三郎译タダルメステッテル《语言之生命》(富山房,1908);市河三喜、神保格译叶斯柏森《语言——它的本质、发展与起源》(岩波书店,1927);小林英夫译索绪尔《言语学原论》(冈书院,1928);泉井久之助、高谷信一译汤姆逊《语言学史》(弘文堂,1937);藤冈胜二译房德里耶斯《语言学概论——语言研究和历史》(刀江书院,1938);大野俊一译梅耶《欧洲之诸语言》(三省堂,1943);木坂千秋译萨丕尔《语言——言语研究序说》(刀江书院,1943)等。历史比较语言学、类型学、语言地理学、社会文化心理语言学、结构主义语言学、语言学史等异彩纷呈,令人目不暇接。

这当中,上田万年、金泽庄三郎共译的萨斯《语言学》(金港堂,1898)影响很大。主要目录为:第一章,言语学范围及与其他学术关系;第二章,言语学上的僻见——以阿丽亚恩语的研究而确定言语学整体法则之恶习;第三章,在言语发达史上有所谓三期说、两种国语语汇及其文法混淆;第六章,语根之说;第七章,言语哲学;第八章,比较神话学和宗教学;第九章,追赶类推言语之势力。该书讨论了幼稚假设、科学家假设、实验原则、比较语言学与心理学、语音学的关系,真伪"类推"、语言起源、语言发展三阶段、人类学与语言学、语言哲学意义、思想与语言等语言学前沿问题。

马克斯·穆勒《语言学》在明治末期日本比较语言学界所产生的学术效应是巨大的,对其引用与关注量不小。马克斯·穆勒《语言学》于1874出版后,在欧洲语言学界引起了很大的反响,该书多次再版。金泽庄三郎、后藤朝太郎的序称,它是比较语言学理论入门的"阶梯"之书。马克斯·穆勒阐述了普通语言学的内涵及比较语言学的基本理论,以及语言学研究历史发展的基本脉络。其上册主要各章目录为:语言学形而下学的方方面面;语言发达而诸种学说之矛盾;经验期;分类期;发现梵语;所知印度之外的梵语资料;语言系统的分类。其下册各章主要目录为:闪米特语族;语言分解;形态分类;乌拉尔阿尔泰语族;杂混语言;语言同一起源论;理论期。这本书译介到日本后,产生了很大的影响。实际上,穆勒的研究,也颇为索绪尔所重视。索绪尔《普通语言学教程》的参考文献,就有穆勒的著作。

市河三喜、神保格翻译叶斯柏森《语言——它的本质、发展与起源》(岩波书店,1927),根据的是其1922年版的著作。叶斯柏森《语法哲学》中译为(语文出版社,1988;商务印书馆,2010)由何勇等翻译,但中国此时还没有叶斯柏森《语言——它的本质、发展与起源》一书翻译出版。该书的主要目录是:第一篇,言语学的历史。第一章,纪元1800年之前事;第二章,十九世纪初期;第三章,十九世纪中叶;第四章,十九世纪末期。第二篇,孩子。第一章,音声;第二章,单词;第三章,文法;第四章,数个根本问题;第五章,孩子语言发达及其影响;第六章,孩子语言发达及其影响(续)。第三篇,个人和世界。第一章,外国人;第二章,中国语英语及其同类之物;第三章,妇女;第四章,变化的原因;第五章,变化的原因(续)。第四篇,语言的发达。第一章,语源学;第二章,进步还是颓废;第三章,进步;第四章,文法之语要素的起源;第五章,音象征;第六章,语言的起源。

1928年,小林英夫翻译出版了索绪的著作《普通语言学教程》,书名为《言语学原论》(东京:冈书院,1928)(所依据的索绪尔原书,1916年,ロザヌ初版。1922年,巴黎再版)。

小林英夫后来又出版了该书的改订版《索绪尔一般语言学讲义》(岩波书店,1940/1972),该书"译者のはしがき"说,几年以后,发现索绪尔著作德语版,是用"一般语言学之根本问题"为名出版的,所以,就又改为《索绪尔一般语言学讲义》。小林英夫提起自己翻译索绪尔著作的起因是,1926年在东京大学文学部语言学科毕业前后,在冈书院院主冈茂雄鼓励之下,用了三个月时间

第十三章 《国语学草创》:中国接受西方普通语言学理论方式

一气呵成的。1940年改订版在岩波书店出版,内容更为充实,翻译更为精湛,尤其是语言学术语,符合规范。此外,还经过了著名学者龟井孝等的审阅。至1972年,1940年改订版已经印刷24版,可见其影响力之大。(1～8页)顺便说一句,1929年,由新村出推荐,小林英夫到了朝鲜的京城帝国大学文学部任讲师。在京城帝国大学文学部,小林英夫全面介绍了索绪尔的语言学理论,也成为朝鲜半岛最早的传播索绪尔语言学理论的学者(安田敏朗《殖民地中的国语学——时枝诚记和京城帝国大学》207～215页,三元社,2003)。

1940年小林英夫改订版的目录是:序说。第一章,言语学史概观;第二章,言语学的题材和课题与其相关科学的关系;第三章,言语学对象;第四章,言语的言语学与言的言语学;第五章,言语之内在要素与外在要素;第六章,依据书写的言语标记;第七章,音声学。附录"音声学原理"。第一篇,一般原理。第一章,言语记号的性质;第二章,记号不易性和可易性;第三章,静态言语学和进化言语学。第二篇,共时言语学。第一章,概说;第二章,言语是具体的实在体;第三章,同一性、实在、价值;第四章,言语价值;第五章,统合关系和联合关系;第六章,言语结构形式;第七章,文法及其下位区分;第八章,抽象实在体在文法中的作用。第三篇,通时言语学。第一章,概说;第二章,音韵变化;第三章,文法归结于音韵进化;第四章,类推;第五章,类推和进化;第六章,民间语源;第七章,胶着作用;第八章,通时论上的单位,同一性及其存在。第四篇,第一章,言语相违;第二章,地理相违复杂性;第三章,地理相违原因;第四章,言语波传播。第五篇,言语学诸问题回顾与结论。第一章,通时言语学之两个展望;第二章,最古言语与原型;第三章,再构拟;第四章,相对于人类学及先史学的言语证言;第五章,言语族和言语型。

索绪尔此书1928年在日本出版,是日本语言学界一件十分轰动的事情,对日本国语学的震动很大。索绪尔之名在整个日本传遍了,其中共时、通时概念,就是小林英夫的译语。新村出《ソースュール〈言语学原论〉——言语学界の新机运》(《东京朝日新闻》,1928年2月3日)兴奋地说:"大正十五年间沉寂的日本一般语言学,进入昭和的新时代,从西洋迎来了二位新导师,现在看到,新的机运到来了。其导师之一是驰名世界语言学界的テンマク国都老语言学者イェスペルセン,其卓见见于《言语学》,1922年出版,五年后,由夏市河、神保格二位译出。他的导师就是在1913年已经去世的,スヰス(瑞士)寿府(日内瓦)大学语言学大家ソースュール(索绪尔),著述很少,却很精致,具有综合才能,指导法国学生,盖住德意志专门家,讲授遗篇《言语学原论》,由新进的小林英夫翻译问世。"[18]

此外,还有威廉·汤姆逊《言语学史》(弘文堂,1937),日本学者泉井久之助、高谷信一译自于德文版,在日本引起高度重视。此版本与中国学者后来所译版本依据的俄文版不同。中国学者黄振华根据苏联学者绍尔的俄文版将其译为《十九世纪末以前的语言学学史》,1960年在科学出版社出版;世界图书出版公司2009年1月再版。姚小平"重版序言"说:"此书出版于1902年。"1919年,威廉·汤姆逊又出版了一部论文集,收录了这本书。但因为是丹麦文,能读能赏者不多。1927年译成德文版后,反响很大,才为西方学者所广为知晓。威廉·汤姆逊的学术思想,就影响到了叶斯柏森、裴特生等著名学者。(2009:11～17页)

藤冈胜二翻译房德里耶斯《语言学概论——语言研究和历史》(刀江书院,1938)根据的是房德里耶斯1914年的定稿,1920年出版著作而翻译的。此书主要目录:绪论,语言的起源;第一部,音韵;第二部,文法;第三部,语汇;第四部,国语的构造;第五部,文字;结论,语言的进步。中国学者岑麒祥、叶蜚声翻译房德里耶斯著作,称之为《语言》,商务印书馆1992年出版。

3.日本明治末至1945年以前比较重要的学术著作和教科书如:冈仓由三郎《日本语学一班,卷之一》(一名《比较语言学》,明治义会,1890);宫田修《通俗语言学》(博文馆,1899);保科孝一《语言学大意》(国语传习所,1900);冈仓由三郎《应用语言学十回讲话》(1902);保科孝一《言语学讲话》(国语传习所,1903);高桥龙雄《应用语言学》(1905);神保格《言语学概论》(1922);安藤正次《言语学概论》(早稻田大学出版部,1927);神保格《言语学概论》(明治书院,1933);福岛直四郎《比较言语学》(明治书院,1934);新村出《言语学概论》(日本文学社,1935);小林英夫《言语学通论》(三省堂,1937/1942);高津春繁《比较言语学》(河出书房,1942);石黑鲁平《新讲言语学提要》(自印,1943)等。

4.上田万年《言语学》(1896/1975)立意主旨是什么？从表面上看起来,与甲柏连孜《语言学》极其"相似",也构建了一个完整的语言学及历史比较语言学学术理论框架上,当然也包括甲柏连孜的汉藏语系语言及"东亚语言学"构想。但深入观察其语言学"布局"与内容,就会发现,其目的主要集中在构建"东亚语言学"(又称东洋语言学)及历史比较语言学理论框架上,范围有所调整。构建"东亚语言学"及历史比较语言学布局,遵循着一个基本原则,就是世界语言学视野下的东亚语言学关注的问题是什么,东亚语言学理论内涵下的历史比较语言学核心内容是什么。这是我们破解上田万年《言语学》深宫密码

第十三章 《国语学草创》：中国接受西方普通语言学理论方式

的有效钥匙之一。

东亚普通语言学关注的问题是什么？我们曾经说过，《言语学》第一篇定名就是普通语言学。其"绪论"内容就是"东亚语言学"。在研究"东亚语言学"（37～38页）时，上田万年说："收集世界各国研究的语言不可能，尽力取其长。倾向于进行哲学上的详细分析，由印欧语比较扩大到世界的语言。但如果用印欧语的法则和手段去硬套其他语言，就会遇到麻烦而产生失误，这当中也包括了汉语。"在"日本帝国大学语言学"一节中，他指出：印欧、Semitic（闪米特）Ural-alt（乌拉尔），Indo-Chinese（印度中国）等语言大 family（家庭）中，日语应该属于哪一种语言？日本语，向北，经韩国是满语；经中国是西藏语（李无未按，这个说法不对）、印度语；还有就是阿伊努语。南部则是马来语、玻里尼西亚语等，可以进行研究，这就直接圈定了"东亚语言学"范畴。在东京大学语言学讲座中，上田万年研究东亚语言学，这就奠定了日本语的主体地位。印欧语等，由欧洲权威学者研究，其结果大体能够满足人们的需要，而且，其方法也应该为我所用。

上面的叙述十分重要，它表明了上田万年建立"东亚普通语言学"的理想和信念。十分清楚地是，"东亚语言学"的范围以日本为中心，覆盖周边广大地区，大致相当于后来日本"大东亚共荣圈"的范围。更为突出的是，他的"东亚语言学"，虽然用的是"印欧语言学"理论与方法建立的，但最终目的却是和"印欧语言学"分庭抗礼，建立自己的学术领地。这是一个非常明晰的东亚"语言规划地图"，所以，在后来的"语言分布"论述中（51～80页），他有计划地进行介绍，其实，这也是他的"预研究"课题，以及将来由弟子们具体实施的"布局"平面图，由此，显示了上田万年"普通语言学"的核心理论实质，非常明确。

东亚普通语言学理论内涵下历史比较语言学核心内容是什么？在《言语学》"本论"中，即"个别语言研究"中，上田万年第一个强调的是"国语的研究"，虽然也在这之后提到"语识""语言习得"之类的内容，但显得"牵强附会"。后边的"国语教授法""日本的国语教授法""德国的国语教育"才是其重点论述的内容。（13～130页）"国语教授法"，提到了语言的指导方法、分析的方法、综合的方法等。"日本的国语教授法"，回顾了日本传统教学方法，其中，就涉及日本古汉学主义传统。"德国的国语教育"，除了强调运用力、理解力之外，还讲授读书教授法、历史比较方法。后边的辞书运用规则、文典语料分析等，都和国语教授法相配套。由此，我们可以看出，上田万年东亚普通语言学理论内涵下的历史比较语言学，既不同于甲柏连孜《语言学》语言能力意识，也不同于欧洲比较语言学从比较中寻求"差异"规律,更不同于历史比较语言学"构拟",以及寻求语言变化"对应"意识,而是以"国语教授"为主,这就潜藏了日语教学以日本历史比较语言学研究为核心的主体意识,即便是甲柏连孜《语言学》语言能力原则也要服从于这个主体需要。这就为后来的日本政府制定殖民语言政策奠定了基本的普通语言理论基础。

5.冈仓由三郎《比较语言学》内容单一,体系性不强。与上田万年同时代的宫田修也出版过一本语言学理论著作,即《通俗语言学》(1899)。宫田修《通俗语言学》在当时被称之为"最新语言学"。劳宁《日本语言学关于普通语言学的著作及译著》(1965)把它列为继滨田健太郎《语言哲学》(哲学书院,1887)之后,日本普通语言学理论专著的第二本书。[19] 严格说来,滨田健太郎《语言哲学》以语言哲学为主,涉及的普通语言学内容并不多见,所以,宫田修《通俗语言学》应该是日本近代意义上的第一本普通语言学理论著作。这本书的诞生意义重大,标志着日本普通语言学理论框架的正式建立,这在日本普通语言学理论研究上是极为重要的。

宫田修《通俗语言学》的基本内容为:第一篇,语言的学问——什么是语言学;十九世纪新潮流;语言学的必要机器问题;语言学发达概略。第二篇,语言和教育——国语是什么;国语和文字;教授外国语;开发意识。第三篇,语言和历史——语言的历史系统。第四篇,语言和人类——语言和人类的关系;人类学兴起对语言学的贡献;人类和语言。第五篇,语言和宗教——宗教学;神话学。第六篇,语言的生命——语言的性质;第七篇,语言的生命——英语的起源发达和变迁。第八篇,语言的生命——语言形态上的变迁。第九篇,语言的生命——形态上变迁的原因与语言内容上的变迁。第十篇,语言的生命——单语消灭;形态消灭;语言国语及方言。第十一篇,语言的生命——世界语言的分类;印欧语族;东洋语言。第十二篇,语言的本质及起源——语言性质;语言起源。这本书看起来面面俱到,但与上田万年《言语学》比起来,最大的问题是没有落实到自己的语言学理念是什么上来,与日本国语的关系并不清楚,所以,影响力并不是很大,提及的学者并不多。

6.宫田修《通俗语言学》之后,保科孝一《言语学讲话》(1903)是当时影响比较大的一部著作。保科孝一是上田万年的学生。保科孝一当时任东京大学助理教授。据其"序言",他的立意是结合当时人们关注的国语学术而思考语言学理论问题。其《言语学讲话》基本内容为:语言学的性质;语言的定义;语言和文字的关系;语言和思想的关系;语言研究的目的和方法;语言学及其辅助学科;语言的发达;语言的体形变化;语言的意义变化;语言的消灭;新语的发生;借用语;方言;标准语;研究方言的必要;语言的起源;语族;国语和国家的关系。与宫田修《通俗语言学》比起来,保科孝一《言语学讲话》覆盖面略显窄了一些,视野也不够开阔,但它把一般读者应该关心语言学问题交代得比较清楚。与上田万年《言语学》比起来,该书"格局"与立意要小很多,所论问题也没有深度。劳宁(1965)没有提及此书。

7.安藤正次《言语学概论》(1927)。上田万年《言语学》影响下的日本普通语言学理论教科书,大多结合日本语研究实际而建构语言学框架。安藤正次《言语学概论》主要目录是:第一章,序说。第一节,言语的研究;第二节,言语学是怎样的一种学术;第三节,言语学之建设;第二章,世界的言语。第一节,系的分类;第二节,印度日耳曼语族;第三节,坎密度舍美特语族;第四节,乌拉尔亚尔泰语族;第五节,印度中国语族;第六节,马来波利尼语族;第七节,班图语族;第八节,杜拉维典语族;第九节,亚美利加语族。第三章,言语的声音。第一节,言语与声音;第二节,发音器官之构造及作用;第三节,声音之类别;第四节,子音;第五节,元音;第六节,连音及音节。第四章,言语之本质。第一节,表示运动与言语;言语与思想;第三节,言语与文字。第五章,言语之发达及其变迁。第一节,从构成上看世界的言语;第二节,言语之变迁及原始时代之言语;第三节,国语与方言,文言与白话;第四节,我国国语史的考察与方言的考察。

8.新村出《言语学概论》(日本文学社,1935)被认为是20世纪30年代日本最为优秀的普通语言学理论教科书成果之一[20]。主要目录是:序论,言语、言语学、其方法和问题。第一章,发音,包括发音器官及其作用、音韵及其分类、音韵联合、音韵的长短、音节、声调内容;第二章,言语的内在机构,包括内在语言、诸种语言的构造形式、文法现象、文法性现象、语汇问题。第三章,世界语言及其系统,包括语言系统分类原理、印度欧罗巴语族、哈密托闪语族·乌拉尔语族·阿尔泰语族、德拉维语族、印度支那语族、南亚细亚语族、南岛语族、阿弗利加语言、亚米利加语言,以及孤立语言、古代文明语内容。第四章,语言的变化。第五章,语言学史。

9.小林英夫《言语学通论》(三省堂,1937/1942)是20世纪中期之前日本学者最为优秀的普通语言学理论教科书成果之一[21]。主要目录是:第一章,序篇。通论性质、事实和方法、学术体系。第二章,事实篇。语言活动的定义、语言活动分析、记号、场面、象征、历史事实。第三章,方法。语言活动科学、语言学与文献学、语言之学与具体的"言"之学、内在语言学与外在语言学、共时语言学与通时语言学、泛时论、记述和说明。第四章,构造。概说、单位、价值、统合、体系。第五章,变迁。概说、变化的对象、变化的形式、语言史。第六章,语言学的周边:面对日本语言学数据。语言学周边:习得、政策、技术;面对日本语言学数据。第七章,余篇。第二学程手册。

如果说新村出《言语学概论》还带有西方普通语言学理论"框架"的思考模式的话,到了小林英夫《言语学通论》时候,日本学者已经完成了自主性架构普通语言学理论"框架"模式的转变,这是需要我们正视的事实。从时间段上来说,日本对西方语言学理论全面而系统地引进、消化、整合要早于中国至少20年,这也是事实。

其二,从中国的实际来看,近现代中国早期,尤其是19世纪末叶到20世纪初叶,留学生以留日为主,这是必须正视的事实之一。关于中国海外留学生以留日为主的原因,许多学者有过探讨,比如梁启超就有过全面论述,实藤惠秀《中国人留学日本史》(1983)的论说更为详细[22],此不赘述。此一时期中国语言学者留学或访学日本,也不在少数,比如章太炎、黄侃等。像胡以鲁,1906年开始留学日本,1911年在东京帝国大学语言学科毕业,师从上田万年教授。乐嗣炳,1929年到日本,曾任日本东京华侨学校校长,他在日本收集了大量的文献资料,所以,接触到了日本的语言学理论著作。王古鲁,1920年赴日留学,次年考入东京高等师范学校研究科学习,1926年学成归国,出版《王古鲁日本访书记》(1986)。[23]1934年,张世禄应日本中国语言学学会之邀,赴日讲学,曾会晤日本朝鲜语学知名学者小仓进平博士。小仓进平博士曾出版过著名的《朝鲜语学史》(1920)。只有沈步洲似乎与日本没有直接的"留学、访学"的关系。《晋陵沈氏宗谱》(22卷)称,"沈步洲(1886—1932),常州城区人,早年毕业于东吴大学。后赴英国留学,任北京大学教授,民国政府教育部司长、代次长,曾赴英国留学并且获得伯明翰大学硕士学位。"

其三,近现代中国"西式"普通语言学理论教科书是如何对日本学者"译介"西方语言学理论知识加以"借鉴"的?从体例形式上看,我们至少看到有如下几种方式:编译日本学者"译介"的西方语言学理论原著,传播普通语言学理论;取日本学者"译介"原著框架而进入普通语言学理论"范式";引用日本学者"译介"原著与列参考文献而体现东西方语言学理论学术视野;在日本学者"译介"基础上,结合已知西方语言学理论编写属于中国自己的语言学理论著作。我们在相关章节已经论述,这里不再说明。

这些日本学者的"译介",以及在此基础之上的著述,对西方及日本语言学理论加以"借鉴",其体例、方式,都是显性的,可以触摸到的。但更为隐蔽的,潜藏很深的意识,需要经过更为精心的研究才能获得。

日本学者"译介"与著述语言学理论,至少向中国学者传递了不少主流学术信息。例如比较语言学与历史比较语言学、地理语言学、结构主义语言学等,十分丰富。对中国学者建构自己的语言学理论框架,进一步完善自己的语言学理论体系,发挥了不可替代的作用,这是需要正视的。

第五节 教科书:近现代中国接受西方语言学理论效应

以教科书形式普及普通语言学理论知识,以今天学者的眼光看,所取得的成绩是巨大的,所产生的学术效应也是不可估量的。主要是:

其一,开启了中国普通语言学理论系统研究的新时代。尽管许多学者认为胡以鲁《国语学草创》以建设中国语言学理论体系为主,但它也兼而构建了中国式的普通语言学理论框架,且是以教科书形式出现的。况且,黎锦熙还提到,胡以鲁在北京大学还写有《言语学讲义》一种,有意区别《国语学草创》,分工明确。胡以鲁这些举措,目的只有一个,就是要真正建立起中国自己的普通语言学理论体系,并与西方及日本抗衡,这从客观上开启了中国学者研究自己的普通语言学理论的时代,这是极为重要的理论语言学学史大事件。胡以鲁之后,赵元任、林语堂等属于第二次现代语言学冲击波,大量成果不断涌现,构成了与章黄学术鼎足而立的趋势,但胡以鲁的奠基性贡献不可忽视。胡以鲁所创造的学术效应,在今天学者看来,无论怎么"拔高"都不算是"过誉"。只可惜,学术界此前对《国语学草创》所进行的学术估价大多片面,没有人进行系统研究,因此,愧对先贤胡以鲁。

以科学的普通语言学理论规范指导语言学理论研究实践。我们没有见到胡以鲁在北京大学所写的《言语学讲义》,但完全可以预料到,胡以鲁以自己所建构的普通语言学理论体系指导研究中国语言学实践,这也是开一代风气之先的,对后代学者的影响不可低估。从胡以鲁《国语学草创》(商务印书馆,1912);黎锦熙《国语学讲义》(商务印书馆,1919);乐嗣炳《语言学大意》(中华书局,1923);王古鲁《言语学通论》(上海世界书局,1930);沈步洲《言语学概论》(商务印书馆,1931);张世禄《语言学原理》(商务印书馆,1930)与《语言学概论》(中华书局，1934)、林祝敔《语言学史》(世界书局，1943)等，无不是以结合中国语言学实际来普及普通语言学理论知识的，这是语言学理论教科书所带来的学术效应。尽管没有学术界预期的那么大，中国的知识人接受起来需要一定的时间，但还是奠定了后来学者进一步传授语言学理论知识的基础。比如王古鲁《言语学通论》(世界书局，1930)"凡例""国语国音部分"，就是根据胡以鲁《国语学草创》等学者的研究成果来编写的。再比如沈步洲《言语学概论》(1931)专门列"中国语言之发展"一章，涉及先秦语言的"言文合一"问题、国语语词"发起"之途径等问题，就发展了《国语学草创》学说，中国语言学理论问题意识十分强烈。林祝敔《语言学史》是中国第一部世界语言学史著作，本着"语言学有趣，历史有趣，语言学史不会不有趣"的出发点，表达自己关注世界语言学研究历史，进而寄托中国新语言学蒸蒸日上的愿望。林祝敔编写此书，主要参考裴特生(彼德生)、叶斯柏森、马克斯·穆勒、杜若、梅耶等书，得到了方光焘的帮助。(3～4页)目录主要为，第一编，通史，分古代、中代、近代、现代四节；第二编，印欧语学史，分亚里安、日耳曼、温德语、凯尔特·罗曼斯语、希腊语等九节。第三编，非印欧语学史，分乌阿语、高加索语、闪含语、巴斯克语、非洲语、美洲语等节。第四编，比较语言学史，分旧时期、新时期、语言考古学三节。第五编，分语言的研究与语词的研究两节。第六编，文字学史，涉及楔形文、西普罗文、克里特文、埃及文、腓尼基文等。有一些内容和《国语学草创》有相同之处，比如也谈语言的起源、语言的变迁等。

其二，以胡以鲁《国语学草创》为代表的语言学理论教科书与西方语言学理论接轨而不脱中国语言学之轨，从此，中国语言学理论进入了一个比《马氏文通》更为自觉的时代。

我们从胡以鲁《国语学草创》理论体系就可以知道，中国语言学理论著作，从一开始就具有高站位，理论性强，深度、广度俱佳的特点，这就为后来的中国语言学理论研究创立了一种足以与欧美、日本学者著作相媲美的语言学理论模式。其与欧美、日本第一流学者在理论上平等对话，成熟稳健，充满自信力，对每一个汉语语言学理论问题的探讨都是那么深刻。后来的黎锦熙《国语学讲义》(1919)、《黎锦熙的国语讲坛》(上海中华书局，1921)、《新著国语学概要》(商务印书馆，1922)，还有张世禄《语言学原理》(1931)、《语言学概论》(1934)，以及乐炳嗣《国语学大纲》(上海大众书局，1935)更是"蓄势待发"，汉语语言学理论研究的自觉性，具有不可替代的"独领风骚"的学科领军气势。这是最让今天学者感叹不已的。

第十三章 《国语学草创》：中国接受西方普通语言学理论方式

比如黎锦熙《国语学讲义》（商务印书馆，1919）第一章"发端"明确说："我国人对于言语，虽孔门列为四科之一，但是只有术而无学（与现在的雄辩术相类），所以，国语二字，向来只是左丘明一部书名。辽金元清四代，虽有国语，乃是示别于汉文的名称，其实是契丹语女真语蒙文满文。本国文字谓之国文，本国语言谓之国语，都是近年发生的新名词。至于国语学，更是向来所无，民国初年，胡以鲁氏始著《国语学草创》一书，而有学自此始。"（1～2页）黎锦熙在对胡以鲁国语学的开创之功充分肯定的同时，也在建构着自己的国语学理论框架，比如上篇，第一章，发端；第二章，音韵；第三章，词类；第四章，语法；第五章，结论；而下篇，第一章，前清关于简字音标及统一国语之文件；第二章，关于注音字母之法令文件；第三章，关于国语全部进行之法令文件。

乐炳嗣《国语学大纲》（1935）目录则是：第一章，绪论；第二章，国语的语音；第三章，国语的声调；第四章，国语的字体；第五章，国语的词儿；第六章，国语的组织；第七章，国语运动的前瞻与后顾。附录则有：教育部国语教育进行概况；国语关系的重要文件；课程纲要中的国语课程。体系愈加成熟。

就是以语言学理论名义论述的张世禄《语言学原理》，其在"例言"中也明确地说，"本书编制的目的，在于使读者明了语言的性质，和关于构造、组织、发生、变化种种的原理，以为各种语言学专门研究的准备。"（1页）可以说，总的编写的目的非常明确。中国学者研究普通语言学，中国语言学理论元素不可缺少，但要适中适量，也要考虑西方语言学理论知识，以及其他语言学知识的引入问题，因此，张世禄又说："本书为阐明普通的原理而作，所以，不专重中国语，但是要想进求解决中国语文问题的，便可因此得着一个切实科学的基础了。""本书所举语言的实例，以普遍为原则，除了中国语外，上至梵语、希腊语、拉丁语，下至美洲印第安人语、非洲黑人语、南洋马来语等，无所不具，而尤以英语及德语法语为最多。"（1页）如此，其理论体系具有了世界性的眼光，语言学理论研究的自觉性可见一斑。

其三，对一些汉语语言学范畴内的具体学科领域研究具有重要指导意义，比如语法学，涉及语言学理论意识。我们翻看杨树达《高等国文法》（1930初版，商务印书馆，1984），其第一章"绪论"，讲言语之起源，涉及发生时期、摹声时期、摹德业时期内容；讲言语之变迁，涉及模仿、比照、惰性内容；讲言语之类别及国语，涉及单节语、关节语、屈折语内容；讲国语之缘起及其发展，涉及缘同一声类而起、缘反训而起、缘音之长短起种种之语意、缘悬拟而起、缘类推而起内容。无论如何，我们都能看到胡以鲁《国语学草创》的影子，尽管杨树达并没有在书中提及引自胡以鲁著作,但痕迹十分明显,甚至引用例证都是一样的,胡以鲁对杨树达的影响是客观存在的事实。

就是对汉语音韵学理论构建也是"得创意在先",值得特别注意。胡以鲁为后代学者研究提供了新的思路。张世禄《中国音韵学史》(1936)第四章"反切和四声的起源"谈到"二合音和双声叠韵的原理"时,从语音形态看中国语语词的转变和分化问题,认为,音素的变异和语音的重叠是值得特别重视的现象。双声叠韵的原理有力地支撑了这一理论,但胡以鲁在这之前的探索是其理论的基础。(96～109 页)张世禄说:

中国语言的转变和语词的分化,属于音素变异的现象的,又可以区分为一个音缀内起首部分音素的变异和末尾部分音素的变异这两种现象。末尾部分音素的变异,可以说是依双声而变。起首部分音素的变异,可以说是依叠韵而变。意义方面相同或相近的语词,往往属于这种双声叠韵的关系。这里我们姑且举胡以鲁的话来作证。……(98 页)

又意义方面相对或相反的语词,也往往属于这种双声叠韵的关系。胡以鲁说……(98 页)

所谓二合音,是指双字和单字间的一种关系。由单字演变成双字,是因语音的重叠而使音素或音缀的增加。如果把这种演成的双字还原为单字,便又是语音的"节缩作用,而使音素或音缀的失落了……。这里引举胡以鲁的话来作证。……"(107 页)

其四,我们回过头来审视 20 世纪初到 20 世纪 30 年代前后的中国语言学理论研究,仅以教科书为例,其所蕴含的学术信息量之大,其所涵盖的学术视野之广,其与世界各国语言学交流之迅捷,并不亚于今天的学者,甚至在许多方面,超越了今天学者的涉猎范围。但我们今天的语言学理论学者似乎已经"遗忘"这些先贤创造力十足的教科书,甚至在自己的语言学理论研究中,很少提及他们的学术观点与文献依据,是不是他们觉得近现代中国语言学理论思维模式已经"过时"了?这不得不让我们反思,为何近现代中国语言学理论这一高峰期过去之后,直到 20 世纪 50 年代到 60 年代语言学理论学者才有所续接?20 世纪 50—60 年代之后,直至 20 世纪 80 年代以后又掀起了一股语言学理论"重塑"与引进热潮,中间存在着近 15 年左右的语言学理论研究的空白期。这种语言学理论研究"波浪式的起伏"状态是如何形成的?我们如何看待

第十三章 《国语学草创》：中国接受西方普通语言学理论方式

语言学理论"波浪式的起伏"状态？如何评估我们的语言学理论研究在东亚乃至于世界的学术地位？我们如何承继 20 世纪初到 20 世纪 30 年代前后的中国语言学理论研究的"遗产"？这些问题，都需要今天的学者来解答。有些问题，我们一时很难回答，这不要紧，留待后来学者回答也是一种接力回答方式。无论如何，都需要认真对待。我们认为，只有解答了上述问题，才可以深入思考相关问题。也许这就是今天语言学理论学者所面临的又一次难得的学术机遇吧！但愿今天语言学理论学者不要再错过这个历史的机遇，通过我们的研究，聚集起更大的学术效应。

这也许就是我们努力回味与解读胡以鲁《国语学草创》等语言学理论教科书的初衷！

注释：

[1] 邵敬敏、方经民《中国理论语言学史》3 页，华东师范大学出版社，1991。

[2] 罗常培《耶稣会士在音韵学上的贡献》，《中央研究院历史语言研究所集刊》第一本第三分，1930；《罗常培语言学论文集》251～309 页，商务印书馆，2004。

[3] 何群雄《中国语文法学事始》131 页，三元社，2000。

[4] 何盛三《北京官话文法》79 页，太平洋书房，1928。

[5] 李无未《日本近现代汉语语法学史》3～16 页，商务印书馆，2018。

[6] 薄守生《民国时期的语言学概论类教材史略》，《西华师范大学学报（哲学社会科学版）》2011 年第 6 期。

[7] 王秀丽、梅涛《国外语言学在中国的译介及其影响（1911—1949）》，《法国研究》2013 年第 2 期。

[8] 乐嗣炳《语言学大意》，中华书局，1923。

[9] 王希杰《略说胡以鲁对中国理论语言学的贡献》，《淮北煤炭师范学院学报（哲学社会科学版）》2003 年第 6 期；海晓芳（海晓芳《试析中国第一部语言学著作《国语学草创》——从西方语言学的影响说起》，《东アジア文化交渉研究》7；189 页，2011 年 3 月日本关西大学；《文法草创时期中国人的汉语研究》，商务印书馆，2014。

[10] 李无未《东西交汇:胡以鲁〈国语学草创〉(1912)"国语学"性质及其理论"原型"》，2018。

［11］安藤正次《言语学概论》,《安藤正次著作集》第七辑 7～220 页,雄山阁,1974。

［12］萨斯《语言学》243 页,上田万年、金泽庄三郎译,金港堂,1898。

［13］时枝诚记《国语学原论》,岩波书店,1969。

［14］索绪尔《言语学原论》,小林英夫译,冈书院,1928。

［15］赵文君《张世禄语言学思想初探》,复旦大学中文系硕士论文,2004。

［16］何九盈《中国现代语言学史》,商务印书馆,2008。

［17］日本国立国语研究所编《明治以降国语学关系刊行书目》,秀英出版,1955。

［18］新村出《ソーシュール〈言语学原论〉——言语学界の新机运》,《东京朝日新闻》1928 年 2 月 3 日。

［19］劳宁《日本语言学者关于普通语言学的著作及译著》,《语言学资料》1965 年第 1 期。

［20］新村出《言语学概论》,日本文学社,1935。

［21］小林英夫《言语学通论》,三省堂,1937、1942。

［22］实藤惠秀《中国人留学日本史》,谭汝谦、林启彦译,生活·读书·新知三联出版社,1983。

［23］王古鲁《王古鲁日本访书记》,海峡文艺出版社,1986。

参考文献

[1] 埃米尔·本维尼斯特《普通语言学问题》,王东亮译,生活·读书·新知三联书店,2008。

[2] 安藤正次《言语学概论》,《安藤正次著作集》第七辑,雄山阁,1974。

[3] 安田敏朗《近代日本言语史再考》,三元社,2018。

[4] 安田敏朗《殖民地中的国语学——时枝诚记和京城帝国大学》,三元社,2003。

[5] 儿岛献吉郎《汉文典》,富山房,1902。

[6] 薄守生《民国时期的语言学概论类教材史略》,《西华师范大学学报(哲学社会科学版)》2011年第6期。

[7] 薄守生等《关于语言学史和历史学科的关系的一点思考——兼与历史学研究者王东杰同志商榷》,《新疆大学学报》2016年第5期。

[8] 保科孝一《国语学精义》,同文馆,1910。

[9] 保科孝一《言语学讲话》,宝永馆,1902。

[10] 保罗《言语史原理》,福本喜之助译,讲谈社,1965。

[11] 伯纳德·科姆里《语言共性和语言类型》,沈家煊、罗天华译,陆丙甫校,北京大学出版社,2010。

[12] 博纳德·斯波斯基《语言政策——社会语言学中的重要论题》,张治国译,商务印书馆,2011。

[13] 布龙菲尔德《语言论》,袁家骅等译,商务印书馆,1980。

[14] 鲍尔·J.霍伯尔、伊丽莎白·克劳丝·特拉格特《语法化学说》(第二版),梁银峰译,复旦大学出版社,2008。

[15] 曹伯韩《中国文字的演变》,漓江出版社,1937、2012。

[16] 曹述敬《钱玄同音学论著选辑》,山西人民出版社,1988。

[17] 曹述敬《钱玄同年谱》,齐鲁书社,1986。

[18] 岑麒祥《语言学史概要》,世界图书出版公司,2008。

[19] 曾运乾《切韵五声五十一纽考核喻母古读考》,《东北大学季刊》第 12 期,1927。

[20] 陈大齐《印度理则学》,中华文化出版社,1952。

[21] 陈练军《汉语单音节语素化研究》,社会科学文献出版社,2019。

[22] 陈新雄《古音研究》,五南图书出版公司,1998。

[23] 陈原《社会语言学》.商务印书馆,1983。

[24] 陈汝东《语言伦理学》,北京大学出版社,2001。

[25] 蔡锋《春秋时期贵族社会生活研究》,中国社会科学出版社,2004。

[26] 成家彻郎《日本人研究甲骨的先驱——林泰辅》,王宇信、宋镇豪主编《纪念殷墟甲骨文发现一百周年国际学术研讨会论文集》,社会科学文献出版社,2003。

[27] 村上秀吉《中国文典》,博文馆,1993。

[28] 达尔文《人类的由来》,潘光旦、胡寿文译,商务印书馆,1997。

[29] 大岛正健《韵镜音韵考》,启成社,1912。

[30] 大岛正健《汉音、吴音和中国音的比较》系列论文,《国学院杂志》第 5 卷第 2 号至第 6 卷第 2 号,1898—1899。

[31] 大西雅雄《音声学史》,明治书院,1934。

[32] 大西克也、李无未《东京大学"在学证明书"发现与胡以鲁生平新考》,《东京大学文学部纪要》第 22 辑,2019。

[33] J.G.赫尔德《论语言的起源》,姚小平译,商务印书馆,2014。

[34] 邓晓华、高天俊《语言研究新视野:演化语言学》,《厦门大学学报》2014 年第 2 期。

[35] 丁声树等《现代汉语语法讲话》,商务印书馆,1961。

[36] 丁伊勇《胡以鲁の汉语构造论・文法论—『国语学草创』の意义》,日本《中国语学》1995 卷 242 号,1995。

[37] 丁中江《北洋军阀史话》,商务印书馆,2012。

[38] 东条操《方言研究小史》,国语学会编《方言学概论》,武藏野书院,1962。

[39] 房德里耶斯《语言》,岑麒祥、叶蜚声译,商务印书馆,2012。

[40] 房德里耶斯《语言学概论——语言研究与历史》,藤冈胜二译,刀江书院,1938。

[41] 冯胜利《汉语韵律语法问答》,北京语言大学出版社,2016。

[42] 傅志伟《康德〈纯粹理性批判〉中"统觉"与自我意识的关系》,《华侨大学

学报》2019年第5期。

［43］冈仓由三郎《发音学讲话》,宝永馆书店,1901。

［44］高本汉《中国语言学概论》,岩村忍、鱼返善雄译,文求堂,1937、1940。

［45］高名凯《语言论》,科学出版社,1963；商务印书馆,2011。

［46］高名凯《汉语语法论》,开明书店,1948。

［47］高名凯、刘正埮《现代汉语外来词研究》,文字改革出版社,1958。

［48］广池千九郎《中国文典》,早稻田大学出版社,1905。

［49］郭勇《"言文一致"与中国文学观念的现代转型》,人民出版社,2018。

［50］海晓芳《论析中国第一部语言学著作〈国语学草创〉——从西方的语言学影响说起》,日本关西大学《东アジア文化交涉研究》7,2011。

［51］海晓芳《文法草创时期中国人的汉语研究》,商务印书馆,2014。

［52］何大安《声调的完全回头演变是否可能?》,台湾"中央"研究院历史语言研究所《历史语言研究所集刊》65本第1分,1994。

［53］何九盈《中国现代语言学史》,商务印书馆,2008。

［54］何群雄《中国语文法学事始》,三元社,2000。

［55］何盛三《北京官话文法》,太平洋书房,1928。

［56］何仲英《训诂学引论》,商务印书馆,1934。

［57］藤木敦实、麻喜正吾《综合中国语发音字典》,外语学院出版部,1934。

［58］洪堡特《洪堡特语言哲学文集》,姚小平编译,商务印书馆,2010。

［59］洪诚《训诂学》,江苏古籍出版社,1984。

［60］侯祥麟《我与石油有缘——侯祥麟自述》,石油工业出版社,2001。

［61］霍贝尔《原始人的法》,严存生等译,贵州人民出版社,1992。

［62］后藤朝太郎《现代中国语学》,博文馆,1908。

［63］胡以鲁《国语学草创》,商务印书馆,1912年初版,1923年再版；山西人民出版社,2014。

［64］后藤朝太郎《文字研究》,成美堂书店,1910。

［65］H.A.康德拉绍夫《语言学说史》,杨余森、祝肇安译,武汉大学出版社,1985。

［66］黄德宽《古汉字发展论》,中华书局,2014。

［67］黄景湖《汉语方言学》,厦门大学出版社,1987。

［68］黄晓蕾《民国时期语言政策研究》,中国社会科学出版社,2013。

［69］黄易清、王宁、曹述敬《传统古音学研究通论》,商务印书馆,2015。

[70] 黄季刚《黄侃论学杂著》,文史哲出版社,2014。
[71] 惠特尼《言语发达论》,保科孝一译,富山房,1903。
[72] 甲柏连孜《汉文经纬》,姚小平译,外语教学与研究出版社,2015。
[73] 甲柏连孜《语言学》(《言语学—その课题、方法、及びこれまでの研究成果》),川岛淳夫译,同志社,2009。
[74] 甲柏连孜《汉文经纬》(《中国语文法—低级文体と现代の日常语を除く》),川岛淳夫译,IPC出版センター,2015。
[75] 贾洪伟《汉译国外普通语言学典籍研究(1906—1949)》,首都师范大学出版社,2017。
[76] 拉波夫《语言变化原理:内部因素》,石锋等译,商务印书馆,2019。
[77] 劳宁《日本语言学者关于普通语言学的著作及译著》,《语言学资料》1965年第1期。
[78] 来裕恂《汉文典》,南开大学出版社,1906、1993。
[79] R.A.郝德森《社会语言学》,卢德平译,华夏出版社,1989。
[80] 乐嗣炳《语言学大意》,中华书局,1923。
[81] 乐炳嗣《国语学大纲》,上海大众书局,1935。
[82] 黎锦熙《国语学讲义》,商务印书馆,1919。
[83] 黎锦熙《国语运动史纲》,商务印书馆,1931;商务印书馆,2011。
[84] 李方桂《上古音研究》,台湾《清华学报》新九卷1、2期合刊,1973;商务印书馆,1980。
[85] 李方桂《中国境内的语言和方言》,英文《中国年报》,1937;1973年《中国语言学报》重印;中国《民族译丛》1980年第1期,梁敏译,根据美国《中国语言学报》创刊号。
[86] 李晗蕾《〈国语学草创〉与现代语言学》,《北方论丛》2003年第2期。
[87] 李临定《现代汉语句型》,商务印书馆,2011。
[88] 李无未、徐高嵩《上田万年东亚殖民语言战略的朝鲜"布局"》,《厦门大学学报》2019年第4期。
[89] 李无未《汉语史研究理论范畴纲要》,吉林人民出版社,2012。
[90] 李无未《胡以鲁〈国语学草创〉汉语方言分区理论及"原型"》,《语文研究》2019年第2期。
[91] 李无未《日本近现代汉语语法学史》,商务印书馆,2018。
[92] 李无未《台湾汉语音韵学史》,中华书局,2017。

[93] 杨杏红《日本明治时期北京官话课本语法研究》,厦门大学出版社,2014。
[94] 李无未、李逊《汉语现代语言学理论体系的初次构建——日本〈现代中国语学〉(1908)的意义》,《厦门大学学报》(社科版)2014年第1期。
[95] 李无未《日本汉语音韵学史》,商务印书馆,2011。
[96] 李无未《小川尚义中古音"拟音"及与高本汉比较"非对称性"问题——向洪惟仁教授请益二》,《声韵论丛》第20辑,台湾学生书局,2017。
[97] 李孝定《汉字的起源与演变论丛》,台湾联经出版事业公司,1986。
[98] 李学勤等《字源》,天津古籍出版社,2012。
[99] 李养龙、莫佳旋《20世纪初译名论战的现代解读》,《外语教学》2011年第3期。
[100] 林祝敔《语言学史》,世界书局,1943。
[101] 林泰辅《清国河南省汤阴县发见の龟甲牛骨に就きて》,《中国上代之研究》,进光社,1927。
[102] 林语堂《语言学论丛》,上海书店,1989。
[103] 刘虹《会话结构分析》,北京大学出版社,2004。
[104] 刘钊《古文字构形学》,福建人民出版社,2006。
[105] 六角恒广《日本中国语教育史研究》,王顺洪译,北京语言学院出版社,1992。
[106] 龙宇纯《中国文字学》,台湾学生书局,1984。
[107] 陆俭明《汉语口语句法里的易位现象》,《中国语文》1980年第3期。
[108] 陆俭明《现代汉语语法研究教程》第四版,北京大学出版社,2013。
[109] 罗常培《罗常培文集》,山东教育出版,2008。
[110] 马克斯·穆勒《语言学》(上、下册),金泽庄三郎、后藤朝太郎译,博文馆,1907。
[111] 孟晓妍选编《赵元任文存》,江苏人民出版社,2015。
[112] 内田庆市《〈马氏文通〉以前中国人的语法研究——关于毕华珍〈衍绪草堂笔记〉品词分类法》,《关西大学中国文学会纪要》第26辑,2005。
[113] 裴特生《十九世纪欧洲语言学史》,科学出版社,1958。
[114] 平山久雄《汉语声调起源窥探》,《平山久雄语言学论文集》,商务印书馆,2005。
[115] 濮之珍《中国语言学史》,上海古籍出版社,1987。
[116] 岑麒祥《心理学和哲学对语言研究的贡献》,《国外语言学》1980年第

6期。

[117] 布达哥夫《语言科学概论》,莫斯科出版社,1958。

[118] 高名凯《语言论》,商务印书馆,2011。

[119] 高名凯《高名凯语言学论文集》,商务印书馆,1990。

[120] 乔秋颖等《民国音韵学三论》,上海古籍出版社,2016。

[121] 钱玄同《国音沿革六讲》,《钱玄同文集》第5卷,中国人民大学出版社,1999。

[122] 钱玄同《钱玄同日记》,杨天石整理,北京大学出版社,2014。

[123] 秦郁彦《日本近现代人物履历事典》,东京大学出版会,2020。

[124] 秋谷裕幸《浙南的闽东区方言》,台湾"中央"研究院语言学研究所,2005。

[125] 裘锡圭《文字学概要》,商务印书馆,2007。

[126] 日本国立国语研究所编《明治以降国语学关系刊行书目》,秀英出版,1955。

[127] 日本文部省文化厅《国语施策百年史》,ぎょうせい株式会社,2006。

[128] 萨斯《语言学》,上田万年、金泽庄三郎译,金港堂,1898。

[129] 山口谣司《日本語を作った男上田万年とその時代》,集英社インターナショナル,2016。

[130] 上海海关史博物馆胡实声的"口述史"资料,2019。

[131] 上海海关学院校友会网站材料,2019。

[132] 上田万年《国語のため》(上、下册),富山房,1895、1903。

[133] 上田万年《国语论》,金港堂,1895。

[134] 上田万年《日本語学の本原》,出版机构不详,1895。

[135] 上田万年《国语学十讲》,通俗大学会,1916。

[136] 上田万年《国语学史》(1896—1897),新村出笔录,古田东朔校订,教育出版株式会社,1984。

[137] 上田万年《言语学》,新村出笔录,柴田武校订,教育出版株式会社,1975。

[138] 邵敬敏、方经民《中国理论语言学史》,华东师范大学出版社,1991。

[139] 邵敬敏《汉语语法学史稿》,上海教育出版社,1990。

[140] 神田喜一郎《由贝塚教授制作甲骨文图版篇回忆林泰辅博士》(《貝塚教授の甲骨文図版篇を手にして林泰輔博士を忆う》),《敦煌学五十年》,

筑摩书房,1970。

[141] 沈兼士《右文说在训诂学上之沿革及其推阐》,中央研究院历史语言研究所集刊外编《蔡元培先生六十五岁庆祝论文集》,1933;山西人民出版社,2014。

[142] 沈步洲《言语学概论》,商务印书馆,1931。

[143] 沈国威《汉语近代二字词研究——语言接触与汉语的近代演化》,华东师范大学出版社,2019。

[144] 沈国威《双音节化与近代汉语的演进:胡以鲁"汉语后天发展论"的启示》,日本关西大学《或问》WAKUMON139NO.24,2013。

[145] 沈家煊《语法六讲》,商务印书馆,2011。

[146] 石川辽子《金泽庄三郎》,ミネルヴァ书房,2014。

[147] 石山福治《最新中国语学研究法》,文求堂,1919。

[148] 罗常培《域外中国声韵学论著述评》,《罗常培文集》第6卷,山东教育出版,2008。

[149] 时枝诚记《国语学原论》,岩波书店,1941。

[150] 实藤惠秀《中国人留学日本史》,谭汝谦、林启彦译,生活·读书·新知三联书店,1983。

[151] 史蒂芬·平克《语言本能——人类语言进化的奥秘》,欧阳明亮译,浙江人民出版社,2015。

[152] 柿木重宜《近代国语の成立における藤冈胜二の果した役割について》,ナカニシヤ出版,2013。

[153] 苏·赖特《语言政策与语言规划——从民族主义到全球化》,陈新仁译,商务印书馆,2012。

[154] 孙毕《章太炎〈新方言〉研究》,华东师范大学出版社,2006。

[155] 索绪尔《语言学原论》,小林英夫译,冈书院,1928。

[156] 索绪尔《普通语言学手稿》,西蒙·布凯、鲁道尔夫·恩格乐整理,于秀英译,南京大学出版社,2011。

[157] 唐作藩《音韵学教程》,北京大学出版社,1988。

[158] 藤冈胜二《国家研究法》,三省堂,1907。

[159] 藤冈胜二《语言学》,哲学馆,1901。

[160] 樋口勇夫《汉字杂话》,郁文舍、吉冈宝文馆、杉本梁江堂,1910。

[161] 高桥竜雄《应用言语学》,开发社,1905。

[162] 冈仓由三郎《应用言语学十回讲话》,成美堂书店,1902。
[163] 汪国胜等《汉语语序问题研究》,华中师范大学出版社,2016。
[164] 王得春等《语言论》,北京大学出版社,2006。
[165] 王东杰《返为自主国:汉语进步论与中国近代的文化认同、政治理想》,《社会科学研究》2013年第6期。
[166] 王东杰《声入心通:国语运动与现代中国》,北京师范大学出版社,2019。
[167] 王福堂《汉语方言语音的演变和层次》,语文出版社,1999。
[168] 王古鲁《王古鲁日本访书记》,海峡文艺出版社,1986。
[169] 王国维《殷周制度论》,《观堂集林》第二册,中华书局,1961。
[170] 王军虎《西安方言字典》,江苏教育出版社,1996。
[171] 王力《古语的死亡残留和转生》,《国文月刊》第4期,1941。
[172] 王力《中国语言学的现况及其存在的问题》,《中国语文》1957年第3期。
[173] 王力《汉语史稿》上册,中华书局,1958。
[174] 王力《中国语言学史》,山西人民出版社,1981。
[175] 王力《同源字典》,商务印书馆,1982。
[176] 王士元《语言历时研究的三种尺度》,《语言的探索》,北京语言大学出版社,2000。
[177] 王继超《〈国语学草创〉的"国语学"理论框架及其理论来源》,未刊稿,2019。
[178] 石锋《演化语言学的宏观史、中观史和微观史》,《南开学报》2018年第4期。
[179] 王希杰《略说胡以鲁对中国理论语言学的贡献》,《淮北煤炭师范学院学报(哲学社会科学版)》2003年第6期。
[180] 王向清等《统觉:冯契认识论的重要范畴》,《湖南师范大学社会科学学报》2005年5期。
[181] 王晓明《北京高师——国语运动的发祥地》,《北京师范大学学报(人文社会科学版)》2002年第5期。
[182] 王秀丽、梅涛《国外语言学在中国的译介及其影响(1911—1949)》,《法国研究》2013年第2期。
[183] 威廉·拉波夫《纽约百货公司(r)的社会分层》,祝畹瑾译,《社会语言学译文集》,北京大学出版社,1985。
[184] 魏晨《略论赫尔巴特统觉理论的心理学基础》,《黑河学刊》2018年第

3期。

[185] 温端政《"晋语分立"与汉语方言分区问题》,《语文研究》2000年第1期。

[186] 吴思远《辜鸿铭出入北大及生辰考述》,《国际文化》第477期,外语教学与研究出版社,2019。

[187] 西田直敏《日本文法の研究》,和泉书院,1993。

[188] 小川尚义《日台大辞典》,台湾"总督府"印,1908。

[189] 小林英夫《言语学通论》,三省堂,1937、1942。

[190] 谢维扬《中国早期国家》,浙江人民出版社,1995。

[191] 谢维扬《周代国家形态研究》,中国社会科学出版社,1990。

[192] 新村出《上田万年先生年谱》,上田万年《国语学史》,新村出笔录,古田东朔校订,教育出版株式会社,1984。

[193] 新村出《言语学概论》,日本文学社,1935。

[194] 新村出《新村出全集》,筑摩书房,1977。

[195] 徐通锵《历史语言学》,商务印书馆,1991年。

[196] 许良越《论章太炎"语言缘起说"》,《西南石油大学学报》2015年第6期。

[197] 章太炎《国故论衡》,商务印书馆,2010。

[198] 许慎《说文解字》,中华书局,1963。

[199] 杨树达《高等国文法》,商务印书馆,1930。

[200] 杨时逢《成都音系略记》,《历史语言研究所集刊》第23本上,1951。

[201] 姚小平《〈中国理论语言学史〉读后》,《外语教学与研究》1994年第3期。

[202] 姚小平《甲柏连孜与〈汉文经纬〉》(,《中华读书报》2015年3月4日18版。

[203] 姚小平《西方语言学史》,外语教学与研究出版社,2011。

[204] 叶斯柏森《语言——它的本质、发展与起源》(《言语その本质・发达び及起源》),市河三喜、神保格译,岩波书店,1927。

[205] 游汝杰《汉语方言学导论》,上海教育出版社,1991。

[206] 袁家骅《汉语方言概要》,文字改革出版社,1960。

[207] 袁锦翔《玄奘译言考辨》,《中国翻译》1993年第2期。

[208] 汤用彤《隋唐佛教史稿》,中华书局,1982。

[209] 张伯江、方梅《汉语功能语法研究》,商务印书馆,2014。

[210] 张博《刘又辛先生对汉语词族研究的理论贡献》,中国训诂学研究会年会暨庆祝刘又辛教授从教六十周年学术研讨会论文,西南大学,2006。

[211] 张国宪《现代汉语形容词功能与认知研究》,商务印书馆,2006。

[212] 张琨《论汉语方言的分类》,《中国境内语言暨语言学》1《汉语方言》,"中央"研究院历史语言研究所,1992。

[213] 张黎《汉语意合语法学导论——汉语型语法范式的理论建构》,北京语言大学出版社,2017。

[214] 张世禄《语言学原理》,商务印书馆,1941。

[215] 张世禄《语言学概论》,商务印书馆,1931。

[216] 张世禄《中国古音学》,商务印书馆,1930。

[217] 张世禄《中国音韵学史》,商务印书馆,1936。

[218] 张景华《清末民初西学术语译名的翻译暴力探析》,《翻译界》2016年第2期。

[219] 章士钊《论翻译名义》,《国风报》第29期,1910年11月22日。

[220] 章太炎《国故论衡·转注假借说》,《章太炎全集》(五),上海人民出版社,2018。

[221] 章太炎《国故论衡·小学十篇》,上海古籍出版社,2011。

[222] 章太炎《国故论衡·理惑论》,《章太炎全集》(五),上海人民出版社,2018。

[223] 章太炎《新方言·"纽目"将喻母并于影母》,《章太炎全集》(七),上海人民出版社,1999。

[224] 章太炎《新方言·音表·"纽目表"》,《章太炎全集》(七),上海人民出版社,1999。

[225] 章太炎《章太炎全集》(八),上海人民出版社,2014。

[226] 赵平安《隶变研究》,河北大学出版社,2009。

[227] 赵蓉晖《普通语言学》,上海教育出版社,2004。

[228] 赵文君《张世禄语言学思想初探》,复旦大学中文系硕士论文,2004。

[229] 郑建邦《国际关系辞典》,中国广播电视出版社,1992。

[230] 郑玲《我国古代汉译佛经翻译理论》,《西夏研究》2014年第2期。

[231] 郑张尚芳《上古音系》,上海教育出版社,2013。

[232] 中国语文杂志社编《中国文法革新论丛》,中华书局,1958。

[233] 中国社会科学院语言研究所等编《中国语言地图集》第2版,商务印书馆,2012。

[234] 中央研究院近代史研究所编《近现代人物资讯整合系统:上海工商名人

录》,中央研究院近代史研究所,1936。
[235] 朱德熙《语法答问》,商务印书馆,1985。
[236] 猪狩幸之助《汉文典》,金港堂,1898。
[237] 佐藤仁之助《速成应用汉学捷径》,东亚堂,1910。

附录:《国语学草创》横排本

《国语学草创》序

　　文学士胡仰曾自日本帝国大学博言科得业归,著《国语学草创》十篇。本之心术,比之调律,综之词例,证之常言,精微毕输,黄中通理,其用心可谓周矣。夫含识之类形有躁静,故言有舒促。庄生论:"天籁极之,且莫之所蘨。"生语学之精,莫过此者,若乃建类一层,根枝相生,一嗝一吱,地俗更变,虽形相有殊,所范围而不过者,分利不可以叚借也。余向者病世人灭裂,自喜字母、等韵、六书略例皆所未达,苟欲向壁虚造,以定声格,成简字辄私鄙笑之。尝为《声韵对转之图》,撰次二十三部,补东原挰约所未备,而仰曾综贯大秦驴唇之书,时时从余讲论,独有会悟。今见其书,乃为比合音理,别其弇舒,音有难喻,以珊斯克列及罗甸文参伍相征,令古今华裔之声,奄然和会,斯治语学者所未有也。

　　仰曾之言曰:中夏幅员辽阔,方语不能无小殊,犹南欧诸国,同出罗甸而言音,往往别异,不失同归之道。所以发扬国语之具者曰:语言之成,无过综合、分析二端。以综合成名者,希腊印度为最上;以分析成名者,惟中国为完备,西方英语亦近焉,故佗国所云三性,涉于宗教迷妄者,中国皆能廓清无余,其长一也。婴儿之语,先动词,后名词,盖客体先现而主观次之,有从此例以成排列者,其语言皆非进化者也。上世国语亦有次弟颠到者,若云"室于怒,市于色""野于饮食",汉魏以来涤除殆尽,而佗国皆不能比,其长二也。即音而存义者,地逾十度,时越十世,其意难知也。即形而存义者,虽地隔胡越,时异古今,其文可诵也。夫夏人之性以保守名,然语言文字赖此形象不易得,以通达翻译训故皆省焉。不齐而理,至繁而简,其长三也。若夫音以表言,言以达意,舍声音而为语言文字者,天下无有。宙合之文皆谐声矣,虽中国固不能出此类例,是以六书旅陈而谐声者,什有七八,或云中国字皆象形,斯则诬枉之论已。余闻之,伟其比校中外,密栗邃深,以为江戴钱孔诸儒,亦既运而往矣。今异域交通,殊语瑰音粲然,毕效继是,以后殚精穷贯,以为国语扬灵舒光者,非仰曾谁与赖焉?迩者以统一语言有所发舒,古之正音存于域中者,洋洋乎其惟江汉大鄂之风,其侵谈闭口音宜取广东音补苴之。异时经纬水陆之交凑于汉上,语音旁达,天下为公。今者考文正读,宜逆计是以为型范,斯余畴昔所持论,而仰曾亦有取焉。既撎其大旨,乃为叙录,以告国人治语学者。

仰曾名以鲁,初习法政于日本大学,得法学学士;心好言文,复游帝国大学,以博言科授文学士云。

中华民国二年一月
章炳麟

《国语学草创》目录

说国语缘起
国语缘起心理观
说国语后天发展
国语后天发展心理观
国语成立之法则
国语在语言学上之位置
论方言及方音
论标准语及标准音
论国语国文之关系
附：论译名

第一编　说国语缘起

言语，心之声，精神动作之自然产物也。最初之发声，自然之声，即对于自然界戟刺之反应作用也。对于戟刺之反应作用，神经主之。神经感受戟刺，不安而失其平，万物皆有求平衡之自然倾向者也，动物亦然。不安于其不平也，乃假发声机关以自鸣其不平，故最初自然之声不平之声，不平而反射之声，质言之，则感召之声也。此时为发声之内容者为感，感为凡有神经者所同有，故为感所召起之声，亦大略相同。虽然感者意识之过程，犹不成为表象也。言语乃音表象与意表象之结合，故应感召起之声，不得谓之言语，欲加之名，则声气耳。

太古之时，人类之心身，与自然之景象皆漫焉不加修饰。蛮烟瘴雾，洪水猛兽等天灾地异于斯为烈。人处其间，穴居野处，无爪牙以争食，无羽毛以蔽寒，以渺渺之身，处多难之境，成育之期，又独长于他动物，于是不得不惨淡经营，相依为命，此共同之经营人、猿所以同祖而歧系也。人类之进化也由是，言语之发起也亦由是。

最初之共同经营，无非相结以抗御外界耳，故恐惧警告叹息之声于元人为最多，即今非洲南美之土蛮之言语驱于喜怒哀乐之情，苦痛怵惕之感，发为感叹之声者，犹甚盛也。不惟土蛮，即开明社会中当出其不意感情难制之时，亦仍用感叹词别为一语以鸣其不平。

此种发声，所谓人籁也。发之于自然，不加思索。然则人类发声机关略同，当其发之而成声也，亦宜其似矣，乃印度日耳曼（Indo-german）语族所记传之叹声，大抵"唉""呵"等开口之声（Ah、Oh 等叹声犹沿。其言语史加有气音，亦可见最初发声之为声气矣），而吾国则"吁""呼"等闭口之声。传至于今，书籍以《尚书》为最古，而开卷首以"粤"字，粤者闭口叹词也。其中所载诸嗟吁已等音，亦大抵闭口。降至《礼记·檀弓》一篇，其述叹词也亦不外噫嘻呼吁之声。《尚书》之时世，固犹未确定，记传时世言语夙已发展，其所述叹词固不得即谓为感召声之代表。然叹声之表示于文字也，必以其近似（叹词皆无义解，但取其音故也）。而言语虽发展，叹声亦非易变者，盖自然异于造作，心理不易变化也。故开口闭口之差，可得为之断言者。

虽曰人籁亦与天籁地籁相顺应，即由风土山川之不同，自有侈弇舒促之异也。吾国民族之由来虽犹无确据，西南幽谷地土民之用语，比较为最古，则文献足征。今之山西人其言语固多弇声，叹声亦促口而呼，吁气之声犹多，盖犹中原旧音与？《秋水篇》："仰而视之曰'吓'"；《项羽纪》："唉，竖子不足与谋！"以"吓""唉"等舒声为叹词，至是方见于纪传，则南方之音也。南方今日亦以发扬之声为感叹。虽交通之后，略相融合，而风土山川之差起人籁之异，近征诸一国，亦划然不爽也。

要之，人类有以叹声为发表其感情之一时期，而吾国中原土人则以弇声，随感发声，因声拟字，文字本体虽未必确为声音代表，而其相去当不甚远。且古人文字全为表音之具，而叹词尤取其近似，可推测而知也。此推测而不谬也，则吾国语言当未成其语言之时，即感召发声之时，已特异于他语族矣。此"于于"发声期为言语纪元前之一时期，谓之发声时期。"叹声有二种，如鸣呼噫嘻之叠韵则已加人为，在言语发展后矣，非此时期之发声也。又当别论。"与是同列而稍进者为摹声法（Onomatopoeia）。感有所受，于是因所感而起摹仿，即以其所经验物体自发之声或反射之声，假为物体表象也。发声之中，含有表象，则已具徽征之性质矣，然此时所发之徽征，不得即谓为言语，盖其声虽为其物之代表，而代表与被表之间，仍有必然之关系也。"即足"而鸣者呼之曰雀，"错错"而鸣者呼之曰鹊，"亚亚"者谓之鸦，"岸岸"者谓之雁，驾鹅则以"加我"而得名，鹁鸠则以"磔格钩辀"而得名，皆以其物之声为其声之名也。不惟体词也,用词亦有之。用词之假声则由其物体动作之反射。如用口吹嘘,其声"吹吹",遂名此动作曰吹。以手击物,其声"丁打",遂名此动作曰打。原始用词大抵动作之徽征也。假自然之声为徽征,假徽征为事物意景之代表,凡此诸名皆发生最早,而吾国语当发生时已自有其特色矣。

既云摹仿,则所摹仿之物声既同,摹仿声亦宜其略同矣。然人心不同,精神作用各异,发声法亦受其影响而为特别之发展。其差异之著者,则如印度、日耳曼、乌拉尔、阿尔泰(Ural-altaic)诸语族皆以多节之音声为摹仿,而吾国语则常以单节,多亦二节而止,而二节之音声亦大抵由双声(例如鹡鸰)叠韵(例如驾鹅)而成,此特色也。然语言发起后曾经此一时期则各族皆同,称之曰摹声时期,比诸前期已有音之表象及摹仿的意之朦胧表象矣。虽代表与被表之间,殆犹一致,而其为思想交换之具则已稍稍明瞭。曰吁曰嗟,殆无何等之意义,为苦痛、为恐怖、为哀为惊,皆任听者之经验有以自辨耳!至摹声法则以所摹仿之物体为经验之准绳,即今之音声表象得想像其物自发之声音或联想其物反射之声音,有声者之表象,更有若干之意景,至此时期,言语胚胎矣。

然此所谓意景者,犹不过茫然经验之想像,非真意之表象也。所谓音之表象者,亦仍不过物体自发或反射之音声与物体相关联者也。必然之徽征,摹拟单纯之物体或简单之动作而止,而世界之物体非皆有特别之发声,世事之动作非皆有特别之反射声足以拟别也。纵能别之,而吾人所思之事物得假言语为表彰者又绝非摹仿之声所能尽也。诚哉此不足之感,元人(言语不具之人假称之曰元人)亦已觉之,故摹声之法无几而更,代之维何?在吾国语则发语词也。发语词与发声异,其所感之情轻,其发之也,亦非若叹息之重浊,盖呼唤警告之声耳!猨有啼声,不摹仿之而呼之曰"爰",则呼者自发之声音,所谓发语词也。以"且"呼狙,以"佳"呼雎,以"渠"呼豦,且佳渠皆发语词也。(《诗》:"狂童之狂也且",且发语词也;古钟鼎往往以佳为发语,佳即今之维也;渠通遽,俗作讵)不宁惟是,物我之意景起,自称曰我,我之转曰义为仪,皆发语词也。(《书》:义尔邦君;《诗》我仪图之)对称曰尔,尔之转曰乃曰若,亦皆发语词也。亲疏之感情起,称长者曰兄(兄即况,《诗》仓兄),称西方外族曰羌,亦皆发语词也。此但举纪传足征之诸例耳!其他纪传中虽不可见,音声上得视为发语词者亦复不少,例如父母二语之古音与印度日耳曼语族称父母语之首音相似,盖孩提之童开口呼亲殆有出于自然者。要之,使用单纯之骚音辨别物我亲疏之间者为最初自发之声音,以自发之声音为事物之徽征,使此一定之声音与特种之事物成连结,言语即胚胎于是矣。比诸摹声,更有确然之我观入代表与被代表之间而为之主动,无复必然之关系矣。设以时期区别之,此亦一时期也,称之曰言语胚胎时期。

虽然,此声音与事物之间脱离必然关系之第一步也。虽非复摹仿自然之声,而声音表象与事物表象间若尚有几分足以联想者。如自称曰我,若有自尊之意景;对称曰尔,若有警告之意景;父母兄之声音与亲爱之父母兄之间、羌之声音与羌人之间,皆有足以联想者。且发语词亦过简而有限,以渐就进化吾人复杂之思想,究非此区区者所足以表示。思想趋于复杂也,对于事物之摹仿力亦复杂而进步,遂不止听觉摹仿感情摹仿之一端。

吾人外界之事物,据印度胜论说,不外实、德、业三者,而三者不相离,表实之名,以德以业。诚哉!吾人所用言语之中,探究其语源,必不出德、业二者之中。(表实之语谓之体词,表德之语谓之状词,表业之语谓之用词,是等辗转司语言关节之职者谓之节词。所谓词品有是四者而叹词不与,盖叹词不过假他词以表其声音耳。是为语言四面,详见后。)盖语言者,对于实在事物之表象,假声音之表象以摹仿其德业二面中之一面,藉以表我对于此事物全体之思想耳。然而二面中摹仿何者?全出于摹仿者之自由,即就二面而言,各面中尚有诸多之点,在德有性质、形状、分量等,在业有动静、因果、功用等。于此诸多点中攫取其一以与声音表象相连结,则为语词。语词者,即对于某事物之某思想而以某声音代表之之谓也,然事物诸点之中何者得以代表事物之意景,固无定也。表彰某思想当以某声音为代表,又无必也。

虽然,某事物之意景攫某点以代表之矣,对于某事物之思想假某声音以代表之矣。名学家言偶然者必然之偶然,当其命名之时,当非全无关系而使音意之间贸然连结也。言语之产虽曰"自然",然此所谓自然者,指精神动作而言,既有精神动作为言语之动机,则对其连结之关系宁无心意作用于其间耶?亦必缘命名人当时之精神作用取其关系于事物某面之一点而使之连结者无疑。此点见地之差,即各民族心意作用之差。此种心意作用,即形成亨抱而的氏(Humboldt)所谓内范(Innerform)者也。内范者,对于言语之外范(Outerform)而言,各民族心意作用之范畴也。由是内范之不同,乃生各民族着眼中心点之差异。各国语皆各有其特有之内范,吾国语大抵一节,多亦不过二节。以有限之音声表丰富之思想,其间相应尤为微妙。而其文字由音、形、意三者而构成,言语内范,探究亦易。文字研究,别著于篇。兹先就以同音或相似音之展转发展语意,及以双声叠韵之展转发展语意者,探吾国语发展之踪迹。

欲以音声研究国语之缘起,当先审音声本体之为何,并若何构成吾国国语者,构成语言惟一之原料即肺脏所流出之空气。肺脏者,人身空气制造所,语言原料所由出也。因其种类、容量、共鸣器、调节机关等之差乃生种种之调节(Ariticulation)。此有调有节之声音,加以意义,则为言语。

声门广开,肺脏中空气自然流露谓之气(Breath)。声门闭塞,声带密切,气经声门,使声带振动则成声(Noise)。气经发声机关之调节,则为溪透彻滂敷清穿晓诸气音(Aspirata),以罗马字表之 k'、t'、t·'、p'、fh、ch、ts'、h 等大略同也。声经发音机关之调节则为声音(Voice),声音又因声带密切之度,及声门闭塞之度而有差。此差之生,细佛氏(Sievers)所谓压力(Druckstrom)所致也。压力大小,乃生清浊。以发声机关若尔之状态,作若干之狭度,加以若干气息之压力而为清音(Tennis)。见端知帮非精照影心审(k、t、t·、p、f、e、ts、i、s、sh)等是也。以同一状态作致气息于其内,压力因作所致而粗弱,是为浊音(Mediae),群定澄並奉从床喻邪禅(g、d、d·、b、v、dj、dz、y、z、zh)等是也。由是更进内而作致之,压力愈弱,气息通过声门之际,略带鼻腔之共鸣,则为疑泥娘明微匣来日(ng、n、n·、m、w、hh、r、g)等声,是盖压力已极薄弱,悬雍垂(Uvula)仰起,声之一部上通鼻腔(Nasal),其音重浊矣。

是由音质而分也。更就发音机关观察,当声气通过口腔之际,障其经过而调节之者,发音机关之妙用也。调节之机关不同,声音又得类别之如下:

以舌之后部隆起于口盖,障其经过则为颚音(Guttural),曰见溪群疑;以舌头伸突于齿之背后,即口盖之前部则为舌头音(Coronale)。虽然曰齿之背后,曰口盖之前部,亦有种种之点焉。突其最里部曰知彻澄娘,称为里者(Zerebral);突于齿龈之上而稍屈者曰端透定泥,称为前舌端音(Alveolar);突于齿龈而发者谓之后舌端音(Post dental);突于背齿而发者谓之背齿音(Introdental),精清从心邪及照穿床审禅是也。自是而外,上齿与下唇相切,或声或气流露于其间,则为唇齿音或曰轻唇音(Labio-dental),非敷奉微是也;禽两唇以障声气之经过为两唇音或曰重唇音(Rein labial or by labial),帮滂並明是也。以上就舌头对于口盖弓及齿牙诸点之隆突作用言也。其他卷舌而抵诸口盖则发来(r)音。弹转于齿龈则发日(Z)音。前者名其舌之形曰卷舌(Inverted)。后者名其弹转作用曰弹舌,此口腔内外部分之调节也。顾犹有不及口腔压声气于喉头而发如影晓喻匣者,是为喉头音(Laryngal)。

以上或就音质或就发音机关而类别者,皆以有所调节而分,既经调节之声气则韵纽也。韵古曰均,经喉颚舌齿唇等诸机关所调匀之音也。纽者,代表同类语头音之类首也。被梵语输入之影响,肇分音类,然以国字单节不可分之惯

	濁清	濁重	濁	氣	清	
		疑 ng	羣 g	溪 k'	見 k	音顎
		泥 n	定 d	透 t'	端 t	端舌前
		娘 ṇ	澄 ḍ	徹 ṭ'	知 ṭ	音裏
		明 m	並 b	滂 p'	幫 p	唇 兩
		微 w	奉 v	敷 fh	非 f	齒 唇
邪 z	心 s		從 dj	清 ch	精 ć	端舌後
禪 zh	審 sh		牀 dẓ	穿 tṣ'	照 tṣ	背 齒
		匣 hh	喻 y	曉 h	影 i	音 喉
		來 r				舌 卷
		日 ġ				舌 彈

习,语音亦就其首音相同者类别之而止,然则双声字首音同者皆同类也。一个音内之成分素未尝分也,故喉头、弹舌、卷舌等统如梵语归于韵纽,不如印度日耳曼语族别为半韵。虽然,此历史上观察也,就音声学上观,半韵不过音渡(Glide)耳。韵纽之外固不必别为半韵也,为表韵纽,以音质发音机关为准排列之。

于单节语音之中分析其语头音而研究之,此吾国之所无也,乃假罗马音标而为之。虽然,罗马音标非为吾国语而设,欲假之以完全表示,殆不可能。故知溪透滂等罗马音所无者,表以 k'、t'、p',以示其压力较 k、t、p 等气音为尤强也。里音下识以点,微表以 w,以示其在 w 与 v 之间。日表以 ġ,以示其在 r 与 j 之间。

表所示诸韵大抵但作语头音,惟 k'、t'、p' 亦作语尾音,所谓收声(Auslant)也。印度日耳曼语族之发 k、t、p 也,声气一障于唇舌便得自由经过,称之曰破障音。吾国之 k'、t'、p' 语尾则不然,一闭不复能通过,乃急遽发泄其音声。破障音由闭琐与破裂而成,而兹但有闭琐,然则谓之闭障音可乎? 以 k'、t'、p' 作结,截然无余韵,是即所谓入声也。

声气之发也，唇舌障之而不紧，经过之际得摩擦而出，则如 h、ng、g、s、z、sh、zh、r、n、t、d、w、f、v、m 等所谓摩擦音是已。此中鼻音 ng、n、m 亦有以之收声者，以 m 收者曰唇内鼻音，以 n 收者曰舌内鼻音，以 ng 者曰喉内鼻音。摩擦之于喉或唇舌，而使其一部通过鼻腔以收声也。不明以一音闻，使语音鼻化而已，梵语所谓随韵者此类也。

声而不被障碍不受摩擦，得以自由发出者谓之音。音者，元音也，未经何等之调节，但以口腔为共鸣空间，随口腔之大小为高下者也。自能成音，以表语意，得曾经颚喉舌唇齿调节之音（即韵）附和节凑之，成种种节音，语言以完。

元音之种别，高下为之。元音之高下则口腔之大小，即舌头向口盖隆起之差也。隆起舌之后部而发音为泰，稍前为队，更出而突起其前部为支为至。此等元音古所谓韵，亦如纽然，以之作叠韵之代表耳。音之所以为音处，无从知也。兹欲分折而得其元音，亦惟以其所为禽之音，表以罗马音标，以 a、e、ĕ、i 等当之。由 a 及 i 唇渐后向，舌渐前隆，口腔空处渐小渐前，音乃渐就明锐。次圆撮其两唇，舌渐后隆，发上四音，则为歌侯之，即 o、ŏ、u 是也。此时音渐后响而圆笼，乃渐就沉钝。又以两唇作椭圆而嘘声，为闭口之鱼音 ü。以 i 及 u 与 ê 及 ô 之折衷位置而发两者中和之音，则为幽宵，略如 û、ö。所谓韵者，如是而已。论韵之书，以声类为嚆矢，已散失而不可理，后出者，独有《广韵》为后世韵学之宗。顾炎武氏作《唐韵正》，分韵为十部；江永氏作《古韵标准》，分为十三部；段玉裁《六书音韵表》分十七部；孔广森《诗声类》分十八部；王念孙分二十一部。愈降愈多，精则精矣，然不知平上去入不过长短广狭之差。以收声为阳声，亦加入所谓韵者，则更病在不知分析研究，徒取其叠韵而均分之故也。

《诗序》曰："情发于声，声成文谓之音。"笺云："声谓宫商角徵羽也。"声成文者，古宫商上下相应，按此所谓音即后世所谓韵也（顾炎武氏亦云）。宫商角徵羽即 o、a、e、i、u 之声，发而有口腔以共鸣之，则成文矣，即为音矣。《诗》笺所云虽未必确有是意，作如是解，方尽音之真义也。未经调节之音，所谓口腔大小之差者，乃凡用有节言语（Aticulated speech）者之所大同；所不同者，o、a、e、i、u 之外拗杂之音耳！如吾国语音中之 û、ü、ö 等变征之音是也。然既曰变征，已非纯粹元音，乃为元音之所杂糅者矣。实则所谓二重音三重音者此也。吾国古昔语中多二重音三重音，不难想像，即如泰音上古殆发如 tai、如 taei 无疑。后则单节语得势，乃同化于单音 a 而为去声耳！晚近且有由入声转为去声者，去声音语益多，乃又有延长而为二重音三重音者矣。今之北京语其显著者也。鱼幽宵等音表以 ü、û、ö、(··)、(¯) 等音符，固昔日之独立一音而渐摩禽合者也。观今日"宵"之北京读音已析而为 iao，逆而推之，所谓变征之音，上古皆曾为二重音三重音者，未可知也。

要之，音之中泰(a)、队(佘口e)、支（弇口e）、至（佘口i）与歌（佘口o）、侯（弇口o）、之（佘口u）纯粹元音也。鱼(ü)、幽(û)、宵(ö)则所谓变征之音，殆即二重音三重音之上翕(Steigende)也。为作音表如下：

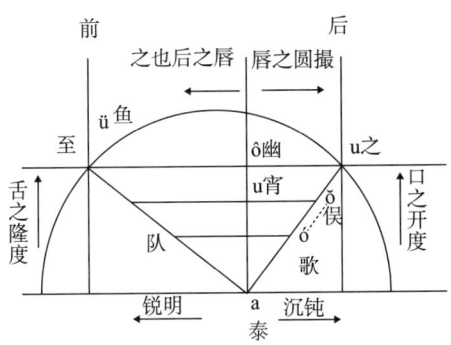

右表利用海尔华尔胥（Hellwarg）三角形图参酌之案也。案图索之，庶几知音之位置性质乎？

语音，生活于语句中者也。有语句，斯语音方得有生命而有意义。是即所称为单节音之吾国语，亦究非一音之微，所能量度其全体。借他种音标，论吾国国语，益难得其真相也。虽然，以科学的研究，欲究语言之发达，不能不得其音韵而分析之，况若是分析，其能胜于杂驳之类别者，固不待言也。

如是分析之，属于同一韵部者谓之同音，属于同一组部者（《唐韵》称纽，即古之双声，音之异同未尝问也），谓之同韵。同韵而异音者谓之双声，同音而异韵者谓之叠韵。知音韵双声叠韵之为何？国语所缘起之音程，可约举而知也。就音韵究国语之缘起，史事也。史上之音韵舍文字外莫能知矣，而文字非语言也。虽然，节词之外体、用、状等词见用于今之语言者，大抵与文字相一致。虽废弃不用而文字犹存，其曾用于语言者无疑也。盖文字者，代表语言而发达者也。象形象事之文，其发达虽与语言异其途，然象形象事无几易而为象声，且发达而占文字之什八焉。是何因缘？则勉欲与语言相一致，欲以文字音声的代表语言也。不宁惟是，转注之例何为而作耶？曰语言异方而殊致，向之文字不足以为之代表，乃更作他文字以切其方音耳！信如是，则溯之于文字挚乳时世，即象声、转注等开例，六书成立之时世，认言文为一致以究语言之缘起，当无大谬也。

虽然，纵曰语言之音见表于文字，《广韵》、唐纽已非古音。《说文》云从某声，而所从之声亦复变迁古音殆难确知矣。所可知者，音韵变迁大抵可绳之以音声学之理法，即出于理法之外，而史上变迁亦有文献足征耳！

就音言，顾炎武氏谓古无麻部，段玉裁谓古无去声，此其言虽无确证，然古代叹声亦且弇闭，则侈放之音或非古中原之所有，未可知也。近有黄承吉氏定古音为曲、直、通三类，简则简矣，奈语音流转多不依据本部，往往旁转、对转，对转得由音声学说明之，而旁转则未必尽然。如发音作用复杂之 a、o、u，往往移转于简易之 e、i，音声学理法也。而乃实际上有反之者，故音之中至今但得一古无侈音之想像，外此惟遵古韵后身之《广韵》，考征不足，舍此殆无他道也。

就韵言，古代有重唇无轻唇，有前舌端而无里音，有齿背而无后舌端，钱大昕氏言之。娘日二纽古皆泥纽，而喻纽为古所无，章炳麟先生言之。此其言有可得而证者，古音大抵重厚之音，不作琐碎之声，轻细之韵也。后世社会趋于文弱，思想趋于复杂，表思想之具亦以种种调节繁分细别之，于是轻细之韵起矣，盖亦自然之势也。虽然曰自然之势，犹未普及于吾国也。轻唇音喻纽或共有之矣。娘日二纽则福建、广东之人仍发如泥纽，福建人之发里音且仍如前舌端也。至混后舌端为齿背音，则更大部地方通病矣。盖《广韵》、唐纽采吾国全部音韵组织而类列者，固非通国所共有，尤非一省所独具。无与是音韵相应之机关，即因古就简而不别，此古韵之别所以六列而止也。山西人声阳唐等侈口之音，闭窘出之。广东人声入声也，急促而简截，唇内鼻音仍分明以唇收，凡是盖皆古音之仅存者与？

轻唇音昔为重唇音，旁观希腊亦然。新希腊之轻唇字母，皆由重唇变迁者也，更证之以译例。《史记》冒顿，匈奴语白轧都耳（Baghatiur）之译语也，乃以冒译重唇音之"白"，非无重唇音字，殆昔之声冒以重唇耳！又慕容者，白杨（Bayang）之译语[据轧鲁被（Grube）氏之研究，慕容者，安富尊荣之意]，慕之音亦通作重唇之白矣。凡是固不过旁证耳，然古人发音机关简单，而所发之音重浊，是殆诸语族之所同，而亦音声学之理也。

知彻澄三纽，以舌头切于断上（Alveolar）而发者也。举舌而切诸断上，殆非卷起舌底尖与之相切不可，以舌底尖抵断上而障声，烦难之发音也，稍申即端透定矣；然则知澄彻诸韵为简易古音之所无，由端透定分化而出者，殆无疑也。

娘纽亦然，使声之一部通过鼻腔，悬雍垂不得不开，舌头即因之较知彻澄尤前延，其切于断上也，抵触稍紧即为泥矣。苟有分化，得非由泥来耶？

至日纽与泥纽之差,更不过举舌而不卷耳!不卷而弹转,抵触龂上,即为泥矣。欲不抵触而发弹舌之音,求诸今之福建、广东人且不可得,还求诸发音机关,尚未精细分化之古人,诚难事矣。

古中原之音,收敛之音(闭口敛气之音)也。无侈声(如麻部),无去声,多闭障音(急截之入声及急促之唇内收声,皆闭障音也),而无精清从心邪非敷奉微等所谓摩擦音者,盖曰侈声,曰去声,皆延长之音,遒敛其声气,徐徐引扬之音也。古中原音以短梢简裁为特色者,称郑声曰放,而肯以引扬自放乎?观其多用闭障音也;反之,即可见其不用侈声去声。不惟侈声去声为不用,即摩擦音谅亦未尝见用也。何则?欲摩擦而出之,必有若干空间之开度,必有若干时间之继续,此摩擦音所以亦称为开音、继音。开音、继音去侈声去声,不过程度之差耳!凡是皆非古音所宜有,可一贯而解也。

影纽揆诸印度日耳曼音标为半韵,而实二重音之上龛,犹至音与支队泰歌侯之诸音相龛也。其读音略如拉丁字母 i 之在语头者,而与 y 异,两龛音之龛合也,在于喉头,而亲和力则压力为之也,压力迟缓斯为喻韵矣。本居宜长氏喉音三行辨之,论假名"也"行也,曰"也"本"伊阿"之龛音,非如今日之所读也。今读如也(y),龛音之堕弛以后者耳,是亦喻韵由影韵分化之一旁证也。

由是观之,影喻二重音也,特不过于喉头龛合之耳,即晓匣亦不过着气音之色,假喉头为作用之所,位置上称为喉音,性质上非喉音也。就性质而言,则音渡(Glide)耳!

古音之条件,就今日研究之所得,如是而已。信如是,则韵不过由六分化而为九,音更不过拿侈之差耳!然则比诸他语族激剧之变化,其差盖甚微,盖吾国语世所称为单节语者也。就一般论,单节亦事实也,一音一意居吾国语之最大多数,舍此一音外,意无所寓,音乃勉自保持其名价(Value)而不失其精粹(Essential quality)。故他语族之发展求明瞭也,固有语不足,乃假特异者以益之。而吾国语则不然,不能过多于单节,又不得脱弃其固有,故发展亦缘其近似,而无激剧之变化。故研究古音,探国语之缘起,但审若干之条件而已,犹易为也,况代表音声以木强难变之文字,形在,音亦无大变,足为研究古音之好资料乎?

虽然,以文字研究语音史便也,欲以研究语意之缘起则不便。吾国文字之缘起,象形象事之文,本不过一种绘画也,表实而已。就语言学之研究,语意之缘起,先以德以业而不以实,故表实之字,无从审语意之所缘起也。语言为精神动作之产物,而精神动作之动机,缘于感官受外界之戟刺,故语言之初,缘于感官,感官之中,听觉之摹仿尤先,则又可从感叹论(Interjection theorie)而知之。感叹论,假定感叹为语言之始者也,然感叹犹未完具语言之性质。真正语言,非应猝然之戟刺作漠然之摹仿而已,乃摹仿静观所得事物之表象也。故由意推语源,大抵为表彰事物上特质或作用之词,故语言之初为表德表业之词,而表实为后,盖实固缘德业以为表者也。此在印度日耳曼多节音之语言,其文字犹舍缘始之意,易为解也。而在象形为始之文字则难。如 Navi(船)之名由 Sua(泳)之动词构成,分析拉丁字可知也。羊者,祥也,以其难得称之曰羊,是由德而得名,通人所知也,而其见诸字形也,祥且由羊而构成,后先倒置矣。祥亦羊也,特以其为表德之词乃加宗教之示旁耳,此吾辈之所主张也。然不自立主意,知所先后,徒依据象形象事之实质部以求语言之缘起,鲜不为文字所惑矣。吾辈草创国语学,以言语学为根据,而以文字为借鉴,故对于语意之起源,敢独断以表德、业词为先缘,而以表实词为引申,所缘之音既明,语言之发起可得而论也。

一 缘同一声类而发起

吾国语大抵单节音也,意有余而音不足,故同一近似之语意,在字义有辨而语音同音甚多数也。昔王子韶氏创作右文,以为字从某声即具某义,如《说文》"勾"部有笱、钩等,"臤"部有紧、坚、贤,"丩"部有纠、觽等,皆同一声类而同义者也。为是说者犹但据《说文》之部首耳,不拘拘于文字之形式,古音谅为同音而义亦同义者尤多。近世阮元氏亦言从古声者,有枯槁、苦窳、沽薄诸义,今更略举一二。如契、切、决、缺、桀、刖等,古音皆 Ket,北鄙杀伐之声,而亦皆杀伐之意也。弗、勿、莫、没、灭、未、末、靡、无、亡、无、毋等,音虽略异,韵皆明韵,而义皆否定弗辞也。若是以同一声类或韵同而音各异以表同意者不少。舍文字而就语言立论,直昔之同语而分化者耳,岂仅同意云乎哉!金勾亦勾,竹句亦句也。丝之紧曰臤,土之坚曰臤,人之贤亦曰臤,文字形式虽别加意部,其为语则一也,所异者亦后日之分化者耳! 观彼刻物曰契,破物曰缺,以齿切物曰决,切腹曰桀,切足曰刖,字虽别创而语犹沿用一"切"者可相阐明也。弗者,拚举手也,作否定之态度同时发否定之声也。又勿亦否定辞,摹仿旗帜勿勿之音而为之也。日没曰莫,物沉曰没,物尽曰灭,木枯曰末,木之尽头处曰末,皆消极之义也。又披靡曰靡,逃亡曰亡,其双声无,其别字无,亦皆消极也。惟为禁止其辞义稍异,然要皆否定消极之词,而其语头音则皆明韵,闭两唇以作否定消极语,盖自然态度自然发声也。亚细亚单节诸国语其弗辞大抵以 m 为语头音,亦从可知矣。不惟两唇之重浊音也,即清音之"不"或"否"、气音之"非"或"丕",以及今所借用浊音之"别",亦不外两唇否定之辞。盖其始同语,其后习用处不同,乃渐就分化耳。分化之后,吾犹且见其通用也。先秦文献,其例不少,试举一二:

不非相通。例:"毕弋田猎之得,不以盈宫室也。征敛于百姓,非以充府库也。"(《大戴礼·王言篇》)"上之所赏,命固且赏,非贤故赏也;上之所罚,命固且罚,不暴固罚也。"(《墨子·非命篇》)

不无相通。例:"不一日而无兵。"(《武五子传赞》)"不日不月。"(《五风》)

不丕相通。例:"不曰坚乎。""吾不惴焉。"(《孟子》)

勿不相通。例:"爱之能勿劳乎。""非礼勿视。"四句(《论语》)

靡不相通。例:"自高辛氏之前尚矣,靡得而记云。"(《史记》)

未无相通。例:"或问:'劝齐伐燕,有诸?'曰:'未也。'"(《孟子》)

无毋相通。例:"王无罪岁。"(《孟子》)"毋意,毋必,毋固,毋我。"(《论语》)

蔑无相通。例:"虽我小国则蔑,以过之矣。"(《左传·文公》)

最后之蔑,《说文》解:"劳目无精也。"状字而无否定之意,盖借用字耳!然借用者其音,非其义也。相通诸字,义略同而音相同也。假相同者而通用,不拘拘于字形之异,亦可见古昔之言文一致,而古人用字不过假为音符而已也。曰罔曰匪,表实字也,而乃用之为否定。尤数见于《诗》《书》,盖亦彼一时之否定语习用两唇之气音,重浊音耳!通借字之始,往往原于时世地方之方音,继乃别成一义。方音之差相去究无几何,故否定辞终不出两唇。昔日之差更微,从可知也。如彼、切、契、决、缺、桀、刵诸字,古音正同,且彰彰可见。本义之差,即若是其微,音又大同而小异。然则必非一时作如许类语,殆缘一语而用不同,斯音生轻重清浊之别,而义亦就引伸耳,此吾国语发起之第一步也。

更进而引伸稍远,然其缘起犹可得而辨者,如"为"今语作为也,文字虽象母猴,然就语言论,当先有作为一语,而后以之名好动之母猴耳!一面以作为名母猴,一面以作为异于自然也,乃引申为诈伪之伪。诈伪非真实也,更引申为讹误。文字别制伪讹,所以别其音之展转意之引申也。名字与动字之差则不变,一面更以作为常有所为也,作因为之义,而亦但变其音容(详见后),不别制字,盖所缘本一语,字以别其展转引申者,亦应其必须而止也。乍,止亡词,因有猝然之义,引申为创始,其字为作。《毛诗·鲁颂》传曰:"乍,始也。"又《尚书》万邦作乂,莱夷作牧等,皆始之义,因始而有起立之意(《论语》"三嗅而作")、造作之意(《书》"作之君,作之师")。字仍沿用而不变。更以造作异于自然,犹"为"也,乃引申为诈。又以始之意而亦为即今称昔之义矣,乃引申为昨。此其字形虽经意标之装添,而其语之所缘者同,亦不难知也。又辩,罪人相与讼也。因诉讼引申为辩论,因辩论而为辨析辨别,因析别而为瓜分之瓣。其字虽各有其意标,其音标之部则皆同,即其所缘同也。

虽然,因缘可知,缘端难知也。所可知者,惟德、业之名必先诸实耳,此语言学之所研究,既述之矣。据例而言,缘何名一己及同类曰人?则自尊或武力不及他动物之自觉,以仁之德称也。缘何名死者曰鬼?则如埃及人千年复苏之迷信,以为归自浮世,以业称也。缘何名在天者曰神,在地者曰祇?则以其伸提万物之业称也。古中原荒凉寂寞地也,其风土少变化,其人亦沉静而善思,故不以宇宙万物之本体为崇拜物,思别有创造者以伸提。(参观希腊、亚剌伯之神话可知)其他,以颠名天,以底名地,以吐名土,以汎名风,皆以德或以业,虽其中或有后人之傅会,然缘起之途径,诚若是也。

二 缘双声叠韵而发起

语意之引申,非尽如抽稻剥茧,逐渐而起也,有相对相反对而引申者矣,此在吾国语大抵以双声叠韵为之。双声即同韵异音语,调节机关相同,以口腔之大小著其差也。如对于天而言地,对于阳而言阴,对于古而言今,对于生而言死,对疾言徐,对精言粗,对加言减,对燥言湿,对夫言妇,对公言姑,对规言矩,对褒言贬,对上言下,对山言水等是也。又对长言短,对锐言钝,古音皆前舌端,双声也。对文言武,古音皆两唇气音,亦双声也。

叠韵者,双声之逆,同音异韵,即口腔同形以调节机关之转移著其差也。如对旦言晚,对老言幼,对好言丑,对聪言聋,对受言授,对祥言殃,对出言纳,对起言止,对寒言暖,对晨言昏,对新言陈,皆叠韵也。对水言火,古音同在脂部,亦叠韵也。

更有以双声叠韵表一语,即联续以表一事一物者。《说文》之所连载,大抵属之。《说文》而外,如流离、含糊、踌躇、蟋蟀、黾勉、唐逮等双声语,胡芦、诘诎、支离、章皇、蹉跎等叠韵语,皆以表一事一物之一语也。然其中相联之字多为文字之所无,则又何耶?如筹在《说文》有籀本字,而躇则借音字,《说文》无此字也。蟋蟀但有蟀之本字,悉亦音字。黾勉之黾,唐、逮,诘诎之唐、诘,亦即借音字也。盖本无其字而有其音,乃假他字以为音符耳。就吾辈想像之所及想像。双声叠韵,吾国语发起之一程序也。而发起之际,或求明暸,或表丁宁,有用双声叠韵为一语者矣,然大多数固犹单节语也,故小数之双声叠韵语为不适。言语既成,不宜改变,惟文字则勉力同化之为一字,而在当时又勉欲保言文之一致,乃取折衷一法,以反切切之为一音。上所列举双声叠韵语,而本字但有一字者,切后之音也,犹恐不为一般之所认,乃借他字之音添注之。添注者,添注其语音也,果尔则言文背驰,由是始矣。

顾炎武氏《音学五书》有云:胡芦切为壶,鞠穷切为芎,丁宁为钲,僻倪为陴,其例甚多。要皆在语为双声叠韵而在字切为一字也。文人好弄字,往往舍固有之语而用既切之文。汉末已用所谓反语者,至魏而更大行,爰有不必双声叠韵语而切之者矣。如不可为叵,何不为盍,如是为尔,而已为耳,之乎为诸(宋沈括之说)也。尤其甚者,切三音为二字,如私鈚头为鸡鹅(高诱注《淮南·主术训》),吐谷浑为退浑(《旧唐书》)。郑樵谓慢声为二,急声为一,慢声之焉,急声旃,慢声而已急声耳也。慢急者,听闻程度之差,其实盖二语由习用而缩之耳,故其字皆假他字为之。以语言为本位,视彼既切字为缩音之代表,叵读作不可,盍读作何不,可也。读彼言文谅必一致之古书,如《周礼·士师》五戒:一曰誓,用之于军旅;二曰诰,用之于会同;三曰禁,用诸田役,亦可读用之于田役,即不读为之于,而为之于语之缩者不可不知也。而蜥为蟋蟀,勉为龟勉,逮为唐逮,筹为踌躇,诎为诘诎,亦从可知之,特何不、不可等易于急切,故叵、盍或曾见用于语言(如英语之 Can't,Don't),而蟋蟀、龟勉等缩而用者少耳。盖蟋蟀、龟勉乃先天双声叠韵语,缩之恐不易知也。语用双声叠韵之二节,此在摹声时期既发起矣,故谓吾国语为单节者非也。然虽非单节,亦二节而止,二节而又拘束于音声,不外乎双声叠韵;双声叠韵为二节之制限,故二节以上则不进。

兹有宜加意者,双声同韵而异音者也。然异音之中有鼻音无鼻音者兼包之,叠韵同音而异韵者也。然同音之中如老幼好丑,实际上不相同者亦称为叠韵,是何耶?则对转旁转之例也。吾国语大抵一音一义,列诸语句之中亦不受前后音之影响,勉保其一己之名价,此特质也。然五方风土不齐,语言之发起不能一致,此社会有一音为他社会所不能发或不欲发者,乃生方言之差。方音者,起于空间的社会心理与夫时间的社会心理之差,盖自然之势也。保持之特质与自然之趋势相冲击,折衷调和之,乃发近似之音声。近似者加之以鼻音,"谓之对转者此",别以弇侈,"谓之旁转者此"也。弇侈之别,口腔大小之差耳。讹传固甚易易,而鼻音亦其相近者也。鼻音虽列于韵,实近于音,其原料以声为之,与元音同也。其发也不受何等之障碍,亦犹元音也。其所异者惟开闭之程度,即元音者,纯开音也。其共鸣室惟以口腔为之。鼻音则口腔而外悬雍垂开,其一部假鼻腔为共鸣室矣,是为半合音,盖近于音者也。要之开闭程度之差,应社会之心理萋成吾国之方音者也。孔氏《诗声类》以鼻音收声为阳声,以纯音收声为阴声,列为上下两行,发对转旁转之例。吾师章炳麟更图示而昌明之。抄其图而拟以罗马音标如下:阳弇、阴弇、阳侈、阴侈各为一列。一部同居相转谓之近转,同列而邻居移转谓之近旁转,同列而隔越转者谓之次旁转,阴阳相对者谓之正对转,旁转而更对转者谓之次对转,由近转、近旁转、次旁转、正对转、次对转而为双声者谓之正声。五者而外有音转而为双声者,对正声则成例外,谓之变声。凡是展转而犹同音者,发起之时地不同,所谓方音之差也。如《尚书》与《诗》,时世不同,《诗经》中更有诸风之差,汇萃之于一书,乃义同而音差,有所谓对转旁转者矣。表中所据(见下表)虽为唐韵,不得便谓之古音,然就一时世为观察点而论其差,固有法有则若是也。如穷在冬部,然《诗》"不宜空我师",《传》以空为穷,则所谓冬东旁转也。今之语音自湖南、江西、安徽等外,冬东之别亦复不存,穷乏空乏,韵虽异而音则同矣,时地方音之差盖若是也。此种类例章先生《国故论衡》举之甚多,别无所见不更述,惟补说明于兹。即所谓旁转对转者,音声学理所应有,方音趋势所必至也。虽然,先生之图,作环转之则,诚尽美矣,然所谓音转果一如图序配列与否,犹不能无疑也。其在对转也,撮唇之音转为唇内,弛唇后向之音转为喉内,闭口引唇之音转为舌内,

此诚音声学之理也。然其他近旁转、次旁转得非顺序颠倒否？敢据音声学之理，拟之如下，以乞教于先生。

　　录同一声类缘双声叠韵而起者，平面上之发起也。果仅是而止者，吾国语之为国语者，亦太单纯矣。吾国语，意义丰富之语也，其发达决非一面而止者，侧面、对面、反面，盖三面（Three dimensions）也。有三面之发起，故统体七百余之音声，得为表彰丰富语意之资料。

　　三面者，就意言也，而音亦应之而略异。以上所论之音韵，音韵本体，就发音机关而论者也。音之所以发，为之主动者为心理作用。同一音也，心理作用不同，斯音上之着色亦异。名此音声之着色，谓之音之变容，即音之高低（Pitch）、长短（Duration）、强弱（Intensity）、锐钝（Register）等是也。锐钝大抵缘于生理或社会心理之差，高低、长短、强弱则主因于心理状态。所谓意景也，即以音容之变化，表意景之不同，犹同一骨格之人而赋以容姿之差也。此在他国多节语，且往往假为意景之辨别，吾国单节语，更藉作意思方面之表示矣。意之方面，即意之职用也，随句中之位置而定，故舍句不能论语意。音之变容应意之方面而起者，亦必于句中论定之固也。惟吾国语音简而意富，变容略有定规。定规维何？则高低、长短、强弱之差，所谓四声也。古无四声之名，然自有高低、长短、强弱之别。其差别之繁，且不止于四，盖自入声而外，所谓平、上、去者，其高低长短之度固无限也。齐梁之间文人陆颙辈，始分四声之类，其趋旨在于诗律文韵，固非完全规定也。夫分一切文字为四类，顾炎武氏且辨其为无理。欲以之范类变迁无常之语言，则更难事矣。语词，生活于句中者也，其处句之职用有轻重之差，或其处句之位置有音调（Fuphony）之关系，斯其音有高低、长短、强弱之别，故精密言之，音声综合论以外，无从论语词之四声也。所可言者，取一语词假定其在某句上表示某面之意大抵作若何变容耳！音之变容，其复杂较本体为尤甚，假四声而分之：所谓平声者其音最长，上去次之。至于入声，余音截然，盖吸入之音则最短矣。高低强弱与之为反比例，短者高而强，发为入声，次第为去为上，至长则抵而弱矣，所谓平声者此也。随意为转移，有一语而二声三声者，其转移固无定则，转于某意，则取某声，更无定则也。然虽无定则，而为语言所缘而别章者，则彰彰之事实。四声虽无足取，长短固自有别也。故据音之长短，说语言之缘起，然缘音之长短而起者，必同一语音之意辨，自又不待言也。

三 缘音之长短发起种种之语意

语词有体词、用词、状词之三面，用词、状词、先体词而发生既假定之矣。本为状词或本为用词，展转而为体词或堕落而为节词（详见后），则音亦不得不应之作长短之差。如"好"，《说文》训爱而不释，用词也，转而为美好之意则状词矣。长读矣，更转而为体词，作孔意，则更长。若是展转诸职发生诸意，为吾国语之一特色，称之曰侧面之发起。

同一职而为用不同，时亦缘音之长短为之辨，如在用词施受内外之辨是也。《公羊·庄公二十八年》传春秋，伐者为客，伐者为主。何休氏注：伐人为客，读伐长言之，齐人语也。见伐者为主，读伐短言之，齐人语也。长言者，今之平上去声，短言则今之入声也，即施伐之伐与受伐之伐以长短之差辨也。此类之例，文献不概见，至用为内外之别者则不少。如"饮"内用其常，作外用则短读，如《檀弓》"酌而饮寡人"是也。又"出"短音自出也，稍长则为驱出之出矣。《正韵》曰：凡物自出为入声，非自出而出之则为去声。此类之例，今语亦有之，此犹相近之展转，意中事也。而又有积极、消极相反，亦以一音为者。如"乱"之一语，在"乱臣贼子"句与"夫乱臣十人"，同一四子书也，而意则一乱一治。"特"一般训为独，而《诗传》有训为匹者。"介"原意为分划，在理宜引伸为两，而《春秋传》则以"介、特"为单数。是等语在后世固但取其一意，其在先秦曾相并为语言不可诬也。其他苦训为快，徂训为存，故训为今，《书传》中且多有之（英语亦有之，然是缘于起源之异也。如 Incorporate 有积极、消极之两意。前者取盎格鲁撒逊之前系 In，有益深之意；后者取拉丁前系 In，为否定也）。然谓为同音而音容亦同者，则不能测矣。虽曰由语句位置之关系，可无混杂之虞,然位置之不同,已存多少音容之差矣。如伐有施受二意,齐人语有长短之辨,此何休氏之所注也。虽今日皆短读,此辨已不复存。吾辈据音声心理学窥察语言,毋宁信其为有也。盖后世之四声,固不足尽古音之变容,随语意之展转作语音之变容,在古尤属寻常事。强作四声以范古音,乃对古诗有不得不收为二声、三声者矣。四声之不完,亦可见也。然则同语而义相反在心理为不可通者,诚不若信其有音容之变也。

音容之变所以补音之不足。

音容之变,所以补音之不足。大抵单音节之语,欲表丰富之思想不得已也。然长短之差,相去宁几。或舒或促,更非甚便。故可无须音容之变而义可通者,即不少改变假借而为之,是曰悬拟,亦语言发起之一道也。

四　缘悬拟而发起

号物之数曰万,其实世之进也,物之发见者犹不止万数。有形之物已难于命名,抽象之事物,更无论矣。然对是日趋复杂之事物,犹无甚不足之感者,则语言亦比喻转移,与之相应也。由物质的感觉的之意,转移于抽象的以表彰复杂微妙之思想,此语言自然之倾向也。而在吾国语音之发达不及意者,此悬拟之特征尤为显著。如人呼出口气谓之吹,借以悬拟风之吹;人自陵阜下曰降,借以悬拟雨之降。对于极单简外界之动作,已以一身之举动悬拟之矣。稍进则为想像上之悬拟,见祥瑞之麦以为其来自天,遂称人之由他处至者曰来;更进发生知识上道德上之思想或知识道德之关系,则以物质上或感觉上之意义悬拟之。悬拟之特征至是乃益著。曰思想深远,曰度量宽宏,深所以度水,远所以记里,宽宏所以形状空中之器者,皆以有形形无形而悬拟之也。有形形无形犹云不得已,至思想进于抽象也,即有形之事物亦假卑近事物之性质而悬拟之矣。如能,熊属也,悬其坚中之性质以拟坚中之人,悬其强壮之性质以拟强壮之人,而有贤能能杰之称矣。凤有朋聚之性质者也,悬之以拟朋友;豪有刚直之鬣者也。悬之以拟豪杰;群,羊群也,以其能群,悬之以拟群党。是犹埃及人悬雌蜂以拟至尊,悬牡牛以拟强有力者也。悬野兽之性质以拟人性,以起人之联想耳。今则视如固有之美名,为大人物之所争逐者矣,而其所悬之语源,转且遗忘不以为意,是则语意之代谢,亦适者生存之原则也。盖分出比喻语,内涵丰富而浑厚,应用于赋颂骈俪等文学上之性质者适也。然语源忘却而谢去,苟所习用者不得不别作一语以当之,仍未便也,故悬拟不足,继之以类推;类推语者,所悬与所拟之并用而不背也。

五 缘类推而发起

思想愈近于复杂,类推之用愈广,如"牧",牛饲也,其后羊饲马饲亦用牧,更后抚育人之人亦用牧,尧之四牧,后世之州牧是也。又由牧畜扩张而称牧畜之地,即郊外地曰牧(《尔雅·释地》)。由官名扩张而称管理者亦曰牧,《礼·月令》之舟牧是也。虽然,类推者,悬拟语之两用者也,两用必有伤于明瞭,故代谢之则,仍复流行,思想进于复杂也,类语之范围转有反比之缩少者矣。一般之名称渐专用于特称,与前之特殊称语泛用于一般者,适相反也。语之原意,固大抵同种类事物之名称也,思想复杂,知识开发,斯见解愈趋于精致,即不得不缩其范围。如金者,五金之总名也,有五色之别而无五种之称,迨后各得名称,金之名乃为黄金所专有,此犹为区别而然也。又有惯习上多所使用而独占种类名者。如"文",错画也,象交文。"章",乐竟为一章。原意凡文辞而有一段落者,皆称为文章,至汉方以上书奏记为文章(《论衡》)。自晋而降,惟以有韵者为文章(《文心雕龙》)。自宋迄科举废止时,则更专指制艺矣。要皆一世文章之自谓,即多所使用者得势而独占公名也。

其他有因缘一事一物而类推及他者。如日以二十四时间一转,乃称二十四时间曰日;月以二十九日或三十日一圆,乃称此一圆转曰月;稻大抵三百几十日间一熟,乃称其间曰年。

又有拟人拟物之类推。如水有面、山有脚、屋有角、树有皮,其拟人也。花有冠、竹有衣,其拟物也。循是而寻究之,语无限而语之本体有限也。吾国民强于保守性而富于类推力,其表彰新思想,勉欲以同类语言之旧材料为也。

第二编 国语缘起心理观

语言,精神活动之产物也,故探究语言当自其胚胎作用之精神活动始。

心理学上最低之精神活动,感情也。感情有主观而无客观,故纯感情之发表,但有声气之反射,感而有外界之认识则为感觉,感觉由载刺而起,其为映象犹纷纷也,即意识界之最初感觉,由神经传入于脑,意识即直接之。无过去所经验之记忆为之联想,闻鹊噪即作鹊声,闻雁鸣即作雁声,盖由此感觉活动犹未具语言性质也。更进而有知觉作用,经由神经,攫于脑而为表象,即初期之感觉留触痕于脑皮质回转物中,以与后来之感觉协同而为反应之活动。于是关于一事一物之观念,与该事物现实直接意识相混交,乃生辨别,乃起比较,乃相类推悬拟而起命名之作用。此时意之表象与反应之而发之音之表象,因经验而连结,而语言起于其间。

此经验而为种种心象间统一作用者,谓之统觉。统觉者,联想作用结果之总和也。思流(Stream of thought)面上,即"意识",有若干之观念焉。彼此联想时,观念浮动于流面,如泡如波,或起或伏,思流既滚滚不息,观念之波又起伏无常,于是而欲留波电泡影之表象,盖惟统觉是赖也。而统觉之发达转有赖于语言之象征作用。设以观念之波会计于意识界,数目象征其必须也;而语言之于统觉,犹数目象征之于会计也。故语言者,精神活动之结果,而亦助精神活动之发达者也。

虽然,语言之发生非如数目意匠经营而后得者,乃表彰思想应用上之一方便耳!而此所谓方便,更非有预定契约而然者,乃随便使用而成立之一惯习耳!应戟刺而反射,发为感情之声,此语言之胚胎也。吾辈既假定之矣,信如是也,则此反射之声习用而与此感情相关连,使他人闻其声得知其所感也,此种发声即为此种感情之名称矣。人心不同,好尚各异,即处同一团体之人,亦未必尽用同一之音声固也。第既团聚而居,为防卫,为协力,不能不有一若何可以通用之音声,以收共同生活之事效。虽所谓若何者未定,其所见用者,必其易知而为一般所认者无疑,盖亦适者生存原则也。感情发生已如是,人为之语言更无论矣。即其发生为尝试为傥来(Method of trail and error),而其生存则适也。适者,适于团体之心理,而傥来、尝试则更有心理上必然作致之原因也。故研究语言发生之差,当于心理上求之。

虽然,初等心理即但有感情、感觉发达之时,外界所感,顺受之而已。故此时精神状态于固有心理作用外,更得自外界情势推测之。

所谓汉人种者,当其黄河沿岸定住以前,或来自西南之幽谷,或自更西之西藏,固犹属人种学上之问题,然其曾居于亚陆荒凉地者,可断言也。非沙漠则幽谷,处四境寂寞之中,惨淡经营,故其发声所谓于于之声,闭而不舒,盖沈吟非高啸也。荒凉岑寂之感起,则其声闭塞,盖亦境遇使然耳。

沈着而单调,吾国语特性也。当摹声之际,此性益著。声之摹仿,宜为诸语族之所同也;所不同者,精神活动之影响于发音法耳。然则以一二节单纯之音声,摹仿外物之发声者,得非吾国语民族单调沈着之精神作用有以使之然耶?诚哉,单调沈着!申言之,即简单保守之二大心理作用横亘于吾国语发达史者,彰彰事实也。愈发达则其特征愈著,见于语言者益可见焉。语言,心之声,摹仿之果也。第所摹仿者不限于声,其作用其状态亦摹而仿之耳,非机械摹仿也,意识亦加焉。其意识即亨氏所谓民族心理之内范,一民族心理作用之特征也。如以申出万物称神,以提出万物称祇,以单纯之心静观万物也。以仁称人,以归称鬼,以单纯之心静观人生也。攫好动之性称母猴曰为,以沈着之心观其浮躁之性为奇特也;以人为曰伪,以伪事为易于讹误。凡声皆非有沈静之思不能得也。若文字之注释果皆国语之真义,则吾国语之内范其单纯而有条理概可见矣。

纵是等之解释,皆归诸文人之想像傅会,而由外范究音声发达之迹,其简单保守心理犹不容易泯没也。吾国语言之外范大抵由一节而成,多亦双声叠韵之二节而止,统计语音不过七百,其中有为古昔所无而为后世所发展者,将就表彰其思想者,不过五百音而已也。以不足五百之音,表彰丰富之思想者,果由何道哉?则曰同音也。一音之展转也,双声叠韵也,对转旁转也,变容也,悬拟类推也,此吾国语发达之道也。然其中对转旁转为枝节之发达,变容则句中位置上之关系,由注意强弱、前后音调而起者,于音之本体上无所差也。至悬拟类推则意之立体的发达,通借其意兼借其音,更无关于音之发达矣。同音者,意语大同之语,吾辈所认为由同一语发起者也,意分化斯音亦分化。同一切也,切竹简与切足区别为契、刖,音虽同而韵异矣。分否定禁止为弗为毋,不惟韵异,音亦异矣。同音之语,盖若是其展转也。展转云者,保其韵而别以音之大小,或保其音而别以韵之调节。广义概言之,不出于双声叠韵也。特从中有经双声之展而兼经叠韵之转者,斯其起源不可复知耳!然则寻绎若干之端绪,以究吾国语所缘而起者,总不外乎双声叠韵,其理至赜,其法至简也。综言吾国语之道揆,概念相同,其差不过在范围之张缩,即能摄所摄范围之广狭者,则位置前后关系(Connex)可得而辨也。即以同一语为之,一概念而范畴不同,即句中所尽之职异。用意之方面异者,则于位置前后关系外,更别以音之长短。然其长短之别,亦附从于位置者也。故此二者专藉位置为表见,语言实质之概念有差,而语言形式之音不变也。前后关系意义自辨,此语言以心传心之妙用也。虽然,以云妙用,吾国语殆尽之矣。然混杂之虞,则所不免,故实质之概念展转,形式之音,不得不与之俱转,双声叠韵之法,盖应是而起也。

于人心思流面上,波起泡伏,使人生得有意义者,非彼联想耶?联想以相近、相类、相对、相反而联系者也。甲联于乙,乙已非甲,故代表甲之音,即亦不得不随其所代表者以变。概念由甲及乙,代表之音即由子及丑,而甲乙之移转,以其相关联也。故其代表子丑之移转,亦勉求并行于甲乙而保其关系。双声叠韵独多于吾国语者,此也;偶有二节语,亦大抵以双声叠韵为者,此也;濡滞于双声叠韵而不为逾越之发展者,亦不外此也。一概念务以一音代表之,联想上概念之展转,亦务以音之展转代表之,此辖于简单保守心理作用之吾国语特色也。概言之,吾国语发起之道揆,在内范为联想,在外范为双声叠韵也。然要不过五百余音耳,虽经双声叠韵之展转亦其限也。故吾国语于音意平行展转而外,但缘意之一方发起者亦复不少。概念,立体者也,大抵具形状、作用、具体化之三方面。间且有失,却实质流于形式至一面(即节字详见后)。此同体异面之展转,非联想比也。故习用上变容而外,即以同一形式为之。此在他语族亦多少运用于文学之上,而在吾国语为补音声简单之缺,其用尤多。

然概念经用而变迁者也,使用多而思想又进于复杂,能摄所摄之范围,渐就广漠,或物质上感觉上之意义,转为知识上道德上之意义及关系矣。此种变迁,吾国语所习见。形式之变化既有所限制,则于形式内容之实质上起弥张,盖自然理势也。然实质多而形式简,心理作用即比例其弥张而烦者,亦自然理势也。于是立体之中,各方面相竞争,变迁后之意义与原义相竞争,竞争之结果,有习用而宜者焉,有经用而敝者焉,其中意异方而义殊致之语,尚有带容变而并存者。(如好之一语,爱好、好歹二语并存。)类推之语,殆但见其新陈代谢矣。(如金作黄金解,五金常添五以为用;朋作朋友解,凤之语乃另制。)独有悬拟语以适用之扩张,非概念之变迁也,容易理解,且赋事物以生气,犹大抵无竞争而适用。要之,入竞争熔炉内经淘汰而去者大多数也。然则内容之弥张失其效,吾国语之本领减色矣。思想之发达进步无已时,保守简单一节之音,使之为双声叠韵之展转,或假位置为概念之转移,其技又有时而穷,于是保守性不得不退一步而求他道矣,此吾国语后天发展之所由起也。

第三编　说国语后天发展

国语后天之发展,概言之,实质、形式之增加,或实质、形式之变迁也。实质、形式之区别,因观察之点不同而有三:一从语词方面(Side)言;二从语词种类(Kind)言;三从语词部分(Part)言也。

言为心声,故言有二面,语音之形式方面与概念之实质方面是也。两者相为表里,不可偏废。但有概念,不为音而发表,固非语言;但有音而不联想之于概念,亦不成其为语言。音其形式,概念其实质,有联想为之联结,语言乃成。

此就语言中之方面言也。而实质一面更有实质概念与形式概念之分，以别语词之种类。实质概念有作用、形状、实体三方面，概念之本领应有此三者，然发表而为语也，或一方面二方面而止，鲜有三方面者。概言之，抽象语词能摄之范围广，常有二三，具体语词一二而止。是盖具体语词常为物质的感觉的，以之表关系上之思想殊欠灵便，故别就分化也。不惟具体语词也，表作用、形状者亦然。兼摄多方，简则简矣。后世思想日就精确，语词亦起分业作用。实质概念其所指不仅一方面者，各从其习用专就一方，此文法所以有词品，而近世语词兼涉多数词品者所以少也。

吾辈因语词概念之所指，以别词品。实质概念所指，据印度胜论说之所谓实、德、业三者，及密斯推利氏（Misteli）所谓起语言的思虑之外界三事情，别为实词、用词、状词三者〔所谓三事情者：一、有物体于兹乃生观念，乃能思虑，所谓实在（Substanti）。二、附于事物之性质，所谓客观（Objective）。三、作用及状态，所谓用词（Verb）亦含状态者，对作用之不作用，即对动之静，盖消极的用词也。〕吾辈以言语为起于外界之摹仿，故以外界相应之对象作词品之类别。概念，于多数思想对象中对于某部分特加之意，抽象之、确持之之谓也。此概念所指之某部分，为语词真意之所在，故以之为分类之根据。然类虽三，其包有实质之点则一致也，故综称之谓实词（Fullword）。实词者，意内言外，斯维的氏（Sweet）所谓足以表完全意义之语词，即无论自立或与他语词直接联合，皆能自成一义者也。然自成一义，完有一语词之义耳，个个语词足以表彰一事一物，不足以表彰思想也。欲表彰思想，则不可无联合语词之关节。关节之中，有联合语词间或句读间之关系者，有领结语句为之始末者，要皆语之形式，实质概念之所流转者也。同一流转而有用意之差，程度之差，称前者为介节词，后者为语助节词。节词者，对于具实质概念之实词而言，实质浸微，流为形式，以其实微，亦曰虚词（Formword）。实词、虚词就概念上实质之有无言也。发生上无不实之语词，有之，其在发展后矣。粗率语言关节词极少，有之，亦假实词而为之，或假其义，或假其音，久假不归，乃为形式，形式且专作虚词矣，愈发展虚词愈多。然其始皆实词，考征学家屡能言之也。如由之而为的，犹底与止所属之意也。由与而为和，和同之意。於同乌，谓乌止屋，言其所止。今之虚词，皆昔之实词也。句读关节词亦然，如但（但扬）、虽（虫名）、况（寒水）等词，尤实词中之彰彰者也。语助节词以之助语气，即传语之神情者，其所假之词往往假其音而止，殆无何等意义也。神情千变万化，表神情之词，其变尤不可究诘。方音之差，相去亦远。今所称为语助者，皆不过音之形式耳。曾有意义与否,不可知矣。希腊拉丁等综合语,其名词代词有位之变化以为之关节,故无须节词。吾国语反之,而其假实词为关节习用而流于形式也,则犹希腊拉丁之位,渐次分化而为介词、接词、添词等也。又综合语无语助词,动词与他词之关系,则以动词尾音之转换为之。如希腊拉丁其动词有变至六十七次而尾音各不同者。吾国语无是,故别假他音以为助。其发展之途径虽异,其曾经此一阶级者则同也。

要之,吾国语词,就个别言,其始皆具实质者也。发展而后,为关节,为语助。或假其义,或假其音。假音者,相假之始,已属形式,固无论矣;即假其义,关节词其用必多,其用愈多,其加意愈薄,意义消微流于形式而后止。此语言之实质渐就各方面而分化,渐向形式而流转者,后天之发展也。

吾辈对于吾国语词品之分,不取欧式应用名学之分析法,拟从发生上分之。语言发生本自然发声与自然摹仿二者,自然发声语谓之感叹词,代表发声之独立借音语也。无实质之概念,故虽为词品,又当别论。(由此点观察,语助节词毋乃类是。然语助纵曰形式,亦表示用词关系者,与叹词之为独立纯形式者又有辨也。)自然摹仿则因自然界事情不同,摹仿之点亦复有差,对于实、德、业三者别为体、状、用词,此等实词流而为形式者则为节词。就概念言,节词固不过虚词而止,然语言非概念之断片,必有使之联合者,则节词尚已。若是节词乃联合语意而完成之者,别为一类,亦就发生心理分也。语言发生之始,固无先天之词品,为实为用为状,皆由后天之分化;分化而后,且犹有因位置而易其品者。据名理为分析,徒见其扰。况吾国语概念立体,其能摄广,位置自由,其所摄广,更不可以名理范畴律之矣。

以上就方面上及种类上之实质、形式关系,论吾国语后天发展也。然方面、种类之发展,终不外乎单节之语词,仍有限也。吾国语于此有一特长焉,则无语尾等细赘之形式,前后联合得以自由自在,而概念即随之为屈伸缀合语词得表见无限意义也。世界语文梵语最富,而吾国语次之。梵语所谓六合释(Shatsamasa)者,吾国语皆具有。曰带数释(Dvign),如"四海""十方",以数目状词与实词之复合,别成一实词,以为大地之意。曰有财释(Bahuvrihi),如"苍头""方丈""近视",状以特点以称其人。曰限定释(Determinativ),则于限定状词之外,更假复合词为表位之关系。即无位之形式,不假节词之助,而以复合表之也。如"雪花",雪之花领位(Genetiv)也;"园丁",住园之丁,方位(Locativ);"车夫",挽车之夫,宾位(Accusativ)也。曰重复法(Iterativ),其用尤广,其义尤多。如"来来往往",不第往来也。亦有常相往来、或往或来、来来往往者,诸义。有表逐次之义者,如"试一一为我言之";有表强盛之意者,如"风风雨雨";有表进行之意者,如"行行且止";有表切实之感者,如"唯唯否否"。要之,单节之语,语感(Sprachsgefühl)有所不足,补是缺憾,乃延长其语音,或重复之,以促相与语者之加意。故重复之法,见用尤多。其他曰连置释(Kopulativ),连置释中有并立、对立二法,要皆复合二语为一语词也。并立者,合同义之语,即所谓俪语者为一语词,有如"溪谷",《广雅》释为山。或合意义相近之二语为一语,别成一义,有如"典章""制度"等。并立法亦然。"上下""尊卑"言序也;"长短""轻重",言度量也;"缓急",言告急之时;"存亡",言将亡之际也。要皆复合二语为一语词,融合其义使之浑厚,或急遽其义使之强烈,以促对话者之加意;或融洽二者别成一义,以补语词之效用耳!语词复合法,亦吾国语后天发展也。

虽然,融合急遽,或别成一义,其本义虽减而未尝消失也。语言之实质有流为形式之倾向,单节语然也,复合语亦如是。吾国语保守性虽强,亦不能尽免此弊。单节语之末流为虚词,复合语之末流则生形式部。所谓部分上之形式,实质此也。特吾国语无屈折之例,虽流而为形式,本意殆不复见,音声具在,勉自保持其名价,仍卓然自成一部耳。此种发展,纪传中不概见,盖晚近事矣。如对于体词之习用者添"儿"添"子",此在音由长音而为卷舌,在义遂傅会儿或更转而为子,以示暱近乎?由长音而为卷舌,北美人之英语声"r"作卷舌者,其例也。以小示暱近,德意志妇人小子多用"chen","lein"等形式语,其例也。一为形式,斯有随处应用之倾向,其范围遂扩张,而其本义不可究诘矣。

此言体词也,状词用词亦然。如"前""后"等状词附以"头""面"等形式词以示其方位;"看",用词也,附"了"以示其过去,附"着"以示其现在;虽不无意义之可解,然而本义微矣。此晚近之发展,盖亦语言有就二节以上之倾向故也。

第四编　国语后天发展心理观

思想愈趋复杂也,表彰思想之具愈求单纯,斯语言分业之道愈进。概念方面不一,区别各方面而使之分担。然分担则语言不得不增,单节之语音又有所限,斯同音异义之语多而闻者又虞淆惑矣。故一方确定语言之概念而使之分业,他方作复合语以补其缺憾。盖数不足还而求诸容量者,亦势也;容量之加,以复合语为主。复合语者,语词之混合,一词之不足者充实之,一词之不能确定者确定之,虽习用而用途广,心理上惯熟便利,有随词皆思适用之倾向,然实质不失,仍不失其为复合语也。至复合而为无须之饰物,但调和其音调或限定其职用而止,则音虽不变,已流而为形式矣。形式之界说,虽为本义之消微及其原音之变化,然吾国语之本质,各语音独立不相侵越者也,故原音变化一项,不适用于吾国语之所谓形式也。吾国语实质、形式之两面,表里相副,无过不足,故留形式而失其实质,使形式长于概念者,为原则上之所无。欲求明瞭,欲行分业,音数不足,乃弸张于容量,而作二节。二节之双声叠韵又有所短,于是假他语而为之。习为常套,流于乏意,此吾国语形式部分发生之途径也。故屈折语之发声部分形式也,欲求简单也,因使用而堕落于形式,为语词个体中之一部。吾国语之发声部分形式也,欲求明瞭也,因使用分化成形式为语词个体之附属。此其异也。且形式之分化不惟求明瞭,亦求简单也。概念诸方,此何所指,不待位置而后定。不取音容之烦琐,而分化之为形式,此部分形式之主要职用也。故就音言,虽加多而复杂;就概念言,分担而确指,明且简矣。

要之分担作用使概念分化为简单而明辨者,吾国语后天之发展也。然发展而仍不失其保守性,此形式部分附属语所以少,而复合语所以特多也。

轧拉刹利氏(Grasserie)分语言之发展为升降二时期(Descendent Period and ascendant period)。前时期统一而简单,后时期分化而复杂。持此二元说者,殆本于名学之综合分析,与名理范畴,不能便应用于语言。语言之发展,未必综合、分析二元也。分化而复杂现象也,但就形式而论者也。更进而从心理观察,则且简单矣。此吾辈对吾国语之所信而不疑者。

抑吾国语之初发展也,以单节或双声叠韵之二节为范围,作意义之引申,为语言之化分,其差甚少,其辨甚微,而同音异义、同义异用语尤多,音韵之形式则简矣,然时或混淆而难明。假音之变容示区别,其不便为尤甚,且单节语习用,则能摄有扩延之倾向,扩延则暧昧不规之念(Notion)入之矣。此在醉心文学文字万能之时,暧昧者或转以为浑厚而含蓄,沿袭而用之。思想进于复杂,起分化之必须,事物多则名称繁,科学进则术语繁,益促是必须之急进。盖语言而不能精确指概念,则语言失其用;语言而不足于表彰其思想,则语言不能尽其用故也。

于是而欲弃陈敝补不足,使任意得创作新语以便更替之者,则秉人为淘汰之原则可立见其新陈代谢矣。而无如语言乃社会心理之产物,非独断所能造作也。无已,则惟加以订正耳。不废旧用之资料,使之分担专其职,或加以限定素以定其适用之范围,扩延之使其概念明确而丰富,盖折衷之得策也。此品词分业而外二节复合或形式部附加之所以适用也。今者二节语固甚普通,学术语词且有进向三节以上之倾矣。此欲求概念之明简而仍不能弃其保守性,直角方向之二力作用,所以向对角线进行也。

此种发展名曰后天,以其在语言完全产出后耳。言其时世,惟形式附属不过晚近事,词品分担则大抵自古已然,复合固亦由来长久也。分实词之品类为三,一词而二品兼摄,见诸先秦文献亦既有限。用为三品,更无多词矣。至复合则《汉书》而下可勿论,即见诸《左传》者亦已多矣,如"申之以盟誓,重之以婚姻""躬擐甲胄,跋覆山川,逾越险阻""离散我兄弟,挠乱我同盟,倾覆我国家""又欲阙翦我公室,倾覆我社稷,帅我蟊贼,以来荡摇我边疆",此先秦纪传,吾辈所信为语言纪传者也。况是等语词,迄今固犹未尝死也。雅言社会,上例中诸语词殆皆通用。即在通俗"婚姻""兄弟""同盟""国家""边疆"等体词及"离散""扰乱"等用词,亦皆用之殆不能有所代,其单语转且绝响矣。此心理上简明之要求与夫保守性之改良法,盖亦吾国语之自然进化也。

吾国语词,世虞不足,然不足者用语耳,废弃语词,保守于断简残篇者固太多也。"释故"训三十余语为一意,《方言》之训亦以十计,是谅所谓八代方国之差异,非一时有如许同义语也。文人者起,集时地之方言为俪语,或以字形,或以意标,训别其义,如刻玉为"璥",刻竹为"篆",合耦为"迷",怨耦为"仇",马之重迟者曰"笃",物之厚重者曰"竺",文字上形式之区别,诚彰明矣,语言上形式之区别则无可辨。无辨而强以辨之,少数人之造作,非保守社会之所许,即行之不能远也。即方言而非方音,其形式之差甚辨,然苟非固有,亦不能得一般之同情。盖分担固后天之发展,而可以通用者,即亦因陋就简通用之,烦琐之别,又非吾国语之所欲有也。狗有县蹄曰"犬",犬未成豪曰"狗",鸟白曰"雃",霜雪白曰"皑",玉石白曰"皦",以吾辈观之,是殆皆方言之差耳。文人以之作概念之辨矣。然而辨于墨子者曰"狗,犬也,而杀狗非杀犬也",辨于孟子者曰"白羽之白犹白雪之白,白雪之白犹白玉之白",可知矫揉造作,祇是当时,已非一般之所认矣。盖言语固精神之产物而亦受辖于心理者,非可以名理范畴制定之者也。

第五编　说国语成立之法则

吾国语之语词,自晚近发展附属形式外,独立而不变。故集个个语词连结配置之足以表完全思想者,即完成为语言。其成立之法则,舍连结配置之外无他也。表彰完全思想,固不必待连结配置,有一语足以表示者,即一语为已足。语法家言,语言必须主语述语二者而成立,若但发表其一,必有为之含蓄者矣。然是名理论或适用于印度日耳曼语族,在吾国语则不用此理论为也。主语说客观之实在,述语主观之所见也。说客观时或说明而止,述主观亦不须必有客观存在也。在吾国语,以心传心之法常作用于语言形式之里面,发表客观而不加主观之意见者更自古而然也。如《大学》"物格而后知致,知致而后意诚,意诚而后心正,心正而后家齐"诸语,皆先以客观之实在叙以客观之性质,叙述而是认之耳,无叙述之主观语如名学上所谓系联(Copula)者。今语亦然,惟说话之时略加顿挫耳。盖表彰思想得心心相传为已足,固无名学上规定范畴也。有之,亦惟习惯而成耳。出于心理之自然,无必然之理,随社会心理为转移,亦非不易之法也。兹就心理上见地称所谓主语(Subject)者为直接客观语,所谓目的语(Object)者为间接客观语;所谓述语者(Predicate)为主观语,而客观语之中以作表彰语之用者谓之表彰客观语;主观语大抵用词也,而有时亦以状词;用词主观语称之曰说语,状词主观语称之曰表语,直接客观语亦曰题语,间接客观语亦曰目语,而限定题目语与说语之状词,谓之属语。

界说既明,为述一般之法则如下:

法一,题语置第一位,说语或表语置第二位,有目语时则目语置第三位。

系一,对语命令之句,题语从略。

系二,说语或表语表说感叹,则置诸主语之先。

系三,比拟之句所以比拟前者,其说语或表语从略。

法二,属语置于其所状词之前。

系一,若属语与所属语共为体词,或为语调叶和之故,两者之间时用介节词。

系二,表时间或方法之疑问语,置于主语之次。

系三,表时间之语次于主语,表地方之语冠介节而先于说语。

法三,目语常置于最后。

系一，属语而述说语所行之方法或地方者，时置目语之后。

法四，介节词置其所介语词之前。

法五，语助节词置于句读终结处。

法六，助用词置于用词之前。

此吾国语连结配置之大略法则也。位置顺序所以特要于吾国语者，一以补屈折语尾等形式之缺，一以补同音异义语过多之缺也。屈折语尾等形式缺乏，则其所属有不明之虞，不得不规定之于顺序。同音异义语过多，则音之所指易于混淆，以位置关系示若何职用宜为若何概念，使之联想而不致误。

然但以位置，犹有未尽。盖语言所以为语言者，非机械之堆砌，乃有机之语词生存于句中者也，故语连结而表彰思想也。其主意所在之词，或易于误解之词，不置之先，即发以强，此音质之强弱其一也。又吾国语语气之变，大抵无位置之更，为叙述，为疑问，或为正语，为反语，皆以抑扬为之，此音调之抑扬其二也。其他词品之异或感想之差，表以发音之长短，则又以仅少语音表丰富意义之吾国语特色矣。凡此皆以音容补措词之不足也。音容固随时随地而异，措词则今昔略同。

其不同之例可得而举者：（一）外用词而有弗辞为属语，则代体之目语插入于属语与外用词之间。此例见诸先秦文献者极多。如"莫我知也夫"（《论语》）、"以不女违"（《左传·襄公》）、"莫之敢背"（《桓公》）等是也。（二）其目语虽非代体词而为体词，亦间有置于外用词之前者。如"老夫其国家不能恤"（《昭公》）、"臣死且不避"（《项羽本纪》）等，此殆犹感想语先置之法则也。（三）又有先置目语而于外用词之上更插入代体词者。如"君亡之不恤而群臣是忧"（《僖公》）。（四）体词未见于上而外用词与代体目语亦有颠倒者。如"则予一人汝嘉"（《蔡仲之命》）、"今命尔予翼"（《君牙》）、"帝式之恶"（《非命上》引《仲虺之告》），则又《尚书》时世之特例也。（五）更有属语与被属语颠倒者。如《禹贡》"祗台德先"者，先祗台德之倒；《诗》"逝不古处""逝不相好"者，不逝即不逮之倒。（六）更有兼（四）（五）两例外者。如《无逸》言"大王、王季，克自抑畏。文王俾服，即康功田功"者，俾文王即服康功田功之倒转；《公羊·襄二十七年》传言"昧雉彼视"，即视彼昧雉之倒转也。（七）又有介节词与其所介词之倒转。如"启乃淫溢康乐，野于饮食"（《墨子·非乐》引）者，即饮食于野也。又"室于怒，市于色"者，即怒于室，色于市也。以上诸例，今日视之，固后先倒置矣。昔曾为一般语法或为特别方言者殆无疑义。盖舞文弄字，古时所无，惟其参差，且足见其为言文一致记载也。语法之成立本非名理制定，特以心传心之习惯规约耳。习用则心理上起分化，斯为定法。法有时而参差，盖社会心理之差；法有时而变迁，亦社会心理之变也。

语无定法也。表彰思想之际，得语词而连结配置之，偶为惯习，一经社会之容认，即为语法。类化陶铸，次第而为法则，参差者渐就陶汰而去，至今而存为一语法者，必其适于社会心理者也。然法固由惯习而成者，惯习坚定，虽非法之法而亦存，此各国语法又所以无不有例外者也。例外而占优势适于一般社会之心理，则又为法矣，法即从此变迁矣。幸吾国语无屈折语尾之变，其表彰之于文字也，又为木强难变之形，各有其义，勉保其名价。虽经连结配置，不相侵越，不失本真，大抵单节之音，语词之实质自虚词外殆古今无所差。位置为语言形式之一，所以补形变之不足表彰思想之机能也。其变迁更微，故其一般法则，有可得而言者。

第六编　国语在语言学上之位置

世界中之语言可视为一种国语者，就今日一般之统计已八百有奇。合既死既废之语而计之，更不知几何也。然种类虽多，其形式实质之差，往往相似。就形式而类别者，有综合的（Synthetical）语言与分析的（Analytical）语言之二种。

综合的语言连结二段以上之思想，以一个语词表彰之者，如拉丁语（Latin）以语根之连结区别其连合思想者是也。综合语之中，又有不如拉丁语之屈折而以语根上机械的堆积为区别如土耳其语者，分别称之曰抱体语（Incorporating）。抱体语之中形式融合甚有分离之不能使用者，则又如北美土人及巴斯克语（Bask）。此类语言，即取其语词而观其形式之融合无间者，亦可见也。如巴斯克语（Belhaun）"膝"，其为 Belhor（前面）与 Oin（足）之连结者，形式上已殆无可识别也。

语言之用，在明瞭表彰其思想，而其表之也，勉欲取单纯之手段，故综合的语言有趋于分析的之倾向。盖分析语表示二段以上之思想，各以其相当语词为之，无错杂纠综之弊也。如英语，自今日观之，分析语也，而尚留综合之残影，如 Less、Full、Ship 等分别之犹成个词者无论矣。即其常用之-ed、-ly 等形式部，其由 Did、Like 流荡而成者犹甚彰彰也。Less、Full、Ship 等其仅存者耳，而亦有趋于形式之倾向，形式则部分非综合矣。求其连结语词不失独立，分离之仍得维持其固有意义者,则惟吾国及安南、暹罗、缅甸等为最,而吾国语更纯之纯者矣。

个个语词各有独立之意义,实词更完全摄有之,且其内容如立体然,得多方指示,而区别之准,厥惟位置。位置之配赋,又自由自在,不失独立,无所屈折,但就习用之法则配置之,即瞭然矣。盖语言形式固不惟音而已,位置前后关系亦形式之一也,不宁惟是。位置既定,感想之缓急且得以位置转移为表彰,有蓄意于位置相与之间,而寓意于位置顺序之外者矣,此纯粹分析语之妙用也。

综合的语言,则语词之品一一分立,不相通用,而题语、说语等之区分,转非所急。如拉丁语之用词大抵合题、说语于一词,此在实用上虽无混杂之虞,而根本区别之不存,总不得谓思想与语言相一致也。北美土人之用语,甚且构题、目、说三者于一词,融合而莫辨。以此比诸分析的语言,其形式与实质易淆,即语言不与分化思想精密一致者,殆无可疑。盖句中之语词其职掌,其意义,分析愈精,其所表彰之思想愈益精密,正比例也。然则以一语表一意,以一词表一义,若影与形,缕然历然,如吾国语者,不得不谓得其当也。语言趋于分析,思想分化之要求也。二者不相应,在实质则思想易淆,在形式则融合素易混,语言遂起激烈之变化。观彼北美土人不能读其父之书,而吾国人得解四千余年古籍者,思过半矣。迦伯林之氏(Gabelenz)主张螺旋进行说(Spirallauf),谓语言之发展犹物理因牵引而螺旋,其一便宜力,其他反对方向之明晰力也。便宜则简单,明瞭则复杂。氏以是为论据,谓吾国语之现在乃便宜之结果。在螺旋中适值孤立语,然已在第二或第三期,盖螺旋之再三螺旋矣。立浦修斯氏(Lepsius)亦谓吾国语由多节而减少。然要皆持名学二元说而逞其想像,未尝深思明辨也。以吾辈所见,吾国语但有就简之一方,未尝见其复杂也。晚今形式上略有复杂之倾向,然是亦分化耳,非综合也。康拉地氏(Conradi)等谓吾国语向为多节,而杳然说其期在文字创造以前,多节语言强表之以单节之文字,则更想像以外矣。

胥拉海氏(Schleicher)一派形态分类主张者,动辄以吾国语形式之缺乏,贬之为初等。吾辈试先问形式之为何?形式之中有屈折的形式(Flexional formal elements)与形式的形式(Formative elements)二者;屈折的形式为综合之遗习,即语词在句中关系上之变化,此抱浦氏(Bopp)倾变论(Agglufinations theorie)中之所自白者也。以屈折的形式为尚,则不能不以综合语为高等,然则印度日耳曼语有就分析之退化倾向者,独何以自解耶?据形态分类派之论法，吾辈转不得不谓纯粹分析语无屈折之形式如吾国语者，为高等而进化者矣。形式的形式，由音之变化及其本义消微而起，此与屈折的形式同也。所不同者，本意消微之因起于实质之堕落，而非句中关系上变化耳。是亦综合自然之果，本意消微决不足夸为特色者，此中形式吾国语虽略有之，大体固保其独立不失实质也。以言思想明瞭之表彰，吾辈宁以得保实质者为精密，盖内容富而所摄大，为其所表彰者亦能完密而无遗也。悉语源者，措词多能完密，职是故耳。

辩者曰，形态论者之以屈折语为高等，非称其形式本体，藉形式表彰之人称、时、位、数、法、气等耳。然吾辈试窥是等之本质，人称由代名堕落而结合，梵文足征也。即就事论事，复数二人称无所别，亦属畸形。时有单纯、复合二者，单纯之时为语根与接尾语所作成，结合此二素之母音，尚有存于其间者，复合之时则插入构成的接尾语于语根及人称的语尾之间者也。无非人为，且不足以尽时间之区别。位之中表主位、宾位之别以附加接尾语为者，盖后来之发展。古代亦尝以语词之顺序及其词句之意义推测其关系者，不难知也。其他诸位亦当状词（Adverb）、介词未发达以前，综合以示其关系者耳。然仍无如许种类，足以表彰名理思想也。性非原于自然之区别，殆可视为语基之差也。阳性、中性为同一语基所作成，阴性名词则特殊语基名词之一类也。

数似明辨一法矣。然有表数语词，固不须名词本体示之辨，即别无数词亦得于词句关系上知之，莫须有也。法因动词变化所生语气之态度，气则动词之一种变态以指别句主与动词之动作关系者，要皆词句关系上各语词欲明示其职用，作致种种变态耳。不能活用，斯求之于形式耳。若以句为单位，其成分之语词，固不须用形式辨别也。

抑意昧之感，意识中之一种特殊元素也。藉联想或类推作用彼此相连，或彼此相限，起关系上包晕之感。如吾云"人"，口中起"人"之发音运动，脑中即起"人"之意识经验，发音之"人"同，经验之"人"视其词句之关系，而意可异。如云"患不知人也"，对己而称他人，三人称也。"过也人皆见之"，有皆以限之，多数也。"硕人"诗赋卫庄姜，可知其性为阴，其位为呼也。而动词之时、法、气亦可于句中觇之，不宁惟是。"不知人"之"人"称伟人也，与"人皆见之"之称常人者有辨。更以修辞的言之，人不限于三人称。如"哲人其萎乎"，孔子自谓。"斯人也而有斯疾也"，则对称伯牛也。若是所附加之意识为一种特殊积极之感，化单纯之音响为特定之意义，盖发于意识而有规定思虑之性能者也。思虑既定，斯思虑结果之语言亦以心传心，不逾矩矣，是即所谓关系包晕之感。吾国语无如屈折语之形式而不感不足者以此,屈折语之形式在我且感蛇足者亦以此也,况彼所谓形式者畸形欲以之限定概念者不足乎?性也,人称也,位也。以吾辈观之,徒事烦扰,于名理上无理,于思想一致上无谓也。法与气则属语句上之问题,表以语词上之形式,更无谓矣。数与时以之表彰名理思想,或非无理,然梵语之十逻声仍为挂漏,希腊语之两数则为畸形,盖时劫数量,诚非区区语尾之别所能尽之也。吾国语虽无形式之特例,然形式所宜尽之职分,别立一语以尽之。即无语词之存在,亦有言外之意,即所谓包晕之感者代尽之。一言以蔽之,吾国语表彰吾国文学、哲学、科学、思想者克尽厥职,无不足之感,自由自在,吾辈所以之为国语特色者也。

胥立盖而氏(Sehlegel)、抱浦氏(Bopp)、麦斯牟勒氏(Maxmüler)等形态分类者,皆以吾国语为孤立语,且遂谓为发达之初步。抱浦氏谓吾国语无文法,且无机如矿物然;麦斯牟拉氏谓为家族的组织语,甚有如胥拉海氏谓为止于太古状态而未尝发展者。甚矣!感情论之盲目,盖未尝平心静气一研究吾国语也。不惟不知吾国语,且不知当世之有语言学矣。取语词而观,诚哉,其似无机物!然此非仅吾国语如是,大抵语言然也。论语言之发达,岂可但以语词为根据?语词生存于句中,惟在句中方为有机之关系,而亦不得不有机者也。一切语言表思想于语句皆有一定之机制,语词之于语句犹元素分子之于有机化合体,不成其为孤立也。吾国语亦有如三段分类法,所谓屈折,所谓附添者,纵语有孤立,吾国语亦非是类,况孤立之名,非语言学理之所取乎?吾国语语词分立时得保其独立,加入于句之化合体联合,而尽其职者也。苟家族组织、国家组织等比喻语而有当也,吾辈毋宁谓吾国语为有联邦组织耳!虽不如屈折语灭却其存在之一部而屈服于他,谓为孤立则非。而所谓语法者,叙述语言之机制者也。无外语之接触比较,无成文之机则已耳。其法之存,固与语言同生死,纵语言有等,而吾国语为最初语法,实在要亦不容泯灭也。况若必以易于屈折而失独立者为高等,则北美土人语为最高,印度日耳曼语固亦曾为高等者,不幸而形消式灭渐退化于初等者也。惟立士曼语(Lithmanian)、斯拉复语(Slavoui)犹得略保其形式耳,其他无不溯洄此逆潮而荡涤其形式以去也。

以一己之语族为退化则反其自夸之情,于是迦伯林之氏之循环论以起,若辈敢想像印度日耳曼语综合时世之前曾有分析之一时,吾辈对于国语不敢存是想像也。以历史事实为根据,谓屈折语从所谓孤立语发达者,毋宁谓其有反对之倾向。三级(Three Stages)发达说,固为吾辈所不取,孰因孰果亦非吾辈所欲主张者。特就心理观,语言之发展常就精神活动之简易者,则原则耳。

附录:《国语学草创》横排本

　　形态论者之胥拉海氏一派,徒见语言现在之形态,忘却其有历史矣。徒见其横断的外观,不念及其有立体的深度矣。而其所见之外观,又不过皮相之一瞥,乃欲以是为根据,而以印度日耳曼语上所得之法则律之,归纳之于三级发达大命题之下,多见其不知量矣。

　　若辈特瞥见吾国语形式简单之事,斯诿为初等耳,简单即初等,论法之谬已甚,但就形式观吾国语者,正其不知吾国语之自白也。吾国语之所以为国语者,惟其形式简单耳。简其外而充实其内,实质的意义宿于各语词之中,形式的关系的意义则寄于语词结合之际,不借音韵多大之劳,发挥思想之真义,此吾国语精神(Sprachsinn)之所存,即简单而明瞭也。不思以音韵复杂之关系表彰其思想,思以形式之音与实质之概念相平行。音韵关系上表面之发达,双声叠韵二节而止。其主要之发达则钻于深远,盖纵断非横断也。于一音节之中作大小长短调节,使一一与概念相平行,而文字更确定其倾向。虽后天之发展或为复合,或加形式,仍得保其独立而不相同化。此中国语国民之特长也。此而不知,不足与语吾国语矣。

　　虽然,贬吾国语为初等,诿为未尝发达者,不惟不知吾国语言史,且蔑视吾国文明史者也。交通既繁,知吾国之文明亦有不可侮者在,而于语言知识亦得耳提而面命,于是亨抱而的一派出,进一步以完全、不完全或有形式、无形式为心理之分类,而入吾国语于有形式之中。此亨抱而氏首唱,斯丹太而氏(Steinthal)、密斯推理氏(Misteli)等继之。心理分类派所称为有形式者,其旨不同,或以内范,或以国民精神,或以形式之充实,或以主说语之关系,要不拘于表面之形态,以语言精神为观察点则一也。扩张形态论者之语系(Affix)观,知语言之位置配列,亦为形式之一。扩张形态论者之语词观,知语言须从语句观察,是皆心理分类派之特长也。虽然,心理分类,以吾国语为关键,其精神之所在亦在吾国语,而惜乎诸氏对吾国语犹未尝有真实知识也。诸氏之论吾国语也,纷杂纠综,然异口同声,先有一假定而后立论者也。假定维何? 则以形式为精密文明思想惟一发表具,盖印度日耳曼语族国民之先入僻见也。有是僻见,不得不贬无形式者为劣等,然则吾国语不谓之有形式即劣等也。两方论法,二者必居一于是,而有见于吾国之文明,竟贬为劣等,诸氏亦有所不忍也。于是谓为有形式,然其形式与印度日耳曼语族诸氏所奉圭臬者异也,则又穿凿附会之,以语词之连结配置为形式。其穿凿之所得也,以国民精神以主说语关系为形式,则迷惘于形式之中,不知形式之外亦有特长矣。不去其先入之偏见,立一已语族之规则为格,欲以范世界之语言,是之谓不知务。不求诸语言根本之差及其特色之所在,徒见其文明,逆推而外轹,混思想语言为一事,是之谓不知本。

　　缪拉氏(Müller)评心理分类派大举小遗,忘却语言之历史,诚哉,其忘语言史也！氏谓吾国语果为单节与否犹未可知,即今为单节而昔日曾为多节与否,抑将来得为单节与否,皆疑问也。怀此疑问,氏之特见也,然不求解决,怀疑而止,欲自建系统的分类而于东洋语又淆惑于形态。甚矣,研究外国语而欲知其语言精神之难也！不知语言之精神,漫以他语族之法则作归纳之论断,无怪其不能知厥真相矣。不得吾国语之真相,语言分类亦殆无望,而其真相之解决,则中国语国民之责任,不能望于他族也。盖发达之途既异,研究之蹊径亦自宜独辟,借鉴他语族之法则作他山之石可也,欲据以为范律则蔽矣。欧西语言学者,大抵由自尊其语族之僻见,即以其一己语族之法则为范律,故对于根本不同之吾国语,不能确知其名价,评定其位置也。独有丹抹语言学者耶斯彼善氏(Jespersen)论语言发达之顺序,称吾国语为曾经发达之历史,以不用形式之末枝而寓意于词句相与之间者为进步。欧西人之论吾国语者,比较上此说最为得其平,然徒为位置之指定,不作根本之研究,仍未足以言知吾国语也。盖吾国语自发生而自长盈,独立而特行,未尝与他语族相联络,故作循环论者非也。自有其特色,自有其特性,即在语言中自别有其位置。形状而轩轾之,亦未见其是也。吾国语之发达也,简单保守心理为之骨,于一二音节中作纵断之发达以平行于概念;而其发达之法则自昔有定,无激剧之变迁,形式、实质之间,又自昔条分胳合,殆相一致。概念习用之弊或思想趋于复杂也,单节音不足以副之,则复合或形式部以添。然纯粹分析之果,词各有义,关系上不须形式之加减,斯罕以离合上影响其独立。词句之间,更自在配置,但有先后之惯例而已矣。而关联统一之意义,则在完成之语句。比喻的言之,有实质之语词,单独国也;复合词,政合国;形式复合词,则隶有附庸之国也。介节词,自由市;而语助节词,从属国也。从属国而外,其他皆有自由意志之实质。以自由意志联合而为句,句犹一大联邦也。发表完全思想,即运用国际主体之时,则以联邦总体之句为之,而内政上依然独立,自有意志,即不失其实质意义也。自由市虽不具国家性质之实质,仍不失其自由,惟附庸国之独立意志大半为主国所左右,而从属国则国际主体之体面上一附属品耳。然是不过欲明吾国语在句上之关系而已,非如麦克斯牟拉氏之论发达上组织也。一切国语皆有机制,皆有精神,即无国家组织之国语,非吾辈所敢知也。然则以一切国语皆为有国家组织者,比吾国语于联邦组织可乎？

第七编　论方言及方音

　　吾国方言发音之差剧甚，常人云然也，然以吾辈观之，论方言方音于吾国决不得谓之甚，何也？吾国百四十万方哩之大国也。就地势言，有高山峻岭，有长江大河，有平原，有海岸，所谓洋海大陆性之差，及交通之不便，亦甚矣。就历史言，所谓汉族者，由西北来居于黄河沿岸之若干部落耳，与异族争，渐征服之，恢张其势力，树国族于斯。然有史以来，外患未尝绝也，特类化力强，能吸收外族，同化而融合之耳。尧舜时之苗，周代之玁狁，秦汉之匈奴，晋之五胡，唐之突厥，以至宋之契丹、蒙古，自明迄今之满洲，无不然也。方言方音云者，广义言之，本于社会心理之差异耳！则地域扩大，历史绵亘，外人之接触纷杂，斯语言异方而殊致者，必至之势，自然之理也。不见乎彼罗马语族乎？法兰西、意大利、西班牙、葡萄牙、罗马尼亚等别为如许国语者，由一语族而分歧者也。是无他，当日罗马文明为文明程度较低之民人所破坏，罗马之语言遂于罗马人势力不及之地，随诸民族地域之蔓延，时世之代更，而与之俱变耳。吾国域之广，非欧洲一部比；外患之烈，殆犹哥儿人（Gaul）之于罗马也。然所谓方言者，固犹不若彼国语之大差，大别之十部而止，实质之差可征知，其音更不过舒促开闭而已。是又何也？非积极的之一致，消极的有防止纷歧之一大势力在也。语言之状态，与其社会状态相照应。汉族犹在部落时，其方言方音之多，不难想见也。盖尔时武力虽及于就近诸部落，不有统一，固未尝有文化也。人民惟龌龊于生存之竞争，日以敌视排斥为事，故语言发达上亦发生种种之特色，而方言方音以多。然汉族之发达也，文化之中心定，部落团结而为国民，方言亦统一而为国语。文化中心，诚防止方言方音之一求心力也。

　　然云统一，亦程度之相去耳！方言因是而杀、不因是而止也。语法已然，语词、语音更甚。先秦文词倒置之例，语法差异之残影也。至语词之差，则《尔雅》《方言》之训诂，六书之转注，皆其例征矣，《释故》训三十余语为一意；《方言》训大者十二语，训至者七语，而云别国之言，初不相往来，俗语不失其方。可知闭关之世，各操土风，同义异音语不若是其多。同义异音语之起，大抵方言方音之侵入也。社会组织统一于文化，所谓方言方音者，亦统一于文字。或为俪语，或为转注语，通用于大社会之中，致吾国语于大同者，此也。虽然，方言方音之远心力，未尝已也。虽经一时之统一，发达变化无已时。诸种变化偶发生于一区域一阶级之中,及其特质庞大也,则又成一种方言矣,是亦语言自然运命也。

文人者起,开转注之例,作训诂之书,网罗方言,作之俪语。而吾国文字之表彰又以木强难变之文字,一字一音,一音一义,以音、形、意构成之文字,使天下后世起国民之崇拜之感情,汲汲于文学之勃兴,斤斤于文字之保守。虽有方言之变化,亦勉力归纳之于文字范围之中。有文字、文学为语言之标准,方言之变化即以是为取舍,不须外求,且欲外求而亦不得也。而此文字者又但为一音节之发达,勉自保守其名价,不为他音所同化,故所谓方音者,更不过舒促开闭之差矣。

文字既定之后,方言之差,约可律以如下之六例:

一、一字而有二音三音,辗转而后,不知所本,无所适从,乃起方言。如衣服开曰"傢",从声类读如启,依多声读如义。此例更于论谐声中言之,方言中此种现象最多。

二、一语而有二字,声近相乱,乃起方言。如去曰"竭",字犹作去,是竭去双声而相乱也。又吃曰"啜",书犹作吃,是吃啜叠韵而相乱也。

三、于单语词之下,加添双声叠韵之形式附属语。如"楬"曰楬剌,"纥"曰纥怛,"釜"曰釜卢等是也。

四、由于类推作用。如"贞"古音同打,贞卦曰打卦,侦听曰打听,盛饭亦曰打饭。又称尾曰尾"巴",面之辅遂曰辅巴,孔之魄曰魄巴等是也。

五、由于音声相近之通借。如"赖诈"实据地不起意之赖菱也。"鞔在鼓里"者,受欺于人谩在兆里之谓也。

六、由于意义相近之通借。如"叉",交叉之意也,凡两手抱持皆通曰义。"用",使用之意也,凡享受之意亦通借曰用。

以上所述,犹几分性质之差也。又有同一语而发音有程度之差者,则大体可以开闭舒促治之。

四声中平上去三者,舒音也。入声则加尔雅林的氏(Oarl Arendt)所谓吸入音,盖促音矣,故晚近入声之消灭,无非音声余韵(Rhyme)之舒展耳!鼻音,半开音;元音,开音也。既述之矣,故鼻音收声之消灭而音化也,亦无非开闭之差。又韵之组织亦得别之以开闭,闭障音、破障音等一时之断续之音,闭音也。摩擦音则延引的继续音,即开音矣。沿革上闭障音、破障音等之渐弛缓也,则又渐倾向于开音耳。闭障音、破障音之软化及诸韵之喉音化,其著例也;故开闭之差,吾国语音韵史之关键也。方音之消长得于是知之。

《淮南子》曰："轻土多利,重土多迟,清水音小,浊水音大。"陆法言《切韵》序曰："吴楚则时伤轻浅,燕赵则多伤重浊。"利迟谓四声之长短,小大其殆轻重之意与?轻浅重浊,由韵言,继续音、断续音之谓;由音容言,则锐钝之别与?清水浊水谅指江淮河汉而言,然则轻土重土,谅指江滨河卫之地域也。要之,汉族即所谓大陆先民者,由西方秦蜀,或更自远西,经秦蜀而来住于巨川沿岸者,历史足征也。巨川沿岸宜于聚居,生长繁滋,衍方五千里之地;河卫之北,江淮之南,无几皆汉人居焉。此间自然被江河之影响而分为南北,河卫之岸谓之唐虞。江汉右左谓之夏楚。方音之差,随社会之分裂而起,舜乐以南风,纣以北鄙,刘向已辨之矣。降至先周,其王宅东南以大山为畛域,而岱南曰徐、曰扬,皆羁縻于周。周人作四始,北音乃流入于南(取《说苑·修文篇》义)。古北方但有五声,至文武始增和穆二变征。和穆之音若何无从确知,然所谓和穆辟雍者,大抵清朗之音,即所谓开音、继续音与?《韩诗》说周召推其地在南阳南郡间,又有以"二雅"为夏楚,《诗三百》而以楚言为中声者矣。要之,随南北之交通,北音流入于南方,南音广杂转以北侵者,殆事实也。然此时虽曰能夏则大,楚声犹谓为南蛮侏离而受斥。迨周室式微,吴楚相继称霸。老庄领袖南学,南音益以北张。如"耶"疑问句助,节词开张口以腔而发之侈音,盖楚音也。此在《四书》《左传》尚不概见,《语》、《策》、诸子中始盛用之。去声、开音皆继续的延长音也,发之之时,于肺脏中遒敛其气而深长发扬之。此种发音,为北鄙声之所难,故郑声且斥以为放。今山西人发阳唐之音犹穿其口腔,在古则张大而发阳唐者,更江南而已矣。至吴越接踵抗衡上国,诞慢江南之音所谓雅雅如白项乌者,始盈中国矣。然保守性,吾民族特性之一也,保守乃起排他。淮南距淮北仅一衣带水耳,而见称曰蛮。汉承秦后王关中,江南又见斥矣。至晋室东迁,清谈老庄,北方翕合无间,南音方一般认用也。《抱扑·外篇·审举》曰："昔吴土初附其贡士,见偃以不试。今太平四十矣,犹复不试,此乃见同于左衽之类。"由是可知,晋初,中原人士犹贱视吴楚。至东晋,始得翕合也。)晋一东来,北方外患遂从此无宁日,五胡蹂躏中原者百余年。所谓南北朝者,南方为中国都,异族转窃据于北,于是文学流行皆折衷于南方,蟠居中原之胡人亦摹仿当时江南风,如彼孝文帝者,其特著者也。晋后四百余年,南方之音普遍中原。北鄙之声则与刚锐之气俱销矣,急促吸入之音,渐弛缓其所促,闭障、破障之音则为摩擦音、为喉音。唐代都长安,江南之文风益促其倾向。五代至宋,北患愈烈,中原旧地化为兵马之场,文弱旧民族抵抗力薄,然其不平愤激之情可知也。悲凉慷慨,发之于音,促音消而余韵长,唇内鼻音弛而为喉内;

颚音清音之 k' 为近于后舌端之 ch，浸变且为近于喉音清音之 hs，颚音之浊音 g 及重浊音 ng 贬而为 w。凡此皆从来所无之音变也。其他又有前舌端清音之 t 变为重浊之 n 或后舌端清音之 s，而喉音之发达及来 r 音添附于余韵，尤为此时变化之特征。然要之则侈口延引发音之果耳！韵中之开音，以喉音为最，盖侈口延长则调节弛而流于喉音者，音声之自然倾向也。r 之音亦开口之侈音，特延之过长略以卷舌闻耳。宋之末世，外患最烈，中原元气之伤，亦于此最甚。于是发之声也，哀以嘶软化之韵，头部共鸣之音（Head voice）起于是矣。自是以还，宛平都会六百年，此种音声殆浸淫遍中国。惟闽粤等沿海地濡染古中原文化也晚，距离音声激变之北方也远，犹得保其古音化石耳！

虽然，起吾国语音声之激变者，外患居其大原因固也，彼因此果，遽谓为外语之侵入或同化于外语音则非。吾国北方异民族所使用西土耳其语、北蒙古满洲语等，皆与吾国语大异其性质。异语族侵入而同化已非易事，况文化低度之人民移植于文化中心地，而中心地之旧民又富于保守性者乎？故政治上虽常以一时之悍力制胜，语言语音则居于被征服之地位，吾未见其侵入而为所同化也。不见乎彼窃据中国殆三百年之满人乎？今其所用之语言，北满一部而外，不复有所谓满语矣。而吾国语受满语之侵入者几何哉？此无他，处文化势力之中心而又能保守之耳。先王制文字网罗方言，组织文学，以贻后昆；后王者起，非先王之法言不敢言，尊崇先业，汲汲以勃兴文学为务，此高尚国民感情，蕴结于吾民脑中者，防止语言侵入之一大势力也。蛮言鴂舌蔑视外语之古代无论矣，晋时五胡之势力压中原，然而当时儿郎有学胡语者，颜子推氏即叱曰学为奴。晚近与欧美交通之盛亦既五十年矣，而外语之袭用极少，此国民之保守性，亦文化求心之力也。网罗方言，组成文学，拉丁语所以虽死犹生，建设国民文学，统一方言，德意志所以免法语征服也。

虽然，言文之背驰也，文学之势力不及于语言，而向所统一之方言，亦徒为断简中之长物。后起之方言更辗转不知所究诘，而方音又随社会心理以俱变。晚近日本语之侵入，其势且滔滔也。长斯以往，不加人为之统一，方言方音之发生，不知何所底止也。区区交通自然救济法，容足恃乎？故标准语标准音之制定，实为当务之急。

第八编　论标准语及标准音

标准语、标准音者,欲统一国语认定特定之语词语法,特定之读音,为一般用语之准也。然此所谓一般者,非云领土内之人民,盖国语固非云领土内人民用语也。

国语之所谓国者,异于政治上国家之解说。吾国政治区域内,若蒙、若藏、若满州之一部,犹非吾国语之所领,然而政治区域外,南洋以下之华侨势力范围皆吾国语之领土。国语领土之广,世界各国语盖莫吾国语若也。

虽然,领土之内,小社会区分不一,各社会风土不同;同一国语,各社会用之,斯各有其特有之着色,此着色即通常所谓方言也。

方言,比较相对之词耳,随观察点之差而异。同一国语,闽粤语相对为方言。广言之,满蒙藏语对中国语亦为方言;狭言之,嘉潮广州语相对亦方言也。特方言之起,一因于命名之不同,二因于同名而异变,三因于代谢之异致,而广义方言具有是三者,狭义者则一二而已耳,此程度不同也。程度等差,本无限量。广言之,世界语言之种类,雅林的氏谓有三千,据多数说亦在八百以上。狭言之,则有如迦伯林之氏所云,今日之言非复昨日者,细察之,诚日异而人殊也。虽然,狭义方言属于音声学之研究,广义方言属于一般语言学之研究,故兹所取,惟略得统一于国语下之方言,即内范略同,外范之差亦得推量源委者,此云方言,约略得分为十种。黄河以北,其北境至塞,东至海,即直隶、山东、山西以及彰德、卫辉、怀庆等一区域为一种。韵虽不完,多唐虞之遗音。高亢殆无入声,为此种方言之特色。陕西自成一种,汉唐旧都,久为文化中心地,中原之遗风逸韵,犹有存者。明晰简直,为此种方言之特色。(陆法言曰:"秦陇则去声为入,梁益则平声似去。"至今亦然。)开封以西,汝宁、南阳等处,今之河南,即古之所谓荆豫错壤也。自是沿江而下至湖北、镇江为一种,居中国之中,尔雅正大之夏音产地也,其中武昌、汉阳之音,又为醇中之醇。其南湖南自为一种,古所谓楚声是也。福建、广东各为一种,漳泉及嘉潮各属之佶屈敖牙,在两者中又别成特色,此二种最屡杂,然中原古音犹有作化石而保存者。开封以东,由山东之曹、沇、沂以至江淮间,大体似朔风,具有四声,特成一种方言。江南之苏州、松江、太仓、常州及浙江之湖州、嘉兴、杭州、宁波、绍兴等又为一种。其中宁、绍固甚屡杂,论其大体,则沿海居民方言之代表也。海滨卑湿,且其中多湖沼,故濡弱之音,苒成此种方言之特色。东南之地独徽州、宁国之高原别为一种,而浙江之衢州、金华、严州,江西之广信、饶州等属之。四川上下与秦楚接,其音与关中大同而小异,以其地域特异,或亦别为一种。其他云南、贵州、广西三部最偏僻,古来为苗族所蟠踞,其方言极纷杂。自沐英氏为云贵总督,以兵力胁从中原之音,略得一定。然其所发音不如沐英氏所豫期之直隶音,而为湖北、四川之音。广西亦受云贵之影响,亦可见人心所趋,孰为适者矣。又有如湖南沅州与贵州同音,浙江之温处台大体与福建之福宁近似,福建之汀州且似江西之赣州,此则山陵隔绝,难言同化。欲解以理由,殆移住之史因耳。

若是分别之略为十种,以吾国之历史地域作比率,不为多也。且方言之生,无非语言自然之发达,无足怪者,而各方言又各有其特色,各有其发达之历史,更不容有所轩轾也。于是保守者所谓为地方精粹之所存,且表彰思想惟方言最为适切,则不如各保其自然。以言表彰思想之适切,诚莫方言若。然是在闭关之世老死不相往来则可也。世界交通以国家社会为单位,统一教育尤宜以统一国语为先务,方言有普通之部分及特殊之部分,使各操土音,辞不足以达其意,则集代议士以谋国事,事用不集,谋统一教育,而教育手段之言文先以纷歧矣。故国语宜统一,语音语词语法不可不有一统一之标准,俾国民得有所遵守。况标准确立与教育相成,习用而后,则自由适切发表其思想,犹向之方言矣。一国之粹,更未尝非一方之粹也,盖语言之形式固与实质无必然之关系,概念固随用而驯熟者也。

虽然,形式、实质虽其间无必然之关系,然当其相关相系之时,则有必然之原因,此国民之精神所谓语言内范也。(详见第一篇)故印度日耳曼语族国民所用语,不能袭用之于吾国。所谓世界语者,纵其完成有日,而吾且不惜舍国粹以从之,亦未见其能实行也。况自相关系以来,经千百年形影相随之历史,经千百人文学上之运用,其原有者愈益固结,其变迁而得成为方言者亦非偶然也。故欲于方言之外别立一理想标准语而强一般以相从,亦甚非易事。

诸种方言既不能并存,诸种而外又不得别立,然则入诸人为淘汰之熔炉听其自然竞争可乎?曰人为淘汰固无时或息,方言竞争则自交通以来亦未尝或间也。然则经争而存必其宜者,又听交通之自然进行可也,焉用人力为?

虽然,交通之求心往往为乡土主义之远心所抵制。一部一时之使用,退而仍操其土音,则临时所用者,不得与观念相驯熟,而语言减其效。且语言发达无已时,即方言之发声亦无已日也。故不加人为,自然之统一,且为自然差异相抵消。

人为既不容已,理想又不可行,然则惟求方言中之有势力者,即竞争而能胜者因势利导之耳。以是为本,去其特异者,采择他方以益之。盖语言者,社会现象之一也,产于社会,为社会利,社会之所用,社会能废之,故当制定标准语当以社会为前提,其所取舍尤当视社会心理为标准也。

然则有势力为一则,适于社会心理又一则,二则得兼,则如德意志之伯林语,日本之东京语,自能普及于全国,且所损益亦复有限。吾国于此有一疑问焉,即中央政府所在地,其所用语果有势力与否,且果适于全国社会心理与否耶?

吾国向所称为北京官话者,官吏用语,非公共语也。官与民隔,官话不及于民,言与文歧,官话又未尝著于书,有之亦极少且陋,非一般所认也。且地处北偏,交通机关向未发达,故北京官话势力实微;实际说所谓京片子者,殆惟直隶、南满之一部,直隶方言间杂以满语者耳。软化、锐利、延长、卷舌音,京片子为尤著,且长而抑扬曲折,锐而头部共鸣,近于哀嘶,亦示文弱。据音声以观社会心理者之所不取也。六百年之市朝所流行若此,其不适于一般社会心理也,亦可见矣。

然则比较求适宜而有势力者,其惟湖北方言乎!湖北之音,古夏声也,未尝直接北患之激变,常作南音之代表。《颜氏家训》谓南方言杂吴楚,北方言杂建朔,固也。然吴楚当晋时已同化于中国,非建比也(陵堃氏之说)。况夏口之音由来扩张其势力,为他言他音所纷乱者少。所谓江汉之音,春秋时已见扩张之轮廓,至吴晋弸张益著,晋室东迁,遂与中原翕合为一大势力。尔来北音激变,湖北独屹然保障江左。南北朝之南都,宋之南迁,中原音流入于南,夏口实保障之。北方激变,闽粤沿海块杂,中心其在斯乎?此理论也,实际亦如是。十方言之中,自闽粤吴越等沿海外,大抵皆略与湖北近,以其比较上纯粹而中和也。交通上又为吾国之中,其发达正方兴而未艾。故以之导用于国中,似较京语为利便。云贵之已事可鉴也。

虽然,取一以为本,不可不有损益,随时发生之方言,又不可不加以修正,此损益修正之业责成学会为之。学会设国语统一调查会及国语统一研究会两机关,其事业分读音、语法、辞书三者。调查会调查之于各地方各社会(俚言鄙语往往古语所在,不可不知也),而报告之于研究会,研究会穷其源委,择其纯粹而易行者制定之为标准,然后为国语教育行政施行之。

古音简单,允宜增益。然如猪、诸、租等音,今或不能辨。韵纽之作也,当时遍采国中之韵，今则汇萃各处方言，恐犹不足尽韵纽矣。例如中（知）终（照）宗（精）之辨，赣州而外殆无之。然韵纽外别有发展者，元代欢卷干分四等则漠然易淆，不如别增韵。四声之辩不甚便利，不如节之而益以复合语。凡此宜损益者也。又如湖北音作标准之基础，清音去声变为浊音，轻唇变为喉音，其特短处，此宜修正者也。

损益修正之音韵，欲以之为标准也，不得不有标准音图。然制定音图，不能便以韵纽为音标，盖韵纽不过类别之代表耳！音有变迁，代表者本体既辗转非畴昔，其类属更淆惑而难明矣。韵纽读音，若以今音当之，即合诸种方言，切者宁几？以不切之音，强使之为代表，于今音之外，不得不更记古音，则转不若无之为愈矣。此韵纽之弊，则以木强难变之文字，非纯粹音标故也。故制定音图，首宜分析音素而以通用之罗马音标当之。韵与音相切，二十四元素（较诸英语字母多 w、g 二文，而少 w、l、q、x 四文），足以化成一切语音之代表。文字固不取，简字流弊与文字等，且矫揉造作。一时不易得社会之同情。吾所谓音图者，欲以之为识字之标准以补意标文字之不足，其为用犹度量衡耳。度量衡诚不若取世界之所大同者，知之用之者多，其变化不易也。况吾国语之宜普及于满蒙藏者乎！

此吾所谓读音者，语言之读音，亦即文字之读音也。盖文字者，语言之徽识耳。苟犹见用于活语，不宜别有他音也。纵字音为古音，标准语既定，亦不能以之改今语；古音律今语，顾炎武氏之所主张也，然"天明"之说在顾氏已自茫然矣。有语言然后有文字，语言主而文字宾也。故吾辈勉欲使文字接近于语言，读文字一如语音。语音中有误传已久、文字上不可究诘者，则取其音之最近者当之。使当时所谓质文者皆语体，读之如谈话然，则吾辈之望也。然是有待于辞书，更有待于语法。

语法分纯理及应用二方面，纯理分叙述及说明二大部。观察语言之现象顺序叙述之，叙述语法也。视其现象所由起，观其现象所由变，察其现象所以然，则为说明语法。故说明语法中又分为历史说明、比较说明、原理说明之三项。然是哲学的语法，语言学之研究也。语法之实用在于介绍一国语之事实而已，故应用语法独详于事实，理论原理以事实上所必须者为度。

然若是事实之说明，不过将日常用语加以说明，集为规则耳。常语，吾人所习用而熟知者，似可以无须。然语无自然法，言又人人殊，不作之则，有不知适从者矣。况当国语统一之初，标准所在惟此是赖乎！吾国无语法书，有之，惟马建忠氏之《文通》，然说明古文，且一以拉丁文法为原则，非今语法，尤非纯粹吾国语法也。谨案:语法书宜分音声、词品、词句三篇,而各宜为固有之说明,不必悬印度日耳曼语法之一格而强我以从也。

第一音声篇,叙述吾国语音声之特质、特征及其发展之由来。以大多数谐声字为准而绎其今昔之变迁,然后以今音别韵类,取韵(即纽)之语头音代以罗马音标为类首,而以音(即古所谓韵)之音标切合之,所切之音注于字旁,为读音之准则。补谐声字变迁之过,语音庶乎其有定也。至音之性质及音节构造之说明,皆宜自立。不容依据印度日耳曼语,如母音、子音、半母音等界说,在音声学已失其根据,吾国语音更莫须有是区别也。向从某声,在音标则某韵与某音之切合,变迁而后,某韵弛或某音转则成某声,所宜说明者如是而已,不须子、母音之名,更无须半母音之别也。又如音节者,希腊语(arthros)之译名,印度日耳曼语往往不止一韵,段分之如竹节,故有此名。吾国则大抵一韵,有二韵者,非叠韵即收声也。故比较上有单节之称,国语之说明则曰叠韵曰收声可已(参观第一篇、第七篇)。

第二词品篇,叙述吾国语词之本领,及其应用上之品类。今语所用,大抵词各有品,有定品者类聚而群分之,其有兼摄者亦例别其所异。所谓品者,自然摹仿之体、状、用词及发生之叹词又节词五者而已。名理分别法于吾国语无取也。公名专名之别,在英语有冠词添否、书体大小之关系,吾国语则曰"鲤也死",语词本体虽无异于鲤鱼,不至误也。而于词品下设注之曰有作专名者,且蛇足矣。何则?吾国专名无辨,国语性质上不须设此种区别。而非专属或常属于形式之意义(即实质),即非语词本领也。

第三词句篇,语词得句而后生活者也,其职务其意义皆定于句中之关系,故语词之位置为此篇之要务,在吾国语以此补屈折之形式,示命意之所在,故此项之说明为尤要,此词句范畴论也。语法书中又有论词句名理者,即以语法范畴表见于句处不同立论,如句素之目语或以体词(例"彼人也,我亦人也"),或以状词(例"道阻且长"),或以用词(例"仲尼居,曾子侍"),其语法范畴同而其所见异。迦伯林之氏著《中国语法书》详说之,自信为语法之模范。然此项叙述,宜在品词及语句范畴论说明后矣。且应有之事实而又不能以毕举,名理语法终不免于挂漏,非所必须也。

吾辈以心理为语法之本,无取于名理,故心理所应有者不为特别之规定,心理上之所不必有者,又不为不足之补说。如语法上有主述二语素,欧西名理语法之所定也,于是欠者强解之曰省略,而自吾辈视之,挥之曰"去",招之曰"来",指鼻曰"我",对指曰"尔",心理上只此一念,语言上无之,不为不足也。

何必谓为省略哉！（参观第三篇、第五篇）

语法职务，约言之，分语词形式、"音声"语词实质、"词品"词句范畴之三篇，然是不过便宜分法耳。巴西氏（Passy）之法语法，苏彝的氏（Sweet）之盎格鲁萨克逊语法，混实质范畴为一篇，未见其不可也。在吾辈思之，论吾国之语法，或且不如混同之而自词句始。盖吾国语词为立体质，词品迄无严格之分业，定词品不免先举句以为例。若然，则何如由句说起也？举句察词，以普通者定其品，而以特殊者作其兼。

以上论语法，其职务在语词形式、实质范畴等一般规则之说明。欲为个个之说明及例外之解释，则语法书有所短，惟委之于辞书。辞书者，注各语词之音，解各语词之义，时或论各语词之范畴者也。完全辞书载古今音之变迁，语词之由来，兼举异音同义语及同音异义语，时且加一般语法之叙述而附以例外变态之说明，以补语法之不足。

辞书之任务若此，而在统一国语时，其任尤重。其体裁及编撰法，不属此论之范围，拟别著于篇。

此言制定方法也，既定之矣，其施行之方又不可以不讲，约举其大端：

一、国语教育。小学教以国语及国语法，订正其方音方言，中学继之。大学则设国语学科研究之，小学校一切教科书皆用国语编辑，由国语统一研究会审定之。

二、强制公人使用。官吏、公吏、议员、军人、教师、学生等会议、公文、设讲、公开演说，皆强其用国语。交际场、仪式场亦奖励国语之使用。

三、奖励书籍上使用。于小学教科书以外，新闻、杂志、小说及普通之著述奖励其使用国语。或加以相当之强制。

四、强制剧场使用。用国语作脚本以教优伶，使全国剧场皆用国语。此法德意志用之，见成效矣。

此统一国语粗略方法也。然统一非易事，亦非易言也。语言有生死之现象，非如度量衡得以金属为之也。金属且有若干弸张率，况具有生命之语言乎？故方言方音发达变迁得势而为一般之所认，则不容防遏，宜参酌而订正之。故统一乃程度之相去，标准制定则经常事业也。

附录：《国语学草创》横排本

第九编　论国语与国文之关系

吾国文字何为而作乎？曰：自然发生，未尝作也。缘何而自然发生乎？曰：绘画也而适于用，习用之而形态简略，遂发达而为文字耳，故吾国文字发生之当时代表事物之本体，非直接代表特定音声也。此自古发达之文字，如罗马字、亚叙利亚（Assiria）字，殆无不经由此途径。而吾国文字尤为绘画直系之发达。

草昧时代之部落，神治也，以神庙为行政之所，以神道设教，爰绘其祖先功绩于四壁，以驯服其部下。五世之庙，禹之铸鼎，犹留是残影也。当时部署皆敏于感觉神经者，瞻仰此画，深印脑中，信仰崇拜，驯服于神，以至关系于其神之人，而君臣之阶级起焉。作之君者，知绘画之足以利用也，政令符节皆以用之。使用频繁，因陋就简，遂成象形之文字。日月山川等天地间有仪可象者，以一种神秘意味图示之，束缚屈服象臣形，坐临臣下象君形，更寓威仪于文字之中，所谓为夬之政以扬于王庭也。而百官以治，万民以察，则神治绘画之收效也。然用于政令以干事，则象形有所不足而指事以起。事，无形者也，乃以意匠造作之，意匠造作，文字所以为文字也，是为脱绘画之初步。

然意匠造作不已会意乎？曰不然。会意者，会合数字而为一字，指事则虽有两三体之复合，皆准体文而非字，偶有字亦非其主体也，故指事字别成一类。指事者，造意以象事，意不必寓于字之内，会意则所会之字各有其意，而总体之意即寄于其相与之间，此其辨耳。以言意之有无象形字未尝无也，画日而圆，画月而缺，象山有峰，象川而流，皆意也。君臣皆人也，无以别之，君以君权著，臣以服从著，则更非意莫辨矣。血，象形字也，合皿与一二形而为之。巢，象形字也，合木、鸟、巢三形而为之。以额理加目为眉，以殳击磬成殸。凡此皆象形而加意者矣。不宁惟是，其全体形不概见，以声与意为形者亦有之。如身从人从眉省声，能从肉（象胸）从比（象足）目声等是也。指事则纯体指事而外更非意不能指矣，纯体指事，近于省形，如弌、弍、弎，纯体指事字也。解说纷纷，吾睹台湾土人之悬记数珠于弋形之架下也，想见其象形矣。此外，则大抵意会，特所会者乃文字与准体文之合体，非尽成文字耳。如以一为界，上指曰上，下指曰下，以一指示，上引曰进，下引曰退，不以意会，何由知耶？

谐声亦然，曰某声者音素，而其所从者意标也。如江河之水旁，示其水区域一种之意（是又得谓之一部之象形，故谐声亦曰形声字）也。故曰象形、指事，曰会意、谐声，其间无截然之界说，意盖大部之所共通也，此吾国文字之所以见称意标文字与？

不惟意也，音亦共通。如齿从止声，舜之舛亦声，金禽今声，是象形亦兼音素也。牵，从牛从𤣥，古文玄，意亦声也。卝，象形八声，是指事亦兼音素也。会意字，《说文》明言从某声者无论矣。即重意而不言声，其音素亦有不容泯没者。略举常用字为例，社、崇、皇、取、畋、鼻、劓、奋、刵、青、贯、凶、两、仰、伍、位、什、伯、皋、制、危、冰、缀、屏、此、教、命、芰、愳、竞、异、与、笔、坚、喜、忧、厚、李、致、华、卖、赞、明、犇、辩、字、壹、廿、友、哥、科、麻、冒、便、表、羡、㐱、胞、契、乔、悫、冬、电、乱、臾、曳、酋、闰、原、尧等皆是也。

不惟意与音也，形亦共通，指事、谐声之兼形既述之矣。会意字亦有之，如牢、萑、夔、父、脑等皆是。吾国文字律为六书，然假借、转注乃发达以后事，其成立则象形、指事、会意、谐声四者而已也。而四者大体通有意、音、形三要素，故吾国文字可谓为意、音、形三素所蓳成。

吾国文字发生于绘画，习用则人事之不能形容者亦加意匠而象之，语言代表之文字，成立于是矣。人事日繁，意匠日进，合单文而会意，乃孳乳而为字。例如野蛮之世，妻妾子姓语无区别（《士丧礼》侠床注）。夫妇伦定，乃有从女持帚之会意字，宗法社会重家长权，未尝有弟之称，字初借韦束次弟之弟，至后方制㠯字。然人事繁兴，思想发展犹未艾也，一一制字将不胜其烦，故取意文及音文合为谐声字。此例一出，所以代表单节语音者具矣，盖亦文字自然发达也。

语言不外实质之概念与形式之音二方面，谐声字以音素代表语言之形式，而以所谓部首者代表语言之总体概念，即尽代表语言之能事矣。象形、指事但将抽象概念具体化之而已。会意、谐声则以意之分析或音之综合为其发达之道，象形、指事字无几不复发达。会意多兼音标，发达稍著。及其进也，惟音标、意标兼具之谐声字独多，其数实占吾国文字之什八。盖发生上固为绘画之直系，其为用则以音标为最要，故意、音、形兼具之文字，其后天之发展亦以音标字为最多。

虽然，语言非单纯音声也，其里面有实质之概念，概念之中已混有主权者复杂之感想，发为语言也，感想亦随注于音声，及其再现于视觉而为文字也，更于文字形意中寄种种之联想，故由语言文字之本体亦别为意之引申焉。信麦之来自天，借以名来；"西"，鸟归巢也，联想及夕阳西下之时，乃名日没之方为西;"朋",群鸟也,联想及友朋,借以名朋,凡此皆所谓假借也。特思想要求分化,形意字易于结构,假借字久假不归,本字又别立字以代之,是以不可复知耳!

此意之变迁谓之假借,意变而音亦非不变者也。方音之变又促文字之改形。文字形变,感想及联想又异,乃枝生别种之概念,转生别种之语言,所谓转注是也。建类一首,同意相受,《说文》转注之解说也。所谓类者,声类耳。郑君《周礼》序曰:就其原文之声类;《夏官·序官》注曰:字从类耳,古类、律同声,声类犹声律也。首即今所谓语基,语音之根对于孳乳后者以称首基也。(《方言》曰:人之初生谓之首。)方言之差,大抵双声叠韵,以言声类则大同。大同而小异,乃于一音首之下更制一字,则所谓转注文字也。同部之字音声相近而意义大同者,许慎氏大抵联举之以示转注之微旨。芋莫、菖薑、蒋苗、萧萩、走趋、遙迹、講詶、幺幼、刑剄、标杪、皓皡、煇照、洪涤、霁霋、鲧鳏等诸所联举者,古音皆同部或相转者也。是在古不过一语,因方音之差乃孳乳别为字,谓之转注。且不必同一部居也,一名一义,孳乳二字以上亦往往为转注。例如士事、丰莑、火焜燬、羊羝、恫痛俑等同音字。屏藩、并比、旁溥、亡无、谋谟、勉懋慔、楸茂芫、迎逆迓、空窠、丘虚、但褐、雁鹅、口圆圜、弱柔矣、突穹、诵读、媪姬、爨炊等双声叠韵,亦转注之例也。《说文》但举考老以为例,寿苟亦此类之转注,皆方音之转注也。类言声类,言非五百四十部;首言声音,非云某之属从某也。转者,音声之辗转;注者,挹彼之意而注于此也。意分化者,别为一义,否即为同义异音字矣。

由表象,而成概念,由概念而生语言,此语言先天发展也。其后先有语言,由语言而得概念,即无形之事物不能直接经验者,先从语言会得其概念,然后想见相当之表象,此语言之后天发展也。吾国文字,尤能助长此后天之发展,转注、假借其显著者也。有音于兹,为一社会所不能发或不欲发者,乃起方音,而固有字音为不适于代表,于是不得不别制一字以切之。然社会原有交通性,而语言文字又为交通之要具,此字此音乃侵入于他社会,而自他社会视之,不无新奇之感,由新字新音会得其概念,而当会得之际已加此社会,从来之心理作用而杂糅之矣。此考老之意义,所以距离也。文豪者起,认容此新字新音网罗之而开一例,义近似者保留原意作异音同训字,其差之甚者乃别作一字,是即转注之例也。习用而语意引申以旧字代新义,是谓假借;习用而语音展转制新字生新义,是谓转注,二者语言之后天发展也。文字发生于象形,成立于指事,发达于会意谐声,而变迁于转注假借,此所谓六书也。象形而后,应语言而发达者也。

文字既应语言而发达,故音标字之发达独盛,而同音为之多。文字之用,既不过指语言之音,故所谓通借者以起。如今所用之"左右",实借佐佑而为之,其本字ナ又也。左右为ナ又所借,其本体乃加入旁以示辨。"前"本即今之翦,借作前后之前,前乃加羽以示其辨。左右之于ナ又,其音今犹同也,前之于翦亦相似也。又有古同音相通借而今难辨者,如"何天之休",休即好,在古同音相通借也。通借非意之引申,非字之形似,任意借同音之别字,作语言代表耳。此例在先秦文籍极多,训诂家往往惑之,不知古音古语,臆度而傅会之。以今度古,古书神秘矣。不知古人言文一致,同音通借,而乃规规焉求之于今音今义,宜乎其惑也。

虽然,吾国音标文字,乃个别约束之音,非音素之相切也。一变斯本音,难于究诘矣。音之变迁,曾述其大略;韵之变迁,试于谐声研究之。

谐声字占吾国文字之什八,其所从之某声,吾辈所认为音标者也。特此音其标音既有大小收声之差,其韵亦辗转非昔矣。古声之胡、工声之红、公声之翁、叚声之瑕、夹声之挟、甲声之狎、见声之觅现、气声之忾、开声之刑、藿声之欢、呙声之祸、区声之欧、干声之汗、谷声之浴、角声之斛、句声之煦、羔声之窑、丂声之号、高声之蒿、斤声之欣、军声之运、今声之含、殷声之系、元声之完、午声之许,此颚音转为喉音之例也。然其反对亦有之,如异声为冀、羊声为羌姜、臣声为姬、或声为国、危声诡、奚声谿鸡、益声蠲、冒声鹃、与声举、虍声虞亏、户声顾、由声轴、爻声教、玄声牵、咸声感、衍声愆、合声裕等,皆喉音转为颚音例也。谐声字之音标,喉颚二音相通者实多,曲红亦曰曲江、冶容亦曰蛊容、肉倍孔亦曰肉倍好,然其本相通而已,孰为本音,孰为辗转后者,不可知矣。

颚喉音有转为舌音者,如昌声为台能、弋声为代式、攸声为条、由声为笛、睪声为铎、舀声为稻韬、尚声为当、余声荼、俞声喻、炎生谈、易声汤、甬声通等,其例也。颚喉音又有转为齿音者(即齿背后舌端),如鱼声为稣、户声为所、羊声详、易声伤、血声恤、弋声式、乐声铄、公声松、殷声声、谷声俗、匀声旬、牙声邪、彦声产、也声施、告声造、执声褻等,其例也。、

反之,舌音有转为颚喉音者,如多声为宜为移、阜声为归、象声为缘、兑声为阅、虫声融、众声为鳏裒、殳声为殷殷,其例也。齿音亦有为颚喉音者,如出声为屈、彗声为慧、戌声为威、佳声唯、氏声祇、矢声疑、耳声揖、丞声烝、川声训、井声荆、金声剑险、旨声诣稽者,其例也。

颚喉音有转为唇音者,如墨声为默、久声为畞、交声駮、已声汜、囧声朙等

是也。反之，丙声变、勿声忽、每声悔、网声冈、文声虔、分声衅，则为唇音转颚喉音之例。颚喉音更有转为卷舌者，如鱼声为鲁、谷声为洛路、京声为凉、束声为阑、果声裸、兼声廉、监声滥、乐声砾、聿声律、丣声栁等是也。反之，翏声膠、吕声莒、今声矜、立声位、鬲声隔，则为卷舌转为颚喉之列。

是等之辗转，但据今日之音声学不得而说明之。同音间清浊之转讹、破障音之辗转、摩擦音之辗转等，固音声上普通现象也。然此所谓辗转者，往往流转于喉音等比较容易之音，所谓避烦难就简易。一方之倾向，非互相之辗转也。相互则孰先孰后且无从知，欲为音声学之说明，更难事矣。其中颚喉音辗转为卷舌，在音声学言之且为不可能，是盖今日音声学大抵就多节音相与之间立论，即同音作用、不同化作用等他音响影上之辗转也。而吾国语音大抵单节，欲保其名价之性质强，殆无此等之作用。（《考工记》故书以两乐为两栾，殆同化作用也，然是复合语也，不可以常例律之。）故其韵之变迁，起于特殊之方音，或同音字过多欲区别之而强为变更乎？其中即有音声学原则之存，而所从之原音未知以前，其变迁之原则无从知也。以上所述，特现象耳。现象之中惟颚喉二音为共通，所可知者，如是则已。

是音标变迁现象也，然变迁不独音标而已，形态亦然。相传苍颉造字，然形态未定也。周宣王时史籀始作大篆，虽笔划繁多，文字得由是统一焉。秦李斯作小篆省略之，已因陋就简矣。至程邈以隶书方书之，日月作长方形，鸟有四足，即象形字无形可象矣。甘之口为廿字，即指事指不成事矣。夒从页从臼从夊即有首有手足之中国人，隶书变为夏，首不完而手失，即会意会不成意矣。歙，禽声也，隶书变为食，谐声之声不谐矣。此隶书起形态变迁之现象也。而犹不至此，吾国文字虽云木强难变，其变迁正复不少也。如星上之三星变为日矣；集上三隹只一隹矣；冰赘一点，决况准皆欠一点矣；曷下本匃、夸下本子、卿中本皀、台能之上㠯、当之上向、融旁虫、句上匀、威上戍、更上丙、冈上网也。（是皆谐声之音标也，见前举例。）又拿之上奴、添吞之上天、听呈之下壬，是皆谐声音标也，而今不可复见。在心理言，虽曰省略作用、类推作用、自然之变迁，然音标意标经变迁而不明，于是反之有加意标于本字者矣，如茻加木旁、藏加肉旁、孚加卵、直加人，此种加添，殆无部无之也。甚且有然之下本有火而更添火旁、气加水旁、食旁而与固有之汽饩相冲击者，其当否且勿论，变迁之事实盖若是也。

《说文解字》不过九千三百五十三字耳。至唐而二万六千，明末四万五千，《康熙字典》盖五万六千有奇也。是非古书之收罗，大抵后人之所造作者耳。

学术之语不加多,事物名称之增加者又无几,然则多数文字之增加,果何为耶?以吾观之,是殆徘徊于形意之间徒作无谓区别耳。音标不能随语言而发达,遂为治文字者所遗忘,于是蔽于文字之形义,崇拜之、神秘之、修饰之、损益之,而言文从此背驰矣。文字之职用不过补语言之缺憾耳。语言在空间不足以达远,藉文字以达之;在时间不足以传久,藉文字以传之,其职用如是而已。然则其对于语言之关系,语言象征主也,文字象征从也。语言为思想之代表,文字更为代表之代表,对于思想盖间接也。自语言学言,文字本体且不过一种无生命之象征也。虽然无生命之象征,而能起国民崇拜心如吾国文者,则又别有因缘在。吾国文,绘画之直系发达也。发达之后,虽取音标勉接近之于语言,然音标之外,意标依然,且音标不过个别之约束,不足追随语言之变迁也。意标乃转为文字之特征,有意可寻,有仪可象,于是一见文字其感想其联想皆倾注之。语言者,思想之听觉象征也,而此为直接视觉象征矣,其理由更分别言之,以彰吾国文字之特色,一以明言文背驰理由也。

一、形意之本体今虽不肖,而面影犹存,使读者起观画之感。表象活现,助长类似联想之精神作用。

二、结构而成,统体二元(Two dimensions)使读者起具体庄严之感,且易于辨认。

三、字形复杂则能摄广,表象概念由文字而生,即所谓望文生义。

四、形意文字之构成词句也,珠联玉缀,自成机杼,易起读者之接近联想、情调联想。

五、单节音文字易造韵文。其构成文句也,气息节与谈话节得以一致。

六、一音而同义或类义之字多,俪语偶语易于排比,唤起读者之注意而夺其心目。

七、无语尾之变化,有自然之位置,文人得利用位置之顺序,运用其技术以作美文,使读者起审美之感。

八、含蓄之意既多,文字之外又往往联想他意,使读者得深长玩味。

九、形式之表示,在于位置关系上无形之间,简单而益助意之发达。

十、同一字也,因其位置为体词、为状词或为用词、节词,文无定职,用者神化之,读者益神秘之。

十一、能摄本丰富,易于结合则所摄尤广,轟成学术语,助长哲学思想。

十二、男子力田,妇人持帚整理家庭,父执杖以维持其父权,田区划之而分耕,推古社会组织及社会心理之一般,助读者怀旧之念。

十三、音形意三者为构成吾国文字之要素,则其变迁得以寻究,其讹误易于更正。

十四、文字形态木强难变,词汇又夙发达,四千余年之文献尚可征者,唤起文艺复活及国民之感情。

十五、语言一音不足时或以二音三音为之,文字则仍保一音一义,使读者起简劲之感。

十六、一字一音,一字一义,意随形转,分合自如,用为文章学术语,庄严而流丽。

十七、文字形态婉曲,书法又自昔美术的发达,对于字形亦起审美之感想。

十八、集形成字,寓意于形,虽不发声,亦能心得,吾国文字,盖超耳治之境矣。

质言之,保形意之面影,作思想之视觉象征,与语言相对待而发达者,吾国文字之特色也。人类感官之发达,视觉原较听觉为先,即形态表象较诸音声表象其经验为尤早。先入强盛之表象其来复易,故视觉表象之再现较听觉为尤易,而音声之性质又不若形态性质之易于固执而调整。单节语音其表象更单调,往往资形态以为助。(如语无前后关系,或述姓名常假字形为注释是也。)而吾国文字之形态又有如许之特色,吾国人民之心理又富保守之特性,于是语言变迁不息,文字不肯随之,语言范围转为文字侵入矣。文字发达谐声所以独多者,原期代表语言耳;文字变迁又开转注之例者,亦期适切语音耳。无如文字之变迟,语言之变速。木强之字体,约束之音标,其变更迟。教育未普及之社会,语法语汇等著作未发达之语言,其变更速。于是文字之中,保守既死之语言、异方之同义类义字。语言之实词虽犹保其文字之音,虚词则非文字之所及,语音字音,相去远矣。语言为音意表象之结合,文字为形意表象之结合,其所一致者,意之表象而已。譬彼代数,其内容之数目虽与算术同,而用符号直接代数目,不假数字之间接,遂脱离算术别成一部矣。

麦克斯牟拉氏以语言之带神话意味者谓为语言病,然则吾国象形文字亦殆文字之病者与?然是原于蛮人之恐怖心宗仰心及拟人之心理,虽欲谓之病,亦自然病而已矣。且发达而为谐声也,所谓病者亦宜其平治矣。奈何音标之外,尚留意标,横断面之发达,音标转为所遗忘;转注之例,不足以切语音,转由字而生别义;假借益以助形意之发达。游离语言,迷失本真,语本无病,病自文字起也。汤武之革命,假皮去毛之革为之。干父之蛊,假皿虫之蛊为之。易象也,假借悬拟最甚。庄子曰"吾无粮我无食",曰"今者吾丧我",更以转注语为俪语而神化其意。太史公谓苟曰"吹毛求疵",谓猛曰"鹰击毛鸷",更启文字帖括之用。以言文学之数书者殆造极矣,然亦言文纷歧之道也。以吾国民之保守性而又有文字文学若是,奉为圭臬而又不能用之于语言,即所称为雅言社会者亦不过略用其实词。其节词,其成语,则死朽已久,不能用于一般今语也。于是优孟古人,倾注之于文学。汉之经术,魏唐之诗赋,宋明之帖括,三千年之时间,几千万人之心血,无非咬文嚼字,言古人之言耳。大文章无非各时代死语之复活也,远之十三经,近之宋人之语录,用之于今皆文章矣。故韵文又当别论,其他所谓文语与口语之相去,不过古语与今语之差也。韵文割截语气,别有体裁,即不有文字之安达曼岛(Andaman),土人亦有之。其他文学之渊源皆口语,称所谓文章无非各时各地口语俗语之混合。故文学印刷术自昔发达如吾国者,文与语相距为尤远,此中消长苏彝的氏亦确乎言之矣。

虽然,发达至今,病理亦成为生理。有理由、有历史,决非人为之所能脱弃。数千年数万里之方言,数千百年来经无量劫之国民精神,其统一实有赖于是也。方珍重之不遑,又安忍脱弃之?苟教育普及,一般知文词之适用,而大思想家、大文豪如德意志歌德氏(Goethe)、西来而氏(Shiller)其人者,更起其间,以古语补今语之不足,以古语防外语之侵入,自成纯粹国民之文学,定言文一致之国语,此吾辈之所馨香祷祝者也。然是既不可旦暮遇,而谋教育之普及,又非从来国文所能奏其效,故吾辈权拟倡近于语言之质文,以应义务教育之实用。质文建设案,谨拟如左。合标准语音制定案,敬待同志之讨论:

一、质文应用文字约二千字已足,编为字典语法,依其发生之顺序而注六书类于其下,略说意标音标之变迁而定以今文今义,及今所用义应属之词品,与今语一般之语法,编为教科书,通行之于全国。

二、实词必求诸音义相近之文字,而以标准语音讲读之。虚词亦用同音字,其不同者读之使同,务使言文接近。

三、同音异义词酌取其一。异音同义或类义语词为语言之所无者不取。

四、假借字之非习用者省之,转注字之不见于语言者废之,通借字之为废语者弃之,古文词之词品兼摄者以今语为标准定于一。

五、新事物之名称及表彰思想之语词,勉用复合语词为之,不须作新字。外语亦勉用义译(惟无义之名,如人名地名或新发明物之以专名名者自取音),日人义译语词于汉文可通用者用之,否则改之。(拟有论《译名》一篇附后,此条详见彼中。)

六、繁缛之称呼,如称人曰足下、阁下,曰执事等,但取语中所常用之一,崩、薨、卒、不禄等无谓之区别,阶级制既废,自亦一死字可矣。余类推。

七、词句以达意为度,陈语、古文、古典不仿用。(如黾勉、密勿、匍匐、蒲伏,古语音通、借字也,今无其语而用其字。乘舆、荐绅,汉制也,今且无物而用其字。吴越、秦晋,古地名也,今名已更而仍用之以为古雅。脱帽曰免冠,就位曰就席,甚且下第曰作刘蕡,逃亡曰作黄鹤,炫弄琐琐之古典。吾见某处告示之戒军人也,有曰:"此偶合之乌,难保无害群之马。果尔,以有限之血蚨,养无数之飞蝗。"为乌为马为蝗,实皆人也。亡清官样文章,大抵如此,此吾国文字末流之弊也。用之于文章,游戏固无妨,欲以之治百官,察万民也,则惑矣。质文以应用为主,故敢断言其不可。)

【附】论译名

传四裔之语者曰译,故称译者必从其义。若袭用其音,则为借用语,音译二字不可通也。借用语固不必借其字形,字形虽为国字而语非已有者,皆为借用语,且不必借其音也。外国人所凑集之国字,揆诸国语不可通者,其形其音虽国语,其实仍借用语也。借用语原不在译名范围内,第世人方造音译之名以与义译较长短,故并举而论之。

社会不能孤立,言语又为交际之要具,自非老死不相往还如昔之爱斯几摩人者,其国语必不免外语之侵入,此侵入之外语谓之借用语。然言语为一社会之成俗,借用外语非其所习,亦非其所好也。不习不好而犹舍己从人,如波兰人之于俄语者可不论。不然者,必其事物思想非所固有,欲创新语,其国语又有所短,不得已而后乞借者也。固有之事物思想少而国语不足以为译者,概言之,即其国之文化相形见绌,而其国语之性质又但宜借用不宜义译耳!波斯语中亚剌伯语居多数,英语中拉丁、希腊、法语等居七分之五,日语中汉语等居半,是其彰明较著者也。吾国语则反是。自来中国与外国交通惟印度,佛法入中国时,侏离之言随之,所谓多义、秘密、顺古、生善,以及此土所无者,皆著为例,称五不翻也。然迄今两千有余载,佛法依然,不翻之外语,用者有几?顶礼佛号以外,通常殆无闻也。外患之侵,无代蔑有;外语之防,则若泾与渭。征服于蒙古者百年而借用歹以代不好,如郑思肖所称者,殆为仅有之例。征服于满洲者亦几三百年,语言则转以征服之,借为我用者,殆绝无也。迄于晚近,欧西文物盛传,借用外语者方接踵而起,持之有故,言之成理者,约举之盖有六派:

（一）象形文字多草昧社会之遗迹，思想变迁，意标依旧，于是以为非外语不足以表彰新颖之名词，嫌象形之陋，主张借用外语者，此一派也。

（二）意标文字，多望文生义之蔽，名词为通俗所滥用，习为浮华，泛然失其精义，则利用外语之玄妙，以严其壁垒，此一派也。

（三）侨居其地，讽诵其书，对于外语名词联想及其文物，向往既深，起语词包晕之感，以为非斯词必不足以尽斯义者，此一派也。

（四）名词之发达不同，即其引申之义不能无异，辗转假借，又特异于诸语族之所为，借以表彰新事新理，所含众义，往往不能吻合，则与其病过不及，毋宁仍外语之旧，以保其固有之分际，此一派也。

（五）习俗不同，则事功异，风土不同，则物产异，西势东渐，文物蒸蒸，吾国名词遂无以应给之，此土所无宜从主称者，此一派也。

（六）北宋之亡，民日以偷，文敝言废，常用不过千名而止，事物虽繁，莫能自号，述易作难姑且因循者，此又一派也。

最后二派，鉴于事实不得已，前之四派则持名理以衡言语者也，今先向名理论者一为解说，然后就事实论者商榷焉。

天地之始无名也，名之起，缘于德业之摹仿。草昧之人摹仿不出感觉感情二事，则粗疏迷离之义，遂为名词先天之病矣。此麦斯牟拉之所云，诸国语之所大同者也。习俗既成，虽哲者无能为力，竭其能事，亦惟定名词之界说，俾专用于一途，或采方言借用语以刷新其概念耳！然方言借用语既未尝不同病，定义之功，新奇之感，又不过一时而止。习久则用之泛滥，义亦流而为通俗，粗疏迷离，又如故矣。疗后天病者，其法其功亦不过如前而止，费文豪之大力，作一时之补苴，思想之进化与语言之凝滞，其相去终不可以道里计。二十世纪光明灿烂新世界，聆其名词，非不新颖玄妙也。语学者一追溯其本义，则索然于千百年之上矣。象形文字固其彰明较著者，音标语亦复如是也。通常用语，既因循旧名而不变；学术新语，亦大抵取材于希腊拉丁而损益之。其旧社会之文化，未尝高出于吾国，其措义能适用于今乎？知其不适而徒取音之标义，乃利其晦涩以自欺也，则非学者所当为。将利用其晦涩以免通俗之滥用也，其效亦不过一时。习用之而知其本义，则粗疏迷离之感，既同于意标。习用之而不知，则生吞活剥之弊，或浮于望文生义矣。推其本原，一由人心措词张皇欲为之，一由联想习惯性为之。科学不能私名词为己有，即不得祛其病而去，语无东西，其蔽一也。人心既有张皇欲矣。发语务求其新颖，冀以耸人之听闻，闻者固亦有张皇欲而以新颖为快也。新名词既奏其效，遂于不甚适用处亦杂凑而尝试之焉。辗转相传,名词遂从此泛滥矣。淫巧浮动之国民,其张皇之欲望,其习惯之变迁愈甚,则此泛滥之病愈剧。泛滥者日久而厌倦也,则与外语相接触,即取而借用之。苟其文化较逊,则对于借用语不惟起新颖之感,亦且不胜崇拜之情焉。一见闻其名词,恍乎其事其物,皆汹涌而麇遗,是所谓包晕之感也。此感既深,对于借用语遂神秘之无以易,而不悟此包晕者为吾心自发之联想,为名词后起之义,及至习以为常,吾心之役于外语者盖已久矣。使向者独立自营,虽事物非吾固有,而名与实习,固亦能如是也。名者实之宾而已,视用为转移,何常之有?虽名词既成后,引申之义,不能无异同,然同吾国语者易于连缀两三词成一名词,义之过不及处,仍得藉两三义之杂糅,有以损益之也。

　　例如逻辑,犹吾国之名学也,论者以名之义不足以概逻辑,遂主张借用之而不译。夫不足云者,谓从夕从口,取冥中自命之义,其源陋也;谓通俗之义多端也;谓引申义不同也;亦谓西洋之逻辑褎然称一科学,非吾国昔之名学比也。是固然矣。然逻辑一词原于希腊,训词训道,其本义之褊陋略同。引申词与道之义,举凡一切言之成理,本条理以成科学者,皆结以逻支逻支者,逻辑之语尾音变也。吾国语特木强难变耳,刑名、爵名、文名、散名,其引申处亦有同者。假借之义,诚不若吾国之多,然能以之为科学而研究之,则斟酌损益仍非无术。曰演绎名理、曰归纳名理,望而知其为名学之专名,其义所涵,视隐达逻辑、题达逻辑之,但作内引外引解者,有过之无不及也。岂得以其易解易泛之故因噎废食哉!况教师就任曰隐达,折减以去亦曰题达,易地皆然。浮泛之病,不自吾始乎?培根后之逻辑与亚里斯多德氏所草创者,较其内容之精粗,相去悬如。培根甚且斥亚氏之逻辑为无裨于人知,然斥之而犹袭用其名不变者,希腊拉丁语固为西洋诸国语之母,向且诵其书以学逻辑之学矣。深入人心,积重难变,概念随用义为转移,无待乎变更;强欲变更,而词义肤浅之国语,又有所不足也。不足云者,文化短绌未尝具此概念。语词之发达,又以在物资在感觉者居多,表形上之思,粗笨不适也。吾国语自与外语接触以来,对外文化之差,既非若波斯之于亚剌伯,英之于拉丁希腊,日本之于我,词富形简,分合自如,不若音标之累赘,假名之粗率。数千年来自成大社会,其言语之特质又独与外语异其类,有自然阻力若此,此借用语所以至今不发达于吾国也。况意标文字中取借用音语杂糅之,诘屈聱牙,则瞭解难;词品不易辗转,则措词度句难;外语之接触不仅一国,则取择难;同音字多,土音方异,则标音难。凡此诸难事,解之殆无术也。

主张借用语者,宁不为葆重学术计乎?对于通俗则矻格不能入,徒足神秘其名词而阁束之。稍进者,据吾国语所定学校之学科,宜已通解一二之外语,即无需此不肖之赘瘤。更进则悉外语之源流,当益鄙以羊易牛之无谓矣。形象粗笨如德语,对外新名词亦勉取义译,且不复借材于希腊拉丁之旧语。十二三世纪以来,意之但丁、英之仓沙、德之歌德等,无不以脱弃外语厘正国语为急者,盖国家主义教育之趋势也。弹琵琶学鲜卑语者,方洋洋盈耳,挽之犹恐不及,奈何推而助之耶?

理至曲直若彼,势之顺逆计之得失若此,吾于是决以义译为原则,并著其例如下:

(一)吾国故有其名,虽具体而微,仍以固有者为译名。本体自微而著,名词之概念,亦自能由屈而伸也。

例如名学原有概念,虽不及今之西洋逻辑,然其学进,其名之概念必能与之俱进,亦犹希腊逻辑之于今日也。

(二)吾国故有其名,虽概念少变,仍以故有者为译。概念由人,且有适应性,原义无妨其陋也。

例如谷一稔为年,月一周为月,夜一转为日。今者用阳历,概念虽少变,以之表四季、三十日、十二辰之时依然者,无妨沿用吾旧名。以四季为年(季节之原子农义亦时),以月周为月,对夜而称日,照时间为日,西语亦大略相同,至今未见其不通也。以序数称日,略"日"之语词,则犹吾国以基数称日耳,亦未尝以"号"相称也。

(三)吾国故有其名,虽废弃不用,复其故有。人有崇古之感情,修废易于造作。

例如俗名洋火,不可通也。吾国故有焠儿、火寸等称(《天禄识余》载,杭人削松木为小片,薄如纸,镕硫黄涂木片顶分许,名曰发烛;又曰:焠儿,史载,周建德六年,齐后妃贫者,以发烛为业。宋陶公穀《清异录》云:夜有急,苦于作灯缓。有知者披衫条染硫黄,置之待用,一与火遇,得炎穗然。呼为引光奴,今遂有货者,易名火寸),曷取而用之?

(四)但故有之名,新陈代谢既成者,则用新语。言语固有生死现象,死朽语效用自不及现行语也。

例如质剂非不古雅也,第今者通用票据,则译日人所谓手形者,亦自译作票据可已。又如古之冠不同于今之帽,免冠又非若今之行礼也,有译脱帽之礼为免冠者,事物不称,龤从雅言,百药所以见讥于子玄也。

（五）吾国未尝著其名，日本人曾假汉字以为译，而其义于中文可通者从之。学术天下公器，汉字又为我固有，在义可通，尽不妨假手于人也。

例如社会、淘汰等语，取材于汉籍；主观、客观等语与邦人所译不谋而合，尤觇书同文者其名尽可通用也。

（六）日人译名虽于义未尽允洽，而改善为难者，则但求国语之义可通者因就之。名词固难求全，同一挂漏，不如仍旧也。

例如心理学以心之旧义为解，诚哉，其不可通！第在彼取义希腊，亦既从心，而概念刷新，今义已无复旧面目矣。欲取一允当之新名不可得，则因陋就简而已。

（七）日人译名误用我故有名者，则名实混殽，误会必多，亟宜改作。

例如经济义涵甚广，不宜专指钱谷之会计，不若译生计之为愈。场合为吴蜀人方言，由场许音转，其义为处，不能泛指境遇、分际等义也。又如治外法权，就吾国语章法解之，常作他动字之治字，下缀以外字者，宜为外国或外人之隐名，若以外为状词，其上非常用为名字者不可（例如化外）。黄遵宪译《日本国志》序，治外法权概译为领事裁判权，固其所也，然则译作超治法权或超治外法权何如？

（八）故有之名，国人误用为译者亦宜削去更定。误用者虽必废弃语，第文物修明之后，复见用则又觳惑矣，是宜改作者。第近似相假借者则言语所应有，自不必因外名之异，我亦繁立名目耳。

例如镭锑本火齐珠也，今借锑以译金类元素之名；汽本水涸也，今借汽以译烝气之名；则不可。第如爇煤曰煤，古树入地所化，亦因其形似曰煤，则不妨假借，不必因外语异名而此亦异译也，必欲区别，加限制字可已。

（九）彼方一词而众义，在我不相习，易于觳惑者，随其词之用义分别译之。

例如"樞威棱帖"（Sovereignty）一词英人假借之至于三义，吾译应从其运用之方面及性质，或译主权，或译统治权，或译至高权，不能拘于一也。又如财产权、物权、亦有权，英人以"伯劳伯的"（Property）一词概之者，在译者则宜分别之，此假借不同也。"不悟假借之异，宜有各执一端以相讼者矣。"又有西语简陋而吾国特长者，亦不当从其陋。如伯叔舅之称无别，从表兄弟之称无别，斯所谓窕语也，自亦宜分别为译。旧邦人事，发达万端，西方恒言，在吾为窕语者，固不知凡几也。

（十）彼方一词，而此无相当之词（即最初四条所举皆不存也）者，则并集数字以译之，此土故无之术名性以一词相傅会，不惟势有所难，为用亦必不给，况国语发展有多节之倾向,科学句度以一词为术语亦毋跛不便乎?

例如"爱康诺米"(Economy)译为理财,固偏于财政之一部;计学之计字,独用亦病跛畸,不若生计便也。

(十一)取主名之新义,非万不得已(如心理等词改善为难者),毋取陈腐以韬晦。

例如"非罗沙非"(Philosophy)日人译为哲学,已得梗概。章师太炎译为玄学,尤阐其精义。爱智二字,造者原为偶然。还从其陋,无谓也。

(十二)取易晓之译名,毋取暧昧旧名相殽乱。

例如"狃脱"(Neuter),原谓不偏,译作中或中立可也,假冈两之鬼名以混之则惑矣。又如文法上诸名词,《马氏文通》所译,皆明畅易晓。不曰动字而曰云谓,不曰介词而曰介涩,转似晦涩而难知。

(十三)宜为世道人心计,取其精义而斟酌之于国情,勿舍本齐末小学大遗以滋弊。

例如权利义务,犹盾之表里二面,吾国义字约略足以当之。自希腊有正义即权力之说,表面之义方含权之意。而后世定其界说。有以法益为要素者。日人遂撷此二端译作权利,以之专为法学上用语,虽不完犹可说也。一经俗人滥用,遂为攘权夺利武器矣。既不能禁通俗之用,何如慎其始而译为理权哉?义务之务字,含作为之义,亦非其通性也,何如译为义分?

(十四)一字而诸国语并存者,大抵各有其历史事实及国情,更宜斟酌之分别以为译。

例如吾国旧译,同一自由也。拉丁旧名曰"立白的"(Liberty),以宽肆为义;盎格鲁逊本语曰"勿黎达ム"(Freedom),则以解说为义。盖罗马人遇其征服者苛酷而褊啬,得享较宽之市民权者,便标为三大资格之一,与英人脱贵族大地主之束缚者不同也。此译亦既不易改作矣,后有类此者似宜慎厥始。

(十五)既取义译,不得用日人之假借语(日人所谓宛字也)。既非借用,又不成义,非驴非马,徒足以混淆国语也。

例如手形、手续等,乃日人固有语,不过假同训之汉字撺掇以成者,读如国语而实质仍日语也。徒有国语读音之形式,而不能通国语之义,则仍非国语。读音之形式既非,实质失其依据,则亦非复日本语。名实相殽,莫此为甚。票据之故有语,程叙之译语,未见其不适也。是亦不可以已乎?

(十六)既取义译,不必复拘其音,音义相同之外语殆必不可得,则两可者其弊必两失也。

例如么匿图腾,义既不通,音又不肖。粗通国文者,或将视之为古语,通外语者又不及联想之为外语,似两是而实皆非,斯又焉取斯哉?即如几何有义可解矣,然数学皆求几何,于斯学未尝有特别关联也。彼名"几何米突"(Geomtry),原义量地,几何地之义也。割截其半,将何别于地质学、地球学、地理学等之均以几何二音为冠者乎?音义各得其一部,不如译为形学多矣。

(十七)一词往往有名字、动字两用者,译义宁偏重于名字,所以尊严名词概念也,用为动词,则或取其他动字以为助。

例如"题非尼荀"(Definition),日人译为定义,此译为界说,就吾国语句度言之,名字上之动字常为他动,其全体亦即常为动词,定义有兼摄"题反"(Define)动字之功,然非整然名词也。宁取"界说",虽木强而辞正,欲用为动词则不妨加作为等字。

(十八)名词作状词用者,日译常赘的字,原于英语之"的"(ty)或"的夫"(tive)语尾兼取音义也。国语乃之字音转。通俗所用为名代者,羼杂不驯,似不如相机斟酌也。

例如名学的、形学的可译为名理、形理;国家的、社会的或可译为国家性、社会性;人的关系、物的关系可译为属人关系、属物关系;道德的制裁、法律的制裁可译为道德上制裁、法律上制裁。相机斟酌,不可拘也。

(十九)日语名词,有其国语前系,或日译而不合吾国语法者,义虽可通,不宜袭用,防骰乱也。

例如相手、取缔等有相取前系而不可通者,十五条既概括之矣。即如打击、排斥、御用、入用等带有前系词,及所有、持有等诸译名,义非不可通者,然不得混用。此非专辟外语也,外语而与国语似而其法度异足以乱国语纲纪者,不得不辟也。

(二十)器械之属故有其名者循而摭之,故无其名者自我译之。名固不能以求全,第浅陋、迷信、排外、媚外等义不可有。

例如洋火,浅陋也;钟曰自鸣,迷信也。何如循旧名曰烨儿曰钟乎(欧语语源亦大抵镜之旧名)?餐曰番餐,排外也。曰大餐,曰大餐间,曰大衣、大帽,又由排外变而为媚外。若为大势所趋,则余欲无言。不然,欲区别之,冠以西字、洋字可也。必欲号称新奇如古之称胡麻饭、贯头衣各与?以译名亦无不可,乌所用其感情哉!此以义译为原则者也,第事物固有比字属名以定其号而终不可题号者,则无妨从其主称。

(一)人名以称号著,自以音为重,虽有因缘,不取义译。如摩西以水得名,不能便取其义而名之曰水。严格言之，如慕容、冒顿之慕冒轻唇音，且宜读古重唇以肖其原名也。（阂氏迄今犹读胭脂者，其严格者也。）然读史在知其为人，苟但求西史普通知识，则人名亦不妨略肖国人姓名以便记忆，收声等无妨从略。华盛顿、那破仑等名，通俗知之；蒙古、印度史中人名虽学子不能记忆，无他，相似者易为习。诘诎者难为单节语，国民识也。孔孟二名之作罗马音也，赘有 ns 拉丁语尾，西人遂一般习知之，且未尝误会其为希腊、罗马人也。以汉音切西名，势必不肖。不肖而犹强为之，无非便不解西文者略解西史耳！然则曰叶斯比、曰亚利斯多德庸何伤？至谓为解西文者说法，则纯用西文，且读作其人本国语之音，是固鄙意所期也。

（二）地名取音与人名同，可缘附者不妨缘附，如新嘉坡是也。可略者无妨从略，如桑港是也。国名、洲名之惯用者，不妨但取首音，如亚洲、英国是也。音声学应有之损益且无妨从习惯而损益之，如美利坚（重音在母音后之第二节，其母音往往不成声）、如俄罗斯（欲明辨首音之重音或至别添一音，此所谓不同化也）是也。其所异于人名者，则可译无妨译义，如喜望峰、地中海、黑海、红海等是已。第渺茫之义及国家之名一成不可译。如谓吾国支那之名本于缯儿，然不能称支那曰缯儿。尼达兰义为洼地，不能称尼达兰曰洼地。日本之名虽自我起，既成则不能更曰扶桑。

（三）官号各国异制，多难比拟，不如借用其名以核其实，如单于汗、且渠、当户、百里玺天德，皆其例也。然法制日趋大同，官职相似者日多，既相似固不妨通用此号，而非汉官所有，特为作名，如左右贤王、僮仆、都尉，古亦有其例也。

（四）鸟兽草木之名此土所有者，自宜循《尔雅》《本草》诸书，摭其旧名。此土所无而有义可译者，仍不妨取义，如知更鸟、勿忘草等是也。无义可译则沿用拉丁旧名，然亦宜如葡萄、苜蓿取一二音以为之，俾同化于国语也。

（五）金石化学之名亦然。金、银、盐、矾故有者不必论，有义者则如酒精、苹果酸等取义译，无义者则依拉丁首一二音作新名。然音不可强用他义之旧名（例如锑本有火齐珠之义，不可为元素名），义不可漫撷不确定一端之义（例如轻气，在当时以其为元素中之最轻，今则义变而名窾矣），斟酌尽善，则专家之务也。

（六）理学上之名最难移译，向有其名如赤道、黄道者仍旧贯，确有其义，如温带、寒带者从义译。专名无关于实义者，不妨因故有之陋，如星以五行名，电以阴阳名，无损于其实也。似专名而义舍于其名者，则宜慎重。称"爱耐而几"

(Energy)曰储能，称"伊太"(Ether)曰清气，漫加状词，殆未有不误谬者。"爱耐而几"固有储有行，"伊太"在理想中，无从状其清浊也。"爱耐而几"，或可译作势乎？伊太则伊太而已矣。

（七）器械之属有义可译者，如上第二十条所云；无可译者，则仿后三四条作新名，壁珋、珂玳，古原有其例也。"亚更"(Organ)不能译原义曰机，"批阿娜"(Piano)不能译原义曰清平，而曰风琴、洋琴则殽矣。无已其亦借音作名，如古之琵琶乎？

（八）玄学上多义之名不可译，如《内典》言，般若犹此言智慧，而智慧不足以尽之。亚利斯多德言"奴斯"(Nous)犹此言理，而理不足以尽之。名之用于他者，无妨其不尽，玄学则以名词为体，以多义为用者，不可以不尽也。

（九）宗教上神秘之名不可译，如"曼那"(Manna)译为甘露，则史迹诡殽，涅盘译为乌有，则索然无味。佛义为知者，不能号为知者；基督义为灌顶，不能称其为灌顶王也。

（十）史乘上一民族一时特有之名不可译，如法律史上罗马人之自由权、市民权、氏族权称曰"三加普"(Tria Caputa)，不能译加普曰资格，政治史上希腊人放逐其国人之裁判法曰"亚斯托剌西斯姆"(Ostracism)，不能译其义曰国民总投票等是也。

美诗人某尝语其友曰：观君数用法兰西语，果使精练英语，无论何种感想，自有语言可表，安用借法语为也？德文豪哥德且曰表示感想，惟国语为最适切，诚哉，好用外语者盖未尝熟达国语也！自史籀之古书凡九千名，非苟为之也，有其文者必有其谚言。秦篆杀之，《凡将》诸篇继作，及郰氏时亦九千名，衍乎郰氏者，曰《玉篇》以逮《集韵》，不损三万字，非苟为之，有其文者必有其谚言。刻玉曰琢，刻竹以为书曰篆。黑马之黑与黑丝之黑，名实眩也，则别以骊、缁。青石之青，孚笋之青，名实眩也，则别以苍筤、琅玕。白鸟之白，白雪之白，白玉之白，名实眩也，则别以皠、皑、皦。怨偶匹也，合偶匹也，其匹同，其匹之情异，则别以逑、仇。马之重迟，物之重厚，其重同，其重之情异，则别以笃、竺，此犹物名也。更以动静名言之：直言曰径，一曲一直曰迂，自圆心以出辐线稍前益大曰奭，两线平行略倾渐远而合成交角曰皀，车小缺复合曰辍，釜气上蒸曰融，南北极半岁见日半岁不见日曰暨，东西半球两足相抵曰僻。简而别，昭而切，则孳乳之用，具众理而应万事。古者术语固无虞其匮乏也，后世俗偷文敝，使术名为废语，于是睹外货则目眩神摇，习西学则心仪顶理，耳食而甘，觉无词以易；乞借不足，甚且有倡用万国新语者，习于外而忘其本，滔滔者盖非一日矣。欧语殊贯，侵入犹少，日人之所矫揉者，则夺乱陵杂，不知其所底止也。吾虽于义译五六条下著日人译语不妨从同，然集一政党，亦必曰国民、曰进步、曰政友、曰大同俱乐部，亦何訾偷至于斯极乎？国语者，国民性情节族所见也。汉土人心故涣散，削于外族者再，所赖以维持者，厥惟国语。使外语蔓滋，陵乱不修，则性情节族沦夷，种族自尊之念，亦将消杀焉，此吾所为涓涓而悲也。综上所著三十条，更为之申言曰：故有其名者举而措之。荀子所谓散名之在万物者，从诸夏之成俗曲期也。故无其名者，骈集字数以成之。（《国语》释故言而外复有释训，非联绵两字，即以双声叠韵成语，此异于单举。又苦事物名号，合用数言，放勋、重华古圣之建名，阿衡、祈父官僚之定命，是皆两义并为一称，犹西语合希腊、拉丁之两言为一名也。今通俗用言，虽不过二千，其不至甚忧匮乏者，犹赖此转移，盖亦吾国语之后天发达也。音少意多，单举易殽，明体达用，莫便于此。）荀子所谓累而成文，名之丽也。无缘相拟，然后仿五不翻之例，假外语之一二音作之。荀子所谓有循于旧名，有作于新名也。

本斯三端，著为世例，冀于斯道，稍有所贡献，当否不敢知也。至于切要之举，窃以为宜由各科专家集为学会，讨论抉择，折衷之于国语国文之士（例如日本法政之名，从国法；学术之名，从学会；国家主要用品如军舰、飞艇等名，则由政府布告以定之），名正言顺，庶几百官以治，万民以察乎？